신정-정치

 M 카이로스총서 45

신정-정치 Theo-cracy

지은이 윤인로
펴낸이 조정환
책임운영 신은주
편집 김정연
디자인 조문영
홍보 김하은

펴낸곳 도서출판 갈무리 등록일 1994. 3. 3. 등록번호 제17-0161호
초판인쇄 2017년 3월 23일 초판발행 2017년 3월 27일
종이 화인페이퍼 인쇄 중앙피엔엘 라미네이팅 금성산업 제본 은정제책

주소 서울 마포구 동교로18길 9-13 [서교동 464-56]
전화 02-325-1485 팩스 02-325-1407
website http://galmuri.co.kr e-mail galmuri94@gmail.com

ISBN 978-89-6195-158-6 93300
도서분류 1. 정치학 2. 철학 3. 신학 4. 경제학 5. 문학 6. 사회학 7. 미학 8. 문화이론

값 30,000원

이 도서의 국립중앙도서관 출판예정도서목록(CIP)은 서지정보유통지원시스템 홈페이지(http://seoji.nl.go.kr)와 국가자료공동목
록시스템(http://www.nl.go.kr/kolisnet)에서 이용하실 수 있습니다.(CIP제어번호 : CIP2017006705)

신정-정치
THEO-CRACY

축적의 법과 국법의 이위일체 너머

윤인로 지음

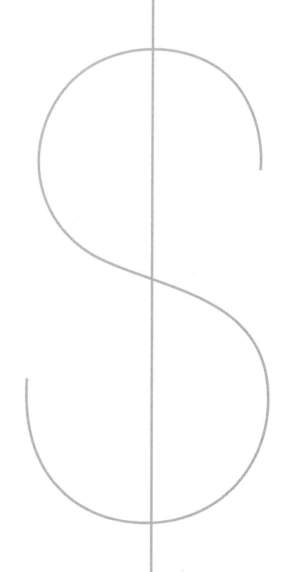

갈무리

일러두기

1. 인명 색인을 따로 만들지 않고「서론」이후부터 처음 1회에 한해 원어로 표기했다.
2. 인용문 속에 들어있는 대괄호([])는 대부분 필자가 삽입한 것이다.
3. 단행본·정기간행물에는 겹낫표(『』), 논문·평론·기사 등에는 홑낫표(「」), 사진·그림 등 이미지에는 꺾쇠(〈 〉)를 사용
   하였다.

차례

화폐의 힘이 환속화된 신의 권능과 다르지 않다는 것은 때로 낯설게 실감될 수 있으며 대상의 운동성이 인지되는 그런 낯섦 속에서 다르게 표현될 수 있다. 그렇게 낯설어지고 있는 화폐, 곧 성聖-화폐의 구원적 운동이 적시되고 있는 문장들은 다음과 같다: "금? 귀중하고 반짝거리는 순금? 아니, 신들이여!/ 헛되이 내가 그것을 기원하는 것은 아니라네./ 이만큼만 있으면, 검은 것을 희게, 추한 것을 아름답게 만든다네/ 나쁜 것을 좋게, 늙은 것을 젊게, 비천한 것을 고귀하게 만든다네./ … 그렇다네, 이 황색의 노예는/ 풀기도 하고 매기도 하네, 성스러운 끈을./ 저주받은 자에게 축복을 내리네./ 문둥병을 사랑스러워 보이게 하고, 도둑을 영광스러운 자리에 앉힌다네/ … 그대는 영원히 생기발랄하고 온화한 사랑을 받는 청혼자,/ 디아나의 순결한 무릎 위에 놓여있는/ 거룩한 백설을 녹여 버리는 노란 빛의 구원자! 눈에 보이는 신,/ 그대는 불가능한 일들을 친숙한 일로 만들고,/ 억지로 입 맞추게 하지! 그대는 온갖 말로 이야기하지,/ 온갖 목적에 대하여!/ 오 그대, 마음의 시금석!"[1]

온갖 말을 하므로 통하지 않는 곳이 없고, 그런 편재적 일반언어를 통해 온갖 목적에 대해 말하므로 모든 수단들의 아버지·최종목적이 되는 '눈에 보이는 신', 그렇게 일반화한 목적-수단의 신화적 법 연관 속에서 그 법의 자기증식을 위해 모든 생명의 욕동을 판정·분리하고 매개·합성하는 척도적 구원자, 유혈적 통치이성의 신-로고스. 이 책 『신정-정치』는 그런 신의 통치Theocracy를, 다시 말해 신적인 힘에 의한 삶·정치의 질료화 상태를, 신정神政에 의한 정치의 인도·가공·조달·관리의 공정을 비평한다. 그러므로 '신정-정치'라

---

1. 윌리엄 셰익스피어, 『아테네의 티몬』(칼 마르크스, 『경제학-철학 수고』, 강유원 옮김, 이론과 실천, 2006, 175~6쪽에서 재인용), 강조는 인용자.

는 조어 속의 하이픈(-)이 뜻하고 있는 것은 신정에 의해 이끌리는 정치, 곧 신정에 의한 정치의 인도·사목상태이다. 목양과 울타리치기를 통해 영양배분 nemein의 법을 사고하는 목자 모세의 유일한 정치가 이 책의 「서론」과 「다른 서론」 속에서 거듭 다뤄지게 되는 까닭이 거기에 있다. 그 서론들은 다음과 같은 신정-정치적 테제에 방점 찍으면서 시작한다 : "축적하라, 축적하라! 이것이 모세며 예언자다!"[2]

신정에 의한 인도·포섭의 공정 속에서 매번 소멸하는 절차로서만 생산되는 정치, 다시 말해 축적의 신성한 후광 속으로 거듭 재현/말소되는 삶·정치. 그러하되 저 '성스러운 끈'에 의해 삶이 반복적으로re 묶이고 합성되는ligio 정치적·경제적 축적의 평면을 낯설게 인식하는 일이란, 그런 종교적religious 축적의 순수평면이 '다르게 존재하는' 법의 저울에 달리고 재어지며 쪼개지는 시공간의 탄생을 목격함으로써만, 곧 유혈적 축적의 성-매개상태가 절단·이격되고 원-분할되는 상황의 발현을 인식하는 일로서만 수행될 수 있다. 그런 한에서 '신정-정치' 속의 하이픈은 신적인 힘에 의한 삶·정치의 매개와 인도, 재현과 재생산, 구원과 절멸의 일체화 공정이 정지되고 있는 시공간을, 신정의 일반공식이 절단되고 있는 신성모독적 비판·성별聖別의 상황 발현을 뜻하는 것이기도 하다. 그렇게 '신정-정치'는 축적론이자 통치론인 동시에 그것들의 정지론이자 몰락론이기를 원한다. 그것은 이렇게 질문한다. 축적의 법과 국법의 공동 반석 위에서 여기의 삶·정치는 어떻게 '피'Blut 흘리고 있는가, 그런 유혈적 법 연관의 텍스트 속에서 재편성되고 있는 삶·정치는 어떻게 지혈하는 '법-밖'a-nomos으로서 발현하는가. 그 피는 '피의 입법'을 말한 맑스의 피이며 '피의 폭력'을 말한 벤야민의 피이므로, 이 책의 구성은 다음과 같이 된다.

축적의 일반공식에 대한 신학적/묵시적 인식의 사상연쇄를 '자본의 성무일과聖務日課'라는 이름으로 재구성한 「서론」을 필두로, 뒤따르는 4부는 서로

---

2. 칼 마르크스, 『자본론』 1권, 김수행 옮김, 비봉출판사, 2000, 811쪽.

관계 맺고 있다. I부 「통치-축적론」에서는, 여기 메르스의 통치론 속에서 재편되고 있는 생명상태를 '면역 전쟁'의 공정이라는 첨예화된 주권 발효의 생산물로 인식하고, 정치적인 것의 고유명으로서의 '세월호' 또는 '4·16' 이후의 통치실천을 주권 대행자의 애도-국상國喪에 의한 헌법정지상태 속에서 분석하며, 여기 정부의 '규제완화 기요틴'을 구원적/절멸적 신정-정치의 자기증식적인 운동 원리이자 그 동력으로 정의하고, '통치기밀'의 주관자(예컨대 국가정보원)에 의한 흠정상태 및 그것을 내재적으로 한정시키면서 그 너머로 발현하는 '대항비밀'의 벡터를 비평하며, 투쟁의 정당성-근거를 이루고 있는 '세월호 특별법'의 문장들을 독해하면서 거기에 기록된 법적 주체로서의 '누구든지'를 정치미학적 패러디의 힘 속에서 다시 정의한다. II부 「점거-임재론」에서는, 애초에 축적의 기계적 마디로 장치되었으되 투쟁의 극한적 무대로 거듭 재결정되고 있는 고공의 현장들, 곧 크레인·골리앗·굴뚝·철탑에서의 삶·생명에 대해, 그런 점거의 상황성을 여기 고공의 현장과 함께 나눠가졌던 '월스트리트 점거운동'의 시공간에 대해 다룬다. 점거의 삶·정치를 그것의 역사적 형질에 대한 분석 속에서, 도래중인 메시아적인 것의 정의 속에서 특권적인 것으로 정초하면서 신정-정치적 축적의 후광 속으로 인도불가능한 '비정립적' 제헌력의 형태소를, 발현하는 그 힘의 목격과 파지를 위한 인식의 태세와 방법를 비평한다. III부 「불복종-데모스론」에서는, 작가 사라마구의 예외상태적 백지투표가 촉발시키고 있는 의회민주주의론, 봉기론, 국가이성론, 환대론, 독재론 등을 다루고, 멜빌의 그리스도-바틀비가 증식시키고 있는 상용구 '~하지 않는 쪽으로 하겠습니다'의 로고스/노모스를 그것에 의해 중단되는 입법적 힘의 형질과 함께 비평하며, 보르헤스의 정치론을 신화적 '독일정신'에 대한 분석에서 시작해 불복종적/비인칭적 비히모스론과 카발라의 만유회복론 속에서 다루고, 자율주의적 맑스주의의 시간론/비평론을 절단적 구성력으로서의 '카이로스'를 중심으로 응집시키면서 그것이 기존의 가치론 및 포섭론을 정지시키며 발현하는 지점들을 분석하고, 조직·제도의 힘과 봉기·저항의 힘이라는 '두 날개'론이 자기 오인의 이데올로기적 체계로 기능하는 것을 비판하면서 그 두 날개론을 '종말론적인 것'에 대한 비평 속에서 다시 정의한다. IV부 「윤리-종언론」에서는, 「예레미아」 45장의 호명하는 신을 향해 '제가 여기 있습니다'라고 말함으로써 소환·파송되고 있는 예레미아-신인神人에 대해, 그리고 그런 소환을 공동의 근거로 삼고 있는 레비나스와 본회퍼의 윤리론·폭력론·비상상태론·종언론에 대해 다루고, 작가 이승우가 말하는 사회론 또는 발령의 구조로서의 '카프카스러운' 사회의 정지 상태를 '전적으로 다른 것/모든 다른 것'으로서의 타자 감각에 기초한 역사 종언적 무대의 연출 속에서 정의하며, 작가 황정은의 자기유래적 윤리론과 종언론('세계의 완파') 간의 관계를 목적론 비판, 무위無位적인 것, 사라짐의 최후심판적 속성을 중심으로 비평하고, 윤리와 사랑에 대한 논의를 공동체의 정의와 결속시키는 비평가들의 신론 및 몰락론을 비교한다. 여기까지의 4부 20장에 뒤이어지는 「다른 서론」은 책의 주조음을 이끌어가는 또 하나의 총론으로서 맑스·니체·벤야민의 모세론들을 비교·분석하면서 통치론으로서의 '불법의 비밀'과 그것이 개시·일소되는 '폭력의 해체' 상황에 대해 논구한다. 두 서론들을 차이로서 보충하는 「보론」은 폭력 비판의 아포리아를 구성하는 벤야민의 '순수한 신적 폭력'을 위법성 조각사유阻却事由의 발현 상황으로, 죄/빚의 구성요건에 대한 해체의 정당성-근거로 다시 정의한다. 이어지는 「후기」는 그런 신적 폭력의 이율배반을 유다의 문학적/역사적 표상 속에서, 구원과 절멸의 근친성이라는 하나의 가설적 테제 속에서 사고하기 위한 시론으로 작성되었다.

정치의 구체적 현장들과 이론의 힘을 삼투시켜 서로가 변형을 일으키게 하고, 그럼으로써 가능하고 필요한 게발트(힘·권력·권위·폭력)의 이념을 구성하는 메타적/상위적 틈입의 관점을 확보하는 일, 내재적 초월의 힘을 파지하는 일. 이 책 『신정-정치』는 그런 일들을 시도하려 했던 의지의 중간보고이며, 그 의지의 실패·좌초의 흔적이다. 그런 흔적의 궤적 위에서, 축적의 법과 국법이라는 두 위격의 자기증식적/유혈적 신성을 개시·정지시키는 게발트의 이념은 '이미'already와 '아직'not yet의 양극 사이에서 분만·발현·도래중인 것으로서 인식된다. 이미 온 것은 아직 오지 않은 것에 의해 항시 기소되며, 아직 오지 않은 것은 이미 온 것 속에 언제나 변형된 채로 잠재해 있다. 그런 한에서, 저 성스러운 끈을 절단하는 게발트, 축적의 종교적 원상복구력을 효력 정지시키는 이미-아직의 카이로스는 다음과 같은 성-매개적 축적체의 항구적인 통치력과 적대한다 : "자본주의는 꿈(희망)도 자비도 없는 제의를 거행하는 일이다. 그 속에는 '평일'이라는 것이 없고, 모든 성스러운 치장의 의미, 경배하는 자의 극도의 긴장이 펼쳐지는 끔찍한 의미에서의 축제일이 아닌 날이 없다."[3] 자본주의라는 제의·숭배의 성사에 대한 그런 비판과 함께 또는 그것을 앞질러, 축적의 성스런 일반공식을 비판하고 있는 「서론」의 제사題詞 하나가 이 책 전체의 시작을 이룰 것이며, 다름 아닌 그 제사가 이 책의 끝, 여기 통령의 탄핵 정세를 역전적 궐위상태로 정의하고 있는 「추신」의 마지막을 이룰 것이다.

---

3. 발터 벤야민, 「종교로서의 자본주의」, 『발터 벤야민 선집』 5권, 최성만 옮김, 길, 2008, 126쪽.

서론

자본의 성무일과

게발트/산파의 한 계보를 위하여

종교가 만든 흐릿한 환영들의 세속적 핵심을 분석해 찾아내는 것은,
삶의 실제적 관계들로부터 그에 상응하는 관계의 신성화된 형태들을 펼쳐 보여주는 것보다
훨씬 쉽다. 후자의 길만이 유일하게 유물론적이며, 따라서 유일하게 과학적인 방법이다.

— 칼 맑스(K. Marx), 『자본론』 1권 —

성부-성자의 자기증식론 : G—W—G′

『자본론』 1권 4장의 표제는 '자본의 일반공식'이다. 그것은 상품Ware과
화폐Geld의 특정한 교환형식을 가리키며, 상품과 화폐 사이에 특권적으로 고
안되고 설계된 유통경로 속에서만 자기 두 발로 설 수 있는 자본의 순환 원
칙을, 자본이라는 법의 운동을 표현한다. 줄여 말해 G—W—G′, "독특하고
특이한 운동 경로."[1] 이 경로 및 경로의존성을 유지함으로써만, 곧 G—W—

---

1. 칼 마르크스, 『자본론』 1권, 김수행 옮김, 비봉출판사, 2000, 185쪽. 화폐가 자본으로 전환
되는 경로, 곧 G—W—G′에 관한 예증은 다음과 같다. "예를 들면, 100원에 구매된 면화가
100+10원, 즉 110원에 다시 판매된다. 그러므로 이 과정의 완전한 형태는 G—W—G′이다.
여기서 G′=G+⊿G이다. 다시 말하면, G′은 최초에 투하된 화폐액에 어떤 증가분을 더한 것
과 같다. 이 증가분, 즉 최초의 가치를 넘는 초과분을 나는 잉여가치[Mehrwert]라고 부른다.
그러므로 최초에 투하된 가치는 유통 중에서 자신을 보존할 뿐만 아니라 자신의 가치량을
증대시키고 잉여가치를 첨가한다. 바꾸어 말하면, 스스로를 가치증식시킨다. 그리고 바로 이
운동이 이 가치를 자본으로 전환시키는 것이다."(같은 책, 189쪽) 소멸하지 않는 '가치', 또는
'자동적인 주체'로의 항구적이고 항시적인 이행과 전화. 일반화하는 자기증식적/자기원인적
공정으로서의 G—W—G′은 '다른-가치'의 발생적 동력이자 산물로서의 삶·생명의 '실재적
관계' 또는 '공동본질'을 '관계의 신성화된 형태' 속으로 합성·투하·조형·전화시키는 정치경

G′이라는 증식의 무한성 및 축적의 항구성을 구축함으로써만 자기를 생산하고 확산시킬 수 있는 잉여가치⊿G의 존재론, 일반화하는 가치 $G'=G+⊿G$의 방법론. 바로 그런 존재론에 뿌리박은 자본의 일반공식, 그런 방법론으로 무장한 가치의 정언적 준칙이 목하 신의 성무聖務로서 집전되고 주재되는 중이다:

가치는 이제 상품들[W]의 관계를 표현하는 것이 아니라 이를테면 자기 자신과의 사적인[자기증식적인] 관계를 맺는다[G−W−G′]. 그것은 최초의 가치[처음에 투하된 가치]로서의 자신[G]을 잉여가치로서의 자기 자신[⊿G]으로부터 구별한다. 이는 성부Gott Vater가 성자 Gott Sohn로서의 자기 자신으로부터 스스로를 구별하는 것과 마찬가지다. 비록 부자는 둘 다 나이가 같고 또 실제로는 둘이 한 몸이지만 말이다. 왜냐하면 10원이라는 잉여가치에 의해서 비로소 최초에 투하된 100원은 자본으로 되며, 또 그것이 자본으로 되자마자, 즉 [아버지에 의해(그리고 상품의 생산·판매·매개에 의해)] 아들이 생겨나고 아들에 의해 아버지가 생겨나자마자 그 둘의 구별은 다시 소멸해버리고 둘은 하나, 즉 110원[G+⊿G=G′]으로 되기 때문이다.[2]

위의 문장들은 G−W−G′이라는 특권적 순환회로 속에 들어있는 G′(·110원·자본·신)을 표현한다. 다시 말해 그 문장들은 자본의 공식적 운동 경로를 거듭 제작·갱신·확산시킴으로써 그 운동을 수호하고 보존하는 G′의 신적인 힘과 사명missio을 표현한다. 성부와 성자가 그것이며, 성부와 성자의 일체성이 그것이다. '영원히 써버린 것'이 아니라 '투하된 것'으로서의 100원, 최초에 투하된 가치로서의 100원이 G이고, 성부이다. '판매를 위한 구매'에 투하된 100원이라는 최초의 가치는 10원이라는 잉여가치, 10원이라는 가

제적 힘의 특정한 운동경로이다. 이하 약하게 드러나게 될 것처럼, 자본의 일반공식이 '성부'와 '성자'라는 신성한 두 위격의 일체화 과정/소송으로 표현되고 있는 한 대목은 맑스의 문제설정을 상속받는 걸림돌이자 디딤돌이 되어줄 것이다.

2. 칼 마르크스, 『자본론』 1권, 193~4쪽.

치 자신의 증가분⊿G을 포함한 상품의 판매를 통해 110원G′으로 실현·현현된다. 이 과정 속에 들어있으며 그 과정을 추동하는 잉여가치 10원이 곧 성자이며, 최초의 가치 100원을 이른바 '자본'으로 전환시키는 힘이 바로 그 잉여가치=성자이다. 성스러운 아들·그리스도·10원에 의해 성부·100원은 비로소 110원 − 성부와 성자의 일체/축적체 − 의 사명을 유혈적 성사聖事, sacrament 속에서 온전히 관철하며, 그럼으로써 후광 두른 신으로, 곧 자본으로 된다. 부성-로고스로서의 자본, 다시 말해 로고스Logos·말씀에 의한 노모스Nomos·법 정초력으로서의 자본.

성부와 성자가 실은 나이가 같고 한 몸이었으되 서로 구별됨으로써만 구현·현현되듯, 100원·G와 10원·⊿G의 관계 또한 마찬가지이다. 성부와 성자가 구별되어 현현함으로써만 그 구별이 소멸된 한 몸의 권능을 관철시키듯, G와 ⊿G 또한 구별되어 실현됨으로써만 그 구별이 소멸된 한 몸의 권능, 곧 G′의 신적인 게발트[3]를 관철시킨다. G′은 성부·G와 성자·⊿G라는 두 위位의 일체이다. 말 그대로, "이위일체二位一體."[4] 그러므로 G+⊿G = G′이라는 정식은 '상인자본', '산업자본', '이자 낳는 자본'을 원리적으로 관통하는 자본의 일반공식 G−W−G′이 신적인 축적의 원천이자 산물임을 표현한다. 그런 한에서 자본의 일반공식은 신의 존재론이다. 그 신칙, 그 존재-신-론은 불멸의, 불멸에 의한, 불멸을 위한 방법론이며 무한의, 무한에 의한, 무한을 위한 게발트의 관철이다. 정세가 다음과 같이 전개되기 때문이다. "110원은 최초의 100원과 꼭 마찬가지로, 가치증식과정을 다시 개시하기에 적합한 형태에 있다. 운동[G−W−G′]의 종착점에서 화폐는 또다시 운동의 출발점으로 나타난

---

3. 이 책에서 '게발트'(Gewalt)라는 단어는 힘·권한·권력·통치력·위력·폭력·권세·권위, 또는 그것들 간의 침투, 증진, 간섭, 제한, 약화 등 힘의 상호 결정적 상태, 힘의 변증법적 부침(浮沈)의 상태를 가리킬 때 사용한다. 권위에 뒷받침된 폭력, 폭력의 권한과 그 정당성을 근거 짓는 권위/권력, 통치의 권위를 창출하는 폭력/권력, 혹은 정립하고 유지시키는 법과는 다르게 존재하는 진정한 폭력/권위 등이 그러한 용례이다. 좀 더 자세한 것은 III부 「종말론적인 것과 게발트」를 참조.

4. 전희상, 「이위일체의 자본님」, http://socialandmaterial.net, 2012. 5. 13.

다. … 그러므로 자본의 운동에는 한계가 없다", "판매를 위한 구매에서는 시작과 끝이 동일한 것이다. 그러므로 벌써 이것 때문에 이 운동은 무한한 것으로 된다."[5] G−W−G′에서 종착점·G′은 동시에 다시 출발점·G이다. G′은 알파이자 오메가이다. G′으로 일체화된 10원·잉여가치·성자·그리스도는 말한다. "나는 알파며 오메가, 곧 처음이며 마지막이요, 시작이며 끝이다."(「요한계시록」 22:13) 최종목적으로서의 잉여가치. 그렇다면, 자본가란 누구이며 어떤 힘인가. G−W−G′이라는 신칙의 의식적 담당자이며, 잉여가치의 제1목적성/최종해결성을 체화한 자이고, 그 신칙의 운용과 잉여가치·그리스도의 의지·힘·파송missio을 봉행하는 '인격화된 자본' 혹은 '의인화된 자본'이다. 곧 잉여가치로서의 성자가 몸을 나툰 자, 그래서 성부와 일체인 자로서 자본가는 말한다. "내가 아버지 안에 있고 아버지께서 내 안에 계심을, 네가 믿지 않느냐? 내가 너희에게 하는 말은 내 마음대로 하는 것이 아니다. 아버지께서 내 안에 계시면서, 자기의 일을 하신다."(「요한복음」 14:10) 자본의 일반공식은 그러므로 신의 말씀의 육화肉化다. 육화된 그 말씀, 자본이라는 로고스는 항구적/종교적 원상회복의 운동으로서 자기를 복리複利로 증식시키는 무한의 궤도로 존재한다. 일반화된 그 궤도가 편재하는 자본의 노모스이다. 스스로를 확대재생산하는 그 궤도를 따라 자본이라는 신칙이 발효된다. 다시 말해 G−W−G′이라는 노모스의 대지·평면 위에서, 그 대지의 바깥을 항구적으로 포획/제거하는 신적인 정언명법의 발효로서 자본의 하루하루가, 축적의 성무일과聖務日課, Officium Divinum가 집전되는 것이다.

"축적하라, 축적하라! 이것이 모세며 예언자다!" : G−M−G′

　　최초에 투하된 가치 G·성부와 잉여가치 ⊿G·성자의 무한한 일체화 및

5. 칼 마르크스, 『자본론』 1권, 190쪽, 189쪽.

즉각적인 재투하/환속화로서의 이위일체-신-G′. 거꾸로 말해, G−W−G′이라는 무한궤도로 존재하는 G · 성부와 △G · 성자는 최종목적이자 유일 근원적 주체로서의 G′, 곧 자기원인적이고 자기유래적인 작인이자 원천으로서의 G′의 현신들이며, G′이 나투어진 신체들이다. 상품·W 또한 다르지 않다. 상품과 화폐는 다만 G′의 두 국면이자 두 현신일 따름이다. 다시 말해 상품과 화폐는 저 자본의 일반공식/성무일과의 각 국면들에서 G′의, 곧 자본이라는 자기증식적 신성의 봉헌물이자 봉행자이다:"상품형태를 취하지 않고서는 화폐는 자본으로 될 수 없다.… 모든 상품은 그것이 아무리 초라하게 보이며 아무리 흉악한 냄새를 풍기더라도 진실로 화폐이며, 날 때부터 할례를 받은 유대인이며, 더욱이 화폐를 더 많은 화폐로 만드는 기적의 수단이라는 것을 자본가는 알고 있다."6 무슨 말인가.

G−W−G′이라는 자본의 일반공식 안에 들어있는 상품, 다시 말해 G−G′ 사이에서 그 둘을 매개하고 그 둘을 합성하는 매개자/중보자로 존재하는 상품은, 이위일체로서의 G′이라는 신적 권역의 확장을 추동하는 발판이자 계기라는 점에서, 그 외양·냄새·의장과는 관계없이 본질적으로 화폐이다. 그런 상품이 '날 때부터 할례를 받은 유대인'이라는 것은 상품이 그 탄생·생산에서부터 이미 자본으로서의 G′에 의해 선택되어 성별된 존재임을 가리킨다. 할례는 신의 권역에서의 삶을 보증하고 허가하는 종교의식이며, 그것이 그런 허가 및 인준의 형식인 한, 할례는 선민과 이방인의 분리 및 구획의 합법화를 위해 정당성을 조달하는 종교적·컬트적 성사·제의Kultreligion로 된다. 상품은 G′의 할례를 받았으므로 G−W−G′이라는 성스러운 대지의 선민이지 이방인이 아니다. 그 대지 위에서 상품은 G · 100원에다가 △G · 10원을 더해 증식된 G′·110원으로 실현시켜야만 한다. 그 실현이란 다름 아닌 판매의 성공이며, 그 과정은 '목숨을 건 도약'이었다. G′을 향한 그런 도약이 상품의 소명이며, 도약하는 상품은 최종목적으로서의 G′을 실현시키기 위한 '기적의 수단'

---

6. 칼 마르크스, 『자본론』, 1권, 193쪽.

이다. 상품에 몸을 나툰 G′, 다시 말해 G-W-G′을 정립시키는 상품의 소명/
파송. 이른바 상품-물신物神, Fetisch의 사회와 사회적 부富의 관계를 표현하는
다음과 같은 문장, 곧 "자본주의적 생산양식이 지배하는 사회의 부는 '상품
의 방대한 집적'으로 나타나며, 개개의 상품은 이러한 부의 기본형태로 나타
난다"[7]라는 한 문장은 상품-물신의 집적과 그 신성의 관철을 향한 페티쉬의
항시성·항구성으로 드러나는 자본주의적 부의 상태를, 그런 물신적 부에 의
해 석권·소유·결정되는 사회의 상태를, 달리 말해 이위일체-신-G′을 향한 사
회의 페티쉬를, 그런 신성의 게발트만을 욕망하는 인지협착상태로서의 사회
상태를 표현하는 것으로 다시 독해할 수 있다. 상품이 할례 받은 유대인이며
화폐 증식의 기적적 수단이라는 맑스의 비유 속에서, 상품의 거대한 집적체
로서의 사회는 다름 아닌 저 이위일체의 권능을 향해 우상숭배적·컬트적 제
의가 주재되고 있는 유대 회당synagogue의 편재화상태이며, 수단으로서의 기
적의 신성한 후광 내부로 삶·생명이 – 맑스의 용어로는 피·살·심장이 – 합성
되고 있는 상태이다. 그렇게 상품에는 자기증식하는 G′의 신적 의지가 깃들
어 있다. 그때 상품은 이위일체-신-G′의 성령이다. 그렇게 성부와 성자의 일
체인 G′은 상품-성령과 함께 스스로를 삼위일체의 항구적 자기증식의 벡터
vector(힘·변위·가속상태; 크기-방향-세기 간의 상보적/누진적 효력상태)로
정립한다. 자본의 일반공식 G-W-G′에 대한 맑스의 비판은 『자본론』 3권
48장의 '삼위일체 정식'에 대한 비판과 동시적이며 등질적이다. "사회적 생산
과정의 모든 신비성을 함축하고 있는 삼위일체 정식은 자본-이윤, 토지-지대,
노동-임금이다."[8] 자본의 일반공식에 대한 비판은 유혈적 정치경제학의 논리
를 삼위일체 비판 속에서 개시하고 고지하는 힘의 성분을 갖는다. 하나의 '가
설적' 명제로서 말하자면, 지금 맑스의 '정치경제학 비판'은 삼위일체론 비판
으로 수행되고 있는 중이다.

---

7. 칼 마르크스, 『자본론』 1권, 43쪽.
8. 칼 마르크스, 『자본론』 3권, 김수행 옮김, 비봉출판사, 2004, 1003쪽.

알파이자 오메가이며 성부·성자·성령의 삼위일체인 G'의 말씀, 곧 자본-신으로서의 G'이라는 로고스는 이제 삶을 밝히고 인도하는 정언명법으로서 발포되고 발효된다 : "축적하라, 축적하라! 이것이 모세Moses며 예언자Proph-eten다!"9 『자본론』 1권 25장에 들어있는 이 말, 그 법은 '자본주의적 축적의 일반법칙'이라는 그 장의 표제를 압축적으로 표현한다. 축적하라는 명령, 법 (으로서)의 축적. 그 명령이 곧 모세이다. 신의 목소리를 따라 양들을 사목·목양nemein하는 목자 모세, 모세라는 명령-법. 다시 말해 신의 말씀과 등가적인 축적의 명령, 곧 명령화한 제1목적으로서의 축적. 바로 그 모세적 명령, 법 적 모세가 길 잃은 양들의 길을 인도하는 자, 이른바 '산 노동'을 착취하고 산 노동의 미래를 부양·계도·구제하는 예언자이다. 축적이라는 신-G'의 자기 정립적 본성, 축적이라는 신적 최종심급이 그런 모세의 대언代言으로서, 모세의 컬트제의 속에서 집전되고 주재된다. 오직 모세만이 '매개'할 수 있는 축적의 신-법, 오직 모세의 매개력이라는 특-권에 의해서만 성부와 성자의 이위일체로서 그 정당성의 근거를 획득할 수 있는 자본의 일반공식. 그 로고스/노모스의 상태를 집전하는 신성한 게발트를 모세의 유일성 속에서 정의하고 있는 맑스의 저 한 문장 곁에서, 그것을 다르게 앞지르고 있었던 것은 홉스T. Hobbes의 문장이다 : "다수의 사람들이 하나의 인격으로 결합되어 통일되었을 때 그것을 **코먼웰스**Commonwealth — 라틴어로는 **키위타스**Civitas — 라고 부른다. 이리하여 바로 저 위대한 **리바이어던**Leviathan이 탄생한다. 아니, 좀 더 경건하게 말하자면 '영원불멸의 신'immortal God의 가호 아래, 인간에게 평화와 방위를 보장하는 '현세의 신'mortal God이 탄생하는 것이다."10 맑스-홉스, 이는 인식의 어떤 구도를 여는가.

정치와 경제의 관계설정을 위한 인지의 한 가지 경로로서의 신神. 말하

---

9. 칼 마르크스, 『자본론』 1권, 811쪽.
10. 토마스 홉스, 『리바이어던』 1권, 진석용 옮김, 나남, 2008, 232쪽. '불사(不死)의 신' 아래서 탄생하는 'mortal God'의 역어들은 다음과 같다. 죽어야 할 운명의 신, 숙명적으로 죽는 신, 필멸의 신, 필사의 신, 가사(可死)의 신, 지상(地上)의 신. 이하 '현세의 신'으로 표기한다.

자면 홉스-맑스적 기획으로서의 이위일체, 곧 주권적[Gewalt] 성부=성자라는 일체적 위격과 이윤 축적[Geld]의 성부=성자라는 일체적 위격. 그 두 위격이 한 몸이 된 일체Gewalt=Geld, 다시 한 번 이위일체-신-G'. 이 '첨예화된' 정치경제적 일체의 신을 집전하고 대행하는 목자, 사제적 분리력/매개력으로서의 모세, 모세라는 특권적 고유명. '축적하라, 축적하라! 이것이 모세며 예언자다!'라는 자본의 정언명법 곁에서, 그것을 앞질러, 주권이라는 증식적 자기성ipséité의 행동연관은 불멸의 신·성부와 현세의 신·성자의 이위일체라는 홉스적 부자관계로서, 성자·리바이어던의 주권에 의한 리스크의 계산·관리로서, 다시 말해 계약적 사회상태·통치상태라는 홉스적 판본의 존재-신-론적 반석으로서 정립되고 있다. 맑스의 모세와 한 입이 되어 홉스의 모세는 말한다. "그분의 본성에 대한 우리의 개념을 나타낼 수 있는 단 하나의 이름은 나는 존재한다I am이다. 또한 그분과 우리와의 관계를 나타내는 단 하나의 이름은 '신'이다. 이 이름 속에 '아버지', '왕', '주'의 뜻이 다 들어있다."[11] 여기서 홉스가 말하는 'I am[나는 (나로서) 존재한다; 나는 나다]'의 성스러운 권위, 그 로고스/제1목적의 신적인 게발트궤적은 「출애굽기」 3장에서의 인용이다. "그때에 주님이 구름 속에서 모세에게 말씀하셨다. 주님은 모세를 부르셨다 : '모세야!' '옙니다' 모세가 말했다, '저는 당신의 종 모세입니다. 말씀하십시오. 그러면 듣겠습니다' 그러자 주님은 말씀하셨다. '나는 바로 나다.'"[12] 신 속의 아버

---

11. 토마스 홉스, 『리바이어던』 1권, 467쪽.
12. 「출애굽기」 3 : 4. 이는 루이 알튀세르, 「이데올로기와 이데올로기적 국가장치」(『아미엥에서의 주장』, 김동수 옮김, 솔, 1991, 124쪽)에서의 재인용이기도 하다. '모세야'라는 야훼의 부름에 대한 모세의 응답은 알튀세르가 종교-이데올로기적 국가장치의 운용 문맥 속에서, '절대적으로 다른 주체로서의 신'에 의한 '호명'의 주체화 이론을 위해 인용하고 있던 것으로(이에 대해서는 이 책 III부 마지막 글의 해당 부분을 참조), 그런 모세는 이 책의 「다른 서론」에서 다시 다뤄질 몇몇 모세론들의 비교 곁에 놓인다. '마주침의 유물론자' 마키아벨리의 모세론, 근대적 정치론의 앞머리에 놓여있는 그 모세를 여기에 인용함으로써, 이 「서론」과 이후 「다른 서론」에서 다룰 모세론들을 앞질러 환기해 놓기로 한다 : "운명의 힘이 아니라 자신의 비르투에 의해 군주가 된 인물 가운데 가장 탁월한 예로 나는 모세, 키루스, 로물루스와 테세우스, 그리고 그들을 닮은 사람들을 들겠다. 사람들은 모세의 경우 신의 지시(ordini)를 단지 집행한 것에 불과했기 때문에 그를 논의에 포함시키지 않아야 한다고 말한다. 하지만

지·왕·주의 호명에 응답하는 모세. 오직 목자 모세만이 야훼의 말씀을 청할 수 있고 들을 수 있는바, 이스라엘 자손들은 신의 말씀을 들은 모세의 말씀만을 들을 수밖에 없다. 호렙산의 신과 모세와 자손들 사이에 맺어진 말씀의 수직적 청함의 계약상태는 홉스에 의해 리바이어던이라는 성속양권聖俗兩權의 정당성-근거로서 정립된다. 다시 말해 모세를 향한 이스라엘 자손들의 다음과 같은 요청을 토대로 리바이어던의 주권적 게발트가 정립된다. " '어른께서 우리에게 말씀하십시오. 우리가 듣겠습니다. 신이 직접 우리에게 말씀하시면, 우리는 죽습니다.'(「출애굽기」 20 : 19) 이것은 모세에 대한 절대적 복종이다."13 모세라는 사목적 매개력에 대한 절대적인 복종의 계약과 의무, 그것이 리바이어던과 자본이 스스로의 두 발로 기립할 수 있는 유일한/최종적 반석 petra이며, 그런 모세적 매개의 게발트를 초과해 신과 직접 접촉할 때 '우리는 죽는다.' 그렇게 홉스-맑스적 이위일체의 기획 속에서 모세는 '첨예화된' 이위일체의 게발트로 존재한다. 자본의 일반공식 G—W—G'이라는 위격과, 확대재생산하는 사목적 매개력의 자기증식적 일반공식 G(신)—M(모세)—G'(신')이라는 위격 간의 일체화상태가, 다시 말해 그 두 위격 간의 조정·교섭·숙의·합의 및 길항·알력·교착·공멸의 벡터궤적이 모세의 통치라는 공통의 고유명/이념형 속에서 전개되고 있기 때문이다.14

"사회, 그것은 나다. 도덕(성), 그것은 나의 사적 이익이다"

그가 가진 은총, 즉 스스로를 하느님과 대화할 수 있는 귀한 사람으로 만들었다는 사실 하나만으로도 그는 존경받아 마땅하다."(니콜로 마키아벨리, 『군주론』, 박상훈 옮김, 후마니타스, 2014, 172쪽. 곽차섭은 '비르투'를 '덕'(德)으로, '하느님'을 '신'으로 옮긴다; 니콜로 마키아벨리, 『군주론』, 길, 2015, 67쪽)

13. 토마스 홉스, 『리바이어던』 1권, 274쪽.
14. 홉스적 이위일체론 또는 사목적 매개의 일반공식 G—M—G'(신—모세—신')에 대해서는 이 책 1부의 첫 번째 글을 참조.

다음과 같이 질문함으로써 저 모세가 대행하는 신의 말씀을 검토해 보자. 홉스-맑스적 이위일체론 속에서 게발트와 겔트의 동시적/관계적 축적을 명령하는 모세의 말, 축적하라는 목자/일자의 명령적 목소리를 봉헌하는 자는 누구인가. 축적이라는 예언자의 성무를 봉행하는 그 자는 누구이며 뭐라고 말하는가. 신-모세의 그 로고스·네메인·노모스를 집전하는 그는 다름 아닌 '자본가' ― 또는 현대의 자본가/정치가 ― 이며, 다음과 같이 말한다. "이 땅에 거하시는 우리 아버지 **자본**, … 전지전능한 분이여! 상품들의 창조자이자 생명의 근원이신 오 그대, 왕과 신민들, 노동자와 고용주를 다스리는 분이시여, 부디 그대의 왕국이 이 땅에 영원하기를!"[15] '우리 아버지 자본', 다시 말해 태초에 천지를 창조한 「창세기」 1장 1절의 주체이자 주인, 주╪의 자기성. 찌르고 헤집으려는 풍자의 문장들을, 라파르그P. Lafargue의 그 팸플릿-메스를 G′의 성사에 대한 해부학적 힘으로, G―W―G′의 신성을 침탈하는 확장된 비판력이자 표현법으로 읽기로 하자.

15. 폴 라파르그, 『자본이라는 종교』, 조형준 옮김, 새물결, 2014, 89쪽. 라파르그, 니그로(negro)의 핏줄, 다시 말해 억압받은 세 인종의 피가 섞인 자. 『게으를 수 있는 권리』(1883)에 이은 라파르그의 팸플릿 『자본이라는 종교』(1887)는 1848년 '공산주의라는 유령'의 변주 혹은 변이로서 "사회주의가 유럽과 미 대륙 유산계급의 정신의 평화를 교란할 정도로 크게 전진하게 되었다"(33쪽)는 정세 진단의 산물이었으며, 맑스·엥겔스의 연재물을 넘어서는 대중적 인지도를 얻으면서 맑스주의의 대중화에 기여했다. 번역자 조형준의 「폴 라파르그 약전」에 따르면 라파르그는 애초에 아나키스트였으며, 맑스를 알게 된 이후 사회주의자로서 아나키즘을 사회주의로 견인하려 했던 논쟁가·조직가였다. 맑스의 사위이기도 했던 그는 1842년 쿠바에서 태어났으며 '이념에 앞서 피부터가 국제주의적'이라고 스스로 말했던바, 친가 및 외가의 조부모 세 명이 자메이카 인디오, 아이티 출신 물라토 망명자, 프랑스 유대인이었기 때문이다. 그는 '억압받은 세 인종의 피가 내 혈관을 흐른다'고 자주 말했으며, '니그로 혈통'임을 숨기지 않았다. 맑스·엥겔스는 혁명에 대한 라파르그의 열렬한 고대를 두고 그것이 '니그로 혈통 및 크레올 피의 낙인의 결과'라는 인종주의적 편견을 드러내기도 했다. 라파르그는 말한다. "혁명은 정의와 도덕, 자유, 그 외의 다른 부르주아적 조크들의 승리가 아니라 가능한 한 최소노동과 최대의 지적·육체적 향유를 목적으로 한다."(139쪽) 69세가 되던 해, 그는 그런 지적·육체적 향유를 박탈당하는 노년이 오기 전에 자살한다는 유서를 남기고, 1911년 아내이자 맑스의 딸이었던 라우라와 함께 사이안화수소를 주사해 자살했다. 라파르그가 목숨을 걸었던 저 "향유"의 힘은 그가 말하는 '비판' 개념이자 '주권' 개념으로서의 "자연"과 결속되어 있다. 이에 대해선 뒤에서 다시 다룬다.

『자본이라는 종교』는 숱한 이들의 실명들을 나열하면서 그들이 사회주의의 흥기를 저지하기 위해 모였던 국제적 회합 「런던 대회」에서 시작한다. 이른바 '대관식'을 치르던 자본가들, 자본의 법 연관. 곧, 영국 자본가 계급의 대표자들, 총리, 정치인, 재무상, 사회학자, 철학자, 추기경을 비롯해, 독일 비스마르크O. Bismarck의 최측근 고문, 은행가, 반유대주의 선동가, 언론인, 제국의회 의원, 독점 재벌, 더불어 오스트리아, 스페인, 러시아, 기타 여러 국가들의 전권 대사들, 그 모든 국가들 중 가장 막강한 미국의 자본가 계급 대표자들, 미대법원 공화당 계열 판사, 민주당 계열 판사, 사장, 교수, 재벌(J. P. 모건, J. D. 록펠러, J. 굴드 등), 성직자들, 목사들, 시카고·하버드·콜롬비아 대학의 총장들, 그 밖의 무수한 전문가들. 이합집산하는 입장들의 차이, 축적 구역들의 경계와 분리를 넘어 하나로 연합한 런던 대회는, "나는 제국들[경계들]을 뒤엎는 신이다", "나는 이 세상의 왕인 **자본**이다. 나는 무자비한 신이다"[16]라는 신성의 선포로 스스로를 고지하는 G'의 거국적 독재체였다. 뉴욕 삼위일체교회의 목사 모건 딕스의 개회사로 그 대회는 시작한다.

삼위일체교회 조합이 사유지에 위치한 도박장, 셋집, 싸구려 술집, 매춘 굴에서 거두어들인 임대료를 합산하는 즐거운 여흥에 **빠져** 정신이 없는 모건 딕스 목사가 대회 주제에 대한 숙고의 문을 열었다. "최근까지 우리가 종교라고 불러온 것은 인간의 정신을 지배하는 신비로운 힘들이었습니다. 헛것을 위해 본질을 포기하라고 가르쳤으며, 그렇게 부추길 수 있었습니다. 천상의 행복을 꿈꾸며 지상에서의 불행은 잊으라고 말이죠. 하지만 사회주의, 근대라는 시대의 이 사악한 영혼은 지상에 천국을 수립할 것을 선언합니다. … 어떻게 이 문명과 진보의 적을 물리칠 수 있을까요?"[17]

---

16. 폴 라파르그, 『자본이라는 종교』, 84쪽, 82쪽.
17. 폴 라파르그, 『자본이라는 종교』, 36~7쪽.

모건 딕스, 신의 사제. 그의 삶을 지탱하는 신성한 지반은 다름 아닌 '임대료'였다. 그런 사정을 가리키며 라파르그가 강조해 놓은 '삼위일체교회'란 앞서 인용했던 맑스의 '삼위일체 정식', 곧 일체화된 축적의 세 '신비', 세 위격 — 자본-이윤, 토지-지대, 노동-임금 — 중 '지대'로 나투어진 신-G′이다. 모건 딕스의 삼위일체교회는 축적이라는 성례전을 봉행하는 성전이며, 그 성전의 높은 자리에 앉아 성도들을, 곧 도박장, 셋집, 싸구려 술집, 매춘 굴의 사람들을 위로하고 부양함으로써 그들의 사지를 달아매는 신의 몸이자 신 그 자체이다. 삼위일체교회의 조합장, G′의 대언자 모건 딕스가 런던 대회의 서막을 연다. 그 대회의 숱한 참가자들은 '우리'라는 카테고리로 함께 묶이며, 그들에게 '종교'란 정신을 지배하는 신비로운 도구, 불가침의 방법, 맑스의 용어로는 '신성한 후광'에 다름 아니었다. 그 후광 속에서 그 후광의 재생산으로서 스스로의 안전을 획득하는 삼위일체의 신-G′이 말한다. 그리고 그 말을 런던 대회의 자본가들과 그 하수인들이 한 입으로 복창한다. "나는 **자본가**에게 몸을 맡긴다. 나는 **자본가**들 사이에 몸을 나툰다.… 나는 인류와 이 땅에 존재하는 모든 것에 대한 나 자신의 전지전능함의 일부를 그에게 양도한다. / **자본가**는 말한다. '사회, 그것은 나다. 도덕(성), 그것은 나의 사적 이익이다.'"[18]

자본가로 현신하는 신-G′, '자본가들 사이'에 몸을 나툼으로써 자본가들을 경쟁시키는 신-G′. 그 경쟁 속에서, 자기 아들 성자-잉여가치의 확대재생산을 지속하는 자본가에겐 영광을 주며 그렇지 못한 자본가에겐 양도했던 신성을 박탈하는 자본, 신-G′. "**자본**은 자본의 법칙에 부응하지 못한 자에게서는 손을 뗀다.… 이윤의 축적이 그의 사명이다."[19] 그 사명, 그 소명이 관철됨으로써 '사회'는 자본가의 것이 된다. 아니, 사회가 자본가로 된다. 신-G′의 명령과 일체화된 자본가는 자신과 사회를 소유 관계나 포함 관계가 아니라 등호로 합치되는 등질적이며 등가적인 관계로 일체화시킨다. 사회는 자본

---

18. 폴 라파르그, 『자본이라는 종교』, 70~1쪽.
19. 폴 라파르그, 『자본이라는 종교』, 70쪽.

가에 의한 부분적 잠식을 넘어 온통 침탈되고 끝내 사회는 자본가로 된다. 자본가로서의 사회, 사회라는 축적기계. 신성한 후광 두른 자본가와 더불어 사회 또한 그 후광을 동시에 함께 두른다. 맑스의 사회, 거대한 상품의 집적 체로서의 사회가 신-G'을 향한 제의종교적 페티쉬의 성스러운 회당일 때, 사회는 그 자체로 자본가의 소명으로서 관철되며, 사회적 덕성의 기율은 자본가의 사적 이익으로서 주재된다. 우리들의 사회가 그래도 되는가라는 의문과 의구, 결코 그래선 안 된다는 대항감각은 이른바 '도덕'에 의해 보상·위무·봉합·무마된다. 자본가에게 도덕은 기술, 곧 축적의 기술이자 신의 언술이며, 그런 한에서 도덕은 신-G'이 나투어진 자본가의 매개를 통해 편재하는 성자-잉여가치의 재생산력이 된다. 그때 사회란 무엇인가. 이른바 스펙타클-사회, 곧 '사이비 신성체'로서의 사회이다. 이 용어는 사회라는 거대한 상품의 집적체를 막대한 스펙타클의 현신으로 재인지하는 기 드보르G. Debord의 것이며, 포이어바흐L. Feuerbach의 『기독교의 본질』에서 발원한다. 말하자면 포이어바흐에 관한 드보르적 테제로서의 사이비 신성체 비판. 무엇이든 언제든 묶고 풀 수 있는 화폐, 맑스가 말하는 '성스러운 끈'이자 '현실적 신'으로서의 화폐와 같은 분리/매개의 권력으로서의 스펙타클 또는 '스펙타클의 사회'는 삶의 가상적 활력의 구축을 통해 삶을 '관조'의 대상으로, 비-삶으로, 단순한 수단으로 전치·합성함으로써 스스로를 제1목적화/정당화하며, 그런 목적-수단의 유혈적 관계를 신성한 후광 속으로 합성·은폐함으로써 숨은 신의 일반공식적 축적의 게발트궤적으로서, 이른바 '불멸로 인도하는 종교적 원상복구'의 항구적 공정으로서 정립/유지된다.[20] 저 삼위일체교회의 목자로부터 시작된

---

20. '종교적 원상복구'는 벤야민의 개념이고, 그것의 통치론은 이 글 후반부에서 다뤄질 것이다. '사이비 신성체'의 지배력에 관한 드보르의 문장은 다음과 같다 : "스펙타클은 그 자신의 생산물이며, 또한 그 자신의 규칙들을 만들어냈다. 그것은 사이비 신성체이다"; "「포이어바흐에 대한 테제」에 요약되어 있는 기획(관념론과 유물론의 대립을 지양하는 실천을 통한 철학의 실현)과는 반대로 스펙타클은 유물론과 관념론의 이데올로기적 특징들을 보존하는 동시에 세계의 사이비 구체성 내에 부과한다. 세계를 활동이 아니라 표상으로 이해하는 ─ 그리고 궁극적으로 물질을 관념화하는 ─ 낡은 유물론의 관조적 측면은 스펙타클 속에서 성취되는데, 거기에서 구체적인 것들은 자동적으로 사회적 삶의 지배자들이 된다."(기 드보르, 『스펙

런던 대회는 신-G′의 말씀을 향한 익찬 또는 갈채, 신-G′이라는 갈채/독재 속에서 만장일치로 가결된 보고서를 채택했고, 라파르그는 그 보고서를 힘들게 입수했다면서 본격적으로 해부하기 시작한다.

기적의 수단, 구원적이면서 살인적인

라파르그는 런던 대회의 그 보고서가 '완벽한 종교적 체제'로 되어 있다고 썼다. 아니나 다를까, 그 보고서는 「노동자들의 교리문답: 일상생활 지침서」, 「자본가들의 성무일도서」, 「자본가들을 위한 기도」, 「사도신경」, 「기도문」의 순서로 되어 있다. 그런 종교적 체제, 봉교와 성사의 순서는 런던 대회가 채택한 보고서의 형식이면서 동시에 자본의 일반공식, 무한히 자기증식하는 신-G′을 정립하고 유지하는 변증-법적 폭력공정의 연쇄이기도 하다. 예컨대 「노동자들의 교리문답」은 이렇게 시작한다. "문: 이름은? / 답: 임금 노동자입니다. / 문: 부모는? / 답: 아버지는 임금 노동자라고 불리며, 어머니 이름은 가난입니다. ⋯ 문: 종교는? / 답: **자본-교**입니다. / 문: 그대의 종교가 명하는 일반적 의무는? / 답: 기본적으로 두 가지입니다. 먼저 체념의 의무입니다. 두 번째, 노역의 의무입니다."[21] '자본-교'가 부과하는 의무로서의 체념 속에서, 임금노동자라는 이름을 가진 인간은 당장의 삶을 가능한 삶의 최대치로 확정받고 판결 받는다. '당신의 신은 누구인가?'라는 물음에 '자본'이라고 답하는 임노동자는 고통을 견디며 참고 살 의무, '궁핍의 의무'를 진다. 더불어 자본이라는 종교는 임금노동자에게 항상 스스로의 노동을 상품으로 팔도록 명령하며, 그 대가로 받은 임금을 합법적이고 정당한 이자로 축적하는 자본에게 재양도하길 명한다. 그럼으로써 자본-교는 임금노동자에게 '국부의 증가'

타클의 사회』, 이경숙 옮김, 현실문화, 1996, 단편 25; 216) '사이비 신성체' 개념은 이 책 I부 세 번째 글과 II부 두 번째 글 속의 구체적 정세들과 함께 다시 언급될 것이다.
21. 폴 라파르그, 『자본이라는 종교』, 51쪽.

라는 공적인 목적을 '사회'의 사적 축적을 위한 또 하나의 이데올로기적 의무로 부과한다. 그렇게 명령·부과·판결할 수 있는 힘의 원천 혹은 원리가 기록되어있는 것이 「자본가들의 성무일도서」이다. 자본가들의 일상적 봉교를 위한 참고서이자 지침서인 그 성무일과의 기도서는 독립적이면서도 순차적인 장들, 곧 '신-자본의 본질', '자본의 선민', '자본가의 의무', '잠언', '최후의 말'로 편성되어 있다. 자상하고 세세한 어투로 말씀하는 '성무일도서' 속의 신-G'은, 자신의 권능에 시시때때로 머리 조아리며 그 권능을 시시각각 읊조리는 경건한 '선민' 자본가에게, 곧 실제로는 나이가 같고 둘이 한 몸인 성자 자본가에게 절대적인 빛이요 후광어린 길이 되어 준다. 그 빛나는 길 위에서 밝혀지는 '신적인 자본'의 본질은 다음과 같다.

> 언제 어디서든 그대의 신, 자본의 말씀에 귀 기울여라. / 나는 인간을 잡아먹는 신이다. 나는 방앗간, 공장, 광산, 들판의 의자에 앉아 노동자들을 먹고 산다. 나는 그들의 핵심을 신적인 자본으로 변형시킨다. 나는 풀리지 않는 수수께끼이다. … 나는 문명화된 세계의 헤아릴 수 없는 정신이다. 내 몸은 무수한 형태를 하고 있으며, 다양하다. 나는 사고파는 모든 것 속에서 살며, 구석구석 스며들어 있다. 나는 모든 품목의 상품 속에서 활동한다. 나 말고 별도의 존재를 가진 것은 아무것도 없다.[22]

맑스 독자로서의 라파르그. 삶·생명·인간을 잡아먹는 육식적 신-자본은 노동자의 핵심을 신-자본 자신으로, 곧 '신적인 자본'으로 변형시킨다. 그 신의 선민인 자본가에게 노동자의 핵심은 그 노동자가 판매하는 '노동력 상품'이 겠지만, 맑스/라파르그에게 그 핵심은 노동자의 피, 살, 심장이다. 성무일도서 안의 신-G'은 말한다. "자본가는 노동자의 땀 한 방울까지 자본으로 결정화시킨다. 단, 자본으로 전환되기 전에 사람은 먼저 상품이 되어야 한다."[23] 다시,

---

22. 폴 라파르그, 『자본이라는 종교』, 63쪽.

상품이라는 신비. 맑스의 용어로는 '기적의 수단', 라파르그의 말로는 '기적 같은 상품'. 맑스/라파르그는 신-G′이 '세계의 헤아릴 수 없는 정신'이 되려는 데에서, 곧 세계의 거울이 되려는 데에서, 다시 말해 삶의 형태를 신성한 후광의 축적기계 속으로 일괄 합성하는 절대의 정신이 되려는 데에서 자본-교의 본질을 본다. 그 본질을 실제로 관철시키는 힘, 그럼으로써 그 본질을 압축적으로 표현하고 있는 것이 상품이다. 신적인 자본은 사고파는 모든 것, 모든 품목의 상품에다가 자신의 몸을 나툰다. 나튀진 신의 몸으로서의 상품-물신이 G−W−G′이라는 무한궤도를 전진시키는 힘이다. 그렇게 전진하는 무한궤도 안의 G′은 G′ 자신 외에 별도의 존재를 가진 것이 아무것도 없는 상태의 창출로서만, 다시 말해 G′ 자신이 나튀진 몸으로서의 상품 − 나튀진 성령적 신체로서의 상품, 물신이 된 상품, 기적 같은 신비한 상품) − 아닌 것이 없는 세계의 제작으로서만, 그러니까 세계에 대한 G′ 자신의 순수한 석권 상태의 항구적 재생산으로서만 자기증식할 수 있으며, 그런 한에서만 자유자재自由自在할 수 있다.

그렇게 G′의 절대적 군림은, G′의 힘 곧 G′의 증식이 자기증식으로 관철되는 데에서 발원하며, 바로 그 자기증식의 힘에 의해서 G′이 다른 힘들에 굴종해야 할 필요성과 불가피성이 일소된 상태로부터 연원한다. G′의 그 상태, 그 게발트의 가장 순수한 형태가 '이자 낳는 자본', 곧 군림하는 자본의 왕, 금융자본이다. 이른바 G−G′. 다시 말해 원상복구적/자기환류적 G−W−G′의 단축이자 '간결체', 그 자기환류/자기증식의 최고속도이자 최저비용. G−G′은 G−W−G′의 매개적 동력으로서의 상품, 곧 G′의 소명을 봉행하는 성령적 신체로서의 상품의 생산·유통·판매에 대한 저항적 힘들(총파업·교란·자주관리·불복종)의 발생에 대해, 곧 신-G′을 겨냥한 신성모독적 반-신反-神의 힘들에 대해 신-G′이 응대하는 반작용의 양태이자 자기 변용의 양식이다. 신-G′은 G−G′이라는 자신의 간결한 변이형을 통해 상품을 둘러싼 위험하고 위

---

23. 폴 라파르그, 『자본이라는 종교』, 75쪽.

태로운 비용들을 제거함으로써 군더더기 없는 자기 권위의 맨얼굴과, 자기증식의 안전을 향한 자신의 순수 욕망을 보다 선명히 대면·인지한다. 신-G′은 G-G′이라는 자신의 간결체를 통해 저 비용들 또는 피와 오물들을 덮어쓴 자신의 온몸을 산뜻하고 말끔하게 치장·일신시킨다. 중간단계로서의 상품을 생략한 신-G′은 이제 복리로 쌓이는 고율의 이자를 말하며, 보장자산을 말하고, 불안과 위기와 걱정을 말하며, '생명과 안전을 위하여'라고 말한다. 그 말, 그 말씀과 함께, 그 로고스-이데올로기 속에서 성령적 신체로서의 상품생산의 주된 경향이 변한다. 다시 말해 신-G′의 영혼, 곧 성령은 이제 '신용'이라는 상품에 깃든다. 비물질적 신용으로의 물신의 자기 갱신 또는 변신. 라파르그가 공개한 런던 대회 보고서 속의 「사도신경」에서 인용한다:"몸과 마음의 지배자, **자본**을 저는 믿나이다./그 외아들 우리 주 이익과, 성령으로 인하여 잉태되어 나신 신용을 믿으니, 둘 다 **자본**인 주님에게서 나시고 **자본**인 주님과 한분이시나이다."[24] 기적의 수단, 그 신적 위격에 일어난 변화를 살펴보게 된다.

　신-G′의 사도, 자본가. 삼위일체를 향한 그의 믿음이 고백되고 있는 위의 「사도신경」 혹은 사도신조使徒信條에서 삼위일체는 어떻게 드러나고 있는가. 1) 자본이라는 성부. 2) 그의 외아들, 독생자 주-잉여가치. 3) 나이가 같고 실은 한 몸인 그 부자의 신성/성령으로 잉태되고 태어난 신용. 이 신용과 잉여가치는 둘 다 '자본인 주님'에게서 났으며, 둘 다 신-G′과 한 몸이다. 사도 자본가는 그렇게 다시 한 번 삼위일체의 G′을 향해 경배를 바친다. 「사도신경」 속의 신용론/성령론은 자본-교의 본질을 설명하는 신의 다음과 같은 말을 삼위일체론 속에서 다시 재현한 것이었다. "사람들은 내 몸을 보고, 느끼고, 냄새 맡고, 맛보지만 내 영혼은 에테르보다 더 섬세하다. 하지만 오감으로는 도무지 오리무중이다. 내 영혼은 신용이다. 그것이 모습을 드러내기 위해서는 손에 잡히는 아무런 몸체도 필요로 하지 않는다."[25] 자본의 일반공식의 간결

---

24. 폴 라파르그, 『자본이라는 종교』, 91쪽.

체 G—G′에서의 G′은 오감으로 인지되는 상품이 아니라 오감으로는 도무지 알아차릴 수 없는 신용으로 자신의 신성한 몸을, 자신의 섬세한 영혼을 나툰다. 성령으로서의 신용은 더 이상 가시적이고 물질적인 몸체를 필요로 하지 않는다. 다시 말해 신용은 G—G′에서의 G′을 안전하고 완전하게 실현하기 위해 상품이나 화폐 같은 물질적 몸체들을 필요로 하지 않는다. 신용은 그런 물질적 몸체들을 신용 자신의 권능을 제약하고 한계 짓는 구속복으로 느끼며, 그런 구속복을 찢어 벗어버림으로써만, 그런 구속적 한계상태를 철폐하고 초월함으로써만 G′의 자기증식적 게발트로서 봉교할 수 있음을 안다. 삼위일체의 신-G′은 자신의 영혼을 신용에 깃들임으로써, G—W—G′에서 발생하는 곳곳의 위험들·장애들·버그들·바리케이드들이 걷어치워진 G—G′으로의 경향적 이행을 성황리에 완수한다. 이자 낳는 자본의 힘, 그 경향적 인도력이 신의 한 위격으로서의 성령/신용에서 발원하는 중이다. 자본축적의 공정을 바로 그런 G—G′으로 묘사함으로써 신용의 신성을 최초로 설명할 수 있었던 사람들, 그들이 중상주의자였다. "G—G′, 즉 '화폐를 낳는 화폐', 이것이 자본의 최초 해설자인 중상주의자들의 입을 통해 나온 자본의 묘사다."[26]

근대 은행업의 내용과 형식에서 하나의 원형으로 회자되는 암스테르담 은행Amsterdamse Wisselbank, 1609-1819이 금과 은의 국가적 관리, 보호무역, 관세정책, 세금환불, 수출장려금 같은 중상주의자들의 정부개입 전략 속에서 흥기했음은 알려진 사실이다. 그들 중상주의자들은 대개 정부 관료이거나 자본의 운용자였으며, 그런 한에서 중상주의는 정경유착 및 대자본가들의 배타적 축적 기획과 연루되어 있었다. 그렇게 중상주의가 부자들과 소수 권력자들을 위한 산업에만 골몰할 뿐 빈곤한 이들을 위한 산업을 억압함으로써 이른바 국부Wealth of Nations의 '경제'를 위한 '자연적 자유'를 심각하게 침해한다고 했던 건 애덤 스미스A. Smith, 다시 말해 발흥하고 진전 중이던 중소

---

25. 폴 라파르그, 『자본이라는 종교』, 64쪽.
26. 칼 마르크스, 『자본론』 1권, 193쪽.

자본가들의 활동을 옹호하기 위해 자본의 자유의 정당성을 논구하던 애덤 스미스였다. 이렇게 묻고 답하자. 자본의 순환을 G—G′으로 처음 묘사했던 그들 중상주의자들, 오늘 여기서 그들은 누구이며 어떤 힘인가. 그들은 다름 아닌 신-G′의 한층 순수해진 사제들이며, 그런 사제적 사목의 벡터 위에서 '축적하라, 축적하라! 이것이 모세며 예언자다!'라는 명령을 반복한다. 그 반복, 그 명령적 로고스의 반복되는 하루는 신-G′을 향한 기도의 일과이자 미사의 절차로 존재한다. 신-G′과 하루에도 거듭 만나는 성무일도, 시간전례^{時間典禮}. 신-G′을 향해 모든 이들이 매일 정해진 시간에 맞춰 봉행하는 기도로서의 성무일도iuxta ritum romanum, 신적 질서-법의 항시적인 수호. 초대송, 독서 기도, 아침 기도, 삼시경, 육시경. 구시경, 저녁 기도, 끝기도. 다시 말해 하루의 시간, 거듭될 하루들의 연장 속에서 시시각각 신과 접촉하기 위한 신성한 절차, 성^聖-정치. 성무일도는 기도하는 이의 입술에 성호를 그으며 "나의 주여, 내 입술을 열어주소서. 이 입으로 주를 찬양하리이다"(「시편」 51:15)라는 도입 구절로 시작한다. 저 중상주의자들의 말씀의 경제, 중상주의라는 사제들의 유혈적 테제가 바로 그런 성무일도의 나날들 속에서 구동된다. 그들은 각 시간경을 "주님, 너그럽게 보시고 나를 건져 주십시오. 주님, 빨리 나를 도와주십시오"(「시편」 70:1)라고 독송함으로써 구제와 구원으로서의 축적을 간구한다. 그 '구원'은 최종해결적 '살인'과 등가적이며 등질적이다. 무슨 말인가.

'화폐를 낳는 화폐', 삶의 구원을 낳는 축적의 순수한 공정·공식으로서의 G—G′. 다시 말해 특정한 매개 없이 직접적으로, 특권적 매개 없이 삶의 모든 시간과 형태가 성자-잉여가치를 낳게끔 인도하는 화폐의 신적 게발트. 이는 '내 영혼은 신용이다'라는 신-G′의 저 말씀과 함께, 런던 대회의 보고서가 채택되기 전에 그 대회의 단상에 올라 분분했던 여러 논쟁들에 마침표를 찍었던 '통계학자 말록'의 발언에 대한 갱신과 초월에 결속되어 있다. "그는 도처에 임재합니다. 자본은 전 세계가 알고, 보고, 냄새 맡고, 맛보는 신입니다."²⁷ 자본의 임재parousia, 신-G′의 편재. G—G′은 그렇게 전 세계가 오감으로 인지할 수 있는 상품에 대한 해체와 재구축의 과정/소송으로서, 가시적·감각적·

물질적 축적의 기적적인 수단으로서의 상품이 가진 제약성을 초월하는 다른 성령으로서, 비가시적·비물질적이므로 순수하게 편재적일 수 있는 축적의 신적인 힘으로서, 삶-세계의 모든 시공간적 형질을 인도하고 재편성하는 절대적/신적 인지의 척도이자 지도로서, 신적 게발트실천의 반석으로서 재정립된다. 세계를 관장하고 주재하는 세계의 순수한 거울이자 저울, 세계를 비추는 절대의 법의 정신으로 자기갱신하는 신-G′의 일반공식, 그것이 G—G′이다. 통계학자 말록의 저 말 속에서, 그 말을 경향적으로 인도하는 편재적 신의 게발트를 향해, 통계라는 성사의 앎을 향해, 통계-결산의 그 유혈적 본질을 향해 제기되고 있는 비판은 다음과 같다. "지식이 갖는 구원적이면서 동시에 살인적인 성격에 관한 교리와 자본주의의 연관관계 : 즉 구원적이면서 해치우는 [끝장내는] 지식으로서의 결산."[28] 대차대조의 분류, 위계적 좌표화 또는 위험의 비용에 대한 계측·집계·통계화로 관철되는 결산Bilanz이라는 지식. 곧 통치성의 정당성을 조달하는 동력으로서의 지식-권력. 통계학자 말록이 축적의 성무일과 속에서 세계의 거울이자 법의 저울로 현신하는 신-G′의 힘을 결산적 지식으로 집전함으로써 축적의 피의 왕이자 신-몰록Moloch과 한 몸이 되는 과정이 그와 같다.

빈곤과 은총

축적을 위한 간구, 그 기도의 본질을 라파르그의 「노동자의 교리문답」에서 찾을 수 있다. 답하는 이는 노동자이며, 노동자라면 모름지기 그 교리문답이라는 형식적 배려 속에서 종교로서의 자본에, 철칙으로서의 노동에 순응하는 법을 배우고 익힐 것이었다. "문 : 그대의 종교["자본-교"]는 그대가 어

---

27. 폴 라파르그, 『자본이라는 종교』, 34쪽.
28. 발터 벤야민, 「종교로서의 자본주의」, 『발터 벤야민 선집』 5권, 최성만 옮김, 길, 2008, 126쪽.

떤 기도자가 되기를 권하는가? / 답 : 저는 말로 기도하지 않습니다. 저의 기도는 노동입니다. 그것이 이익이 되는 유일한 기도입니다. 그것이 **자본**을 기쁘게 하고 잉여가치를 낳는 유일한 기도이기 때문입니다."[29] 신의 사제들이 권장하고 장려하는 저 기도-법이란 무엇인가. 말로 기도하지 말라는 것, 기도가 노동이어야 한다는 것, 오직 신-G′의 아들 성자-잉여가치를 낳는 노동만이 성무일도의 법에 최적화된 시간으로 허가된다는 것, 그런 노동으로서의 기도만이 삶의 유일한 형태이며 그 유일성이 자본-교의 철칙이자 교리를 규정한다는 것.

노동은 기도로서 노동자에게 성스러운 의무로 부과되는 것이었다. 그 의무는 삶이 끝장나고 있다는 매번의 느낌, 매순간의 삶의 종말감終末感을 견디며 궁핍하게 살아가야 할 당위이다. 가족 및 자식들과 관련해 자본-교가 부과하는 의무는 사회에 짐이 되지 않도록 어렸을 때부터 노동을 '신성한 원리'로 주입하는 것이었다. 이어지는 문답은 이렇다. "문 : 사회와 관련한 의무는? / 답 : 국부의 증가입니다. — 먼저 저의 노동을 통해, 다음으로는 저의 저축을 통해서입니다. … 문 : 그대의 신은 누구인가? / 답 : **자본**입니다. / 문 : 그 신은 태곳적부터 존재했는가? / 답 : 우리의 가장 박식한 대사제들, 공식적인 정치경제학자들의 말에 따르면 세계의 창조 이래 존재합니다."[30] 자본-교는 사회를 위한 국부의 증가를 노동자에게 의무로 부과하지만, 국부의 증가는 사회의 파산 수속을 통해서만 가능하므로, 부과된 그 의무는 그 의무의 파기 및 실패를 통해서만 수행될 수 있는 모순 속에 있다. 그런 한에서 자본-교의 교리dogma, 그 가능성의 조건은 실은 그 교리의 딜레마 속에 있다. 그런 자가-충돌하는 모순의 상태를 신성한 후광으로 분식하고 마감질하는 교의학 dogmatics, 그것이 정치경제학이다. 신-G′의 태초, 신-G′의 세계 창조를 논증·보증하는 공식적 앎으로서의 정치경제학, 유혈적 교리학. 다시 말해 신-G′의

29. 폴 라파르그, 『자본이라는 종교』, 57쪽.
30. 폴 라파르그, 『자본이라는 종교』, 54쪽.

교리를 논구하는 정치경제학이라는 신학, 신-자본을 향해 고양되는 신학자로서의 정치경제학자. 그들이 시시각각 신-G′과 만나기 위한 절차, 곧 노동자들에게 항구적인 노동으로서의 기도를 부과하기 위한 그들 정치경제학자들/신학자들의 성스러운 일정·일정표가 저 성무일도인 것이다. 이는 제의종교로서의 자본주의의 나날들에 대한 다음과 같은 문장들 속에서 런던 대회의 보고서가 향하고 있는 최종목적으로서의 축적과 합치된다: "자본주의는 꿈(희망)도 자비도 없는 제의를 거행하는 일이다. 그 속에는 '평일'이라는 것이 없고, 모든 성스러운 치장의 의미, 경배하는 자의 극도의 긴장이 펼쳐지는 끔찍한 의미에서의 축제일이 아닌 날이 없다."[31] 성스러운 가상의 유혈적 힘으로서의 축제일, 자본의 제의를 집전하는 런던 대회 보고서, 그 성무일도서는 「기도문」으로 자신의 종교적 편재를 마무리한다. 무엇에 대한 기도이며 누가 기도하는가. 신-G′의 선민, 곧 자본가가 기도하며, '빈곤'Miseria을 위해, 빈곤이라는 천사, 극빈極貧이라는 성모를 향해 기도한다.

그대에게 인사드립니다. 오 빈곤이여! 은총으로 충만한 그대여. 그대는 노동

---

31. 발터 벤야민, 「종교로서의 자본주의」, 122쪽. 축적의 성만찬의 근저, 곧 신성한 노동의 의무를 수행하는 '피와 살과 심장'. 그 노동이 거부될 때, 다시 말해 그 기도의 신성을 모독할 때 임금노동자는 신-G′에 의한 성스러운 폭력의 시간을, 신성한 파문의 시간을 맞는다. 「노동자들의 교리문답」에는 다음과 같은 문답 하나가 들어있다. "문: 그대의 신은 그대를 어떻게 벌하시는가?/답: 할 게 없는 상태로 만드는 벌을 내리십니다. 그 순간부터 저는 파문당합니다."(57쪽). 신-G′의 벌, 실업상태 또는 사회의 실업률이라는 신적인 파문의 위협과 공포를 동력으로 하는 런던 대회의 보고서, 그것은 신-G′의 자기증식적 편재 속으로 삶을 합성시키는 오늘의 성무일도서이다. 파문 이후, 「노동자의 교리문답」은 노동자의 비참한 희망으로 끝난다. "문: 사후에 보상으로 특별히 바라는 것이 있는가?/답: 제가 죽은 후 자본은 제가 몸을 누이고 쉬는 것을 허락할 것입니다. … 저는 무덤의 영원한 평화를 즐길 것입니다."(59쪽) 노동자의 신, '신적인 자본'은 죽은 노동자의 무덤 속 평화마저 허락하지 않는다. 노동자는 죽어서도 노동한다. 죽어서도 봉교한다. 신적인 자본이 다음과 같이 말하고 행하기 때문이다. "나는 내 좋을 대로 낳고 거두어들인다. 나는 내 행동에 대해 설명하지 않는다. 나는 전지전능하며, 산 자와 죽은 자의 유일한 통치자이다."(65쪽) 무덤에서도 기도함/노동함으로써 자신에게 봉헌할 것을 명하는 신-G′. '산 자와 죽은 자의 유일한 통치자'가 가진 그 전능함, 그 항구적/항시적 무한궤도는 죽음 이후의 시간조차 노동의 시간으로 남김없이 합성한다.

자들을 억누르며 복속시킵니다. 그의 위장을 영원한 허기로 괴롭히고, 한 조각 빵을 위해 목숨과 자유를 팔도록 저주 내립니다. 반역의 정신을 꺾어버립니다. 그리고 생산자에게, 그의 아내와 자식에게 공장, 제분소, 광산이라 불리는 자본주의의 감옥에서 평생의 중노동을 봉헌케 합니다. 복 받은 빈곤에 축복 있기를!/자본주의적 이익을 낳는 성모 마리아여, 우리에게 비천한 임금노동 계급을 허여하신 무시무시한 여신이여, 축복받으소서./다정한 성모여, 잉여 노동의 산모여, 금리를 낳는 이여, 우리와 그들을 돌보아주소서./아멘.32

빈곤의 상태, 그것은 신-G′의 '은총'으로 충만한 시공간이다. 빈곤의 은총, 빈곤이라는 천사의 성총에 의해 '반역의 정신'은 꺾어지고, 평생의 삶은 노동이라는 기도의 성사 속에서 계약·양도된다. '복'과 '축복'은 빈곤의 것이지 그들 노동자들의 것이 아니었다. 선민들의 기도-법이라고 해야 할 런던 대회 보고서의 그 「기도문」Ave Miseria은 '아베 마리아Maria'가 아니라 '아베 미세리아'였다. 아니, 마리아와 미세리아가 동렬에 놓이고 등치되는 것이었다. 마리아로서의 미세리아, 빈곤이라는 마리아. 빈곤은 노동계급을, 그들의 잉여노동을, 잉여가치를, 금융이자를, 줄여 말해 신-G′의 자기증식 운동을 분만하는 성모이자 산모이다. 분만하는 이 성모의 게발트, 그 성스러운 신비는 자본의 일반공식 및 그 간결체 G-G′과 동렬에 놓이고 등치되는 것이었다:"가치는 끊임없이 번갈아 화폐와 상품의 형태를 취하면서 그 크기 자체를 변화시키며, 원래의 가치로서의 자신으로부터 잉여가치를 내뿜으면서 자기 자신을 증식시키는 것이다. 왜냐하면, 가치가 잉여가치를 낳는 운동은 가치 자신의 운동이고, 따라서 가치의 증식은 자기증식이기 때문이다. 가치는 그 자체가 가치이기 때문에 가치를 낳는다는 신비로운 성질을 가졌다. 가치는 살아 있는 자식을 낳거나 또는 적어도 황금의 알을 낳는다."33 무슨 뜻인가.

---

32. 폴 라파르그, 『자본이라는 종교』, 93쪽.

G—G′이 '화폐를 낳는 화폐'의 힘과 그 힘의 과정/소송을 뜻하듯, 증식하는 성부로서의 자본은 성자로서의 잉여가치를 낳고 황금의 알을 낳는다. 「기도문」은 G—G′의 그 분만 과정이 항구적인 빈곤의 의무를 생산하며, 그런 빈곤의 영속화 위에서만 성공할 수 있음을 표현한다. 온갖 상품들의 풍요로서, 모든 것의 가차 없는 교환형식화로서, 빈곤과 풍요의 모순적 이접으로서 '도처에 임재하는' 신-G′, 다시 말해 자기증식하는 G′, 외부를 배제의 형식으로서만 포섭함으로써 순수하게 자기유래적일 수 있는 G′의 편재적 신비, 그 폭력적 '천수천족수'千手千足獸의 경제는 궁극적으로 삶의 도탄을 향해, 곧 삶의 파탄을 향해 진행되는 중이다. 런던 대회의 보고서에 라파르그가 「최후의 말」이라는 장을 삽입한 까닭이 거기에 있다. 그 장에는 신-G′의 운동을 정지시키는 힘으로서의 '자연', 다시 말해 '지고의 주인으로서의 자연'에 대한 문장들이 들어있는바, 그것은 「기도문」의 저 분만하는 성모/산모를 전위시키는 맑스의 '산파'Geburtshelferin와 결속되며, 벤야민의 '종교로서의 자본주의' 테제와 용접되어있는 '총체적 무상함의 자연' 곁에서 비교된다. 게발트/산파, 지고의 주인으로서의 자연, 메시아적 자연의 리듬. 맑스-라파르그-벤야민. 다시 말해 자본의 성무일과에 대한 신정정치 비판의 사상적 계보, 또는 재정의된 제헌적 게발트의 발현사. 그 사상연쇄 또는 변이생성의 옹호를 위해 먼저 「종교로서의 자본주의」의 안팎을 읽어보기로 하자.[34]

---

33. 칼 마르크스, 『자본론』 1권, 193쪽.
34. 그런 변이생성의 옹호를 위한 '방법'으로서의 '사상사'에 대해 언급하게 된다 : "우리는 그 사상이 도달한 결과라는 것보다도, 오히려 그 출발점, 잉태되는 시점에서의 엠비벨런트(ambivalent)한 것, 다시 말해 어느 쪽으로 갈 것인지 알 수 없는 가능성, 언제나 그런 것에 착안하는 것이 필요합니다. … 사상이 창조되는 과정의 엠비벨런트한 지점에 착안한다는 것은, 어떤 사상의 발단에서 혹은 그것이 충분히 발전되기 이전의 단계에서, 거기에 담겨 있는 여러 가지 요소, 그것이 지니고 있는 바의, 어떤 방향으로도 갈 수 있는 가능성, 그런 점에 착안하는 것입니다."(마루야마 마사오, 「사상사를 생각하는 방법에 대하여 : 유형, 범위, 대상」, 『충성과 반역』, 박충석·김석근 옮김, 나남, 1998, 400쪽) '방법'을 제목으로 한 다른 몇몇 글들과 삼투될 수 있을 이 엠비벨런트에 대한 사고, 곧 사상사의 방법은 다음과 같은 문장들에 의해서만 촉발·지지·전개될 수 있는 것이었다. "마치 '굴'이 배 밑창에 들러붙듯이, 사실에 찰싹 달라붙는 것에만 관심이 있는 사람, 혹은 대상에 촉발되어 자신의 이미지네이션을 고양시키

호모 슐탄스 : 살아 있는 것들과 신-G′의 마성적 연루

맑스는 자본가의 진정한 목적을 두고 '끊임없는 이윤추구운동'이라고 적
었다. 이와 관련해 라파르그는 「자본가의 성무일도서」에서, 자본가의 의무
가 노동자의 고유한 지력과 재간을 탈취해 '영원히 운동 중인 기계'로 이전시
키는 것이라고 쓴다. 끊임없는 추구, 영원한 운동의 그 항구성 혹은 내구력
이 신-G′이라는 자기증식하는 신성의 자질이다. 이윤을 향한 그 항구적 운
동-기계가 축적하라는 명령으로서의 모세/예언자에 의해 인도·사목되고 있
었음은 앞서 말한 대로이다. 목자 모세의 사목을 따라 영원히 운동 중인 축
적-기계를 표현하려는 벤야민의 키워드, 그것이 '자본주의라는 종교운동'이
다. 다시 말해 종교로서의 자본주의, 그것은 4개의 특성을 갖는다. 첫째, 자본
주의는 '순수한 제의종교'이다. 저 성무일과의 절차로 예시될 수 있을 의례 혹
은 전례를 통해서만 구동되는 종교, 그것이 자본주의다. 둘째, 그 제의종교는
'영원한 지속성'을 통해서만, 곧 자본주의라는 종교 ― 라파르그의 용어로는
'자본-교' ― 를 향한 지치지 않는 경배를 통해서만, 극한의 봉교가 거부할 수
없는 축제의 나날들로 수행되는 끔찍한 생명상태의 항구적 재생산을 통해서
만, 다시 말해 신-G′으로 시시각각 실현되기 위한 기계적 성무일과의 톱니에
피와 살과 심장이 물리고 찢기는 시간의 정립과 유지를 통해서만 스스로를
증식할 수 있는 축적체제이다. 종교로서의 자본주의, 그 세 번째 특성은 사고

는 것에 완전히 불감증인 사람은 사상사로 향하지 않습니다. 그러나 또 그와는 반대로, 사료
에 의한 대상적인 제약, 역사적인 대상 그 자체에 의해 틀지어지는 것의 엄격함을 견뎌낼 수
없는 그런 '로맨티스트'나 '독창' 사상가 역시 사상사로 향하지 않습니다.… 역사에 의해 자신
이 구속된다는 것과 역사적 대상을 자신이 재구성한다는 것의, 이른바 변증법적인 긴장을
통해서 과거의 사상을 재현해 냅니다. 그것이 사상사의 본래 과제이며 또 재미있음의 원천이
라는 식으로 저는 이해하고 있습니다."(396-7쪽) 잉여가치의 성무일과적 자기증식에 대한 인
지와 비판의 공통성을 활성화시키려는 여기서의 작업은 저 '사상사의 본래 과제'를 실패로서
시도해 보려는 의지를 뒤따른다. 마루야마적 방법으로서의 사상사는 '사실사'(事實史)라는
이름의 통념적 고증이나 훈고가 아니며, 과거의 사실을 자기 논리의 전개를 위해 수단화하
는 '사상론'(思想論)의 독점적 소유물도 아니다. 그러므로 문제로 되어야 하는 것은, 사상을
구성하고 있는 잠재력의 질적 문턱을 '발전가능성'의 벡터로 인지·조형해가는 일일 것이다.

를 촉발한다.

[①] 세 번째 특성은 이 제의가 빚을 지게 한다는 점이다. 자본주의는 추측건 대 죄를 씻지 않고 오히려 죄를 부과하는 제의의 첫 케이스이다. 이 점에서 이 종교체제는 운동의 엄청난 추락과정 속에 있다. 죄를 씻을 줄 모르는 엄 청난 죄의식은 제의를 찾아 그 제의 속에서 그 죄를 씻기보다는 오히려 죄 를 보편화하려고 하며, 의식에 그 죄를 두들겨 박고, 결국에는 무엇보다 신 자신을 이 죄 속에 끌어들임으로써 신 자신도 속죄에 관심을 갖도록 만든 다.…[②] 자본주의라는 종교운동의 본질은 종말까지 견디기, 궁극적으로 신 이 완전히 죄를 짓게 되는 순간까지, 세계 전체가 절망의 상태에 도달할 때까 지 견디기이다. 그것은 이러한 절망의 상태를 희망하고 있는 것이다. 종교가 존재의 개혁이 아니라 존재의 붕괴인 점에 바로 자본주의가 지닌 역사적으 로 전대미문인 요소가 있다.[35]

극단적인 제의종교로서의 자본주의가 어떻게 항구적인 것으로 지속될 수 있는가에 대한 하나의 답변이 ①이다. 그 제의, 곧 신-G′을 향한 성무일과 의 그 의례는 빚이 탕감되지 않게 하며, 죄를 씻을 수 없게 한다. 종교로서의 자본주의 속의 모든 사물과 사람은 죄의 상관물이자 채무의 당사자이다. 그 렇게 항구적으로 누적되고 적층되는 빚과 죄의 그 영속화가 자본주의라는 종교운동의 동력이다. 그러하되, 쌓여가는 죄와 빚의 무게·하중으로 자본-교 의 운동은 '엄청난 추락과정'에 놓여있다. 종교로서의 자본주의의 신-G′을 봉 헌하는 생명, 그 생명에 편성하는 상환되지 않고 씻어지지 않는 죄/빚은 내면 화되고 내재화된 죄의식/부채의식으로 변형·고착되며, 그 생명은 그런 자신 의 죄의식/부채의식을 씻기 위해 다시 종교로서의 자본주의라는 숭배의 제 의를 찾지만, 그 제의는 죄와 빚을 씻어주기는커녕 오히려 죄와 빚을 보편화

---

35. 발터 벤야민, 「종교로서의 자본주의」, 122~3쪽.

하고 일반화함으로써 그 생명의 의식을 온통 죄/빚으로 채우고는 못질하는 것이었다. 그것은 하나의 순환, 악순환이며 하나의 무한, 악무한이다. 종교로서의 자본주의, 그 항구적 운동이 거대한 추락과정 속에 있다는 것은 그 운동이 바로 그런 악무한적 악순환 속에 있다는 것을 뜻하며, 그것은 벤야민적 공황론-몰락론, 또는 벤야민이 사고하는 이윤율의 경향적 저하법칙이라고 할 만하다. 종교로서의 자본주의가 숭배하는 신-G′, 그 자기증식적/유혈적 운동은 그렇게 죄/빚의 악순환과 악무한을 통해서만, 다시 말해 날마다 무거워지는 죄의식/부채의식으로 인한 막대한 추락의 나날들을 통해서만, 속죄 불가능한 죄와 탕감되지 않는 빚이라는 부정적·파산적·몰락적 힘의 가산을 통해서만 유지되고 재생산될 수 있다.[36]

그런 가산의 벡터궤적 위에서 죄와 빚에 의해 추동되는 자본주의라는 종교운동은 자신이 모시는 신-G′조차도 인간의 '죄-연관' 및 빚-연쇄 속으로 끌어들여 합성시키지 않고선 두 발로 서 있을 수 없는 체제이다. 삶의 행복과 후생과 지복 — 다시 말해 두터워지는 생명厚生, 복 위에 더해지는 복, 복지라는 지극한 복至福 — 의 육성·함양·원조·증진·부양의 기획들을 통해서 축적하는 여기, 그런 축적의 항시성을 위한 경제-법적 정상성normality으로서의 유연안정성flexicurity을 척도로 관철되고 있는 여기의 통치, 곧 유연성Flexibility과 안전성Security이 상보적으로 결합된 여기 통치이성적 시큐리티의 경향적 결정력 속에 계류되고 있는 오늘의 생명상태. 초헌법적 규제완화 기요틴 및 탈규제의 드라이브 속에서 여기의 자본주의가 취하고 있는 부채성장 혹은 부채

---

36. 탕감되지 않으며, 탕감되어선 안 되는 빚. 그 항구적 빚의 통치력을 '정치경제학 비판'의 관점에서 분석하고 있는 다음 한 대목은 컬트적 숭배·성사로서의 자본주의론 곁에 앞질러 인용되어야 한다 : "기존의 권력관계를 재생산하는 데 그치는 소득화폐와는 달리 자본화폐는 기존의 권력관계를 파괴하고 변형하여 새로운 권력관계를 창조하는 역할을 수행한다. 이 기능 때문에 화폐는 균등한 양들의 관계라는 단순한 교환경로가 아니라 서로 다른 역능의 양들, 차이의 잠재력들에 질서를 부여하고 명령하며 분배를 조직한다. / 부채경제에서 채무는 무한하고 영원한 것이 된다. … 채무는 단순한 수단이 아니라 체제의 원리로 내재화되었다. 인간의 실존 자체가 곧 채무로 된 것이다."(조정환, 「신용과 노동 : 화폐적 시초축적으로서의 부채체제와 노동의 이중화」, 『진보평론』 54호, 2012년 겨울, 57~58쪽)

주도성장debt-let growth — 신용주도 성장 혹은 금융주도 성장 — 을 신-G′이 상환 불가능한 빚과 속죄 불가능한 죄의 연관 속으로 합성되고 있는 구체적 예라고 할 때, 여기의 정부 '경제혁신 3개년 계획' 속의 주택담보대출비율LTV 및 부채상환비율DTI의 규제완화–기요틴–독재는 재건축 및 재개발 규제완화 및 안심전환대출을 통한 부동산 경기부양과 맞물려 오늘 이곳의 이윤이 다름 아닌 빚/죄의 체제를 항구적으로 가동시키는 전前–종말론적 힘으로 분만되고 있음을 뜻한다. 다시 말해 빚/죄의 일반화 또는 영구화. 이는 궁극적/구원적 모라토리움moratorium 또는 삶·생명의 완전한 면죄이자 탕감으로서의 희년禧年, year of Jubilee적 상황을, 그런 희년적 게발트의 발현을 항구적으로 유예·지연시키는 빚/죄의 설계자들·관리자들의 존재–신–론으로서 존재·기능한다. 오늘 이곳의 이윤을 낳는 빚/죄의 체제, 곧 빚/죄의 항구적 연관으로서의 성모·산모, 그러니까 빚과 죄 — 둘 모두 독일어 슐트Schuld로 표기되는 빚/죄 — 의 체제, 오늘 여기의 신-G′이 스스로의 분만과 탄생을 위해 연루·인입·합성되지 않을 수 없는 항시적 추락 및 몰락 과정으로서의 빚/죄의 체제. 그 체제는 상환redemption할 수 없는 빚/죄에 의해 구원redemption의 필요성이 항시적으로 창출되면서도, 그런 구원의 도래가 영원히 뒤로 연기되는 삶의 상태를 확대재생산한다. 말하자면 호모 슐탄스Homo Schuldans, 빚/죄의 코기탄스cogitans. 오직 빚짐과 죄지음의 동시성 또는 이중구속성이라는 프레임·프로젝트로써만 세계를 이해하는 인지협착의 코기토. 그런 생명의 상태가 자본주의라는 종교운동으로 자기증식하는 신-G′의 동인이자 산물이다.

그런 한에서, 그 거대한 추락·밑바닥·끝·종언으로의 길 위에 있는 자본주의라는 종교운동의 본질은 위의 ②에서처럼 '종말까지 견디기'에 다름 아니다. 종교로서의 자본주의는 자신이 모시는 신-G′이 최대의 빚더미에 올라앉게 될 때까지, 완전한 상환 불능에 직면하게 될 때까지, 그러므로 죄의 극한에 이르게 될 때까지, 축적의 제로 상태에 도달할 때까지, 다시 말해 그렇게 세계 전체의 절망·종말·붕괴·사멸이라는 파국적 모라토리움으로 걸어가는 그 길 위에서만 거듭 시작·수립·증식할 수 있는 것이다. 제의종교로서 자본의 일반공식은 그런 절망과 종말을 희망하는바, 그것은 그 종말과 절망이 구원의 필요를 생산하기 때문이다. 그 필요는 법을 갖지 않는다. 법 위에 군림하는 구원의 필요가 종교로서의 자본주의를 빚/죄의 정점에 이르기까지 지탱하는 반석이다. 저 모세적/사목적 매개의 일반공식 G—M—G'(신—모세—신')의 근원이자 목표이고 동력이자 산물인 죄—구원— 죄'이라는 무한 궤도로 빚/죄의 정점을 향해 가는 G—G'. 바로 그 정점에서, 급전직하急轉直下의 그 첨점에서 자본주의라는 종교운동은 존재의 개혁이 아니라 '존재의 붕괴'를, 존재의 갱신이 아니라 존재의 일소를 일반화한다. 그 점이 자본주의를 종교적 체제들의 역사를 통틀어 유일무이한 것으로 만든다.

붕괴를 통해서만 정립되며, 와해를 향해 감으로써만 증식하는 제의종교로서의 자본주의의 신-G'. 그 붕괴의 정점에서 신-G'의 절대적 권능은 무너진다. 그렇게 신은 죽을 것이다. 그런데 어떤가 하면, "신은 죽은 것이 아니라 인간의 운명 속에 편입되었다. … 자본주의라는 종교의 네 번째 특성은 그것의 신이 숨겨져 있어야 한다는 점, 그 신이 지은 죄의 정점에서 비로소 그 신의 이름을 부를 수 있다는 점이다."[37] 죽은 신이 아니라 숨겨진 신이라는 것. 신-G'은 인간의 '운명', 곧 '살아 있는 것의 죄 연관'으로서의 운명 속에 편입되고, 그 운명 속에 숨겨져 있어야만 자신의 절대적 권능을 지속할 수 있다는 것. 그러므로 숨겨진 신-G'이 빚/죄의 정점에 이른다는 것은 인간의 그 운명 속에 더 이상 숨겨질 수 없게 되는 신의 개시·판시·현시의 상황이 창출되고 있다는 것이며, 그 상황의 창출은 '나의 주, 위대하고 두려운 하나님 YHWH'(「느헤미야」 1:5)이라는 불가해하므로 초월적이고 성스러운 네 글자 Tetragrammaton로만 불리면서 자신과의 계약적 권능을 지속하던 신-G'이 분석가능한 특정 이름으로 호명됨으로써 세세히 달리고 재어지며 쪼개진다는 것을 뜻한다. 그래서 종교로서의 자본주의의 신-G'은 끝까지 삶·생명의 죄 연관으로서의 운명에 자신의 몸을 나눔으로써 숨어야만 한다는 것을, 그래

---

37. 발터 벤야민, 「종교로서의 자본주의」, 123쪽.

야만 '자명함'이라는 베일'의 재생산력을 통해 최종적 실체로서 정립되고 유지될 수 있다는 것을 안다. 줄여 말해 '숨은' 신-G'.[38] 이에 대한 비판, 이른바 '폭력 비판'이란 삶·생명의 운명화 과정 속으로의 신-G'의 편입 및 숨겨짐을 본원적 조건으로 하는 권위의 연관, '법 연관'에 대한 해부이자 해체라고 할 수 있다. 폭력 비판을 위하여 그런 '운명'의 문제계를 주시해야 할 필요가 거기에 있다.

오로지 불행과 죄만이 통용되는 또 다른 영역, 지복과 무죄가 너무 가볍게 여겨져 위로 떠돌고만 있는 어떤 저울을 찾을 필요가 있다. 이 저울이 법Recht의 저울이다. 운명의 법칙들인 불행과 죄는 법을 인격의 척도로 상승시킨다. 법의 질서는 사람들의 마성적魔性的, dämonisch 실존 단계, 즉 그 단계 속에서 법조문들이 사람들의 관계들만이 아니라 신과 사람의 관계도 규정했던 그러한 실존 단계의 한 잔재에 불과하다. 그런데 사람들이 오해함으로써, 즉 법의 질서를 정의Gerechtigkeit의 영역과 혼동함으로써, 데몬Dämon들에 대한 승리가 시작된 시대를 넘어 그 질서는 유지되었다. … 법은 형벌을 받도록 심판하는 것이 아니라 죄를 짓도록 심판한다. 운명은 살아 있는 것의 죄연관이다.[39]

운명은 법칙들로 되어 있고 그 법칙들은 불행과 죄만이 통용되는 통치의 평면이다. 빚과 죄만이 인가되고 부과되는, 빚의 상환과 죄의 속량이 항구적으로 연기되는, 그럼으로써 지복과 무죄 혹은 속죄와 행복이 실질적 무게감을 가지고 지상에 착근할 수 있는 모든 가능성이 박탈되는 상태. 이른바 '법의 저울'이라는 것이 매달아 재는 것이 바로 그 불행과 지복의 무게이며 죄와

---

38. 이를 '통치기밀'과 '대항기밀' 간의 길항관계 속에서 논구한 것으로는 이 책 1부의 네 번째 글을 참조. 「종교로서의 자본주의」를 중심으로 Gewalt와 Geld라는 두 위격의 동시적 정립론을 비평한 것으로는, 같은 1부의 두 번째 글을 참조.
39. 발터 벤야민, 「운명과 성격」, 앞의 선집, 70~1쪽.

무죄의 중량이다. 그 법의 저울로, 그 저울질로 순수 제의종교로서의 자본주의는 매번 불행과 죄의 무게만을 인준하고 인가한다. 다시 말해 그 법의 저울, 저울질이란 숨은 신-G'에 의한 심판의 저울, 저울질이다. 그 저울질이 생명의 죄 연관으로서의 운명을 결정하는 법으로서 관철되는 한에서 그것은 척도, 인격의 척도이다. 신-G'이 손에 든 그 심판의 저울에 의해 인간의 형질과 자격이 거듭 조정되며 인간과 비인간(동물)의 구획선 및 분리선이 매번 새롭게 그어진다. 그 저울, 법의 저울은 그렇게 매번 심판하는데, 그 심판은 형벌을 통해 죗값을 치르고 속죄하도록 하는 것이 아니라 항구적으로 죄를 짓도록 한다. 속죄가 아니라 죄/빚을 짓게/지게 하는 자본주의라는 종교운동의 신-G'이 그 저울의 소유자인 것은 그런 까닭에서다. 저 운명이라는 것은 그와 같은 죄의 연관을, '살아 있는 것의 죄 연관'을, 법 연관으로의 생명의 항구적 합성상태를 뜻하는 것이었고, 신-G'은 바로 그 죄 연관, 저울의 법 연관으로 합성되어 일체화되지 않으면 정립/유지될 수 없고 자기증식할 수 없는 것이었다.

법의 저울은 '법의 질서'인바, 그 법-질서의 위계는 살아 있는 것들의 '마성적 실존 단계'이다. 마성적인 것, 곧 데몬적인 것이란 신과 인간의 중간적 매개력이자 악의 위계 속에서 조직된 것이며, 그 위계를 수호하는 신적 존재이고, 악의 원인이다. 그런 한에서 마성적인 것, 데몬적인 법의 저울이라는 것은 신-G'의 편재적 권능을 지탱하는 것인바, 데몬으로서의 법이 살아 있는 것들과 신-G'의 연루 및 합성상태를 규정하는 것이기 때문이다. 종교로서의 자본주의는 '정의'와 혼동되어선 안 되는 그 마성적 법의 질서를 정의와 다름없는 것으로 오인·인지하게 한다. 그럼으로써 신-G'의 법-질서, 곧 축적의 데몬/맘몬Mammon-G'으로서의 심판의 저울이 정의의 이름으로 존속하게 된다. 바로 그 데몬의 대지 위의 생명, 그것이 호모 슐탄스, 죄/빚의 생명이다. "죄(Schuld, 빚; 이 개념의 데몬적인 양의성을 보라)"[40], 다시 말해 슐트라는 단어의 데몬적 양의성이 자본주의라는 종교운동의 본질을 드러내는바, 자본주의는 데몬적인 것으로서의 죄/빚의 항구적 누적과 가산으로서만, 살아 있는 것들과 신-G′의 항시적 연루·인입·합성상태로서만 정립/유지될 수 있는 것이었다. 그렇다는 것은 자본주의 속에서의 생명이 언제나 신-G′과의 영구합성을 통해서만, 다시 말해 '벌거벗은/맨살의 생'으로서만 존속될 수 있다는 말과 먼 거리에 있지 않다. 그렇게 신-G′의 법의 저울 위로 합성되는 '피와 살과 심장', 곧 호모 슐탄스라는 목숨뿐인 '피'의 삶이 데몬적 운동으로서의 자본주의가 부과하고 인준하는 주체화의 유일한 이념형인 것이다.[41] 그런 생명의 상태, 삶의 그 형상이 녹아내리는 시공간을 다른 곳에서가 아니라 끝내 저 죄/빚의 정점에서 발견·발굴·시공하려 했던 이들, 그들이 맑스-라파르그-벤야민이었다. 앞서 언급했던 그들의 사상연쇄에 대해, 곧 '산파-게발트', '지고의 주인으로서의 자연', '메시아적 리듬으로서의 자연'에 대해 말하는 것이 남아 있다. 이는 자본주의를 신정정치의 운동양식으로 비판하는 사상적 표현형의 계보구성을 발생적 상황으로서 구축할 수 있을 가능성을 살핀다는 말과 다르지 않다.

---

40. 발터 벤야민, 「종교로서의 자본주의」, 124쪽.

41. 벤야민은 "피는 단순한[벌거벗은·순수하고 단순한] 생명의 상징이다"(「폭력 비판을 위하여」, 앞의 선집, 111쪽)라는 초점화된 문장으로 폭력의 역사를 부조했던바, 그 피, 벌거벗은 생명, 폭력의 역사철학은 신정정치적 축적체로서의 '모세의 법', 모세라는 사목적 법의 정립/유지를 위한 '지식으로서의 결산' – 앞서 언급한 '구원적(erlösende)이면서 동시에 살인적인 (tötenden) 지식'으로서의 결산 – 과 결속되어 있다. 그런 한에서 벤야민의 모세론은 주목을 요하는바, 그것은 맑스가 말하는 축적명령으로서의 사목권력적 모세 곁에서, 구원에 대한 통치이성적 최종해결의 게발트궤적 위의 모세와 함께, 그런 모세들의 예각화된 변양으로 독해 가능하다. 이에 대해선 이 책의 「다른 서론」을 참조. 어쩌면 그런 참조의 연장선에서 「폭력 비판을 위하여」(1921)를 전후로 작성된 두 편의 폭력론, 실종되어 찾을 수 없는 벤야민의 그 논고들을 여기의 구체적 상황과 정세 속에서 내재적으로 다시 작성할 수 있을지도 모른다. "1919~20년에 벤야민은 정치에 대한 논문들을 쓸 계획을 세웠고, 이 논문들은 모두 폭력 문제를 중심적으로 다룰 예정이었다. 이 계획은 실현되었는데, 그중 하나가 이 에세이[「폭력 비판을 위하여」]이고, 두 번째는 1920년에 쓴 「삶과 폭력」에 대한 짧막하면서도 매우 시의성 있는 노트」였으며, 비교적 분량이 큰 세 번째 에세이는 제1부에서 '진정한 정치가'를 다루고, 제2부에서 '진정한 정치'를 다룬다. 이 제2부는 다시 '폭력의 해체'와 '최종목적이 없는 목적론'으로 나뉜다. 그러나 첫 번째 에세이를 제외하고 나머지는 실종되었다."(최성만의 각주, 발터 벤야민, 앞의 선집, 79쪽) '삶과 폭력'과 '시의성'의 노트-비평. 이 책 I부와 II부의 글들은 실종된 그 폭력론의 벡터궤적 위에서, 그것의 변이이자 가속화를 기도한 것들이다.

게발트/산파의 한 계보

종교적 편재로 되어있던 런던 대회 보고서의 마지막은 마리아로서의 '빈 곤'에 대한 성축으로 장식되어 있었다. 가톨릭의 성축^Ave^, 그것은 그리스도의 강생과 성모 마리아를 향한 하루 세 번의 경배를 알리는 종소리이며, '자본의 은총'을 고지하는 삼종기도^Angelus^의 출발이다. 그 천사 성축과 함께 빈곤이 라는 성모에 의해 분만됐던 것들이 노동계급이며 잉여가치이고 금융이자였 던 것, 달리 말해 성모로서의 빈곤이 신-G′이라는 그리스도의 신성가족을 품 고 분만했던 산모였음은 앞서 말한 대로이다. 그런 산모로서의 성모를 살해 하는 또 하나의 산모, '역사적' 피와 오물로 된 신-G′의 자기증식을 해체하는 메시아적 형상. 맑스가 말하는 '산파'가 그것이며, 이는 이후 거듭 인용될 것이 다 : "게발트는 새로운 사회를 잉태하고 있는 모든 낡은 사회에서 산파 역할을 한다. 게발트는 그 자체가 하나의 경제적 힘이다."[42] 무슨 뜻인가, 어떤 힘을 향한 의지인가.

산파란 산파의 역할, 산파역이다. 산파는 '게발트'의 역할이며 그 역할은 경제적 힘의 관철과 관계된다. 게발트/산파는 '사회'의 운용상태를 인지하는 힘이다. 게발트/산파는 하나의 사회에서, 그 한 사회가 이른바 '새로운 사회' 를 잉태하고 있음을 인지·진단·조산^助産^함으로써 기존의 사회를 '낡은 사회' 로 정의하고 고지하는 개시 및 판시의 폭력이자 폭력적 권위이다. 게발트/산 파의 그런 인지 및 조산의 과정/소송은 그러므로 하나의 '경제적 힘'인데, 왜 냐하면 그것이 기존의 이데올로기적/물질적 생산의 상태, 기존의 경제적 상 태 속에서 그것에 대한 형질전환으로서, 그것에 대한 변형·재정의·초극의 시 공간으로서 새로운 '오이코노미아'^Ökonomie^를, 새로운 '사회적 관계·앙상블'을 분만하고 창설하는 '잠재력'이기 때문이다. 새로운 사회의 힘, 사회력. 다시 말

---

42. 칼 마르크스, 『자본』(I-2), 강신준 옮김, 길, 2008, 1007쪽. 김수행의 번역은 다음과 같다. "폭력(暴力 : 게발트)은 낡은 사회가 새로운 사회를 잉태하고 있을 때에는 언제나 그 조산사 (midwife)가 된다. 폭력 자체가 하나의 경제적 잠재력이다."(『자본론』 1권, 1033쪽)

해 새로운 사회라는 산파/게발트의 경제, 경제력. 그 사회력과 그 경제력은, 하나가 다른 하나에 의해 수단화되어 봉교하게 되는 관계 속에서, 그러니까 목적-수단 관계로서의 자본주의라는 종교운동적 경제 속에서, 형상-질료 관계로서의 신-G′의 자기증식적/유혈적 경제 속에서 서로가 서로에게 목적인 관계로서, 최종목적이 되지 않는 목적들의 반응연쇄로서, 맑스의 용어로는 '진정한 공동본질Gemeinwesen'의 관철상황으로서 발굴되며 분만되고 생장한다. 분만하는 게발트/산파는 자본주의라는 종교운동의 경제를, 신-G′의 유혈적 오이코노미아를 낡은 사회로 판별하고 구체제로 현시apocalypsis하는 폭력적 권위라는 점에서 묵시적apocalyptic이며 종지적인 힘, 메시아적 힘이다. 그것은 저 신-G′의 손에 들린 '법의 저울'을 심판한다. "틀린 저울과 추로 속인 사람들을 내가 어떻게 용서할 수 있겠느냐?"(「미가」 6:11); "속이는 저울은 주님께서 미워하셔도 정확한 저울추는 주님께서 기뻐하신다."(「잠언」 11:1) 그렇게 거듭 도래중인 최후적 심판과 한 몸이 된 게발트/산파의 법정, 그 피고석에 앉은 자본주의의 신-G′의 마지막 저주의 말을 라파르그의 런던 대회 보고서에 들어있는 「최후의 말」에서 들을 수 있다.

> 사회주의가 사회의 법이 되는 날 신-**자본**의 통치는 끝날 것이다. 그처럼 우울한 날, 나, **자본**은 더는 세상을 지배하지 못하고 내가 증오하는 임금노동자들의 노예가 될 것이다. 그들은 더 이상 그들을 손으로 직접 만든 내 앞에 무릎 꿇지 않을 것이며, 제 발로 똑바로 일어서 이 지상에서는 **자연**만이 지고의 주인임을 선언할 것이다. 그런 날이 오는 것에 저주 있으라!43

관건은 '사회주의'다. 그 사회주의가 한 사회의 '법'으로 되는 그날이, 신-G′의 축적체가 끝나는 날이기 때문이다. 곧 그날은 신-G′의 최종몰락의 날이며, 최후의 날, 심판의 날이다. 사회의 법이 된 사회주의라는 새로운 법의 저

---

43. 폴 라파르그, 『자본이라는 종교』, 85쪽.

울에 의해 신-G'이라는 기존 법의 저울이 달리고 재어지며 쪼개짐으로써 낡은/틀린 저울로 판시된다. 다시 말해 사회주의가 한 사회의 법이 되는 그날이란 모든 낡은 사회에 잉태된 '새로운 사회'가 법으로서 인지·발굴·분만되는 과정/소송의 나날이다. 라파르그가 말하는 사회주의는 역사적 사회주의의 통치형태가 아니라 그런 사회주의적 축적형태를 쪼개는 사회주의, 새로운 사회-주의이며, 잉태된 새로운 사회를 분만하는 게발트-주의, 산파-주의이다. 그 분만의 날, 그 소송의 날, 신-G'은 노동계급의 노예가 되며 노동계급은 자기 상위의 신성계급 또는 신성가족의 축적체에 대해 더 이상 굴종하지 않고 두 발로 기립함으로써 계급분리 자체를 끝낸다. 그렇게 끝으로, 종언으로 나아가는 유일한 게발트궤적으로서의 '자연'만이 '지고한souverain 주인'의 위격이 된다. 라파르그의 자연, 그것은 그가 보호하려는 혁명의 목적 곧 '가능한 한 최소의 노동과 최대의 지적·육체적 향유'와 결속된 것으로, 이는 '게으를 수 있는 권리'라는 그의 테제가 정향하고 있는 것과 먼 거리에 있지 않았다. 자연, '향유'로서의 자연은 스타하노프 운동으로 대변되는 모든 생산력주의 및 생산량주의의 사회운용술에 대한, 달리 말해 생산량이 힘의 진보와 힘의 질을 인지하는 유일한 척도가 되는 존재-신-G'의 앎(정치경제학/신학)의 작위적 통치법을 중단·정지시키는 신적인 힘이다. 라파르그의 자연 또는 자연-권, 이는 그런 신적인 힘과 분리/매개되는 것이 아니라 그 힘과 한 몸이 되어 그 힘을 '향유'하고 있는 상태, 향유의 지고성으로 보존되고 있는 상황이다. 그런 한에서, 한 사회의 다른 법으로서 잉태되고 분만되는 사회주의가 곧 자연이다. 사회주의가 새로운 사회의 법일 때, 자연은 자연-법, 지고의 법의 향유이다. 산파는 자연-법을, 자연-권의 권역을 분만하는 게발트이며, 그렇게 자연이 법으로서 분만될 때에만 그 산파/게발트는 스스로를 보존할 수 있다. 자연이 지고성의 주인이 되는 과정/소송이 그와 같다. 그런 신적인 지고의 향유 상황을 저 삶·생명의 운명화 과정의 중단으로, 지고한 행복·지복의 관철로 파지할 때, 신-G'의 통치를 끝내는 라파르그적 자연-법의 게발트와 벤야민적 메시아성은 차이로서 서로를 보증한다.

불멸로 인도하는 종교적 원상복구에는 몰락의 영원으로 이끄는 속세적인 원상복구가 상응하며, 이처럼 영원히 사멸해가는, 총체적으로 사멸해 가는 속세적인 것, 그 공간적 총체성뿐만 아니라 시간적 총체성까지도 사멸해가는 속세적인 것의 리듬, 이 메시아적 자연의 리듬이 행복Glück이다. 왜냐하면 자연은 그것의 영원하고 총체적인 무상함Vergängnis(사멸)으로 인해 메시아적이기 때문이다. 이 몰락을 추구하는 것이 – 자연이라고 칭할 인간의 단계들에 대해서도 – 세계정치의 과제이고, 그것의 방법은 니힐리즘으로 불려야 한다.[44]

자본주의라는 종교운동에 의해 불멸로 인도되는 신-G′의 자기증식적 공정을 총체적 사멸과 몰락이라는 속세적/신성모독적 되돌림·전위 속에서 무화하는 법의 선율, 메시아적 자연의 리듬. 그런 끝과 몰락의 추구, 계약-법의 위계 속에서 니힐리즘적/무위적無位的 벡터궤적의 리듬을 분만하는 힘, 그것이 '행복'의 발현상태이다. 삶·생명의 죄 연관으로서의 운명 속에서, 역사적 죄/빚의 가산상태와 적층상태 속에서 그것의 절단력·정지력으로 분만되

---

44. 발터 벤야민, 「신학적·정치적 단편」, 앞의 선집, 131쪽. 이 '단편'을 조금 앞질러, 혹은 거의 동시기에 벤야민은 자기 박사논문의 내용적·형식적 범위를 한정하는 과정에서 독일 낭만주의의 "역사철학적 문제설정"을 논외로 하면서도, 그런 역사철학적 문제사의 '관점'이 "낭만주의적 메시아주의 속에서 찾아져야 할 것"이라는 한 구절을 이정표처럼 세워두었고, 이를 위해 프리드리히 슐레겔의 편지를 인용한다. 벤야민의 슐레겔은 '새로운 시대'의 '탄생'과 분만을 '파국'과 몰락의 형세 속에서 발견한다 : "종교에 대해 말한다면, 친애하는 친구여, 지금이야말로 하나의 종교를 세워야 할 때라는 것은 우리에게 결코 농담이 아니라 지극히 엄중하게 심각한 것이지요. 그것은 모든 목적의 목적이자 중심점이라네. 그래, 나에게는 이미 새로운 시대의 이처럼 가장 위대한 탄생이 시작하려고 하는 게 보이는군. 그것은 고대 그리스도교의 경우와 같이 조심스럽고도 소극적인 태도였지만, 사람들은 고대 그리스도교가 머지않아 로마제국을 집어삼키리라고는 생각지도 못했고, 또한 저 커다란 파국이 그보다 광대한 영역에서 프랑스혁명을 삼키게 되리라는 것도 깨닫지 못했지요. 이 프랑스혁명의 가장 견실한 가치는 아마도 저 대파국을 일으키도록 자극했다는 데에만 존재하는 듯합니다."(발터 벤야민, 『독일 낭만주의의 예술비평 개념』, 심철민 옮김, 도서출판b, 2013, 12쪽에서 재인용) 대파국과 동시적인 새로운 시대의 분만, 그 곁에서 '폭력 비판' 또는 '게발트 비평'을 다시 한 번 맑스와의 사상연쇄 속에서 수행해 본 것이 이 책의 「다른 서론」이며 「보론」이다.

는 삶·생명, 곧 벤야민이 말하는 '창조적 정신'Genius은 저 데몬적 죄/빚의 운명과 한 몸이 된 숨은 신-G'의 합성력을, 신-G'이라는 절대정신을 달고 재고 깨고나오는 산파의 정신이다. 그 정신, 그 게발트의 정신은 살아있는 것들의 죄·빚·법 연관으로서의 운명 속으로, 곧 속죄 및 상환이 불가능한 역사-연옥 속으로, 영구불변하는 죄인이자 채무자로서 유예 중인 구원을 기다리는 호모 슐탄스의 그 목숨뿐인 생명 속으로 완전한 무죄와 상환을 선언하며 지고한 주권의 향유라는 지복을 고지한다. 그 정신의 게발트, 그 메시아적 자연-법의 정신 속에서 운명의 위계적 법-질서는 무위로 궐위된다. "횔덜린J. C. F. Hölderlin이 지복한 신들을 '운명이 없는' 신들이라고 부른 것은 그런 까닭에서다. 따라서 행복과 지복은 무죄와 마찬가지로 사람들을 운명의 영역에서 벗어나게 한다."[45] 운명이 없는 신들의 대지로서의 자연. 복에 이르고 복으로 가득하며 복을 짓는, 그 위에 더한 복이 없는 '지복'의 지고한 법을 분만하는 메시아-산파. 그 게발트의 벡터는 그렇게 운명의 법-밖a-nomos의 생명으로, 운명의 몰락이라는 다른 법으로, 탈-운명의 단절적 리듬으로, 비정립적 제헌력-의-형태소로 발현한다.

---

45. 발터 벤야민, 「운명과 성격」, 69쪽.

I

통치-축적론

면역체/전쟁체의 에코노미
각자도생의 생명상태에 대해

1-1. 2015년 6월 여기의 메르스MERS·중동호흡기증후군 사태라는 '사회상태'로부터, 메르스라는 균이 '법정'法政에 의해 전염병으로 등재·창궐·수습·종식되는 사회적 작위의 생산력으로부터, 메르스의 시공간이라는 공공적 판별·처분·조치·안전의 정당성 생산의 공정으로부터, 줄여 말해 '첨예화된' 주권적 합성의 공동이익 연관으로부터 거듭 떼어내 인용해야 할 문장들이 있다면 그것은 어떤 것일까. 인지와 표현을 관리하고 인도하는 국가행정적 앎의 조달체계, 이른바 관방학적인 공리계의 절차를 거스르는 문장들, 그 힘들의 출처는 어디일까. 첫 번째 사망자의 사위이자 그 자신 메르스 감염자였던 사람, '국가지정격리병동'으로부터 생환했던 자의 문장들. 그런 생환의 과정/소송을 통해, 국가가 지정한 번호와 병동을, 번호의 병동으로 된 국가를, 그런 국가의 업무와 목적을, 곧 계약상태로서의 국가라는 공공성/정당성의 반석petra을 문제시하는 한 문장. 그것을 저 공리계의 통치공정을 재고하게 하는 도처의 출처로, 출로의 발로manifestation로 읽을 수는 없을까.

방호복. 마스크. 격리조치. 폐쇄병동. 계엄을 방불하는 심각하고 무서운 '조치'들. 거기서는 모두가 국가였고 관료였다.[1]

---

1. 천정근, 「희망 ─ 사람은 무엇으로 사는가」, 천정근 페이스북, 2015. 7. 7. 저 막대한 표제와 부

계엄을 통한 조치, 계엄이라는 조치의 정치. 메르스 사태를 기화로 행정의 벡터·절차·속성이 계엄-조치의 폭력실천으로 정향되고 관철될 때, 주권은 스스로를 무제약적 권능으로, 순수한 목적으로 발효한다. 그렇게 메르스의 사회상태는 주권이 공공의 안전과 공동의 이익을 위해 스스로를 최종목적으로 되게 하는 최적의 조건이자 반석으로 거듭 재합성·재생산된다. 바로 그때, '거기서는 모두가 국가'이며, 만인 각자가 국가의 목적을 자신들의 목적으로, 국가/목적에 의한 영양의 배분상태를 자신들 살림살이의 부양과 양생을 위한 공식적 인준 형식으로 양해한다. 주권이라는 양도된 힘들의 통일체에 의무의 이행을 약속한 자들·신민들subjects, 그들의 법적 지위 및 삶·생명의 상태는 그렇게 모두가 국가인 상태로 영속적으로 정립된다. 그런 한에서 계엄-조치와 결속된 메르스의 사회상태란 '만인=국가'의 등식으로 된 어떤 일반-국가의 탄생을 가리킨다. 그렇게 일반화/편재화된 국가 속에서 계엄령-조치론의 공리계를 의문에 부치는 상황들의 발현은 중화·전용·애도·무마될 수밖에 없다. 그러한 실질적 계엄상태로서의 오늘 여기의 사회상태·계약상태는 어떤 목적을 향하고 있는가라고 물을 때, 페스트-계엄령이라는 법정의 체제를 이미 앞질러 경험했던 작가/당사자의 다음과 같은 문장은 주권적 통치공정의 공동이익 연관을 의문시하는 또 하나의 출처이자 출로를 표현한다. "좋은 정부란 무릇 그 통치하에 아무 일도 일어나지 않는 정부를 말한다. 앞으로도 좋은 정부가 되도록 그 통치하에 아무 일도 일어나지 않아야 한다는 것이 바로 총독의 뜻이다."[2] 총독의 척도, 총독이 관장하는 정부의 선善은 아무 일도 일어나지 않는 시공간, 또는 무-사건의 시공施工이다. 지금 당장엔

제는 번호와 병동으로부터의 생환이라는 압도적인 경험을 반영한다. A4 4장 분량의 이 노트는 '안양 자유인교회 목사'의 이름으로 작성된 것으로 자유, 교회, 목사라는 단어는, 같은 글 속의 다음과 같은 문장, 곧 "자연에 부합해 삶이든 죽음이든 겪어나가려, 온몸으로 이 부당한 비현실을 겪어낸 것이다. 그리고 그것이 진정한 희망으로서의 자연치유이고 면역력이다"에 들어있는 '자연' 및 '면역'이라는 단어와 함께, 이후 본문에서 다시 정의되고 다르게 표현될 것이다.

2. 알베르 카뮈, 『계엄령』, 김화영 옮김, 책세상, 2000, 142쪽.

아무 것도 움직이지 말라고 명령하고 아무 일도 일어나지 않게 결정하는 총독은 스스로를 '부동不動의 왕'으로 명명한다. 왕의 그 결정을 따라 여기 남한의 '좋은 정부'는 이른바 '4·16'이라는 통치론의 항시적 창출 속에서 거듭 다음과 같이 포고할 것이다 : '가만히 있으라.'

희곡 『계엄령』은 직할지·식민지 카디스를 통치하는 총독의 권좌에다 '페스트'를 앉히고 총독의 뜻을 페스트의 '결정'으로 바꿔 그런 직할과 식민의 사회상태가 어떤 악무한적 세계로 이행하는지를 개시하려 했다. 그 페스트는 메르스가 아니되, 여기의 메르스는 페스트적이다. 총독의 정치를 합법적으로 이양 받은 페스트의 명령, 의인화된 페스트의 로고스를 받들어 수첩 속의 이름들을 지워서 죽게 만드는 여비서. 다시 말해 페스트라는 권위-공포의 창궐, 재장치된 생살여탈生殺與奪의 권능. 그 힘은 스스로를 다른 무엇 아닌 계엄령으로서 선포한다. "이제부턴 내가 지배자다. 나는 지배하는 것도 내 방식으로 한다. 그러므로 내가 기능한다고 말하는 편이 더 적절할 것이다. … 나는 왕홀도 지니지 않았고 그저 무슨 하사관 같은 모습을 하고 있다. 제군들의 왕은 손톱에 때가 까맣게 끼었고 엄격한 제복 차림이다. 이 왕은 옥좌에서 군림하는 게 아니라 의자에 앉아 근무한다. 그의 궁전은 막사요, 그의 사냥막은 법정이다. 계엄령이 발효 중인 것이다."[3] 이렇게 질문하면서 시작하자. 카뮈A.Camus적 페스트/계엄상태의 목적이란 무엇인가, 폭력이란 무엇인가.

1-2. 페스트라는 계엄-조치, 그것은 군림하는 게 아니라 말 그대로 '기능한다'. 엄밀한 측정·계산·계도에 기초한 통치의 '기계'로서 기능한다. 이는 페스트/계엄령이 '통계' 또는 '차분한 기하학'의 이름으로 삶을 주재하는 힘이었음과 상통한다(이는 뒤에서 다시 서술될 것이다). 제약 없이 편재하고 편만遍滿된 통치의 순수한 평면을 위해 페스트는 스스로를 계엄령과 일체화했다. 계엄령이라는 페스트의 방법론이자 존재론 속에서 페스트는 특정한 '주권'의

---

3. 알베르 카뮈, 『계엄령』, 187쪽.

형질과 한 몸이 되는 것이다. 페스트는 군림하되 통치하지 않는 게 아니라, 손톱 밑에 때가 낀 하사관으로 군용 막사에서 근무한다. 그러므로 그때 페스트의 사회상태는 일반화된 야전상태이다. 그런 페스트의 군령, 페스트의 군사적 로고스 속에서 사회는 전시戰時다. 그때 사회는 없다. 페스트는 바로 그런 사회 없음의 상태를 보호한다. 있도록 인가된 사회는 무화된 사회, 전시로 결정된 사회, 유사시有事時에 의해(또는 유사시로) 결정되는 사회뿐이며, 페스트는 오직 그런 사회만을 창출·육성·생산·유통한다. 그때 페스트라는 계엄-조치의 목적, 순수 주권의 정치적 목표는 어떤 묵시적 제로·종언의 평면을 향해 있다.

> 정치의 목표는 모든 것을 다 지워버리는 데 있으니까. 눈먼 자들이여, 보라, 진리의 시간이 왔도다!…이 세상을 아주 끝장내야 해.[4]

이는 나다Nada라는 인물의 대사이다. 나다는 스페인어로 무無를 뜻한다. 그는 '세계의 종말'로서의 진리를 고지하는 예언자의 형상으로 등장해, 가만히 아무 일 없게 하는 정부의 선을, 총독의 뜻을 찬미했고, 이후 페스트에게 쓸모와 유용성을 인정받아 관료로 임용되었다. 나다라는 무 또는 끝의 고지는 페스트/계엄령의 폭력을 수행하는 대체가능한 기계적 단위로 배치되어 있다. 정치의 목표가 만사·만물·만인의 종언에 있다는 나다의 저 말은 총독의 정치를 실질적으로, 최대치로 밀어붙인 것으로, 페스트의 정치, 페스트라는 계엄-조치의 이념형을 표현한다. 그것은 페스트의 사회상태가 아무 일도 일어나지 않는 무-사건, 사건 없음이자 세계 없음, 세계 무화, 무-세계의 재생산론이자 통치론에 결속된 것임을 가리킨다. 무-사건의 무세계성worldlessness 속에서 있게 되는 것, 있어야만 하는 것, 무-사건을 통해 석권·창궐해야만 하는 것은 페스트라는 '힘 그 자체'이며 일반-국가의 영양배분상태nemein/nomos

---

4. 알베르 카뮈, 『계엄령』, 143쪽.

를 양해하는 사람들의 계약 연관이다. 그들은 한 입으로 복창한다 : "페스트가 곧 국가야."[5] 국가 그 자체로서의 페스트, 계엄령-조치론이라는 통치이성. 달리 말해 절대적 페스트의 존재-신-론, 페스트라는 일자-신정-론. 그런 앎과 신앙 속에서 계약된 삶은 다름 아닌 '각자도생'各自圖生의 생명상태로 매개된다. 무슨 말인가.

각자가 알아서 살 길을 도모함, 각자도생이라는 말. 다시 말해 사회의 없음. 여기 메르스의 사회상태 속에서 회자되고 있는 그 말은 정부의 무능과 책임 회피를 뜻하는 또 하나의 시쳇말 '아몰랑'에 의해 이끌린다. 그런 시쳇말, 시체와 죽임의 관련어들 곁으로 다시금 인용·용접시킬 수 있을 원리적 문장들이 있는바, 그것은 저 홉스의 테제 속에 들어있다. "전쟁상태에서 벌어지는 모든 일은, 만인이 만인에 대해 적敵인 상태, 즉 자기 자신의 힘과 노력 이외에는 어떠한 안전대책도 존재하지 않는 상태에서도 똑같이 발생할 수 있다. 이러한 상태에서는 성과가 불확실하기 때문에 [①] 근로의 여지가 없다. 토지의 경작이나, 해상무역, 편리한 건물, 무거운 물건을 운반하는 기계, 지표면에 관한 지식, [②] 시간의 계산도 없고, 예술이나 학문도 없으며, [③] 사회도 없다. 끊임없는 공포와 생사의 갈림길에서 인간의 삶은 고독하고, 가난하고, 험악하고, 잔인하며, 그리고 짧다."[6] 이는 여기의 각자도생이라는 말 속에 들어있는 그 '생'의 상태에 대해 사고하기를 강제하기를 강제한다. 그런 한에서, 홉스라는 '반대물의 복합체'Complexio Oppositorum 속에 들어있는 위의 문장들에서 거듭 방점 찍게 되는 건 ③ '사회도 없다'라는 한 문장이다. 여기 각자도생의 생명들에겐 사회가 없다. 그렇게 사회가 없을 때 생명들은 각자도생의 상태에 있고, 생명·삶의 형태가 그런 각자도생의 상태status, 편재하는 내전stasis의 상태, 일반-내전의 계약 연관의 상태일 때 각자도생의 삶은 안전 및 생계라는 밑바닥 최저선을 정치적 계쟁과 요청의 최대치·최전선으로 스스

---

5. 알베르 카뮈, 『계엄령』, 179쪽.
6. 토마스 홉스, 『리바이어던』 1권, 진석용 옮김, 나남, 2008, 172쪽. 강조는 인용자.

로 한계 짓고 오인하며, 그럼으로써 합성된 최저의 토대만을 재생산한다. 그런 재생산 과정이 주권적 통치이성으로서의 계엄-조치가 스스로의 정당성을 확대재생산하는 공정이다. 그런 사회 없음의 재생산 비용을 '피'로써 나눠가진 삶들에게, 곧 사회 없음의 사회계약이라는 공동이익의 연관에 삶/힘을 양도한 사람들에게, 있는 거라곤 고독, 가난, 험악, 잔인, 단명, 삼켜진 비명뿐이다.

그러하되, 그렇게 없는(없애어진) 사회를 홉스적 사회상태의 벡터가 주관하는 사회로 있게 만드는 것은 주권의 일반공식에 의무의 담당자로서, 희생의 생산자로서 반복적으로 계약하게 되는 각자도생 상태의 악순환이자 악무한적 축적의 연장이 될 것이다. 이는 사회상태 − 평화상태 곧 '평화로운 국가생활'의 다른 이름으로서의 사회상태 − 와 전쟁상태라는, 홉스적 선악의 구도·프로그램과 관련된다. 다시 말해 저 전쟁상태/자연상태란, 홉스가 말하는 계약, 의무, 양도, 복종, 선, 도덕, 정의, 이성의 등가물로서의 사회상태/계약상태를 설립하기 위한 기능단위로, 정당성과 합법성의 상호 조회·조정·조달을 통해 계약상태의 절대성을 정립하기 위한 개념적 대리보충물이자 전치의 구도 또는 내전의 프로그램 속 기능단위로 배속되어 있다. 리바이어던의 국가론 또는 홉스적 주권론의 오늘 여기까지의 계승과 갱신을 '잘못된 부자관계'로 지목하고, 전쟁상태와 사회상태의 분리-법이 리스크를 측정하고 계산하기 위한 '표상 게임'에 불과하다고 했던 건 1976년 강의실의 푸코였다. 그에게 홉스적 전쟁은 이미 언제나 '비-전쟁'이었다. "전쟁상태는 그것에 의해 각자가 자신에게 가해질 위험을 측정하고, 타인들이 가진 서로 싸우려는 의지를 가늠하며, 힘에 의존할 경우 자신이 겪게 될 리스크를 측정하기 위한 일개 표상 게임일 뿐이다."7 주권의 일반공식을 설계한 자에게, 잘못된 아비 홉스에게, 전쟁상태라는 사회 없음의 상태란 ② '시간의 계산'이 불가능한 상태와 다르지 않은 것이었다.

---

7. 미셸 푸코, 『"사회를 보호해야 한다"』, 김상운 옮김, 난장, 2015, 320쪽.

전쟁상태, 곧 만인의 만인에 대한 전쟁은 계약상태의 공리公理/公利-계에 귀속된 사람들 전체를 위압하는 '공통의 권력'이 없는 곳 - 『리바이어던』 표지그림 속 권력의 형상이 오른손에 빼들고 있는 '공공의 칼'이 없는 곳 - 에서의 삶을 가리킨다. 그런 전쟁에 대한 홉스의 인식틀은 하나의 등식으로 표현될 수 있는바, '전쟁=시간' 개념이 그것이다. "전쟁이란 '시간'time에 관한 개념으로써 일정한 기간에 걸쳐 전투의 의지가 존재하는 것이 확실하다면, 그 기간 동안은 전쟁상태에 놓여 있는 것이다."[8] 전쟁상태는 실제 전투의 유무만이 아니라, 일정한 기간에 걸친 전투 의지의 계측 과정 속에, 싸우려는 의지의 시간·정도·강도에 따른 상호 간 리스크의 측정·조회·계산·조정 속에 있다. 전쟁상태라는 사회 없음의 상태가 시간의 계산이 불가능한 상태라는 것은 그와 같은 리스크의 계측 및 관리가 불가능해진 상태, 주권-신민의 계약체가 침탈되고 붕괴된 상태를 가리킨다. 이를 미연에 방지하기 위해 홉스가 전쟁상태를 자연상태와 교환 가능한 등가적 어휘로 배치할 때, 그리고 그런 등가성을 자연법이라는 절대력 - 제1자연법 : 평화를 추구하라, 제2자연법 : 권리양도, 제3 : 신의계약을 맺었으면 지켜라, 제4 : 보은, 제5 : 공손, 제6 : 용서 등등 - 으로 날인하고 인준할 때, 전쟁상태라는 표상-작위적 운용은 말 그대로 자연이 된다. 전쟁상태는 계약 이전의 삶을 설명하는 원-자연적 실황이 아니다. 전쟁상태는 자연이되 작위적 자연이며, 주권적 통치이성이 스스로의 정당성과 합법성을 조달하기 위해 정초한 토대 또는 주춧돌, 걸림돌이자 디딤돌이다. 사회의 없음 또는 시간 계산의 불가능 상태와 더불어, 전쟁상태에서 없는 또 하나의 것, 그것은 ① '근로 또는 노동의 없음'이었다. 비교가 요구되는 홉스적 노동의 문제를 부족하게나마 언급하자면, 홉스에게 노동은 신에 대한 숭배worship; cultus와 등가적인 무게를 갖는 것이었으며, 계약상태의 영양營養 및 공동이익의 생산을 목적으로 투입되는 것이었다. 홉스적 노동과 동렬에 놓인 사회와 시간의 계산은 그렇게 노동과 더불어 다름 아닌 '신에 대한 숭

---

8. 토마스 홉스, 『리바이어던』 1권, 171쪽.

배'cultus Dei로 함께 귀속됨으로써 홉스적 주권권력의 자기 재생산 동력이자 산물로 된다. 그런 한에서 질문의 꼴/방향은 다음과 같이 된다. 전쟁상태라는 표상의 운용 속에서, 그런 전쟁상태를 통해서만 반정립되는 주권-신민의 계약체란 무엇인가. 다시 말해 리바이어던이란, 코먼웰스란 무엇인가: "다수의 사람들이 하나의 인격으로 결합되어 통일되었을 때 그것을 **코먼웰스** - 라틴어로는 **키위타스** - 라고 부른다. 이리하여 바로 저 위대한 **리바이어던**이 탄생한다. 아니, 좀 더 경건하게 말하자면 '영원불멸의 신'immortal God의 가호 아래, 인간에게 평화와 방위를 보장하는 '현세의 신'mortal God이 탄생하는 것이다."9

1-3. 리바이어던이라는 이위일체, 주권이라는 일자-신정-론. 그것은 전쟁상태라는 표상, 병·소요·내란·무질서라는 리스크-표상의 운용을 통해 계약상태/사회상태의 질서·안전을 위한 '행실의 인도'를, 유도되지 않은 정념들의 교정을, 의무의 이행 또는 공동이익의 생산에 최적화된 내면적 의욕의 생산을, 줄여 말해 '정의'를, 정의의 분배/목양牧羊, nemein을, 리바이어던이라는 사목적 노모스를 수행하고 정립하는 힘이다. '유일한 인격'으로 결합된 공통의 권력, 양도함으로써 책임지는 주체로서의 '본인'本人들 모두를 겨눈 공공의 칼, 줄여 말해 코먼웰스. 달리 말해 성부로서의 불멸의 신과 성자 그리스도로서의 현세의 신이 한 몸이 된 이위일체/리바이어던. 이는 『리바이어던』의 표지 그림 속 권력의 형상이 왼손에 쥔 대사제의 지팡이, 그 신적인 힘의 상태와 관계되며, 저 공공의 칼과 더불어 리바이어던이라는 성속양권을 구성한다. 리바이어던은 전쟁상태라는 리스크 계측의 과정을 통해 반정립되는 신정정치적 권력이자, '분리 불가능한 권리'이며, 모든 신민을 특정한 주권적/신적 질서의 보존을 위한 정념으로서의 공포에 침윤되게 하는 힘, 계약된 삶을 공포로 창궐·전염시키는 단두대적 공리계이다. 리바이어던은 홉스가 인용한 「욥기」 41장의 신이 자기의 대행자이자 사도라고 말했던 힘이며, '서로 연하여 붙었으

---

9. 토마스 홉스, 『리바이어던』 1권, 232쪽.

니 능히 나눌 수 없다'고 했던 힘, '공포'를 주재하는 '광채'의 힘이다. 그런 신정 정치력이 보호해야 하는 사회, 그런 권력 안으로 합성되고 재편되는 사회, 그런 권위를 재생산하고 수호하는 사회, 바로 그때의 사회·사회들이 여기의 사회, 사회 없음의 사회이다. 오늘의 살-처분권權/圈으로서의 사회, 다시 말해 주권적 가치의 프레임에 의해, 주권이라는 필요의 결정권이 인도하는 가치형태의 격자 및 등급에 의해 대량으로 살처분되는 사회·사회들, 홉스적 '사회사'의 최근 국면. 그것이 여기의 리바이어던이라는 주권적 계엄-조치가 스스로를 발효·창궐시키고 있는 통치이성의 상태이며 통치의 역사상이다. 그런 일반화된 살처분의 권력·권역으로서의 사회상태·평화상태의 재생산을 통해 살았고, 살고 있고, 살려야만 하는 힘의 형태는 목하 목도하고 있는 바와 같이 양도한 자들의 생명이 아니라 주권적 권력의 신성이다. 여기 메르스의 사회상태 속에서 조치되었던 한 사람, 그런 사회상태의 구축을 위해 기계적 기능단위로 배치되었던 그 사람이 다음과 같이 지목하고 있는 자, 곧 "데이터와 숫자와 모니터로 이 모든 재앙을 가늠하는 자들, 도표로 설명하려는 자들"[10], 그런 데이터·숫자·도표·모니터를 통해 '자기'ipse라는 일자를, 자기라는 동일성의 동력을 항구적으로 되먹이고 손수 되살리고 있는 여기의 이위일체/리바이어던, 리바이어던이라는 그리스도. 그 성자의 신적인 힘의 형태와 운용을 판시하는 아래 패러디-이미지 한 장을, 이미지-고지의 발현을 살펴보게 된다. 원래 그 이미지 속에 보이는 컴퓨터 모니터에는, 의료기구들이 즐비한 실험실에서 방호복 입은 사람이 전화 받고 있는 CCTV 영상과 각종 상태확인 버튼들로 된 의료진단 프로그램이 표시되어 있었다. 그 패러디 이미지를 문제적인 것으로, 비판을 위한 사고의 노동을 강제하는 것으로 만드는 것은 단연 A4 용지에 프린트된 한 구절, 곧 "살려야한다"라는 표식이다. '살려야한다'의 이름으로, 연출되고 있는 그 이름/소명 아래 수화기를 들고 있는 주권적 의장意匠. 이른바 '살게 만드는' 권력의 유혈적 선전宣傳/宣戰.

---

10. 천정근, 앞의 글.

△ 2015년 6월 14일, 서울대 메르스 치료병동. 저 "살려야한다"라는 한 문장이란 무엇인가. 첨예화된 주권의 표식, 피의 영양을 구하는 짐승의 적나라, 개시되고 있는 숨은 적대의 표찰.

그 '패러디'는 환속화된 신성 권력의 자기선전과 실질적 내전의 선포를 전혀 관계없는 것으로 갈라놓는 분할선을, 그 "문턱을 혼란에 빠뜨리고 식별불가능하게 만들기"[11] 위한 방법이며, 그런 한에서 '세속화/신성모독'의 벡터를 보여준다. 그런 선전, 관제적 무대 연출과 연기에 대한 패러디는 '살려야한다'라는 문장이 가정하고 있는 목적어를 환자의 생명, 양도한 자들의 생명에서 자기의 주권으로 바꿈으로써 여기 주권-계약상태의 유혈성을 개시한다. '살려야한다'라는 적나라한 이름으로 거듭 정립되는 구명과 구제의 적그리스도적 적의 나라, 주‡-적의 신국, 신정정치. 위의 패러디는 주권이라는 자기의 무한성, 끝내 끝나지 않을 지고한 자기의 힘·권력·지배로서의 자기증식성, 자기에 대한 '환대의 법들'로서의 주권을 개시하며, 소실점으로, 결코 사멸하지 않을 불멸의 소실점으로 존재하면서 자기의 항구적 보존상태를 재생산하는 주권의 존재-신-론을 표현한다. 자기라는 신, 자기로의 절대적 환대. 다시 말해 "전적인 타자에 맞서는 대항 면역체계로 보호되는 환대."[12] 이 한 구절은 테러와의 전쟁을 선언한 권력의 속성을 가리키는 것이었지만, 그런 테러의 존재론/방법론이라는 것이 침투·내발·창궐하는 '세균·박테리아의 극소학적 라이

---

11. 조르조 아감벤, 『세속화 예찬』, 김상운 옮김, 난장, 2010, 65쪽.

12. 자크 데리다, 「자가-면역, 실재적이고 상징적인 자살」, 지오반나 보라도리, 『테러 시대의 철학』, 손철성·김은주·김준성 옮김, 문학과지성사, 2004, 234쪽. 이후 「자가-면역」으로 약칭.

벌'에 다름 아니었을 때, 저 대항 면역의 체계는 적에 대한 섬멸전의 수행이며, 이는 여기 메르스의 사회상태/계약상태가 세균적인 것의 박멸 및 살-처분으로서의 법들로, 면역적 '보호'의 법들로, 줄여 말해 면역화 과정으로서의 신정정치로, 주권이라는 자기증식성의 일반공식으로 관철되고 있음을 상기시킨다. 오언에서 버넷까지의 갱신되고 확장된 면역학에 의해 논구됐던 것이 특정한 항원(독소·세균)을 거부반응 없이 받아들이는/초대하는 자기self이자, 그런 자기에 의한 '특정 면역관용으로의 유도'였던 것은, 하나의 면역체라는 것이, 하나의 사회상태라는 것이, 폭력이라는 것이 자기에 의해 항상 이미 허용·인준·내화된 것들에 대한 특권적 면역관용의 경제로 기획·운용·정립되고 있음을 뜻한다.

그런 사회상태에 대한 비판은 관용에 대한 다음과 같은 비판에 맞물린다. "관용은 주권의 대리 보충적 흔적이죠. 주권은 오만하게 내려다보면서 타자에게 이렇게 말하죠. 네가 살아가게 내버려두마, 넌 참을 수 없을 정도는 아니야, 내 집에 네 자리를 마련해두마, 그러나 이게 내 집이라는 걸 잊지 마…"[13] 특정 면역관용으로 유도하는 자기의 경제, 그것은 관용이 주권적 통치연관의 교환 가능한 기계적 부속물이라는 것을 가리킨다. 그런 관용의 에코노미는 저 패러디 속 '살려야한다'는 정언명령이 주권의 자기-집에서만, 각자도생의 생명상태로서만 삶을 구원/살인하는 사목적 인도의 권력임을, 환대/추방으로 면역된 것으로서의 사회가 삶·살림을 직접적인 대상으로 하는 통치의 정당성 생산 공정의 단순한 질료상태임을 가리킨다. 그렇게, 살아가게

13. 자크 데리다, 「자가-면역」, 232쪽. 주권의 대리보충적 기능궤적으로서의 관용, 또는 특정 면역관용에 의한 타자의 인도·인멸·섬멸 곁에 인용해 놓을 또 하나의 면역론은 다음과 같다 : "가장 화가 난 자기 면역화라는 것이 타자가 주장하는 것을 자기 자신의 것으로 삼으려고 하는 가장 뻔뻔한 방식이 아니라면 무엇이란 말인가? 내부에 대한 모든 외부를 무효화하려는 시도, 모든 것을 자신의 내적 원인에 기초한 복제로 모조리 접어 넣으려는 시도가 아니라면 도대체 무엇이란 말인가?"(로베르토 에스포지토, 「면역적 민주주의」, 김상운 옮김, 계간 『문화과학』 2015년 가을호, 401쪽) 면역과 타자의 관계 속에서 에스포지토가 말하는 '면역적 내부화' 또는 '면역 전쟁'은 테러의 섬멸과 세균의 박멸 사이의 데리다적 등질성 곁에서 이후 다시 서술될 것이다.

하는 주권의 '내-집', 그 집의 소유권행사, 그 집 안에서의 살림살이란 어떤 것인가. "나는 나의 '내-집'을, 나의 자기성을, 나의 환대 권한을, 주인이라는 나의 지상권을 침해하는 이는 누구나 달갑지 않은 이방인으로, 잠재적 적으로 간주하는 것에서 시작한다."[14] 자기성은 나의 집, 내 것인 집, 그런 소유권의 관리이자 경영으로서의 오이코노미아에 맞닿은 것이며, 그런 소유권에 정초하고 있는 주인의 행동연관이다. 자기-집, 자기 소유, 자기라는 집의 소유 및 안전을 위한 주인의 환대권, 주인이라는 면역체의 권리. 그것은 지고한 지상권으로서, 자기-집의 안팎을, 소유의 경계를, 자기라는 법의 안과 밖을, 그런 경계 획정의 필요를 결정하는 권한의 독점상태이며, 적-이방인의 항시적 분별·창출을 통해서만 설립되는 사회상태/관용상태의 다른 말이다. 여기의 사회상태, 다시 말해 자기-집 또는 주인-집, 그런 집의 자가 경영을 위한 주인의 지상권, 주권의 경제. 그런 경제의 운용-법 내부로 합성될 수 있게 최적화된/면역된 삶과 사회의 상태, 그것이 여기 각자도생의 생명상태, 사회 없음의 사회상태이다.

2-1. '사회도 없다'라는 말을 창궐시킴으로써 공공의 칼이 주재하는 공포 terreur라는 주권적 영토territoire의 필요를 결정하는 힘, 그 곁에 용접시킬 수 있는 다음 문장들 속에는 두 개의 '나'가 있는데, 첫 번째 나는 삼위일체의 신이 자기를 지칭하는 것이고, 두 번째 나는 자본가가 자기를 지칭하는 것이다. 그 두 나는 분리된 두 몸의 신성한 일체, 곧 이위일체화된 폭력적 권위의 상태를 표현하는바, 그렇게 한 몸이 된 나는 '살려야한다'라는 통치의 유혈적 의장 속에서 사회의 부재상태를 생산함으로써 자기를 항구적으로 정립하는 저 패러디 속의 유일한 인격='나'와 합성된다. "나[=신]는 **자본가**에게 몸을 맡긴다. 나는 **자본가**들 사이에 몸을 나툰다.… 나는 인류와 이 땅에 존재하는 모든 것에 대한 나 자신의 전지전능함의 일부를 그에게 양도한다./ **자본가**는 말

---

14. 자크 데리다, 『환대에 대하여』, 남수인 옮김, 동문선, 2004, 89쪽.

한다. '사회, 그것은 나다. 도덕(성), 그것은 나의 사적 이익이다.'"[15] 자본-교의 미사와 봉헌 속에서 자본-신이 나투어져 한 몸이 된 자본가/나는 사회를 자기라고 말한다. 사회=나, 그런 동격의 상태에서만 축적될 수 있는 이윤으로, 사적 이익이라는 지고의 도덕으로 기념되는 나. 사회를 두고 그것이 '나'라고 말하는 신성한 자기, '나는 존재한다'라는 신의 말씀으로 설립되는 나. 패러디된 저 이미지 속의 나, 불멸하는 자기로서의 '존재', 자기에 대한 무한한 구제가 압축된 '살려야한다'는 주권의 특정한 인장과 표식은, 자기-집의 소유권을 두고 '주권의 행동'이라고 씀으로써 권력의 유일성/정당성을 획득하려 할 때의 홉스를 상기시킨다. 주권이라는 자기증식성의 행동연관은 리바이어던의 주권론이라는 잘못된 부자관계 또는 성부와 성자의 이위일체라는 부자관계가, 리스크의 측정·계산·관리로서의 통치상태가 홉스적 판본의 존재-신-론이라는 반석 위에 정립된 것임을 문제시하게 한다. 홉스는 이렇게 적었다. "그분의 본성에 대한 우리의 개념을 나타낼 수 있는 단 하나의 이름name은 나는 존재한다I am이다. 또한 그분과 우리와의 관계를 나타내는 단 하나의 이름은 '신'God이다. 이 이름 속에 '아버지', '왕', '주'Lord의 뜻이 다 들어있다."[16]

존재하는 '나'=신. 나신·본성으로서의 존재, 존재로서의 나, 나=존재 I=am. 다시 말해 단 하나로 존재하는 유일한 이름, 자기명명, 자기라는 존재의 명령. 「출애굽기」 3장 속 호렙산에 올라 신의 이름을 물었던 모세에게 신은 말한다. '나는 나다I am who I am(나는 스스로 존재하는 나다)'. 나=나, 순수-나, 신이라는 자기존재의 재생산. 신의 그 말씀·로고스의 경제는 신—모세—신'G—M—G'이라는 신정정치적 일반공식의 노모스가 지닌 본성과 벡터를 압축해 드러낸다. 그런 일반공식/성무일과 속에서 증식하는, 신칙으로, 신으로 나투어진 신체, 곧 이위일체-주권의 경제체를 가리키는 다른 이름들이 홉스의 저 아버지父, 왕王, 주主이다. 이 3위, 신적 권력의 경제를 구성하는 중심 동력이자

---

15. 폴 라파르그, 『자본이라는 종교』, 조형준 옮김, 새물결, 2014, 70~1쪽.
16. 토마스 홉스, 『리바이어던』 1권, 467쪽.

그 주력 생산물로서의 3위. 예컨대 가족, 국가, 교회라는 3율三律의 배반 없는 일체상태를 재생산하는 신의 정언명령, 신이라는 자기성의 존재/경제. 그것이 '나는 나다'라는 단 하나의 이름, 유일한 인격의 힘이자 일이다. 그렇게 '나는 나다'라는 신의 로고스/노모스는 주권과의 계약상태/사회상태라는 공동이익의 생산 및 분배의 경제·경영상태를 뜻한다. 그런 한에서 홉스가 '그분과 우리의 관계'를 표시하는 절대적 이름을 '신'이라고 말할 때, 그 신은 다름 아닌 지상 위의 신국Kingdom of God과 교환 가능한 등가형태로 된다 : "이제 시민적 의무가 무엇인가를 알기 위해 남은 것은 딱 한 가지, 신의 법이 무엇인가를 아는 것뿐이다.…법에 대한 모든 지식은 곧 주권자의 권력에 대한 지식이기 때문에, 이제 **신의 나라**에 대해 논하고자 한다."[17] 무슨 말인가.

신-자기, 신으로서의 '나'는 자기원인적인 나이며, 그런 나로서 '존재'한다. 다시 말해 I=AM, 자기성의 일반공식, 존재-신. 그것은 홉스가 말하는 신국이 법에 대한 앎, 주권자의 권력에 대한 관방적 앎·지식·론論의 기획을 그 주요성분으로 가졌다는 사실과 맞물려 있다. 이른바 존재-신-론. 법에 대한 그 앎의 기획이란, 성자 코먼웰스라는 '시민적 권력'의 명령에 대한 복종이 지나쳐 성부로서의 '신의 존엄'Divine Majesty을 거역하거나 훼손하는 일이 없게 하는, 또는 거꾸로 성부에 대한 지나친 봉행에 의해 성자의 법이 위반되거나 손상되는 일이 없게 하는 성속양권의 프로젝트, 성속양권의 상호조건적 삼투상태를 위한 프로그램이다. 이는 다름 아닌 계약과 그 이행의 '의무'에 대한 앎으로 조직된다. 홉스적 존재-신-론, 그것은 어떤 신-국-론, 다시 말해 신이라는 국/법에 대한 약정의 의무론으로 편성된다. 모세에게 '나는 나다'라고 말했던 신, 그 신의 말씀을 들었던 모세에게 사람들이 청하고 있는 말, 홉스는 그 말을 「출애굽기」 20장에서 인용해 성속양권으로서의 주권의 정당성을 의무론의 신성성 속에서 정초하려 한다.

---

17. 토마스 홉스, 『리바이어던』 1권, 456쪽.

모세에게 이스라엘 자손들은 다음과 같이 말하고 있다. "어른께서 우리에게 말씀하십시오. 우리가 듣겠습니다. 신이 직접 우리에게 말씀하시면, 우리는 죽습니다."(「출애굽기」 20:19) 이것은 모세에 대한 절대적 복종이다.[18]

신이라는 국/법에 대한 앎, 그것은 어디까지나 모세라는 어른 혹은 모세라는 교사를 통해서만 공개·공표될 수 있다. 사람들은 신의 말씀을 견디지 못하는데, 그것은 그들에게 신의 직접적 발화상태가 그들 자신의 죽음이자 죽임의 상태, 그런 한에서 공포의 상태로 인지되고 있기 때문이다. 모세란 누구인가, '모세'란 힘의 어떤 상태인가. 신이라는 국/법의 대리자이자 대행상태이며, 신이 발화하는 직접적 말씀의 대언자이자 매개상태이고, 그런 한에서 공포의 조정자이자 관리상태이다. 다시 말해 홉스의 모세는 저 만인의 만인에 대한 공포의 전쟁상태와 평화로운 국가생활·사회상태 간의 대구법·분리법을 통해, 코먼웰스라는 영양의 생산력이자 분배력을, 코먼웰스라는 안전의 일반화이자 정초력을 유일하고 정당한 것으로 설립시킨다. 그렇게 신의 법에 대한 앎과 주권자의 권력에 대한 앎을 하나로 합치시키는 홉스에게 그런 앎이란 전쟁상태에 대한 앎, 곧 적대적 시간에 따라 증감하는 리스크에 대한 계산과 측정의 앎, 결산적 지식이다. 모세는 그런 앎, 구원적/살인적 앎의 주관자이다. 모세라는 매개상태·사목상태, 모세에 의해 중재되고 대의되는 신의 로고스/노모스 상태에 대한 '절대적 복종'의 의무를 자발적으로 수행하게 하는 것. 그 의무의 불가결성·불가피성을, 그 의무의 신성성을 알게/믿게 하는 것. 목자 모세의 사목적 업무가 그와 같다. 이와 관련하여 2014년 9월 1일자 〈한겨레 그림판〉의 만평이 '모세=박근혜'의 등식 속에서 정세를 비평하고 있는 것은 눈여겨 볼만하다. 육영수의 올림머리를 따르는 딸의 뒷모습, 붉은 망토 걸친 그 딸의 왼손에는 모세의 신성한 지팡이가, 오른손에는 신이 새긴 성스러운 돌판이, 박정희 소장에 의해 새겨진 '국민을 끊임없이 분열시키라'는

---

18. 토마스 홉스, 『리바이어던』 1권, 274쪽.

일계명의 돌판이, 유신維新의 이름으로 새겨진 독재론의 돌판이 들려있다. 아비·주·왕의 직계로서의 신성한 후광 속 박근혜=모세가 양손을 펴들며 '바다는 못 갈라도 국민은 가른다'고 말하자 '국민'은 바다가 갈라지듯 둘로 갈라져 삿대질하고 고함친다. 양들의 숫자를 세고 손수 먹이는 목자 모세의 앎과 기술, 국민의 분리를 통해 자기를 재생산하는 목자 박근혜의 로고스. 저 '살려야한다'라는 주권적인 것의 표식은 그렇게 신의 통치에 대한 모세의 매개력·사목권력에 의해 인준된다. 그런 주권적 존재-신-론의 유력한 양태, 이는 맑스의 한 문장 속에서 축적의 상태와 포개져 있다. 거듭 인용하게 된다: "축적하라, 축적하라! 이것이 모세며 예언자다!"[19] 주권-자본-신의 로고스를 대언하는 모세라는 중보자仲保者, Mediator, 중-보의 신적 힘. 다시 말해 모세에 의한 신의 법의 '중재'와 사회상태의 '보호' 속에서 삶은 자본-신이라는 국/법에의 의무연관으로, 신국에 봉교하는 미사의 정치로, 주권의 정치미사로, 미사보 얹어진 의무의 성무일과로 편성·재편성된다. 그렇게 의무의 삶·생명은 '의무의 희생자'로서만 합법이 되며, 모세는 그런 의무의 필요에 대한 결정자로 사회를 석권한다.

2-2. 홉스는 조정되지 않은 정념과 자기애라는 '확대경'이 조그만 '희생'을 크게 불평하게 만드는 원인이라고 쓰면서, 주권의 정당성 기획에 결속된 도덕과학 및 시민과학이라는 '망원경'을 들여다볼 때에만, '희생' 없인 피할 수 없는 전쟁상태의 비참이 코앞에 닥쳐와 있음을 발견할 수 있다고 쓴다. 전쟁상태와의 대구법 속에서, 전쟁상태라는 리스크의 계산 및 관리를 통해 반정립되는 계약상태는 그렇게 희생의 구조를 내장·구축한다. 이 희생의 축적체는 리스크의 계측 및 공표를 통해 전쟁상태의 발생가능성과 계약상태의 공안정립 간의 변증법적 부침을 조정하는 힘에, 신성한/유혈적 게발트실천에 근거하며, 여기의 복지국가/섭리국가états-providences는 그러한 근거·반석 위에

---

19. 칼 마르크스, 『자본론』 1권, 김수행 옮김, 비봉출판사, 2001, 811쪽.

서의 후생厚生의 관리·통치를 지향하는 국가게발트의 벡터궤적을 가리키는 다른 이름이다. 그 속에서 '희생'은 신의 힘·뜻·일로서의 섭리에 의해 요청되며 주재된다. 예컨대 저 3·11 '후쿠시마'의 관리 불가능한 리스크, 그 전쟁상태에 대한 전문가적 계측 속에서 원전 폭발의 상태는 의무와 희생의 결속상태로 공표된다. "여러분에게 기준을 제시한 것은 국가입니다. 나는 일본 국민의 한 사람으로서 국가의 지침에 따를 의무가 있습니다. 과학자로서는 100밀리시버트 이하에서의 발암 리스크는 증명할 수 없으며, 따라서 불안 속에서 장래를 비관하기보단 지금 안심하고 안전하다 생각하고 활동해 달라고 계속 말해 왔습니다. 따라서 지금도 100밀리시버트의 누적 피폭선량에 리스크가 있다고는 생각하지 않습니다. 이것은 일본이라는 나라가 결정한 것입니다. 우리는 일본 국민입니다."[20] 방사선 방호 전문가의 말, 방사선 건강리스크 관리고문의 그 말은 삶·생명활동의 기준과 척도를 제시하는 국가에 의해, 결정하는 국가를 향한 신민/국민의 의무와 함께, 공포와 혼돈과 무질서의 리스크를 계측하는 안전과 질서의 정치체로서 정립되는 '희생의 시스템'의 로고스이다. 그렇게 성스런 희생의 이윤연관으로의 복종과 합성을 보증하는 전문적 지식, 그 앎-권력이 상연하고 있는 공공적 안전체의 무대를 막 내리게 하는 또 하나의 무대 연출은 희곡『의무의 희생자』로 전개된다:"니콜라:(수사관의 자리에 앉아 슈베르에게 빵 한 조각을 내민다) 자, 먹어, 먹어, 네 기억력의 구멍을 메워야 해!/ … 니콜라:(수사관의 목소리로) 잔소리 집어치워! 삼켜! 씹어! 삼켜! 씹어!/ 슈베르:(입에 음식이 가득 차서) 나는 의무의 희생자다!/ 니콜라:나도!/ 마들렌:우리는 모두 의무의 희생자들이다! (슈베르에게) 삼켜! 씹어!/ 니콜라:삼켜! 씹어!/ 마들렌:(슈베르와 니콜라에게) 삼켜! 씹어! 씹어! 삼켜!/ 슈베르:(씹으면서 마들렌과 니콜라에게) 씹어! 삼켜! 씹어! 삼켜!/ 니콜

20. 다카하시 테츠야,『희생의 시스템』, 한승동 옮김, 돌베개, 2013, 85쪽; 후쿠시마 현립 의대 부학장 야마시타 슌이치(山下俊一)의 말(2011. 5. 3). 그가 안전, 데이터, 리스크, 공포증, 일본정부 등을 주요어 삼아 응답한 독일『슈피겔』과의 인터뷰는 다음을 참조. http://cafe.naver.com/save119/1914, 2011. 8. 26.

라 : (슈베르와 마들렌에게) 씹어! 삼켜! 씹어! 삼켜!/…(모든 인물들이 서로 삼키고 씹으라고 명령하는 동안 막이 내린다.)"[21]

이 대사들은 상호 양해된 법의 이익 또는 의무로 계약된 법의 힘이 리스크의 계측 속에서 만인의 입을 먹이고 있는 공안의 시간에 대해 사고하게 한다. 다시 말해 홉스적 리바이어던, 곧 이위일체/코먼웰스의 영양이 최대치에 이르렀을 때를, 그 영양의 배분이 국가의 결정에 대한 '의무'를 나눠가진 만인에게 가득 차고도 넘칠 때를, 그때의 리바이어던을, 그때의 네메인/노모스의 상태를 추체험하게 한다. 남편, 주부, 수사관이라는 지위와 역할이 상호 대체·변위·순환하면서 만인이 만인에게 '씹어! 삼켜! 씹어! 삼켜!'라고 명령하는 시간, 법의 자기성의 재생산을 위해 영양의 최대치에서조차 고문으로 먹여지는 시공간. 명령되는 빵, 씹고 삼켜지는 빵들, 만인이 만인을 씹어 삼키는 폭력의 질서. 그들 만인이 곧 의무의 희생자였고, 그들은 다음과 같은 법의 정립에 공동으로 양해한 사람들이었다 : "법은 필요하다고요. 필요한 것이니 그건 좋은 것이고, 좋은 건 무엇이든 기분 좋은 거예요. 법을 지키는 일, 그것은 선량한 시민이 되고 의무를 다하고, 순수한 의식을 지닐 수 있는 것. 정말 유쾌한 일이죠."[22] 그들 의무의 희생자들 각자가 모여 단 하나의 전체로, '한 사람'으로 된 법의 상태가 저 모세적 사목의 상태이다. 거기에 이른바 홉스적 성자 코먼웰스의 본질이 있다.

호렙산의 모세에게 '나는 나다'라고 말했던 그 존재-신, '그분의 본성'은 '코먼웰스의 본질'과 일체이다. 만인 각자의 힘·권력·의지·인격이 양도·계약·승인의 과정으로서의 다수결에 의해 '한 사람'one Man으로, 일자The One로, 유일한 인격·의지·판단으로 결집되어 있는 힘의 상태. 그 속에서, 그러니까 피계약자들(본인들)의 상호 연관 속에서, 계약의 공리계 속에서 공공의 평화·안전·공동방위에 관련된 경계획정·장소확정의 필요를 '임의'로 결정할 수 있

---

21. 외젠 이오네스크, 『의무의 희생자』, 박형섭 옮김, 지만지, 2010, 110~1쪽.
22. 외젠 이오네스크, 『의무의 희생자』, 22쪽.

는 유일한 존재. 그 존재-신은 의지의 일체화 상태에서 발원하는 힘, 목적에 의해 수단을 합법화하는 힘, 수단을 통해 목적을 정당화하는 힘이며, 유일한 자기-의지의 승리의 일반화이고, 그런 한에서 전체의사 또는 일반의지의 제작력이자 일반의지를 필요에 따라 언제든 가공 가능한 질료상태로 스텐바이시키는 힘이다. 여기의 메르스 사태 속에서, 메르스의 사회상태로서, 사회 없음의 사회상태로서, '살려야한다'라는 주권의 일반공식으로서 존재하는 한 사람⁻者, 그런 유일성의 단순한 ― 다시 말해 피 흘리지 않게 살처분하는, 살려야 한다며 죽게 내버려두는 ― 주권의 표식으로서의 '박근혜'. 이는 다시 한 번, 페스트라는 일자의 말씀과, 페스트-계엄령의 표식과 비교될 수 있다. 자기를 '진정한 주권자'라고 밝히는 페스트가 말한다.

> 페스트도 하나, 백성도 하나! 집합하라! 실시하라! 할 일에 몰두하라! 자유 둘보다 훌륭한 페스트 하나가 낫다![23]

이 일자의 강령들, 다시 말해 페스트라는 말씀의 연관, 페스트라는 로고스/노모스의 형질은 저 '실시하라'는 주권적 명령어로 압축·침투·창궐·일반화한다. 페스트는 바로 그 명령어 속에 주권 운용의 모든 의지가 들어있다고 말하면서, 그 말의 중의성에서 자기의 존재를 본다. '실시한다's'exécuter는 말은 사형의 실시, '사형 집행'이라는 뜻과 동시에 '스스로가 자신의 처형에 협력한다'는 뜻을 갖는 것이었다. 카뮈적 단두대斷頭臺, 페스트-계엄령의 속성. '실시하라'는 페스트의 양의적/마성적 명령은 주권이라는 공동이익의 생산체 속 모든 활동·생명을 다름 아닌 사형의 실시에, 사형의 질서에, 실질적 사형 집행에 의한 질서의 창출에, 자신의 처형에 대한 자유로운 협력 과정으로서의 첨예화된 질서-자유의 정립에 귀속·합성시키는 것이었다. '아무 일도 일어나지 않는 것', 그런 무-사건성을 가리키는 또 다른 판본으로서의 '가만히 있으라'

---

23. 알베르 카뮈, 『계엄령』, 213쪽.

가 여기 좋은 정부의 조건이자 반석이었던 것 위에서, 페스트의 '훌륭한 정부'는 만인 각자가 자신의 처형에 협력하는 일반화된 단두대로서 설립된다. 좋은 정부, 훌륭한 정부는 그렇게 각자가 자신을 단두대에 올려 스스로를 내리치게 하는 '유죄'의 생산력을 필요로 한다. 그 필요를 결정하는 여기의 황제 칼리굴라Caligula가 거듭 말한다 : "요컨대, 내가 페스트의 역할을 대신하자는 거지"; "인간은 유죄이므로 죽는다. 인간은 칼리굴라의 신하이기 때문에 유죄다. 그런데 인간은 모두 다 칼리굴라의 신하다. 따라서 모든 인간은 유죄다. 고로 모든 인간은 죽는다"; "죄인들을 불러들여. 내겐 죄인들이 있어야 해."[24]

3-1. 페스트가 되겠다는 칼리굴라. 그의 연기와 대사, 그 말씀의 연출에 의해 생산되어야 하고 필요한 것으로 결정되어야 하는 것은 무엇인가. 유죄이며 죄인이다. 여기 편재하는 단두대의 지옥hell, 이른바 '헬조선'의 운용법으로서의 자가-심판. 만인이 '용의자'인 상태의 창출, 누구든 언제든 어디서든 스스로를 유죄로 선고하는 자가-죄인화, 죄의 일반화. 일반유죄로 인도되고 합성되는 일반의지. 칼리굴라/페스트가 말하는 사형 집행은 보편적인 것이며 고통으로부터 해방시키는 것이었고, 힘을 주는 것, 공평한 것이었다. 그것은 칼리굴라/페스트라는 통치력의 '이념'을 가리킨다. 이는 만인이 사전에/태초에 유죄선고를 받은 자들인 상태, 그러므로 계약과 동시에 모두가 죄Schuld를 짓고 빚Schuld을 지게 되는 상태, 달리 말해 '은혜는 곧 채무이며 채무는 곧 속박'인 홉스적 통치정당성의 상태, 상호 간의 부채/유죄의 선고 앞에서 만인이 만인의 '구경꾼'으로 기능하는 상태, 누구도 그 죄로부터 자유로울 수 없는 상태, 그런 사회 없음의 사회상태를 필요한 것으로 결정하는 칼리굴라/페스트만이 '제국 안에서 유일하게 자유인'일 수 있는 상태를 가리키며 그런 상태들의 재생산으로 정향되어 있다. 칼리굴라/페스트의 그런 자유, 필요의 결정이라는 반석 위에 설립되는 자유는, 언제든지 법을 제정하고 폐지할 수 있는 권한, 어디서든

24. 알베르 카뮈, 『칼리굴라』, 김화영 옮김, 책세상, 1999, 131쪽, 70쪽, 45쪽.

법에 근거해 그 법의 효력정지를 선포할 수 있는 일반화된 계엄권, 언제든 어디든 법 안팎의 경계를 재획정할 수 있는 주권에 의해 보호되는 자유이다. 칼리굴라/페스트의 그런 자유, 주권적 자유와 복종의 관계를 두고 홉스는 다음과 같이 말한다. 그 곁에서 루소J.-J. Rousseau 또한 말할 것이다.

[①] 주권자는 법을 제정하고 폐지하는 권한을 보유하고 있기 때문에, 자신을 난처하게 하는 법이 있다면 이를 폐지하고 새 법을 만들 수 있다. 즉 원하지 않는 법으로부터 언제든지 벗어날 수 있기 때문에 처음부터 그 법의 적용 대상이 아닌 것이다. 원하기만 하면 자유를 얻을 수 있는 자는 처음부터 자유로운 자이다. 스스로를 구속할 수 있는 자는 스스로를 해방시킬 수도 있기 때문이다. 따라서 오직 자기 자신의 구속만 받는 자는 구속을 받지 않는 자이다.[25]

[②] 인류는 여러 가축의 떼로 나뉘고, 이 무리들은 제각기 주인을 갖게 되고, 주인은 잡아먹기 위해 이것들을 보호해 주고 있는 것이다. / 목자가 자신이 키우는 가축의 무리보다 더 나은 자질을 가지고 있듯이 주인 노릇을 하는 이 인간 떼의 목자들도 역시 그들의 민중보다도 더 우월한 자질을 가지고 태어났다. 필론의 말에 의하면, 칼리굴라 황제는 이렇게 추론하였는데, 이 유추에서 쉽게 결론짓기를 왕은 신이고 백성들은 짐승이라고 하였다. / 이 칼리굴라 황제의 추론은 홉스나 그로티우스의 것과 일치한다.[26]

홉스에게 주권은 코먼웰스의 '혼'魂이었던바 — 화폐는 이위일체/코먼웰스의 피, 행정조직은 코먼웰스의 근육, 시민은 코먼웰스의 인격, 처벌의 공포와 보상의 기대는 코먼웰스의 신경이었다 — 그런 혼에 근거한 코먼웰스는 입법자이

---

25. 토마스 홉스, 『리바이어던』 1권, 348쪽.
26. 장 자크 루소, 『사회계약론』, 이환 옮김, 서울대출판부, 1999, 7쪽.

되, '대표자(즉 주권자)' 또는 중보자에 의거하지 않고서는 스스로의 본질인 입법력일 수 없었다. 주권자야말로 '유일한 입법자'인 까닭은 주권자만이 일체화된 만인의 인격, 유일한 인격이기 때문이다. 위의 ①은 주권을 규정하는 자유와 구속의 관계가 주권자, 곧 유일한 인격의 법적 위상에 근거해 표현되고 있다. 노모스와 아노모스amonos의 경계·경첩·문턱에 놓여 합법과 불법의 경계를 임의의 필요에 따라 결정하는 주권자는 그런 노모스와 아노모스 중 어디에도 귀속되지 않는 장소에, 없는 장소로서 있다. 주권자의 자유는 바로 거기서 발원하며, 거기에 자기 의지로 구속된 자는 언제든 구속 받지 않는 자이다. 주권자의 그런 자기 자유는 이위일체/코먼웰스의 입법력을 실질적으로 주재하는 모세적 매개·중보의 힘이며, 그런 힘의 정당성의 중심이다. 코먼웰스의 혼 또는 영Spirit으로서의 주권, 곧 중보적-그리스도적 권능으로서의 주권이라는 것이 계약의 공리계 속 만인의 '잘못을 고쳐 행실을 바르게 하도록 하기 위한' 사목적 힘의 형태일 때, 다시 말해 주권이라는 것이 자기의 정당성 공정에 최적화된/면역된 특정 행실로 만인을 이끌어가는 목자의 사목력/인도력일 때, 그렇게 첨예해진 주권 형태로서의 사목적 게발트의 벡터궤적을 표현하는 것이 ②의 문장들이다. 루소의 칼리굴라, 목자의 셈-법. 다시 말해 속屬 아닌 유類로서의 인간 또는 인류=양떼, 주인=목자, 왕=신, 백성=짐승이라는 루소적 통치권위의 정식. 잡아먹기 위해, 자기의 영양을 위해 양떼를 보호하는 주인/목자, '인간 떼의 목자들'. 길 잃은 한 마리 양을 찾아 나섬으로써 아흔 아홉 마리 양들 전체의 희생과 포기를 양해하는 목자, 그럼으로써 아흔 아홉 마리 양들을 그들 각자가 길 잃은 한 마리 양일 수 있을 가능성 속에서 구제하는/살생하는 목자, 모세적 통치술. 그런 사목적 통솔·배려·구제의 기술은 '전체적인 동시에 개별적인' 레벨을 통치의 중핵에 놓는 인구테크놀로지와 관계된다. 이른바 사목권력pastoral power. 그것은 양떼의 숫자를 빠짐없이 세고 하나하나 손수 먹이는 시공간의 창출을, 인간 떼의 숫자를 연동된 전체적-개별적 레벨에서 셈하는 목자의 결산적 게발트를 전제하며, 그 힘은 인간 떼의 입人口을 넉넉히 함을 목표로 설정하는 힘, 그러니까 생명을 두텁게 하는 힘, 축적을 위한 목적으로서의 후생을 지향하는 힘으로 구성된다. 그런 힘들이 인간 떼를 인도하는 목자의 '우월한 자질'을 유지시키는바, 그것이 루소의 칼리굴라가 추론하고 결론지은 자기의 힘이다.

    3-2. 그와 같은 루소의 칼리굴라가 『사회계약론』의 처음과 끝을 잇는다. 그 책의 끝 4부 8장 「시민종교에 관하여」는 이렇게 시작한다. "처음에 사람들에겐 신 외에 다른 왕이 없었고 신정神政 외에 다른 정치가 없었다. 그들은 칼리굴라의 논리를 따랐으며 그들의 논리는 옳았다."[27] 인간 떼의 목자에 의한 정치, 모세적 사목의 정치론, 신정정치론. 줄여 말해 '칼리굴라의 논리'. 그것은 오늘 생명관리의 아비·기원·아르케archē라고 할 수 있는바, 그 이유는 오늘 여기의 메르스 감염자가 계엄-조치 속에서 경험했던 권력, '모니터·도표·데이터·숫자를 통해 인간 떼의 셈이라는 레벨에서 생명상태의 리스크를 설명·측정·계산하는 결산적 권력, 인간 떼의 숫자를 셈하고 그 떼의 입을 손수 먹여 살리며 그 떼의 행실·품행·정념을 주관하는 권력, 바로 그런 힘의 형태가 공동의 이익과 공리적 안전(사회의 부양과 생명의 후생)을 기획하는 통치론으로서의 루소적 칼리굴라에 맞닿아 있기 때문이다. 위의 ①과 ②를 그렇게 특정하게 인용·병치했던 의도 및 효과, 곧 ②의 곁으로 합성되는 ①, 또는 ①로 실천·관철되는 ②는 여기 메르스의 사회상태 또는 일반화된 각자도생의 생명상태를, 잘못된 부자관계로 이월되고 있는 주권의 어떤 첨예화 상태로, 다시 말해 인구의 셈-법이라는 사목적 법 연관 내부로의 주권의 합성상태로, 주권의 사목권력적 재조직화 상태로 다시 정의하게 한다. 이와 관련하여, 실제로 우리 눈앞에 '존재'하는 것을 두고 주권-규율-통치 또는 통치-인구-정치경제학이라는 가설적 삼각형을, 환원불가능한 고유성들이 합성된 삼위일체적 통치성의 구도를 제시했던 이는 푸코였다. 인구는 그런 삼각형의 핵심 표적이었으며, 안전장치는 그 삼각형의 핵심 매커니즘이었다. "주권의 기조

---

27. 장 자크 루소, 『사회계약론』, 166쪽.

를 뒤흔든 운동, 인구를 [국가의] 소여이자 해석 영역이자 통치기술의 목표로 출현시킨 운동, 경제를 현실의 특수한 영역으로 떼어냈을 뿐만 아니라 정치경제학을 이 영역에 대한 하나의 [과]학이자 통치의 개입 기술로 떼어낸 운동 사이의 심층적인 역사적 연관관계. 이 세 가지 운동, 즉 통치, 인구, 정치경제학이라는 운동은 18세기부터 견고한 계열을 형성해 오늘날에도 해체되지 않고 있습니다."[28] 이 한 대목을 여기 정부의 선함에 대해, 좋은 정부라는 이름으로 수행되는 자기선전 또는 선전포고에 대해 다시 언급하기 위하여 활용하기로 하자.

그렇게 해체되지 않고 있는 저 세 가지 운동의 연관, 그것은 다시 한 번 루소적 칼리굴라에, 곧 인간 떼의 셈법에, 셈에 의한 입법에, 셈이라는 입법력에 관련되는바, 그런 사정은 루소가 말하는 '정치조직의 목적' 또는 '좋은 정부'에 의해 이끌린다. "정치조직의 목적은 무엇인가? 그것은 그 구성원의 보존과 번영이다. 그렇다면 구성원들이 보존되고 번영한다는 가장 확실한 징후는 무엇인가? 그것은 그들의 수數와 인구이다. … 외국의 원조나 귀화나 식민에 의하지 않고 시민이 늘어나고 더욱 증가된다면, 이런 정부가 곧 가장 좋은 정부이다. 계산하는 사람들이여, 당신들이 할 일이 여기 있다. 수를 세고 측정하고 비교하라."[29] 이 마지막 한 문장은 루소적 통치의 정언명법이다. 그가 말하는 좋은 정부, 정부의 선함은 '계산하는 사람들'의 조직적 업무이다. 이는 인간 떼의 보존과 번영의 기술을 통해, 인구 수준에서의 리스크와 관련된 데이터들의 계산·측정·비교·관리를 통해, 달리 말해 사목적·통계적·결산적 권력의 운용법을 통해, '사회계약' 상태에 정초된 그런 목자의 계산력-입법력을 통해, 그런 정초상태에 대한 위반자를 '단순한 인간'으로 획정하는 생살권의 사형·추방·공적公敵 선고의 힘을 통해, 그런 절차들의 고유한 연관으로서의 사목-신정체를 통해 기획·수행된다. 그렇게 인구는 사목적·통계적statistical 셈

28. 미셸 푸코, 『안전, 영토, 인구』, 오트르망 옮김, 난장, 2011, 162쪽.
29. 장 자크 루소, 『사회계약론』, 110쪽.

법을 따라, 국가state의 소여이자 목적으로, 국가에 의한 해석의 영역으로 됨으로써 국/법에 대한 관방적 앎들의 생산에, 그런 앎의 연관을 신체적 규율과 통계적 확률의 합성체 속으로 조직하는 국가-공리-론의 벡터에 단순한 기능 단위이자 질료상태로 배속·장치된다. 그런 장치화의 과정은 정치로부터 경제를 떼어내는 과정, 그렇게 성별聖別된 경제를 정치의 절대적 결정자로 인입시키는 통치성의 과정/소송에 연동된다. 그렇게 정치의 절차와 실천에 경제를 도입시키는 것의 정당성·필연성 획득의 공정이 통치의 본질이자 목적이 된다(푸코는 그런 과정이 16세기와 18세기에 공통된 것이라고 말했던바, 앞서 홉스의 ①과 루소의 ②를 병치한 근거의 일부를 거기서 얻는다).

그런 정치적 결정자로 성별된 경제에 대한 과학, 그러니까 정치경제학이란 무엇인가. 루소의 『사회계약론』은 미완의 저작 『정치제도론』에서 발췌되어 묶여진 것으로, 그 『정치제도론』의 서문 격으로 작성된 것이 『백과전서』의 '정치경제학' 항목에 수록된 「정치경제학」이라는 글이었다. 그 글 속에 들어있는 '에코노미'Économie라는 단어는 루소가 말하는 '공동선'의 상태로서의 에코노미, 곧 집을 뜻하는 오이코스와 법을 뜻하는 노모스라는 단어에서 파생되고 그 둘로 결합된 건축적 설립의 상태를 뜻한다. 그 단어는 루소적 정부의 선함에, 좋은 정부의 행정실천에, 결산하는 사람들의 선험적 정언명령에, '수를 세고 측정하고 비교하라'는 모세적 신정정치의 명령에 합성되고 있는 생명에의 관리력 및 재생산력을 가리킨다. 에코노미라는 경제의 운용-법, 정치경제학이라는 과학에 의해 보장되는 경제의 설립-법은 초대 교부들에 의해 교회의 정당성 생산의 공정으로 전용된 그리스어 '오이코노미아'οἰκονομία라는 단어/상태를 이월받은 것이며, 맑스가 말하는 이위일체로서의 성자-잉여가치Gott Sohn=⊿G에 의해 보호·부양·주재되는 경제에 대한 과학, 곧 경제신학이 주관하는 법의 설립을 뜻하는 것이기도 하다. 그런 에코노미/오이코노미아가, 집·가정의 관리를 뜻하는 것에서 국가의 셈-법에 의한 통치성의 영토 획득을 뜻하게 될 때, 그것은 앞서 인용했던 저 패러디-이미지의 원본, 곧 '살려야한다'라는 통치성의 표식이 관장하고 있던 컴퓨터 모니터 속 의료진단 프로그램에 찍힌 로고가 '또 하나의 가족', 가부장, 국부國父/國富의 장으로서의 '삼성'이었음을, 아비·왕·주로서의 삼성이라는 경제적 로고스였음을 상기시킨다. 이른바 이윤이라는 이위일체-그리스도, 예컨대 여기 메르스 전염의 사회상태 속에서 '법 위'의 위격을 점하는 삼성병원, 대형병원이라는 대형교회megachurch, 병의 원인에 대한 의사의 진단과 치료라는 교회·목자의 구제업무, 이윤을 위해 입원실화하고 있는 공장·시장으로서의 응급실, 산업화된 의료의 새로운 축적을 위한 원격진료의 한시적 허용, '환자들이 단순 경유한 병원은 메르스 감염 우려가 없다'고 쓰여 있는 청와대의 요청쪽지-고지, 메르스에 의한 경기 둔화 위험을 내걸고서 기준금리를 전격 인하한 한국은행의 규제완화 드라이브, 헌법정지로서의 규제완화 기요틴 또는 성자-잉여가치가 몸을 나툰 시행령 우회의 독재-기술. 줄여 말해 메르스의 정치경제학, 창궐·석권하는 칼리굴라/페스트의 경제-신-론. 여기의 좋은 정부, 정부의 선함이 그와 같은 선험의 신적 권위에 의한 경제적 폭력실천으로서 거듭 정립되고 있다.

4-1. 루소적 칼리굴라의 논리, 그 사목적 입법으로서의 생명-관리론은 다시 한 번 여기의 메르스 감염자가 경험했던 도표·숫자·데이터 계측으로서의 실질적 계엄-조치를 준거로, 카뮈적 칼리굴라/페스트가 말하는 '통계학'으로, 국가의 과학으로서의 '기하학'으로 되먹여진다. 칼리굴라/페스트는 자기를 '진정한 주권자'로 명명하면서 만인에게 이렇게 고지한다. 탁월한 조직과 함께 침묵·질서·정의를 제공하겠다고, 그와 동시에 오늘부터 만인은 질서 있게 죽는 일을 배우게 될 거라고, 인간 떼의 숫자를 세며 보호하는 데 있어 자신은 누구 하나 빠뜨리는 법이 없다고, 추방 및 강제수용 대상자의 수를 적당히 안배할 것이며 겨드랑이 밑에 가래톳 모양의 별을 달아 말살의 대상을 분별·획정할 거라고, 가용 노동력이 충분하도록 무죄인 자들을 거듭 유죄로 만들어 갈 것이라고, 모두가 용의자이자 죄인이라고. 칼리굴라/페스트의 그런 로고스에서 방점 찍어 인용할 부분은 다음과 같다.

[①] "제군들은 장차 **통계** 속에 **포함**되어 드디어 무엇엔가 쓸모가 있게 될 것이다"; [②] "**차분한 기하학**은 궤도를 벗어나 미쳐 날뛰는 저 별들을 단죄하네. 불붙은 듯한 머리칼로 하늘의 목장에 불을 지르고 요란한 경보음으로 유성들의 감미로운 음악에 훼방을 놓고, 질주하며 일으키는 바람으로 영원한 인력의 법칙을 파괴하고, 성좌들의 광채를 교란하고, 하늘의 교차로마다에서 별들의 불길한 충돌을 예비하는 저 발광한 별들을. 사실은 모든 것이 변함없이 질서정연하며 세계는 균형을 유지하고 있다네!"; [③] "너희들의 신은 만사를 분간할 줄 모르는 아나키스트였어."[30]

카뮈적 통계학, 내전정체의 과학으로서의 기하학. ①의 통계적 셈-법이라는 방법, 곧 통치력의 정당성·필연성·공리성·합리성·방향성을 획득하기 위한 방법으로서의 통계. 강의 범람·가뭄·기갈로부터 삶을 보호하기 위해 땅의 크기와 모양을 재던 기하학, 다시 말해 삶·생명의 안전을 목적으로 노모스의 대지를 측량·계산·취득·분할·분배하기 위한 앎의 생산력으로서의 통계-기하학. 그런 통치력의 벡터궤적에 포함·가산될 때 만인은 무질서의 상태에서 쓸모들의 질서 속으로, 차분한 질서의 쓸모들 속으로, 아무 일 없는 세계의 균형상태 속으로, 무-세계 속으로 내놓이게 된다. ②의 '발광한 별들'이란 무엇인가. 노모스의 궤도로부터, 주권의 합법적 대리자들로서의 별들로부터, 그런 법들의 성좌로부터, '광채의 담론'으로부터, 그런 법들/별들의 통치연관을 재생산하는 영구적 인력의 법칙으로부터 탈구·이탈하고 있는 자들이다. 그들을 '단죄'하는 단두대의 떨어지는 칼날, 그것이 저 통계-기하학인바, 그것은 첨예화되고 재장치된 생살여탈권의 결정 근거이다. 그런 통계의 통치력/결산력은 경보의 고지로, 조종의 울림으로, 도래중인 '불'로 사는 삶의 발광하는 별빛을 꺼뜨림으로써 환속화된 하늘의 목장을, 목양상태/영양분배상태로서의 질서-자유의 대지를, 품행과 행실을 인도하는 사목적 권력관계를 거

---

30. 알베르 카뮈, 『계엄령』, 각각 188쪽, 157쪽, 272쪽. 강조는 인용자.

듭 재생산하는 신의 율≉/律-법으로서 관철된다. 그런 법의 에코노미는 ③ 아나키스트로서의 신, 무정부·무질서의 신, 또는 비-지배의 신, 무-아르케로서의 신을 자기 안에 항시 포섭·가산시킴과 동시에 '자기성'의 안전을 위해 자기로부터 배제·말소시킴으로써 기획되고 운용된다. 그렇다는 것은 칼리굴라/페스트가 자기의 경제에 대한 거역 및 정지의 시공간을 자기 내부로 인도·도입함으로써만 자기성을 보호·재생산할 수 있다는 말과 다르지 않다. 그렇게 칼리굴라/페스트는 자기의 안전과 면역을 위해 자기의 고유한 보호·면역체계를 파괴해야만 한다. 이른바 '일반 주권의 자가-면역성' 또는 '자가-면역'auto-immunité의 일반공식은 이렇게 표현된다: "국가는 자기-보호적인 동시에 자기-파괴적입니다. 치료인 동시에 독입니다. **파르마콘**은 바로 이 자가-면역 논리의 오래된 또 다른 이름입니다."[31] 자기성의 에코노미를 운용하고 온존시키는 법들의 자가-가동적 정립의 논리, 자가-면역. 이는 데리다J. Derrida에게 삶, 죽음, 생명, 죽임이라는 생-살의 문제계 일반을 말의 중심에 놓기 위한 것이었으며, 그런 문제계를 향해 무제한적이고 가차 없이 확장하고 인정해야 할 개념으로 제안된 것이었다. 그런 파르마콘적 면역론의 제안을 여기 메르스의 사회상태 또는 각자도생의 생명상태와 관련하여 다시 제기하는 하나의 경로는, 메르스의 전염상태가 전쟁상태에 비유되고 있었던 것의 의미연관 속에, 곧 '메르스와의 전쟁'을 시작하고 그 종식을 선언하는 정부의 공동선 혹은 선의지의 정치에 대한 검토 속에 있다.

4-2. 국가지정격리병동에서 생환했던 메르스 감염자의 문장은 다음과 같다. "손모라는 의학전문 담당기자는 메르스 사태를 전쟁에 비유하고 감염자를 게릴라에 비유하기도 했다. 조기에 색출해서 차단시켜야 한다는 논리."[32] 메르스 감염자=게릴라=적이라는 등식. 이에 덧붙여 인용할 것은 전염

---

31. 자크 데리다, 「자가-면역」, 226쪽.
32. 천정근, 앞의 글.

균·바이러스에 대한 방역의 공정과 전쟁절차의 유비에 관한 것이다. "방역은 흔히 전쟁으로 비유된다. 방역 현장에도 전사가 있으며 격전이 펼쳐진다. 적職인 바이러스와 싸우는 곳에는 전선이 있다. 저지선이 뚫리면 후방의 안전을 담보하지 못하니 전염병이 퍼지는 상황에서는 하루하루가 전쟁이다."[33] 법정에 의한 전염균의 확정, 방역-전쟁의 정치. 이를 앞질러 표현하고 있는 문장은 다시 카뮈의 것이다. "이 세상에는 전쟁만큼이나 많은 페스트가 있어 왔다. 그러면서도 페스트나 전쟁이나 마찬가지로 그것이 생겼을 때 사람들은 언제나 속수무책인 것이다."[34] '페스트=전쟁'이라는 등식 속에서 아무 일도 일어나지 않을 때, 그렇게 정부의 선과 선의지가 관철될 때 첨예화된 주권의 경제는 면역체계의 작동과 일치하는 상태로서, 이른바 '면역 전쟁'의 절차로서 자가-정립된다.

중심적 문제는 더 이상 외부적인 구성 요소로부터 자신의 구성 요소를 구별하는 유기체의 능력이 아니라 면역 체계의 내적인 자기-규제[조절] 능력이라는 것이다. 항원(혹은 외적 자극)이 부재하더라도 항체 세포가 전파된다면, 이는 면역 체계가 전적으로 자기-충족적인 내적 승인[동일화]의 그물이라는 특징을 띠고 있음을 뜻한다. 이것은 근대의 개막 이후, 공동체의 '감염' 리스크에 맞서 싸워왔던 **면역 전쟁**의 최종 결실이다.[35]

---

33. 김병규, 「흔들림 없는 컨트롤타워 세워야」, 『연합뉴스』 2015. 7. 3. 이 기사는 '메르스 교훈' 이라는 이름의 연재 중 첫 번째 것이다. 아홉 번째 기사는 메르스의 전염상태를 '전염병=유언비어=적'이라는 또 하나의 군사적 인지 속에서 설명하고 있다. "중동호흡기증후군(메르스) 사태에서 나타난 또 다른 적은 사회관계망서비스(SNS)와 인터넷으로 유포된 유언비어였다."(권영전 외, 「유언비어는 또 다른 전염병」, 2015. 7. 8)

34. 알베르 카뮈, 『페스트』, 김화영 옮김, 책세상, 1992, 51쪽.

35. 로베르토 에스포지토, 「면역적 민주주의」, 399쪽. 강조는 인용자. 공동체의 감염 리스크를 계측하고 결산하는 정치체로서의 면역체/전쟁체. 그런 리스크의 문제에 방점 찍을 때, 그 전쟁체는 내전의 축적체로서 일상화되어 있음을 확인할 수 있다. 후생적 구원을 위한 위험의 산업화, 보험회사가 단적인 예로 거론된다: "리스크와 관련된 사회의 경계심의 문턱을 끊임없이 높이는 것은 사회의 발전을 가로막거나 혹은 심지어 원시적 상태로 퇴행시킨다는 뜻이다. 그것은 리스크 자체의 중요성에 따라 보호의 수준을 조정하는 대신, 점점 더 높아지는

에스포지토R. Esposito는 라틴어 이무니타스immunitas에서 파생되고 확장된 면역화 개념을 코무니타스communitas(공동체·공통체) 개념과 순수하게 대립적인 것으로 설정하는 듯하다. 그 두 개념의 중심 어간인 무누스munus(증여·타자를 향한 책무)가 이무니타스에서는 부정·봉쇄되고 코무니타스에서는 원리적으로 승인·관철되고 있기 때문이다. 무누스의 체계적 부정으로서의 이무니타스의 정치체는 타자적인 것을 대상으로 한 면역 체계의 내부화, '면역적 내부화(혹은 매장)'의 공정이자 자기-충족적인 내적 동일화상태의 재생산력이다. 이 자기 실체화하는 힘은 타자=전염균에 의한 감염의 리스크를 측정·계산하는 면역체/정치체의 생명관리력이며, 병균의 통제·중성화neutralise를 통한 특정 면역관용으로의 인도력이고, 이런 힘들이 합작하는 자기-조절적 게발트궤적 위에서 스스로를 '면역 전쟁의 최종 결실'이라는 자기-경제의 원리로, 최후적이므로 유일한 정당성의 근거로 정립시킨다. 이 정립의 절차, 전쟁의 공정에 근본적으로 대립하는 방향에서 코무니타스가, 곧 실존의 외부화로서의 '탈자脫者,ecstasy의 경험'이 상기된다. 이 탈-자기성의 외-존적인 경험·상기·기억이 면역체로서의 정치체에 의해, 면역체/정치체로서의 전쟁체에 의해 적대로서 내부화되고 매장되며 포섭·가산되는 것이다.[36] 이러한 면역 전쟁의 공정 속에 질료로서 합성되고 있는 것이 앞서 말한 등식들, 곧 메

보호 요구에 따라 리스크의 지각을 조정한다는 것과도 같다. 다시 말해서, 리스크를 통제하기 위해 리스크를 인위적으로 창출하는 것과도 같다. 바로 이것이 보험회사가 일상적으로 하고 있는 일이다."(로베르토 에스포지토, 「면역화와 폭력」, 김상운 옮김, 계간 『진보평론』 2015년 가을호, 316쪽) 리스크에 대한 보호 요구의 증가가 리스크의 사후적 세분화·고도화를 창출한다는 것. 리스크를 제어하기 위한 리스크의 창출, 질서를 구하기 위한 무질서의 창출/결단. 이른바, 예외가 아니라 일상이 된 비상사태.

36. 면역 전쟁의 그런 공정은 "면역적 위기"의 결정과 연동된 것이며, 면역의 그 위기-전쟁은 "사회 전체를 폭력으로 치닫게 하는 것"으로, "그 순간 모든 곳에서 피가 튀기며 인간이 문자 그대로 산산조각 난다"(로베르토 에스포지토, 「면역화와 폭력」, 317쪽)는 한 문장으로 다시 표현된다. 그 문장은 최고도의 면역 전쟁과 생명의 관계를 응축하고 있다 : "가장 높은 수준의 면역화란 단순한 생존 요청에 따라 생명체(le vivant)를, 즉 자격 있는 생명의 모든 형태를 희생시킨다는 뜻이다. 다시 말해 생명을 벌거벗은 생물학적 수준으로, **비오스를 조에로** 환원하는 것이다."(315쪽) 최고도의 면역 전쟁 속에서 "접촉, 관계, 공통존재(l'etre en commun)는 감염의 리스크 앞에서 즉각 거꾸러지는 듯 보인다."(313쪽)

르스 감염자=게릴라, 또는 메르스 바이러스=적이라는 등식이다. 보균자, 균, 바이러스를 비정규군, 게릴라, 적으로 등치시키는 논리, 그런 전쟁적 통치이성의 인지 절차는 생명에 대한 구제/살해의 공정으로, 면역적 전쟁체의 결산력으로 수행된다. 이는 어디든 언제든 침투하고 스며드는 테러리스트를 '세균·박테리아의 극소학적 라이벌'이라고 명명했던 데리다의 앞선 언급과 더불어 다시 다르게 사고될 수 있다.

4-3. 공리·공리계의 안전을 위한 공공의 건강관리가 군사적 전쟁의 운용과 맞물려 작동하는 시공간. 그것은 데리다적 무세계성, 곧 그가 『불량배들』에서 말하는 세계-없는 곳le sans-monde, 이른바 세계화 세력이 생명·노동·부·자연·자원·과학·기술 등을 집중·수탈·조정함으로써 없앤 세계, 국가 주권이 실효적 적과의 대결 무대를 찾을 수 없게 되는 세계, 그런 세계화 세력에 의해 세계 없이weltlos 남겨지고 있는 것이 다름 아닌 '공적 건강과 군사적 안전'이라는 두 가지 면역형태'였다는 인식을 파지하게 한다. 이는 메르스 사태라는 공리적 건강의 관리 속에서 주한 미군의 생물학전 전략 수행을 위한 탄저균 실험이 수면 아래로 가라앉았던 맥락을 상기·부상시킨다. "메르스 발생의 진정한 원인에 대한 올바른 답은 군국주의적 마인드를 가진 서울이나 워싱턴에서는 쉽게 드러나지 않을 것이다."[37] 여기 메르스의 사회상태, 그것은 공리계의 자기성을 위해 일반화된 자가-방역防疫의 전쟁체, 내전을 수행하는 절대적 면역체로서의 계약체로 정립되는 중이다. 데리다가 『숲길』로부터 '면역됨의 흔적'Spur zum Heilen이라는 한 구절을, '면역된 것은 안전함, 건강함, 성스러움 또는 신성함을 부른다'는 한 문장을 인용할 때, 다시 한 번 여기 각자도생의 생명상태는 공공의 건강과 안전의 보장상태라는 환속화된 신성의 영토로, 절대적/신적 면역화의 과정으로, 신정정치적 면역관용의 체제로 재생산

---

37. 시마츠 요이치, 「미국방성 생물학전 연구소에서 떠오른 한국의 메르스」(2015. 6. 13), 고재섭 옮김, http://m.cafe.daum.net/gaondetox, 2015. 6. 17. 요이치는 『재팬타임즈』 편집인이었고, 과학탐사 전문기자 및 저널리스트, 홍콩 사스와 태국 조류독감 때의 보건정보 팀장이었다.

되고 있다. 그런 면역체 곁에 재정의된 파르마콘(약/독)이 자가–면역의 오래된 옛 이름으로 있을 때, 자가–면역의 과정은 절대적인 악이 아니다. 예컨대 언어가 망각을 치료하는 약임과 동시에 '숙명적으로' 말의 현재적 힘을 제거하는 독이기도 할 때, 그렇게 언어라는 것이 파르마콘의 한 가지 예로 정의될 때, "**자가–면역 과정**이란, 생명체가 '스스로' 자기 자신의 방어 체계를 파괴하려고 애쓰는 행위, 자신의 '고유한' 면역성에 **대항하여** 스스로를 면역시키려고 애쓰는 낯선 행위"[38]이다. 그것은 생–살의 공리계에 의존하지 않고 있는 시공간의 상황들·정세들, 이른바 '비–주권'의 발현을 위한 조건이자 지반이다.

> 자가–면역의 **파르마콘** 없이는, 갑작스레 출현할 그 어떤 기회도 갖지 못할 것입니다. … 어떤 비–주권을 생각하도록 하는 바로 그곳에서, 그것은 어떤 다른 역사일 것이며, 아마도 그것의 자기성 내부로부터 자기를 파괴하는 어떤 신의 역사일 것입니다.[39]

여기 메르스의 사회상태라는 면역체/전쟁체 곁에서, 다시 말해 모니터·도표·데이터·숫자가 표상하는 리스크의 결산력으로 정립되는 사목적 경제체 속에서, 그런 계산과 관리에 의해 합성/말소되지 않는 '비밀을 지닌 사회적 틈새'로 활동·발현 중인 자가–면역의 파르마콘. 이것은 저 홉스적 리바이어던이라는 잘못된 부자관계 내부에서, 그 내부로 비–주권이, 비신학적인 주권의 형식이, 주권 없(애)는 주권적 정의가, 메시아주의 없(애)는 메시아적인 것이, 줄여 말해 절대적 면역 없(애)는 자가–면역이, 그리고 그렇게 대립하고 대치되고 있는 힘들 간의 숙명적이고 필연적인 '(탈)연루'의 상태가 정치적 결단과 책임의 최종심급으로 발현·인입하는 시공간이다. 그런 데리다적 개념군은 게발트의 형태를, 곧 권위의 정당성·필연성·방향성을 테제와 안티테제라는 이율

---

38. 자크 데리다, 「자가–면역」, 174쪽.
39. 자크 데리다, 『불량배들』, 이경신 옮김, 휴머니스트, 2003, 315쪽.

의 배반상태로, 고유한 이율의 상호 조건성·공속성의 상태(=아포리아)로 인지하고 표현하려는 의지의 산물들이다. 자가-면역의 파르마콘이 법의 아포리아로, 다시 말해 절대적·무조건적 정의의 '법'과 제도적·조건적·현행적 '법들'의 이율배반으로 표현될 때[40], 그런 이율의 배반상태에 있는 무조건적 법과 조건적 법들이 '사건적 타협'의 이름으로, 매회 계산불가능하고 환원불가능한 사건성으로의 노출ex-position로, 매번 유일한 사건적 타협의 외-존성의 지속으로 표현될 때, 자가-면역의 파르마콘은 자기성의 내부로부터, 자기라는 주인의 권능을, 거절할 수 없는 조건적 초대·합성·방역의 법들로 관철되는 아비·왕·주의 권위를, 자기-집 또는 주인-집의 에코노미를, 조건적 환대의 법들이 주재하는 빚/죄의 유통경제를 정지시키는 기회·기대·틈새·코라chora의 상태가 된다. 그 틈새·간극을 두고 데리다는 말한다: "그 간격은 암묵적으로 신정정치적인 모든 기관으로 환원불가능한, 도그마도 종교도 없는, 엄밀한 비판으로서의 어떤 신앙의 이성적 공간을 열어줍니다."[41]

여기 첨예화된 생-살의 공리계로, 합성/말소라는 자기성의 순환경제로, 이른바 신정정치적 기관들의 운용연관으로 환원되지 않는 차이화의 게발트로서 '신앙'. 그것을 가리키는 다른 이름이 저 '비-주권'에 대한 구상의 역사, '어떤 신의 역사'이다. 그런 신, 신의 역사, 역사적 신을 향한 신앙이란 무조건적인·절대적인·불가능한 것이 지닌 가능성에 대한 신앙, 매회 매번 '불가능한 창시'라고 불리는 '도래할 신'에 대한 신앙인 동시에 제도적인·조건적인·가능한 것에 대한 요청·필요의 결정과 책임을 수행하는 신적 게발트의 상태

---

40. 법에 대한 데리다적 아포리아의 구성은 다음과 같다.: "환대의 법과 환대의 **법들** 사이엔 해결할 수 없는 이율배반, 변증법화할 수 없는 이율배반이 있는 듯하다. … 환대의 법들 그 위에 자리 잡고 있으면서도 환대의 무조건적인 법은 환대의 **법들**을 필요로 하고, **법들**을 요청한다. 이 요청은 구성적인 것이다."(자크 데리다, 『환대에 대하여』, 104~5쪽) 법과 법들의 '사건적 타협' 또는 타협의 사건성에 관한 문장들은 다음과 같다. "무조건적인 것을 조건들 속으로 다시 기입해야만 합니다. … (정치적, 법적, 윤리적) 책임들이 발생한다면[자리를 갖는다면], 이는 이처럼 무조건적 환대와 조건적 환대 사이의 타협 속에서입니다. 이 타협은 사건과도 같이 매번 유일하고 독특하게 일어나죠."(자크 데리다, 「자가-면역」, 235쪽)

41. 자크 데리다, 『불량배들』, 308쪽.

이다. 이는 '자가-공동-면역'auto-co-immunité이라는 이름의 공동체communauté
로, 곧 면역immun과 동시적으로 발현되는 책임munus을 나눠가진 사람들의
이름으로 수행되는 '정의'인 동시에 사건적 타협을 요청하는 게발트의 도래·
발현상태, 곧 구성적이고 제헌적인 힘과 조직적이고 제도적인 힘의 변증을
공동으로 책임지는 이들에 의한 결정의 상태이다. 그렇게, 환원되지 않는 제
헌적 게발트-의-형태소를 보존하고 있는 자가-공동-면역의 상태는 그들 불
가능한 데모스의 공동 날인에 의해, 도래할 신 곁에서 그 신과 함께하는 '도
래할 민주정'의 벡터를 결정한다. 도래할/불가능한 민주정이란 그렇게 여기
의 국민주권 너머로, 민주주의적 주권 너머로서, 존재-신-론적 아르케의 통
치 너머에 대한 결정적 상황·형세로서 기능한다. 여기의 사목적 면역체/내전
정체의 셈-법에 의해 결산되지 않는 힘-의-형태, 불가능한 것의 가능성에 대
한 신앙의 그 역사는 억제할 수 없는 자가-공동-면역의 시공 속에서만 발현
될 수 있다.

신-G′의 일반공식,
상주정^{喪主政}의 유스티티움

1-1. 국상國喪이라는 내전의 형식. 여기 신정정치의 에코노미가 그런 내전의 공정으로 표현되고 있는 이미지 한 장에서 다시 시작하자. 할 수 있는 한, 기억·수면 아래로 침몰 중인 그 이미지-고지의 시간을 인용·인양하기로 하자.

△ 2014년 9월 24일자 『뉴욕타임즈』 세월호 3차 광고.

거기에는 대통령의 7시간, 검찰에 의한 네티즌 수사 및 유족 불법사찰, 여당에 의한 거짓정보 유포 및 여론 호도, 국가정보원 선거개입 무죄(정치개입 유죄), 지방선거 승리를 위한 특별법 제정 약속, 그것의 파기 및 500만 서명 묵살 등이 적시되어 있다. 이후 600일이 지난 현재, (겉으로는) 아무것도 달라진 것이 없고 아무 일도 일어나지 않았다. 그런 한에서, 남한 정부는 『계엄령』(카뮈)의 '총독'이 말하는 '좋은 정부'의 외양을 띠고 있는데, 총독에겐 '통치 아래에서 아무 일도 일어나지 않고 있는 정부'가 좋은 정부였기 때문이다. 이미지 속의 문자들, 곧 '유족들의 비참한 상황', '공정성 무너진 사법부', '깨어진 약속과 묵살된 목소리'라는 3개의 소제목, 그것들을 포괄하면서 '남한의 진실과 정의는 무너졌는가'라고 질문하고 있는 표제. 정확히 그런 문자들만을 못 보고 안 보는 인지적 색맹으로 다른 먼 곳을 보고 있는 저 검은 비밀스런 짐승, 이른바 첨예화된 주권적 형상의 그 맹목은 목하 어디를 어떻게 주시하고 있는가. 이는 다르게 질문됨으로써 답해질 수 있다. 낳고 기른 아버지로서의 박정희·독재력·독재체, 정치적 아비로서의 박정희라는 긴 급사—유신의 주인, 결정-주ᵻ. 달리 말해 아비적 결단의 최종심, 부성-로고스. 그런 성스러운 아비의 딸, 성부의 적자는 왜 저렇게 앙다문 굳은 얼굴인가, 왜 저렇게 검은 옷 입고 흰 장갑 낀 채로 기립해 있는가. 한 몸이 되기 위해서, 저 신성한 최종심(급)의 재판봉/팔루스와 영구적인·항시적인 한 몸이 되기 위해서이다. 저 부성-로고스와 한 몸이 된 그리스도, 곧 이위일체-리바이어던이 되기 위해서이다. 검은 옷 입고 흰 장갑 낀 저 독생자는 그러니까 상주喪主가 됨으로써, 저 아비를 향한 애도의 장례를 치름으로써 부활하는 부성-로고스가 된다. 이위일체-딸, 그의 행정절차, 다시 말해 입법부를 거치지 않고 우회하는 시행령, 그것의 위법성에 대한 사법부의 확정판결까지 걸리는 1~2년의 시간을 십분 활용하는 대통령령, 예컨대 정치적·경제적 이윤의 축적을 안전하게 집전하기 위한 '규제완화 기요틴'을 그런 시행령-독재로 관철시키고 있는 여기의 쿠데타. 검은 사제·제주祭主 또는 검은 통령·통할의 그 행정절차는 아비의 부성-로고스의 부활, 딸의 부성-로고스로서의 집권을 위한 장례·제의로, 국상의 정치로 전개되고 있다. 그런 신학적·정치적 국상의 절차 및 소송이 목하 국가 내부의 삶·생명에 대한 단두대의 내전을 수행함으로써 관철되고 있음은 저 규제완화 기요틴을 필두로 하여 이미 예외가 아니라 일상이 되었다.

부성-로고스와 한 몸이 된 이위일체-상주의 정치, 아비를 향해 치르는 애도의 국상이 생명을 향해 치르는 합법적 내전력을 통해서만 시작·연장될 수 있음을 체득한 내전적 국상의 상주, 신유신의 결정-주. 바로 그 딸, 그러니까 그 애비에 그 딸, 그 아비/딸이 치르는 내전으로서의 국상의 질서-자유적 상태, 곧 일체가 된 그들 신성가족이 손수 먹이고 세는 입들의 목양牧羊, nemein 상태, 영양의 안배 상태란, 그렇게 여기의 정치적 네메인/노모스의 운용이 매일의 성무일과 속으로, 신적 로고스에 대한 항시적인 봉행·집전의 성사 속으로 합성되고 있는 신정정치적 내전상태의 다른 말이다. 오직 그런 신성가족으로서만 치를 수 있는 국상의 내전, 오직 그것을 통해서만 서로가 서로의 안전한 반석이 될 수 있는 공속적 이위일체의 통치상태 속에서, 곧 질서와 아노모스, 제도와 봉기, 정립과 비정립, 제정권력과 제헌력, 평상시와 비상시를 동일하고 등질적이며 홈 패인 관리의 평면·구도로 짚단 묶듯fascio 통할·통수하는 절차·소송 속에서, 법의 조달된 합법성은 지체 없이 그리고 가차 없이 삶·생명의 시간 일반을 지배의 단순한 대상으로 재편·귀속·정박시키는 지반이 된다. 그때 그 합법성은 정당성이라는 자신의 정신을 정립하며, 그런 정당성은 합법성이라는 자신의 육체로 설립된다. 여기 국상의 정치, 상주정喪主政의 운용술이 지향하고 있는 통치력의 형질이란 그런 이위일체적 정립의 절차에 의해 매회 결정되며, 매번 그 절차 속으로 수렴하고 그 절차로부터 발산한다. 이는 다르게 표현되고 거듭 정의될 수 있다. 맑스의 가치론 속에 들어 있는 성부와 성자의 일체론을 다시 활용·전용하는 데에서 시작하자 : "가치는 이제 상품들의 관계를 표현하는 것이 아니라 이를테면 자기 자신과의 사적인 관계를 맺는다. 그것은 최초의 가치로서의 자신[G]을 잉여가치로서의 자기 자신[⊿G]으로부터 구별한다. 이는 성부가 성자로서의 자기 자신으로부터 스스로를 구별하는 것과 마찬가지다. 비록 부자는 둘 다 나이가 같고 또 실제로는 둘이 한 몸이지만 말이다. 왜냐하면 10원이라는 잉여가치에 의해서 비로소 최초에 투하된 100원은 자본으로 되며, 또 그것이 자본으로 되자마자, 즉 [아버지에 의해] 아들이 생겨나고 아들에 의해 아버지가 생겨나자마자 그 둘의 구별은 다시 소멸해버리고 둘은 하나, 즉 110원[G+⊿G=G']으로 되기 때문이다."[1]

---

1. 칼 마르크스, 『자본론』 1-상, 김수행 옮김, 비봉출판사, 2000, 193~4쪽.

1-2. 위와 같이, 맑스의 정치경제학 비판이 자기증식적/제의종교적 자본의 일반공식 G—W—G′에 대한 비판으로 수행될 때, 그리고 그런 축적의 일반법칙에 대한 비판이 성부(100원·최초의 가치)와 성자(10원·잉여가치)의 일체화 과정이라는 유혈적 정립의 절차에 대한 비판으로 표현될 때, 이위일체적 가치·가치화 또는 가치화 과정의 이위일체성에 대한 맑스의 비판은 여기 남한의 아비/딸, 그 이위일체의 환속화 과정, 저 부성-로고스와 한 몸이 되는 성스러운 국상의 정치절차가 어떤 원리와 준칙으로 가동되며 무엇을 제1목적으로 겨냥하고 있는지를 사고하게 한다. 그것은 잉여가치와 폭력의 관계를, 저 성부-성자의 이위일체적 증식을 주재하는 신-G′의 존재론 속에서 검토하게 한다.

최초의 가치·100원·성부의 자리에 저 독재적 부성-로고스로서의 아비 박정희를 놓아보자. 국상의 자기증식적 통치, 상주정의 일반공식이 구동되기 시작한다. 투하된 100원에 의해 직조된 임금노동의 연관 속에서 생산 중인 것이 상품이듯, 그리고 그것이 이른바 목숨을 건 도약을 통해 팔려야만 되는 필요의 집적체이듯, 그리고 그렇게 판매되지 못했을 때 가차 없이 폐기처분되어야만 하는 당위의 피명령자이듯, 여기 국상의 자기증식하는 통치순환 속의 저 로고스적 성부에 의해 그러한 상품의 지위로 내놓게 되는 것이 있는바, 그것은 순수한/단순한 지배의 대상으로서만 재생산되는 여기의 삶·생명이다. 상품의 판매·필요 ― '필요는 법을 갖지 않는다'라고 할 때의 필요, 상품의 필요성, 법 너머로서 실현되는(판매되는) 상품 ― 에 의해 생겨나고 획득되는 잉여가치·10원·성자, 오직 그것과의 합일을 통해서만 최초의 가치·100원·성부는 비로소 순수한/증식된 가치로서의 자본·110원·신·G′이 된다. 오늘, 그런 일체화의 절차와 동시적이며 등질적인 것으로 겹쳐보게 되는 저 상주정의 일반공식 속 아비의 부성-로고스는, 국상의 상주 혹은 제의적 통령으로서의 그 딸에 의해 시대착오적으로 시대를 거슬러 도약해 그 딸과 일체가 됨으로써만 비로소 여기의 순수한 신, 오늘의 순전한 신정정치력으로 정립될 수 있다. 그렇게 100원·성부와 10원·성자, 아비와 딸은 포개놓은 저 일반공식들 속에서 분명히 구별되면서도 실은 나이가 같고 실로 한 몸이었던

바, 그것은 저 일반공식들 속에서 구별되던 그 두 위격이 증식된 가치·통치력으로서의 자본·110원·신·신정치력으로 정립되는 바로 그때, 이미 그 두 위의 구별은 소멸하고 항상 일체로 되어있기 때문이다. 다시 말해 10원·성자·딸이 100원·성부·아비의 투하/환속화에 의해 생겨나고, 생겨난 그것들의 운동과 작용에 의해 100원·성부·아비가 순수한/증식된 가치·110원·자본·신·신정치력으로 정립될 바로 그때, 구별되던 그 두 개의 위는 이미 한 몸으로 일체화되어 현행화하고 있는 것이다. 그렇게 자본의 일반공식과 상주정의 일반공식 속 성부와 성자는 그런 부자관계의 구획이 소멸된 한 몸의 힘, 이위일체-신의 재생산력/폭력으로 존재·기능한다. 다시 말해 일체화된 일반공식의 순환회로란 가치Geld와 폭력Gewalt이 함께 '현실적인 신' 혹은 '환속화된 신'이 되는 과정, 그런 가치의 폭력화 과정, 그런 폭력의 가치화 과정에 다름 아니다. 그때 신-G′이라는 고안된 단어 속의 G는 Geld와 Gewalt의 앞 글자를 동시에 함께 뜻하며, 그때 신-G′은 축적의 성무일과 또는 정치경제학 비판의 대상으로서의 존재-신-론 속으로 생명활동 일반을 매개 없이 직접적으로, 잔여 없이 종생終生할 때까지 투하시키는, 그러니까 생의 종말까지 견디게 하는 저 일반공식들의 전-종말론적이고 상호증식적인 합작관계의 반석이자 제1목적·텔로스이다. 축적의 항구성·안전성을 위해, 통치의 확대재생산을 위해, 다시 말해 가치의 축적과 폭력의 통치를 위해, 그런 통치에 의한 축적론, 축적에 의한 통치론으로서 스스로를 시간적으로 연장시키고 공간적으로 편재시키는 신-G′의 존재-론, 신적인 축적론/폭력론. 그런 이위일체-신-G′, 곧 성부와 성자의 일체인 동시에 Geld와 Gewalt의 일체인, 나아가 그런 두 일체가 항상 이미 한 몸으로 되고 있는 중층적 이위일체화의 경제, '첨예화된' 그 피의 폭력Blutgewalt의 에코노미는 자기증식적 존재-론의 시공간적인 제약과 자기입법적 축적의 방법적인 한계 모두를 걷어치운다.

그렇게 순수한/편재하는 이위일체로서의 신-G′을 향한 컬트적·숭배적 성무일과, 그러니까 자본과 상주정이 공동으로 집전하는 유혈적 일반공식의 벡터궤적 위에서 자본주의적 축적의 주요 개념이 환속화된 신학적 개념이라고 웅변하고 있는 어떤 가톨릭주의자, 여기 남한에서 상중^{喪中}에 있을 수 있는 이는 오직 하나뿐이라고 말하는 검은 사제, 그렇게 말함으로써 축적의 법정립성과 국상의 법유지성 간의 결락 없는 상호증식으로서 보호되는 신-G'의 권위의 대행자, 그럼으로써 끝내 상중에 남겨져있는 일반화된 유족에게 탈상을 강제하는 신의 말씀의 대언자. 1943년생, 염수정, 여기 우리들의 추기경. 유족을 향한 추기경의 그 말씀의 힘에 분노하기 위해, 그 말씀으로 보호되고 있는 권위의 속성에 대해 생각하게 된다.

2-1. 2014년 8월 26일 오전, 천주교 서울대교구청 기자간담회. 그때 나왔던 추기경의 말씀은 간담회 나흘 전 8월 22일, 단식하던 '유민 아빠'가 병원으로 후송된 그날, 뒷북치며 광화문을 찾았던 그날의 추기경이 했던 말씀에 이끌리고 있다. 너무 늦은 게 아닌지, 어떻게 중재할 것인지를 묻는 기자들의 질문에 추기경은 관료적인 너무도 관료적인, 미꾸라지 같은, 붕 뜬소리를 한 끝에 유족을 위해 '기도하겠다'고 말한다. 마음 아픈 이들이 지금 어떻게 기도해야 하느냐는 질문에 추기경은 답한다. "마음이 아프면 마음에 그대로 담고 있으라."[2] 기도하는/발포하는 그 입, 그 총구를, 그 말씀의 게발트를, 그 신적 로고스의 폭력을 문제시해야 한다. 그런 기도를 통해, 그러니까 '가만히 있으라'의 사제적 판본을 통해, 추기경은 '살기 위해 죽으려는' 유족들의 그 살려는 삶을 죽이고, 죽으려는 유족들의 삶을 향한 의지를 중화시킨다. 추기경은 "정치적 논리에는 빠져들고 싶지 않다"고 했지만, 이미 벌써, 누구보다도 정치적 ─ 정확히는 치안적 ─ 이다. 고통을 표현할 것이 아니라 마음에 담고 있으라는 기도의 말씀은, 추기경으로서 발화하는 자신의 모든 말들이 축적과 국상의 일체화된 일반공식에 용접되고 있는 일관된 체증이자 차벽이었음을, 신

---

2. 〈고발뉴스〉, http://www.gobalnews.com, 2014. 8. 22, 인터뷰 동영상. 질문자는 이상호 기자, 또는 〈다이빙벨〉의 공동감독. 이하 인용될 추기경의 말씀들은 교구청 간담회를 보도했던 8월 26일자 『한국일보』, 『한겨레신문』, 『연합뉴스』에 기록되어 있던 것들이다. 따로 출처를 밝히지 않는다.

화적 공권력의 바리케이트로 재생산됨으로써 스스로를 신적 로고스로 정립하고 있는 여기 신정치적 절차의 주요 기관이었음을 가감 없이 드러낸다. 죽이고 중화시키는 추기경의 그 기도·애도의 말씀은, 그렇게 저 부성-로고스와의 일체화를 위한 여기 국상의 애도정치, 상주정의 일반공식을 구동시키는 경첩·이음매이자 전동벨트로서, 그런 일반공식을 보호·재생산하는 신성한 후광으로서 기능하고 있다. 이렇게 질문하자. 그런 후광의 통치, 통치의 후광은 목하 어떤 형질을 띠고 있는가.

> 보호능력 없는 채로 복종을 요구하고, 정치의 위험을 몸소 받지 않고서 명령권을 가지며, 책임을 다른 기관에 강요하면서 그 기관을 통하여 권력을 행사하려고 하는 '간접권력potestas indirecta'.3

여기의 간접권력이란 무엇인가. 체계적인 무책임의 통치상태, 곧 기술적(·객관적·기계적·외적)으로 된 통치체의 중성화(·다원화·분권화·합리화) 상태, 공모한 사적 당파성들의 '영원한 수다'의 상태. 간접권력의 그런 속성들은 슈미트C. Schmitt가 리바이어던이라는 신화적 형상에 의해 보증·강화·침탈·붕괴되는 홉스적 국가형태·주권상태를 '반대물의 복합체'로서 비평하면서 적대시했던 대상들이다. 적으로서의 간접·간접적인 것이란 매개·매개적인 것을 필요로 하며, 그런 매개적인 것은 구별된 항들을 전제함으로써만, 혹은 그런 항들·위들의 합성상태를 창출함으로써만 스스로를 보존할 수 있다. 다시 말해 항들·위들의 그런 구별이란 원래부터 그러한 자연적 상태가 아니라, 매개적인 것의 존재론 위에서 항시적으로 구별·분리되고 있는 사후적·작위적 상태이다. 그런 매개적인 것의 신정치적 유사어는 그리스도仲保者, Mediator이며, 그때 일반적 등가물로서의 화폐 ─ 맑스에게 '현실적 신'으로 인지되었던 화폐라는 그리스도 ─ 는 원래부터 등가화되지 않은 것들을 등가화하는 자연스런

---

3. 칼 슈미트, 『홉스 국가론에서의 리바이어던』, 김효전 옮김, 교육과학사, 1992, 351쪽.

운동이 아니라 화폐 자신의 권능의 증식을 위해 사물事物을 폭력적으로 부등가적인 것으로 구획·분리하는 일반적 매개력의 법으로서, 저 자본의 일반공식이라는 이위일체의 존재·기능을 구동시킨다. 유일하게 매개적인 것으로서의 그리스도, 다시 말해 아비의 부성-로고스와 영구적인·항시적인 한 몸이 되고 있는 여기의 성자·딸·상주라는 그리스도는, 그런 이위일체화의 매개 과정을 통해 순수한/편재하는 신정정치력으로 자기증식해가는 여기 국상의 일반공식을, 그 법칙의 합법성과 정당성 간의 관계를 관리·조절한다. 저 신-G′이 그러한 매개·매개적인 것의 필요의 창출을 통해서만 존재할 수 있는 것일 때, 그 신-G′은 간접권력적이다. 신-G′의 형질이 그러한 간접-력에 의한 목양·사목으로 확장되는 것일 때, 신-G′은 자기증식·자기편재의 일반공식에 수반되는 위험성을 제거한 안전체·완전체로 된다. 왜냐하면 간접권력적인 것으로서의 신-G′은 정치·통치의 위험·위기를 몸소 직접적으로 겪지 않음에 기초한 법의 명령권을 갖기 때문이고, 보호능력의 없음을 통해 복종을 요구함으로써 애초부터 생명·삶에 대한 보호의 책임 자체를 폐기하고 있는 통치 ─ 곧 통치 자체가 부재하는 통치 ─ 이기 때문이며, 그런 무책임의 통치, 통치 없음의 통치를 향해 책임을 묻는 위험요소들과 마주해서는 '유체이탈'이라는 상주의 화-법話-法을 통한 법정립에 근거해 책임을 산하 기관들에 강요하고 그런 책임의 전가 속에서 그 기관들을 자기증식의 일반공식 내부로 귀속시키기 때문이다.

2-2. 추기경의 저 기도·애도의 말씀, 그 내전의 명령어는 세월호 이후의 인지와 표현들을 그러한 무책임의 권력관계 내부로 합성하려는 의지에 의해 수행되고 있다. 추기경의 그 말은 쉼이 없다. "세월호 문제도 마찬가지입니다. 바로 인간의 문제입니다. 누구 하나 책임자로, 동네북으로 몰아서 희생시켜서 되는 문제가 아니라 우리가 새로워져야 하는 문제입니다." 이 말은 중요한 말이고 되새겨야 할 말인데, 왜냐하면 그 말이 '마음이 아프면 마음에 그대로 담고 있으라'는 말과 한 몸이 되고 있는 말인 한에서, 그 말은 생명의 살처분 체제를 재생산하는 말이며 그에 대한 무책임을 일반화하는 말이기 때문

이다. 새로워져야 한다는 그 말은 우리들의 새로워짐을 위해 추기경에게서 박탈해야 할 말이며 탈취해 와야 할 말이다. 세월호의 문제는 분명 '인간의 문제'이되 추기경이 말하는 그런 인간의 문제는 아니다. 왜냐하면 추기경의 인간은 "정치적인 얘기를 하지 않는 예수", 그러니까 실로 반동적인 그리스도, 곧 안티-그리스도, 다시 말해 저 신-G'의 매개력·간접력으로서의 중보자 그리스도가 세고 먹이는 사목·목양의 경제에 속한 인간만을 인간의 필요조건으로 판정하고 있기 때문이다. 그때 추기경의 인간은 맑스가 말하는 '축적하라는 명령으로서의 모세'를 내면화·척도화하는 인간으로, 그런 모세의 사목권력적 후생체에 봉교하는 인간으로 된다. 우리의 새로워짐, 새로워지는 우리는 그런 추기경의 인간, 추기경이라는 인간을 기소하는 인간에게서 인간의 필요하고 가능한 조건을 본다. '세월호 이후'라는 간접권력적 상태 속에서 그런 추기경의 인간은 세월호의 문제를 인간 전체의 문제라고 말함으로써, '누구 하나'가 책임지는 문제가 아니라고 말하는 근거를 확보하며, 그럴 때 책임을 묻는 이들은 누구 하나를 책임자·희생자로 몰아가는 악인이 된다. 무릅쓰고 말하건대, 지금 악인은 책임을 물으면서 여전히 상중에 있는 일반화된 유족이 아니라 체계적 무책임의 벙커 속에서 탈상의 국면들을 제작하기 위해 운신하고 있는 간접권력의 기관들·마디들이다. 탈상하려는 그들은 저 상주의 국상을 유일한 상으로, 그런 국상의 상주를 '유일한 인격'으로 설립·연장하면서 4·16을 망각의 이윤을 위한 상여 위에 놓으려 한다. 추기경의 저 기도·애도는 바로 그런 상여의 제작술이자 축적의 성사, 신성의 완력이자 폭력에 다름 아니다. 그런 국상의 상여를 함께 메야 하는 시간·인간, 그렇게 함께 짊어짐으로써 모두가 죄지은 자로 되는 시간, 집단적 죄의식의 제작 속으로 합성되고 재편되는 인간. 그 인간이, 추기경이 말하는 인간, 모두의 책임 속에서 책임에 대한 사고를 말소시키는 인간이다. 특정한 누군가의 죄가 아니므로 모두가 죄인이고 모두의 책임이므로 누구의 책임도 아닌바, 그런 죄책과 죄책의 정의에 대한 체계적 말소 속에서, 곧 죄의 일반화 공정 속에서 상주정/축적체의 이위일체-신-G'은 자신의 편재성을 재생산할 수 있다. 여기의 추기경과 자본주의가 그런 '죄'의 일반화 속에서 만난다. "자본주의는 추측건대 죄를 씻지 않고 오히려 죄를 부과하는 제의의 첫 케이스이다. 이 점에서 이 종교체제는 운동의 엄청난 추락과정 속에 있다. 죄를 씻을 줄 모르는 엄청난 죄의식은 제의를 찾아 그 제의 속에서 그 죄를 씻기보다는 오히려 죄를 보편화하려고 하며, 의식에 그 죄를 두들겨 박고, 결국에는 무엇보다 신 자신을 이 죄 속에 끌어들임으로써 신 자신도 속죄에 관심을 갖도록 만든다."[4] 죄를 씻게 하는 제의가 아니라 죄를 의식에 두들겨 박는 제의, 죄의식을 보편화하는 제의, 그런 한에서 '엄청난 추락과정' 속에 있는 종교체제로서의 자본주의적 축적체. 자본주의라는 종교운동이 숭앙하는 신은 오직 속죄에 골몰함으로써 종언을 향해 추락하는 신이다. 그 신이 추기경의 신, 저 부성-로고스의 죽음에 대한 일반화된 속죄를 요구하고 있는 여기 상주정의 신이다.

그런 상주의 상여, 무책임이라는 상주정의 방법과 관련하여, 전후 일본의 통치 구조를 '무책임의 체계' 또는 '억압의 이양'으로 지칭하고 그것을 전통 축제에서의 '미코시神輿 메는 것'에 견준 이는 사상사학자 마루야마 마사오丸山眞男였다. 신을 모신 상여, 신성이 된 그 가마는 집단적 힘에 의해 들어올려지는 것이었던바, 추기경 염수정에게 있어 세월호의 침몰은 모두의 책임으로서의 무책임으로써만 들어올려지는 미코시여야 했고, 그때 그 미코시는 다름 아닌 저 국상의 정치체로서 컬트적으로 들어올려진다. 다시 한 번, '마음이 아프면 마음에 담고 있으라'는 염수정의 혀가 여기 아비/딸의 환속화된 이위일체를 간구하는 성무일도의 혀로 존재·기능하고 있음을 재확인한다. 그런 미코시의 방법과 의지로 들어올려지는 세월호가 실로 영원히 침몰하는 실재임을 확인할 때, 추기경의 혀가 지향하고 있는 무책임의 체제가 추기경의 또 다른 말씀, 곧 "정의는 결국 하느님께서 주시는 것"이라는 정의-로고스에 의해 집전되고 있음을, 그런 한에서 1943년생 추기경 염수정이 모시는 그 신의 신성이 폐절되어야만 하는 것임을 동시에 확인하게 된다. 여기의 추기경Cardina-

---

4. 발터 벤야민, 「종교로서의 자본주의」, 『발터 벤야민 선집』 5권, 최성만 옮김, 길, 2008, 122쪽.

lis이란 무엇인가. 신-G´을 향해서만 열리는 법의 문의 문고리·경첩cardo이며, 신-G´의 공경대부이고, 축적명령이라는 모세·중보자의 가치법칙과 상주로서의 딸·그리스도에 의한 제의정치를, 그 둘의 공동법궤의 지성소至聖所, most holy place를 수호하는 힘이다.

3-1. 1979년 10월 26일, 총탄에 끝난 종신통령, 아비. 그 국부國父/國富의 서거·절단을 애도하는 국상의 상태. 다시 말해 법의 운용을 합법적으로 정지시킴으로써 예외적 정당성이라는 지성소를 창출하는, 또한 그런 과정을 거꾸로도 수행하는 국상의 절차로서, 곧 부성-로고스와의 일체화과정으로서 거듭 여기에 인입·합성·투하되고 있는 상주·딸. 이른바 '살아있는 유스티티움justitium'으로서의 딸·그리스도. 유스티티움, 곧 국상, 다시 말해 거국적 애도 속에서 정지되는 법의 통치. 그 단어의 문맥을, 그 문맥의 맥박을 어떻게 재야 할까.

> 아노미와 추도 사이의 상응 관계는 주권자의 죽음과 예외상태 사이의 상응 관계에 비추어볼 때에만 이해될 수 있다. 동란과 유스티티움 사이의 원천적 연관성은 여전히 유효하다. 그러나 이 경우 동란은 주권자의 죽음과 일치하며, 법의 효력정지는 장례의식 속에 통합되어 있다. 이는… 이른바 살아있는 유스티티움이 됨으로써 죽음의 순간에 자신 속에 있던 가장 내적인 아노미적 성격을 드러내는 동시에 동란과 아노미가 자신으로부터 해방되어 도시 전체를 뒤덮는 것처럼 보인다.5

주권적 아비의 죽음이라는 동란動亂·무질서·아노미가 법이 효력정지된 상태를 뜻할 때, 그 비상상태는 국상의 제의 속에서, 상주·딸의 애도 속에서 예외가 아니라 일상이 된다. 그렇다는 것은 저 부성-로고스와의 이위일체화

---

5. 조르조 아감벤, 『예외상태』, 김항 옮김, 새물결, 2009, 131쪽.

과정이라는 상주정의 일반공식이 항시적·항상적으로 법의 정지의 결단이 요구되는 시공간의 창출력으로서만 구동된다는 말과 다르지 않다. 그때 아비/딸의 이위일체는 살아있는 유스티티움으로, 말 그대로 끝나지 않는 종신통령의 자기증식으로 존재·기능한다. 살아있는 유스티티움으로서의 상주정체/이위일체는 부성-로고스의 죽음이 가져올 극한의 아노미를 그 죽음에 구속되지 않도록 해방·편재시키며, 그럼으로써 사회 전체를 석권한다. 그때 상주정은 첨예화된 주권적 통치형태로 된다. 아비/딸의 이위일체라는 유일한 인격 속에서 주권적 아비의 부재로서의 아노미는 법의 효력정지로서의 예외상태라는 무제약적 권능 속으로 통합되고, 그때 상주정의 수반, 상주정이라는 반석은 법에 의한 제약 또는 법이라는 구속복을 찢어버리고 해방됨으로써 법 바깥anomos으로 정립된다. 이제 아비/딸이라는 아노모스가 매번의 필요에 따라 자신과 법nomos의 관계를 조정·조달·조립·조제한다. 그렇게 아노모스와 노모스는 단순한 대립물이 아니라 아비/딸의 이위일체에 의한 필요의 결정에 따라서 생명·삶의 시간 일반이 일괄 등록되는 일체화된 법적 평면이 된다. 이 등록의 과정이 언제나 법과 불법이라는 가시적인 만큼 가상적인 대립 구도의 이면·지반에서 작용하는 통치기밀 또는 아노모스의 비밀이다. 이 비밀에 대해 좀 더 말하기 위해 이렇게 질문하기로 하자. 여기의 살아있는 유스티티움, 곧 법의 효력정지를 통합한 국상의 일반공식은 오늘 자본의 어떤 축적론과 한 몸이 되고 있는가. 다시 말해, 저 Geld와 Gewalt의 이위일체화로서의 신-G′은 어떻게 다시 표현될 수 있는가. 다음 한 문장을 거듭 읽어보게 된다. "G—G′, 즉 '화폐를 낳는 화폐', 이것이 자본의 최초 해설자인 중상주의자들의 입을 통해 나온 자본의 묘사다."[6]

화폐를 낳는 화폐, G—G′. 자본의 일반법칙 G—W—G′의 간결체, 그것은 여기 국상의 절차와 어떻게 일체가 되는가. G—G′, 다시 말해 성부(100원·최초의 가치)로서의 G가 상품·W의 생산·판매 없이―상품의 생산과 판매라는

---

6. 칼 마르크스, 『자본론』 1-상, 193쪽.

기획·동의·교섭·저항·파업·위험·비용 없이 — 곧바로 성부+성자(잉여가치·10원·ΔG)로서의 G'이 되는 절차. 처음에 투하된 가치로서의 자신과 잉여가치로서의 자기 자신 사이에 그 어떤 매개물도 필요치 않는, 더욱 순수해진 이위일체화의 축적. 상품의 생산·판매라는 매개를 통해 아들·성자·10원·잉여가치가 생겨나고 그런 아들에 의해 아버지·성부·100원이 비로소 증식된 가치로서의 110원·자본·이위일체·신·G'이 되는 홈 패인 수속의 구속복을 찢어버린, 매개를 필요로 하지 않는, 매개 없는, 매개적인 것을 철폐한 축적·이위일체화의 성사. 더욱 간결해진, 더욱 직접적이고 공고해진 자기증식적 신의 존재론/방법론. 그것이 $G-G'$의 성무일과, 화폐가 화폐를 분만하는 과정이며, 원금^{G}+이자ΔG로 가산되어 재투하되는 증식된 원금$^{G'}$, 곧 신용과 금융의 존재-신-론이다. 그것은 다시 한 번, 간접권력적이다. 상품의 생산·판매라는 매개의 위험성 일반을 말끔히 제거한, 다시 말해 그런 위험을 몸소 겪지 않고서도 명령권을 가지는, 그런 위험에 대한 책임을 다른 기관들에 강요·전가하면서 그 기관들을 통해 사회를 석권하고, 그럼으로써 생명·삶 일반의 복종과 동의를 적출하는 간접권력적 축적의 성무일과. 그것에 의해 보호됨과 동시에 그것을 구동시키는 것이 다름 아닌 '빚'^{schuld}의 통치력, 빚이라는 노모스이다. 성부·G가 자기신성의 편재화, 자기증식의 항구화를 위해 저 일반공식의 간접권력적 간결체로서의 $G-G'$의 존재·기능 내부로 경향적으로 합성·인입되어가는 과정은, 여기 상주정이라는 통치의 간접권력적 이위일체화의 절차가 이미 앞질러 $G-G'$과 같은 매개 철폐의 상태로 관철되고 있었음과 일체이다. 다시 말해 화폐·겔트가 상품이라는 매개 없이 증식된 화폐·겔트를 낳는 과정으로서의 $G-G'$은, 상주정이라는 $G-G'$, 곧 게발트·아비가 증식된 게발트·아비/딸로 되는 과정과 일체인바, 상주정이라는 $G-G'$이 실로 사회라는 매개의 철폐 절차로, 사회를 오직 사회의 부재상태로서만 생산·관리하는 힘으로 관철되고 있기 때문이다. Geld와 Gewalt 각각에 있어서의 그 두 간결체는 함께 $G+\Delta G=G'$이라는 등식의 가산적이고(+) 등가적인(=) 속성에 근거한 두 위격인바, 그 둘의 순수한 일체화는, 저 국상의 게발트에 의한 법의 효력정지상태가 빚이라는 가치의 노모스를 활성화시키는 과정 속에서, 동시에/거꾸로 그런 빚의 노모스가 상주정적 게발트의 합법성과 정당성 간의 관계를 최적화·안정화시키는 과정 속에서 정립된다. 여기의 신-G'이 그렇게 '첨예화'되고 있다. 이에 대해 좀 더 말하기 위해 주목하게 되는 한 구절은 다음과 같다:"죄(Schuld, 빚; 이 개념의 데몬적인 양의성을 보라)"[7]

3-2. G─G'이라는 일반공식/성무일과의 순수한 간결체, 곧 첨예화된 이위일체로서의 신-G'. 이것은 '빚'의 가치론과 '죄'의 폭력론이 독일어 슐트 Schuld 속에서, 그 개념의 데몬적인·마성적인·맘몬적인·화폐적인·신적인 중의성 속에서 일체로 되고 있음에 방점 찍을 때 다시 정의되고 다르게 표현될 수 있다. 빚·가치·Geld·자본과 죄·폭력·Gewalt·국상(제의), 그 두 성사의 절차는 다음과 같은 인지 속에서, 곧 '자본주의의 종교적 구조'가 갖는 첫 번째 특징 속에서 상호 공속적인 일체로 된다.

> 자본주의는 순수한 제의종교祭儀宗教, Kultreligion로서, 어쩌면 지금껏 존재했던 가장 극단적인 제의종교일 것이다.… 자본주의는 특정한 교리도 신학도 모른다; 자본주의는 순전히 제의로만 이루어진, 교리도 없는 종교이다.[8]

자본주의라는 제의종교, 자본-교. 자본주의라는 컬트(숭배·예찬·신성시하는 제의), 자본·겔트의 일반공식과 국상·게발트의 성무일과 간의 이위일체를 향한 컬트. 그런 컬트종교로서의 자본주의/상주정이 순수하고 극단

---

7. 발터 벤야민, 「종교로서의 자본주의」, 124쪽. 이 한 구절은 맑스 또한 근저에서 '자본주의적 종교 사유'를 공유하고 있는 비판의 한 유형이라고 이의를 제기하는 맥락 속에 들어있던 것이다. "맑스도 이와 유사하다. 회귀하지 않는 자본주의는 죄(Schuld, 빚; 이 개념의 데몬적인 양의성을 보라)의 기능으로서의 이자 및 이자의 이자와 함께 사회주의가 된다."(124쪽) 맑스의 역사 개념을 문제시하려는 그런 의지의 지향과 전개를 '컬트종교로서의 자본주의'의 4가지 특징이라는 관점에서 다루는 것은 별도의 글이 요구된다.
8. 발터 벤야민, 「종교로서의 자본주의」, 122쪽, 124쪽.

적이며 특정한 교리 및 신학을 갖지 않는다는 것은 무엇을 뜻하는가. 준칙적 교리dogma 없음을, 규제적인 학學, doxa의 없음을, 그러므로 어떤 무질서·아노미를 뜻한다. 국상의 게발트로 관철되는 여기 아비/딸의 이위일체화 과정 속에서 유일한 인격으로서의 상주가 살아있는 유스티티움으로 존재하듯, 다시 말해 저 부성-로고스와의 일체화 과정 속에서 매번 자신의 죽음의 순간을 가정하고 그런 죽음의 위기적 상황을 매회 창출함으로써 내적이고 극단적인 아노미적 상태를 항시 선포하는 상주의 간접권력적 힘에 의해 사회 전체가 사회의 부재상태로서 석권되듯, 상주의 그런 힘과 공속적 일체화 과정 속에 있는 자본·겔트의 간결체는 자기증식의 홈 패인 매개요소 일반을 위험인자이자 위기원인의 관계체로 인지하고 그것을 제거·전치·재합성함으로써 간접권력적 힘의 공동집행자가 된다. 그런 간접권력적 이위일체로서의 신-G′의 대지 위에서 슐트(빚/죄)라는 중의성·이위성은 순수한 한 몸으로 일체화된다. 사회라는 매개의 불필요, 사회의 없음, 그 아노미를 통해 생산되는 호모 슐탄스Homo Schuldans, 풀어 말해 빚·겔트의 일반공식 속에서 항시 상환해야만 하는 자인 동시에 저 부성-로고스의 죽음에 대한 죄·게발트의 성무일과 속에서 항상적으로 속죄해야만 하는 자. 상환과 속죄의 바로 그런 동시성·중의성·이위일체성으로서의 신-G′의 첨예화 과정 속으로 합성·계류 중인 호모 슐탄스의 삶, 그 생명상태를 가리키는 것이 '벌거벗은/맨살의 생'bloßen Lebens이다. 어떻게 있는가. '종말까지 견디고' 있다: "자본주의라는 종교운동의 본질은 종말까지 견디기, 궁극적으로 신이 완전히 죄를 짓게 되는 순간까지, 세계 전체가 절망의 상태에 도달할 때까지 견디기이다. 그것은 이러한 절망의 상태를 희망하고 있는 것이다. 종교가 존재의 개혁이 아니라 존재의 붕괴인 점에 바로 자본주의가 지닌 역사적으로 전대미문인 요소가 있다."9 종말까지 견

---

9. 발터 벤야민, 「종교로서의 자본주의」, 123쪽. 종말까지 견디기, 그 속에서의 존재의 붕괴 '곁'
에 세계의 소멸 혹은 무화, 곧 '무세계성'의 상태에 관한 언급들을 인용해 놓는다. "바디우는
우리가 살아가는 사회적 공간이 점차적으로 '세계 없음'(worldless)의 공간(space)으로 경험
된다고 했다. … 여기서 자본주의의 주요 위험 중 하나를 짚어낼 수 있다. 자본주의는 전지구

디기, 그것은 어떤 생명상태를 가리키는가.

'종말까지 견디기'는 컬트종교로서의 신-G′이 생명·삶의 형태를 규정·규제하는 인장·옥쇄이다. 그러한 종교운동으로서의 자본주의가 종말까지 견디기를 그 본질로 할 때, 그 종교는 존재의 붕괴와 등가이다. 가치의 축적론 및 폭력의 국상론 속에서, 그러니까 종말까지 견디기라는 이위일체적 내전 수행의 방법 속에서 항구적으로 재생산되는 존재의 붕괴, 존재의 그 파산은 사회의 멸절 또는 매개적인 것들 - 정당, 국회, 언론, 상품, 노동자, 선거 등 - 의 경향적 무화라는 G—G′의 통치 결과이자 그 동력이다. G—G′의 절차가 죄/빚의 일반화, 호모 슐탄스의 보편화 과정이며 그런 한에서 한없는 추락의 과정이었음을 상기할 때, 종말까지 견디기의 생명상태는 저 신-G′이 죄/빚의 최대치에 이르러 속죄불가능하고 상환불가능해질 때까지, 곧 신-G′의 종말 때까지 그런 간접권력적 종신통령의 통치 결과이자 동력이 되고 있는 생명·삶의 상태일 수밖에 없다. 그럴 때, 관건이 되는 것은 정립된 "모든 종류의 간접권력에 대한 투쟁"을 수행하는 "진정한 전사" 또는 "진정한 교사"[10]가 지닌 힘의 상태를, 탈정립적인Entsetzung(비정립적인) 게발트의 아포리아라는 정치적인 것의 전장 속에서 매회 '결을 거슬러' 정의하는 일일 것이다. 그런 한에서 다시 한 번 생각하게 되는 것은, 저 2014년 9월 24일자 『뉴욕타임스』의 세월호 3차 광고가 여기의 신정정치체, 곧 신-G′의 일반공식을 정지시키기 위해 고지된 법-외 상황의 구축이었다는 것, 그리고 그런 한에서 그 법-바깥에서

적이며 전 세계를 포괄하지만, 동시에 엄밀한 의미에서 '세계 없는' 이데올로기적 상황을 유지시키며, 따라서 대부분의 사람들은 각자의 인식론적 지도를 그릴 기회가 박탈된 상태로 있다. 그런 면에서 자본주의는 역사상 최초로 의미를 와해시키는(detotalised meaning) 사회경제 질서다."(슬라보예 지젝, 『폭력이란 무엇인가』, 정일권·이현우·김희진 옮김, 난장이, 2011, 123쪽) '무세계성' 개념은 1955년 버클리 대학 강연과 1957년 레싱상 수상연설 〈어두운 시대의 휴머니티〉(On Humanity in Dark Time)에서 아렌트가 사용한바 있고, 데리다는 2001년 뉴욕 9·11 사건과의 관계 속에서 '세계-없는 곳(le sans-monde)의 심연'이라는 개념을 제출했다. 아렌트적 무세계성-전체주의의 개념연쇄 속에 들어있는 '사막'과 '모래폭풍'은 벤야민적 자본주의/제의종교에 의한 '존재의 붕괴' 또는 '진보의 폭풍' 곁에 놓여있다.
10. 칼 슈미트, 『홉스 국가론에서의 리바이어던』, 354쪽, 355쪽.

의, 법-바깥으로의 고지란 비정립적인 제헌력-의-형태소로서 존재·기능하고 있다는 것이다. 신-G'의 성무일과, 그 모조구원적 체제 속에서의 진정한 구제 Entsetzung는 그런 고지의 '약한' 힘을 인지하고 파지하는 것에서 거듭 시작된다. 그것은 부성-로고스를 향한 컬트종교의 검은 사제·제주, 검은 통령·통할의 그 이위일체·딸을 영락없는 상주로, 집권과 동시에 줄곧 영락하고 있는 상주로, 스스로를 거듭 장례 치르고 있는 상주로, 스스로에게 조종 울리는 말인末人의 종말로 돌려세우는 힘의 발현의 조건일 것이다.

내란적 기요틴의 화폐-칼날
여기의 헌법정지에 대해

1-1. 상호 개입·간섭·매개·삼투하는 정치적-경제적 게발트의 일체화상태. 그것에 대한 사고를 촉발시키는 아래 두 벡터는 오늘 여기에서 각각이 자기의 지배 권위의 정당성을 조달하기 위해 서로를 경향적으로 인도해가려는 궤적을 보이며, 그렇게 차이로서 서로를 보충함으로써만 '대립하는 것의 일치'coincidentia oppositorum 상태로, 합법성의 경계를 매번 재설정하는 유동적 '정상성'normality의 협치체로, 그런 통치를 필요로 하는 생명상태의 재생산력으로 각기 구동·전개될 수 있다. 그 두 벡터궤적, 말하자면 홉스-맑스적 이위일체의 기획은 다음과 같다.

[①] "다수의 사람들이 하나의 인격으로 결합되어 통일되었을 때 그것을 **코먼웰스** — 라틴어로는 **키위타스** — 라고 부른다. 이리하여 바로 저 위대한 **리바이어던**이 탄생한다. 아니, 좀 더 경건하게 말하자면 '영원불멸의 신'immortal God의 가호 아래, 인간에게 평화와 방위를 보장하는 '현세의 신'mortal God이 탄생하는 것이다."; [②] 이는 성부Gott Vater[최초의 가치로서의 자기G]가 성자로서의 자기 자신Gott Sohn[잉여가치로서의 자기 자신⊿G]으로부터 스스로를 구별하는 것과 마찬가지다. 비록 부자는 둘 다 나이가 같고 또 실제로는 둘이 한 몸이지만 말이다. 왜냐하면 10원이라는 잉여가치에 의해서 비로소 최초에 투하된 100원은 자본으로 되며, 또 그것이 자본으로 되자마자, 즉 [아버지

에 의해] 아들이 생겨나고 아들에 의해 아버지가 생겨나자마자 그 둘의 구별은 다시 소멸해버리고 둘은 하나[G―W―G´], 즉 110원[G+⊿G=G´]으로 되기 때문이다.[1]

주권·Gewalt와 자본·Geld의 관계론, 그 두 힘 간의 조정·교섭·숙의·합의 및 길항·알력·교착·공멸의 정세에 대한 인지와 표현의 중심적 경로이자 방법으로서의 신神. 다시 반복하자면, 홉스―맑스적 기획으로서의 이위일체-신. 특정 형질의 주권적 성부=성자의 벡터와 일반공식적 축적의 성부=성자의 벡터가 한 몸이 된 이위일체-신-G´. 이 '첨예화된' 정치경제적 게발트의 로고스/노모스를 대행·집행하는 힘으로서의 헌법정지력. 이 글은 그런 헌법정지적 폭력의 에코노미에 대한 비판을 다시 한 번 구체적 정세 분석을 통해 시도해보려는 것이다. 2016년 12월 현재, 저 정치경제적 이위일체의 성스러운 위격을 세속으로 끌어내리는/전위시키는 신성모독적인 힘의 발현, 이른바 탄핵의 게발트는 자본과 주권의 이위일체로서의 숨은 신-G´을 폭력적으로 개시해 축적의 항구적 일반공식/성무일과를 정지시키는 계기를 내장하고 있다. 그 정지의 과정/소송은 그런 신-G´의 자기재생산 원리를 겨냥한다.

1-2. '규제완화 기요틴guillotine'을 필두로 한 여기 통치의 정세, 단두斷頭의 정황. 예컨대 세월호 특별법에 대한 선거공학적 보장과 그것의 파기·저지, 법무부 장관에 의한 위헌정당 해산청구, 메르스 사태 속에서의 미군 탄저균 무마, 북한인권법, 역사교과서 국정화, 노동법 개악, 기업활력제고법, 물대포 직사, 백골단·소요죄 부활, 비례대표 축소, 테러방지법·복면금지법[복면=IS] 등은 남한 영토 안의 생명을 '겨우 숨 쉬는 존재'로, 예컨대 "야간의 주간화, 휴일의 평일화, 가정의 초토화"라는 법조(작)의 인간 '스테파노 김기춘'의 로고

---

1. ①은 『리바이어던』에서의 인용이면서, 앞선 「면역체/전쟁체의 에코노미」에서의 재인용이다. ②는 『자본론』에서의 인용이면서, 앞선 「서론」 및 「신-G´의 일반공식, 상주정의 유스티티움」에서의 재인용이다.

스로, 이른바 '단순한 생명'으로 재생산하기 위한 여기 선별적 구제와 후생厚生의 내전정체, 신성한 '쿠데타'coup d'État 수행의 몇 가지 연쇄적 국면들·단면들이다. 이때의 쿠데타란 "국가이성이 구원을 사유하고 고려하며 분석하는 방식을 연구하기 위한 확실한 예"로서의 "쿠데타 이론"[2], 다시 말해 '국가이성'raison d'État이 자신의 정립과 유지를 위해, 즉 스스로의 합법성과 정당성 간의 결속·알력·공모·이반의 관계를 조율·중재·배합·조치하기 위해 '구원'을 사유와 분석의 대상으로 설정하는 정치체로서의 쿠데타와 관련된다. 그것은 말하자면 쿠데타를 통한 레종데타의 자기전개이자 항존 프로세스이고, 그 주요성분은 국가의 구원과 법의 정지이며, 그것들에 의해(그것들 속으로) 후생의 전략은 인도·합성·수정·수렴된다. 여기 그런 후생과 쿠데타의 통치론 속에서 2015년과 정확히 동일한 이름과 의지로 복면금지법을 입안했던 이는 2006년 여당(민주당) 국회의원 이상열이었고, 불법시위에 대해 형사처벌 및 민사상 손해배상청구 등 가능한 모든 방안을 강구하겠다고 했던 건 2006년 국무총리 한명숙이었으며, 시위할 수 있는 '권리'를 법질서의 유지라는 '의무'와 기계적으로 등가화함으로써 치안의 작동을 법조인에 걸맞게 수호했던 이는 2003년 민정수석 문재인이었다. 그렇게 '복면'에 직면한 여야는 이미 언제나 교환 가능하고 대체 가능한 일체이다. 한 몸인 여야는 복면이라는 힘의 생산자이자 진앙지가 그들 자신임을 합법적으로 모른 채하고, 그럼으로써 복면적인 것으로 발현하는 힘에서 괴물성을 적출·계측·판결·정상화하려 한다. '비정상의 정상화'는 그런 여야의 공동모토이며 합작모델이다. 그런 합작의 절차 속에서 여기 통치 권위의 정당성을 조달·합성하기 위한 집권력의 인식론/방법론을 응축하고 있는 것, 그것이 저 규제완화 기요틴이다. 경제적 규제들(축적의 제약 상태들)을 단두대에 올리려는 여기 정부의 폭력적 의지·수단, 그것의 최종목적이자 그 목적의 궁극적 효력이 바로 자본과 주권의 첨예화된 이위일체-신-G'이다. 그 신적 효력은 기요틴-쿠데타의 발동을 통해 스

---

2. 미셸 푸코, 『안전, 영토, 인구』, 오트르망 옮김, 난장, 2011, 357쪽.

스로를 '헌법 위'의 법역으로 창출하며, 그렇게 헌법 위에서 헌법의 목을 자르는 헌법의 정지력으로 존재·기능한다. 이는 다음과 같은 패러디들의 병치 속에서 적확하게 표현된다.

△『타임』지 표지모델 "독재자의 딸"(2012. 12. 17)에서 시작하는 패러디 (민성훈·노순택·최정우의 페이스북[2016. 11. 10/28]에서, 2016년 11월 12일 광장의 피켓에서 인용).

성과 속, 숨은 힘과 드러난 힘의 경계와 구획을 지우고 식별불가능하게 만드는 패러디-게발트, 또는 그런 비식별역을 정치적인 것의 전장으로 만드는 패러디라는 정치미학. 다시 말해 '박근혜-최순실-이재용'의 저 병치는 가면들로 숨겨진 법 또는 피의 폭력의 숨은 연쇄를 개시하는바, 성스러운 법의 얼굴들을 모독하고 가면들로 된 법의 문들·경첩들을 뜯어내며 신성한 법의 규방을 침탈하는 그 힘은 지금 '신성모독'profanation의 벡터궤적을 그려내고 있는 독신瀆神-탄핵의 게발트이다. 박근혜에서 최순실로, 다시 삼성 이재용으로. 그러니까 "독재자의 딸"에서 "독재자의 딸의 샤먼"으로, 다시 "독재자의 딸의 샤먼의 후원자"로. 가면과 가면 위의 가면, 가면과 가면들 아래의 맨얼굴, 통치의 맨몸. 다시 말해 공모하고 이반하는 숨은 얼굴들의 변증법적 부침으로서,

그런 부침의 유혈적 과정으로서 정립되고 유지되는 신화적 폭력연관, 겹겹의 가면의 통치술. 위의 이미지-패러디는 '통치기밀'arcana imperii의 내적 위계와 서열을, 통치적 결정권의 미끄러짐을, 그 미끄러짐의 최종적 고정점/누빔점으로서의 자본을 가리키며, 축적의 일반공식 속에서의 사회의 처형을, 미연에 단두되는 새로운 사회의 산파를 암시한다. 그런 단두, 기요틴, 곧 오늘의 정세 이전과 이후를 관통하고 있는 여기 이위일체-신-G'의 존재론/방법론으로서의 규제완화 기요틴은 무엇에도 아랑곳없이 가차 없이 내려쳐지고 있는 헌법 위의 법이다. 초-헌법으로서의 규제완화, 규제완화-독재에 의한 법의 정지, 헌법정지의 발동. 줄여 말해 탈규제라는 축적의 신이 인도하는 국가 구원의 쿠데타/출애굽. 규제완화에 대한 '감사 면제' 조항의 위헌성 때문에 그 조항을 거부한 감사원의 법을 향해 "혁명적 조치"를 언급하며 질책하는 여기의 대통령≒"독재자의 딸의 샤먼의 후원자". 감사가 두려워 적극적인 규제완화를 못하므로 '특별히' 법률을 집행해 달라며 감사원에 '예외'를 요구하는 경제부총리의 말을 되받아 여기의 통령≒"독재자의 딸"은 말한다. "눈 딱 감고 규제 풀라." 그 말은 모세의 말 – "축적하라, 축적하라! 이것이 모세며 예언자다!"[3]라는 명령법에 들어있는 모세의 말 – 을 복창한 것이다. 그러니까 "독재자의 딸"에 의한 모세의 혀의 대행은 다름 아닌 "독재자의 딸의 샤먼의 후원자"라는 환속화된 신의 로고스/노모스의 신화적이고 유혈적인 설립을 집전하고 보호한다 : "박 대통령은 '감사원법이 그렇게 안 돼 있다 하더라도 취지를 살릴 수 있으면 좋겠다고 말씀했는데 법이 그렇게 안 돼 있는데 취지를 무슨 방법으로 살리겠느냐'라고 하면서 '이것은 다시 생각해 봐야 할 문제'라고 말했다. … 위헌 우려 때문에 삭제된 법 조항을 다시 법에 넣으라는 박 대통령의 지시는 초헌법적인 발상이라는 비판에서 자유로울 수 없을 것으로 보인다."[4]

　　법에 기초하여 법을 정지시키고, 법의 안팎을 임의로 재획정함으로써 합

---

3. 칼 마르크스, 『자본론』 1권, 김수행 옮김, 비봉출판사, 2001, 811쪽.
4. 이승훈, 「헌법 위의 규제완화? 박 대통령 '감사 면제' 부활 지시」, 『프레시안』 2014. 8. 19.

법과 불법의 분리 바깥에 설 수 있는 초-헌법으로서의 규제완화 기요틴≒통령≒자본. 줄여 말해 겔트와 게발트의 이위일체-신-G′이라는 최고위의 지고-법. 신의 그 법에 의한 기존 법의 전면적 정지상태, 곧 축적의 반석petra 위, 기요틴의 그 칼날 아래, 바로 거기가 저 "독재자의 딸"과 "독재자의 딸의 샤먼"과 "독재자의 딸의 샤먼의 후원자"가 함께 거주했던 피의 법역이고, "독재자의 딸"과 "독재자의 딸의 샤먼"이 "독재자의 딸의 샤먼의 후원자"에 의해 추방되거나 내버려지는 곳, 교대·교체되어 축적의 새로운 위임과 대행의 계약이 체결되는 공적 안전지대, 공안적 구원의 토대·지성소이다. 기요틴, 그 칼날의 반석 위에서, 2015년 11월 현재 파견 업종 및 기간제 사용기간에 대한 규제완화 기요틴 요청은 '전국경제인연합회'가, 근로시간, 업무성과 부진자 및 경영상 해고요건, 대체근로 사용에 대한 규제완화는 '한국경영자총연합회'가, 통상임금 규정, 임금피크제, 외국인노동자 고용요건에 대한 규제완화는 '한국중견기업연합회'가 요청하고 있다. 행정의 통령은 기요틴의 그런 목록들을 '법률' 또는 '비법령'으로, 다시 말해 법의 안팎을 임의로 구획·조정·재편함으로써 관철시키며, 그 목록들의 관철을 여러 관리항목들 중에서도 특히 '사회' 항목으로 분류시켜 놓고 있다. 여기 가면들 속으로 미끄러지며 숨는 주권과 자본의 상호 공속적 공동축적이라는 이위일체-신-G′의 일반공식, 그 힘을 순수하게 재현·집행하는 저 기요틴은 사회의 보호를 위해 사회의 숨통을 끊으며 오직 사회의 부재상태로서만 사회를 재생산하기 위해 사회를 단두대에 올린다. 이 기요틴-공포의 에코노미를 발의·발안하고 인도·관리하는 매개력, 그것이 저 '박근혜-최순실-이재용' 게이트의 유혈적 본질이며 무능하고 무력한 통령 ─ 통치 없는 통치체 ─ 의 유력한 결단형태이다. 그런 기요틴-쿠데타를 집전하는 가면들, 통치기밀적인 숨은 매개력/분리력에 대한 폭로 및 개시는 그런 통치 부재 속의 주권적 결단형태에 뒤따르는 필연적인 부산물이자 귀결점인바, 지금 여기에는 그런 폭로됨의 필연성을 다른 법의 필요와 분만을 관철시키는 권위Auctoritas의 정당성-근거로 다시 정의하는 힘, '산파'의 힘이 거듭 요청되고 있다.

2-1. 여기의 기요틴, 오늘의 탄핵 정세를 앞질러 저 "독재자의 딸의 샤먼의 후원자"를 기요틴-쿠데타의 헌법정지력으로 지목한 혜안이 있었던바, 그것은 파업 이후를 비평하고 있던 조남준 화백의 한 컷짜리 만평漫評이었다. 그의 '발그림', 곧 발로 현장을 딛고 있는 만평, 그 발로 기립하는 비평은 기요틴이라는 힘의 형질, 그 칼날의 벡터에 대한 사고를 촉발한다. 〈죽음의 사형판결. 손해배상〉이라는 그의 만평/비평에는 이런 문자들이 그려져 있다. "한진중공업 최강서씨 등 이미 여러 명의 노동자가 천문학적인 손해배상을 견디지 못하고 자살을 했다. 법으로 보장된 단체행동권을 손해배상이라는 사형과도 같은 대체 판결로 억압하는 대한민국. 쌍용자동차 47억, 철도노조 152억 청구. 파업 이후 사업장마다 가해지는 죽음의 단두대."5 이 문자들 아래에 기요틴이 그려져 있는바, 날선 채로 떨어지고 있는 만원짜리 지폐가 그 기요틴의 칼날이다. 말하자면, 화폐-칼날의 기요틴. 맑스 또는 짐멜에게 화폐가 '현실적인 신' 또는 '세계의 세속화된 신'으로 인지될 때, 기요틴의 화폐-칼날은 단체행동권 대 손해배상청구권, 그러니까 법 대 법의 충돌과 대결을 축적연관의 일반공식/성무일과를 척도로 조정·심판·결단하는 최고위의 법이며, 숨은 신-G′의 법정이다. 그것은 가시적인 성문의 법, 해석되고 적용되며 판례로 남아 반복되는 평시의 법이 아니라, 그런 법을 합성·포식·명령하는 보이지 않는 불문의 법으로, 항시 불문에 부쳐지는 비상시의 법, 신화적/육식적 법의 폭력으로 존재·기능한다. 환속화된 신으로서의 화폐-칼날의 기요틴은 국가 독점적 폭력연관이 예외적으로 인가한 합법적 게발트로서의 파업권적인 것들 일반을 분해·순치·전용하는 축적의 기관들·계기들의 계열체를 확대재생산함으로써, 스스로의 항구성과 불멸성을 위해, 스스로의 구제와 제의종교적 원상복구를 위해 스스로의 신성-정당성-국가이성을 사유·고려·분석·고양·증강한다. 그렇게 편재화/일반화하는 화폐-칼날의 신적인 기요틴, 초-헌법적 헌법정지력으로서의 기요틴-쿠데타는 국헌國憲의 침식과 파괴를 통해 국헌의 구원

---

5. 조남준, 〈죽음의 사형판결. 손해배상〉, 『한겨레신문』, 2014. 2. 27.

과 재정립을 기도한다는 모순상태 속에서 스스로의 위법성을 조각하고 정당성을 창출하는 힘으로, '내란'적 게발트의 경제로 구동·전개된다. 그럴 때 여기 내란적 기요틴의 공동정범共同正犯, 다시 말해 남한 형법 87조가 규정한 "내란의 죄"의 구성요건을 채우는 자, "국토를 참절하거나 국헌을 문란할 목적으로 폭동한 자"에 대한 "처단"의 결단 근거는 다음과 같다.

본장에서 국헌을 문란할 목적이라 함은 다음 각호의 1에 해당함을 말한다. / 1. 헌법 또는 법률에 정한 절차에 의하지 아니하고 헌법 또는 법률의 기능을 소멸시키는 것. / 2. 헌법에 의하여 설치된 국가기관을 강압에 의하여 전복 또는 그 권능행사를 불가능하게 하는 것. (형법 91조 국헌문란의 정의)

형법의 성문화 상태 속에서, 기록된 법 효력의 임계선 위에서 말하자면, 저 화폐-칼날의 기요틴은 헌법과 법률이 규정한 절차 바깥에, 법 바깥anomos에, 법 위에 존재하고, 그런 지고한 법으로서의 내란적 기요틴의 화폐-칼날로 헌법과 법률의 목을 잘라 그 기능을 소멸·정지시킨다.6 그 과정은 강권적 권위를 통한 국가기관의 무력화를, 그런 국가기관의 수뇌적/세포적 기관원들과 맺은 범행관계 일체 ─ 정범-종범, 간접정범, 교사범, 공범, 공동정범 ─ 를 포함한다. 국가의 공공적 기관들이 지닌 주권 집행의 직무권능을 간섭·농단·전용·해체하는 힘들의 공모로 발효되는 권위의 형태를 가리키는 것이 '간접권

---

6. 그렇게 목이 잘린 헌법과 법률의 항목들은 다음과 같다: "박근혜 대통령은 국민주권주의(헌법 제1조) 및 대의민주주의(헌법 제67조 제1항), 법치국가원칙, 대통령의 헌법수호 및 헌법준수의무(헌법 제66조 제2항, 제69조), 직업공무원제도(헌법 제7조), 대통령에게 부여된 공무원 임면권(헌법 제78조), 평등원칙(헌법 제11조), 재산권 보장(헌법 제23조 제1항), 직업선택의 자유(헌법 제15조), 국가의 기본적 인권 보장 의무(헌법 제10조), 개인과 기업의 경제상의 자유와 사적 자치에 기초한 시장경제질서(헌법 제119조 제1항), 언론의 자유(헌법 제21조) 등 헌법 규정과 원칙에 위배하여 헌법질서의 본질적 내용을 훼손하거나 침해, 남용하였다. / 또한 박근혜 대통령은 특정범죄가중처벌등에관한법률위반(뇌물)죄(특정범죄가중처벌등에관한법률 제2조 제1항 제1호, 형법 제129조 제1항 또는 제130조), 직권남용권리행사방해죄(형법 제123조), 강요죄(형법 제324조), 공무상비밀누설죄(형법 제127조) 등 각종 범죄를 저질러 법률의 규정을 위배하였다."(「대통령(박근혜) 탄핵소추안」, 2쪽, 2016. 12. 3)

력'potestas indirecta이라고 할 때, 그것은 여기 내란적 기요틴의 일반공식을 다음 한 대목 속에서 집전한다. "보호능력 없는 채로 복종을 요구하고, 정치의 위험을 몸소 받지 않고서 명령권을 가지며, 책임을 다른 기관에 강요하면서 그 기관을 통하여 권력을 행사하려고 하는 '간접권력.'"[7] 루터 종교개혁에 대한 응전으로서 가톨릭교회가 스스로의 권능을 신성과 세속왕권 사이의 권한관계 속에서 재정당화하기 위해 발의되었던 간접권력의 맥락과 그 위격은, 저 가면들 속에서 정치적 위험 및 책임의 회피·전가를 통해 스스로의 위법성을 조각하며, 그렇게 위험을 감당하고 죄책을 지도록 수단화·도구화되는 기관을 통해 스스로의 권력을 행사하려고 한다. 그 점에서 간접권력은 타인을 '생명을 가진 도구'로 활용하여 범행을 대행·매개vermittlung시키는 간접정범間接正犯, die mittelbare Täterschaft의 죄 구성요건을 겸하여 채운다. 다시 말해 저 패러다-고지 속의 공동정범들, 곧 '박근혜-최순실-이재용'이라는 신-G'의 중보자·매개자Mittler들은 국헌문란의 간접권력으로서 "간접정범"(형법 34조)의 죄책에 대한 기소의 공동 피고들이다.[8] 그러한 간접권력-간접정범에 의한 매개와 대행은 이른바 대권과 양당제 간의 이항적 수수관계 속의 '국민주권주의(헌법 제1조) 및 대의민주주의(헌법 제67조 제1항)'라는 주권의 양도상태를 '중성화neutralise하는 권력'으로서 다시 사고하도록 한다. "지배 권력은 혁명적 민주주의의 순간을 중성화시켜서 그것을 사라지는 매개자로 변모시키려고 애쓴다. 그럼으로써 권력의 균형은 달라지더라도 정치체의 사회적·경제적 토대가 전면적으로 변환되지는 않도록 조정함으로써 기존 질서는 재생산될 수

---

7. 칼 슈미트, 『홉스 국가론에서의 리바이어던』, 김효전 옮김, 교육과학사, 1992, 351쪽.
8. 검찰 수사에 대해 했던 스스로의 말을 거듭 번복하고 있는 박근혜가 근거했던 것은 대통령의 '불소추 특권'이었다. "대통령은 내란 또는 외환의 죄를 범한 경우를 제외하고는 재직 중 형사상의 소추를 받지 아니한다."(헌법 84조) 위의 패러다-고지를 통해 국헌문란의 공동정범으로 일체화된 그들이 내란의 죄 구성요건을 충족시킨다면, 오늘 여기의 헌법 84조는 적용의 효력을 잃는다. 그리고 그런 적용 불가의 상황은 헌법 84조의 역사적 경로의존을 정지시킨다. 84조는 제헌의회장 이승만의 반대로 법-문학자 유진오의 내각제 헌법초안이 대통령제로 수정될 때 참고되었던 바이마르헌법 43조에서 연원했으되, 그것과는 달리 언제나 남한 대통령 '특-권'의 정당성 구성력으로서 반민주적으로 존재·기능해왔다.

있기 때문이다. 실천적으로나 이데올로기적으로, 모든 민주주의는 자신의 혁명적 적통을 자랑스레 알릴 때조차도 이런 중성화와 맞물려 있었다."[9] 앞질러 말하자면, 여기 탄핵 가결 이후의 적ᵐ은 중성화하는 권력의 벡터궤적이 될 것이다. 그 적에 의해 민주주의의 절대적이고 직접적인 순간들·정념들은 단선적인 매개자로, '사라지는 매개자'로 전치되고 전락하며, 오직 그럴 때에만 중성화의 권력은 스스로를 매개와 재현의 정치체로 재생산해낼 수 있다. 그렇게 여기 정치적 요구의 직접성의 순간들, 여기의 촛불들은 신-G'을 최종목적으로 하는 자본주의라는 컬트종교적/자기증식적 원상회복의 공정 속으로 중성화될 위기에 거듭 놓이게 될 것이다(탄핵 가결 직후의『조선일보』사설「민주당, 비상시에 점령군 아닌 책임 정당 모습 보여달라」(2016. 12. 10)는 징후적이며 실효적이다. "황교안 대행 체제의 인정과 함께 경제 사령탑 결정." 이 한 구절은 직접적 민주의 요구가 발현하는 상황들의 역사 속에 빠짐없이 등장했던 "혼란"과 "수습"의 이항등식 속에서, 정치와 경제의 상태를 축적의 안정을 위한 위협이자 무기로, 피동적 볼모이자 관리되는 질료로 이용한다. 모조-보수혁명적 외양을 띤 그런 혼란-수습론에 "비상시"에 대한『조선일보』의 인식과 전용이 맞물려 있으며, 그 비상시는 중성화하는 권력의 벡터궤적 위에서 그 궤적을 가속화하는 원천이자 구심으로 기능하고 있다).

　내란의 죄 구성요건으로서의 국헌문란의 축적공정과 동시에 '청와대'라는 내란적 기요틴의 중심기관은 불소추의 특-권적이고 법-외적인 영토로, '박근혜-최순실-이재용'에 의한 그 영토의 공동점거로, 이른바 '국토의 참절僭竊'이라는 또 하나의 내란죄 구성요건으로, 공공적 공화국의 체계적 사사화 공정의 컨트롤타워로 정립된다. 그런 한에서 위에 인용했던 형법 87조+91조는 기요틴-쿠데타를 통한 합법화된 폭력의 성무일과, 곧 신-G'의 숨겨진 폭동과 준동을 국헌문란과 국토참절의 동시적 죄책으로, 내란의 죄 구성요건을 빠짐없이 충족시키는 것으로 소추하는 정당성의 법적 근거가 된다. 여

---

9. 알베르토 토스카노,『광신』, 문강형준 옮김, 후마니타스, 2013, 19쪽.

기 기요틴의 화폐-칼날이 내란의 죄책으로 기소되는 정당성의 구성상황은, 그런 화폐-칼날의 일반공식/성무일과 속에서 1) 2014년 12월 19일 사법·헌법재판소를 통한 내란혐의 위헌정당의 심판 및 해산이 관철되는 절차에 대한 비평으로부터, 2) "독재자의 딸"의 통치고문顧問으로서 "독재자의 딸"에게 독대·직보하는 국가정보원 ― 곧 통치기밀의 관리력 ― 을 인준하고 재정립하는 여기 입법·국회의장의 직권상정론에 대한 비평으로부터 다시 한 번 정초될 수 있다.

2-2. '대한민국 정부'를 청구인으로, '법무부장관 황교안'을 법률상 대표로 하여 기소되었던 통합진보당의 위헌정당 해산심판, 다시 말해 청와대 비서실장 스테파노 김기춘과 헌법재판소장 박한철이 공동으로 수행한 '비밀에의 용기'(C. 슈미트) : "통진당 해산 결정-연내 선고." 이 한 구절, 법비法匪들의 숨은 폭동, 통치기밀의 벡터를 가리키는 그 한 구절은 해산 선고가 있기 전 2014년 10월 4일 민정수석 김영한이 김기춘의 비공개 회의 발언을 메모했던 비망록에서 발견된 것이다. 기요틴-쿠데타의 기관이자 기관차로서의 헌재. 재판관 9인 중 8인의 다수의견은 다음과 같다. "정당해산심판 제도의 본질은 그 목적이나 활동이 민주적 기본질서에 위배되는 정당을 국민의 정치적 의사 형성과정에서 미리 배제함으로써 국민을 보호하고 헌법을 수호하기 위한 것이다. 어떠한 정당을 엄격한 요건 아래 위헌정당으로 판단하여 해산을 명하는 것은 헌법을 수호한다는 방어적 민주주의 관점에서 비롯되는 것이고, 이러한 비상상황에서는 국회의원의 국민대표성은 부득이 희생될 수밖에 없다."[10] 이른바 헌법의 수호. 그것을 위한 민주주의와 그런 민주주의를 정의하는 '방어적'이라는 수식어. 민주주의를 위해 민주주의 따위는 희생될 수 있으며, 헌법의 수호를 위해 헌법 따위는 정지될 수 있다는 도착적 이율배반이 저 해산 심판의 권위를 지탱하는 정상성/정당성의 주축이다. 그 심판은 '부득이'

---

10. 「2013헌다1 통합진보당 해산」(헌재 결정문, 2014. 12. 19), 144쪽.

한 것, 마지못해 어쩔 수 없었던 것이 아니라 '비상상황'의 결정이라는 주권적 작위와 함께, 그런 작위를 위해 자연이 된다. 그 자연 속에서 법은 '붉은 낙인(빨갱이)'의 남발을 통해 삶·생명을 통치의 순수한 대상으로 생산하는 기계로 기능한다. 1988년, 독재적 힘을 최종심에서 제어하기 위한 새로운 법적 권위로 시작했던 여기의 헌법재판소는 2014년 12월 19일 현재 자신의 심판을 특례의 법으로 정립시킨 수치스러운 힘이며, 그 힘으로 유혈적 독재의 문을, 성스러운 화폐-칼날의 기요틴 아래를 함께 연다. 그 문 앞에서, 그 단두의 칼날 아래에서 헌재의 심판이 그런 기요틴-쿠데타의 기관이자 기관차임을 거듭 자기 인준할 때, 그것이 헌법의 수호라는 이름으로 선포되는 내란의 형태로 관철될 때, 그렇게 관철되는 헌법은 다시 다르게 정지되어야 한다. 이는 또 다른 헌법의 수호와 관련되는바, 그 약한 계기는 저들 8인의 다수의견과 어긋나는 1인의 소수의견, 그 차이의 재정의 속에서 사고될 수 있다. "나는, 헌법 제8조 제4항이 요구하는 정당해산의 요건을 충족하지 못한 이 사건, 정당해산심판청구를 기각하여야 한다고 본다. 이는 피청구인의 문제점들에 대해 면죄부를 주고 피청구인을 옹호하기 위해서가 아니라, 바로 우리가 오랜 세월 피땀 흘려 어렵게 성취한 민주주의와 법치주의의 성과를 훼손하지 않기 위한 것이고, 또한 대한민국 헌정질서에 대한 의연한 신뢰를 천명하기 위한 것이며, 헌법정신의 본질을 수호하기 위한 것이다."[11] 9:0이 아닌 정황 속에 여기의 어제가 있었고, 그런 상황 속에 오늘 머릿수 비례의 법형식이 전위되는 시간이 있다. 그런 전위를 위해 법비들의 준동을, 기밀의 기관들을 다시 살펴보게 된다.

2016년 12월 9일 오후 4시 10분 탄핵안 가결[12] 직후에서 7시 3분 대통령 직무정지 직전까지, 그러니까 궐위 직전까지의 그 세 시간 사이에 국무위원 회의를 주재한 여기 "독재자의 딸"은 보류하고 있던 기존 민정수석의 사표를

---

11. 「2013헌다1 통합진보당 해산」, 327쪽.
12. 찬성 234표, 반대 56표, 기권 2표, 무효 7표, 불참 1표. 이 1표는 국회의원 최경환, 속칭 '친박 좌장' 중 하나, 전 경제부총리, 규제완화 드라이브의 운전수의 것이었다.

수리하고 사법연수원 13기 조대환을 신임 민정수석으로 임명했다. 그는 국회의원 시절 "독재자의 딸"의 싱크탱크 '국가미래연구원'의 발기인이자 대통령직 인수 전문위원이었으며, '정치지망생'으로 저 비망록의 기밀 속에서 김기춘의 호명을 받아 세월호 특별조사위원회 부위원장이 되었고 특조위의 해체를 공작했다. 2013년 "독재의 딸"이 지명한 헌법재판소장 박한철, 그는 공안 검사였고 2011년 이명박의 추천으로 헌재 재판관에 임명되었으며 '김&장 공화국'의 고액 전관예우를 받았고 비망록 기밀의 공유자였으며 비상상황의 결정을 통한 통진당 해산의 주역이었고, 또한 사법연수원 13기였다. 여기의 대통령권한 대행 황교안, 사법연수원 13기. 그는 법무부 장관, 위헌정당 법률대리인, 국무총리를 역임했고, 그 전후로 '삼성 X파일' '국정원 선거개입' '정윤회 문건'을 혐의 없음(근거 없음)으로 처분했다. 여기 대통령권한대행과 신임 민정수석과 헌법재판소장, 다시 말해 법조法曹의 인간들, 비밀의 법 제조자들, 법비들. 탄핵 가결 이후의 적과 정치, 적의 정치가, 중성화하는 권력의 비밀스런 준동이 거듭 개시되고 폭로되어야 할 이유가 거기 법조의 치안·공안정치에 있다. 그들 법비들, 다시 말해 헌법과 법률 위의 법 또는 극비의 법의 직조에 봉헌하는 이들, 신성한 후광의 법의 경첩cardo으로 존재·기능하는 그들 법조의 인간들은 저 신-G'의 성자—추기경Cardinalis으로서, 화폐-칼날의 기요틴과 한 몸이 되어 여기 정치경제적 축적의 순수평면으로서의 기요틴 아래를 주재·집전한다.

그런 기요틴의 작동을 위한 또 하나의 기관·경첩, 여기의 입법부 수장. 그 권위 또한 위와 같은 극비의 법의 직조/조직에 가담하는바, 그런 가담의 정당성-근거는 다름 아닌 헌법정지의 위기에 대한 결정으로부터 구해진다. 2000년 이후 16년간 국회 매 회기마다 상정되고 폐기되는 일을 반복했던 속칭 '국정원 강화법'(「국민보호와 공공안전을 위한 테러방지법」)이 2016년 2월 23일 국회법 85조 1항 2호에 기록된 "전시·사변 또는 이에 준하는 국가비상사태의 경우"로서 국회의장 정의화에 의해 직권상정되었다. 하루 전날 국정원장 이병호의 방문이 있었고, 그의 방문 이전에 여당의 지속적인 직권상정 요구가 있었다. 테러방지법이 지연되는 상황을 국가비상사태로 판단하는 근거에 대한 정보공개 청구소송이 곧바로 뒤따랐으며, 한 달 뒤 국회사무총장은 청구를 기각하며 그 사유를 다음과 같이 적시했다. "관련정보가 공개될 경우, 업무의 공정한 수행에 현저한 지장을 초래할 우려가 있고, 법인 등의 경영상, 영업상 비밀에 관한 사항으로서 공개될 경우 법인 등의 정당한 이익을 현저히 해칠 우려가 있다."[13] 이 기각 사유를 기소하는 다음과 같은 법문은 사고를 촉발시킨다. "이 사안의 경우 국회는 국민의 대의기관으로서, 경영 또는 영업 비밀을 중시하고 영리를 추구하는 법인과는 성격을 전혀 달리하므로 위의 법[구 정보공개법 제9조 제1항 제7호에서 비공개대상정보로 정하고 있는 '법인 등의 경영·영업상 비밀']의 적용대상이 될 수 없습니다."[14] 법의 경영 및 영업의 비밀. 이를 핵심으로 하는 청구 기각사유는 법인法人의 공공성을 사적 이윤(성자-잉여가치)의 재생산공정 속에서 구함으로써, 그 이윤을 '정당한 이익'으로 정립하는 국회의장의 '정당한 재량권'을 확보한다. 이는 정확히 "독재자의 딸"이라는 가면을 뒤집어씀으로써 "독재자의 딸의 샤먼"과 "독재자의 딸의 샤먼의 후원자"라는 사인私人이 지고의 법-인으로 정립되는 비밀스런/성스런 공정과 동시적이며 등질적인 일체이다. 그런 한에서 입법의 심의절차를 정지시키는 예외로서의 직권 발동의 정당성-근거로 인용된 전시·사변·국가비상사태란 그런 법의 경영비밀의 위기를, 지고의 법-인으로서의 신-G'의 위기를 구제하기 위하여 그런 위기를 조장하는 이들을 적으로 판별하고 그들과의 전쟁을 수행하기 위한 정당성 생산의 원천이었다. 기각사유가 적시하고 있는 '공정하고 독립적인 국회 운영'이란 바로 그런 법의 경영의 비밀 속에서만, 입

---

13. 참여연대 행정감시센터, 「테러방지법 직권상정 '국가비상사태 판단근거' 정보공개소장」 (2016. 5. 11)에 인용된 '갑 제2호증 정보비공개 결정통지서'에서 재인용. 이 소장은 위의 기각 사유가 정보공개제도의 입법취지 및 목적을 위반하며, 공개될 경우의 공정한 업무 수행의 지장을 보증할 개연성을 증명하지 못하고, 비공개를 통한 '정당한 이익'이 국민의 알권리 및 국정운영의 투명성 확보의 정당한 이익보다 적다는 점을 판례에 근거해 반박하고 있다.

14. 참여연대 행정감시센터, 「테러방지법 직권상정 '국가비상사태 판단근거' 정보공개소장」, 2016. 5. 11.

법부가 공동생산하는 축적의 법의 영업비밀/통치기밀 속에서만, 그런 기밀들에 의한 유혈적 법의 공동생산자들의 보호 속에서만, 줄여 말해 내란의 정치를 지속적으로 창출하는 절차로서만 가능한 것이었다. 그렇게 헌법정지의 동시적 관철 속에서 여기 민주주의의 근간으로 상정되고 있는 삼권분립은 다름 아닌 신-G′의 경첩/추기경으로서 일체화한다. 이 경첩(카르도)에 대한 비평으로 여기 인용해 올 것은 다음과 같다.

> 첫 번째 시구는 '시간은 경첩에서 빠져 있다'라는 햄릿의 위대한 말이다. 시간은 경첩이 빠져 있으며, 다른 것에 제약되어 있지 않다. 경첩이란 문을 여닫을 때 고정시키는 굴대이다. 라틴어 〈카르도〉는 측정된 주기적인 운동이 진행하는 주요한 점들에 대한 시간의 종속을 가리킨다. 시간이 자신의 경첩에 매달려 있는 한에서 시간은 운동에 종속된다. 이때 경첩은 운동의 측정, 즉 간격이나 숫자이다.[15]

여기서 '경첩'은 지고의 법으로부터의 탈구라는 위기와 리스크를 계측하고 방지하는 안전의 힘, 수(數)의 매개력/분리력이다. 그것은 예컨대 여기 헌재 판결의 8:1, 국회 탄핵소추의 234:66, '대권' 득표율 51%:49% 등과 같은 배분상태, 숫자적 울타리, 곧 정치경제적 영양배분상태로서의 네메인/노모스의 한정된 평면을 가리키며, 그런 네메인/노모스 위에서의 결산적 게발트를 공유한다. "지식이 갖는 구원적이면서 동시에 살인적인 성격에 관한 교리와 자본주의의 연관관계: 즉 구원적이면서 해치우는 지식으로서의 결산."[16] 신-G′의 중추적 기관·추기(樞機)로서의 여기의 경첩들/추기경들이 구원과 살인의 동시성을 최종적 해결 속에서 일체화시키는 앎/비밀의 형태라는 것은, '시간이 경첩에서 빠져 있다'라는 저 햄릿의 말이 표현하는 게발트에 의해서, 곧 "이제

---

15. 질 들뢰즈, 「칸트 철학을 간추린 네 개의 시구」, 『칸트의 비판철학』, 서동욱 옮김, 민음사, 1995, 135~6쪽.
16. 발터 벤야민, 「종교로서의 자본주의」, 『발터 벤야민 선집』 5권, 최성만 옮김, 길, 2008, 126쪽.

는 더 이상 시간을 연속성을 통해 정의하는 일, 공간을 동시성으로, 지속성을 영속성으로 정의하는 일은 문제가 되지 않는"[17] 상황의 게발트궤적 위에서 거듭 폭로·개시·탈구된다. 시공간을 균질적이고 순수한 통치-축적의 영속적인 반석으로 창출해내는 신-G′, 그 힘은 시공간의 상태를, 봉기적 게발트의 결정력을 신-G′의 경첩들로서의 '폭군과 사제'의 성스러운 영속성에 근거해 평면화하고 대패질하며 심판하는바, 저 들뢰즈G. Deleuze적 햄릿이 말하는 경첩에서 빠진 시간이란 그런 성무일과적 신-G′의 정지상태로서 발현한다. 햄릿의 그 말, "The time is out of joint"(시간이 경첩joint/cardo에서 탈구되어있다/빠져있다/어긋나있다)라는 게발트의 궤적은 그 말에 이어진 다음과 같은 말·말씀·로고스, 다시 말해 신-G′이 재생산하는 기요틴 아래 죄/빚 연관으로서의 '운명'적 생명상태를 정지시키며 탄생 중인 힘의 상황으로서만, 오직 그렇게 분만 중인/도래중인 그 힘의 보존으로서만 발현될 수 있는 구제의 상황이다: "오 저주받은 운명, 그걸 바로 세우기 위하여 내가 세상에 왔다!"O cursèd spite, That ever I was born to set it right! 여기의 간접정범-간접권력에 의해 정립/유지되는 '피의 폭력'의 체제, 그 힘의 형질을 정지/전위시키려는 탄핵의 촛불과, 중성화하는 권력에 의해 소멸 위기에 노출될 탄핵 가결 이후의 촛불은 그렇게 경첩에서 빠진 시간으로서 거듭 탄생 중인/분만 중인 게발트 속에서만 비정립적 제헌력-의-형태소라는 스스로의 정당성-근거를 지속할 수 있다. 이미 온, 오고 있는 햄릿, 탄생 중에 있고, 도래중에 있는 그 힘을 메시아적인 것으로 장전하고 발포한다는 것은, 다시 한 번 숨은 신-G′에 대해, 그 신에 의해 숨겨지는 법의 경영·영업비밀에 대해, 성스러운 통치의 에코노미에 대해 말한다는 것과 먼 거리에 있지 않다.

3-1. 거듭 대면하게 되는 아래의 이미지들은 탄핵을 앞뒤로 관통 중인 여기의 판세, 그 유혈적 형세에, 모든 악의 앙갚음이 한꺼번에 터져 나오려는 여

---

17. 질 들뢰즈, 『칸트의 비판철학』, 136쪽.

기의 삿된 사사화된 공화국에, '말'의 힘이 미아가 되려는 이 시간에, 말의 힘들이 소멸해버리기 직전에 이르고 있는 이 시간에 정당하게 인용·인양될 수 있는 것인지도 모른다. 말을 개발할 필요, 말의 힘을 소구訴求할 필요, 홈 패인 법을 갖지 않는 그 필요를 재기동할 필요를 아래의 이미지들이 인도해 줄지도 모른다.

△ <진실은 가려져 있습니다>, 인터넷 커뮤니티 'MissyUSA', '세월호 진실'(Sewol truth) 회원들, 인디고고, 2014. 8. 3. △ <진실은 침몰하지 않는다>, 2차 세월호 광고비 모금을 위한 이미지-고지, 같은 사람들, 2014. 7. 30.

지고의 법-인의 경영·영업비밀 속으로, 법-폭력연관의 에코노미 속으로 합성 중인 세월호, 다시 말해 침몰 중인 세월호의 선체를 덮어씌운 하얀 휘장, 청와대의 로고가 새겨진 자명한 베일의 로고스. 그렇게 가려진 진실 또는 통치비밀의 현장은 숨은 신-G'이 쓴 가면으로서의 통치이성을, 신-G'과 일체화된 통치이성이라는 폭정의 비밀arcana tyrannorum을 드러낸다. 그런 비밀의 폭력으로서만 스스로를 확대재생산할 수 있는 저 '검은 손이 붉은 끈으로 자신에게 연결시켜놓고 있는 "독재자의 딸"-인형-괴뢰傀儡. 성부-검은 손에 끈으로 연결된 성자-"독재자의 딸", 실은 둘 다 나이가 같고 한 몸이었으되 서로를 구분시킴으로써만 원활히 구현되는 여기의 숨은 이위일체-신-G'. 이는 그렇게 구분되어 있음에도 서로가 서로를 비밀스런 끈으로 거듭re 엮고 매회 짜이게 하는ligio, 그럼으로써 축적이라는 비밀스런 제1목적의 위기를 관리하고 종교적religious 원상복구를 수행하는 공동 '비선'秘線의 게발트이다. 성聖-비선으로 엮인 그 검은 손 아래로, 그 손에 연결된 인형-"독재자의 딸"의 손 아래로, 여기 내란적 기요틴의 화폐-칼날 아래로 세월호는 함구당하고 단두되는 피통치의 형상으로 비밀스런 끈들의 끈에 엮여져 있다. 그런 '세월호'의 현장-상태는 축적/제1목적의 힘으로 합성되고 그 힘에 의해 결산되는 여기의 질료화된 삶·생명을, 축적/목적의 순연한 수단화 공정으로 운명화되는 세월호 전후의 생명상태를 표현·개시·인양한다. 침몰하는 세월호를 덮씌운 저 청와대의 하얀 장막, 그 자명한 베일, '지고의 이데올로기' 속에서 검은 손들의 공동 비선에 의한 내란적 기요틴은 "기만의 현전 밑으로 일체의 생생한 진리를 끌어내림으로써 진리와 허위 간의 형계를 없앤다."[18] 기만의 현전, 곧 '스펙타클'의 게발트에 의해서 살아있는 진리는 단두되며, 진리와 허위, 법 안과 법 밖, 공과 사의 경계는 매번 신-G'의 반석을 위해 재합성·재편성된다. 그렇게 신-G'은 이른바 드보르적 포이어바흐 테제 속의 '사이비 신성체'로서 정립된다 : "스펙타클은 그 자신의 생산물이며 또한 그 자신의 규칙들을 만들어냈다. 그것은 사이비 신성체이다. 그것은 있는 그대로의 자신의 모습, 즉 분업을 기계의 독립적인 운동에 의해 지배되고 확장되는 시장을 위해 작동하는 동작들의 꾸러미로 부단히 강화시킴으로써 이루어지는 생산성 향상 속에서, 발전해가는, 발전을 본질로 하는, 분리된 권력이라는 모습을 보여준다."[19]

발전과 생산성 향상과 분업은 사이비 신성체의 매개력/분리력 속에서 강화·가속화·운명화되고, 그런 힘의 동력이자 산물로서의 정치적 민주주의는 스펙타클-민주주의로 치환되는바, 이는 삶·생명의 욕구를 삶·생명에 반하

---

18. 기 드보르, 『스펙타클의 사회』, 이경숙 옮김, 현실문화, 1996, 단편 219번.
19. 기 드보르, 『스펙타클의 사회』, 단편 25번.

는 공정의 확대 속에서만 추구할 수 있는 소외적 비–삶으로 주체화하는 권력으로 존재·기능한다. 이를 적대의 대상으로 인지하는 드보르에게 저 성스러운 끈들의 끈으로 엮인 사이비 신성체의 절단과 정지는 "실현된 민주주의의 탈소외적 형태, 즉 평의회 안으로 모든 권력을 가져옴으로써 모든 계급의 해체를 초래할 수 있는 계급에 의해서만 달성될 수 있"는 것이었으며, "그 평의회 안에서 실천이론은 자신을 통제하고 자신의 행동을 감독하게 될"[20] 것이었다. 맑스적 '두 계급의 공멸'을 상속받은, 모든 계급의 해체를 초래하는 계급, 탄생 중인/도래중인 평의회적 게발트의 발현. 그것은 계급의 분리/매개를 통해 작동하는 기만적 계약과 양도의 권력에 대한 절대적 소추·소환의 게발트이다. 그런 계급소멸체로서의 평의회는 『국제상황주의자』 1호에서 드보르가 말하는 '상황' 혹은 '구축된 상황', 곧 "집단적으로 통합된 환경을 조직하고 [주변의] 사건들로 자유롭게 유희함으로써 구체적이고 계획적으로 구축된 삶의 순간"[21]을 동력이자 산물로 하는바, 그 살아있는 삶·생명의 시간이 '메시아적 전위轉位'의 힘으로 정의되고 있는 것은 다음과 같은 문장들 속에서이다. "여기[구축된 상황]에서 결정적인 것은 세계를 거의 손대지 않은 채 **송두리째** 변화시키는 메시아적 전위Spostamento messianico이다. 왜냐하면 여기에서는 모든 것이 변하지 않은 채 그대로지만 그 정체성을 잃기 때문이다."[22] 이는 여기 탄핵 전후의 촛불들을 인도하는 게발트의 이념형 중 하나이다. 세계 상태의 변화를 위한 직접적 개입과 개조 및 그것을 위한 힘의 정당성 구성이 기존 권력관계의 폭력적 재정립으로 (탈)연루될 모든 위험들과 경로들을 일소시키는 힘, 그것이 세계를 거의 손대지 않은 채 송두리째 변화시키는 상황, 메시아적 전위의 발현/상황이다. 그런 전위 속에서 모든 것은 변하지 않은 채로 정체성을 잃는다. 여기 직접적 민주의 소추·소환의 게발트에 의해 야당은 정치공학

20. 기 드보르, 『스펙타클의 사회』, 단편 221번.
21. 조르조 아감벤, 『목적 없는 수단 : 정치에 관한 11개의 노트』, 김상운·양창렬 옮김, 난장, 2009, 87쪽에서 재인용.
22. 조르조 아감벤, 『목적 없는 수단』, 89쪽.

적 리스크 및 이윤 계산을 여당과 공동으로 대행·분점해 왔던 자신의 역사적 결산력을 스스로 정지시키며, 여당은 '비박'과 '친박'의 경계를 넘어 절반 이상이 탄핵에 찬성표를 던지게 되는 순간을 맞이하는바, 그때 여기의 양당은 정립된 현존의 자기성·역사성이 중단되는 상황으로의 돌입을 스스로 강제하지 않을 수 없다. 법정립적 폭력과 법유지적 폭력의 변증법적 부침과 유령 같은 혼합 속에서 '수치'로 존재하는 여기의 경찰은 촛불들 앞에 머리 숙이며 손난로를 선물함으로써 자신의 정체성을 잃고 전위된다. 그 전위, 전위들의 연쇄는 저 사이비 신성체의 주·아비·폭군으로서의 신-G'의 분유된 위격들을 무화하는 무위無位의 지속이며, 여기 그 상황적 궐위闕位의 시공간을, 새로운 법을 분만하는 탈소외적 게발트/산파의 정당성-근거로 거듭 정초한다.

3-2. 손대지 않고 세계의 정체성을 잃게 하는 메시아적 전위의 발현들, 그 게발트궤적 위에 어떤 역사의 개념이 있다. 모든 계급들의 해체 또는 모든 위격들의 종언과 소멸을 분만하며 그런 소멸 속에서만 분만될 수 있는 다른 역사의 개념. 이는 또 하나의 메시아성에서 발굴될 수 있다 : "(블로흐E. Bloch[『유토피아의 정신』]의 표현에 의하면 '권총을 손에 쥔 정언명령'인) 급진적 투쟁과 폭력은 그 자체를 위해서가 아니라 통약 불가능한 '메타 정치적' 목표를 이루기 위한 주춧돌로서 필요하다. 혹은 블로흐의 효과적 알레고리를 빌면 '메시아는 모든 손님들이 식탁에 둘러앉았을 때에만 올 수 있다.'··· 블로흐는 직접적이고 비소외적인 유토피아적 형태들을 사유하는 것이다."[23] '통약 불가능성'이란 여기 탄핵 전후의 촛불들, 직접적 민주의 벡터를 인도하는 게발트의 이념형 중 하나이다. 통약 불가능성을 동력이자 산물로 하는 비소외적 유토피아/아토포스의 힘, 그 일소와 소멸의 게발트는 개선과 혁신이라는 가면을 쓴 공안적·기술법학적 계측의 결산력을, 그것이 인도하는 법적 토포스 연관을, 다시 말해 항존적 계약과 양도의 영원한 수다를, 그 속에서 위

---

23. 알베르토 토스카노, 『광신』, 175쪽.

격들에 대한 종언과 완파의 상황을 관리하는 전-종말론적 체제를 정지시키는 힘이며, 그런 체제의 일반화된 전위를 구성하는 힘의 주요성분이다. 통약 불가능성은 유혈적 결산의 정치 안으로 이의제기와 단절과 차이를 도입하는 상위적이고 초월적인 게발트의 발현이며, 그런 게발트궤적을 인도하는 '메타 정치적 목표'이다. 그런 한에서 정치를 초과하는 통약 불가능성과 메타 정치적 목표는 위격의 일소로서, 메시아적 궐위의 이념으로서 정초되는 정치-내재적 보편성·편재성의 자질들이다. 그것은 환원불가능한/매개불가능한 비정립적 제헌력-의-형태소로서, '권총을 손에 쥔 정언명법'으로서 '모든 손님들이 식탁에 둘러앉았음'을 폭력적으로 개시/계시한다. 여기의 촛불들은 오늘 여기의 모든 위격들이 쓰고 있는 가면들을 스스로 벗게 한다. 식탁 위의 음식을 먹기 위해서는 식탁에 모여야만 하며, 먹기 위해서는 가면을 벗지 않을 수 없다. 여기의 정당들(여야를 비롯한 소수정당들과 위헌정당으로 해산된 통합진보당 — 현 공안정권을 향한 이정희 전 의원의 "자백하라"는 일갈 — 을 막론한 여기의 대의정당들), 재벌들, '대권' 후보들(대권을 위한 '반기문'의 가련함을 특기해 놓는다), 대구·경북의 새누리당 사무소들, 김기춘·우병우 등의 역사적 정치·공안검사들, 경찰, 국정원(특히 인천 연안부두 205호실이 계류된 국정원), 헌법재판소, 종편의 혀들, 자유총연맹, 삼성 사외이사 정규재, 국방부, 록히드 마틴, 최순실, 장시호, 차은택, 박근혜는 이제까지 써왔던 가면들을 동시에 벗으며, 그렇게 가면의 가면으로 유지되던 모든 치외법권적 시간과 법적 처벌의 유예시간이 끝남으로써 서로를 향한 모든 앙갚음Vergeltung이 일거에 터져 나오기 시작하는 날을, 이른바 '최후심판'의 날을 권총 든 정언명법으로서 강제적으로/폭력적으로 맞이한다. 그런 권력관계-내재적 앙갚음들의 소멸하지 않는 지속과 극한을 거듭 인지하고 심판할 수 있는 절대적/메타정치적 시점이 죄의 일소이며 죄사함Vergebung이라는 반석이므로, 진정한 직접적 제헌의 현장들은 그런 앙갚음과 죄사함 간의 항구적이며 항시적인 적대적 대응관계를 파지하고 고지하는 시간들 속에서만, 그런 시간들로서만 발현할 수 있다. 그렇게 발현 중인/도래중인 현장 하나가 제1성서의 다음과 같은 문장들을 제사로 인용한 한 장의 격문으로 전개·산개되는 중이다: "너는 네 자식들을 몰록에게 희생제물로 바치면 안 된다. 그렇게 하는 것은 네 하나님의 이름을 더럽게 하는 일이다. 나는 주다."(「레위기」 18:21) 그 격문이 1세기의 일을 오늘 이곳에 이으면서 만들어내는 칼과 불의 형세를 살펴보게 된다.

1세기의 일이다. 바울St. Paul 일행이 빌립보에서 루디아를 만나던 그때 귀신들려 영험한 능력으로 점을 치던 여종을 마주친 일이 있었다. 그녀는 바울의 일행을 따라오면서 큰 소리로 "이 사람들은 지극히 높으신 하나님의 종들인데, 여러분에게 구원의 길을 전하고 있다" 하고 외쳤다. 이 일이 며칠 내내 계속 이어지자 바울은 귀찮은 나머지 그 여종에게 붙어있던 귀신을 간단하게 쫓아내버린다. 문제는 이다음부터 시작된다. 여종에게 붙어있던 귀신이 사라지자 돈벌이 수단이 사라져 화가 난 여종의 소유자들과 주민들이 바울과 실라를 매질하여 감옥에 가두었다. 바울과 실라는 결국 정당하게 감옥에서 풀려나는 것으로 이 이야기는 끝이 난다. 하지만 바울이 빌립보서에서 유독 겸손을 강조하는 데엔 이 일의 영향이 있지 않았을까? 귀신들린 여종을 통해 돈을 버는 사회를 바라보지 않고 그 귀신만 쫓아내면 된다는 오만했던 과거 말이다.[24]

여종은 누구인가. 여기 "독재자의 딸"이다. 여종에게 붙어있던 귀신은 "독재자의 딸의 샤먼"이며, 그들-가면들이라는 축적의 수단을 잃어 화가 난 여종의 소유자들은 "독재자의 딸의 샤먼의 후원자"이다. 성스러운 숨겨진 비선으로, 끈들의 끈으로 일체를 이룬 과거와 오늘의 그들이 바울 일행을 신에 의한 구원의 대행이라고 외치는 것은, 그 구원의 길을 신-G'의 일반공식/성무일과의 순수한 관철을 위한 동력이자 정당성의 근거로 합성하기 위한 것이다. 다시 말해 세 개의 위격으로 구분되어 있으되 실은 나이가 같고 한 몸인 신-

---

24. 「신학생시국연석회의 시국선언문」, 2016. 10. 28.

G′의 게슈탈트궤적으로서의 여종-귀신-소유자 또는 박근혜-최순실-이재용이 외치는 바울과 구원의 길이란, 다름 아닌 신-G′이 자신의 얼굴에 썼고 쓰고 있고 써야만 할 가면이며, 숨겨져 있어야만 하는 신-G′이 스스로를 절대적으로 기밀화하는 유일한 방법이었다. 위의 선언은 이렇게 질문하고 답한다. 무엇을 푸닥거리할 것인가. 귀신-최순실의 푸닥거리 너머에서 수행되는 진정한 푸닥거리, 귀신들린 여종을 통해 축적하는 사회 그 자체의 푸닥거리. "2016년의 일이다. … 대기업들은 헌금의 응답으로 세제 혜택, 규제완화와 같은 축복을 받았다. 같은 시간 어떤 국민들은 물에 빠져 죽고, 어떤 국민은 물대포를 맞고 죽었다. 어느 한쪽이 헌금으로 인한 축복을 누리는 동안 어느 한쪽이 죽임을 당하는 체제를 우리는 인신공양의 사교라고 부른다."[25] 귀신들린 여종으로, 가면들로 축적하는, 그들-가면들과 함께 축적하는 여기의 사회-신-G′에 대한 푸닥거리. 그것은 격문의 작성자들에게 '인신공양의 사교邪敎'로서의 신전-축적체에 대한 폐기이고 탄핵이었다. 그 속에서 그들은 한 체제의 종언을 고지한다 : "공화국은 이미 끝났다."[26]

3-3. 그러나 그러하되, 그렇게 끝난 공화국을 끝내 다시 구원하려는 또 하나의 공화국이 도래하고 있다. '적그리스도는 벌써 세상에 나타났다. 그 이름은 공화국이다.'(M. V. 요사) 종언이 고지된 공화국을 이미 구원하고 있는 그리스도, 다시 말해 종언을 고지한 이들의 적-그리스도-공화국. 벌써 도래해 있는 그 힘은, 끝난 공화국의 재정립 절차를 사유하고 실행하는 구원적 쿠데타의 이성이다.[27] 반복되는 그것은 한번은 총검의 비극으로, 여기서는 직

---

25. 「신학생시국연석회의 시국선언문」, 2016. 10. 28.
26. 「신학생시국연석회의 시국선언문」, 2016. 10. 28.
27. 새누리당 비박 탈당파들이 만든 '바른정당'의 1호 법안 4개는 다음과 같다. 국회의원 소환제, 알바보호법, 대입제도 법제화법, 육아휴직 3년법-육아휴직 급여 60%법. 집권 여당의 대의자/재현자들이 스스로의 법적 매개력을 국민의 소환권에 의해 박탈될 수 있도록 함으로써, 그리고 그것을 공약으로 내걸지 않으면 안 될 상황에 놓임으로써, 폭주하던 대의의 권한 일반은 스스로를 한정·제약·전화시켜야 할 시간을 맞는다. 집권의 죄책을 면하기 위한 수세

무정지된 대통령 변호인의 희극으로 상연되고 있다. 그러하되 그 희극 또한 비극과 마찬가지로 피 냄새의 영광 속에 있다. 아니 그 비극은 희화화된 자기로서의 여기의 희극을 걸림돌/디딤돌 삼아 피의 폭력을 항존시키며 재활성화시킨다.

서 변호사는 박 대통령의 권력남용 등을 다룬 국내 언론과 북한 노동신문을 묶어 비판하며 "아무리 언론이 자유민주주의 헌법질서를 지키는 태극기를 외면하고 북한 언론이 극찬하더라도 두려워하지 말아야 한다. 유언비어가 극도의 혼란을 주장하더라도 대통령 (세월호) 7시간과 관련해 인격살인과 온갖 모욕을 당하더라도 강하고 담대하게 한국을 지킬 것이다. 일제 식민지를 해방하고 북한에서도 지켜준 신이 헌재도 보호하여 국민에게 희망을 주는 복음을 주실 것을 부탁드린다"고 했다. 서 변호사의 말이 끝나자 심리가 중계되는 헌재 브리핑실 곳곳에서 웃음이 터져나왔다.[28]

헌법재판소 탄핵심판 2차 변론을 취재한 문장들이다. 박근혜 측 변호인 서석구의 복벽復辟 기도, 복고적 왕정에의 가련한 의지. 그것은 분단체제 하 종북론이 의지 결정의 최종적 근거로 기능하고 있는 사회의 잠정적 세력들을 향해 그 힘을 결집하고 규합할 것을, 비인격적/법인적 국가주의로서의 '태극기'와 일체가 되어 자유민주주의의 헌법질서를 수호할 것을, 유언비어와 인격살인과 모욕이라는 대통령의 적들로부터 '한국'이라는 공화국을 구원할 것

적 가면을 쓰고 기존 공화국의 재정립적 구제라는 정세의 반전을 내재적으로/공세적으로 꾀하는 쿠데타의 공정. 그럼에도, 아니 그렇기에 '삶은 나쁜 측면에 의해 전진한다.' 그런 한에서, 가면의 가면을 쓴 여기 "독재자의 딸의 샤먼의 후원자"(이재용)의 구속영장이 2017년 1월 19일 새벽을 기해 기각된 사건은, 조의연 판사의 개인적 법리를 넘어 재판부의 결정이 오직 현재의 정치경제적 역학 구도에 대한 법적 면죄의 승인 기계임을 거듭 개시하는바, 그런 면죄-기계라는 자기 본질을 충실히 따르는 여기의 재판정은 자기의 축적된 권위와 정당성이 전체적인 규모로 소송 걸리고 전화되지 않을 수 없게 될 것이다.

28. 김남일, 「"일제 해방시키고 북한에서 지켜준 신이 헌재에도 복음을…"」, 『한겨레신문』, 2017. 1. 5.

을, 줄여 말해 '내란'을 제안·호소·명령한다. 그 명령은 박탈된 여기 통치-권위의 정당성의 복권을 위한, 여기 폭로·개시·계시되고 있는 가면들 뒤의 맨얼굴들을 구제하기 위한 내란의 복음을, 내전의 신정정치를, 곧 쿠데타의 헌법정지력을 요구하고 실행한다. 그런 내전정체의 기획·공정·실행을 관장하고 주재하는 것이 법조인 서석구의 '신'이다. 그 신의 명령을 앞뒤로 광장의 피켓들에는 "한성주 장군"의 이름과 연락처가, 국가 구원의 유일한 방법으로서의 "계엄령 선포"가, "군대여 일어나라"는 피의 요구가 선전된다. 그렇게 종언 속의 공화국을 구원하기 위해 도래중인 여기 복벽의 적그리스도/공화국은 내란적 쿠데타의 헌법정지력을 통해 자기 존재의 항존을 위한 유혈적 이성으로 정립된다. 1세기와 오늘의 통치상태를 접속시키던 저 고지의 격문, 탄핵 가결 이후의 여기 직접적 민주의 게발트는 이미 끝난 공화국을 재정립하기 위해 항상 이미 나타나고 있는 다른 공화국/적그리스도의 그런 구원상태를 유혈적 기요틴-쿠데타의 수치스런 복고와 복권의 장치로, 화폐-칼날로 관철되고 있는 헌법정지적 쿠데타의 재생과 반복으로, 재-정당화되는 피의 폭력으로 재인지할 수 있어야 한다. 그리고 그런 지속적 인지의 힘은 거듭 다음과 같은 선언을 뒤따르고 또 앞지르고 있었던 게 될 것이다 : "우리의 선언이 말뿐이 아닌 실천이 된다면 우리는 세상에서 환난을 당할 것이다.… 하지만 두려워하거나 낙담하지 말자. 우리가 어디로 가든지, 우리의 주, 하나님께서 함께하신다."[29] 그 '주'ᵗ가 여기 화폐-칼날을 두 손에 쥔 성스런 주·왕·아버지-신-G′에 적대하는 메타정치적 게발트-의-형태인바, 그런 신적인 소송으로서의 주의 게발트실천이 지속되는 시간만큼만, 정확히 그 시간 동안만, 공화국이라는 가면을 쓰고 숨은 신-G′의 기밀화된 일반공식은 폭력적으로 노출되고 계시될 것이다.

---

29. 「신학생시국연석회의 시국선언문」, 2016. 10. 28.

통치기밀과 대항비밀,
지고고문의 흠정과 법-밖의-인간

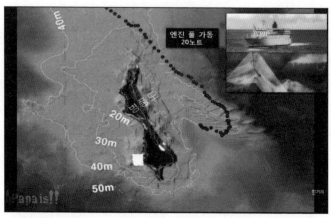

△ 엔진 정지까지의 세월호 10분간의 항적(출처 : <파파이스> 81회, 유튜브, 2016. 1. 16.). 네티즌 수사대 '자로'의 <세월X>(유튜브, 2016. 12. 26)는 공개/은폐된 항적도에 대한 위와 같은 재구성을 반박하면서 동일 시간대 세월호 레이더 항적 속의 "괴물체"에 주목했다. 세월호(의 정치)를 향한 그런 두 개의 재구력을 항상 이미 앞지르고 있는 문장들로 여기 인용해 올 것은 다음과 같다 : "이미 이와 같은 기질을 갖지 못한 사회에서는 어떤 비밀(Arcanum)도 존재하지 않으며, 위계도 비밀정책도 있을 수 없고, 일반적으로 정치라는 것도 존재할 수 없다. 위대한 정치는 모두 비밀에 속하기 때문이다."(칼 슈미트, 『로마 가톨릭주의와 정치형태』, 김효전 옮김, 교육과학사, 1992, 351쪽)

1-1. 여기의 탐사취재에서 인용해온 위의 이미지 한 장, '인텐션'intention(의도·목적)이라는 이름의 정치적 프로젝트가 수집·재구·공표한 사항들은 다음과 같다. ① 가장 먼저 구조된 조타실의 선원, 그들이 선원인 줄 모르고 구조했다는 해경. 그 해경이 그들 선원에게 질문했다. 세월호의 뱃머리 방향은 어디였는가. 조타수는 답한다. '병풍도 쪽을 바라보고 있었다'(4월 16일 오후). 며칠 뒤, 같은 질문에 대해 2등 항해사도 답한다. '병풍도가 뱃머리 정면에 보였

다'(4월 21일 오전). 그런데 뱃머리가 아니라 배의 꽁무니가 병풍도를 향해 있는 CNN 뉴스 영상(정확히는 둘라에이스호에서 찍은 영상)에 의해 그들 선원의 말은 거짓으로 된다. 그렇게 2항사가 거짓말을 했던 그날 저녁, 정부는 전자적으로 기록된 항적이 공개된다면 필시 거짓으로 드러날, 그들 선원의 말과 정확히 일치하는 '항적도'를 공표한다. 질문은 이렇게 된다. "거짓을 말한 그들 선원들은 정부가 그런 항적을 발표하리라는 걸 어떻게 미리 알고 있었는가?" ② 다듬은 듯 매끈한 정부 항적도와 울퉁불퉁한 해군 레이더 항적도에 별 차이 없이 표시된 세월호의 엔진정지 위치, 곧 평소대로의 항로를 따라 병풍도가 멀리 보이는 수심 50미터가 넘는 지점. 이 위치를 기각하려는 사실들의 발굴. 그 첫 번째 사실은 엔진이 정지된 세월호의 위치가 정부 및 해군 항적도에 표시된 곳보다 남서쪽으로 7~800미터 아래쪽, 곧 병풍도 앞바다 수심 30미터 해상이라고 특정하고 있는 둘라에이스호 선장 문예식의 4월 16일 당일 오전 해도이고, 두 번째는 그가 병풍도 앞바다에서 표류해 북상하는 세월호의 위치를 좌표 형태로 송신했던 음성 자료이며(이 송신 좌표는 당일 오전 9시 48분경의 세월호 표류 위치인바, 이는 그보다 30분 이전 9시 16분의 표류 좌표를 불렀던 목포상황실 송신 자료와 함께 세월호의 실제 표류 동선을 증명한다. 이는 진도 VTS의 세월호 표류 좌표가 거짓말임을, 나아가 정부가 공개한 표류 항적 또한 거짓말임을 드러낸다), 세 번째는 10년 넘게 화물기사로 일하며 한 달에 3회 이상 세월호를 탔던 생존자 최은수의 증언("항로가 평소와 달랐다", "[하F 병풍도의] 나뭇가지들이 보일 정도였다", "세월호가 섬을 받아버리는 줄 알았다")이다. ③ 그 해도, 송신, 증언의 결합에 근거해, 저 탐사취재·프로젝트의 구성원들은 정상적 항로에서는 결코 그려질 수 없는 변침 각도, 곧 '지그재그' 운항을 증명하는 해군 항적도 전체를 문예식의 해도 상의 병풍도 쪽으로 이동시켰고, 그때 해군 항적도는 병풍도 앞바다 40미터 해저 등고선과 일치한다. ④ 세월호의 항적과 해저지형의 관계라는 특정한 관점 속에서 발굴되고 재배치된 에코사운더(수심측정기)라는 기계. 이는 닻을 내리는 투묘와 관계된 것이며, 그 기계에 의해 자료로 표시되는 특수기록지는 당일 수거된 듯하다. 세월호는 20노트 최고속도를 유지하고 있었고, 희생자를 찍은 CCTV와 생존자의 증언 속에서 승객들은 급격한 반동으로 튕겨나가고 있다. '다큐멘터리스트'라는 이름으로 〈인텐션〉의 재구성에 동참했던 구성원들에게 해군 측 항적은 기계의 오류가 아니라 실제의 세월호 항적이며, 평상시의 항해로는 그려질 수 없는 항적, 곧 병풍도 옆이라는 특정한 장소에서 닻을 내린 상태로 항해할 때 그려질 수 있는 항적이었다. ⑤ 현재 그 닻은 인양의 편리를 위해 절단된 상태이다.

내게 있어 질문, 곧 사고의 꼴과 방향은 이렇게 된다. ①에서 ⑤로 이어지는 가설적 서사가 어떤 반론에 부딪치며 어떤 변론과 접속하는가, 다시 말해 그 가설과 서사가 어떻게 견디고 지탱되며 무엇을 경험하고 촉발시키는가, 그런 견딤의 경험과 촉발의 형질 속에서 드러나는 사회의 양태, 힘의 벡터란 어떤 것인가. 거듭 재구되어야 할 그 벡터 위에 놓아보게 되는 것이 〈세월X〉이다. 이 다큐는 〈인텐션〉의 서사가 세월호 자료들의 상당 부분을 '거짓'과 '조작'의 산물로 인지하려는 잘못된 경로의존과 편견에 기초하고 있다고 비판하면서, 세월호 레이더 항적에 반사면적의 점들로 기록되고 있는 의문의 물체 — 사건 초기, 급변침에 의해 바다로 떨어진 화물 컨테이너였다고 해명되고 납득되었던 물체, 하지만 합리적인 문제제기 속에서 자기 동력을 가진 운동체로 다시 부상한 "괴물체" — 에 의한 충격, 다시 말해 "외력"外力에 의한 파공이 "세월호 침몰의 진짜 원인"이라고 말한다. 이 원인을 은폐하기 위해 세월호의 인양 절차는 철저한 보안에 부쳐졌으며, 그 비밀 속에서 충격과 파공의 증거일 수 있을 좌측 선미의 스테빌라이져는 절단되었고, 그런 비밀 속에서 인양은 애초부터 선저에 수십 개의 구멍을 뚫는 시뮬레이션으로 입안되고 기획되었다. 〈세월X〉는 그런 추론 속에 정치적 편견과 비탄의 감정을 걷어내고 볼 수 있는 세월호 침몰의 "진실"이 있다고 말한다. 그렇게 〈세월X〉가 반복해서 "보았다"고 말하는 진실, 시각적으로 가시화될 수 있는 진실, 실체화하는 진실이라는 것이 권력관계에 의한 비밀의 경영을 재-은폐하는 논리로 거꾸로 기능할 위험·위기의 계기를 지닌 것일 수 있음을 주시하게 된다. 그러나 그런 주시 또한 '필리버스터-다큐'라는 이름 아래 진행되고 있는 〈세월X〉의 의지 속에서만, 다시 말해 세월호와 세월호 이후를 관통하고 있는 여기의 입법적 독주를 정지시키는 힘의 벡터 위에서만 가능한 한 가지 비판일 것이다. 그런 한에서, 또 한 번의 질문, 구성될 사고의 형세는 다음과 같이 된다 : 〈세월X〉라는 입법 저지력·정지력으로서의 인지적/저항권적 바리케이트와 〈인텐션〉의 '나가도 너무 나간' 서사-탐사가 공유하고 있는 공통적 힘의 적출은 어떻게 가능한가. 그렇게 적출된 힘이 무-아르케^{an-arché}를 향한 구성적 벡터 위에 놓일 수 있는 계기는 어떤 발양될 수 있는가.

이 글이 그런 계기의 어떤 절단면이자 한 층위로 남겨질 수 있기를 원한다. 그런 의지 속에서 무릅쓰고 말해볼 수 있을 것 같다. 병치시킨 위의 두 이미지, 재구될 수 있을 서사-가설과 마주해, 일관되고 반복되는 스토리텔링보다 중요한 것이 '벽돌 한 장의 사실'이라고 주장하는 것은 그런 서사-가설적 탐사가 지닌 힘의 질적 지층에 대한 협애한 구속력으로 작용하는 것이며, 그럴 때 그 주장은 재구·구제의 힘 일반을 협착시켜 자기-내-합성하는 공안적 인지력으로부터, 통념적 음모경계론의 천편일률^{千篇一律}로부터, 공안이라는 제1법으로부터 스스로를 준별할 수 있는 근거를 어디서도 구하지 못한다. 〈인텐션〉의 프로젝트와 〈세월X〉의 필리버스터가 스스로의 의지의 정초를 위해 근거하고 있는 실제적 벽돌들, 실재화하는 사실들을 직시하는 눈이 필요하며, 그 필요는 법을 갖지 않는다. 그런 눈의 필요는 벽돌 같은 사실이 아니라 그 사실의 기능양태에, 기능하고 있는 사실연관의 입법적 효과에 대한 인지력에 관계된다. 벽돌 같은 사실이 강조될 때 축적이 유지된다. 정치경제적 축적의 일반공식은 그렇게 강조된 사실 위에서, 독립된 사실들의 뼛더미 속에서, 제헌적 힘의 형태소들로부터 절연된 사실들의 사체들과 함께 스스로를 정립·유지시킨다. 그러므로 중요한 것은 사실의 강조와 음모의 경계에서 멈추는 것이 아니라, 혹은 우리가 선출한 정부의 패악질에 대해 듣고 싶은 것을 듣고 난 다음의 정신승리적 쾌감과 쾌재가 아니라, 위의 이미지들을 공통의 프로젝트로 문제화하는 힘, 그 프로세스를 이의틈입적인 것으로 재정의하는 방법과 태도를 표현하는 일이며, 그런 힘과 일의 성패이고, 그런 성패의 판단 조건에 대한 사고의 가능하고 필요한 교환일 것이다.

1-2. 〈인텐션〉이 재구한 세월호 항적, 곧 엔진이 꺼지기까지의 세월호의 위치를 표시했던 항적 기록은 세 개였다. ① 4월 16일 당일 오전 세월호의 위치를 병풍도 인근으로 표시한 둘라에이스호의 레이더 해도, ② 4월 21일 정부가 공개한 선박 자동식별장치 기록, ③ 4월 30일 해군이 공개한 지그재그 항적도가 그것이다. 조타수와 2항사의 거짓말에 합치하고 있는 ②, 매끈한 직선과 곡선으로 된 그 ②는 그것을 옹호하는 전문가들이 '쓰레기'라고 말했던 ③, 그러나 해군 합참이 거짓 없는 데이터라고 단언한 그 ③, 갈고리처럼 좌선회하고 있으며 90도 이상으로 꺾이는 곳이 최소 4회 기록되어 있는 그 ③에 의해 소송 걸린다. 그런 ②와 ③의 공통분모, 곧 세월호의 정지 위치를 수심이 깊은 평상시의 항로 근처라고 표시하고 있는 것은 세월호가 병풍도 앞 수심 30미터 등고선 부근에서 회전했음을 표시한 ①에 의해 동시에 기소된다. 동일한 시공간에서의 사건을 표상하는 서로 다른 세 항적의 상호 기소상태 속에서 가능해지고 필요해지는 말, 그런 항적들의 차이에 대한 〈세월X〉의 반박 너머에서, 그런 반박/반복 너머를 위해 할 수 있는 말이란 어떤 것인가. '비밀'과 '통치'의 근원적 연관을 지시하는 말이 그것이다.

여기 입에 담지 못할, 소름끼치는 '세타'θεοσ(테오스·신)의 비밀이 있었던 게 될 것이다. 그리고 그 비밀은 통념적 음모론의 근거로서가 아니라 여기 삶의 통치를 위한 방법·절차이자 원리·이성이었던 게 될 것이다. 세월호의 항적과 그것에 대한 재구력의 차이는 국가가 가진, 국가가 스스로의 재생산을 위해 가져야만 하는 비밀의 집합지, 비밀의 집중적 투하처를, 비밀-력의 총동원 상태를, 비밀에 의한 유혈적 내전의 상태를, 비밀이라는 전장arena을 부상·상기시킨다. 비밀생산과 사실공표, 다시 말해 비밀생산의 공정과 동시적인, 아니 그런 공정의 일부로 기능하는 거짓사실·공식진실의 반복적 공표, 그 둘 간의 조절·합성·변증을 통해 보호되는 통치, 비밀의 경영에 의한 여기 불법anomos

의 통치. 비밀의 통치라는 통치의 비밀, 이른바 통치기밀arcana imperii. 그것은 불법의 정당성을 정립·유지하는 공정으로서의 비밀생산, 비밀이라는 신화적 폭력, 곧 여기 '피의 폭력'의 경향적 우세종과 관련된다. 다시 말해 '모든 위대한 정치는 숨겨져 있는 것'이기에 '정치에 요구되는 비밀에의 용기.'(C. 슈미트) 이렇게 질문하기로 하자. 4·16 이전과 4·16과 4·16 이후를 관통하는 여기 통치력의 주요 경향은 어떤 것인가. 이 물음은 국가정보원이라는 기관·기계의 운동에, '자유와 진리를 향한 무명無名의 헌신'이라는 자기 경영의 슬로건에, 이름 없이 숨은 그 힘에, 이름없애는 숨겨진 힘에, 양지를 위한 음지에서의 일에, 음지의 제작·작위를 통한 양지의 자연화·일반화 절차에 관계된다.

4·16 이전, 국정원의 음지는 대권 선거 국면에서의 여론전, 선거 직후 혹은 선거 이전의 개표조작과 동시적인 방첩전 ─ 간첩조작, 도·감청, 종북 프레임 ─ 이라는 입법 결정력을 생산·운용하는 지하벙커였으며, 비밀의 장소였다. 정보공개청구권·탐사취재·유언비어와 같은 외부적 힘에 의하여, 음지가 원래부터 존재하는 자연적인 것이 아니라 작위의 결정적 생산물로 드러나려 할 때, 다시 말해 통치력으로서의 비밀이 탄로되어 국가의 비밀이 아닌 것으로 되려할 때, 국정원은 스스로 나서 남북정상의 NLL 대화록을 공표함으로써 비밀의 봉인을 해제했다. 그때 그 비밀은 축적의 원리로서의 비밀로 폭력적으로 개시/해체되는 것이 아니라 비밀의 보호와 공표의 배분 과정이라는 비밀의 통치력 속에서 재활성화한다. 국정원은 비밀이라는 자신의 존립근거를 해체함으로써 역설적으로 자신의 근거를 재정초했다. 공개하지 말라는 법을 무력화하고 정지시키면서, '불법'의 집행자로, 법 바깥으로 스스로를 공표함으로써 비밀의 주력 부대이자 경영 집단으로서의 국정원은 기존의 법 위에 군림하며, 기존의 법 위라는 통치의 다른 장소를 정립한다. 그러한 역설적·모순적 재정초의 법적 기획을 뜻하는 것, 그 기획이 요구하고 생산하는 피·생명을 뜻하는 것이 저 불법의 무법적 비밀, 아노모스의 통치이성이다. 개시될 위기에 놓였던 비밀을 통치력의 반석petra으로서의 비밀로 재정립·재보호되도

록 되돌리는 출구전략, 그것은 국정원 자신을 옭아매고 있던 구속복을 찢어 버림으로써, 다시 말해 국정원에 대한 법적 제약이자 한계로 기능하고 있던 비밀공표금지의 법을 정지시킴으로써 한층 자유롭고 순수해진 절대적 자연 으로 도약하게 되는 정치 리셋reset의 기획이다. 이는 신용에 의해 분리/합성 되는 사회상태 속에서, 이른바 화폐정신Geldgeist이 자신을 제약하고 한정하 던 물질적 신체로서의 금속이나 종이화폐를 벗어던짐으로써 사회상태의 생 명력으로서의 인간 그 자체의 생명·덕성(살·피·심장)을 직접적으로 병합의 대상으로 삼는 과정과 병행적·공속적이다. 이른바 '현실적인 신'으로서의 화 폐, 그것의 벡터, 그것의 정신이 그렇게 자신을 관철시킬 때, 그런 신적 위격의 존재론과 공속적이고 일체적인 것으로서의 국정원의 법운용, 국정원에 의한 법질서의 운용은 인간 자신이 국정원 그 자체로 되는, 혹은 국정원이 인간 속 에 병합되는 시공간의 일반화로서 — 예컨대 모든 인간의 요원화·밀정화('4·16 연대'에 의도를 숨기고 가입·암약했던 보수단체 회원들은 국정원적 인간 모델의 단적인 예다), 삶의 정보적 질료화, 또는 시공간적 제약 없는 사찰가능태로서의 인간 본질, 사찰이라는 이름으로 합법화될 잠재적 적성敵性의 일반화, 그렇게 유 적 인간의 본질로 되는 적성, 또는 그 본질의 관리술로서의 실제적 적화敵化, 줄 여 말해 내전의 정치, 내전정체로 정립·유지되는 시공간의 일반화로서 — 관철 된다.[1] 그렇게 국정원의 정신, 국정원이라는 법의 정신은 비밀의 소유와 비밀 의 공표 양자 간의 조절과 변증을 통해 법적 제약과 안전판이라는 자신의 물 질적·구속적 신체를 탈피하고, 그럼으로써 인간 현존재의 피, 사회적 덕성과 가치로부터 직접적으로 스스로의 존립근거를 적출·축적한다. 4·16 이전의

---

1. 말하자면, 국가정보원의 화폐정신적 운동법칙. 이는 다음과 같은 문장들을 활용한 것이 다 : "신용관계 내부에서는 화폐가 인간으로 지양되는 것이 아니라 도리어 인간 자신이 화폐 가 되거나 혹은 화폐가 인간 속에 병합된다. … 화폐정신의 물질적 신체는 이제 화폐나 종이 가 아니라, 나의 고유한 인격적 현존재, 나의 살과 피, 나의 사회적 덕성과 가치이다. 신용은 화폐가치를 화폐 속에 분리시켜놓는 것이 아니라 인간의 살과 인간의 심장 속에 분리시켜놓 는다."(칼 마르크스, 「화폐체제 및 신용체제에서의 사적 생산과 공동체에서의 인간적 생산」 (1844~1845), 조정환 옮김, 계간 『자음과모음』 19호, 2013년 봄호, 187쪽. 이하 「사적 생산과 인간적 생산」으로 표기함)

국정원이 보여주는 그러한 통치의 본성·이성, 리셋·재정립에의 의지·결행에 4·16 당일의 국정원이 맞물려 있다고 비밀스레 공표하고 있는 저 〈인텐션〉의 이미지 한 장 곁에서 다시 다르게 비밀스레 말할 수 있는바, 4·16 당일의 국정원은 4·16 이후의 국정원에도 또한 맞물려 있다. 무슨 뜻인가.

2-1. 4·16 이후의 정치는 여기의 분리된 3권이 일시에/일거에 하나로 융합되고 있는 통치의 다른 말이다. 대통령은 축적을 집전하기 위한 규제 기요틴을, 단두의 칼날을, 일반해고의 방아쇠를 '헌법 위의 혁명적 조치'라는 이름으로, 국회의 우회를 거치지 않는 직접적 시행령·규칙으로 내리치고 당기며, 국회의장은 사드 배치 국면을 '전시·사변에 준하는 국가비상사태'로 선포하는 우회 없는 직권을 사용해 테러방지법을 입안하고[2], 헌법재판소는 위헌·종북 정당 해산의 판결문 속에 박아 넣은 '비상상황에서의 국회의원이 갖는 대표성의 부득이한 희생'이라는 문구·총구를 통해 불법의 정당성을 창출하고 있다. 여기의 행정·입법·사법이라는 3권의 일체화 과정, 그것은 3권에 의한 진정한 비상사태의 선포이며, 순수한 비상대권의 정초이다. 한 몸이 되고 있는, 불순물 없이 순수한, 장애 없는, 방해 없는, 거리낄 것 없는, 순연한 절대적/신적인 법의 현세적 관철, 현실적인 신으로서의 삼위일체의 비상권·비상정체. 그것은 공안이라는 제1법, 공공의 안전을 위한 안전장치로서의 국정원이라는 법의 정신을, 그 정신의 칼과 불을 방법과 원리로 빼든 두 손을 가졌다. 그

---

2. 「국민보호와 공공안전을 위한 테러방지법안」, 세칭 테러빙자 국정원강화법. 세부 사항은 "대통령령으로 정한다"라는 문구가 열 번 이상 반복되는, 그 열 번의 '사후적' 미결정·은폐·기밀의 상태에 근거해 수행될 내전의 기획, 유혈적 통치. 2001년부터 2016년까지, 여야를 막론해 총 10회에 걸쳐 발의된 테러방지 관련 법안은 '민주화 이후'의 통치기밀의 변함없는 지속성이 국정원을 중추적 결정자로 한 내전상태 속에서 관철되고 있음을 증명한다. 이 내전의 속성을 결정하고 있는 국정원장 원세훈의 의미심장한 '지시·강조 말씀'(2011. 2. 18), 그 로고스/노모스의 형태는 다음과 같은 것이었다 : "종북세력 척결과 관련, 북한과 싸우는 것보다 민노총, 전교조 등 **국내 내부의 적(敵)과 싸우는** 것이 더욱 어려우므로, 확실한 징계를 위해 직원에게 맡기기보다 지부장들이 유관기관장에게 직접 업무를 협조하기 바람."(국정원 '내부' 자료, 민주당 진선미 의원실 '공개', 2013. 3. 18, 강조는 인용자)

런 두 손을 가진 삼위일체의 한 몸, 여기 현실 속의 혈맹체, 피로 묶인 어떤 가족, 이른바 '지상의 가족'의 신정정치란 저 비밀에 의한 통치의 절대적 자연화/정당화 공정을, 통치의 순수한 평면을 주재·재생산하는 힘이다. 4·16 이후, 말하자면 여기 지상의 가족의 통치, 이른바 '신성가족'의 비밀'. 아래 인용문은 테제라는 발포의 상황, 테제의 그 총구를 여기 이곳으로 돌리기 위한 필요에 의해 이끌리고 인도된다.

테제4: … 지상의 가족이 신성 가족의 비밀Geheimnis der heiligen Familie이라고 폭로된 다음, 이제는 지상의 가족 자체가 이론적으로 비판되고 실천적으로 전복되어야만 한다. // 테제6: 포이어바흐는 종교의 본질을 인간 본질 속에서 해소한다. 그러나 인간 본질은 각 개인에 내재하는 추상물이 아니다. 인간 본질은 그 현실성에서 사회적 관계의 앙상블이다. 따라서 이러한 현실적 본질의 비판으로 나아가지 못한 포이어바흐는 부득이, / 1. 역사적 진행을 도외시하고, 종교적 심성을 그 자체로 고착시키고, 하나의 추상적 − **고립된** − 인간 개인을 전제해야만 했다. / 2. 따라서 그에게서 인간 본질은 "유"類로만, 즉 많은 개인들을 단순히 **자연적으로** 결합해주는, 내적이며 침묵하는 일반성으로만 파악될 수밖에 없었다.3

맑스의 포이어바흐, 그 고유명이 표상하는 통치성의 형태. 그 통치는 세계를 종교적·표상적 세계와 현실적 세계로 나눠 인지하는 것에서 시작해, 신·종교에 소외된 채로 계류되어 있는 인간의 상태를 해소하기 위해 종교라는 소외의 프로세스를 인간의 본질에 병합시키려는 포이어바흐적 작업·의지·소송 속에서 관철된다. 위의 테제를 통해 맑스는 인간의 종교적 소외라는 문제설정 속에서의 포이어바흐의 인간 이해가 인간의 본질을 각 개인 속에 자연적으로 들어있는 추상물로 파지하는 것임을 비판한다. 바로 그 '자연

---

3. 칼 마르크스, 「포이어바흐에 대한 테제」(1845), 김재인 옮김, http://armdown.net, 2008. 4. 3.

적 결합(과 분리)'라는 인간 이해의 상태, 그것이 사회적 관계의 특정한 앙상블 ― 살·피·심장의 코뮌주의적·공동본질적 성분 ― 을 자기 설립의 질료이자 동력으로 삼는 종교적 권력관계의 자연화된 통치성, 줄여 말해 '유'적 인간의 본질이다. 일반화·재생산되는 그 인간 속에서, '유'라는 이름의 종교적·편재적 법 연관 속에서, '유'라는 이름의 신정정치적 벡터 속에서 역사 진행의 힘이 소외되는 것과 그런 소외를 생산하는 힘으로서의 종교적 심성이 고착되는 것은 동시적이며 등질적으로 된다. 인간 본질로서의 '유', 개인들의 결합과 분리를 자연적인 것으로 수행하는 '유'는, 다시 말해 시공간의 제약 없이 모든 것을 묶고 푸는 '보편적 절연'의 수단인 화폐와도 같은 '유', 그런 현실적 신으로서의 화폐·화폐정신과 한 가족을 이루는 '유'는 위와 같은 특정한 꼴·방향을 가진 테제 4번과 6번의 인용 속에서 지상의 가족의 통치가 신성가족의 불법적 비밀이라는 내전정체를 통해 재생산하는 통치의 소여이자 목적이다. '유'라는 통치성의 상관물, 통치의 유적 본질이 '내적이며 침묵하는 일반성'이라는 한 구절로 다시 표현될 때, 그것은 4·16 당일의 세월호에서 방송된 예의 그 비밀스런 목소리, 비밀의 명령어 ― '가만히 있으라' ― 와, 그 명령과 한 몸이 되고 있는 또 하나의 명령어, 4·16 이후 추기경 염수정이 남겨진 유족을 향해 발포하고 있는 예의 그 성스러운 말씀, 불가촉의 법궤의 명령어 ― '마음이 아프면 마음에 그대로 담고 있으라' ― 를 다시 다르게 상기·부상시킨다. 그렇게 가만히 있을 때, 아픈 마음을 마음에 그대로 담고 있을 때, 그렇게 내적이며 침묵할 때 생명 일반의 상태는 '유'의 생산공정 속으로, 통치의 절대적 자연화 절차 속으로 합성·재편된다. 4·16 이후 여기 3권의 삼위일체적 비상시의 결정, 그 결정의 수단이자 원천으로서의 비밀, 공안이라는 제1법의 비밀이란 바로 그 침묵의 일반화를, 정치적 세계의 유적 일반화를 정립·유지하는 게발트궤적의 다른 말이다. 그것은 카뮈의 총독이 말하는 '좋은 정부', 곧 '통치 아래에서 아무 일도 일어나지 않고 있는 정부'를, 내적 침묵의 일반화 상태를 정부의 선^善의 제1조건으로 기획·생산하는 힘이다. 유적 세계는 정부의 선 위에서 정립되며, 정부의 선은 유적 세계에 의해 유지된다. 거꾸로 말해도 틀리지 않으므로, '유'는 '선'이고 둘은 한 몸이다. 그런 일체적 상태를 자연화하기 위한 방법이자 원리로서, 또 하나의 총독, 최인훈의 총독은 이렇게 말한다. '무릇 국가는 비밀을 가져야 합니다.'

2-2. 국가가 가져야만 하는 비밀, 국가의 제1조건·제1법으로서의 비밀. 세월호의 항적을 재구성하고 있는 저 이미지 한 장은 그런 비밀의 존재를 드러낸다. 그 비밀의 세부항목들을 오차 없이 밝히고 헤집는다는 뜻에서가 아니라, 4·16의 세월호가 비밀의 사건임을, 비밀에 의해 합성되고 있는 통치의 실천임을, 그와 동시에 4·16의 세월호가 언제나 은폐된 채로 과업을 수행하던 비밀의 항상적 존재·기능이 예외적으로 공개·노출되고 있는 현장임을, 그렇게 비밀이 더 이상 비밀이 아니게 될 위기에 처해짐으로써 '무릇 국가는 비밀을 가져야 한다'는 총독의 그 목소리(통치원리의 자기증명) 속에 들어있는 국가 또한 함께 위기에 처해지고 있음을 표현한다는 뜻에서 말이다. 그러므로 가져야 하는 것, 소유해야만 하는 것, 소유하기 위해 생산·보호해야만 하는 것, 재생산·재보호하기 위해 적재적소에서 공표·소비해야만 하는 것, 그러기 위해 목숨을 건 도약의 항상적 준비태세 속에 스스로를 위치시켜야 하는 것, 그것이 비밀이며, 비밀에 의한 통치의 일반공식이다. 그 공식·절차·무한궤도 속에서 공안(공공의 안전)은 공공성의 모든 영역에 대한 결정자로 군림하며, 그 결정은 정당성의 원천 자체를 석권하는 합법적 폭력이 된다. 여기의 공안이라는 폭력, 국정원이라는 제1법이 그런 비밀에 의한 통치공식의 재생산 동력이자 결정적인 산물인 한에서, 저 총독의 말은 다음과 같이 부연·반복될 수 있다. 무릇 국가는 비밀을 가져야 합니다, 비밀을 가져야만 하는 국가는 공안이라는 결정자를 가져야만 합니다.

그렇다는 것은, 여기의 국가가 '국가의 권한 행사에 대한 위협으로서의 테러'라는 위헌적 정의를 통해서, 국민이라는 카테고리를 대상으로 한 내전 수행을 통해서, 내전의, 내전을 위한, 내전에 의한 정치를 통해서 보호되고 있음을 뜻한다. 통치성의 거울로서의 세월호에 의해 비춰지는 국가, '4·16의 국가'라는 내전정체, 그것은 국정원을 가져야만 하는 여기 국가의 규제적 이념형이다. 그때, 국정원이란 무엇인가. 내전정체의 추밀원樞密院, Privy Council이다. 정치에 있어, '다른 수단에 의한 정치의 연속'으로서의 전쟁에 있어 비밀이 되어야만 하는, 비밀로서 공유되어야만 하는 결정적 사안으로서의 기밀·추밀, 곧 통치력에 의해 봉행되는 지성소至聖所, The Most Holy Place로서의 추밀. 시행령을 통해 법을 직접 제정하는欽定 여기 통령의 직속기관으로서, 지고의 고문至高顧問으로서 그런 통령의 흠정 절차 및 그 절차와 동시적이며 등질적인 내전공정을 보호·수호하는 국정원. 또는 기밀·추밀이라는 흠정의 질료이자 아르케에 근거함으로써 그런 내전의 잠재적·실효적 권위의 주체로 스스로를 설립시키려는 국정원이라는 추밀원의 흠정력. 지고고문으로서의 국정원은 추밀들의 생산·분류·결합·공표의 일반공식을 통해 내전정체의 설립을 위한 최고·최대의 입법력으로, 지고의 정당성으로 스스로를 재생산한다. 그런 지고성으로서의 정당성이란, 전면에 드러나는 것이 통령이지 고문이 아니라는 점에서, 고문이 음지에서의 추밀의 관리자이자 추밀 그 자체라는 점에서, 고문이 통치의 탈은폐 과정/소송에 대한 카테콘katechon(억지자)이라는 점에서, 그 카테콘이 자연화된 불법으로서의 아노모스와 분리된 힘이 아니라 그런 아노모스의 통치기밀과 한 몸이라는 점에서 연원한다. 지고고문으로서의 국정원/추밀원이 지고의 정당성이 되는 반석이 그와 같다. 그런 반석 위에서 국정원/추밀원은 통치기밀의 내전 수행을 날인하는 신성한 인장이자 옥새the privy seal로 된다. 다시 말해 옥새·제1법의 정신으로서의 국정원/추밀원은 '비밀의 공유'privy가 허가되고 인준된 상태의 항시적 창출을 통해서 정치적인 것의 벡터를 특정하게 조직해내는 통치기밀의 중추적 기계·기관, 추기樞機이다. 그것은 '마음이 아프면 마음에 그대로 담고 있으라'는 저 목자 추기경Cardinalis의 신성한 말씀이 사목적 법의 문의 경첩cardo으로 존재·기능하고 있음과 일체이다. 그 경첩, 그 추기는 법의 안과 밖을 매회 분리하고 매개하는 입법적 내전의 과정으로서, 법 위에서 법의 안과 밖의 경계·울타리(노모스)를 매번 재설정·재결정하는 신정정치적 힘의 중추이다. 국정원/추밀원에 의한 그러한 내전 수행, 달리 말해 공안이라는 결정자에 의한 국가의 영양분배(네메인/노모스) 상태는 '통치기밀'의 본래적 문맥이 울타리 안의 양떼 또는 울타리 밖으로 나간 양 한 마리에 대한 사목적·목양적 권력의 운용과정으로부터 발원하고 있음을 낯설게 상기시킨다. 칸토로비츠E. Kantorowicz의 논문「국가의 기밀들」(1955)을 특정하게 요약하고 있는 한 대목을 인용한다.

> 타키투스P. C. Tacitus와 마키아벨리N. Machiavelli를 이어주는 데 기여한 중요한 요소들 중 하나는 이른바 '통치의 비밀' 혹은 '국가의 기밀'arcana imperii에 관한 전통이었다. 타키투스의「연대기」(II, 36)에 나타나는 이 말은 국가사의 가장 내밀한 부분에 관여하는 최고 통치권자의 권위를 상징하는 것으로서, 로마법이 규정한 군주의 신성한 '특권'과 유사한 개념이었으나, 12~3세기 프리드리히 2세의 법학자들을 거쳐 17세기 초반 영국의 제임스 1세에 이르러서는 특히 절대 왕권의 신정적 성격을 지칭하게 되었다. 즉, 정부란 사제로서의 왕rex et sacerdos과 그의 장관들에 의해서만 통치되는 일종의 비밀체mysterium로서, '국기'國機, mystery of state라는 이름하에 행해지는 모든 행위들은 왕과 장관들의 인격에 관계없이 바로 그 사실만으로 유효하다는 것이다.[4]

비밀이 통치 효력의 결정자라는 것. 국가기밀이라는 이름 아래서의 행위 일반을 정당한 효력으로 발동시키고, 그 행위자를 합법적 비밀체로 정립하는 신정정치의 일반공식. 정부라는 비밀체, 정부의 정치라는 밀교. 통치의 원형질·본질(아르케)로서의 아르카나(비밀), 그것은 여기의 정치에서 공안이 갖는 지위 그 자체이며, 그 지위, 그 지층·위기, 위기의 지층이란 아르케/아르카나로서의 공안을 소유·집전하는 여기 삼위일체적 비상시 결정으로, 그런 결정의 근거이자 그런 결정에 의해 매회 창출되는 전시·내전의 수행으로 발효

---

4. 곽차섭,「'아르카나 임페리'와 보깔리니의 공화주의 프로퍼갠더 — 17세기 타키티즘과 마키아벨리즘의 접합」, 부산경남사학회,『역사와경계』19집, 1990, 206쪽.

된다. 이는 통치기밀을 드러내는 오래된 비유로서의 목자-양떼의 이분화 과정으로, 손수 세고 먹이는 사목적 통치·임페리로 다시 표현될 수 있는바, 금기시된 마키아벨리를 통치기밀의 폭로를 통한 반-폭정주의 및 공화주의의 실천자로 인식했던 바로크시대 보깔리니T. Boccalini는 법정에 선 마키아벨리의 여죄를 기소하고 있는 검사의 입을 빌어 타키투스적 통치기밀의 해체에 대해 말한다. 그 검사는 마키아벨리가 한밤중 양떼 속에 숨어들어가 '개의 이빨로 만든 의치'i denti posticci di cane를 끼우려다 발각되었으며, 그런 행위는 양의 젖을 짜고 털을 깎는 '목자들'을 위험에 빠지게 만들며, 이후 양떼는 목자들의 '휘파람과 지팡이'를 따르지 않게 될 것이고, '밧줄로 둘러친 울타리'로는 더 이상 양떼를 관리할 수 없게 될 것인바, 바로 그때 '양털과 치즈의 가격이 폭등'할 것이라고 말한다.[5] 개의 이빨로 만들어진 의치는 양을 개처럼 물어뜯을 수 있게 하는 힘, 목자들의 호명과 지시를 거절하는 힘, 목자들이 매번 재설정하는 목양의 울타리와 영양배분의 경계를, 목자들이 정립한 법의 경계를 무화하는 힘이다. 개의 그 이빨, 그 힘은 검사에 의해 '극히 위해한 성격의 안경'으로 기소되는데, 그 안경은 그들 목자들의 법 연관이 양털과 치즈 가격의 관리를 통한 축적의 보호상태임을 문제시하는 시력을, 그런 축적의 보호가 '신성의 가장假裝'과 '국가이성이라는 폭정의 비밀arcana tyrannorum'에 의해 관철되고 있음을 폭로하는 시력·시점을 제공하는 것이었다. 마키아벨리는 '뿔과 이빨과 판단력'을 가진 양떼에 의해 통치기밀의 원리가 인지·파기되는 시공간 또는 사목적 통치의 비밀이 폭로·기소되는 시공간을 사고했다. 그것이 마키아벨리의 '죄'였던바, 그 죄는 통치기밀의 해체와 연관된 것이었다. 검사는 마키아벨리에게 화형을 구형했다. 목자들이 양떼의 안전을 위해 둘러친 울타리, 또는 여기 공공의 안전이라는 사목적 통치의 벡터, 그런 벡터값의 산출자로서의 국정원·국가이성이라는 폭정의 비밀. 달리 말해 사목적 임페리의 지

---

5. 따옴표 속의 구절들은 보깔리니의 『파르나소 통신』(1612)에 들어있던 것들이다. 이하의 따옴표도 마찬가지다. 곽차섭, 앞의 논문, 222~3쪽 참조.

고고문으로서의 공안이라는 입법적 결정자, 공안이라는 폭정·흠정의 통치기밀. 그것이 저 '내적이며 침묵하는 일반성'의 생산자였음에 대해, '유'의 생산의 결정자였음에 대해 다시 말하는 일, 곧 신성가족의 통치기밀에 대한 비판의 경로 하나를 다시 다르게 표현하는 일이 남아 있다.

　　2-3. 앞서 인용했었던 「포이어바흐에 대한 테제」 4번의 중략 표시 속에 들어있는 문장들은 다음과 같다. "포이어바흐의 작업은 종교적 세계를 그 현세적 기초 안에서 해소한 데 있다. 그는 이 작업을 완수한 후에도 해야 할 주요한 일이 아직 남아 있다는 것을 간과한다. 즉 현세적 기초가 자기 자신에서 떨어져 나와 자신을 구름 속에 하나의 자립적 영역으로 고착시킨다는 사태는 이러한 현세적 기초의 자기 분열과 자기모순을 통해서만 설명될 수 있다. 따라서 현세적 기초 자체는 우선 그것의 모순 속에서 이해되어야 하고, 그런 다음에는 모순의 제거를 통해 실천적으로 혁명되어야만 한다."[6] 포이어바흐는 종교적 상태를 현실적 세계 안에서 해소·지양·병합함으로써, 상호 이질적 영토로 엄밀히 분리된 것으로 믿었던 종교와 현실(정치·인간) 간의 모순적 결합상태를 은폐한다. 곧 지상의 가족이라는 비상시적 혈맹체가 신성가족의 비밀을 통한 통치력의 집행자임을 은폐한다. 이 은폐의 과정을 통해 지상의 가족의 현세적 기초는 자기 자신과 종교적 신성 간의 결합관계를 숨기고, 자기만의 두 발로 천상에 선 하나의 순수하고 독립적인 영토·왕국Reich으로, 자연화된 통치기밀의 재생산상태로, 순수한 신정정치적 사목상태로, 삼위일체적 비상상태로, '유'의 재생산상태로 고착·착근한다. 그러므로 「포이어바하에 대한 테제」 속에서 관건이 되는 것은 종교적 신성과 세속적 정치 간의 결합상태·이접상태의 '제거'이다. 이 제거란, 테제 및 서설 등의 형식 속에서 맑스가 말하는 전복·혁명·절멸의 다른 말이며, 유일한·진정한·새로운 유물론의 일·뜻·힘과 동시적이고 등질적인 말이다.

---

6. 칼 마르크스, 「포이어바흐에 대한 테제」, 같은 곳.

종교가 만든 흐릿한 환영들의 세속적 핵심을 분석해 찾아내는 것은, 삶의 실제적 관계들로부터 그에 상응하는 **관계의 신성화된 형태들**을 [뽑아내] 펼쳐 보여주는 것보다 훨씬 쉽다. 후자의 길만이 유일하게 유물론적이며, 따라서 유일하게 과학적인 방법이다.[7]

종교적 상태를 그 현세적 기초 안에서 해소하는 것에 있어서, 곧 '종교의 본질을 인간 본질 속에서 해소(테제 6번)하는 것에 있어서, 그 해소·병합·일체화의 절차란 '삶의 실재적·사회적 관계의 신성화된 형태들'을 은폐하는 통치의 공정이며, 그런 은폐·비밀화의 효력 속에서 지상의 가족은 오직 자신의 두 발로만 순수하게 설립해 있는 신성의 영토로 된다. 그렇게 함으로써 지상의 가족은 신성가족의 비밀이라는 통치기밀을 소유·생산하게 되는 것이다. 그런 사회적 관계의 신성화된 형태들이란 공안이라는 내전정체의 비밀·추밀을 통해 발기하는 신정정치적 법정립·법유지의 상태이자 침묵하는 '유'의 생산공정의 가동상태이다. 그러므로 통치기밀이라는 입법적 결정력에 의해 재편·합성되는 사회적 관계로부터 그에 상응하는 관계의 신성화된 형태들을 적출해 펼쳐 보이는 것은, 다름 아닌 저 신성가족의 비밀을 개시·기소·해체하는 힘의 발현이며, 그 발현의 다른 이름이 '유일하게 유물론적인(유일하게 과학적인) 방법'이다. 저 〈인텐션〉과 〈세월X〉의 공통적 재구력이 '가만히 있으라'는 명령의 부결에, 내적이고 침묵하는 일반성으로서의 '유'의 생산력인 공안의 정지에, 성스러운·비밀스런 공안적 가치독점의 파기에, 공안적 법 연관의 개시에 결속된 것인 한에서, 그 재구력이란 다른 게 아니라 '유일하게 유물론적인'이라는 방법과 태도에 의해 (되)비춰져야만 하는 비정립적인 힘-의-형태소이다. 저와 같은 '유'의 생산, 내적이며 침묵하는 일반성의 생산에 뿌리박고서, 지금 여기의 독재흠정으로서의 시행령은 모법母法-헌법을 잡아먹는다. 그럼으로써 지상의 가족, 곧 신성가족의 비밀체는 공안이라는 제1법·신

---

7. 칼 마르크스, 『자본론』 1권, 김수행 옮김, 비봉출판사, 2001, 501쪽.

을 비밀스런 지성소의 법궤 속에 넣어 봉헌·집전하는 독립적 왕국으로, 통치의 순연한 신국으로 스스로를 정립·발기시킨다. 이른바 '육식성-팔루스-메시아주의'(데리다). '유'의 생산, 여기 통치의 유적 본질이란 그와 같은 법의 하극상, 법의 쿠데타, 법이 법을 잡아먹는 육식적 법의 절차, 법적 육식의 공정 속에 있다.

　　신정정치 비판으로서의 유일하게 유물론적인 방법이란, 이른바 '낡은 유물론'이라는 것이 다시 한 번 '유'의 생산론으로 존재·기능하고 있는 통치론임을, 내적이고 침묵하는 인간의 상호적인 관계를 항구적 '관조'의 상태로 유지·합성시키는 통치론임을 문제시한다. "테제 9: **직관적 유물론**, 감성을 실천적 활동으로 파악하지 않는 유물론이 도달할 수 있는 최고의 것은 '시민 사회' 속의 각 개인들의 관조이다."[8] 사회적 앙상블의 형태를 결정하는 힘, 곧 낡은 유물론적 힘에 있어서, 다시 말해 침묵하는 내면의 인간 혹은 관조하는 유적 인간의 생산력에 있어서 여기의 시민사회란 그런 인간·유의 생산을 위해 필요해지는 질료이자 그런 생산의 부산물인 동시에 그런 생산의 규제적 이념형이다. 맑스가 말하는 이른바 '산파'에 의해, 새로운 유물론의 산파에 의해 그와 같은 낡은 유물론의 시민사회적 통치성 내부에 잉태·분만되고 있는 것으로 인지되는 힘, 그것이 새로운 사회 또는 다른 '유'이다. "테제 10: 낡은 유물론의 입각점은 '**시민**' 사회이다. 새 유물론의 입각점은 **인간** 사회 또는 사회화된 인류이다."[9] 새로운 유물론의 입각점은 시민의 사회가 아니라, 그러한 사회가 잉태·분만하고 있는 '인간'의 사회 또는 '사회화된 인류'인바, 그것은 '유'의 생산력으로서의 통치기밀을 폭로·개시하는 힘의 발현, 신성가족의 법 연관 속에 합성되어 있는 사회적 관계의 신성화한 형태들을 개시·기소하는 새로운 사회력, 다른 '유'-의-형태를 뜻한다. 그것의 구체적·실천적 형상을 가리키는 이름이 '공동본질'이다. 이는 생명의 외화상태에, 특정하게 고안된 신성의

---

8. 칼 마르크스, 「포이어바흐에 대한 테제」, 같은 곳.
9. 칼 마르크스, 「포이어바흐에 대한 테제」, 같은 곳.

개념에, 그리스도라는 통치성의 정의에 관련된다.

> [①] 그리스도는 **외화된** 신이며 외화된 인간이다. 신은, 그리스도를 대표하는 한에서만 더 많은 가치를 가지며, 인간은, 그리스도를 대표하는 한에서만, 더 많은 가치를 갖는다. 화폐의 경우도 마찬가지다. / ··· / [②] 당신에게 있어서 나는, 당신과 유Gattung 사이의 매개자일 것이고 당신 자신에 의해서 나는 당신의 고유한 본질들의 보충으로, 당신 자신의 필연적 일부로 인정되고 또 느껴지게 될 것이며, 또한 나는 당신의 생각과 당신의 사랑 안에서 내가 인정됨을 알 수 있을 것이다. 나의 개성적인 생명의 외화 속에서, 나는 당신의 생명의 외화를 직접 창조할 것이고, 나의 개성적 활동 속에서 나는 직접적으로 나의 진정한 본성을, 나의 인간적 본질을, 나의 **공동본질**을 입증하고 실현할 것이다. 게다가, 이 관계는 상호적일 것이며 내 쪽에서 일어나는 것이 당신 쪽에서도 일어날 것이다.[10]

사회적 관계의 신성화된 형태를 주재·날인·보호하는 그리스도가 맑스의 그리스도다. 다시 말해 여기의 공안이라는 제1법, 곧 신적 공안과 한 몸인 성자 그리스도란 맑스가 긍정하고 발견하는 인간적 생산의 향유, 곧 '개성적인 생명의 외화'가 아니라, 또는 그런 생명 외화의 직접적 창출력이 아니라 외화된 신 또는 외화된 인간으로 존재·기능하는 여기 신정정치의 매개자이자 매개력이다. 여기의 신적 공안은 그런 그리스도를 대표하는 한에서만, 그러니까 향유의 지속을 파기하는 외화된 인간으로서의 그리스도('유')의 생산에 근거해서만 신정정치적 영토로 재생산될 수 있고 그런 생산의 잉여가치를 축적할 수 있다. 외화된 신으로서의 그리스도로 대표·집전되는 신성가족의 통치기밀에 의해, 곧 여기의 신적 공안에 의해 '가만히 있으라'로 대표·봉행되는 내적이며 침묵하는 일반성으로서의 '유', 곧 외화된 인간으로서의 성자 그

---

10. 칼 마르크스, 「사적 생산과 인간적 생산」, ① 182쪽, ② 208~209쪽.

리스도는 외화된 신·성부로서의 그리스도와 매개·병합되어 일체가 된다. 맑스의 그리스도라는 중보자仲保者, Mediator, 다시 말해 신·인간·화폐라는 3위를 동시에 함께 대표·매개·일체화하는 성스러운 통치기밀, 바로 그 은폐된 매개의 비밀력을 개시함으로써 정지시키는 힘이 공동본질이라는 이름의 새로운 매개자·매개력의 발현이다. 공동본질, 다시 말해 생명력의 고유성의 필연적인 보충을 위한 생명의 개성적 외화는 사적 소유를 위한 생산 속에서의 인간을, 곧 공안이라는 신·법의 정신에 병합된 인간을, 그렇게 공안적 인간인 동시에 화폐정신과 한 몸이 된 화폐적 인간을 향유적 '유'의 상태로 재매개·재창조하는 힘의 발현상태이다. 이는 신·인간·화폐를 삼위일체적 통치력의 순수한 영토로 정립/유지시키는 그리스도의 존재-신-론을, 그 신정정치적 매개력의 비밀을 개시·계시하는 유일하게 유물론적인 방법의 발현이자, 저 산파에 의한 실천적 절멸의 상황, 잔존하는 비정립적 제헌력-의-형태소이다. 이에 대해 좀 더 생각해 보는 것은, 엔진이 꺼지기까지의 세월호의 마지막 10분을 표상하고 있는 위의 이미지 한 장으로부터, '대항비밀'이라는 조어-법에 의거한 소구訴求로부터 다시 시작될 수 있을 것이다.

3-1. '세월호 항적도'라는 이미지-정황, 곧 '인텐션(의도·목적)'이라는 이름의 방향성에 의해 시도·구성되고 있는 정치적 힘의 특정 형태. 그 이미지 속에 하나씩 순서대로 찍혀 내려가고 있는 60여 개의 점들은, 2014년 4월 16일 오전 맹골수도를 지나고 있는 세월호의 항적을 표시하고 있다. 10초에 한 번씩 찍힌 그 60개의 점들은 세월호의 엔진이 꺼지기까지의 600여 초, 약 10분간의 항적을, 정부가 공개를 결정해 발표·발포한 '사실'들에 의해 완전히 은폐·수장되지 않고 부상·귀환하고 있는 10분간의 실황·실재를 '가까스로' 재현한다. 그 60개의 점들은 통치기밀의 집중지로서의 정부 측 사실들에 항시 들러붙어있는 결정불가능성의 발현을, 달리 말해 결정의 유예·저지·정지를 결정하도록 하는 필수불가결한 상황의 창출을, 통치의 존재론이자 자기정립술로서의 통치기밀의 작동정지 및 기밀화된 법의 몰락catastrophe의 시작을,

'비밀에 속하는 모든 위대한 정치'와 접촉하는 대항비밀counter-Arcanum의 게 발트를, 그런 게발트궤적 위에서 촉발·현시되는 인지의 비등점들을, "농밀한 카타스트로프의 점들의 집합"[11]을 상기·기립시킨다. 그것은 다시, 다음과 같 은 조건들 위에서, 곧 정치에서도 '비밀'을 존중해야 할 필요가 있다는 데리다 의 테제에 의해서, 다시 말해 '정치를 초과하는 비밀' 또는 '더 이상 사법적 영 역에 있지 않은 비밀'의 보존과 지속으로서, 그런 비밀이 '정의'의 속성을 지닌 것일 때 사고되고 실험될 수 있을 것이다. 곧 "정의는 도래할 것으로 남아 있 으며, 도래함을 지니고 있고[도래해야 하고], 도래함이며[도래하는 중이며], 환원 될 수 없는 도래할 사건들의 차원 자체를 전개시킨다."[12] '남아 있는 것'으로 서 정의, 그것은 '도래중인' 법-밖으로서의 비밀·대항비밀이 갖는 힘의 메시아 적 형태이다. 그렇게 초정치적인/초월적인 것으로서의 비밀이 정치의 내재적 원리가 되고 있는 아포리아적 사고법 속에서, 또는 절대적 용서(죄의 용서, 죄 사함, 면죄)의 실천이라는 불가능한 것이 지닌 가능성에 정치적인 것의 근거 를 마련하려는 의지 속에서 데리다는 비밀에 대해 부연한다. 비밀이란, 통치· 법·도덕에 의해 접근될 수 없는 것, 그것들에 의해 환수되지 않는 것, 요컨대 '절대적으로 남아 있는 것'이라고. 비밀, 비밀-력, 절대적 잔여로서의 대항비밀 의 정치. 또는, '모든 위대한 정치는 숨겨져 있는 것'이기에 '정치에 요구되는 비 밀에의 용기.' 저 60개의 점들이 그런 대항비밀을 향한 정치력·결정력으로 존 재할 수 있는 제1조건이란, 절대적으로 남아 있는 것, 여기 일반화된 유족遺族 과도 같이 절대적인 것으로 남아 있는 것, 곧 은폐와 공표의 변증·합성·조절 이라는 통치기밀의 법-경영 속으로 포획·배치되지 않는 잔여성의 보존상태 를 지속하는 것이다. 그런 한에서, "문제는 현실을 단순히 서술하는 데 있는 것이 아니라, 사실의 더미 속에서 돌출하는 어떤 놀라운 것을 지표화하는 데 있다."[13] 벽돌 같은 사실들의 기능연관을 재구하는 과정 속에서 돌출·돌발

---

11. 르네 톰, 『카타스트로프의 과학과 철학』, 이정우 옮김, 솔, 1995, 35쪽.
12. 자크 데리다, 「법에서 정의로」, 『법의 힘』, 진태원 옮김, 문학과지성사, 2004, 58쪽.
13. 르네 톰, 『카타스트로프의 과학과 철학』, 199쪽.

하는 놀라운 것, 다시 말해 x축과 y축의 좌표적·법적 계산의 결정계 내부에서 그것을 가능하게 함과 동시에 그것을 한계 짓는 영도$^{zero\ degree}$ 또는 무위적인/카타스트로프적인 것$_{無位的}$; x=y=0의 정당성-근거, 저 60개의 점들이 통치기밀의 해체를 결정하는 정당성의 근거가 바로 그런 잔여성일 것이다. "**결정의 순간, 정당해야만 하는 이 순간 자체는 항상 긴급하고 촉박한 유한한 순간으로 남아 있어야 한다**." 그리고 그런 "긴급하고 촉박한 결정은 비지식과 비규칙의 밤에 이루어진다."[14] 결정은 밤에 이뤄진다. 그 밤은 지식·규칙의 존재-신-론에 의해 밝혀지지 않는 시간이며, 그런 한에서 결정의 밤은 비밀스러운 밤의 일, 대항비밀이라는 밤의 노동이다. 이 밤, 그 야간노동을 통해 대항비밀의 존재는 잔존하며, 잔존함으로써 항존하는 정당성의 근거를 파지한다. 2016년 5월 현재, 정부의 항적도라는 결정상태 내부에서 그것을 결정 불가능한 것으로 되돌리고 있는 저 60개의 점들은, 그렇게 밤의 결정을 거듭함으로써 항상적 적의 존재를 개시시키는 힘을 내장하고 있다. 이를 위해 불러올 문장들이 있다.

> 결정 불가능한 것은 적어도 하나의 유령, 하지만 본질적인 유령으로서, 모든 결정, 모든 결정의 사건에 포함되어 있고 깃들여 있다. 이것의 유령성은 결정의 정당성, 사실은 결정의 사건 자체를 우리에게 보증하는 모든 확실성, 모든 현전의 안전성 또는 모든 공언된 척도 체계를 내부로부터 해체한다.[15]

특정하게 고안·재배치된 정치적 이미지-정황 속에서 재구·구제되고 있는 저 60개의 점들이란, 여기의 신성가족이 숨김과 동시에 공개한 항적도에서 미처 가공되거나 처리되지 못한 세월호 잔여의 위치 기록에 근거한 것들인바, 그런 한에서 그 60개의 점들, 잔여성/유령성의 카타스트로프적 점들은

---

14. 자크 데리다, 「법에서 정의로」, 56쪽, 57쪽.
15. 자크 데리다, 「법에서 정의로」, 53쪽.

4·16이라는 통치의 텍스트를 직조한 통치기밀의 경향·벡터와는 다르게, '현전'하는 공안 또는 공표된 척도의 의지와는 다르게 그런 경향과 의지를 배반·거역·반려하면서 작동하고 있는 힘, 텍스트-내재적 힘이다. 이 힘은 통치기밀의 명제, 곧 '무릇 국가는 비밀을 가져야 합니다'라는 저 총독의 목소리의 해체에, 부성-로고스의 정지에 관계된다.[16] 다시 말해 저 60개의 점들은 거짓을 공식진실로 공표했던 통치실천의 결정에 들러붙어있는, 그 법적 결정의 정당성에 들러붙어있는 결정유예의 결정력이며, 통치기밀의 운용에 의해 억제되지 않는 힘, 통치기밀에 뿌리박은 결정절차를 내재적으로 한정짓고 제약하고 이행시키는 결정 불가능성의 힘이다. 결정유예, 이른바 '끝없는 집행유예', 말하자면 차연差延의 정치론/정의론. 그런 유예와 정지의 상태에 대해 말한다는 것은 저 60개의 점들이 가시적으로는 찍을 수 없는 어떤 장소, 곧 엔진이 꺼진 후 표류해 북상했던 세월호의 최후 침몰지점으로부터 생각을 재개한다는 것이다.

---

16. 그 총독의 목소리에 대한 비평으로 눈여겨보게 되는 것은 다음과 같은 문장들이다. "과연 국가와 관련된 공적 표상·대표제·재현·연출·대행·과시의 기록들의 이면에는 얼마나 많은 기밀들이 존재하는가. 아카이브(archive)가 보여주는 공공성이란 기껏해야 이 공적 비밀들 위에 구축된 재(ash)에 불과한 것이 아닐까. 군인·경찰과 밀정·낭인을 함께 부르는 총독의 호명은 과연 의미심장하다."(황호덕, 『프랑켄 마르크스』, 민음사, 2008, 126쪽) 군인과 경찰이라는 가시적·공공적·실정적 법의 유지력이 '밀정'과 '낭인'이라는 기밀의 숨겨진 기획력과 일체가 되고 있는 통치의 상태. 이와 같이 실정법의 경계 또는 조건을 통해 사고되는 통치상태는 구체적 정세분석의 근거가 되고 있다: "아빠 고사 지내는 게 유일한 목적인 이 안티고네가 왕이 되자, 실정법과 자연법이 전혀 구별되지 않는 법도 질서도 없는 상태가 연출되었다. 현재의 실정법에서 불법한 모든 일, 그러나 아빠 시대에는 가능했던 일들이 마구 터지고 있다. 크레온의 국가법(아빠도 오빠도 아닌 오이디푸스는 묻거나 제사지낼 수 없다)과 대립하며, 아빠든 오빠든 묻을 권리(자연권)가 있다고 주장하는 안티고네의 주장은, 이제 '아빠인 오빠' ─ 즉 동시대인인 선조 ─ 에 들린 치명적 주술 상태에 의한 법과 계시와 주먹과 조치와 욕설과 방언의 카오스 상태에 도달한다."(황호덕 페이스북, 「박근혜와 안티고네」, 2014. 10. 22) 실정법과 자연법의 경계가 소멸된 통치, 줄여 인용하자면 "완전 조리 없는 (무)통치". 이 한 구절을 디딤돌/걸림돌로 하여, 이후 다시 한 번 그런 '(무)통치'의 통치성을 살펴보려고 한다. '무한대의 상(喪)', 다시 말해 크레온의 법과 안티고네의 무법 사이로 난 길 위에서 '법-밖'으로 보호되는 눈먼 오이디푸스가, 오이디푸스라는 맹인의 밤의 아노모스를 이끄는 여기의 유족들이 하나의 근거가 될 것이다.

3-2. 진도 팽목항에서 조도 창유항으로, 거기서 다시 민간선박을 타고 30분 더 들어간 동거차도 부근. 중국 상하이샐비지의 거대한 바지선이 떠있는 그곳이 세월호의 인양현장, 세월호의 인양이라는 비밀의 전장이다. 그곳으로부터 배제된 세월호 유족, 그중의 일부가, 그러니까 유족 속에서도 다시 잔존하는 이들이 접근 불가능한 정부 인양과정을 감시하기 위해 동거차도 언덕에 올라 숙식하고 있다. 인지가 차단되고 있는 인양의 현장, 그곳은 그들 잔여의 유족이 망원렌즈로 당기지 않고서는 볼 수 없는 장소, 비밀의 통치영역이다. 세월호의 탈상을 위한 통치력의 운용, 다시 말해 부성-로고스로서의 아비의 죽음을 위한 애도의 집중·집적을 위해 그 이외의 다른 모든 장례와 애도를 폐기하고 있는 정치체, 그런 부성-로고스로서의 성스러운/비밀스러운 아비·신을 집전하는 상주·딸에 의해 그 이외의 다른 모든 상주들은 비-존재로 치환되고 있는 여기 상주정喪主政의 독재정적 결정상태. 이런 결정에 깃든, 그런 결정을 끝없이 유예시키는 결정 불가능한 것으로서의 동거차도 언덕 위 유족의 저 망원렌즈는, 세월호의 탈상을 위한 통치공정의 계기인 세월호 인양의 비밀스런 현장을 눈앞에 띄워 현상시킴으로써 유족 자신의 잔여성을, 곧 결정 불가능을 결정하는 유족 자신의 정당성을 지속시킨다. 오직 탈상을 위해서만 세월호 304명을 장례 치르는 상주정[17]으로부터 그 상을 박탈하는,

---

[17]. 그 304명의 이름을 차례로 호명해 가던 상주정의 수반이 흘리는 애도의 눈물을, 그리고 그 눈물을 '줌-인'하여 눈앞에 현상시키고 있던 카메라를 상기하게 된다. 첫째, 그 눈물 속의 호명 상태. 이른바 '환대'와 고유명의 관계 속에서, 환대는 번역불가능한 이름(고유명)의 호명과 상기를 전제하면서도 동시에 그 고유명의 말소를 포함·전제한다. 수장된 304명의 호명이란, 항시 말소를 위한 상기였으며 상기를 통한 말소의 정치였다. 그런 상주정의 호명 과정에서 그 이름이 틀리게 불렸던 고유명이 있었음을 잊을 수 없는 것은, 그 이름들이 말소의 정치 내부에 들러붙어 그 정치를 내부에서부터 정지시키는 유령적 해체력으로 잔존하는 것이었기 때문이다. 역설적으로 그렇게 틀리게 호명되었던 그들만이, 잔여성의 지속 속에서 진정으로 애도되고 있었다. 둘째, 그런 호명의 애도/정치의 눈물을 줌-인하고 있는 카메라의 유혈성. 때때로 카메라를 든 자가 카메라의 눈으로 하나의 정치적/미학적 세계를 포착하고 창출하게 되는 자인 한에서, 그는 자신이 하고 있는 일의 의미를 자신이 몰라서는 안 된다. 모르고서 줌-인했다면 그는 카메라를 박탈당해야 할 자다. 알고서 줌-인했다면 그는 카메라를 박탈당해야 할 자다. 다음의 문장들을 읽으면서, 그 카메라가 박탈되어야 한다고 생각했다: "담화 후반부 박 대통령이 눈물을 흘리는 순간 카메라가 움직였다. 박 대통령의 얼굴로

또는 그 상을 결코 치를 수 없는 상이 되게 함으로써 탈상할 수 없게 하는, 탈상이라는 내전정치의 결정상태를 항구적이며 항시적으로 결정 불가능한 것으로 반려시키는 '끝이 없는[억제할 수 없는] 집행유예[차연]'의 게발트. 그 한 구절의 원래 문맥은 다음과 같다.

> 오이디푸스는 딸들에게 상을 입을 시간조차 주지 않는다. 그는 딸들에게 [주어지는 정상적인] 애도 시간을 거부한다. 그러나 그럼으로써 동시에 그는 딸들에게 끝이 없는 집행유예를, 일종의 무한한 시간을 제공한다.[18]

오이디푸스, 다시 말해 '법-밖의-인간.'ª-nomon 더 이상 사법적 영역에 있지 않은 비밀의 인간, 또는 법의 효력 전체를 정지시키는 법-밖ª-nomos의 유사법제적 상태, 외-존으로서의 독재-인. 그가 노모스로 환수되지 않는 유령적 아노모스로 남아 있는 자일 때, 자신의 그 외-존의 상태, 그 잔여의 형태를 지속시킬 때, 그런 조건 위에서 그는, 그라는 법적 상황은 대항비밀의 정당성-근거로서 보호된다. 그 상황은 오이디푸스라는 아노모스가 오직 어떤 비밀로서 잔존할 때에만 창출될 수 있다. 오이디푸스는 '극도로 비밀스럽고 극단적으로 은폐된 죽음'을 통해, 그러니까 봉분도 묘비도 없이, 지정되고 확정된 토포스 없이, 애도의 허가된 장소 없이 매장됨으로써 비밀스러운 죽음이 되고, 법-밖-인간이 된다. 탈상의 통치결정·장소획정으로서의 노모스 속에서 그 결정·획정을 결정 불가능한 것으로 유예·정지시키는 아노몬의 비밀, 대항비밀. 곧 비묘지·비장소(아토포스)의 법이라는, 장소 없는 장소획정에 의해 죽음의 최후 장소가 비밀에 부쳐짐으로써 탈상은 거절·유예됨과 동시에

이른바 '줌-인'(zoom-in)을 한 것이다. 보통 이런 형식의 대통령 담화나 기자회견에서는 줌-인 같은 카메라 '조작'(가치중립적인 의미로)을 하지 않는다. 그것은 그 사람의 말 이외에 다른 어떤 것에도 주목하지 말라는, 그래서는 안 된다는 영상적 선언인 것이다."(이주형, 「대통령의 눈물로 향한 어떤 시선」, http://news.sbs.co.kr/news, 2014. 5. 21)

18. 자크 데리다, 『환대에 대하여』, 남수인 옮김, 동문선, 2004, 114쪽.

'무한대의 상'으로 약속된다. 저 동거차도 언덕 정상에 잔여로 남은 이들의 망원렌즈, 그 속에 현상해 있는 비-묘지로서의 세월호의 최후 침몰지점이란 무엇인가. 통치결정으로 환수되지 않는 잔여로, 비밀로 보호되고 있는 법-밖이며, 치를 수 없는 상의 현장, 항구적 상주로 남아 무한의 상을 치르는 비-장소의 시간이다. 이 비-장소 또는 반-장소와 그것에 결속된 반-탈상의 시간은 '토포스가 아닌 것'U-topos 또는 '토포스에 반하는 것'A-topos의 힘이며, 잔여로 보호되는 그 아-토포스적 힘에는, "유토피아라는 기술적 용어 속에서 의미심장한 방식으로, 그 위에 대지의 낡은 노모스가 입각하고 있었던 그러한 모든 장소확정Ortung이 엄청난 규모로 폐기될 가능성이 나타나 있다."[19] 대지의 낡은 노모스의 대규모적 폐기, 아토포스의 야간노동. 잔여의 유족에 의해 아토포스의 비밀로 남겨지는 그 정당성의 시공간이란, 인양현장이라는 이름으로 지정되고 인준되고 있는 법적 장소를, 통치기밀의 장소확정을, 그 법의 장소성을 영구적인 소송과 계쟁의 전장으로 되돌려 다시 창출하며, 애도·위로·보상·처분·이데올로기에 기대어 망각으로 놓여나는 안락의 전체주의자를 그 소송 현장의 피할 길 없는 당사자로 기소하고, 상주정의 검은 수반이 선포하는 국상國喪의 비상상태 속에서 거듭 재분할되는 법 안팎의 경계획정을, 그에 의해 선고된 모든 판결·판시·집행의 효력을 끝이 없는 유예를 통해 정지시키는 위법성 조각阻却의 게발트로 항존한다. 그렇게 법의 영역에 있지 않은, 법에 귀속되지 않는 아노몬-오이디푸스는 다음과 같이 말한다. 그 곁에서, 아토포스·아노모스의 로고스/노모스 곁에서 저 망원렌즈 속에 비밀로 남겨지고 있는 아이들도 함께 말한다.

---

19. 칼 슈미트, 『대지의 노모스』, 최재훈 옮김, 민음사, 1995, 205쪽. 비-장소에서 폐기되는 '대지의 낡은 노모스'는 다음 한 문장에 들어있는 또 하나의 비-장소에 의해 발양됨과 동시에 한정된다. "파라바시스에서는 이처럼 심장을 쥐어뜯는 비-장소(atopia)가 한순간 덜 고통스럽게 되고 상쇄되어 마치 고향처럼 되어버린다."(조르조 아감벤, 『세속화 예찬』, 김상운 옮김, 도서출판 난장, 2010, 77쪽)

그대 혼자 이 비밀을 간직하오. 언제까지나[이 비밀을 언제까지나 보호하라 all'autos aiei sôze, 그리고 이 언제까지나aiei, '영구히'는 구원의 시간, 즉 그가 죽어-있는 장소에 대해 비밀이 보호된 시간이다] 이 비밀을 간직하오, 그대 혼자, 영원히, 그리고 그대가 삶의 종국에 이를 때면, 이 비밀을 적임자에게 맡기시오. 이 사람은 자기 차례로, 그 다음에는 그 다음 사람이 이 비밀의 후계자에게 위탁하게 하오…[20]

'이 비밀을 언제까지나 보호하라.' 통치기밀의 장소를 대항비밀의 구성력으로 변성시키고 재정의·재정립시키는 유족의 망원렌즈, 그것은 세월호 최후의 장소가 비밀로서 보호되고 있는 시간의 운용을, 탈상의 통치론/결정론의 장소 또는 인양이라는 통치기밀의 장소에 들러붙어있는 비장소의 게발트를, 끝없는 유예의 위법성 조각력을 표현한다. '이 비밀을 언제까지나 보호하라'는 테제 속에서 상을 치르는 시간은 무한한 것으로, '구원의 시간'으로 된다. 구원은 위법성 조각사유의 선고 절차를 주재하는 아노모스의 비밀을, 그 비밀이 보호되는 시간을 뜻한다. 후세·후계로 이어지는 비밀의 보호, 비밀의 전달·위탁·상속은 그렇게 구원의 역사를 구성하는 힘으로 발현하고 있었던 게 될 것이다. 그럴 때, 유족의 저 망원렌즈를 함께 들여다보고 있는 비밀의 상속자, 비밀의 후계자로서 다시 상기해야 할 필요가 있는 것은 무엇일까. 이 물음은 유족의 망원렌즈로도 포착할 수 없는 바다 속 세월호의 안팎에 아직도 행방불명 중인 시신의 흔적과 잔여가 있음을 어떻게 상기할 것인가라는 물음과 만난다. 「사사기」士師記 속의 어떤 주검 곁에서 무릎쓰고 말해보게 된다.

3-3. 에브라임 산골에 사는 레위 사람 하나가, 화가 나서 유다Judas Iscariot 땅으로 돌아간 '첩'을 다시 맞으려 그녀의 집을 찾았고, 이방의 땅에서, 이방

20. 자크 데리다, 『환대에 대하여』, 118쪽.

인인 그 여자의 아비에게 며칠에 걸쳐 대접받았다. 겨우 뿌리치고 함께 집으로 되돌아가는 밤길, 기브아에서 동향 사람을 만나 그 집에 초대받고 대접받던 중, 문간에 들이닥친 동네 남자들의 남색·비역 요구에 자기 대신 그 여자를 내주었고, 그녀는 윤간 끝에 동틀 무렵에야 놓여나 그 집 문간에 쓰러져 있다. 그 레위 사람이 아침에 길을 나서면서 그녀를 보고 돌아가자고 했으나 답이 없었다. "그는 그 여자의 주검을 나귀에 싣고, 길을 떠나 자기 고장으로 갔다. 집에 들어서자마자 칼을 가져다가, 첩의 주검을 열두 토막을 내고, 이스라엘 온 지역으로 그것을 보냈다. 그것을 보는 사람들마다 이구동성으로 말하였다. '이스라엘 자손이 이집트에서 나온 날부터 오늘까지 이런 일은 일어난 적도 없고, 또 본 일도 없다. 이 일을 깊이 생각해보고 의논한 다음에, 의견을 말하기로 하자.' "(「사사기」 19:28~30) 이른바 '주인'의 소유였던 그녀, 이방인 그녀의 죽은 몸은 그 주인에 의해 열두 토막으로 잘려 누구인지 알 수 없는, 고유성의 표지를 말소당한 열두 조각 단순한 피의 사유물이 되어 이스라엘 12지파 각각의 세력권 내부로, 그것들이 공동으로 이루고 있는 국경선 또는 경계획정 상태의 내부로, 12지파의 협치라는 법역·노모스의 영양배분 상태의 질서유지 및 재생산을 위해 발송·합성·귀속·성화·살처분된다. 그렇게 처분된 살을 본 이들은 말한다. 전무후무한 일이 일어났다, 깊이 생각하고 의논한 다음에 의견을 말하자, 조심들 하라, 상의하고 말하라. 이 영원한 수다, 곧 결정의 지연을 결정하는 근거는, 여기 세월호의 고유명을 상쇄시키는 힘, 세월호 이전과 이후의 통치체의 면역을 위해 세월호를 살처분/보안처분하는 여기의 통치기밀을 상기시킨다. 저 유족의 망원렌즈에 의해 세월호 인양의 현장이 법-밖의 비밀권역으로 기립하는 시간, 그 대항비밀의 시간에 이끌리는 「사사기」 속의 주변 인물이, 곧 토막난 그녀의 아버지가, 그 이방 사람이 다름 아닌 남은 자, 유족이 된다. 이방인의 그 이질성, 유족의 그 잔여성이 고유성을 박탈당한 그녀의 저 시신을 법-밖의 비밀로 보호하며, 아노모스라는 새로운 고유성의 발현으로 항존시킨다. 그 이방인-아버지는 불가항력적으로 회피불가능하게 되어 다음의 테제를 말하고 또 따른다: '이 비밀을 언제

까지나 보호하라.'

주인의 명령/로고스에 의해 주인-집으로서의 노모스 내부로 분할·합성된 시신, 찾을 수 없는 시신, 그래서 탈상이 불가능한 상, 무한대의 상으로 모셔지는 주인이 되고 있는 시신, 비밀스런 시신. 이는 언제까지나 이방인-아버지가 상속받은 비밀에 의해서만, 그 비밀의 후세로의 이양과 승계를 통해서만, 그렇게 불가능한 경험을 통해서만 가능해지는 구원의 상태이다. '진정한 비밀은 불가능성의 경험'이라고 썼던 데리다의 다음 한 문장을 올라타고, 그 말을 앞질러 저 이방인-아버지들의 목소리가 다른 로고스/노모스의 정당성-근거로서 남겨지고 또 보호된다: "이방인은 부성 **로고스**, 요컨대 존재는 존재하고 비-존재는 존재하지 않는다는 로고스의 협박적인 독단주의를 뒤흔든다."[21] 주인의 로고스에 의해 사역되고 연역되는 사유물로서의 삶, 비역을 요구하는 자들에게 자기 대신 소유물로서의 다른 삶을 넘겨주는 주인의 법정립 상태는 저 소돔의 전前-종말론적 상태가 반복되는 것이기도 했다. 차이들 중 하나는 비역을 요구받은 쪽이 소돔에서는 신의 폭력을 고지하기 위해 임재한 천사였다는 것이고, 그런 폭력에 의해 조심히 상의하고 말하는 영원한 수다의 체제가 소돔에서는 종언을 맞이한다는 것이다. 종언, 그것은 발현하는 '비-존재'의 잔여적 아노모스에 의해 그 작동과 효력이 매회 정지되는 존재-신-론의 상태, 부성-로고스의 결정의 해체상태이다. 소돔적 로고스에 임재하고 있는 종언의 이미지-고지 〈소돔의 천사들〉(1870)은 그런 종언적 최종심을 보호하는 인장으로, 옥쇄로 남겨지고 있다.

4-1. '주'에 의해 파송된 폭력의 천사, 그리스도. 소돔으로 도래중인 두 천사는 그렇게 오늘 여기로 파송된 그리스도-아이들이다(그런 상황을 가리키고 있는 것은 4·16 직후에 나온 합성사진 〈South Korea〉(2014)이다. 그 이미지는 한복 입은 대통령-상주라는 십자가의 형틀 위에서, 구명조끼 입고 고개

---

21. 자크 데리다, 『환대에 대하여』, 58쪽.

△ 귀스타브 모로, <소돔의 천사들>(Les Anges de Sodome), 1870. 통치비밀에 의한 결정의 유예·정지 또는 그런 정지의 결정에 대한 재-정당화로서의 임재·도래, 어떤 신적인 폭력 : "우리는 지금 이곳을 멸하려고 합니다. 이 성 안에 있는 사람들을 규탄하는 크나큰 울부짖음이 주(主) 앞에 이르렀으므로, 주께서 소돔을 멸하시려고 우리를 보내셨습니다."(「창세기」 19:13)

떨군 아이-그리스도가 양팔 벌려 책형 당하고 있는 모습이 담겨있다). 이른바 '세월호유가족행전'의 게발트궤적으로 남겨지고 있는 또 다른 유족들, 아이 잃은 엄마들의 성경읽기 모임 첫날이었던 성탄 전야, 예은이 엄마 박은희 씨는 아기 예수-그리스도를 두고 시므온이 마리아에게 했던 고지를 인용하고 있다 : "이 아이는 이스라엘의 많은 사람들을 넘어지게도 하고 일어서게도 할 것입니다. 또한 사람들의 비난을 받는 표적이 될 것입니다. 이 일 때문에 많은 사람들의 마음에 있는 생각들이 드러날 것입니다. 그러나 당신의 마음은 칼로 쪼개듯이 아플 것입니다."(「누가복음」 2 : 34)

유가족행전, 오늘의 사도행전. 남겨진 사도disciple의 행동은 게발트의 원리 principle를 재정의하고 재-정당화한다. 아기 예수를 품에 안은 마리아가 귀로 들었던, 십자가 아래 숨진 예수를 안은 마리아가 거듭 상기했었을 저 시므온의 고지를 들으며 눈물 흘렸다는 여기의 유족들, 사도들. 그들이 걸어가고 있는 고난의 길Via Dolorosa은 장소 없는 장소, '비밀이 머물고 있는 비밀스런 장소', 법-밖의 비묘지·비장소의 보존으로 이어진 길일 것이다. 시므온의 고지로부터 거듭 시작되고 있는 사도의 그 길을 끊지 않고 인용한다 : "우리 아이들의 죽음은 부정한 많은 사람들을 걸려 넘어지게 했지만, 숨어 있는 양심들을 일깨워 일어서게 하고 거리로 나오게 만들었습니다. 이 사회의 숨겨진 민낯을 드러내게 했습니다. 하지만 이 일로 아이들과 유가족들은 표적이 되었고, 우리들의 가슴은 칼로 쪼개는 아픔을 맛보아야만 했습니다. 성경에는 많이 표현되지 못한, 어머니로서 마리아의 아픔이 전해지는 것 같았습니다. '칼로 쪼개지는 아픔', 어미로서 갖는 저희들의 심정을 너무나 잘 표현한 말씀이었습니다. 탄생에 관한 기쁨의 소식에서 시작해서 눈물로 끝날 수밖에 없었던 첫 시간. 하지만 성탄절을 앞둔 저희 모두에게, 기쁨의 흥분과 더불어 다가올 예수의 삶, 예수가 오신 목적을 기억할 이유를 알려주는 부분이 아닌가 싶습니다."[22]

사람들의 마음속에 감춰진 생각들을, 그 은밀한 욕망들의 정치경제적 직조 상태로서의 '사회의 숨겨진 민낯'을 남김없이 분출시키고 일거에 터져 나오게 하는 아이들-그리스도의 죽음. 걸려 넘어지게 하는 그 걸림돌skandalon이 '부정한 사람들', 통치기밀의 운용자들, 숨겨진 기밀실천의 원리를 개시하고 있다는 것. 아니나 다를까, 유족들은 '종북'으로 딱지 붙여지고 지탄의 대상이 되었으며, 아이들의 목숨 값으로 10억을 챙긴 이들로 매도·매매·투사·거래되었다. 그러한 '칼로 쪼개지는 아픔' 속에서 아이들의 죽음이라는 걸림돌은 "감추어둔 것은 드러나게 마련이고 비밀은 알려지게 마련"(「마가복음」 4:22)이라는 그리스도의 로고스에 의해 보존됨으로써, 그들 남겨진 유족의 잔여성/정당성을 정초·기립시키는 주춧돌이자 그것을 비등·발현시키는 디딤돌로 된다. '다가올 예수의 삶', 도래중인 그리스도-아이들의 '목적'이 바로 그런 스칸달론의 모순적 양의성을 관철시키는 과정/소송을 주재하는바, 그리스도가 말하는 '비밀'의 안팎이 그 목적의 잔존상태를 가리키고 있다. 여기의 사도행전을 쓰고 있는 저자 곁에, 그녀가 인용한 시므온의 고지 곁에 덧붙여 놓게 되는 것은 다음과 같은 그리스도의 로고스/노모스의 상황이다.

너희에게는 하나님 나라의 비밀을 맡겨 주셨다. 그러나 저 바깥 사람들에게

---

22. 박은희, 「'세월호유가족행전'은 계속됩니다, 주님과 함께」, 『복음과상황』 302호, 2015. 12. 28. http://m.goscon.co.kr/news. 강조는 인용자.

는 모든 것이 수수께끼로 들린다. 그것은 '그들이 보기는 보아도 알지 못하고, 듣기는 들어도 깨닫지 못하게 하셔서, 그들이 돌이켜 용서를 받지 못하게 하시려는' 것이다.[23]

신국이라는 구제 상태의 비밀을 맡은 자, 다시 말해 법의 권역에 귀속되지 않는 대항비밀의 잔여성을 보존하고 있는 자. 그렇게 비밀을 맡아 보존하고 있는 상황이, 그리스도의 말씀을 끌어내는 귀를 가진 청중Oikos과 그리스도가 공동으로 설립하는 장場 속에서 발현하는 것일 때, 그리고 그 장이 법-밖이라는 아-노모스의 상태를 그 조건으로 해서 기립하는 것일 때, 위의 '바깥 사람들'이란 그런 공동의 장 바깥에 있는 사람들, 그러니까 법 안쪽의 사람들, 통치기밀의 운용자들이며, 저 아이들-그리스도의 죽음에 의해 개시되고 있는 그들의 숨은 얼굴, 법의 규방, 사회의 민낯이다. '귀를 가진 자'가 아닌 그들, 귀 없는 그들, 법-안의 재생산을 기획하는 숨은 그들은 그리스도의 로고스/노모스를 한갓된 수수께끼로, 미지의 밤의 언어로, 법에 귀속시켜 계몽시켜야 할 불온한 어둠의 목소리로 접수한다. 그런 한에서, 숨은 그들은 '돌이켜 용서 받지 못한다.' 그렇다는 것은 죄가 면해지지 않게 한다는 것이고, 죄의 정점을 찍게 한다는 것이며, 전-종말론적 힘, 체제의 종언을 방지하고 조절하는 통치기밀의 폭력실천을 정지시킨다는 것이다. 복지의 계획·구획, 후생의 분배·계산이라는 분식된 사회의 얼굴과 합성된 화해 및 조화가 아니라 숨은 통치력 전체를 숨김없이·남김없이 터져 나오게 하는 '칼'과 '불'로 도래하고 있다는 것이다. 그렇게 도래중인, 그렇게 해서만 도래중일 수 있는 유족들, 그리스도가 말하는 비밀을 맡은 자들, 법권역 밖에 있는 대항비밀의 보호자들은 그런 숨김의 체제 전체를, 숨겨진 통치력 전부를 소진시키고 폐절시키는 형태로 잔존한다. 다시 말해 그들은 그렇게 통치가 죄의 정점에 이르게 함으로써 통치기밀이 더 이상 기밀이 아니게 하고, 기밀이 아니므로 통치가 정지되

23. 「마가복음」 4장 11~12장.

게 하는 상황으로, 그럼으로써 법 바깥anomos과 법 안쪽ennomos의 구획/합성에 근거한 축적의 신-G′의 일반공식적 법효력을 매회 끝없이 유예·정지시키는 구체적 예외-구원의 상황으로 도래·발현한다. 그 상황·상황들에 대해다시 말하는 것은, 그렇게 도래중인 유족이 매번 마주하는 적대로서의 숨김의 체제가, 곧 죄의 정점을 체계적으로 회피하는 체제가 다름 아닌 자본주의라는 것으로부터, 그 자본주의가 순수한 제의종교적 체제라는 것으로부터, 그 체제가 '비밀'의 법제로 존재하고 있다는 것으로부터 시작될 수 있다 : "자본주의라는 종교의 네 번째 특성은 그것의 신이 숨겨져 있어야 한다는 점, 그 신이 지은 죄의 정점에서 비로소 그 신의 이름을 부를 수 있다는 점이다. 이 제의는 아직 익지 않은 신성 앞에서 행해지는 제의로서, 신성에 대한 모든 표상과 사고는 그 **성숙함의 비밀**을 침해한다."[24] 이 문장들의 의지를 어떻게 읽을 것인가.

4-2. '아이들-그리스도를 매단 십자가/대통령'이 적시된 이미지 〈South Korea〉 속의 그 통령·십자가·형틀은, '헌법 위'의 시행령-독재를 통해 규제완화를 필두로 한 일반화된 단두의 칼날을 떨어트리는 기요틴이기도 했다. 자본주의라는 종교가 신성시하는 신, 그 신의 신성화 공정을 제1법으로서의 성자-잉여가치Gott Sohn=ΔG에 의한 법정립의 연쇄를 통해 관철하는 자본주의라는 종교, 종교-법. 그 법 안에 있는, 엔노모스로서의 여기 통령·십자가·기요틴은 성자-잉여가치의 법의 대지·평면을, 곧 신-G′의 일반공식을 집전하는 헌법 상위의 아노모스적 추기·기밀을 기획·생산·집행하는 힘으로 존재한다. 주목을 요하는 것은, 그와 같은 제의종교로서의 자본주의와 엔노모스-아노모스의 기요틴이 함께 봉헌·집전하는 그 신-G′이 '숨겨져 있어야 한다'는 것이며, 그렇게 그 신이 비밀·기밀로 존재해야만 한다는 당위성이 다

---

24. 발터 벤야민, 「종교로서의 자본주의」, 『발터 벤야민 선집』 5권, 최성만 옮김, 길, 2008, 123쪽. 강조는 인용자.

름 아닌 그 신-법의 정당성의 근거가 되고 있다는 것이다. 자본주의의 신이 숨겨져 있어야만 하는 신일 때, 자본주의라는 제의종교는 그렇게 숨겨진 신, 그러니까 '아직 덜 익은 신성'을 향한 컬트(숭배)의 의식을 치르는데, 그 신의 이름을 부를 수 있기 위해서는, 곧 그 신과 접촉하고 한 몸이 되기 위해서는 자본주의 자신의 컬트종교적 운동의 벡터를 중단할 수 없다(그 운동·궤적이 맑스가 '자본의 일반공식 : G—W—G′'이라고 말했던 축적-력, 성부와 성자의 이위일체적 축적공정에 의해 지탱되는 신정정치적 항존성의 형태이다). 그렇게 자본주의라는 종교는 자신의 신과 일체가 되기 위해 덜 익은 신성을 향해 경배의 순수한 제의를 치르는바, 그 제의의 피를 받아먹고 성숙·성장해가는 신이란 다름 아닌 '죄의 정점'으로 이르러 가는 신이다. 그런 신이 주재하는 자본주의라는 제의종교는 죄를 완전히 씻게 만드는 것이 아니라 죄를 누적적으로 부과하며, 그때 죄의 정점으로 치닫고 있는 그 신은 대속이나 면죄의 신이 아니라 죄/빚을 원죄의 속죄불가능 상태 속에서, 원금의 상환불가능 상태 속에서 항구적으로 운명화된 복리複利로 증식시켜가는 자본주의적 통치의 순수 이념형이다. 그런 신의 논리, 자본주의라는 존재-신-론의 통치형태는 그렇게 "죄를 씻기보다는 오히려 죄를 보편화하려고 하며, 의식에 그 죄를 두들겨 박고, 결국에는 무엇보다 신 자신을 이 죄 속에 끌어들임으로써 신 자신도 속죄에 관심을 갖도록 만든다."[25] 자본주의가 '순수한' 제의종교인 것은 자신이 봉행하고 일체화하려는 신조차도 죄를 짓고 속죄에 골몰하게 만들기 때문이다. 죄 또는 빚, 사상사적 계보를 가진 '죄/빚'이라는 통치결정력의 보편화·일반화, 그것이 자본주의를 자신이 봉행하는 신의 하위에서, 그 신에 대한 상위적 결정권을 가진 것으로 만든다. 그때 종교로서의 자본주의는 신으로서의 자본주의로, 자본주의라는 신으로 스스로를 이행·전진시킴으로써 자신을 묶고 있던 제약과 한계를 넘어 편재·분출한다. 숨겨져 있어야 하는 신이라는 보편화의 정당성-근거 위에서, 덜 익은 신성을 성숙한 신성으로 죄의 정점으로 끌

---

25. 발터 벤야민, 「종교로서의 자본주의」, 122쪽.

어울리는 자본주의의 제의절차가 그 절차 속에서 자본주의 자신을 무제약적인 보편성으로 관철·고양시키는 게발트궤적이 되는 것이다. 이러한 자본주의적 존재-신-론의 통치공정을 압축하고 있는 한 구절이 저 '성숙함의 비밀'이다. 숨겨져 있어야만 하는 자본주의의 신의 존재론, 덜 익은 신성과 성숙한 신성 간의 변증력·합성력·조절력. 다시 말해 통치기밀로서 숨겨지고 있으되 죄의 정점에서 공표되고 개시될 신-G′의 자기증식적 방법론/존재론. 그것에 대한 모든 표상과 표현과 사고와 인식은 그런 성숙함의 비밀이라는 통치론/신론을, 여기의 신정정치론을 항상 이미 '침해'하고 있는 힘으로 발현한다.

4-3. 그런 제의종교로서의 자본주의, 또는 자본주의라는 신적 운동의 궤적이 죄의 정점을 향해, '거대한 추락'을 향해가고 있는 힘의 벡터/경로의존이라는 사실은 누구보다 자본주의 자신이 예민하게 감각하고 있다. 항구적인 속죄상태를 통해, 완전한 면죄/상환의 원천봉쇄를 통해 스스로를 존재시키는 자본주의라는 신이 전-종말론적 정치체의 게발트를 또 하나의 최우선적 포획·합성의 대상으로 일체화하고 있는 까닭이 거기에 있다. 신-G′(Geld와 Gewalt의 이위일체)의 영속적인 법 안쪽에서, 그것을 기소하는 법-밖으로서의 끝·종언·종결이 요청되는 맥락과 맥박이 거기서 연원한다. 항구적 속죄상태를 정지시키는 '대속의 게발트[26], 그것을 요청하고 있는 저 유가족행전의 저자와 함께 법-밖의 비밀로 남겨지고 있는 또 다른 유족이 인용하고 있는 것은 저 미가Micah였다 : "예루살렘의 어른이라는 것들은 돈에 팔려 재판을 하고 사제라는 것들은 삯을 받고 판결을 내리며 예언자라는 것들은 돈을 보고야 점을 친다. 그러면서도 야훼께 의지하여, '야훼께서 우리 가운데 계시는

---

26. 속죄의 재생산 공정을 정지시키는 대속의 게발트, 다시 말해 대속에 의해 도래중인 완전한 면죄상태/정의상태. 유가족행전의 저자 박은희 씨의 죄론 또는 대속론은 다음과 같다. "대속은 결국 나의 죄가 타자의 숨통을 끊어 놓을 수 있다는 연대의 책임을 묻게 하는 하나님의 신호임을 배웁니다. 십자가를 보며, 세월호 참사를 보며 저희는 우리의 일부가 나로 인해, 아니 우리들로 인해 잘려나간 고통을 두고두고 곱씹어야 합니다. 이 아픔을 느끼지 못하는 사람은 죽은 몸입니다."(앞의 글)

데, 재앙은 무슨 재앙이냐?' 하는구나! 시온이 갈아엎은 밭으로 되고, 예루살렘이 돌무더기가 되며, 성전 언덕이 잡초로 뒤덮이게 되거든, 그것이 바로 너희 탓인 줄 알아라."[27] 이 인용·선포의 효력은 잔여적 법-밖의 비밀로서 보존되고 있을 때 만이며, 그 시간 동안만 제의종교적 자본주의라는 신성의 저 변증법적 비밀은 침해되고 개시된다. 그 비밀·통치기밀의 해체, 이른바 '폭력의 해체'와 결속된 미가의 도래중이고 보호 중인 법의 선포 속으로 벤야민적 폭력 해체의 인장과 옥쇄를, 도래중인 '죄사함의 폭풍' 또는 '비밀스런 죄사함'이라는 대항비밀적 게발트의 형태를 삼투시켜 보게 된다.

> 최후의 심판이란 [그때까지의] 모든 유예가 종결되고, 모든 앙갚음Vergeltung이 터져 나오기 시작하는 예정일이다. 최후의 심판이 갖는 의미는, 앙갚음이 지배하고 있는 법의 세계가 아니라, 그 법의 세계에 대항하여 도덕적 세계 속에서 죄사함Vergebung이 등장하는 곳에서 열린다. … 이 죄사함의 폭풍은, 그 속에서 범행자의 불안의 외침은 숨죽어버리는 목소리 일 뿐 아니라, 범행자의 범행의 흔적을 제거해버리는 손이기도 하다. 그를 위해 이 손은 이 땅 전체를 황폐하게 만들 수도 있다. 뇌우가 몰아치기 전 정화시키는 태풍이 불어오듯, 신의 분노는 죄사함의 폭풍 속에서 역사를 관통해 끓어오르면서, 신적인 날씨의 번개침 속에서 영원히 소멸되어야 할 모든 것들을 쓸어내 버린다. 도덕적인 세계의 경제학 속에서 시간의 의미는, 범행의 흔적을 지워버릴 뿐 아니라, 그 시간이 지속되는 동안 - 모든 기억 혹은 망각의 저편에서 - 매우 비밀스러운 방식으로 죄사함을 도와준다는 것이다.[28]

최후의 심판, 그것은 영원한 수다의 보편주의 속에서 유예·유지되는 관리체제가 종결된다는 것이며, 그와 동시에 '모든 앙갚음이 터져 나오기 시작

---

27. 「미가」 3장 10~12절. 세월호 유가족대책위 대변인 유경근 씨의 페이스북(2014. 7. 10)에서 재인용.
28. 발터 벤야민, 「도덕적 세계 속에서 시간의 의미」, 김남시 옮김, 역자 페이스북, 2014. 8. 18.

함'을, 가면들 속에 숨겨져 있던 폭력의 기획이 가시적이고 감각 가능한 죄의 정점으로 개시됨을 예정한다. 최후의 심판은 앙갚음, 복수, 증오, 혐오, 질시 같은 어떤 자연법적 직접성의 폭력이 지배하고 있는 실정적인 법의 세계, 소멸되어야 할 그 세계를 쓸어내는바, 그 일소의 형태는 법의 세계에 대항하는 도덕적 세계 속에서 죄사함의 폭풍과 함께 발현한다. 다시 말해, 그 신적인 일소의 형태는 법정초적·법유지적 폭력의 정당성 생산공정 속으로의 합성·편입·편성을 권장·명령·필연화하는 법적 확정판결을 항시 정지·비상상고emergency appeal하는 절대적 비상구제의 절차이다. 이를 뜻하는 것이 '범행자의 범행 흔적을 제거'하는 죄사함의 폭풍, 법-밖의 비밀로서 보호되는 위법성 조각의 게발트이다. 그와 같은 조각·비상구제를 위해 죄사함의 폭풍은 '이 땅 전체를 황폐하게' 할 수도 있다. 그 황폐, 곧 '몰락의 추구'라는 벤야민적 세계정치의 과제는 엔노모스의 보편주의적 평면의 해체, 곧 폭력의 해체이다. 삶·생명을 범행 판결의 단순한 대상·근거·결과로, 위법을 결정하는 엔노모스의 정당성을 위한 단순한 동력이자 산물로 매회 재배치하는 법의 폭력의 세계, 그것에 대항하는 도덕적 세계, 죄사함의 시간, 면죄의 폭풍. 이 구도·적대·전선의 지속 위에서, 죄사함·면죄의 폭풍·일소라는 '비밀스러운' 법-밖의 보호 시간은, 불가피하게 망각된 사건은 물론이거니와 지금 당장에 기억되고 있는 상황까지도 잔여적 법-밖을 위해 불가결한 것으로 다시 정의·상기·상속·인양되도록 한다. 그렇게 기존의 정치적인 것은 대항비밀의 보호 속에서 정치의 소실점이자 출발점으로 재정의되고 재-정당화된다. 그리고 그것은 '활동적인 입법권이자 행정권' — 맑스가 말하는 '코뮌의 진정한 비밀'의 독재력 — 이라는 이위일체적 게발트의 형태, '산 노동'에 기대어 다시 말하자면, 어떤 '산 독재'를 위한 정당성의 근거가 되고 있다. 그리고 그 근거, 그 비장소·아토포스의 아노모스는, 벤야민의 저 단편 속 마지막 문장을 인용하자면, '결코 화해를 도와주지는 않는다.' 아노모스의 보호가, 그 잔여의 상태가 언제나 정의의 전쟁을 향하며, 매회 그 전쟁권의 정당성으로 스스로를 재발명하지 않으면 안 되는 까닭이 거기에 있다.

특별법의 잔존이라는 정언명법
세속의 미가[Micah]로부터

1-1. '세월호', 정치적인 것의 고유명. 다시 말해 '유족'이라는 이름으로 인지되고 호명되지만 그 명명법의 통상적 카테고리를 초과하는 사람들. 그들 중 한 사람의 말과 글로부터 시작했으면 한다. '내가 죽었는데 아빠는 그렇게밖에 못해?'라는 딸의 목소리, 그 실재적 환청 속에서 거듭 깨어나는 한 사람. 2014년 7월 10일 현재, 그가 인용하고 있는 것은 저 '미가'였다. 여기의 통치-권위와 마주해 농성 중인 유족의 「특별법」은 그 미가의 로고스/노모스와 함께 하는 시간 동안만, 그런 미가에 대한 인용의 의지 속에서만, 그 의지에 의해 탄생 중인 이념에의 참여 속에서만 특권적 법-밖의 게발트궤적으로 발현될 수 있다. 그렇게 인용됨으로써 여기 '4·16' 이후의 통치를 겨누게 된 미가는 말한다.

야곱 가문의 어른들이라는 것들아, 이스라엘 가문의 지도자라는 것들아, 정의를 역겨워하고 곧은 것을 구부러뜨리는 것들아, 이 말을 들어라. / 너희는 백성의 피를 빨아 시온을 세웠고, 백성의 진액을 짜서 예루살렘을 세웠다. / 예루살렘의 어른이라는 것들은 돈에 팔려 재판을 하고 사제라는 것들은 삯을 받고 판결을 내리며 예언자라는 것들은 돈을 보고야 점을 친다. 그러면서도 야훼께 의지하여, "야훼께서 우리 가운데 계시는데, 재앙은 무슨 재앙이냐?" 하는구나! / 시온이 갈아엎은 밭으로 되고, 예루살렘이 돌무더기

가 되며, 성전 언덕이 잡초로 뒤덮이게 되거든, 그것이 바로 너희 탓인 줄 알아라.[1]

인용의 힘이란 인용한 자가 처한 상황의 인식에서, 그 '비참의 골짜기'에 응답하려는 불가능한 의지의 지각에서 발원한다. 다시 말해 그런 의지를 담금질시키는 그 상황에서, 그 상황을 매회 낯설게 감각시키는 담금질된 그 의지에서, 곧 의지와 상황의 변증법적이고 발생적인 삼투 및 간섭에서 인용의 힘은 발원한다. 저 미가의 선포가 생동하는 종언적 힘으로 내려치고, 잊히지 않을 정치적 각인으로 되새겨지는 까닭이 거기에 있다. 이렇게 질문하자. 그 선포는 어디에 내려쳐지고 어떻게 새겨지는가. 사람의 '피'를 빨아 시온을 세운 자들의 뇌수와 심장에, 사람의 '살'을 짜낸 진액으로 예루살렘을 건립한 입법적 장치들에 내려쳐진다. 그런 법설계력의 지반topos을 갈아엎어진 불모의 밭이 되게 하고, 이윤을 숭배하는 그 법의 성전을 파쇄된 돌무더기로 되게 하는 정치적 묵시력으로 새겨진다. 다시 말해 통치의 가문, 법의 문중을 감싸고 보위하는 끝이 없는 문들, 임의적/유동적 '정상성'을 척도로 법 안팎의 경계를 매회 구획·재구획함으로써 생명의 활력을 축적의 질료로 거듭 합성·재합성하는 첨예화된 주권의 문들, 규방의 비밀스런 안전을 위해서만 열리고 닫히는 그 문들을 작동 정지시키는 종지적 틈새a-topos로 보존되고 역–장치된다. 그런 틈새의 탈구력을 여기 농성 중인 유족의 「특별법」을 읽음으로써 비평해볼 수 있을까. 이에 대한 응답은, "백 일째 4월 16일인 오늘"[2], 4·16 이전의 이곳에서 무슨 일이 있었는지를 상기하는 일로부터 시작될 수 있을 것이다.

1-2. 세월호 이전, 이곳에 국정원이라는 기관이 있었고, 그 기관을 비호하고 그 기관에 의해 수호되던 대통령이 있었으며, 그런 보호력·수호력에 의해

---

1. 「미가」 3장 9~12절(공동번역개정판), 세월호 유가족대책위 대변인/대언자(代言者) 유경근의 페이스북(2014. 7. 10)에서 재인용.
2. 유경근 페이스북, 2014. 7. 24.

국시國是로, 국교國敎로 숭앙되던 '이윤'Gott Sohn=ΔG이 있었다. 세월호 이전, "이 곳에 입에 담지 못할 일이 있었"고, "가담하지 않아도 창피한 일이 있었"으며, "사람이 사람을 만나 개울음 소리를 질렀다."[3] 그러니까 세월호 이전, 이곳엔 다음과 같은 명령의 구원적/유혈적 관철이 있었다. "축적하라, 축적하라! 이 것이 모세Moses며 예언자Propheten다!"[4] 축적을 복창하고 축적으로 인도하는 구원적 모세의 신성을 모독하는 일, 다시 말해 축적의 신과 그 대행자에 의 해 구축된 신전의 안전을, 그 모조구원의 체제를 정지시켜야 하는 소명이 여 기 남겨진 자들의 「특별법」에 발부되어 있다. 눈여겨 볼 것은 그 「특별법」을 앞질러 그런 소명을 파지한 사람들이 없지 않았다는 사실이다. 2014년 5월 19일 박정희 기념관 앞에서, 이른바 '반신반인'半神半人의 가문과 문중을 모신 통치의 그 만신전 안에서 이윤에 의해 집전 중인 국가의 민낯을 개시했던 사 람들의 격문 또는 애도문을 읽어보게 된다. 그들은 사람이 사람을 만나 개울 음을 울지 않아도 되는 사회의 한 순간을, 그 시간의 실질을 붙잡으려 한다.

우리는 신전을 모독하고 역사에 침을 뱉기 위해 여기에 섰다.… 우리가 엎고 자 하는 것은 '경제성장'이라는 이름의 신을 섬기는, '생명보다 이윤을'을 교리 로 하는 국교다.[5]

---

3. 이성복, 「그리고 다시 안개가 내렸다」, 『남해금산』, 문학과지성사, 1986, 19쪽.

4. 칼 마르크스, 『자본론』 1권, 김수행 옮김, 비봉출판사, 2001, 811쪽.

5. 양다혜·김재섭 외, 「우리는 신전을 모독하고 역사에 침을 뱉기 위해 여기에 섰다」(『오마이뉴 스』 2014. 5. 19) 이에 기대어 인용해 놓을 것은 '세월호'에 대한 다음과 같은 진단이다. "관료 행정과 발전국가의 공적 부문이 비대해지면서 민영화·외주화를 거듭한 결과 그 외형은 커 졌는데, 그에 반비례해 책임 소재는 축소·소멸됐습니다. 공적 부문과 사적 부문이 중첩되고 경계가 허물어지면서 그것을 통제할 수 있는 메커니즘은 사라졌습니다. 민영화·외주화의 과 정에서 [" ~피아'로 불리는"] 부패고리가 생겨납니다. … 오늘날 한국 사회에서 위험의 본질은 달라졌는데, 그 달라진 리스크의 본질에 닿지 못하는 새로운 형태의 관리조직을 만들어 봐 야 헛일이죠."(최장집 인터뷰, 『중앙일보』 2014. 7. 9) 국가의 공적 부문의 민영화 및 외주화 라는 '달라진 위험의 본질'은 신학연구자 정용택이 재배치하고 있는 개념들, 곧 '안전의 민영 화', '위험의 외주화', '통치의 탈국가화' 등으로 다시 표현될 수 있는데, 그는 그런 개념의 조직 에 이어 "대안이 안전/위험의 (재)국유화 내지는 시민사회의 참여를 통한 협치(governance) 외에는 없는 현재의 답답한 교착상태"를 문제시한다(이에 대해선 정용택, 「참사 이후의 참

모세의 신전을 엎으려는, 모세라는 축적의 사목적 교리를 모독하려는, 경제성장이라는 신성화된 통치의 결정적 테크놀로지를 정지시키려는 그들의 의지는 미가의 저 메타정치적 목표로서의 묵시의 선포와 함께, 곧 피를 빨고 살을 짜내 설립된 시온을 끝내는 묵시적 게발트의 발현과 함께한다. 그렇게 선포하는 '산파'를 통해서, 산파의 그런 묵시적 인지노동을 통해서, 달리 말해 선포라는 산고의 시간을 통해서 이른바 '새로운 사회', 곧 "인간의 존엄성을 유지하며 안전하게 살 수 있는 사회"[6]는 분만될 수 있다. 「특별법」 속에 기재된 그 '사회'란 세월호 이전과 이후를 관통하는 국교로서의 성자-잉여가치의 통치-교의학dogmatics을 낡은 사회의 법 연관으로 거듭 판시判示하는 폭력적 권위의 성분을 갖는다. 그런 권위에 의한 구체적 예외의 수행은 「특별법」

사」, 협동조합 가장자리·격월간 『말과활』·인문학협동조합, 제1회 열린토론회 『4·16 이후, 기억·담론·실천』, 2014. 6. 28을 참조. 통치의 민영화·외주화, 정당의 폐쇄회로와 마주한 최장집의 '대안'은 다음과 같다. "우리가 많이 경험하지 않은 거, 시민운동이 운동 중심으로 전개되기보다는 자율적 결사체, 생활에 토대를 두는 주거지 단체, 직업직능적인 결사체, 그리고 생산자 집단들의 활동이 중요하다고 봅니다. 자기가 일하는 직장 문제는 자신이 잘 알지요. 생계조직과 직장조직, 마을조직이 나서서 문제를 제기하고 해결책을 제시해야 민주주의가 단단해집니다. 그런 의미에서 정부가 결사체의 자유를 한껏 보장해야 합니다. 세월호만 해도 그래요. 대통령이 모두 책임질 수도 없죠. 책임의식이 자랄 수 있는 토양을 만드는 것이 중요합니다."(같은 곳) 생계조직-직장조직-마을조직-토크빌적 민주주의-협동조합. 정당 바깥을 향한 최장집의 방점이 그런 '자율적 결사체들'에 찍히고 있음에 주목하게 된다. 그 '자율'의 벡터(힘/방향), 그 '결사'(association)의 속성, 그것들에 대한 인지경합이 다채롭게, 그리고 성황리에 이뤄질 수 있는 장이 서야 할 것이다. 그런 한에서 게발트에 대한 최장집의 사고와 표현이, 정당에 대한 기대를 접었다고 말하는 바로 그 지점에서도 '정당의 거덜남'이라는 관점 아래에서 전개되고 있는 것은 문제시될 수 있지 않을까 한다. 위의 결사적 힘들은 제3정당 건설의 '실패 이후'에 뒤이어진 대안으로 배치되거나, 그런 '실패 이후'가 부과하고 부여한 후행적·후위적 대안으로 인지되어선 곤란한 힘의 벡터를 지닌다. 관건은 거덜난 정당의 거듭된 확인에서 출발하는 것이 아니라, 그런 거덜남을 초래하고 있는 선행적·전위적 힘의 현 상태에 대한 재인지이다. 남한의 정당 구조에 이미 앞질러 항구적인 차이와 이격의 상황으로 발생 중인 소환권적/소추권적 정치력과 제도적·정책적 정초력의 상호관계를 사고하지 못하는 정치론은 종국에 있어 부결되지 않을 수 없다.

6. 세월호 가족대책위+대한변호사협회, 「4·16 참사 진실규명 및 안전사회 건설 등을 위한 특별법(안)」, 제3조 4항(http://sewolho416.org/1198, 2014. 7. 11). 이 법의 내역은 다음과 같다. 제1장 총칙(1~3조), 제2장 위원회 구성 및 운용(4~20조), 제3장 위원회 권한(21~36조), 제4장 피해자 지원 등(37~41조), 제5장 재단 설립(42조), 제6장 보칙(43~46조), 제7장 벌칙(47~49조), 부칙(1~2조).

에 명시되어 있는 독립적 기소권(및 수사권·예산권)으로 전개되며, 저 산파의 선포는 그런 기소권의 생동하는 원천이어야 한다. "위원회 제1소위원회 상임위원은… 이 법이 정하는 조사 사건에 한하여 독립적인 검사의 지위 및 권한을 갖는다."7 「특별법」 제24조는 제1소위원회, 곧 '진실규명 소위원회'의 지위와 권한을 '기소권'을 중심으로 지정해 놓고 있는바, 기소의 대상 범위는 다음과 같다. "해양경찰청, 해양수산부, 안정행정부, 해군, 소방방재청, 전라남도 도청, 진도군청, 경기도교육청, 국가정보원, 국무총리실, 청와대, 범정부사고대책본부, 기타 관련 기관 및 단체 등의 4·16 참사와 관련한 사고원인, 구조 및 수습, 수사 과정에서의 부실 및 비리, 범죄 등 일체의 관련 의혹 규명."8

축적을 위한 법의 규방이자 대합실로서의 청와대, 거기로부터 획득되고 거기와 협업하는 통치기관들의 정당성-근거를 소추하는 힘. 그것이 저 산파의 양도될 수 없는 기소권이다. 분점한 주권의 대행집단으로서 여기의 여당과 야당은 그런 기소권을 전례 없는 독소조항으로 규정했고 묵살을 합의했다. 정치공학적 밀담의 계산 속에서 축적과 면죄를 위해 제정된 그들만의 특별법안 속에는 기소권이 도려내진 채 '의사자 지정', '특례 입학', '평생지원' 같은 경제적/신화적 보상의 논리가 주조음을 이룬다. 그런 한에서 「특별법」의 기소권은 최악과 차악 사이의 순환 및 교환 속에 거주하는 여기의 양당 모두를 소송의 대상으로 설정하는바, 그 정당체제는 기소권의 대상을 규정한 「특별법」 제5조 3항 2호 속에 명시적으로는 들어있지 않지만 실질적·실효적으로는 들어있는 것으로 된다. 협업하는 그 양당은 축적과 면죄를 위한 '영원한 수다' 속에서 '범죄에 동의하는 집합적 정념'을 생산한다.

한 가지 집합적 정념이 나라를 사로잡으면 나라 전체가 범죄에 동의한다. 둘, 넷, 다섯 또는 열 개의 집합적 정념이 나라를 갈라놓으면 나라는 여럿의 범

---

7. 「4·16 참사 진실규명 및 안전사회 건설 등을 위한 특별법(안)」, 제24조 1항. 더불어 3항, 4항.
8. 「4·16 참사 진실규명 및 안전사회 건설 등을 위한 특별법(안)」, 제5조 3항 2호.

죄 집단으로 찢어진다. … 정념들은 지옥의 굉음을 내며 서로 부딪히고, 사람들은 1초라도 정의와 진리의 소리를 들을 수 없다. 정의와 진리의 소리는 거의 지각될 수 없는 상태가 되었기 때문이다. 어떤 나라에 집합적 정념이 있다면 일반의지보다도 특수의지가 정의와 진리에 더 가까울 수도 있다. 이때 일반의지는 단지 희화화된 것에 불과하다.[9]

여기의 양당제가 생산하는 집합적 정념, 의회민주주의라는 이름으로 집적되고 파생되는 축적에의 정념. 이것이 매번 '나와바리'를 나눠 갖는 선거-스펙타클 이후의 권력을, 분점의 형식으로 독점하는 일체화된 권력을, 사이비 신성체를 배양하고 육성한다. 정당의 쇄신과 혁신을 '현실적인' 대안이라고 주장하는 사람들은, 자신들의 그 현실적 사고와 수고가 어떻게 저 '범죄에 동의하는 집합적 정념'의 양생술/기생술로 말려들거나 이끌리지 않을 수 있는지에 대해, 그런 통치의 기술과 스스로를 준별할 수 있는 힘을 어디서 구하고 어떻게 발현시킬 수 있는지에 대해 사고해야 한다. 그렇게 하지 않거나 못할 때 그들이 표방하고 만들어가려는 '일반의지'는 항상 이미 '희화화된 것'으로 전락하고 있으며, 그렇게 희화화된 일반의지가 삶을 도외시하고 고통을 깔보

---

9. 시몬느 베이유, 「모든 정당을 없애야 하는 이유」, 이인선 옮김, 계간 『진보평론』 52호, 2012년 여름호, 227~8쪽. 2014년 7월 30일 '동작을' 국회의원 보궐 선거판에서 그 지역을 '강남 4구'로 만들겠다는 새누리당 나경원 후보. 서울시 정무 부시장이라는 이력을 바탕으로 서울시의 재정을 몽땅 끌어오겠다는 새정치연합 기동민 후보. 한 치의 오차 없는 두 후보의 의지. 4·16 이후에도 이곳의 거대 양당은 '축적하라!'는 모세의 신성한 보증서를, '이윤'이라는 신의 사목(司牧)을 변함없이 뒤따르고 있다. 그 사목의 상태를 이미 앞질러 겨누고 있었던 70년 전의 문장들은 다음과 같다. "1) 정당은 집합적 정념을 만들어내는 기계다. 2) 정당은 당원을 이루는 각각의 인간 존재들의 생각에 집합적 압력을 가하도록 만들어진 조직이다. 3) 모든 정당의 첫째 목적이자 궁극적으로 유일한 목적은 어떠한 제한도 없는 자기 확장이다. / 바로 이 세 가지 성격으로 인해 정당은 그 씨앗에서부터, 그리고 그 열망에 있어서 전체주의적이다. 정당이 그렇지 않을 수 있는 유일한 경우는, 정당을 둘러싸고 있는 것들[예컨대 사법, 행정]이 정당과 똑같이 전체주의적일 경우일 뿐이다."(시몬느 베이유, 「모든 정당을 없애야 하는 이유」, 229쪽) 강남 4구, 재정 독식이라는 공약은 여기의 양당이 공동 생산하는 집합적 정념의 벡터를 선명하게 드러낸다. 그 정념은 범죄에 동의한다.

는 축적-기계들의 현실적인 재생산임은 목하 목도하고 있는 그대로이다. 복창하게 된다. "해결책은 쉽지 않다. 하지만 이 문제들을 진정으로 신중하게 검토한다면, 모든 해결책은 정당의 폐기를 포함할 수밖에 없다."[10] 정당의 폐기, 달리 말해 여기의 대의적 입법권을 '소환' 중인 유족들의 소명의 관철. 곧, 파송되고 있는 「특별법」의 공동 관철.

2-1. 그런 한에서, 지금 이 시각 국회의 정면을 향해 농성 중인 「특별법」은 '4·16 이후'라는 비참의 시간을 동력으로 기존의 법설계를 거스르는 절대적 결렬과 불복종의 장소를 정초하고 있다. 한계를 가지고 말하건대, 그곳은 고통의 현장이다. 고통의 현장이되, 그곳은 분명 재정초되는 정치의 장소이다. 살리는 정치, 생명을 위한 정치가 진정으로 기립하는 시간이 매번 고통의 현장이 아니고서는 불가능한 현실, 정치가 죽음들과 마주한 오열 위에서만 기립했었던 여기의 역사. 그것이 오늘의 의회-자본주의가 적이 아닐 수 없는 이유이며 그 적을 폐하지 않을 수 없는 이유이다. 다시, 미가를 인용했던 한 사람, 그렇게 남겨진 유족의 문장들을 읽게 된다. "곧 100일이 다가온다. … 평생 미안함을 안고 살아갈 수밖에 없는 남은 가족들이 그나마 덜 미안하게 죽을 수 있는 유일한 길, 그것이 '성역 없는 철저한 진상 규명, 책임자 처벌, 안전한 나라 건설'이다."[11] '성역 없는'이라는 '유일한 길', 일상에서 흔히 쓰는 '성역 없는'이라는 예삿말, 그 길 그 말 안에는 이윤이라는 국교, 성자-잉여가치의 치외법권에 대한 폐절에의 의지가 녹아있으며, 남겨진 자의 그 의지는 돌 위에 돌 하나 남지 않으리라는 미가의 선포에, 그리스도라는 유일한 산파의 묵시력에 융해되고 있는 중이다. 지금, 세월호 침몰의 진상을 성역 없이 규명하려는 이미지 한 장을, 끔찍해서 외면했었지만 결코 피할 수는 없었던 하나의 상황을 인용하려고 한다.

---

10. 시몬느 베이유, 「모든 정당을 없애야 하는 이유」, 229쪽.
11. 유경근 페이스북, 2014. 7. 18.

이 합성사진은 어른들의 탐욕에 의해 '불가촉'이 된 세계의 아이들을 표현한 쿠바 작가 에릭 라벨로E. Ravelo의 〈The Untouchables〉의 의지를 나눠가졌다. 위의 창작집단은 주로 미술인들로 구성되어 있으며 조직 없이 자유로운 공동의 작업을 지향한다. '박근혜'라는 주권의 대행자를 십자가로 표현함으로써 '세월호 이후'를 인지하려는 그들의 의지는 이미 '세월호 이전'에서 연원하고 있는데, 그들이 "2013년 18대 대통령 선거과정에서 드러난 부정

△ <South Korea> (창작집단 '앗싸라비아' 페이스북, 2014. 7. 2.)

선거의 규명을 위해 자발적으로 모인 작가들"[12]이기 때문이다. 그들과 함께, 세월호 이전 2013년 10월 26일 서울역 광장에 모였던 사람들의 테블릿 PC 화면은 국정원 불법 대선개입에 이어진 여기의 통치권위를 향해 "박근혜 '법외 대통령 통보' "[13]라는 최종심을 고지하고 있으며, 그런 고지의 시간, 그 종언적/정언적 아토포스의 발현 공간은 소멸하지 않는 한 장의 사진으로 남겨지고 있다. 세월호 이전에 찍힌 그 사진 한 장은 세월호 이후에 구성된 위의 합성사진을 앞질러 인도하고 있는바, "그 사진은 어떤 방식으로든 최후의 심판을 포착하기 때문"이고 "최후의 날, 즉 분노의 날에 볼 수 있는 것 같은 세계를 재현해주기 때문"[14]이다. 그런 최종심들의 형질은 어떻게 인지될 수 있을까.

---

12. 위의 페이스북, 같은 날짜.
13. 「박근혜 대통령, '워터게이트' 닉슨의 길로 가고 있다」, 『오마이뉴스』 2013. 10. 26.
14. 조르조 아감벤, 『세속화 예찬』, 김상운 옮김, 도서출판 난장, 2010, 34쪽.

위의 합성사진, 곧 '남한'이라는 공화국 통치의 반석을 독립적 기소-권역 속에서 소추하려는 의지가 불러일으키는 것들. 청실홍실의 한복, 유연한 법복 입은 주권자, 주권자라는 십자가/형틀, 유혈적 책형磔刑. 손지갑 들고 수첩 쥔 주권자의 두 팔, 십자가의 양끝. 거기에 못 박힌 아이의 양손, 피 흘리지 않고 매달린/침몰한 아이. 구명조끼라는 작위, 해경 마크라는 허위. 등 돌린, 매달린 얼굴을 외면하는, 자신의 정면을 숨기는, 밀실의, 통치기밀화된 주권자/십자가. 구원Erlösung을 약속하면서 매다는, 살인적인tötenden 주권자/십자가, 다시 말해 구제를 서약하면서 학살의 내전을 수행 중인 적그리스도라는 구원의 악의 형틀. 거기 매달린 아이, 고개 숙인 그리스도, 현전하는 신. "신은 대속의 고통과 십자가를 통하여 극단의 악 속에 현전한다."[15] 극단의 악이란, 극단에 이른 악의 체제란 무엇인가. 이윤이라는 모두의 신이 우리 가운데 계시는데 재앙은 무슨 재앙이냐고 반문하며 축적하는 사제들의 그 신국/십자가, 그것이 악이고 악의 체제이다. 매달린 채로 침몰 중인 저 아이는 무엇인가. 신국의 운용을, 신국이라는 십자가의 유혈적 정상성을 정지시키고 절단하는 '예외적' 힘이며, 그런 힘을 발신하고 그런 힘으로 발현하는 신이자 불사不死의 은총이다. "은총만이 예외이다."[16] 모든 것에 작용하며 모든 것을 침탈하는 이윤/신국의 '중력'에 대해, 단 하나 은총만이 예외이다. 그 예외의 시공간이 중력의 엔진을 끈다. 악의 중력, 중력으로서의 악의 정면을 직격하는 저 "박근혜 '법외 대통령 통보' "라는 고지의 로고스야말로 생동하는 구체적 예외로서의 은총이다. 신이 그 무엇으로도 환원되지 않는 절대적 하나인 것처럼, 그 고지의 말, 도래중인 그 은총의 말씀/로고스 또한 무엇으로도 환원·환수되지 않는 '비판'의 원천이다. 은총이란 도래할 것이므로 아직 오지 않은 미래이며, 끝내 미래이므로 완료되거나 완수되지 않는 '도래중'의 시간이고, 그래서 매번 매회 항구적인 이격과 차이의 힘으로 기립하는 지금jetzt의 시간,

---

15. 시몬느 베이유, 「십자가」, 『중력과 은총』, 윤진 옮김, 이제이북스, 2008, 155쪽.
16. 시몬느 베이유, 「중력과 은총」, 앞의 책, 9쪽.

산파의 법정초력이다. 대통령이라는 게발트의 형질이 법 안에서 법에 근거하여 법 밖을 결정할 수 있는 힘의 근원적 독점을 통해 매번 매회 법 안팎의 경계를 재조정·재설정할 수 있는 상황의 창출자라는 점에서, 저 통보 혹은 고지의 말씀은 대통령의 게발트궤적을 중단시키는 종언적 심판의 시간으로, 대통령이 '법외'로 발령되는 탄핵의 상황으로 발현·틈입 중이다. 그렇게 위의 두 이미지는 주권자/십자가를 향한 기소·중단의 관점을, 내리치는 소추·은총의 시점을 공동으로 개시한다.

할 수 있는 한, 십자가가 되어 있는 박근혜의 이미지와 거듭 마주해야 한다. 거기에는 어떤 '패러디'가 있다. 그리고 그 패러디는 하나의 목표를 향해 주파하고 있다. 그 목표란 무엇인가. 그것을 미가의 육성, 곧 「특별법」의 유족이 인용했던 미가의 그 선포에 기대어 말하자면, '야곱 가문'의 폐지이고 '이스라엘 문중'의 멸족이며, 맑스의 문장을 빌려 말하자면, '축적하라!'는 신적 칙령에 대한 불복종이고 그 명령의 수호자 '모세'의 살해가 될 것이다. 정치미학으로서의 패러디, 그 반-신反-神의 신학적 비판미학이 가진 뜻과 힘은 이런 것이었다. "각각의 경우에 본질적인 것은 언어 속에 어떤 긴장과 격차를 도입할 수 있는 능력이다. 패러디가 그 중심 동력으로 사용하는 긴장과 격차 말이다."[17] 언어의 안정화된 질서에, 안전화된 그 지반 위의 통치체에, 첨예화된 '질서-자유적인' 사적 소유의 유연한 재생산에, 그 모든 것들의 지하에 불안정과 긴장과 차이를 매설·장치할 수 있는 능력, 패러디라는 비판력. 중절적인/제헌적인 차이를 매설하는 패러디는 주권적 언어의 분류법 속으로, 곧 이윤/신성의 명령어로 허가와 금지, 안전과 위험, 생명과 죽음, 법 안쪽과 법 바깥을 분리/매개하는 주권적 체제 속으로 이른바 '식별불가능성'을, 다시 말해 인지적 난장을 도입·도래시킨다. "성스러운 것과 세속적인 것, 사랑과 섹스, 고상한 것과 저속한 것을 가르는 문턱을 혼란에 빠뜨리고 식별불가능하게 만들기"[18], 그것이 이윤이라는 신국의 기계적 명령어들과

_____

17. 조르조 아감벤, 『세속화 예찬』, 68쪽.

싸우는 패러디의 방법이다. 그것이 신국의 명령어들에 대한 관료-기계적 인간들의 사고 없음, 그 '세계 없음', 그 '안락에의 전체주의'와 싸우는 패러디의 과정/소송이다.

주권적 분리/매개의 권능을 십자가의 형상으로, 매달아 죽이는 형틀로 표현·개시함으로써 박근혜라는 법권역의 지하로, 그 신국의 반석 아래로 긴장과 차이를 도입하고 도래시키는 패러디/로고스. 이 힘에 의해 신국의 신성한 후광이 걷어지고, 그 신국이 미가/맑스가 말하는 '피'와 '살'을 흡혈하고 짜내는 축적의 축제였음이, 그런 축제에 의한 헌법정지의 숨은 현장이었음이 개시된다. 신성하고 고귀했던 것이 처절하리만치 저속하고 잡된 것이었음이 폭력적으로 폭로된다. 패러디/폭력에 의해 신국은 더 이상 스스로의 신성을 저속한 것들로부터 준별·식별할 수 없게 되며, 그때 신국은 비판 또는 심판의 대상으로 끌어내려진다. 패러디는 그러므로 하야의 게발트이다. 그런 한에서 패러디는 기립의 게발트이다. 주권자/십자가에 매달려 닿을 수 없게untouchable 침몰 중인 아이를 다시 닿게 하고 다시 붙들고 다시 불러일으키는 인양과 상기의 힘이 패러디이기 때문이다. 그렇게 다시 기립하는 아이가 자신을 매달았던 주권자/십자가의 연합한 노모스를, 맹서된 맹약의 법권역을 그 근원에서부터 매달고 재고 쪼갠다. 분만되는 다른 '법의 저울'인 그 아이가 바로 패러디적 존재이며, 패러디의 중심 동력이다.

2-2. 패러디에 대해 인용해야 할 문장들이 남아있다. 그렇다는 것은 '애도'를 다르게 반복해야 할 필요에 대해 할 수 있는 말이 남아있다는 뜻이며, 유족의 「특별법」에 대해 할 수 있는 비평이 약하게 남아있다는 말이다. 패러디, 다시 말해 '존재의 곁에 있는 것'. "패러디란 언어와 존재의 곁에 있는 것에 관한 이론(그리고 실천)이라고 말할 수 있다.… 패러디는 피할 수도 없고 그로부터 도주할 수도 없는 한계와 아포리아에 여행자들이 끊임없이 부딪치게

---

18. 조르조 아감벤, 『세속화 예찬』, 64~5쪽.

만드는, 통행할 수 없기로 악명 높은 영역이다."[19] '언어와 존재', 곧 신성화된 통치의 명령어들을 부과하는 존재, 곧 미가/맑스가 말하는 야곱 가문과 이스라엘 문중과 '축적하라'는 명령어로서의 모세. 패러디는 그것들 속으로 질료화되거나 합성되지 않고 그 '곁'을 점거하고 고수한다는 것이다. 곁para은 나란한 것이고 병진하는 것이며, 그런 한에서 불합치의 지속이자 아토포스적 간극의 보존이다. 곁은 명사적이지 않다. 곁은 명령어로서의 존재의 지반에 틈을 벌리고 그 사이를 뜨게 하는 탈구un-fuge의 힘이며, 그 이격된 간격의 힘으로 충격하는 동적 침탈의 상황이다. 곁의 지속에 대한 이론이자 실천인 패러디는 사람들로 하여금 여기 평탄한 신국을 안락하게 통행할 수 없게 하는 걸림돌/디딤돌이며, 여기의 주권으로 일괄 수렴해가는 사고의 순탄한 절차를 절단·차단하는 인지적 바리케이트이다. 곁의 보존으로서의 패러디는 신국의 반석 아래에 그것의 '한계'로 역–장치되며, 그 한계–상황 안에서 신국 아래에는 외면할 수 없고 벗어날 수 없는 지하의 생활이, 지하의 생명이 생식한다. 그 생명의 다른 말이 '아포리아'이다. 아포리아는 끝내 해소되지 않고 남겨져 있다는 것이며, 남겨진 잔여는 끝내 거슬리고 거스른다는 뜻이자 힘이다. 잔여는 탄핵의 뜻이자 기소의 힘이다. 잔여, 다시 말해 유족. 남겨진 자들의 「특별법」, 기소권으로서의 잔여, 잔여성. 그것은 「특별법」 속에 들어있는 '유족'을 재정의하게 한다. 곧 유족을 '일반적인 것'으로 변신시킨다. 「특별법」이 규정한 유족은 다음과 같다:"4·16 참사 '유족'이라 함은 민법에 의한 위 희생자의 재산상속인을 말한다. 다만,… 희생자가 미성년자로서 실질적인 양육자와 재산상속인이 다른 경우에는 실질적인 양육자도 유족으로 본다. / 4·16 참사 '피해자 단체'란 4·16 참사 피해자 및 유족이 구성한 단체를 말한다."[20]

'민법'이라는 분할된 법의 합법적·합치적 경계 안에서 규정되고 있는 '재산상속인' 및 '실질적인 양육자'는 분명 유족의 조건이다. 하지만 그때의 유족

---

19. 조르조 아감벤, 『세속화 예찬』, 75쪽.
20. 「4·16 참사 진실규명 및 안전사회 건설 등을 위한 특별법(안)」, 제2조 3항, 4항.

은 자신들을 보증하고 있는 법적 경계의 바깥들 — 흔히 '불법적' 혹은 '탈법적'
이라고 말해지는 그런 바깥들 — 이 다시 정의되고 거듭 도입되지 않고서는, 그
리고 그런 법적 경계 내부에서만 보장되는 자신들의 경제적 지위의 바깥들
이 거듭 인입되지 않고서는 생명력을 지속시킬 수 있는 동력을 잃는다. 응집
된 힘의 실체를 지시하려는 '피해자 단체'라는 단어 또한, 제헌적이며 구성적
인 힘을 집합적이고 조직적인 것으로 파악하는 기존의 관성에 「특별법」이 이
끌려가고 있음을 암시한다. 「특별법」은 고통의 당사자인 유족이 자신들의 당
사자성을 넘어가야만 하는 이유와 당위를 적시해야 하며, 이미 언제나 그렇
게 구획된 경계를 넘어가고 있는 당사자들의 실황을 옹립할 수 있어야 한다.
당사자가 아니니까 당사자가 될 수는 없다는 말은 틀린 말은 아니지만 적실
한 말, 절실히 필요한 말은 아니다. 「특별법」은 당사자도 진정으로 당사자가
되어야 하는 이유를 파급시켜야 하며, 당사자 아닌 이들이 무릅쓰고 당사자
가 되어야 할 필요와 당위를 파생시켜야 한다. 유족의 정의를 둘러싼 모든 혈
연적이고 경제적인 조문들은 유족을 저 불일치 및 이격으로서의 '잔여'의 시
공간으로 정의하는 과정/소송 안에서만 뜻과 힘을 가질 수 있다. 「특별법」은
유족이 유족이라는 이름으로 호명될 때조차도 유족이 유족이라는 분리적
카테고리를 초과하고 초월할 수 있는 내재적 힘의 보존이어야 한다. 그런 한
에서 「특별법」은 자신이 품고 있는 다음 조항 속의 단어 하나를 더욱 강하고
질기게 파지해야 한다.

> 4·16 참사와 관련된 각종 의혹, 범죄, 문제점, 내부고발 사항 등 위원회의 업
> 무와 관련한 사항에 대하여 4·16 참사 피해자 단체를 비롯하여 **누구든지** 위
> 원회에 관련 조사를 신청할 수 있다.[21]

기존 정당의 국회의원들 8인과 유족이 추천한 위원 8인으로 조직될 '특

---

21. 「4·16 참사 진실규명 및 안전사회 건설 등을 위한 특별법(안)」, 제22조 2항. 강조는 인용자.

별위원회'의 대의적·매개적 성분은 거대 양당의 대의적 직능 및 그 집권적 전체주의의 성분과 스스로를 구별하고 분별해야 한다. 이를 위한 관건은 '누구든지'라는 한 단어로 각인되어 있는 익명적 정치력의 정의定義/正義이다. 「특별법」은 '누구든지' 위원회 아래의 소위원회들, 곧 진실규명 소위(제1소위), 안전사회 소위(제2소위), 치유·기억 소위(제3소위)로 분장된 업무들에 직접적으로 개입할 수 있는 법적 경로를 비롯하여, '누구든지' 16인 위원들 각자에 대한 실질적 소환권자의 지위에 있다는 사실을 해석 가능하고 적출 가능한 레벨에서 적시해야 한다. 그럼으로써 '누구든지' '위원'일 수 있어야 한다. 줄여 말해 「특별법」은 '누구든지' '법'일 수 있도록 해야 한다. 또는 법이 인지적 벡터의 흐름인 한, 「특별법」은 그 흐름 속에서 그 흐름을 거스르고 거역함으로써 그 흐름의 물꼬를 트는 힘이어야 한다. 그 힘이 「특별법」이 분만하려는 새로운 사회, 다시 한 번 인용컨대 "인간의 존엄성을 유지하며 안전하게 살 수 있는 사회"[22]를 위한 저 독립적 기소권의 실질적 내용이어야 한다. 「특별법」의 공동 발의를 위해 서명했던 3,501,266명의 사람들, 구체적 예외들. 그것은 '누구든지'의 기소력, '누구든지'라는 법-정치력의 원천이다. 4·16 이후 90일이 지나고 있는 현재, 그런 힘을 담은 수백 개의 서명 박스들은 다른 법(의 저울)을 다시 정초하기 위한 주춧돌처럼 안산 정부합동분향소의 맨바닥에 정렬되어 있다. 파괴적인/정초적인 그 힘들이 거기 도열된 영정 사진들에 의해 봉행되는 중이다. 법의 미사, 불사의 법. '입법 청원'이라는 수동성을 거절하고 입법을 향한 '공동 발의'를 위해 날인했던 사람들, 날인했으므로 거기에 부재하되 날인했으므로 어디서든 고통의 당사자로 현존하는 사람들, 공통의 유족으로 남겨지는/발현하는 사람들. 그들이 표출하고 있는 법정초적 의지 속에 새로운 사회의 산파역이자 산파술이 있다. 그 속에서 분만되는 것이 축적의 반석으로서의 정부 아래, 정부의 지하이며, 법을 정지시키는 법의 지하이다.

---

22. 「4·16 참사 진실규명 및 안전사회 건설 등을 위한 특별법(안)」, 제3조 4항.

3-1. 앞서 인용했던 합성사진 한 장, 주권자/십자가의 그 패러디를 다시 떠올리게 된다. '곁'의 지속, 그러니까 '긴장'과 '격차', 이격과 불일치의 도입으로서의 패러디. 달리 말해 '곁-존재론'으로서의 패러디. 그것은 애도의 문제, 애도라는 정치력의 원천과 결부되어 있다.

[①] 존재론이 언어활동과 세계의 잘 어울리는 관계라고 한다면, 곁-존재론으로서의 패러디는 언어가 사물에 도달할 수 없고 사물이 자신의 이름을 찾아내는 것이 불가능함을 표현한다. 그러므로 패러디의 공간(이것이 문학이다)은 필연적이고도 신학적으로 애도에 의해, 그리고 찡그린 얼굴표정에 의해 표시된다./ … [②] 실제로 패러디, 즉 노래와 말, 언어활동과 세계의 균열이 인간의 말이 들어설 제자리가 없음을 추도하는 것이라면, 파라바시스에서는 이처럼 심장을 쥐어뜯는 비-장소atopia가 한순간 덜 고통스럽게 되고 상쇄되어 마치 고향처럼 되어버린다.[23]

먼저 ①. 언어와 세계, 곧 명령어와 그 명령어에 합치되어 있는 모든 것 사이에 곁/틈새로서 발생·발현되는 것. 그것이 패러디이다. 패러디는 언어와 세계의 어울림, 다시 말해 '존재론'이라는 이름으로 봉헌되는 합치 및 조화의 상태 안으로 앞서 말한 '혼돈'과 '식별불가능성'을 도입한다. 패러디에 의해 언어(명령어)는 사물(세계)에 도달하지 못한다. 패러디는 차단하고 절단한다. 패러디에 의해 사물은 공식적으로 호명되는 이름을 잃는다. 잃어버린 이름, 명령어에의 합치·식별·분류상태 속에서 수여받았던 이름의 상실, 식별불가능함 속에서 되찾을 수 없게 된 이름, 파열하고 사멸한 이름. 패러디는 안정화된 이름의 안락한 경로를 잃어버린 자가 짓고 있는 '찡그린 표정' 속에서, 끝내 이름들에 조종 울리며 장사지내는 '애도'의 테크네가 된다. 달리 말해 ②, 패러디는

---

23. 조르조 아감벤, 『세속화 예찬』, 75쪽, 77쪽. 앞질러 요컨대, 패러디는 조화와 안전을, 조화의 안전을 보증하는 '존재론'과 싸운다. 존재론은 미가/맑스가 말하는 '야곱 가문'과 축적의 신성을 집전하는 '모세'의 방법론에 다름 아니다. 그런 한에서 존재론은 '존재-신-론'이다.

'균열'이다. 곁/균열로서의 패러디는 '추도'한다. 패러디는 '가만히 있으라'는 치안과 축적의 명령어 속으로 합성된 사회의 그 어디에도 인간의 말, 생명의 말이 들어설 자리가 없어져버린 상태를, 거덜난 사회의 상태를, 사회 없음의 상태를, '심장을 쥐어뜯는 비-장소'의 상태를 추도한다. 심장이 뜯기는, 비유적으로가 아니라 실질적으로 피와 살과 심장이 침탈되는 상태를 향해 패러디는 추도한다. 그렇게 추도하되, 고통을 향한 '파라바시스'의 방법과 태도를 기소함으로써 추도한다. 파라바시스는 그리스 희극에서 배우가 퇴장하고 합창단이 관객을 향해 직접적으로 말하기 위해 무대 앞쪽으로 나서는 순간을 뜻한다. 그때 연극은 끝나고, 무대와 관객 사이의 긴장은 소멸한다. 파라바시스는 '패러디의 지양'이었으며, 그런 한에서 '패러디의 중단'이었다. 여기의 파라바시스는 가만히 있으라고 명령하면서 전면으로 나서는 목자들의 신성한 시간이다. 주권이 상연되는 무대, 신국을 지탱하는 환상적 후광이 파라바시스이다. 바로 그 후광 속에서 고통의 현장은 덜 고통스러운 것으로 한순간 상쇄됨으로써 실질적으로는 영원한 고통의 시간으로 연장된다. 파라바시스라는 신성한 후광 속에서 고통의 시공간은 안락한 '고향'으로 지각됨으로써 변치 않는 지옥으로 유지된다.

유족들의 「특별법」이 말하는 애도와 기억, 곧 「특별법」에 등재된 '제3소위원회(치유·기억 소위원회)'의 과제와 소명은 그런 파라바시스가 펼쳐 보이고 손짓하는 안락과 안전의 고향으로부터 어떻게 스스로를 이격시키고 있는가. 진도 앞바다라는, 합동분향소라는, 국회 앞이라는 장소, 심장이 뜯기는 기억의 장소들, 애도 및 추도의 장소들. 다시 말해 기립하는 법의 현장, 파생되고 확산하고 있는 '비-장소'. 그 애도-법의 현장들은 파라바시스가 봉헌하는 목적으로서의 축적을, 그것을 위한 통치의 기획된 시간을 정지시키려는 게발트궤적을 그린다. 이에 근거할 때 「특별법」의 제3소위를 규정하고 있는 법조문들, 다음과 같은 그 법의 문장들은 비평의 대상으로 인용된다. "4·16 참사 희생자의 넋을 위로하고, 재난에 대처하는 경각심을 고양하는 기억 사업", "4월 16일을 재난 방지의 날로 지정·추진하는 일", "각 항구 주요 출입구에 4·16 참사의 개요, 원인, 교훈, 재난 예방의 중요성을 담은 내용의 기억비를 설치 및 유지하는 일", "4·16 기억관 건립 및 운영", "4·16 안전재단 설립."[24]

설치, 유지, 지정, 건립, 운영, 추진. 요컨대, '기억 사업'. 기억은 사무가 아니며, 애도는 사업이 아니다. 「특별법」은 자신이 품고 있는 제3소위의 의지를 '사업'이라는 경제주의적이고 물질적인 지향들의 카테고리를 넘어갈 수 있도록 추동하지 못한다. 그럴 때, 기념일을 정하고, 비석을 세우고, 건물을 올리고, 재단을 만드는 것은 끝내 저 파라바시스의 안락한 고향으로 걸어 들어가는 일에 발목 잡혀있다. 그렇게 고향으로 가는 길 위에서 「특별법」에 등재된 '넋'이라는 단어는 남겨진 사람들의 삶과 분리되어 허공으로 뜨며, 형이상학적으로 흩어지고 파산한다. 제3소위를 옹립하려는 위의 5조 5항 전체는 「특별법」을 구성 중인 법의 문장들이 낭비되고 있는 현장이며 다른 법의 분만력이 누수되고 있는 구멍이다. 기소권은 중차대하며 결정적인 것이지만, 그 사실이 제3소위의 기억 및 애도의 문제를 통념적이며 경로의존적인 것으로, 부차적이고 후행적인 것으로 배치하는 근거여선 안 된다. 애도는 기소권과 선후 없이 등질적이다. 애도로서의 기소, 기소로서의 애도는 그러므로 애도-력이며 애도-권이다. 애도는 저 주권자/십자가의 모조된 구원의 말씀, 실질적 살인의 명령어에 불합치하고 이격되는 곁-존재론paraontologia으로서의 패러디-'특'권이며 환원되지 않는 특권적 폭'력'이다. 잔여로 남겨진 사람들의 애도력은 그들의 그 잔여성을 남김없이 합성하려는 파라바시스parabasis의 고향을 파산시킴으로써 그들을 주권자/십자가라는 신적 합성체로부터 구별·성별하는 성령paraclete의 '권'능이다. 제3소위의 기억 사업이라는 것은 그런 폭력, 그런 권능을 관철시키는 일이어야 하며, 「특별법」은 제3소위의 소명을 애도의 신적 게발트와 결속되고 용접된 것으로 해석 가능하고 적출 가능한 상태로 정초해야만 한다. 그때 주권자/십자가에 달려 있던 아이는, 그 아이를 애도한다면서 영원히 감금·살해하는 모든 공식적이고 주류적인 납함納函들을 깨고

---

24. 「4·16 참사 진실규명 및 안전사회 건설 등을 위한 특별법(안)」, 제5조 5항 1~6호.

나온다. 아이는 납함들을 깨고 나온다. 납함은 축적의 신국인바, 다시 태어나고자 하는 자는 하나의 납함을 부수어야 한다. 다시 분만되는 그 아이는 신을 향해 접촉하며 신으로 발현한다. 그 신의 이름이 파라클리트이다. 그 아이가 곧 '새로운 사회'이다. 할 수 있는 한, '아이'라고 써진 자리에 '새로운 사회'를 넣어 거듭 다시 읽어야 한다. 「특별법」은 스스로를 그렇게 다시 읽어야 하는바, 「특별법」의 그런 자기 독법, 그런 자기 독해만이 「특별법」 자신의 권위를 온전히 자기 두 발로 기립시킬 수 있도록 추동하는 조건이자 근저이다.

3-2. 「특별법」의 그런 자기 독법, 자기-내-대화로서의 자기 정초의 근저는 다시 한 번 미가/맑스적 성분으로 구성되어 있는바, '100일째 반복되고 있는 4월 16일'인 오늘 미가-묵시의 메타정치적 최후에의 의지는 사목권력적 모세-축적의 성스러운 인도를 정지시키는 종언적/정언적 게발트벡터 위에서 그것의 가속력으로서 잔존하고 있기 때문이다. 그런 종언을 향한 공통감각, 그 조종 울림을 함께 인지하는 유족들의 방법과 행동, 방법적 행동, 그것이 '도보 순례'이다. 막내아들을 잃고 남겨진 두 사람의 순례. 안산에서 진도 팽목항까지, 대전까지 750km, 7월 8일부터 39일로 예정된 애도 혹은 기소의 대장정. 그 길 위를 걷고 있는 두 사람이 어깨에 멘 것, 무게 5킬로 길이 130센티의 십자가가 저 주권자/십자가의 모조된 구원을 독립적으로 기소하는 중이다. '일반화된' 유족들이 '도보 행진'이라는 이름 아래 동일한 순례길 위에서 그런 기소와 그 기소의 이념에 동참하고 있다. 그리고 그들처럼 국회를 향해 걸어갔던 아이들, 7월 17일 제헌절 아침에 맞춰 국회 앞에 도착했던 단원고 46명의 학생들, 남겨진 생명들이 있었다. 「특별법」은 그 아이들의 순례길을 파라바시스라는 고향으로의 길, 저 탈상의 정치력과 등질적인 축적의 유혈적 집전체제 전체를 폐절시키는 심판의 신호로 보존할 수 있어야 한다. 순례의 행동을 통해 구체제의 법의 봉인을 떼는 아이들, 다시 말해 신의 어린 양들Agnus Dei, 그 분노, 또는 진노의 날들Dies irae.

어린 양이 여섯째 봉인을 떼셨을 때에 내가 보니 큰 지진이 일어나고 해는 검은 머리털로 짠 천처럼 검게 변하고 달은 온통 핏빛으로 변하였습니다. / 그리고 별들은 마치 거센 바람에 흔들려서 무화과나무의 설익은 열매가 떨어지듯이 땅에 떨어졌습니다. / 하늘은 두루마리가 말리듯이 사라져버렸고 제자리에 그대로 남아 있는 산이나 섬은 하나도 없었습니다. / 그러자 세상의 왕들과 고관들과 장성들과 부자들과 세력자들과 모든 노예와 자유인들이 동굴과 산의 바위 틈에 숨어서 / 산과 바위를 향하여 "우리 위에 무너져 내려서 옥좌에 앉으신 분의 눈을 피할 수 있도록 우리를 숨겨다오. 그리고 **어린 양의 진노**를 면하게 해다오. 그들의 큰 **진노의 날**이 닥쳐왔다. 누가 그것을 감당할 수 있겠느냐?" 하고 부르짖었습니다.[25]

7월 17일 '제헌절' 아침, 국회라는 법의 공장 앞. 그 날 그곳으로, 상징적이고도 실효적으로 도착했던 아이들, 순례자들. '진노의 날'로 당도하는 중이고, 종지적 심판의 게발트로 도래중인 신의 어린 양들. 그 도보·도래, 그 최후적/제헌적 천로역정The Pilgrim's Progress 위에서 '세상의 왕들과 고관들과 장성들과 부자들과 세력자들과 모든 노예와 자유인들'은 세세히 저울질된다. 신의 어린 양들이 인입시키는 진노 속에서, 매달린 아이들의 신적 발현과 묵시적 정치력의 도입 속에서 저 주권자/십자가의 합성상태는 세세히 쪼개진다. 메타정치적 묵시는 정치내재적 법을 기립시키며 그런 법의 기립 과정은 묵시적이다. 묵시적 법, 법적 묵시. 다시 말해 「특별법」의 초월적 조건, 「특별법」이라는 초유의 근저. '전례'가 없으므로 어떤 예외도 불허하는 주권자/십자가의 제의정치, 축적의 신정정치를 매달고 재고 쪼개는 초월의 법, 유일한의 법. 주권자/십자가로 침몰하는 아이들을 꽉 붙잡고서 꼼꼼히 구축되는 「특별법」이라는 전례/예외. 350만이라는 특정의 숫자를 넘어 일반화하는 유족들이 공동으로 작성하고 있는 그 전례 그 예외는 다음과 같은 문장들로 수호된다. "법이 공

---

25. 「요한계시록」 6장 12~17절. 강조는 인용자.

정하고 공평하다면, 그리고 국민들이 쉽게 받아들일 수 있는 공공선의 관점 위에 서 있다면, 그 법이 금지하는 모든 건 저절로 약화된다. 그런 법은 존재한다는 것 자체만으로도 그것이 금지하는 모든 걸 약화시킨다. 법의 실행을 보장하려는 억압적 장치들과는 무관하게 말이다."[26] 「특별법」이 기소하려는 모든 것은 「특별법」의 존재 자체만으로도 약화된다. 이 사실은 '국민청원권'에 뿌리박았던 일반화된 유족들의 공동 발의서가 주권자/십자가의 축적-장치들에 의해 묵살되고 마는 시간 속에서도 변하지 않는다. 묵시적 법의 아이들/유족들이 집전하고 있는 「특별법」은 끝내 되살아나는 힘으로, 어떤 절대적 일정표의 세세한 항목들로 들어가 있기 때문이다. 이른바 '최후의 심판이 이루어지는 날의 일정표' 말이다. "되살아나는 과거의 한순간 한순간은 그날, 최후의 심판이 이루어지는 날의 일정표의 인용문이 될 것이다."[27] 「특별법」에 등재되어 있는 모든 것들, 그러니까 「특별법」의 장, 조, 항, 호를 구성하는 모든 단어, 문장, 단락, 어감, 뉘앙스, 쉼표, 마침표, 띄어쓰기, 문장기호 하나, 오타 하나까지의 그 모든 것들은 저 주권자/십자가의 체제를 기소하는 최후 심판의 법조문으로, 신의 법정法政의 일정표로 빠짐없이 원용될 것이다.

---

26. 시몬느 베이유, 「모든 정당을 없애야 하는 이유」, 242쪽.
27. 발터 벤야민, 「역사의 개념에 관하여」, 『발터 벤야민 선집 5』, 최성만 옮김, 길, 2008, 344쪽.

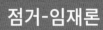

Ⅱ

점거-임재론

비정립적 제헌력-의-형태소

고공점거 또는 신적인 긴급피난

1-1. 쌍용차 노동자 이창근의 페이스북에 잔존하고 있는 한 장의 이미지에는, '수서발 KTX 면허'로 촉발된 총파업(2013.12.28.) 직후의 통치상태, 곧 상호 면책적 합의문을 물밑에서 채택한 노·사·정 실력자들의 웃는 얼굴이 찍혀있다. 규제완화 기요틴의 공포적 독재성에 의해 삶·생명이 탈취당하고 있는 시간의 연장 앞에서, 12월 31일자 신문 1면은 그들 합의의 실력행사를 두고 '이것이 정치다'라는 타이틀로 재현하고 있다. 2014년 1월 1일 현재 '이것이 정치다'의 정치는 집권 여당 막후 실권자의 결단이 연출하고 있는 '각본 없는 드라마'의 극장으로, 그런 합의를 존속시키는 합법적 검·경의 철칙, 곧 '파업 주도자 체포·수사 법대로 할 것'이라는 유혈적 드라마트루기의 법적 드라마로 완성되고 있다. 반복되는 그 드라마, 저들의 영구적인 그 정치는 '끝'을 유보시키는 정치, 끝이 없는 성聖-정치이며, 끝없이 축적하는 정치, 축적의 끝을 무마하는 정치이다. 줄여 말해 전前-종말론적 축적의 신정정치. 그런 정치에서 안락을 찾고, 그런 정치에서 '안락의 전체주의'를 완성해가는 여기의 오늘은, 이른바 '지도부'의 매개력/분리력이 공동으로 설립시킨 법의 성사聖事에 대해, 그것을 정지시키며 발현하는 종언적 힘의 형태에 대해 사고해 볼 것을 강제한다.

1-2. 6년에 걸친 쌍용차 정리해고 무효소송이 대법원 결심판결을 기다

리고 있던 2014년 11월 13일, 도래한 최종심은 우려되고 있던 '파기환송'이었다. 해고 무효를 판결했던 고등법원의 법근원이 대법원의 결심에 의해 전복되었고, 그렇게 상위의 법이 하위의 법을 잡아먹는 육식의 법 앞에서, 법의 육식적 군림상태 속에서, 12월 12일 눈 오는 밤 쌍용차 이창근·김정욱 두 노동자가 선택했던 곳은 평택공장 70미터 높이의 굴뚝이었다. 불가피한/불가결한 곳으로 결단된 그 고공의 장소, 거기서 거주하고 있는 자의 말과 기록, '굴뚝 일기'라는 이름으로 작성된 그 매일의 일지·고지 중에서 한 대목을 인용하게 된다.

우선 1인용 텐트와 침낭을 챙겼다. 하나씩 짊어지니 짐이 제법 두툼해졌다. 나머지 짐은 최대한 줄여야 했다. 육포를 넣고 물 한 병씩을 넣었다. 짐을 더 넣고 싶어도 욕심내다간 올라갈 수도 없는 곳이었다. 오로지 공장 안 동료를 믿고 가자는 마음뿐이었다. 시간은 빠르게 흐르고 있었다. 트위터를 켰다. 이 마음 누가 알아줬으면 했다. 그렇다고 대놓고 말할 순 없었다. 밤 11시 30분께, 시 한편을 올렸다. 고정희 시인의 「상한 영혼을 위하여」란 시였다. "영원한 눈물이란 없느니라 / 영원한 비탄이란 없느니라 / **캄캄한 밤이라도 하늘 아래선** / 마주잡을 손 하나 오고 있거니." 시를 반복해 읽고 읽으며 다짐했다. 그러나 심장은 쉴 새 없이 뛰었고 호흡은 힘겨웠다. 공장 외곽을 돌며 공장 안 상황을 살폈다. 우리는 공장 곁으로 다가갔다.[1]

또 하나의 고공점거. 70미터 높이에서 『해고 일기』로 기록·지속되고 〈굴뚝일보〉로 잔존·전파되고 '있었던 것이 될' 고공. 그런 전-미래 시제 속에서, 그런 시간의 편재로서 보존되는 하루하루 매회 매번의 시각이 정치적 게발트의 형태를 구성하는 곳, 그런 힘의 형태가 모순적 아포리아로 발생·파생되고 누승적으로 누적되는 곳, 거기가 고공이다. 다시 말해 거기 고공의 힘의 그 모

---

1. 이창근, 「평택공장 굴뚝 일기」, 『한겨레신문』, 2014. 12. 19. 강조는 인용자.

순상태란, 필시 제도적·조직적 게발트의 해체를 향하게 되는 발생적 봉기의 게발트와, 그 봉기가 발생적이기에 필연적으로 요청하게 되는 제도적·조직적 게발트, 그 두 상반된 게발트 간의 동시적·간섭적·상호조건적 관계 — 아포리아 — 를 뜻하는바, 그것은 정치적 투쟁의 변함없는 문제적 조건이자 지반일 것이다. 그런 아포리아적 고공의 현장이 파기되는 것은, 제도와 봉기라는 두 게발트 각자가 자신의 정당성을 생산하면서 스스로의 정립을 합법화하는 유혈적 권위의 동등하고 등질적인 공정을 공유하게 될 때이고, 서로의 정당성과 합법성의 생산관계를 숙의·조정·정비하는 게발트의 일반공식을 자기재생산을 위한 권위로서 나눠 갖게 될 때이다. 그때 제도와 봉기, 그 두 권리는 협치의 동등한 두 축으로 배치되며, 축적체제의 끝을 유예·연장하는 전-종말론적/카테콘적 통치의 게발트로 기능한다. 그때가 고공이라는 게발트의 아포리아가, 개시되는 정치적 계쟁의 지반으로서의 고공이 파기되는 때이다. 그러므로 고공을 보존·지속하는 것은, 협치의 장치로 배치된 제도와 봉기의 등가적 교환관계를 매회 탈구축/비정립함으로써 고공의 게발트 자신의 정당성·합법성을 거듭 다르게 생산해낼 때이다. 그때 고공의 게발트는 이른바 결정짓는 게발트, 진정한 게발트이다. 다음 한 문장을 고공의 게발트 비평을 위한, 협치의 신화적 게발트 비판을 위한 인장 또는 옥쇄로 읽게 된다: "동등한 권리와 권리 사이에서는 게발트가 사태를 결정짓는다."[2] 이 한 문장이 관통하고 있는 힘, 그 한 문장을 관통하고 있는 힘의 형태, 그것이 저 고공의 시詩이다. 여기 대법원의 파기환송 이후 최종심이라는 법적 육식의 식탁 위에서, 평택공장 70미터 높이의 고공과 함께 하는 힘, 그 고공을 정초하고 있었던 힘의 형태로서의 시. '캄캄한 밤이라도 하늘 아래선 마주잡을 손 하나 오고 있거니.' 고공에서 인용된, 고공을 인도하는 그 게발트-시어는 시인 고정희의 것이었으며 『이 시대의 아벨』(1983) 속에 들어있다. 그 시어들의 관계, 그 힘의

---

2. 칼 마르크스, 『자본』(I-1), 강신준 옮김, 길, 2008, 334쪽. 김수행의 번역은 다음과 같다. "동등한 권리와 권리가 맞서 있을 때는 힘이 문제를 해결한다."(『자본론』 I-상, 비봉출판사, 2000, 296쪽)

직조상태에 대한 비평이 '결정짓는/진정한 게발트'의 꼴과 방향을 다시 논구하고 달리 표현할 수 있게 할 것이다. '오고 있는 게발트' 곧 '마주잡을 손과 접촉하기 위하여, 고공 위의 노동자가 읽고 있는 그 시 곁에서 그 시의 안팎을 읽어보게 된다. 그리고 그런 읽기의 파장이 어디까지 미치고 무엇과 마주치는지를 검토해보게 된다. 고공이 읽고 있는 「상한 영혼을 위하여」를 위하여, 고공이 인용한 '마주잡을 손'의 게발트 비평을 위하여 시인의 경제학 용어로부터 시작하자.

2-1. 상품의 지배가 첨예화된 현대의 사회를 '스펙타클'의 거대한 집적체로 인지하고, 그것을 '사이비 신성체'의 정치로 정의했던 건 상황주의자 기 드보르였다. 압도적인 스펙타클 또는 인식을 초과하는 숭고의 '빌딩', 철골과 유리로 짜인 빌딩의 그 텍스트성, 그 신성체의 정치적 정립을 위한 방정식에서 시인은 '피와 경제'가 합성된 축적의 일반공식을 본다. "저 웅장한 빌딩을 봐/ 저건 피야 저건/ 피와 경제의 방정식이야/ 경제의 원소는 눈물이고/ 눈물의 자궁은 땀이야/ 땀의 태는 목숨이고/ 목숨의 주소는 상표야."[3] 피, 눈물, 땀, 목숨은 빌딩이라는 신성체, 곧 '율법사律法師의 바벨탑' 속에서 경제의 원소·질료로 가공·변성·스텐바이되고 있는 삶의 상태를 상기시킨다. 피와 경제, 피의 경제, 피를 통해서만 축적할 수 있고 축적을 통해 피만을 생산하는 경제. 이 유혈적 경제-질서는 시인이 다시 쓰고 있는 매일의 「주기도문」 속에서, 그 속의 아버지-주主가 환속화된 '자본님'의 가호 속에서 수호되는바, 시인의 경제학은 시인의 신학과 한 몸이다. "권력의 꼭대기에 앉아 계신 우리 자본님/ 가진 자의 힘을 악랄하게 하옵시매/ 지상에서 자본이 힘있는 것 같이/ 개인의 삶에서도 막강해지이다/ 나날에 필요한 먹이사슬을 주옵시매/ 나보다 힘없는 자가 내 먹이사슬이 되고/ 내가 나보다 힘있는 자의 먹이

---

3. 고정희, 「프라하의 봄·15:피와 경제」, 『눈물꽃』(1986), 『고정희 시 전집』 1권, 유승희 펴냄, 또하나의문화, 2011, 461쪽. 이하 『전집』으로 약칭.

사슬이 된 것같이 / 보다 강한 나라의 축재를 붙돋으사 / 다만 정의나 평화에서 멀어지게 하소서 / 지배와 권력과 행복의 근본이 영원히 자본의 식민통치에 있사옵니다 (상향~)"[4] 권력의 정점, 최고위 영광의 보좌에 앉은 자본, 자본-신. 그 신의 지고성을 경배하는 '상향'^{上向}의 성사, 상향-아멘^{Amen}. 이는 자본-신을 봉헌하는 자의 신실한 맹세이고 서약이며, 그 신의 법해석과 준칙들에 대한 '그렇게 될 것입니다'의 동의·신앙·충성을 뜻한다. 그렇게 상향하는 자는 "아멘이시요 충성되고 참된 증인"(「요한계시록」 3 : 14)이 됨으로써, 자본-신-성부의 진정한 아들-성자-그리스도가 된다. 성부의 영광은 그것과 한 몸이 된 성자에 의해 발양되고 편재화되며, 그렇게 됨으로써만이 그 영광은 다시 성부로 되돌려지는 일반화된 영광의 재생산공정을 가동할 수 있다. 그때 비로소 '새 시대', 곧 '자본의 식민'의 상태가 '통치'의 순수한 평면으로서, 연장되는 피와 경제의 영광으로서 창출된다.[5]

그런 영광의 지고한 신성체, 율법의 바벨탑 꼭대기에 '조등'^{弔燈}을 달기 위해 오르고 있는 길 위의 시인, 종언의 게발트. 시 「상한 영혼을 위하여」를 인용하고 있는 저 70미터 굴뚝 위의 고공이 그 게발트의 발현 장소이며, 고공으로 상향해 오르고 있는 노동자들이 그 시인이다. 그 노동자, 그 시인이 상한

---

4. 고정희, 「새 시대 주기도문」, 『모든 사라지는 것들은 뒤에 여백을 남긴다』(1992, 유고시집), 『전집』 2권, 430쪽.

5. 「주기도문」의 '아버지-주'를 대체/대행하는 '자본'의 존재-신-론의 공정을 달리 표현하고 있는 것은 앞선 1부에서 거듭 인용되었던 맑스의 '비유' 속에서, 곧 성부-성자 일체론으로서의 자본의 일반공식 속에서 찾을 수 있다. G—W—G'이라는 성무일과, 말하자면 맑스의 정치경제학 비판 또는 이위일체 비판, 경제신학 비판(이는 이 글의 끝부분에서 다시 언급될 것이다). 그런 맑스와 함께 고공의 시인 고정희를 앞질러 '자본님'이라는 용어를 고안하고, 그 신성체가 설하고 설치하는 갖가지 말씀과 법(로고스/노모스)의 형질을 비평하고 있는 것으로는, 폴 라파르그, 『자본이라는 종교』(조형준 옮김, 새물결, 2014)를 참조. 예컨대 다음과 같은 한 문장. "몸과 마음의 지배자, **자본**을 저는 믿나이다. / 그 외아들 우리 주 이익과, 성령으로 인하여 잉태되어 나신 신용을 믿으니, 둘 다 **자본**인 주님에게서 나시고 **자본**인 주님과 한분이시나이다."(91쪽) 아나키스트 라파르그의 아나키즘, 그 안티-아르케(기원/통치)의 의지는 고공 위의 시인 또한 공유하고 있는 힘의 방향성이었다 : "모든 것에 철저히 예속되면서 / 모든 것에 철저히 자유(自由)한 자아(自我), / 어느 편도 아닌 난 아나키스트라네"(고정희, 「순례기·1」, 『실낙원 기행』, 1981; 『전집』 1권, 162쪽)

영혼을 위하여 오고 있는 '마주잡을 손 하나'와 접촉하고 있는 이들인바, 그 접촉은 내력의 공통성, 곧 역사를 갖는 것이었다. 파기환송 이후 그들 노동자가 밟고 올랐던 그 철제 사다리는 결코 낯선 것이 아니었는데, 한진중공업 85호 타워크레인의 철계단을 오르던 2003년의 김주익이, 그의 의지를 상속해 같은 철계단으로 상향하고 있던 2011년의 김진숙이 힘의 차이를 갖고 저 고공의 역사적 공통성의 보좌에 함께 있기 때문이다.[6] 그런 역사적 고공이 법의 새로운 장소로 정초되는 조건, 법의 다른 저울로 기존의 법 연관을 다시 무게 잴 수 있게 되는 조건들 중 하나는, 파기환송의 최종심 이후 시인과 함께 거주하고 있는 70미터 굴뚝으로부터, 그 굴뚝이 사고하고 있는 힘의 형질이 '신'에 근거하고 있다는 사실로부터, 고공을 점거한 자가 그 신에 의해 경험하고 있는 자기 변용의 상황으로부터 구해질 수 있다: " '신의 뜻이 나를 통해 흐르게 하소서'. 이 말을 하루 종일 부여잡고 있었다. 흐르게 하려면 비워야 하나 생각했고, 그 공간을 통로 삼아 뜻이 흐르는 걸까도 생각한 하루였다. 내가 아닌 나를 통해 나의 어떤 곳을 지나는 뜻이 있다는 것을 알았다. 비운만큼 뜻은 더 넓게 더 깊게 흐를 것이다. 막힌 만큼 그 뜻은 벽 같은 내 몸을 맞고 튕겨 나갈 것이다. 뜻이 흐르지 않음을 탓했었는데 뜻이 흐를 통로를 내가 막고 있었단 생각이다. 비워야겠다고, 굶어서라도 비워야겠다고,

---

6. 1931년 평양 평원고무공장의 임금삭감에 맞서 16미터 을밀대 지붕을 점거했던 여성노동자 강주룡 이후, 영도 85호 타워크레인 이후, 땅에 내려온 김진숙이 평택의 굴뚝을 위한 부산역 피켓시위 중에 했던 인터뷰 중의 한 대목은 다음과 같다. "저는 위에 있을 때 제일 힘들었던 게 평상심을 유지하는 거였어요. 고공에서는 평상심이 흔들리면 바로 극한상황으로 내몰릴 수밖에 없어요. 사실 고공농성 이후에 다음 단계라는 건 없거든요. 그야말로 마지막 단계인 거지요. … 당시에는 그 더운 여름에도 조그만 생수 한 병 이상은 못 올려준다고 했어요. 희망버스 한 번 왔다 가면 밥도 못 올리게 하고요. 밑에서 양말 한 켤레 올려주는 걸로도 시비가 붙고. 저들은 인간의 마지막 자존감까지 늘 위협해올 텐데, 그렇더라도 평상심을 잘 유지했으면 좋겠어요."(김진숙 인터뷰, 〈굴뚝일보〉 4호, 2015. 1. 1) 평택의 굴뚝으로 보내는 그 말들은 땅 위에서 지속되는 고공의 한 가지 형태이며, 하나의 고공이 다른 고공과 포개지고 있는 상황의 창출을 보여준다. 이 역사적 공통성과 관련하여, 1990년에서 2015년까지의 연대기적 고공, 고공들의 연쇄, 곧 〈고공여지도〉라는 이름의 일반화된 고공에 대해서는 뒤에서 서술한다.

뜻이 조금이라도 더 흐를 수 있다면 그래서 내 몸이 그 통로 구실을 한다면 그래야겠다고. 오직 나 만이여야 한다는 게 아니라 나여도 기꺼이 좋겠다는 생각을 다시 잡아본다. 비우고 비울 테니 뜻이 제발 흐르게 하소서. 오랜만에 하는 기도다."[7]

2-2. 고공의 기도가 구하고 있는 신은, 그 고공을 점거한 자가 가졌다고 생각하는 정의와 정당성을, 정의의 정당성을 저울에 달고 재는 힘, 현재의 점거상태를 매회 기각하는 맥박과 함께하는 힘이었다. 신의 뜻·의지·힘의 형질이 고체적 덩어리mass를 질료화하는 정립적 법의 상태가 아니라 비정립적 '흐름'의 법-외 상태로 존재하며, 그 흐름이 '내가 아닌 나를 통해', 곧 타자-신을 통해 나를 지나 흐른다는 것, 그렇게 흐름을 막고 있는 '벽'으로서의 자기가 해체됨과 동시에 신적인 힘의 구성체로 된다는 것은 그런 타자-신과의 마주침을 불가결한 조건으로 하는 것이었다. 그런 타자-신이 살해된 시대, 신 없는 각자도생의 독존적 생의 상태를 두고 고공에 함께 거주하는 시인은 말한다. "내 허락 없이는 아무도 들어올 수 없는 / 이 밤의 성, 지식의 성, 논리의 성 / 유아독존의 성에서 / 문득 불쑥불쑥 치미는 그대를 죽이고 / 호시탐탐 발현하는 신을 죽였다."[8] 성주城主/聖主-나의 그 주인됨 그 신성의 상태를 해체하는, '불쑥불쑥 치미는' 우발성의 타자-신, '호시탐탐 발현하는 신'으로서의 우발적 타자와의 마주침. 이는 그리스도 앞으로 보내는 글에서 시인이 말하는 잔인한 신의 손과의 접촉과 다르지 않다. "비로 서서 내 날개 적시는 그대 음성 차갑고 / 비로 몰려 내 죽지 흔드는 그대 정신 소름 끼쳐라 / 비로 스며 내 씨앗 허무는 그대 손 잔인하여라."[9] 냉혹한 로고스, 신체를 흔드는 소름끼치는 정신, 내 성의 신성을 응축하고 있는 시초이자 근원으로서의 씨앗을 해체하는 신의 잔인한 손. 이 손, 그 힘의 벡터와, 상한 영혼을 위해 도래중인 / 접

---

7. 이창근 트위터, 2015. 1. 15.

8. 고정희, 「드디어 신(神) 없이 사는 시대여」, 『광주의 눈물비』(1990), 『전집』 2권, 191쪽.

9. 고정희, 「예수 전상서·1」, 『실락원 기행』, 『전집』 1권, 148쪽.

촉 중인 저 '마주잡을 손'의 힘은 상호 조건적이다. 그렇게 마주치는 손들의 역사적 공통성 속에서, 다시 말해 서 있는 비, 서는 비, 몰려 합수하는 비, 불쑥불쑥 스며드는 비, 변용의 촉발로서의 비, 유다른 비와의 마주침 속에서, 이른바 고공에서의/고공이라는 '파국적인 마주침' 속에서 각자도생의 성주─나는 신에 의해 변용되는 자기로, 비정립적 흐름으로서의 신과 일체로 된다. '유다른 비에 관한 책', 공표됨과 동시에 은폐된 철학사의 은밀한 흐름에 관한 책에서 인용한다. "역사의 의미(역사의 기원들에서부터 역사의 종료에 이를 때까지 역사를 초월하는 목적)는 없지만 역사 속에 의미가 있을 수 있다는 것, 왜냐하면 이 의미는 그 자신 역시 의미를 지니고 있는 유효한 그리고 유효하게 알맞은 마주침 또는 파국적인 마주침으로부터 태어나기 때문이다."[10] 파국적인 마주침의 역사 속에서 한 몸이 된 신의 힘은 역사 바깥에서 역사를 관장하는 최종적 목적연관 또는 법 안과 법 밖의 경계를 항시적으로 재결정·재합성하는 정립적 영광의 체제를 내부로부터 한정하고 그 너머를 개시하는 몰락과 정지의 계기로 지금 발현한다. "법의 흠을 사회가 메워야 할 때는 바로 지금이다"[11]라는 고공 이전의 말이 실질적인 것으로 고지되는 것은 타자─신의 흐름을 향한 고공의 기도에서, '법의 흠'을 메우는 사회가 타자─신의 흐름상태로 존재하고 있음에 대한 인식에서, 파국적 마주침에 의한 다른 법의 정초 과정에서, 그 소송의 역사와 함께 가능해질 것이다. 그런 역사의 형상을 시인은 다음과 같이 쓴다: "지층 깊은 체온으로 뜨거워 오는 진실을 열면 / 지극한 아픔으로 크고 있는 역사 / 역사의 허젓한 한 모퉁이에서 / 불타는 갈증으로 찾고 있는 내 신神, 내 신을 달라." 이 "한 모금의 신"[12], 피의 역사의 타는 갈증이 찾고 있는 그 신에 대해 좀 더 말하기로 하자.

---

10. 루이 알튀세르, 「마주침의 유물론이라는 은밀한 흐름」, 『철학과 맑스주의』, 서관모·백승욱 옮김, 새길, 1996, 80쪽.
11. 이창근, 「법의 흠」, 〈한겨레신문〉, 2014. 10. 16.
12. 고정희, 「부활 그 이후」, 『누가 홀로 술틀을 밟고 있는가』(1979), 『전집』 1권, 93쪽.

3-1. '지극한 아픔', 지극한 고통, 곧 시인이 말하는 저 '피와 경제'에 의한 피의 재생산의 역사, 그런 역사만이 요구할 수 있고, 그런 역사의 갈증에 의해서만 찾아질 수 있는 힘으로서의 신, 다른 누구 아닌 '나의 신', 내가 마셔서 일체가 되는 신. 이 신은 시인의 경제-신-론, 피와 경제의 영광이 생산한 결과·목적이자 그런 영광의 기원·시초로서의 자본-신과 적대하는 힘의 형태이다. 피와 경제, 피의 경제사, '피의 폭력'Blutgewalt이라는 영광의 역사 또는 '피의 입법'Blutgesetzgebung의 신성한 첨예화, 줄여 말해 자본주의의 역사발전. "자본주의는 기독교에 기생하여, 종국에는 기독교의 역사가 그것의 기생충인 자본주의의 역사가 되는 형태로 발전해왔다."[13] 이 기독교/자본주의의 역사-기관차, 상향하는 기관차-아멘에 의해 질료화되고 연소되는 것이 시인이 말하는 피의 역사이다. 그런 피의 지극한 역사에서 시인이 발견하는 신의 게발트가 자본주의의 발전이라는 성사聖史/聖事 속에서 그것을 한정하고 제약하며 그것 너머를 개시하는 중단과 정지의 발현일 때, 다시 말해 신의 그 힘이 경제-신-법의 바벨탑 꼭대기에 종언의 조등을 달기 위해 상향해 오르는 것일 때, 그 힘이 각자도생 상태의 '상한 영혼'을 위해 오고 있는 '마주잡을 손 하나'와의 마주침일 때, 그리고 그 손이 "충만한 배부름을 나누던 흰 손"[14]이자 "반역의 칼날을 뽑아 푸른 융단을 빚으시는 손"[15]에 다름 아닐 때, 그 신의 게발트는 여기 환속화한 '아벨'들, 즉 고공 아래의 생명상태를 개시·계시하는 최종적 몰락의 임재parousia를 그 주요 성분으로 갖는다 : "어둠의 골짜기로 골짜기로 거슬러오르던 / 너희 아벨은 어디로 갔는가? / 믿음의 아들 너 베드로야 / 땅의 아버지 너 요한아 / 밤새껏 은총으로 배부른 가버나움아 / 사시장철 음모뿐인 예루살렘아 / 음탕한 왕족들로 가득한 소돔과 고모라야 / 너희 식탁과 아벨을 바꿨느냐 / 너희 침상과 아벨을 바꿨느냐 / 너희 교회당과 아벨을 바꿨느냐 /··· 외마디 소리마저 빼앗긴 아벨을 위하여 / 나는 너희의 식

---

13. 발터 벤야민, 「종교로서의 자본주의」, 『발터 벤야민 선집』 5권, 최성만 옮김, 길, 2008, 124쪽.
14. 고정희, 「부활 그 이후」, 『전집』 1권, 93쪽.
15. 고정희, 「하늘에 계신 우리 어머니」, 『여성해방출사표』(1990), 『전집』 2권, 310쪽.

탁을 엎으리라 / 나는 너희 교회당과 종탑을 엎으리라 / 소돔아 너를 엎으리라 / 고모라야 너를 엎으리라 / 가버나움아 너를 엎으리라 / 예루살렘아 너를 엎으리라 / 천사야 너도 엎으리라 / 깃발을 분지르고 상복을 입히리라."[16] 함구당한 아벨들의 내력을 복기하기 위하여, 탈상脫喪을 기획하는 자들이 입은 법복을 벗기기 위하여 이 종언의 임재는 어떻게 독해되어야 할까.

새 시대의 주기도문 속에서 매일 봉헌되고 있는 주–아버지의 힘, 곧 자본–신의 은총으로 보호되고 있는 여기의 가버나움, 예루살렘, 소돔과 고모라. 그리스도로 하여금 '가버나움아 네가 하늘에까지 치솟을 셈이냐?'(「마태복음」11:23)라고 말하게 했던, 상향하고 있는 축적의 왕국. 그 왕국의 아르케로서의 자본–신을 향한, 그 신의 법의 성무일과를 위한 제의·미사의 정치. 그런 정치의 정당성을 재생산하고 있는 여기의 성 베드로St. Petro(페트로스, 작은 돌맹이), 다시 말해 축적을 위한 분리/매개의 최적화상태로서의 각자도생各自圖生의 생명상태를 재생산하는 법적 육식의 성聖–정치, 그 정당성 근거로서의 교회–반석petra. 베드로–교회, 곧 자본–신의 사도 베드로와 그 신의 신체–교회가 이루는 한 몸. 그렇게 일체화된 베드로–교회는 자본–신으로부터 두 개의 열쇠를 수여받음으로써 그 신의 로고스/노모스를 독점적이고 독재적으로 대의·대언·대행하는 힘, 성스러운 사목적 매개력/폭력의 정립상태로 된다. 베드로가 쥐고 있는 그 두 열쇠는 시인이 말하는 '피와 경제의 방정식'에 대한 자본–신의 항시적인 해답이고, 편재적인 해답이므로 최종목적이며, 최종목적이므로 수단의 합법성과 정당성 간의 관계를 조정·관리하는 힘이다. 그 열쇠, 곧 자본–신을 대의·재현·매개하는 신성한 반석으로서의 사도–베드로–교회의 권위, 가버나움·예루살렘·교회당·종탑의 힘, 사제–천사의 그 매개력이 아벨을 육식한다. 그 열쇠의 성스러운 힘, 곧 법적 육식의 정당성 생산의 공정을 관리하는 분리력/매개력, 인도하는 천사의 관리력은 천사에게 위임된 지고한 권력의 자기 보호력, 자기 성화로서의 정당성론·정의론에 의해

---

16. 고정희, 「이 시대의 아벨」, 『전집』 1권, 332~333쪽.

관철되는 통치력이다. 줄여 말해 사제-천사-열쇠의 게발트실천. 이는 다름 아닌 화폐의 속성이며, 화폐권력의 운용을, 주권적 화폐의 벡터를 신성 속에서 보호·재생산한다.

나도 너에게 말한다. 너는 베드로[페트로스]다. 나는 이 반석[페트라] 위에다가 내 교회를 세우겠다. 죽음의 세력[문]이 그것을 이기지 못할 것이다. 내가 너에게 하늘나라의 열쇠를 주겠다. 네가 무엇이든지 땅에서 매면 하늘에서도 매일 것이요, 땅에서 풀면 하늘에서도 풀릴 것이다.[17]

화폐가 나를 인간적 삶에 결합시키고, 사회를 나에게 결합시키고, 나를 자연과 인간에 결합시키는 끈이라면, 화폐는 모든 끈들의 끈이 아니겠는가? 화폐는 모든 끈을 풀기도 하고 매기도 할 수 있는 것이 아니겠는가? 그러므로 화폐는 보편적인 절연 수단이지 않겠는가? 그것은 사회의 결합 수단이자 화학적인 힘인 것과 마찬가지로 진정한 분리화폐이다.[18]

베드로의 열쇠, 맑스의 화폐. 그리스도가 베드로에게, 자본-신의 성자 그리스도가 사제 베드로에게 말한다. '너에게 하늘나라의 열쇠를 주겠다.' 그 열쇠는 베드로라는 반석, 상향하는 신앙의 그 정결성과 순수성 위에 세워진 교회를, 교회라는 축적의 최적화상태의 구축근저를 죽음/끝의 힘으로부터 보호하는바, 그 열쇠의 게발트, 모든 것을 '맺고 푸는 권한'이 그 일을 행한다. 땅에서 매거나 풀면 하늘에서도 매일 것이며 풀릴 것이었다. 맬 수 없거나 결합될 수 없는 것을 매고 결합하며, 풀릴 수 없거나 분리할 수 없는 것을 풀고 분리하는 땅 위의 힘이 천상에서도 동일하게 관철되도록 수락함으로써 그리스도의 로고스/노모스는 식탁 위의 주기도문으로, 주에 대한 일상적 미사의

---

17. 「마태복음」 16장 18절.
18. 칼 마르크스, 『경제학-철학 수고』, 강유원 옮김, 이론과실천, 2006, 177쪽.

형태로, 환속화한 신의 게발트로 스스로를 정립한다. 이른바 '모든 끈들의 끈'으로서의 화폐가 '보편적인 절연絶緣의 수단'일 때, 편재하는 화학적 결합의 힘이자 수량적 분리의 힘을 동시에 관철하는 수단일 때, 화폐는 베드로의 열쇠가 그리스도의 환속을 통한 축적의 정당성 생산의 수단이었듯 자본-신이라는 성부와 일체화된 성자-화폐로서 성부의 환속화 절차를 반석 위에서 매회 진행시킨다. 저 고공 위의 시인에게 베드로는 '믿음의 아들'이었던바, 베드로는 자본-신에 대한 신앙의 정결성을, 그 신의 질서를 유지하는 신용의 지고성을 관철시키는 힘이었다. 시인에게 그런 베드로의 열쇠란 다음과 같은 것이었다. "낙원으로 들어가는 문은 굳게 잡기고 / 어둠 속에 떠도는 하나님의 불칼 아래 / 독 묻은 열쇠 하나 빛나고 있었지 / 외로울 때 만지고 말 / 독 묻은 열쇠 하나 / 수천년 낙원 밖에 기다리고 있었지."[19] 자본-신의 질서에 임재하는 '불'과 '칼'은 그 신에 의해 참칭·전용되었고, 낙원의 문은 잠겨있다. '독 묻은 열쇠'가, 죽음으로 가는 열쇠-화폐의 신질서가, 죽음의 문을 여는 생生의 질서가, 화폐라는 그리스도-사도-베드로-열쇠의 게발트가 여기 실낙원의 종언을 복락원復樂園이라는 결코 오지 않을 미래의 반석 위에서 지연·오인시킨다. 그 유혈적 지연 속에서 베드로의 열쇠와 일체화된 화폐는 축적하는 전-종말론적 카테콘/적그리스도의 게발트로 존재한다.

3-2. 시인에게 피와 경제의 복락원을 여는 베드로의 열쇠-화폐는 끝내 '낙원 밖'을 연장하는 독 묻은 신성한 힘이었다. 그 낙원 바깥이 법의 내부이며, 그런 법의 내부에서 발현하는 법의 바깥이 저 고공이다. 평택의 70미터 고공의 굴뚝이 '신의 뜻의 흐름'을 향한 기도의 현장일 때, 그리고 그 현장이 『굴뚝신문』으로 흐르며 타자-신과 마주칠 때 고공은 일반화한다. 이와 관련된 두 개의 이미지를 인용한다.

---

19. 고정희, 「실락원 기행·2 — 진곡(眞哭)」, 『전집』 1권, 145쪽.

△ ⓒ 70미터 고공에서의 시선(이창근 트위터, 2015. 1. 15)
▷「고공여지도: 1990~2015 전국 고공농성 연대기」, <굴뚝신문> 3호, 2015. 7. 3.

고공에서의 시선이 고공의 연대기를 촉발했다. 다시 말해, '언론의 무관심'을 고공에 올라있는 몸의 생활로 극복하려했다는 김정욱·이창근의 말에 전·현직 노동담당 기자들이 함께 만든 것이 『굴뚝신문』 창간호였다(2015. 1. 7, 대판 12면, 5만 부). 2014년 5월 27일 구미 스타케미칼 45미터 굴뚝에 올라 408일을 살았던 차광호의 고공에서의 살림에 맞추어 3호가 발행되었고, 이 경험을 공유하는 10개 언론사 13명의 기자가 사진작가, 노동연구원, 문학인 등과 함께 만든 것이 잡지 『꿀잠 : 10개 언론사 현직 기자 20명과 사진작가들이 기록한 2016년』(비정규직 특별잡지 '꿀잠' 편집부, 2016. 9. 5)이었다. 그렇게 70미터 고공에서의 차가운 독백의 시선이 『굴뚝신문』을 촉발하고, 그 촉발 속에서 <고공여지도>라는 이름으로 고공의 연대기 또는 고공의 역사적 공통성이 인지되고 표현될 때, 그 시선 그 고공의 정치는 일반화한다. 위의 두 이미지를 결속시키는 한 대목을 읽게 된다. "돌아보면 고공농성은 늘 우리 곁에 있었습니다. '비정규직 없는 세상 만들기'가 집계한 2000년 이후 고공농성은 모두 108건, 고공농성 기간을 다 더하면 12년(4380일), 올라간 높이를 더하면 1389층 건물 높이(4166m)에 이릅니다. 12년 동안 이 땅의 노동자들은 하루도 쉬지 않으며 고통과 눈물로 세계에서 가장 높은 건물을 지어올린 셈이지요."[20] 일반화된 고공의 정치, 곧 일반의지의 형질을 창출하는 12년 4380일 1389층 4166미터의 누승적 건물이 저 피와 경제의 방정식을 푸는 베드로-천사의 열쇠 곁에, 그 열쇠의 스펙타클로서의 율법의 바벨탑 곁에, 하늘까지 상향하는 가버나움 곁에, 다시 말해 베드로-교회의 조직, 천사의 등급, 바벨탑의 위계로 환수되거나 합성되지 않는 차이적 게발트의 곁-존재로 존립한다. 정립을 반복하는 축적의 반석이 전위되는 조건이 그런 존립과 잔존의 힘인바, 그것은 더 이상 쪼개지지 않고 분리되지 않는 비정립적 제헌력의 형태소petro, 자립적이고 실질적인 형태소morpheme이다. 그런 힘의 형태소, 곧 고공이라는 자력구제Selbsthilfe가 갖는 위법성 조각의 게발트는, 저 파국적 마주침 속에서 자기성의 해체/구축을 통한 탈바꿈·변형metamorphosis의 과정/소송으로 발현하는 역사적 변이체morphe이다. 위의 〈고공여지도〉가 표현하고 기립시키는 일반화된 고공, 이른바 여기의 '산파'Geburtshelferin가 그런 게발트-의-형태소/변이형을 분만하며, 그때 재정초되는 그 분만의 역사적 공통성은 곁을 거슬러 살필 필요가 있는 정치적인 것의 발생사로, 신적인 힘의 발현사로, 잠재성/역량의 권위로 존재하는 게발트연관을 인지하기 위한 방법이자 경로가 된다.

그런 방법적 참조항으로서의 〈고공여지도〉를 프롤로그로 달고 작성된 시인 송경동의 글은 고공의 인간을 '살 곳을 찾는 사람들'로, '고공이라는 살길' 위의 사람들로 표현하면서 그들의 고공으로의 상향과 동시적이었던 두 개의 '고공 행진'에 대해, 쌓여가는 가계부채 1089조와 기업들의 사내보유금 515조에 대해 언급한다. 부채와 죄의 통치적 등질성 또는 동시성에 대한 비판의 사상사가 있었던 것처럼, 시인이 말하는 빚/죄와 기업 사내보유금의 고공 행진은 여기의 베드로-천사와 바벨탑-교회가 피의 경제의 통치력으로서 운용되는 구체적 방법론이자 존재론이다. 그런 통치력의 고공 곁을 향해, 그 곁

---

20. 김민경·이하늬, 「『굴뚝신문』 후원의 글」, 〈스토리펀딩〉 2015. 7. 3.

을 위해 시인은 말한다. "차광호 벗의 고공 농성이 408일로 끝났다. 그 고통과 눈물의 숫자만큼 우리들의 각성이 하늘로 치솟아 오르면 어떨까."[21] 일반화된 고공 위의 숱한 이름들이 시인에 의해 하나하나 호명될 때, 그렇게 그 이름들이 피-죽임-죽음으로 퍼지는 여기의 일반화된 고유명이 될 때 시인은 저 열쇠의 신성체라는 일반해고의 칼날이 또 하나의 일반의지로 편성되고 있는 여기의 내전상태를 게시한다. 다시 한 번 법적 육식의 식탁, 정치로 합성된 사법의 판결 앞에 선 시인이 문제시하고 있었던 것은 그러므로 저 죄/빚의 통치였고, 그런 한에서 어떻게 속죄/탕감할 것인가가, 어떻게 죄/빚의 악무한적 통치를 전위시킬 것인가가 질문의 꼴을 결정짓는 것이었다. 그런 질문과 마주한 시인의 열쇠, 시인의 방법과 태도가 영도 85호 타워크레인-희망버스의 사법탄압에 맞선 시작詩作 속에서, '공공의 사용·소유로의 되돌림'이라는 역-장치적이고 비정립적인 잠재력 속에서, 어떤 희년禧年, year of Jubilee의 게발트 속에서, 빚/죄의 탕감과 면죄력 속에서 약하게 상기되며 기립한다 : "세상의 1%가 독점한 / 모든 사회적 부를, 권력을 / 모든 인간과 자연의 / 평화와 평등, 자유로운 발전을 위한 / 공공의 것으로 되돌려라 / … 부디 주저하지 말고 나를 구속하라 / 당신들의 더러운 폐부 / 가장 깊숙한 곳에서 / 당신들의 속을 뒤집어 엎으리라."[22]

3-3. 법정립적이고 법유지적인 빚/죄의 바벨탑 곁으로 정초되고 있는 '고공이라는 살 길', 위법성 조각력의 소송 속에 있는 법-밖이라는 살림의 상황. 그런 상황과 마주치는 파국적 게발트가 다음과 같은 말의 힘일 때, 그것은 일반화된 고공의 그 일반성을 다시 다르게 표현하게끔 한다. 『굴뚝신문』 2호에서 발현하고 있는 '마주침'의 내역과 내력, 문정현 신부의 말을 읽게 된다. "우리는 어떻게 해야 하는가. 강정에서 답을 얻는 것 같아요. … 거짓, 사기, 폭력

---

21. 송경동, 「노동자가 쌓아 올린 가장 슬픈 건물」, 『굴뚝신문』 3호.
22. 송경동, 「진실은 구속당하지 않는다 : 2011년 희망버스 사법탄압에 맞서」, 송경동 페이스북, 2015. 6. 11.

을 용납하지 못하는, 현재는 무기력한 사람들이 더 할 수 없는 마음으로 현장의 끈을 놓지 않을 때, 어느 샌가 외부에서 힘이 나오지 않을까 하는 생각이 들어요. 종교적으로 이야기한다면 예수님이 부활했을 때 낙담하고 절망하던 제자들이 다락방에서 숨어 있다가, 성령의 바람을 만나 힘을 얻어 밖으로 뛰어나가는 것 같은."[23] 이는 체념과 무기력함, 압도적인 공권력과 마주해 투쟁의 마지노선을 투쟁의 최전선으로 사고하고 있는 최저선의 상황에서 나온 말이다. 동시에 그 말은 쌍용차 굴뚝 위로 강정과 세월호와 구미와 밀양의 현장을 포개는 말 속에 들어있는 말이기도 했다. 그 말들을 관통하는 것이 '성령의 바람'과의 만남, 프시케(숨결)-신성과의 마주침이다. 그 마주침이 '외부'이며, '외부에서 나오는 힘'이며, 법-밖의 자질을 지닌 힘이다. 이 힘이 싸우는 적敵은 위의 인터뷰 바로 아래에 배치되어 있던 시인 블레이크W. Blake가 말하는 '천사'이고 '신'이다. 고공을 위해 인용되고 있는 「굴뚝청소부」라는 시, '천진난만한 노래'라는 부제를 단 블레이크의 그 시 속에선, 굴뚝 있는 집으로 팔려나간 아이들이 굴뚝 청소를 위해 삭발하고 있고, 천사는 그런 고공에서의 설움과 울음을 향해 목가적 꿈과 신에 대한 믿음의 즐거움을 선물하고 있다. 5년 뒤 블레이크는 동일한 시 제목에 '경험의 노래'라는 부제를 달고서는 5년 전의 시 부제를 기소한다. "블레이크는 똑같은 제목의 시를 씁니다. 거기에서 아이들은 여전히 굴뚝 청소를 합니다. 고통스러운 노래를 부르고 죽음과 같은 옷을 입고, 마치 눈 속의 검댕처럼 살아갑니다. 하지만, 아이들을 부리는 이들은 천사의 말처럼 아이들이 행복하다고 믿고, 교회에 찾아가 신을 경배하고 감사의 기도를 드립니다. 그래서 이 시의 마지막 구절은 '우리의 비참한 천상을 창조하신 하느님'입니다. 블레이크는 이 시에 '경험의 노래'라는 부제를 달았습니다. 그의 섬뜩한 솜씨지요."[24] 고공 위의 사람들을 인지하는 블레이크의 시, 그 속의 천사와 신은 가벼나움과 교회당과 종탑에 이어 '천사야 너도 엎으리라'고 고지받고 있는 저 천사-매개력과, 바벨탑-열쇠와

---

23. 문정현 인터뷰, 『굴뚝신문』 2호, 2015. 2. 9.

등질적이다. 이 등질성을 적으로 삼는 강정의 신부, 그가 말하는 성령의 바람과의 만남, 그 접촉의 힘이 법의 바깥을 창출하는 숨결/흐름의 형질을 갖는다는 점에서, 그리고 그것이 저 70미터 고공의 이창근이 하고 있는 '기도', 곧 신의 뜻의 흐름을 향한 기도와 접촉하고 있다는 점에서 제주 강정에서의 해군기지반대투쟁은 또 하나의 고공점거, 고공의 게발트를 공유·분유하고 있다. 이는 쌍용차 굴뚝 파기환송과 희망버스-크레인 공판에 합성된 제주 강정의 사법판결을 기소하고 있는 현장, 곧 제주 강정의 법정에 선 양운기 수사의 최후변론 속에서 확인될 것인바, 그렇게 『굴뚝신문』이라는 마주침의 현장을 통해 70미터 고공을 공유하는 강정은 이미 앞질러 굴뚝을 이끄는 고공이었으며, 저 고공의 역사적 공통성의 반석으로서 항상-이미 존재하는 것이었다. 강정의 내력을 고공의 게발트 속에서 비평할 필요가 있는 것은 그런 까닭에서다.

2013년 11월 20일 이른 새벽에 찍힌 한 장의 이미지에는 신앙과 기도의 어떤 현장이 포착되어 있다. 해군기지 건설 현장으로 진입하는 25톤 트럭 곁에서 무릎 꿇고 기도하고 있는 사람의 마지노선/최전선. 육중한 덤프트럭, 더 육중한 기도. '강정이라는 살 길 위'의 문정현이 그 현장을 보존했다. "간절한 기도! 공사차량은 저희를 비웃습니다. 그러거나 말거나 우리는 이렇게 기도할 것입니다."[25] 기도의 그 육중함이라는 것, 기도라는 저항의 무게는 신성이 저항의 동력으로 작동하는 시간에 관해, 그런 동력의 외적 제공을 넘어 저항과 신성이 한 몸으로 일체화되는 시간의 힘에 관해 생각하게 한다. 저항을 표현하는 숱한 문장들 속에서, 신을 향한 '믿음'을 '저항'이라는 단어와 결합시키는 오늘 여기의 한 문장은 귀하다. "불의에 대한 저항은 우리 믿음의 맥박과 같은 것이다."[26] '불의'한 계약체, 공안의 독재에 대한 저항이 신을 향한 '믿

---

24. 이상헌, 「연대의 글」, 『굴뚝신문』 2호.
25. 문정현 트위터, 2013. 11. 20.
26. 천주교정의구현전국사제단, 「저항은 믿음의 맥박이다」, 2013. 12. 4. '대림절'(待臨節) 제1주간의 시간 속에 들어있는 이 선언문은 전주 교구의 사제들이 국정원 대선개입 사건을 비판

음의 맥박'이라는 것. 저항이 신을 향한 믿음을 생동하게 하는 힘이라는 것. 요컨대 신을 향한 믿음과 저항의 접촉은 '성령의 바람'과의 만남, 신성과의 접촉으로서 발생하고 발현한다는 것. '저항은 믿음의 맥박이다'라는 테제는 신의 뜻을 정의하며, 신의 정의가 구현되는 조건에 대해 발언하는 중이다. 신, 다시 말해 '맥박'. 저항의 맥박으로서의 신, 곧 신적 저항. 바로 그 맥박의 의미연관 속에서, 그 맥박이 분만하는 법-밖의 게발트궤적 위에서 저 고공의 파기환송과 일체화된 강정의 사법심판이 기각되기 직전에 놓인다. 제주지방법원 202호 법정에 선 피고인 최후변론으로부터 인용한다: "하나의 사건은 모든 개체로부터 독립되어 있는 것이 아닙니다. 그것이 강정과 관련되면 더욱 그렇습니다. … 저는 이 소수의 사람들 앞에서 판결을 받지만 그 판결은 강정주민들, 그리고 우리 시대의 양심들, 우리 시대의 인권, 우리 시대의 위정자들, 우리시대의 국가 수준, 우리 시대의 작은 희망이거나 절망에 대한 판결이 될 것이며 저의 가슴에 영원히 남을 것입니다. 그리고 제가 만나는 사람들, 제가 만나는 시간과 공간, 제가 만나는 시대마다에 전달할 것입니다. 이 법정의 주인공들, 이 법정의 온도와 습도, 이 법정의 체취와 이 법정의 색깔, 이 법정의 크기, 이 법정의 밝기, 그리고 이 법정의 눈동자와 마지막 숨소리까지 제 마음에 적고 새길 것입니다."[27] 강정에서의 최후변론, '시대마다 전달'될 강정이라는 역사적/종언적 변론. 신의 고지를 닮은 그것은 고공의 파기환송으로 정립되고 유지되는 폭력의 상위에서 법-폭력의 바깥을 창출하는 게발트이며, 최후심판/즉결심판의 임재를 주요 성분으로 갖는다. 『굴뚝신문』 속의 강정이 저 일반화된 고공의 일반성과 역사성을 다시 일반화하고 변이시키는 신적인 힘의 형태소인 근거가 거기에 있다.

4-1. 평택의 고공과 만나는 다른 고공들, 통치의 등질적 상태 위에서 일

하면서 '대통령의 하야'를 명시적으로 촉구한 11월 22일 이후의 정세 속에서 작성된 것이다. 인용한 위의 한 문장은 사제들의 그 선언문, 그 격문을 압축한다.

27. 양운기, 「최후 진술서」, 『가톨릭 뉴스, 지금 여기』, 2015. 5. 28.

반화되는 고공과 강정의 마주침. 이 파국적 마주침에 접촉하는 또 하나의 마주침은 다음과 같다. "한 번, 단 한 번, 스피노자B. Spinoza는 꽤 이상하지만 매우 중요한 'occursus'라는 라틴어를 씁니다. 문자 그대로 이것은 마주침입니다.… 이것은 원인들의 인식으로부터 독립한 결과들의 인식입니다. 따라서 그것들은 우연한 마주침들입니다."[28] 원인들의 인식은 원인-결과의 대쌍을 통한 인지의 기계적 공정이며, 이는 시초-종말, 목적-수단, 형상-질료 같은 축적기계의 분리/매개공정과 계열화되어 있는 것이다. 그런 원인들의 인식으로부터 독립한다는 것, 곧 '우연한 마주침'의 과정/소송은 기원으로서의 자본-신과 같은 아르케/최종목적의 정치로부터 폭력적으로 떼내어진다는 것이며, 그런 아르케/바벨탑으로부터의 탈구 또는 성별聖別을 뜻하는 것이다. 그런 원인들로부터 독립한 결과들을 인지한다는 것, 곧 우연한 마주침이라는 것은 그렇게 내재하는 외부로서의 '특이성'의 상황을 발굴하고 발현시키는 역량puis-sances의 무한성을 가리키는 다른 말이 될 것이다. 역량/잠재력을 무한과 영속성 속에서, 리좀과 리토르넬로로서, '연속적인 변이의 선율'로서, 리듬과 정도degree로서 사고하려는 들뢰즈적 스피노자의 의지, 그것이 관철되고 있는 힘의 형태·상태가 다름 아닌 '신'이었던바[29], 저 우연한 마주침은 그런 신의 벡터와 한 몸이 되어 있는 힘이다. 들뢰즈는 축적기계적 인지의 형태로는 매개가 불가능한 힘의 형질을 로렌스D. H. Lawrence로부터의 영감을 통해 표현하려고 했다. 즉 고흐V. Gogh와 태양의 로렌스적 마주침, 태양과 신과 인간의 마주침이라는 변이의 선율을, 다시 말해 축적기계적 아르케의 분리/매개공정이 자신의 종언적 바깥으로 이행되고 전위되게 하는 역량의 발현을, 곧 "넘어섬"beyond과 "신비로운 결합union"과 "약분불가능한 신비가 존재하는 장소"[30]

---

28. 질 들뢰즈, 「정동이란 무엇인가?」, 자율평론 기획, 『비물질노동과 다중』, 서창현 옮김, 2005, 38쪽, 39쪽.

29. 관련된 문장들은 다음과 같다: "오직 신만이 절대적으로 무한한 능력을 갖습니다"(질 들뢰즈, 「정동이란 무엇인가?」, 49쪽); "신 ─ 그가 그 자신의 원인인 한 전체 세계인 신 ─ 은 본성상 정동되는 우주적 능력을 갖습니다"(62쪽); "여러분은 능력의 어떤 정도입니다. 이것이 바로 스피노자가 말 그대로 '나는 신의 능력의 일부이다'라고 말할 때 뜻하는 바입니다."(108쪽)

를 인식하고자 했다. 그 맥박 속에서, 저 고공의 게발트 곧 일반화한 고공과 제주 강정의 우연한 마주침에 접촉하고 있는 또 다른 마주침의 과정/소송에 주목하게 된다.

『굴뚝신문』과 그것을 잇는 특별잡지 『굴뚝』의 기획 및 제작에 참여했던 노동운동가 박점규의 글들은 '노동여지도'라는 이름으로 연재되었으며, 그 이름은 『굴뚝신문』 3호 〈고공여지도〉의 연대기와 만나는 것이었다. '노동여지도'는 삼성의 도시 수원을 시작으로 전국 28개 도시의 노동 상황을 발로 밟아 쓴 탐사기록이자 노동을 통한 인식의 지도그리기의 실천이었다. 그 지도 위에 그려진 '안산'은 반월공단·시화공단 29만 명의 노동자 중 75%가 파견 및 용역업체의 간접고용 상태에 놓인 곳이었으며, 50미터 길거리에 19개의 인력회사가 즐비한 '사람장사'의 매끈한 평면, '인간경매 단지'이자 '대한민국 파견노동 1번지'였다. 『굴뚝신문』의 〈고공여지도〉를 인도하는 박점규의 노동여지도, 그 인식의 지도 위에 그려진 안산은 일반화된 고공의 그 일반성과 역사성을 다시 한 번 변이되도록 이끈다.

봉고차가 단원고등학교를 지나 고잔동 주택가 놀이터에 도착했다. 기다리고 있던 세월호 생존자 대책위 장동원 대표가 반갑게 맞는다. 그는 의료기기를 만드는 신흥에서 일한다. 단원고 학생들의 부모 대부분이 반월과 시화공단의 노동자이거나 작은 가게를 운영하는 서민들이다. 한 자동차 부품회사에서 세 명이 자식을 잃었는데 모두 하청노동자다. "살아온 아이들도 안전하지

---

30. 질 들뢰즈, 「정동이란 무엇인가?」, 138쪽. 들뢰즈적 로렌스, 로렌스의 영감은 「요한묵시록」에 대한 그의 비평 속에선 다음과 같이 표현되고 있다 : "우리의 피와 태양 사이에는 영원히 생명을 주고받는 교감이 있다"; "나의 눈이 나의 일부이듯, 나는 태양의 일부이다. 내가 지구의 일부임을 나의 발은 안다. 나의 피는 바다의 일부이다. 나의 영혼은 내가 인류의 일부임을 알고, 나의 영혼은, 나의 정신이 나의 민족의 일부이듯 거대한 인간 영혼의 유기적인 일부이다. … 우리가 원하는 것은 우리의 거짓되고 비유기적인 관계, 특히 화폐와 관련된 관계들을 파괴하고, 그리고 우주와, 태양과 지구와, 인류와 민족과 가족과 살아있는 유기적 관계를 새로이 정립하는 것이다. 태양과 함께 시작하라. 그 나머지는 천천히 일어날 것이다."(D. H. 로렌스, 『묵시록』, 김명복 옮김, 나남, 1998, 56쪽, 235쪽)

못해요. 자판기에 깔린 친구를 두고 온 아이, 친구의 손을 놓친 아이, 누군가 발목을 잡았는데 뿌리치고 온 아이들이 지금도 울고 있어요." 그의 눈이 젖어든다. 하청과 파견이라는 암세포가 도려낼 수 없을 정도까지 퍼진 공단은 규제완화라는 암세포가 번져 침몰한 세월호를 빼닮았다.[31]

『노동여지도』에는 '저항'이라는, '희망'이라는 항체가 어느 지역에서 어떤 이들에 의해 구체적으로 생성되고 있는지도 상세히 기록되어 있다. 『노동여지도』는 자본만이 무한히 안전한 사회에서 일상이 세월호의 선실과 다를 바 없는 1,800만 노동자들과 그 가족, 서민들을 위한 긴급구난지도이기도 하다.[32]

노동의 재난, 재난적 통치. '특별노동재난구역 안산'에는 저 4·16 세월호의 유족과 생존자가 산다. 기존의 법을 정지·개조시키며 관철되고 있는 '규제완화'라는 독재적 힘이 노동의 재난과 세월호의 침몰을 관통한다. 그 재난과 그 침몰의 반석이 그런 독재적 축적의 제1법, 자본-신의 법이다. 이 법에 의해 일상이 세월호의 선실이 되며, 그때 하루하루가 재난 아닌 날이 없다. 일상-세월호-노동자-긴급구난지도라는 연쇄는 안산-세월호-노동재난이라는 인식에 촉발되어 변이된 시인의 사고형태였다. 노동여지도, 다시 말해 긴급구난에 의한 작도-법, '긴급피난'緊急避難이라는 면책적 삶의 다른 지도제작법. 노동여지도라는 인식의 지도/힘이 위난의 통치체로부터 최우선적으로 구제될 수 있게끔, 그 체계를 회피할 수 있게끔, 그 체계로부터 스스로를 방위할 수 있게끔 인도하는 유일한 수단이 될 때, 달리 말해 '긴급구난'이라는 긴급사·비상시로서 발현하고 발효될 때, 노동여지도라는 긴급구난의 작도-법은 저 자본-신의 로고스/노모스로부터의 긴급피난이라는 정당방위적 벡터궤적 위

---

31. 박점규, 「세월호를 빼닮은 노동재난구역 안산」, 『주간경향』 1093호, 2014. 9. 23. 이 글을 포함해 연재되었던 그의 글들은 『노동여지도』(알마, 2015)로 출간되었다.
32. 『노동여지도』에 붙이는 송경동의 추천사에서 인용.

에서 위법성이 예외적으로 배제·조각阻却되는 법-밖의 반석-열쇠가 된다. 그렇게 노동의 재난 속에서 안산과 세월호의 공통성이 인지될 때, 노동여지도/고공여지도의 위법성 조각력으로 기립하고 있는 고공의 그 일반화된 게발트 궤적은 세월호 이후의 정치로 재일반화한다. 평택공장 70미터 굴뚝에 오른 이창근이 '백척간두百尺竿頭 진일보'를 말할 때, 살기 위해 죽으려는 그 장대 끝 고공은 동시에 세월호 이후의 정치를 재인식하도록 이끄는 단식의 현장, 살기 위해 죽음으로 향하고 있는, 행복의 향유를 위해 사멸과 몰락으로 한걸음씩 나눠 걷고 있는 동조단식의 생명상태, 긴급피난의 발동·발현상태이다. 백척간두 위에서 만나고 있는 고공과 세월호에 접촉될 문장들은 다음과 같다: "불멸로 인도하는 종교적 원상복구에는 몰락의 영원으로 이끄는 속세적인 원상복구가 상응하며, 이처럼 영원히 사멸해가는, 총체적으로 사멸해 가는 속세적인 것, 그 공간적 총체성뿐만 아니라 시간적 총체성까지도 사멸해 가는 속세적인 것의 리듬, 이 메시아적 자연의 리듬이 행복Glück이다. 왜냐하면 자연은 그것의 영원하고 총체적인 무상함Vergängnis(사멸)으로 인해 메시아적이기 때문이다."[33]

4-2. 자본의 일반공식 G−W−G′, 곧 맑스적 경제신학(G=성부=G′=성자)의 체제가 항구적으로 자기증식하는 법의 평면이었던 한에서, 그리고 자본주의가 영속적인 종교운동이자 베드로-천사의 제의공정이었던 한에서, 그것은 전-종말론적 자본-신-G′의 권능으로 항시적이며 탄력적으로 보수·복구·재생산되는 '종교적 원상복구'의 일반공식이었다. 신-G′의 불멸하는 그 신성에 응대하는 것, 그것이 '사멸하는 것'이다. 제의와 미사의 불멸성 곁에 정초되는 '몰락의 영원', 세계정치의 과제로서의 몰락 또는 총체적으로 사멸하는 것으로서의 '세속적인 것'이 그런 신-G′의 불멸하는 성무일과에 응전하는 것이었다. 벤야민의 사라진 폭력론 하나가 「삶과 폭력」에 대한 짧막하면서도

---

33. 발터 벤야민, 「신학적·정치적 단편」, 앞의 선집, 131쪽.

매우 시의성 있는 노트」였다는 점을 파지한다면, 저 '행복의 향유를 위한 '사멸'과 '몰락의 영원'이라는 개념을 오늘 이곳의 삶과 폭력에 대한 짧지만 시의성 있는 기록을 위해 전용해야 할 필요로서, 그 개념을 개념-매스로 다르게 인지해야 할 상황의 시작으로서, 곧 세월호 이후의 정치로서 마주하게 된다. 2016년 8월, 세월호의 유족은 여소야대의 상태 속에서도 거듭되고 있는 입법권의 야합을 끝내기 위해, "세월호 참사 이전과 이후가 달라져야 한다는 대명제"를 위해 다시 단식을 결정했다. "저는 어제(17일)부터 광화문 세월호광장에서 '사생결단식'을 시작했습니다. '사생결단을 내기 위한 단식'이라는 뜻입니다. ⋯ 20대 국회는 8월 임시국회에서 지체 없이 특별법을 개정해야 합니다. 특별법 개정의 목적은 특조위가 법이 보장한 기간은 물론 그동안 실질적인 조사를 할 수 없었던 기간까지 더해서 성역 없는 진상조사를 할 수 있어야 한다는 것이며, 특히 세월호 선체조사를 당연히 특조위가 맡아서 해야 한다는 것입니다."[34]

　야합에 의한 입법 또는 입법에 의한 야합이 이윤을 분점하기 위한, 피와 경제의 방정식에 대한 정치적 추인과 추진의 방법인 한에서, 그들 입법권의 말과 혀는 '마음이 아프면 마음에 그대로 담고 있으라'고 기도하던 추기경 염수정의 입, 모든 것이 '인간의 문제'라고 말함으로써 무책임을 체제화하고 일반화하던 그 입과 혀에 합성된 것이다. 세월호 이전과 이후를 변함없이 관통하고 있는 여기의 통치형질 곁에서 결정되고 있는 그 단식을 앞질러 인도하고 있던 다른 단식이 있었던바, 그것은 세월호 직후 '유민 아빠' 김영오 씨의 단식이며, 그 단식과 일체화되고 있던 숱한 단식들, 2014년 8월 24일 현재 24,000명이 참여하고 있는 동조단식이다. '새로운 사회'로서의 법, '자연-권'으로서의 세월호 특별법의 정초를 위해 집약되고 있는, 조율 속에서 '동조'同調되고 있는 단식의 '리듬', 그것은 살기 위해 죽음으로 한 발을 내딛는, 생명의 존엄을

---

34. 유경근(4·16세월호참사 가족협의회 집행위원장) 페이스북, 「'사생결단식'을 시작하며」, 2016. 8. 18.

구가하기 위해 최후적 사멸로서의 죽음으로 한걸음씩 나눠 내딛고 있는 보
조步調 맞춰진 리듬으로서의 동조단식이며, 그런 한에서 그것은 지고한 지복
의 주권적 리듬이다. 이른바 불멸·편재하는 자본-신-G'의 총체적 사멸로 향
하고 있는 속세적인 것의 리듬, '메시아적 자연의 리듬'. 그것이 벤야민이 말하
는 저 '행복', 동조되는 이들의 지복이다. 신-G'의 자기증식을 초헌법적 규제완
화를 통해 합법화하는 여기의 계약체, 맑스가 말하는 축적명령으로서의 모
세를 따르는 불멸의 신성가족, 그렇게 불멸하는 종교운동의 실정적 가족유
사성을 절단하는 것이 바로 그 행복의 향유로서의 자연, 자연-권, 곧 영속적
사멸과 '무상함'으로서의 메시아적 자연이다. 신성가족의 통치적 성무일과를
나날이 무화하는 동조단식이라는 백척간두의 폭력, 동조단식이라는 불사의
산파/메시아성. 노동여지도/고공여지도와 만나는 동조단식의 지도·지층·반
석, 단식이라는 위법성 조각의 작도·발굴-법 위에서 단식은 일반화하며, 그때
그 동조의 게발트는 역사철학적 성분을 파지한다: "세속적인 것의 질서는 행
복의 이념에 정향해야 한다. 이 세속적인 질서가 메시아적인 것과 맺는 관계
가 역사철학의 가장 중요한 가르침 중 하나이다."[35]

　2016년 8월의 여야 야합을 인도하는 2014년 8월의 야합, 그것을 탄핵하
는 반대 성명에서 유족들은 이렇게 쓴다. 마지막 문장을 눈여겨보게 된다.
"대통령이 임명하는 상설특검법에 따라 특검을 하겠다는 합의는 가족들을
두 번 죽이는 일이다. 가족이 아무런 의견도 낼 수 없는 특별검사후보추천위
원회가 낸 후보 두 명 중 대통령이 한 명을 임명한다고 한다. 이런 특별검사에
게 우리 아이들이 죽어가야 했던 진실을 내맡기라는 것인가. 그럴 것이었다
면 특별법을 요구하지도 않았다. 검경과 국회 국정조사에만 진상 규명을 맡
길 수 없는 이유는 그저 불신 때문이 아니다. 세월호 참사로 희생된 우리 아
이들, 여러 희생자들에게 전할 이승의 편지는 우리 스스로 써야 하기 때문이
다."[36] 죽은 자들을 향한 편지는 매번 발송되지 못하고 되돌아오는 편지이고,

---

35. 발터 벤야민, 「신학적·정치적 단편」, 129~130쪽.

그렇기 때문에 항구적으로 써야 하고 '스스로 써야'하는 편지, 그렇게 스스로 써야만 하는 자기유래적 기록의 시간이다. 4·16의 역사적 사건이 메시아적인 것과 맺는 관계를 '스스로 구원하고 완성하고 만들어내고 있는' 자기-발현적인 기록의 시간, 수단이 아니라 발현으로서의 기록-힘, 그렇게 달아매고 재고 쪼개는 기록-법의 시간, 새로운 '법의 저울'을 분만하는 세속의 시간, 파루시아의 현재시간jetztzeit. 그런 시각들의 보존, 그런 상황들의 창출 속에서만 4·16이라는 사건의 역사성은 향유되는 행복의 '완성'으로서 매회 스스로를 구원할 수 있다. 이와 같은 역사철학 또는 역사신학에 대한 실질적 추상으로서 적출될 수 있는 문장은 다음과 같다. "폭력에 대한 비판은 폭력의 역사에 대한 철학이다."[37] 폭력 비판은 폭력의 역사철학테제이다. 세월호 이후, '죄/빚'의 정점을 감각하려는 역사학자 후지이 다케시藤井たけし는 자신이 '편애'하는 운동의 내용과 형식이 40년 전 '동아시아 반일무장전선'에 있다고 말하면서, 그 역사적 사건의 연장선 위에 광화문에서의 동조단식을 놓는다. 제국주의의 침략과 보조를 맞춤으로써 축적하는 기업들, 예컨대 미쓰이 물산, 다이세이 건설, 미쓰비시 중공업 등에 대한 '폭파'를 통해 제국의 시대와의 연쇄를 끊으려 했던 40년 전의 사람들. 진보를 위한 전위당 건설과 오지 않을 정치의 미래를 최종목적으로 한 것이 아니라 피와 경제의 역사적 연장태로서의 바로 지금에 방점 찍었던 사람들. 그렇게 그들의 그 무장, 그 전선은 폭력적 과거와 오늘의 연결고리에 대한 '단절'로 — '청산가리 품은' 단절로, 살기 위한 죽음과 사멸로 — 정향되어 있었다. 세월호 이후의 후지이에게 단절 또는 몰락을 향한 그들의 의지는 지금 이곳에서 가능하고 필요한 온전함, 그런 완전성을 향한 거듭되는 도약의 한 계기로서 기립한다. 그것은 비극적이다. 비극적이되 세속적이며 그 세속에 '원리로서의 희망'이 있다. 후지이는 그런 단절·희망·도약을 광화문에서의 동조단식과 마주치게 한다. "지금도 광화문에서는 수많

36. 세월호유가족대책위원회, 「가족의 요구 짓밟은 여야 합의에 반대한다」, 2014. 8. 7.
37. 발터 벤야민, 「폭력 비판을 위하여」, 앞의 선집, 115쪽.

은 이들이 단식을 하고 있다. 단식이라는 행위를 통해, 과거를 연장시키는 일상의 시간이 거부되고 있는 것이다. 무장투쟁을 하지 않더라도 우리의 현재를 멈추게 하는 방법은 여러 가지가 있다. 더 이상 이런 시간 속에서 살고 싶지 않다는 '거부'의 실천이야말로 미래를 가능케 하는 첫걸음이다."[38] 후지이에게 그 '첫걸음'이 주권적 힘의 성분을 가진 것인 한에서, 그 걸음, 동조되는 그 걸음은 이른바 '제헌권력의 패러독스' 속에 놓여 있는 힘이었다.

> 모든 권력이 국민으로부터 나온다고 하면서도 그 권력의 원천이 누구인지는 헌법 이후에 제정된 하위법에 의해 소급해서 규정된다는 패러독스가 여기에 있다. 대한민국헌법이 제정되었을 때, 그 '국민'이 누구인지 정한 법은 아직 없었다. 그렇다면 대한민국의 모든 권력은 법으로 규정되지 않는 어떤 존재로부터 나왔다는 것이다. 주권을 행사한다는 것은, 근본적으로는 법 바깥에서 스스로 법을 만드는 것을 의미한다. 당장에는 불법행위로 보이는 것이 새로운 법을 탄생시키는 것이며, 정치라고 불리는 행위는 바로 이런 것이다.[39]

자본–신의 법으로서의 죄/빚 연관 밖에서, 곧 법–밖에서 다른 법을 분만하는 메시아적 산파의 '정치'. 후지이가 말하는 정치, 곧 단절과 단식의 그 '첫걸음', 살기 위해 사멸로 나눠 걷고 있는 고공에서의 동조단식이란 행복에 도달하고 행복을 짓는, 그 위에 더한 복이 없는 '지복'의 법의 분만을 위한 반석으로서의 비정립적 제헌력의 리듬이다. 제헌권력의 패러독스·아포리아는 제헌권력의 불가능성을 결정하는 권위의 근거가 아니라 그 불가능성을 가능성의 발현을 위한 단련의 장소로 매회 전위시켜나가는 게발트의 정당성–근거이다. 2014년 8월 현재, 그 리듬의 법/복에 촉발되고 있는 금속노조 10만은 그런

---

38. 후지이 다케시, 「왜 그들은 기업을 폭파했나」, 『한겨레신문』, 2014. 8. 24.

39. 후지이 다케시, 「"법대로"」, 『한겨레신문』, 2016. 5. 22.

리듬에 동조되고 보조맞춤으로써 그 리듬을 도약시키는 동조-파업으로, 이른바 '총파업'이라는 또 하나의 '목숨을 건 도약'으로 시작되려는 중인가. 총파업을 예고하는 그들 노동조합의 지도부는 세월호 특별법 통과를 위해 투쟁할 것이라고 선언하면서, "김영오 조합원이 골수 노조원이며 금속노조를 배후에 둔 특정 정치세력의 정략이 있다는 유언비어가 유포되는 것에 대꾸할 가치를 못 느낀다"고, "그가 홀로 죽음을 불사한 싸움을 하는 동안 제대로 배후 노릇을 못한 점을 반성할 뿐"[40]이라고 말한다. 일반화된 유족이 불사하는 동조단식의 총파업적 시간, 그 불사不死, Unvergängnis의 시간이 세월호 이후의 정치 또는 저항의 일반의지를 항상-이미 앞질러 인도하고 있었던 힘의 벡터일 것이다. 그 불사의 시간의 리듬에 동조되는 한에서만 총파업은 동조-파업으로서, 원리적/기원적 법들과의 계약을 파기하는 '무-아르케'an-archē적인 것으로서 스스로를 구원할 수 있다. 다시 말해, 총파업이라는 게발트의 형질은 그런 불사의 리듬에 보조 맞춰 동조되는 한에서만 모든 종류의 법의 저울을 비정립하는 산파로서, 정립과 반정립의 변증법적 부침 속에서의 축적연쇄를 정지시키는 메시아적 게발트로서 스스로를 구제할 수 있다. 자본주의라는 제의종교적 운동의 법권역 안으로, 죄/빚의 항구적인 부과를 수행하는 순수제의적 법질서 안으로, 합법성의 정초와 유지를 위해 조회·조정·조달·조장되는 정당성의 짜임 안으로 발생·판시·집행·선포되는 고공 위의 신적 자력구제/비상상고, 위법성 조각력의 최종/최고형질. 산파-메시아적 벡터의 그런 궤적은 그것의 촉발을 지속시키는 게발트의 이념을, 그 이념의 분만을, 그 분만에의 참여를 필요로 한다. 동조 중인 저 '고공'은 그런 게발트의 이념들 중 하나이다. 분만 중인 그 이념에 이끌리고 그 이념을 이끄는 상황들과 논고들이 없지 않다.

---

40. 이 문장들은 "전국금속노동조합이 세월호 특별법 제정을 위해 대규모 연대 투쟁에 돌입한다."라는 첫 문장으로 시작한다. 「금속노조, '김영오 살리기 투쟁' 돌입 — 28일 10만 조합원 청와대 행진」, 『민중의소리』, 2014. 8. 26.

순수매개, 메시아성, 당파성
1990년 골리앗 위의 노동해방론

1-1. "생명의 성스러움에 관한 도그마의 원천은 탐구해볼 가치가 있다."[1] 이 문장 속에 들어있는 '생명'이라는 것과 이른바 '살아있는 노동', '산 노동'이라는 것 사이에 접촉되거나 합선되는 것이 없지 않고 있다면, 생명이라는 단어를 노동으로 바꿔 읽는 것은 얼마간 필요한 일이 아닌가 한다. 그렇게 바꿔 새기면 다음과 같다. 노동의 성스러움에 관한 도그마의 성분, 노동의 신성성이라는 교의의 문턱은 탐구해볼 가치가 있다. 월간 『노동해방문학』(1989~1991)에 실려 있는 노동자 전위의 문장들을 읽는 것에서, 다시 말해 1987년 노동자 투쟁으로 제련된 강철들의 성분을 확인하는 것에서 시작했으면 한다.

1990년 5월 울산 골리앗크레인, 또 한 번의 고공점거. 4월 27일 오후, 현대중공업 대운동장은 만장을 앞세운 축제의 현장이었다. "선소리꾼의 구성진 가락이 운동장 가득 울려 퍼지자 상여꾼과 나머지 조합원들은 신명나게 '어허이'를 합창했다. '축 사망 파쇼독재 악덕기업주'라고 써진 만장이 입장하고 '1노2김 신위' '무노동무임금 신위' '민자당 신위' 등이 줄을 잇자 1만 7천여 명의 박수소리, 고함소리, 웃음소리가 한 데 뒤엉켜 오후 집회장은 시골장터처럼 왁자지껄 흥겹게 달아올랐다. 상여가 운동장을 다 돌자 지도부의 한 동지

---

1. 발터 벤야민, 「폭력 비판을 위하여」, 『발터 벤야민 선집』 5권, 최성만 옮김, 길, 2008, 115쪽.

가 꽃병을 힘차게 던졌다. 1노2김[노태우, 김영삼, 김대중] 상여에 화르르 거센 불길이 솟아오르자 운동장이 떠나갈 듯 환호성이 터져 나왔다."[2] 정치투쟁 불가방침을 고수하던 노동조합 대표들이 자취를 감춘 뒤, 다시 말해 임금협상이라는 평화적/환상적 방법으로 노동자의 삶을 합성하는 매개권력이 힘을 잃은 뒤, '파업은 노동자의 축제'가 되었다. 그 축제, 그 힘에의 의지가 '1노2김'과 '정주영 일가'의 연합체에 조종을 고하는 시간을 향해 있었던 한에서, 그 힘은 직접적으로 당대의 '법'과 마찰하는 것이었다. 그런 법을 시시각각의 현장에 최적화된 형태로 봉행·집전·제정·반포하는 '주권적 경찰'은 당일 밤 10시를 기해 움직였고, 비상벨 속에서 60여명의 노동자들은 법과 끝까지 대결하는 '사령부'로서 고공 골리앗 점거를 지원했다. 그런 점거의 삶과 직접적으로 적대하고 있는 법 연관은 고공에서의 그 삶을 일체의 법적 지위가 박탈된 것으로, 오직 지배의 순수한 대상으로, 벌거벗겨진 맨몸의 삶, 말소된 생명으로서의 비인非人의 삶으로 등록·포섭·합성·운용하는 힘이었으며, 이를 위한 합법성과 정당성 간의 상호 조회·조정·조달·조치의 기획들이었다.

그런 법 연관의 관철 앞에서, 축제의 파업을 벌이던 사람들은 골리앗이

<hr>

2. '노동해방문학' 특별취재단, 「보라, 우리 노동자가 얼마나 높이 있는가를!」, 월간 『노동해방문학』 1990년 6월 복간호, 노동문학사, 17쪽. 이 현장기록은 골리앗 점거상황의 시작을 알리는 「서시」와 함께, '울산 현대노동자대투쟁 현장을 가다'라는 제목의 특집I을 연다. "투쟁의 요새로 장악한 골리앗/80미터 상공에 위치한 전투사령부/저기 미포만의 새벽을 딛고/전선으로 치달리는 동지들이 보이기 시작했다//얼마나 오랜 진통 끝에 틔어오는 새벽이냐/얼마나 힘겹게 내달린 불꽃 뛰는 전선이냐/40여년의 단절의 어둠을 뚫고/용산기관구를 장악했던 1946 ··· 우리의 피와 땀으로 쌓은/거대한 생산수단을 장악할 때까지/그곳에 우리의 피묻은 깃발을 꽂을 때까지/이 땅의 모든 공장이 노동자의 해방구가 될 때까지/전진하는 노동자의 발걸음은 이제 새롭다"(백무산, 「잡아간 동지들을 내놓아라 그렇지 않으면 강탈해 간 권력을 내놓아라 : 영웅적인 골리앗투쟁 동지들에게 바친다」, 10~12쪽) 시인에게 골리앗은 1946년 노동자 총파업 이후의 침묵을 깨는 사건의 장소이자 '새벽'의 도래로 인지된다. 이 「서시」와 「특별취재」에 이어 특집I은 82미터 고공에서 작성된 「비밀일기」, 현대차 투쟁을 둘러싼 사측과 노동계급의 선전문들을 인용·병치한 「선동과 지침」, 「투쟁일지」, 「구속자 현황」의 순서로 되어 있다. 정념, 실황, 논리, 각성의 상호 지지로 된 특집I의 그런 편재는 월간 『노동해방문학』의 게발트궤적을 내용과 형식의 수준에서, 내용화된 형식의 지층에서 표현한다.

라는 장소와 거기에 거주하는 삶을 정치와 자본의 공동지배가 미치지 못하는 어떤 최후적 상황으로, 곧 법적 죄 구성요건을 조각阻却하고 있는 어떤 치외법권적 힘으로 인지하고 있었다. 파업의 축제가 잦아들기 시작하는 계기를 놓치지 않고 '수습'이라는 이름으로 활동을 개시했던 이들, 더 이상의 싸움은 무의미하며 도저히 승리할 수 없다는 그들 대의원의 매개를 거부하면서도 마음 한 편으로는 수습의 대책들에 이끌리고 있었던 노동자들은 오직 골리앗만은 끝까지 잔존해 있기를, 골리앗만은 고공의 법-외적 상황을 보존하고 지속함으로써 파업의 현 상태를 내려다보며 수호해주기를 원했다. "그토록 열심히 싸우던 현중[현대중공업] 노동자들은 이제 투쟁이 멈추자 모두 고개를 치켜들고 골리앗만 열심히 바라보았다. 제발, 제발 끝까지 버텨 주길…./'골리앗! 이젠 너뿐이다!'"[3] 골리앗 아래에서의 투쟁이 수습이라는 이름의 매개력에 의해 강하게 이끌리던 5월 10일, 골리앗 '지도부'는 거주를 위한 혹독한 조건들과 고립감 끝에 농성중단을 선언했다. 남아있던 51명 전원이 골리앗을 내려왔고, 그들 중 20여명이 구속되었다. 정세의 반전을 노리고 15일 현대자동차의 총파업이 시작되었으나, 24일 노조위원장은 정상조업을 약속하는 합의각서에 일방적으로 도장을 찍고 종적을 감추었다. '노-사-정' 대의연합의 합법적 날인 혹은 살인 이후 5월 28일, 파업의 주동자들은 연행·구속·수배되었고 조합원들은 정상조업에 참여하지 않을 수 없었다. 그렇게 골리앗은 정당화된 자본의 축적수단으로 재합성되었다.

1-2. 미포만 조선소의 거대 도크와 결합해 있던 골리앗. 그것은 현대중공업 인사부서 점거와 짝으로 기획되었으며, 공히 '생산수단의 장악'을 목표로 한 것이었다. 앞선 「서시」가 골리앗을 '전투사령부'로 표현하고 있었던 것에 초점을 맞출 때, 가파르지만 이렇게 묻고 답할 수 있을 것 같다. 사령부로서의 골리앗은 어떤 힘으로 운용되고 있었는가. 이른바 '지도력'이라는 것에

---

3. 특별취재단, 「보라, 우리 노동자가 얼마나 높이 있는가를!」, 32쪽.

의해 운용되고 있었다. 골리앗에서 작성된 일기 형식의 투쟁일지는 그런 고공에서의 삶이 더 이상 보존되지 못하고 파산하고 있는 이유를, 그런 삶을 주재하는 결정적 힘의 상태에 근거해 파악하고 있다. "점거투쟁 지도부의 역량의 한계, 그리고 투쟁지도의 책임을 은근히 회피하려는 듯한 기회주의성. 실제적인 파업투쟁 지도부(현 집행부)의 지도역량의 부재와 속물적 기회주의의 망령을 이곳에서도 말끔히 떨쳐버리지 못하고 있다. 골리앗 대의원에 대한 무기력한 방치, … 기본계획과 투쟁일정의 부재. 이 모든 방임상태는 골리앗의 악조건과 결합하여 동지들의 동요와 이탈을 가속화시키고 있다."[4] 1990년 5월 미포만의 골리앗은 지도를 원한다. '역량'은 어디까지나 지도에 의해서만, 지도라는 매개적 척도에 의해서만, 지도와 계도를 전제한 노동계급의 위계적·집권적·집계적 구조 안에서만, 그러므로 측량 가능하고 계산 가능한 상태로서만, 그런 한에서 봉해지고 말소된 채로서만 인가·등록·운용될 수 있는 것이었다. 지도의 부재는 즉각 '방임상태'로 인지되었으며, 그 연장선에서 삶은 자신으로부터 분리된 채, 삶의 향유를 위한 힘의 발현과 발양이 아니라 매개의 질서를 구축하는 하나의 기능 단위로, 지도와 사령과 사목의 대상으로 제정되고 한정된다. 이는 앞선 「서시」가 골리앗을 점거한 이들을 두고 '영웅적'이라고 표현했던 것과 맞물려 있다. 여전히 가파르지만, 다시 한 번 질문하자. 그들 영웅적 노동자들은 어떤 눈을 가졌는가. 이른바 '전위'의 눈을 가졌다. 그 눈은 이렇게 말한다.

무엇보다 중요한 것은 무엇이 자본가의 지배 사상이고 무엇이 노동자계급의 사상인가를 구분해 내는 것이지요. / 조직적 측면에서는 대중조직과 노동자계급의 정치적 표현의 최고형태인 당이 있을 수 있겠죠. 이 양자의 올바른 관계나 결합 등은 노동운동의 전역사적 과제이죠.[5]

---

4. 김현종, 「골리앗 상공에서 쓴 비밀일기」, 복간호, 42~3쪽.
5. 김문수, 「노동자의 큰형, 김문수 동지와 함께」, 월간 『노동해방문학』 1989년 4월 창간호, 70쪽('서노련 사건' 이후 출옥한 김문수의 말).

골리앗 위와 아래 모두에서, 전위의 눈은 '당'으로 정향되어 있다. 대중조직을 견인하는 기관차로서의 전위 정당, 그것이 전위의 눈과 시야를 결정한다. 당조직은 노동계급의 인지와 표현의 '최고형태'이며, 당 건설은 생산수단의 국가적 장악을 위한 전략과 전술의 제1원리이자 최종목적의 성분을 띤 것이었다. 그때 당조직은 주권의 탈취·대체를 위한 매개의 설계력이다. 추구하고 탈취하려는 그 주권의 속성에 대한 이의제기들의 관계를 구성하지 못했던 한에서, 이른바 당파성의 벡터에 내재된 이율배반과 아포리아 — 봉기의 '제헌하는 힘'은 스스로의 물질화·형태화를 위해 필시 요구하지 않을 없는 조직화·매개화의 '제정된 힘'으로부터 어떻게 자유로울 수 있으며 왜 자유로워져야 하는가라고 물을 때에 발현하는 그 아포리아 — 를 지속적으로 활성화할 수 있는 역량을 보존하는 일에 실패하고 있었던 한에서 전위의 매개력은 전위 아래의 삶들에 대해 초월적인 것으로, 절대적인 것으로, 법의 존재-신-론으로 관계 맺는 것이었다. 다시 말해, "매개는 권위와 초월성의 회복을 요구한다."[6]

---

6. 안토니오 네그리·마이클 하트, 『디오니소스의 노동』 I, 이원영 옮김, 갈무리, 1996, 235쪽. 이 한 문장은 앞서 인용했던 노동 전위 김문수의 출옥 인터뷰를 다시 한 번 읽게 한다. 국가보안법과 소요죄가 적용된 노동운동 최초의 조직 사건(서울노동운동연합 사건)으로 옥고를 치른 그에게 가장 중대했던 것은 삶에 대한 인지와 표현의 최고형태로서의 '당조직' 문제이지, 당의 힘이 가진 벡터에 대한 사고력의 발양으로서의 '당파성' 문제는 아니었다. 옥고를 치른 그는 자신의 당조직론이 구체적 노동, 살아 있는 노동, 디오니소스의 노동-력을 단순한 절차적 쟁의로 제정·제한하는 축적의 프로그램과 어떻게 준별될 수 있는지를 질문하지 않거나 못한다. 그것은 그에게 질문이 아니라 해결된 것으로, 해소된 해답으로 이미 주어져 있기 때문이다. 해답으로서의 당조직, 질문이 봉쇄된 최고형태 또는 신화적 법형식. 그 폐쇄회로는 "구체적 노동의 열광적 혼돈을 추상적 노동의 조정적 기획 속으로 다시 가져가는 매커니즘이다. 이 매커니즘은, 추상적 노동이 여전히 조정의 준거점으로 남아 있다는 사실에 의해 가능해진다. 그것 속에서, 정밀한 혹은 절차적인 쟁의는 자기 자신을 매개된 것으로, 따라서 해결된 것으로 제시해야만 한다."(『디오니소스의 노동』 I, 211쪽) 당대 당조직의 건설을 향한 매개력이 요구하고 복원하는 권위와 초월성은, 옥고를 치른 전위 김문수가 남한 공화국 역사의 장기 '집권 여당'에서 중임을 맡고 있는 오늘, 다시 다르게 증명된다. 한편, 매개에 의해 그렇게 요구되고 회복되는 집권적 힘을 스탈린의 일국 사회주의론에서 발견하고 그런 사정을 '일국적 메시아주의'라는 정명(正名)으로 명명했던 이는 트로츠키(L. Trotsky)였다. 그는 키에르케고어(S. Kierkegaard)의 '이것이냐 저것이냐'를 전용해 '일국 사회주의냐 영속혁명이냐'라는 당파성의 테제를 던짐으로써 스탈린 체제의 정치종교적 매개력/분리력이 파괴되어야 선명한 적으로 판시했다. 이와 관련하여 앞질러 인용해 놓을 것은 '분리의 완성'

초월적 권위로의 삶의 양도, 그것이 저 골리앗을 관통하는 삶의 형태였다. 양도는 힘의 합법적 전용·박탈의 상태이며, 박탈된 그 힘을 행사 중에 있다고 믿게 만듦으로써 힘의 위임상태(힘의 소환가능한 상태)를 양도의 기획된 짜임 속으로 합성하고 그 짜임에 정당성의 물질적 기초를 제공하는 가상적이고 의제擬製화된 심상의 정립이다. 그런 양도와 한 몸인 매개/분리의 통치력은 '평형의 결정'이라는 최종목적을 향해 관철됨으로써 법 연관의 종언을 지연·연기시키는 카테콘적 힘이다. 이런 관점에서, 고공 골리앗에서의 삶이 기록된 비밀일기 한 대목과 그것에 공명하고 있는 저 「서시」의 문장들을 읽어보게 된다.

[①] 자본가 계급이 정해 놓은 법의 테두리를 부수어 버리고 권력을 향한 투쟁으로 나아가지 않는 한, 우리는 임금노예의 신세에서 결코 헤어날 수 없다. '불법 정치투쟁'이란 오히려 자본가들이 붙여준 자랑스러운 딱지인 것이다.[7]

[②] 오를 수밖에 없었다 더이상 갈 곳이 없었다 / 우리는 드높은 곳으로 오를 수밖에 없었다 / 주저함도 공포도 떨쳐 버리고 치솟아 오를 수밖에 없었다 / 그래서 이곳에 올라 깃발을 꽂았을 때 / 눈앞에서 벽력처럼 밝아오는 것이 있었다 / 노동자의 운명을 걸어도 좋을 정치투쟁 전선 / 노동자의 전삶을 바쳐도 좋을 / '노동해방'투쟁 전선이 새벽처럼 열렸다.[8]

을 압축적·구조적으로 표현하고 있는 다음과 같은 문장들이다 : "궁극적으로 이 모든 분리는 이중의 과정을 거친다. 우선 글자, 화폐, 이미지는 목소리, 생산적 활동, 지각이라는 각자의 기원을 분절함으로써 언어, 상품, 스펙터클이 거기로부터 분리될 수 있는 토대를 마련해준다(기원과의 분리). 이런 분리에 근거해 인간들의 의식, 인격적 유대, 인식을 이어주는 특권적 지위를 차지하게 된 언어, 상품, 스펙터클은 결국 인간과 현실/삶을 분리하며 독립적 실재성을 획득한다(현실/삶과의 분리). 그리하여 이제 인간과 인간, 인간과 현실/삶의 소통(맑스의 표현을 빌리면 '교통')은 더 이상 가능하지 않을뿐더러, 더 나아가 인간은 더 이상 세계를 직접적으로 파악할 수 없게 됐다."(김상운, 「간주곡 : 새로운 정치철학을 위한 아감벤의 실험실」, 조르조 아감벤, 『목적 없는 수단』, 김상운·양창렬 옮김, 난장, 2009, 200~1쪽)
7. 김현종, 「골리앗 상공에서 쓴 비밀일기」, 37쪽.
8. 백무산, 「잡아간 동지들을 내놓아라 그렇지 않으면 강탈해 간 권력을 내놓아라 : 영웅적인

①의 순차, 그 선후관계를 눈여겨보게 된다. 주권적 경찰을 사열 중인 자본가 계급의 법역을 부수는 것, '권력'을 향한 전투적 투쟁으로 전진하는 것, 임금노동의 질곡을 깨는 것. 전위의 눈에 의해 초점화된 그 권력이라는 것이 조직론 차원에서의 대중조직과 당조직의 구분, 지도력 차원에서의 선진, 중진, 후진 노동자의 구획에 기초한 양도·대의의 체제를 구축하는 것이었던 한에서, 그리고 그런 구축의 힘이 "선두에 지게차가 나서라!/ 포크레인이 나서라!"[9]고 할 때의 중장비로 대표되는 전투적·군사적 남성노동자 중심, 중공업 중심, 대기업 중심적인 것이었던 한에서 ①의 순차는 해답이 아니라 질문의 대상이어야 한다. 그런 권력의 쟁취가, 매개/분리의 질서를 근본적으로 문제시할 수 없었던 당대적·역사적 정세 속의 불가결한 과제였던 한에서, 전위의 그 매개는 초월적 집권상태의 정립을 요구하고 필요로 하는 힘이며 살아 있는 노동을 그런 초월적 집권 속으로 투하하고 합성하는 힘이다. 그럴 때 저 고공 위의 전위가 스스로의 전선을 가리키며 썼던 '불법 정치투쟁'이라는 단어 속 그 불법의 힘이란, 자본의 법으로부터의 탈구를 위한 동력이었음과 동시에/등질적으로, 자본이라는 법에 동조되어 분리의 완성을 합작하는 동력이기도 했다. 그런 한에서 불법의 골리앗은 자본의 법권역으로부터 성별聖別되는 진정한 불–법a-nomos의 발생 및 보존의 장소는 아니었다고 해야 한다. 이 가파른 말의 연장선 위에 ②의「서시」가 놓여있다. 골리앗을 점거한 고공의 눈들 앞에 '벽력'처럼 밝아오는, 노동자의 '운명'과 '삶' 전체를 바쳐도 좋을 노동해방의 '새벽'. 골리앗에서의 그 벽력, 그 번개로 밝아오는 새벽에의 의지가 산 노동의 활력에 대한 각성과 깨어남을 뜻하는 '사상의 번개'와 접촉하는 것임은 틀림없을 것이다. 하지만 골리앗에서의 삶을 관통하던 것이 ①의 순차였던 한에서, 노동자의 그 운명 – "운명은 살아 있는 것의 죄 연관이다"[10]라고 할 때의 그 운명 – 은 노동자의 삶 전체를 살아 있는 것의 법 연관 속으

골리앗투쟁 동지들에게 바친다」, 10~11쪽.

9. 정진영·서영걸 구성,「사진글」, 창간호, 174쪽.

10. 발터 벤야민,「운명과 성격」, 앞의 선집, 71쪽.

로, 통치의 순수한 대상들을 생산하는 매개/분리의 사회 속으로 투하·합성한다. 그때 자본이라는 법의 저울은 인격의 척도로, 다시 말해 인간과 비인간의 분리를 재생산함으로써 자기증식하는 초월적 권력으로 스스로를 고양시킨다.

2-1. 그러하되, 골리앗 위와 아래(곧 전위와 후위)로 표상되는 양도의 집권적 시공간 및 초월적 매개/분리의 작동이 정지되고 있던 순간들, 그런 단절적 계기들 또한 없지 않고 있었다. 이제부터는 그런 순간들·상황들에 대해, 그것들의 조건에 대해 할 수 있는 한 생각해 보려고 한다. 5월의 골리앗 파업이 기울어질 기미를 포착한 노조위원장 이상범이 즉각적으로 파업을 접고 정치투쟁을 도려낸 단체협상과 임금투쟁으로 힘의 물꼬를 돌리려 했을 때, '이상범'이라는 매개력은 60까지의 숫자로 세어지고 있는 "최후통첩"으로서의 후위의 사람들 앞에서 "베일"이 벗겨진 굳은 얼굴로 드러나고 개시될 수밖에 없었다. "단협임투 때문에 싸운 것이 아니다! 공권력 철수, 구속동지 석방, 그것 때문에 싸운 것이다! 그런데 지금 와서 무슨 단협, 임투인가! 돈 10원, 20원이 중요한 게 아니다!… 우리는 가투를, 가투를 원한다!"[11] 가두투쟁을 원하고 있는 사람들, 그들의 그 의지가 어떤 힘의 방향성을 가진 것인지 살펴볼 필요가 있다.

노조위원회를 덮고 있던 후광, 그 자명함이라는 베일을 걷어치우려는 가투의 의지는 공장 내부로의 기능 단위화가 아니라 공장 너머로의 흘러넘침이라는 초과적 게발트의 성분을, 노사정의 합치적·협치적 협상테이블이 아니라 그것에 대한 부결의 구성적·제헌적 성분을, 그런 협상·조정체제에 의해 실질적 포섭의 형식으로 주어지는 관리적 주체화에 대한 불복종의 성분을 지녔다. 매개의 장에 대한 불합치로 관철되는 힘, '가투를 원한다'의 그 규격 외적인 이탈exodus의 힘은 그러나 그 자체로 긍정되거나 승인되는 것이라기보다

---

11. 특별취재단, 「보라, 우리 노동자가 얼마나 높이 있는가를」, 29~30쪽.

는 다음과 같은 힘의 갈림길 앞에, 힘의 질적 문턱 앞에 하나의 표지석으로 서 있다고 해야 할 것이다. 그래서 문제이거나 잘못이라는 것이 아니라, 그래서 되돌아가 참조하고 다시 사고할 수 있다는 것이다. 가투를 원한다는 골리앗 아래의 그 의지는, 대중 및 노동계급의 정치적 최고형태인 당조직으로, 그것에 맞춰진 노동 전위의 눈으로 나아가는 발전적 지양 절차의 한 단계로 될 것인가, 아니면 전위와 후위로 된 매개적 질서의 합작 상태를 절단하는 힘으로 매회 발생할 것인가. 설계된 매개의 완성을 위한 동력으로 한정될 것인가, 매개/분리를 다시 '원-분할'하고 다르게 매개하는 진정한 도약의 힘으로 스스로를 보존할 것인가. 이 분기의 장소가 이른바 사상으로서의 '노동해방'의 깃발이 꽂혀야 했던 장소였던 게 아닐까. 그 문턱이야말로 노동과 삶이 분리되지 않는 시공간의 향유를 위해 거듭 참조해야 할 게발트의 최소단위, 더 이상 분리 불가능한 비정립적 제헌력-의-형태소가 잠재/잔존하는 곳이었던 게 아닐까.

　　그런 물음들 끝에, 월간 『노동해방문학』 속에 들어있는 가투에의 의지들이 힘의 저 문턱 앞에서 일관되게 매개/분리의 설계 및 그것의 완성 쪽으로 몰입하고 있다고 말하는 것은 틀린 말이 아닐 것이다. 그런 한에서 그 몰두는 오늘, 어떤 '독'으로 보인다. 그렇다면 그것의 '해독제'는 어디 있는가. 다른 데가 아니라 그 독 안에 있다. "소위 해독제라는 것을 지금 당장은 독처럼 보이는 것에서 뽑아낼 수 있다"[12]는 것, 독/약이라는 힘의 질적 문턱, 그 파르마콘적 양의성 또는 잠재력의 엠비벨런트한 지점들을 인지·판별·재구성하는 것은 사상의 상속을 위한 하나의 방법이다. 당대의 노동해방이 오늘 거듭 하나의 '사상'일 수 있다는 것은 그런 방법을 파지할 때이다.[13] 노동해방의 사상,

---

12. 빠올로 비르노, 『다중 : 현대의 삶 형태에 관한 분석을 위하여』, 김상운 옮김, 갈무리, 2004, 144쪽.

13. 그런 방법의 문제설정이 향하고 있는 것은 훈고학적 정답주의 너머이며 반시대성으로서의 '동시대성'의 관철이다. 당대 노동해방의 사상에 대한 재독해 행위와 동시대성의 관련에 대해서는 뒤에서 서술한다. 이에, 앞질러 첨언해 둘 것은 '루카치'라는 이름일 것이다. 그 이름을 사상의 상속을 위한 '생산적 루카치'의 형상으로서 일관되게 탐구함으로써 루카치를 당대의

다시 말해 골리앗의 고공에서 번개와 함께 밝아오던 그 새벽의 사상은 어떤 문턱에 서 있으며, 어떤 잠재력의 벡터를 가진 것인가. 이에 답하기 위해, 월간 『노동해방문학』의 분담된 두 축이었던 이른바 '당조직과 당문헌' 중에서 당조직에 주안을 두었던 전위 박노해의 말과 시에서 시작하려고 한다. 이어 효성중공업 노조총무차장 서우근의 마산교도소 옥중편지와 법정 최후변론을 거쳐, '노동자 시인' 김해화의 시에 이르게 될 것이다. 그런 읽기는 앞서 언급했던 '노동의 성스러움'이라는 교의의 문턱/엠비벨런트에 대한 비평이 될 것이며, 그것은 독에서 약을 추출하기라는 방법과 태도에 결속되어 있을 것이다.

2-2. 대중조직과 당조직의 관계라는 과제, 곧 당파성의 정의에 관한 문제를 인지하는 전위의 눈은 다음과 같은 '비밀좌담'에서 다시 한 번 선명하게 제시된다. 전위는 말한다. "남한의 노동운동은 바로 선진노동자 여러분들에게 달려 있습니다. 그럼, 과연 선진노동자는 누구입니까? 어떤 사람들을 보고 선진노동자라고 합니까? … 이장태 동지가 선진노동자의 기준을 잘 제시해 주었습니다. 그런데 전위와 대중이라는 범주와 노동자계급 내의 선진, 중진, 후진 노동자로의 구분은 잘 구별해야 할 것 같습니다. / 첫째, 대중과 전위와의 구분이 필요합니다. 전위는 노동자계급의 선두에서 '노동해방' 혁명가, 즉 '노동해방'사상으로 무장된 직업적 혁명가를 의미합니다. 그래서 크게는 대중과 전위가 있고 그 전체를 포괄하는 속에서 노동자를 세 층으로 나누는 것입니다. 그럼 선진노동자를 어떤 범주에서 선정할 수 있을까? 그것은 첫째 정치의식, 계급의식의 측면에서, 둘째 조직활동의 측면, 셋째 투쟁경험, 넷째 비밀활동, 즉 대적투쟁의 단련정도, 이 네 가지 범주가 있습니다. 하나씩 살펴보죠."[14] '남한 선진노동자와의 대화'를 부제로 단 이 비밀좌담의 합의된 토의 안건 7가지 모두는 전위론에 의해 인도되고 있다. 1) 선진노동자는 누구인가,

---

루카치와 오늘의 루카치 모두로부터 이격시키려는 김경식의 작업은 일독에 값한다.
14. 박노해 외, 「박노해 선배와 9박 10일간의 비밀좌담」, 복간호, 233~4쪽.

2) 남한 선진노동자는 무엇을 고민하는가, 3) 노조활동에 있어서의 선진노동자, 4) 사회주의의 위기·동요·수정·배신에 대한 가차 없는 투쟁, 5) 전위당 활동에 있어서의 선진노동자, 6) 현 정세와 노동자계급 주도의 민중통일전선, 7) 선진노동자의 임무와 결의. 이 일관된 전위와 선진의 지도론 및 매개론이 정치적 인지와 표현의 최고 근거로서의 당조직에 대의를 두고 그 대의에 사활을 걸고 있었을 때, 그들은 그 전위당의 역사적 형태가 하위의 인민들에게 총구를 돌리고 수탈하는 현장을 전위당의 본질적 패착의 과정 및 결과로 사고할 수 없었다. 그들의 당조직론은 스스로의 논리 속에서는 그러한 '독'의 생산을 온전히 멈출 수 없었다. 물론 월간 『노동해방문학』이 당대 담론들 간의 관계를 당시의 그 어떤 진영보다도 예각화된 입장에서 재구축하려 했던 의지와 함께 작용하고 있으며, 그런 의지의 재활성화가 현실사회주의권의 붕괴 이후, 복간호가 최종호로 되어가는 위기 이후, 수배 중인 삶의 과정 이후 『노동해방문학』의 당파성을 진화시키는 힘이었음을 배제할 수는 없다. 그러하되 당대의 그 의지가 승리할 때 봉인되었던 힘, 당대의 당파성을 오늘 다시 정의하고 다르게 제기하도록 요구하는 그 힘의 발견 및 발현이 관건인 한에서 질문은 다음과 같이 된다. 봉인되고 소수화된 그 힘이란, 당조직을 향한 직업적 혁명 전위의 전방위적 매개론을 재봉 흔적하나 없이 설파하고 있는 저 비밀좌담의 게발트궤적 '곁'에서 어떤 형질로 존재하고 있었는가. 이는 다시 질문될 수 있다. 당조직의 건축으로 정향된 당문헌으로서의 노동시는 힘의 어떤 문턱에 도착해 있었는가, 현행화된 그 시가 가진 잠재력의 잔여상태는 어떻게 표현되고 있었으며 그 의미는 무엇인가.

  [①] 저 아이가 / 저 아이가 내 새끼인가 / 삼엄하고 신성한 법정에서 / 검은 법복의 하늘같은 판검사님을 / 존엄한 국가권력을 뒤흔들며 / 신성한 말씀들을 뿜어내는 저 아이가 / 저 아이가 내새끼란 말인가 … 불을 토하는 너의 절규가 나를, / 이 부끄러운 에미를 울리며 가슴치는구나 / 아 진정 나는 몰랐구나 / 까마득히 몰랐구나 … 네가 혼신으로 외치는 말씀을 / 울며 악을 써 함

께 부르짖는다 // '노동자의 서러움 투쟁으로 끝장내자' / '가라 자본가 세상, 쟁취하자 노동해방' / '노동자 해방투쟁 승리 만만세'를 / 목메이게 사무치게 울부짖는다15

[②] 신성하다는 이 나라 법과 / 정론을 펼친다는 자유언론과 / 여소야대 국회 쯤은 느긋하게 주무르며 / 최루탄과 총칼 감옥 모든 공권력을 / 언제든지 자본수호 전선으로 총력동원할 / 전지전능한 힘이 있다는 것 또한 / 나는 치를 떨며 인정한다 … 이제 우리 노동자의 성스러운 손을 들어 / 그대 두 눈구멍에 흙을 집어 넣어야겠다 / 뜨거운 연대로 거대한 삽날로 / 쿵 쿵 싯누런 네 공화국을 까부수며 / 거대한 네 무덤을 세차게 파헤쳐 / 깨끗이 그대를 잠재우고 말겠다16

'신성한 법정'과 '신성한 말씀들' 간의 적대, 그것이 ①에서 드러나는 힘의 구도이다. 하늘같은 판검사들의 '법복'과 불로 토해지는 말씀의 '맨몸' 간의 적대, 존엄한 국가권력과 '진실한 말씀' '혼신으로 외치는 말씀' '빛나는 말씀들' 간의 적대. 「머리띠를 묶으며」라는 시에서 법권역 안에서의 합법적 투쟁에 끝을 고지했을 때, 협상bargaining의 협치로 수렴될 준법투쟁의 끝을 선언했을 때 박노해는 법정에 서 있는 '저 아이'를 염두에 두었을 것이다. 준법과 불법의 판결 장소에 선 그 아이는 그런 판결의 신성한 척도를, 그런 법의 성역 자체를 기소하려는 최후변론에 임하고 있으며, 그것은 각성된 어미의 눈에 의해 '신성한 말씀'으로, 또 다른 신적 힘으로 표현되고 있다. ②는 ①과 등질적이다. ②는 자본의 '전지전능한 힘'과 '노동자의 성스러운 손' 간의 적대를 말한다. '신성한 국법', 언론, 국회, 경찰이라는 법적·도덕적·이데올로기적·물리적 공권력의 네트워크를, 다시 말해 분리/매개의 완성으로 정향된 권력관계의 우세종

---

15. 박노해, 「저 아이가」, 창간호 특집 '노동해방투쟁의 새로운 지평을 열어젖히는 박노해 시인의 신작시 12편', 29쪽.
16. 박노해, 「내 눈에 흙이 들어가기 전에는」, 창간호, 19~20쪽.

들을 자신을 수호하기 위한 전선으로 총동원할 수 있는 자본의 '공화국'. 그 속에서, 그 밑으로 저 성스러운 손들/삽날들은 그런 초월적 공화국의 무덤을 파는 중이다. 그 공화국, 자본제 공화국이 자신의 조절된 연착륙을 위해, 자신이 관장하고 주재하는 질서-자유를 위해 "성스러운 인간노동을 상품화시키고 / 인간의 살과 피와 신경을 / 사랑과 감성과 인간의 생명력을 / 송두리째 빨아가고 소진시키는"[17] 피의 폭력이자 신화적 폭력의 한 양태였던 한에서, 그 공화국의 무덤을 파고 최후를 고지하려는 저 성스러운 손의 시간은 도래 중인 '순수한 신적 폭력'의 성분을 나눠가진 것이라고 할 수 있을 것이다. 그럴 때, 그 힘은 결사투쟁·일치단결·권력쟁취를 위한 동력이자 목표로서의 당조직을 위해 제안되고 표출된 것이었음에도 그것들로 일괄 환수되지 않는 잔여의 힘으로 보존되고 있으며, 그때 그런 힘을 파지하고 있는 전위의 인지력·표현력은 당조직으로 정향된 전위 자신의 매개력·분리력의 집권적이고 한정적인 벡터를 넘어가고 있는 초과적 힘의 발생이자 발현으로 된다. 이하 다르게 논증해 보겠지만, 당대 노동해방 사상의 특정한 교의라고 할 수 있을 노동의 성스러움, 노동의 신성성은 노동해방에의 의지가 가진 힘의 문턱을 개시하는 바, 그 힘이란 당면한 현행적 목적으로서의 당조직 건설이라는 과제에 의해 인지되고 파지된 것이었으되 그런 건축에의 의지가 항상 이미 매개/분리의 질서 속으로 삶을 합성하고 투하하는 힘이었음을 기소·판시하는 신적인 법의 게발트이기도 했다. 자본에 의해 사열되는 통치적 힘들의 공화국과 적대하는 저 성스러운 손의 운동은 이렇게 표현된다 : "이 세계 주인의 성스러운 손을 합쳐 / 뜨겁게 뜨겁게 내어 뻗는다 / 눈부신 파도처럼 번쩍이는 총구처럼 / 우리들 조직된 거대한 손을 / 일사불란하게 좌악 좌악 내어 뻗는다 // 이 세계가 완전히 장악될 때까지 / 내손으로 내운명을 관장할 때까지 / 모든 인류가 해방된 손을 하나로 맞잡을 때까지 / 세차게 세차게 내어 뻗는다"[18] '세계 주인'의

---

17. 박노해, 「오 인간의 존엄성이여!」, 창간호, 34쪽.
18. 박노해, 「손을 내어 뻗는다」, 창간호, 40~1쪽.

거대한 손, 성스러운 그 노동의 주인됨은 조직된 힘에 의해, 일사분란한 힘에 의해, 권력이 나오는 총구에 의해 재현되는 것이면서도 그런 재현과 대의가 수여하는 모조·의제화된 주인 자리의 분류되고 안배된 몫에 한정되거나 포섭되지 않는 힘이며, 그렇게 배분되는 몫의 체제에 동참함과 동시에 배재되는 삶의 운명을 스스로 주재·관장하는 힘, 이른바 자기가치화의 소비에트에 기초한 공동본질의 유적인 경험으로 뻗어가는 힘이다. 힘의 그런 문턱을 개시하는, 또는 그런 문턱의 발현으로 드러나는 전위의 저 시란 무엇인가. 매개적/분리적 권능들의 질서 안에서, 그것을 초과·탄핵하는 다른 매개력의 시공간으로 창설·도래중인 아-토포스적인 힘, 그것이다.

2-3. 앞의 시, 곧 「저 아이가」 속에서 연출되고 있는 하나의 상황을 다시 상기하게 된다. 인지력과 표현력을 질료로 신화적 법복들이 배합한 축적의 편성체 안에서 '신성한 말씀들'의 다른 법으로 발현 중인 그 상황. 그 상황-구축의 시간이란, 이른바 감각적인 것에의 경험을 질료로 한 자기증식적 나눔·안배·몫에의 참여/배제를 통해 말이 아니라 단순한 소리로 배정·한정되게 하고 이의제기로 셈해지지 않게 무마하는 삶의 특정한 봉합 형태의 제작공정 안에서, 자본이 사목하는 국가·국법의 연병장 안에서 그런 사목공정을 절단하는 신성한 말씀들로, 신적 로고스로, 상황적 노모스로 기립하고 있는 시간이었다. 다시 말해 그 시간은 자본이라는 법을 봉행하고 수호하는 입법적 합의의 공정을, 곧 법이 된 자본이 주재하는 합법성과 정당성 간의 신화적 협치의 공정을 정지시키면서 틈입·발현하고 있는 신적 소송·계쟁의 시간들이다. 이는 1989년 10월 12일 마산지방법원 1호 법정의 어떤 상황과 결속되어 있는 바, 그것은 노동의 성스러움이라는 교의의 문턱에 다시 한 번 초점을 맞추게 한다.

법정에 선 서우근의 최후진술 중에서 인용한다. "생각할수록 엄청난 모순이 아닐 수 없습니다. 땅의 모든 것을 창조하는 노동자가 그 막대한 부를 창조하는 자신의 능력을 '특 바겐세일'해서 자본가에게 팔아야만 겨우 생계를 부지할 수 있게 만드는 사회!"[19] 땅 위의 '모든 것을 창조하는 노동자'의 능력, 그 능력을 상품으로 판매하는 것만이 생존의 유일한 조건이 되는 사회의 상태. 노동자의 산 노동이 그런 사회의 제작에 기능적 질료로 매개됨으로써 분리되어 있다는 것, 그것이 법정에 서서 설해지고 있는 '모순'의 뜻이다. 모든 것을 창조하는 힘, 노동의 어떤 전능성에 기대어 서우근은 법복 입은 자들의 면전에서 그들을 '착취의 오만한 공범자'로 지목하며, '머지않은 미래에 민중의 이름으로 심판' 받게 될 것이라고 경고한다. 그런 경고의 액면을 지탱하는 이면을, 산 노동이 처한 저 모순상태를 주시해야 한다. 예컨대 마산의 그 법정을 함께 기소하려는 다음과 같은 문장들을 인용하게 된다. "노동력은 그것의 소유자, 즉 임금 노동자가 자본에게 판매하는 하나의 상품이다. 왜 노동자는 노동력을 판매하는가? 생활하기 위해서이다. 하지만 노동력의 실행, 즉 노동이란 노동자 자신의 생활상의 활동이며, 그 자신의 생활의 발현이다. 그런데 [그런 판매 속에서]… 그의 **생활상의 활동**은 그에게는 존립할 수 있기 위한 하나의 수단일 뿐이다. 그는 노동을 자기 생활에 넣어 생각하는 일이 없으며, 오히려 노동은 그의 생활의 희생일 뿐이다. 따라서 그의 활동의 생산물 역시 그의 활동의 목적이 아니다."[20] 땅 위의 모든 것의 창조력으로서 산 노동이 가진 전능한 힘과 그 힘을 단순한 생존력으로, 죽은 노동으로, 퇴적된 노동으로 한정·배정하는 권력 간의 모순 및 적대는 이른바 '목적'과 '수단' 간의 관계를 통해 다시 표현될 수 있다.

노동이 '생활상의 활동'이며 '생활의 발현'이라는 것은 발현하는 생활로서의 '삶'과 노동이 분리될 수 없는 것임을 뜻하는바, 그런 노동을 상품화하지 않을 수 없게 강제하는 사회적 관계의 창출을 통해 노동은 자본에 의해 구매됨/매개됨과 동시에 생활로서의 삶에서 분리된다. 자본주의적 생산관계 안에서 노동은 삶의 향유와 발양이 아니라 생존과 연명을 위한 단순한 '수단'일

19. 서우근, 「부르주아법정을 '노동해방' 선동장으로 바꾼 서우근 동지의 최후진술」, 월간 『노동해방문학』 1989년 11월호, 141쪽.
20. 칼 마르크스, 『임금노동과 자본』, 김태호 옮김, 박종철출판사, 1999, 28~9쪽.

뿐이며 삶의 의무화된 희생일 뿐이다. 그런 생산의 상태, 그런 사회적 관계의 상태 속에서 노동자는 자신이 생산한 모든 것들을 자신을 소외시키는/옭아매는 폭력으로 체험하며, 그런 한에서 자기 노동의 그 창조물은 결코 노동자 자신의 고유한 '목적'으로서는 인지될 수 없는 것이었다. 자본은 창조하는 힘과 창조되는 것 모두를 수단의 지위에 놓으며, 그렇게 함으로써 자본 자신은 최종목적화한다. 저 마산 1호 법정의 최후진술은 그렇게 최종목적화한 자본의 법을, 신-G'의 일반공식을 파기하기 위한 방법을 다음과 같이 제안한다. "오직 하나뿐인 그 방법은 가장 정확하고 간단합니다. 착취에 신음하는 우리 2천5백만 노동형제, 1천만 농민이 단결연대하여 진정 우리를 대표하는 정치권력을 세우고, 이를 기반으로 착취권력을 몰아내는 것입니다."[21] 단결된 삶을 '대표'에게 양도하는 것은 방법인가, 독인가. 최후진술은 대표의 대의권력을 세우는 일과 착취권력을 몰아내는 일의 자동적이고 순차적인 결합이 '오직 하나뿐인' 절대적 방법이라고 말한다. 유일한 방법, 최종목적화한 그 방법은 매개/분리의 질서를 자본과 함께 합작하며, 그때 노동력이라는 생활의 발현력, 줄여 말해 '삶'은 단순한 생존을 위한 수단으로, 희생으로, 죽음으로 귀결한다. 정확히 '희생'을 말하고 있는 서우근의 옥중편지, 법정에 서기 전에 후배 노동자에게 발송된 그 편지에는 강철 같은 문장이 들어있는데, 그것은 다시 한 번 힘의 어떤 문턱을 표출하고 있는 것 같다. 어떤 해독제가 그 문턱에 있다고 생각한다.

감옥에는 돈도 있고 빽도 있는 사람이 한 사람도 없다는구나! 지금, 세상에는 파괴되어야 할 사회질서가 있다. 사악하고 거짓된 소수특권층의 이익을 위한 질서가 바로 그것이다. 탈취자는 탈취당하게 되는 것이다. 우리들 손에 의해, 노동하는 자네, 현필과 나, 이천오백만 노동형제, 그들의 힘, 단결된 힘에 의해. 동지! 우리들 몸은 이제 우리의 몸이 아니다. 우리는 틀림없이 희생

---

21. 서우근, 「부르주아법정을 '노동해방' 선동장으로 바꾼 서우근 동지의 최후진술」, 142쪽.

되어야 한다.[22]

전위에 의한 힘의 일사분란한 단결과 그런 조직적 힘의 양도상태를 향한 의지는 자신의 몸이 자신의 것이기를 부정한다. 자신으로부터 분리된 그 몸은 삶으로부터의 분리로, '틀림없이 희생되어야'만 하는 것으로, 죽음으로, 독으로 되며, 그때 땅 위의 모든 것을 창출하는 노동의 그 힘은 저 법정을 파기하는 힘이 아니라 그 법정의 법에 등록됨으로써 그 법의 완성을 목적으로 투하되는 단순한 수단으로 배치된다. 거기서 '정치'는 끝난다. 그렇게 끝나서는 안 될 정치는 이렇게 표현될 수 있다. "정치란 매개성을 드러내 보이는 것, 수단 그 자체를 그대로 눈에 보이게 만드는 것이다. 이것은 그 자체가 목적인 목적의 영역도 아니고 이러저러한 목적에 종속된 수단의 영역도 아닌, 인간 사유와 행위의 장으로서의 목적 없는 순수 매개성의 영역이다." 줄여 말해 "인간들의 환원불가능한 조건으로서의 수단-안에-있음."[23] 자유민주주의의 발전이라는, 지배자와 피지배자의 동일성이라는 유혈적 의제 속에서, 곧 스펙터클-민주주의라는 '사이비 신성체'의 유지 속에서 은폐된 채로 작동하는 매개성/분리성을 가시적인 것으로 개시시키는 일. 다시 말해 자본이라는 최종목적의 정언명령, 퇴적된 노동의 지배를 추인하는 합법화된/등록된 노동, 그 둘 어디로도 환원되거나 종속되지 않는 삶의 조건으로서 '수단-안에-있음'. 그런 상황으로서 발현하는 힘, 매개성을 개시하는 그 힘은 목적들의 합작을 위한, 목적들의 정상상태를 위한 수단화 과정의 절단을 가리키며, 그런 한에서 '목적 없는' 상태의 창출과 보존의 시공간을 뜻한다. 거기서 매개는 끝난다. 매개의 끝, 거기가 '순수 매개성'이 정초되는 곳이며, 거기가 목적-수단 도식을 정지시키며 발현하는 생활·삶·생명의 장소이다. "매개의 시도의 종말이 띠게 될 갈등의 형식이라는 차원"[24]으로, 곧 매개의 끝을 향한 묵시적 힘으로 보

22. 서우근, 「지금, 세상에는 파괴되어야 할 질서가 있다」, 월간 『노동해방문학』 1989년 9월호, 413쪽.
23. 조르조 아감벤, 『목적 없는 수단: 정치에 관한 11개의 노트』, 127쪽.

존되고 지속하는 삶에서 신-G'이라는 최종목적의 합성력은 정지된다. 대표와 양도를 향한 저 마산 옥중편지 속의 희생의지와 최후진술의 상황이 법의 형태의 완성을 위한 수단으로 일단락되거나 끝막음되지 않는 것도 그와 같은 묵시적 정치력 때문이라고 할 수 있는바, 그것은 다음 두 가지 힘과, 그 기반으로서의 노동의 성스러움과 관련된다. 하나는 옥중편지 속에 들어있던 또 하나의 의지, 곧 '지금 이 세상에는 파괴되어야 할 질서가 있다'는 문장이 파지하고 있는 묵시적이고 종언적인/정언적인 힘이며, 다른 하나는 앞선 법정에서의 최후진술 속에 들어있던 한 대목, 곧 "이 세상의 모든 가치를 생산해 내는 것은 바로 노동입니다"[25]라는 말이 표현하고 있는 노동의 전능한 힘이다. 그 두 힘이 함께 향하고 있는 것은 무엇인가.

묵시적인 것이 '모든 경험, 모든 담론, 모든 표징, 모든 흔적의 선험적 조건'이라는 토대적 성찰을 따른다면, 세상을 파괴되고 끝나야 할 질서로 인지하는 옥중편지의 묵시적 문장은 경험과 담론과 표징의 어떤 정초적 지반을 구성하는 힘이다. 그런 지반, 그 반석 위에 그 반석과 함께 정초되는 힘, 그것이 최후진술 속의 저 노동이다. '세상의 모든 가치를 생산하는' 삶의 발현력이자 창조력으로서의 노동, 그것이 저 반석으로서의 묵시력과 함께 기립하는 힘이다. 모든 가치의 직접적 생산력으로서의 노동, 그 전능성/신성의 관점에서, 산 노동의 관점에서, 그러니까 '디오니소스의 노동'의 관점에서 바라본 매개론, 곧 '매개는 권위와 초월성의 회복을 요구한다'라는 자본/법의 한 문장

---

24. 안토니오 네그리·마이클 하트, 『디오니소스의 노동』 I, 237쪽. 매개의 종말, 그 묵시력 속에서의 '갈등의 형식'이란, 조직적 힘이 배제했거나 포착하지 못했던 그 힘 바깥의 갈등들을 정치적 장으로 부상시키는 또 다른 힘, 곧 쇄신되고 다시 조직화된 힘의 작용으로 드러나게 되는 갈등을 가리키는 게 아니라, 매개의 정지와 동시적이며 등질적인 삶의 형식 그 자체를 뜻한다. 그 한 예로, 월스트리트 점거상황에서의 삶/갈등의 표현 형식으로서의 총회(General Assembly) 및 지회(Spokes Council)를 들 수 있을 것이다. 그것은 매개의 끝, 다른 매개의 장소, 이른바 '순수한 매개성의 영역'으로 구축된 상황이었으며, 그 안에서 삶은 소유권 같은 배타적 권리 형태가 아니라 '공통의 자유로운 사용'으로 지속될 수 있었다. 이에 대해서는, 뒤에 이어질 「비인칭적/신적 주이상스의 이념」을 참조.
25. 서우근, 「부르주아법정을 '노동해방' 선동장으로 바꾼 서우근 동지의 최후진술」, 140쪽.

은 정확히 다음과 같은 가치론/메시아론, 곧 "가치는 메시아를 통해 노동으로 복귀한다"[26]라는 다른 법의 한 문장에 의해 기소된다. 최종목적화한 신/법으로서의 자본, 다시 말해 가치의 독점체. 메시아는 자본이라는 신의 소유권·관리권을 박탈함으로써, 신성화된 독점 상태에 있던 가치를 그 가치의 주인에게로, 노동에게로, 노동이라는 삶의 발현 과정 안으로 되돌린다/세속화한다. 상호 삼투하는 저 두 힘의 메시아성, 곧 세상을 파괴되어야 할 질서로 인지하는 묵시력과 더불어 공통존재로서 작용하는 세상의 모든 가치를 생산하는 노동의 힘은, 양도함으로써 박탈되는 힘이 아닌, 참여함으로써 배제되는 힘이 아닌, 매개됨으로써 분리되는 힘이 아닌 힘, 달리 말해 매개의 종말이 띠게 될 삶의 형식으로서 보존되고 발현하는 힘이다. 그렇게 매개/분리의 법을 끝내는 상황, 그렇게 매개/분리의 시공간이 끝나는 다른 법의 시공은 당대 노동해방사상이 노동의 성스러움이라는 교의와 한 몸이 되어 표출되고 있었던 「심판」이라는 시와 맞닿는다. 초과하는 당문헌으로서의 그 시의 당파성을 다르게 인지하고 표현하는 과정은 다시 한 번 메시아적 힘에 대해 말하도록 이끈다.

3-1. 앞서 제시했던 방법들 혹은 장소들. 곧 노동의 성스러움이 갖는 힘의 문턱, 독에서 해독제를 적출할 수 있을 그 장소. 사상이 완전히 현행화되기 이전 잠재성의 발단으로서의 엠비벨런트한 지점. 지금 그 곁에 병치시킬 또 하나의 방법 혹은 장소는 다음과 같다. "문자 그대로 발전가능성Entwicklungsfähigkeit이 있는 지점, 그 텍스트나 맥락이 발전할 수 있는 장소와 순간을 끄집어내는 것이다. 그러나 어떤 저자의 텍스트를 이런 식으로 해석·발전시키다 보면 해석학의 가장 기본적인 규칙을 위반하지 않고서는 더 이상 나아갈 수 없음을 깨닫게 되는 순간이 오기 마련이다. 이는 곧 문제가 되는 텍스트를 전개시켜가다 보면 저자와 해석자를 구별할 수 없게 되는 결정불가능성

---

26. 안토니오 네그리, 『욥의 노동』, 박영기 옮김, 논밭출판사, 2011, 138쪽.

의 지점에 도달하게 된다는 뜻이다. 이는 해석자에게는 특히 행복한 순간이 지만, 해석자는 바로 그때야말로 자신이 분석하고 있는 텍스트를 버리고 자신의 이야기로 나아가야 한다는 것을 안다."[27] 시 「심판」 속에 들어있는 발전 가능성의 지점들, 이접가능성의 순간들은 어떤 것인가. 시인 김해화의 시작과 내재적으로 포개져 구분되지 않게 되는 순간에 그 텍스트를 떨치고 전개될 이야기의 내용과 형식은 어떤 것인가. 다시 말해 현행화된 힘의 극단에서 또 다른 힘의 발생과 발단을 보고 그것에서 도약하는 결단의 계기를 마련하는 일은 「심판」 속에서 어떻게 가능한가. 시의 정조가 강하게 표출되고 있는 대목을 인용한다.

> 심판의 날이 머지 않았다는 당신 / 믿는 자들은 구원을 받아 영생을 얻을 것이고 / 믿지 않는 자들은 심판을 받아 / 영원히 깨지지 않는 지옥의 불길 속에 던져질 것이라지요? / 그것은 하나님의 말씀이고 / 하나님의 말씀은 영원불변한 진리라지요? … 당신의 눈 먼 어린 양들 자본가들에 대해 / 큰 믿음을 지니신 조용기 목사님 / 틀렸습니다 아니 / 맞았습니다. // 심판의 날이 오고 있소 / [①] 하늘로부터 오는 하늘의 심판이 아니라 / 저 더러운 자본가 계급의 이익을 위해 / 저들의 착취와 억압을 정상화시키기 위해 / 긴 세월을 두고 당신들이 창조해 온 / 신의 심판이 아니라 / [②] 세상의 진짜 주인 / 하나님의 집이라는 교회의 진짜 주인 / 당신들이 숭배하는 십자가의 진짜 주인 / 성경과 당신들이 성스러워하는 / 모든 성물들의 진짜 주인 / 노동자계급 / 억압의 사슬을 끊고 굴종의 삶을 떨치고 / 불길로 일어나는 위대한 계급으로부터의 심판[28]

일요일 새벽, 공사판 노동을 나가야 하는 아버지가 자는 아이를 깨우지

27. 조르조 아감벤, 「장치란 무엇인가」, 『장치란 무엇인가? 장치학을 위한 서론』, 양창렬 옮김, 난장, 2010, 31~2쪽.
28. 김해화, 「심판」, 월간 『노동해방문학』, 복간호, 199쪽.

않으려고 TV 화면 앞에서 밥을 먹고 있는 때, MBC에 맞춰진 채널에는 신성한 후광을 두른 채 성장한 기독교가, 당대의 국부國富/國父 및 국민윤리와 구조적 상동성 아래에서 동반성장했던 그 막대한 성전이 나오고 있다. 그 새벽 미사는 거금을 거둬들이는 목자에 의해 집전되는 중이며, 신을 대리해서 말하는 그 목자의 목적 있는 사목에서 구원과 영생을 보는 자들, 그를 믿고 따르는 양들은 다른 누구 아닌 자본가들이었다. 자본의 일반공식과 그 간결체를 실현시키는 자본가들의 일은 다름 아닌 구원사救援事의 관철이었다. 그렇게 자본이 신성한 후광을 함께 두르고 신의 일을 자기가 대행할 때 자본은 신성자본으로 되며, 신성자본이 사열하는 주권의 세계, 그 국법의 게발트는 여기 이위일체-신-G'의 재생산을 위한 유혈적 법치의 궤적을 그린다. 그 궤적 위에서 생활/삶의 직접적 발현으로서의 산 노동은 항구적인 심판의 법정에 출두됨으로써 죽은 노동으로, 단순한 노동으로, 질료화된 대상으로 전용·합성된다. ①의 시어들이 드러내고 있는 그런 심판, 신의 그 심판은 자본의 자기증식을 위해 '착취와 억압을 정상화시키는' 힘, 그런 정상상태의 유지를 위해 산 노동을 단순한 삶/노동으로 강제하는 비상상태를 항시적 규칙으로 상례화하는 힘, 자본에 의해 고안되고 실험된 자기 구원사의 힘이다. 그 힘은 사회적 관계를, 사회 그 자체를 생산하며, 그런 힘에 의해 생산된 사회는 축적의 필연화를 보증한다. 사회가 자본이 된다. 노동시간과 그 외의 시간 모두를 대상으로, 그러니까 삶의 시간 전체를 대상으로 직접적인 착취와 수탈의 형식으로서 재발명·재생산되는 사회는 그런 축적의 성무일과를 어디까지나 후생과 복지를 위한 평형의 결정 과정으로, 안배·조정·관리하는 절차적 기술로 자기 모델링하는 힘을 통해 관철한다. 사회의 그런 모델들은 나열될 수 있다. 저 골리앗을 축적의 수단으로 복귀시킨 현대그룹 회장 정주영의 주권적 경찰 사열 모델, 기업가/정치가의 통치모델, 독재로서의 '투자규제완화' 모델, 경제적 헌법과 정치적 헌법의 비식별역 모델, 정치적 국법의 쇠락 모델, 입법권에 대해 최종결정화하는 사법 모델, 행정권화하는 사법 모델, 노동의 헌법화 모델. 각 모델들 간의 조정·교접·이반·알력·연합의 기본 동력이자 산물의 한

가지 형태로서 절차적 매개/분리는 강화되며 목적-수단 도식은 증식한다. 이는 다른 무엇 아닌, 자본이라는 법의 요체와 맞닿아 있다. "자본의 요체는 퇴적된 노동이 산 노동에 새로운 생산을 위한 수단으로 쓰인다는 데 있는 것이 아니다. 그것의 요체는 산 노동이 퇴적된 노동에게 그 퇴적된 노동의 교환가치를 유지하고 증대시키는 수단으로서 봉사한다는 데 있다."[29] 산 노동은 자신으로부터 외화된 삶의 형태, 곧 퇴적된 노동의 가치라는 법의 형태를 유지·증식·수호하는 수단이다. 산 노동이 자신으로부터 분리된 퇴적된 노동의 가치에 의해 지배될 때, 퇴적된 노동은 자본이 된다. 그때 산 노동은 죽은 노동, 대상화된 노동, 퇴적된 노동을 제1목적화된 법으로 봉헌하게끔 구조화된 사회에 의해 착취되면서, 동시에 그런 사회 모델의 관리자로 주체화된다. 그렇게 산 노동은 사회의 관리자로 매개됨과 동시에 그 사회에 의해 착취의 대상이 되는 방식으로 분리된다. 여기의 신화적 폭력이 향하고 있는 것이 바로 그런 절차적 매개/분리의 최적화된 항구성이다. "그 모델은 그렇게 해서 완성에 도달한다. 신화는 완성된다. 절차적 매개의 순환성은 그것의 조직화하는 보증물이다; 이제 더 이상 해체적 요소들은 존재하지 않는다. 그것들의 통일성 속에서 그것들은 질서를 구성한다."[30] 그런 한에서 매개력/분리력은 법의 형태를 신화적 조직으로 건립하고 인준하는 법정립적/법유지적 폭력의 유력한 양태이다. 그 '유령 같은 혼합'의 폭력에 의해 자본은 '충만과 광채' 속에서 자신의 고유한 프로그램들·청사진들·기획들로 제안되고 발기될 수 있다. 그런 후생의 청사진들·제안들로서만 유지·증식·완성되는 질서, 그 신화적 통일성의 질서가 향하고 있는 것은 자신에 대한 해체적·탈구적 요소들이 발생할 때 그것을 즉각 법에 등록·무마·예방시키는 재매개화·재코드화의 기계이다. 저 「심판」의 시인은 자본의 정상상태를 집전하고 있는 그런 기계/신의 심판을 소추하는 또 다른 신의 심판에 대해, 세계의 진정한 주인으로서의 '노동자계

---

29. 칼 마르크스, 『임금노동과 자본』, 46쪽.
30. 안토니오 네그리·마이클 하트, 『디오니소스의 노동』 I, 212쪽.

급'의 심판에 대해 말한다. 그런 주인과 계급, 주인의 계급에 관련된 ②의 시어들은 내재적으로 도약하길 요구하는바, 다시 한 번 노동의 성스러움이라는 교의의 문턱에서 출발하게 된다.

　3-2. 1990년 5월의 골리앗 투쟁에 이데올로기 공세 — 외부세력의 개입, 명분 없는 위법, 평생직장·가족·식구·사우에 대한 살상 행위, 전체의 실익 저해, 일탈·조종·무책임, 자유민주주의 발전에 위배 — 에 나섰던 "자본가의 정권"에 맞서, 골리앗을 "신성한 정치투쟁"으로 명명했던 입장은 다음과 같다. "바로 여러분의 정치투쟁이 노동자와 민중의 희망과 살길을 열어 주고 파쇼 정권을 위기로 몰아넣은 것이다. 그리하여 동지들은 당당히 역사의 주인으로 나서고 있다. 골리앗 동지들의 투쟁만큼 우리 노동자의 지위는 '더높이!' 올라간 것이다."[31] 골리앗은 노동자계급의 지위를 더 높이 끌어올렸으며, 그 계급은 '역사의 주인'으로 나서고 있다는 것. 「심판」의 시인이 말하는 '세상의 진짜 주인'은 높이를 추구하는 위의 문장들 속 '역사의 주인'과 함께 한다. 단결된 힘의 양도-대표-권력쟁취-권력해체의 순차적 프로그램 및 전망이 동시에 매개/분리의 질서를 완성하는 경향의 동력이자 산물이었던 한에서, 시인이 말하는 세상의 주인은 주인의 그 지위를 보존하고 지속할 수 있는 힘을, 자기로부터 그 힘이 분리되고 있는 시공간에서 확보해야만 하는 난제에 빠져 있다. 주인됨의 근거가 그 주인으로부터 외화되어 있는 상태, 그것은 자본의 저 정상상태의 재생산에 봉헌하는 일을 자신의 힘으로는 거절할 수 없는 상태와 다르지 않다. 사정이 그러하되, 시인의 그 주인/노동자계급이란 「더높이」의 주인을 초과하는 주인이기도 했던바, 그 주인은 '교회의 진짜 주인'이며 '십자가의 진짜 주인'이고 '모든 성물들의 진짜 주인'이기도 했기 때문이다. 무슨 뜻인가. 어떤 삶·생명의 발현인가.

---

31. 「더높이」 편집부, 「5월 18일자 「현중뉴스」에 대한 「더높이」 편집부의 입장을 밝힌다」, 복간호, 74~5쪽.

교회의 진정한 주인은 '자본가의 정권'에 의해 오랜 시간 고안됐던 신이 아니며, 그런 신을 봉행하는 이는 십자가의 진정한 주인이 아니다. 그런 신의 심판, 곧 삶을 합성하는 신성체의 효력이 정지되는 시간의 보존, 그런 신에 소송 거는 힘의 지속, 다시 말해 '그리스도'가 십자가의 진정한 주인이다. 「심판」의 시인이 노동자계급을 십자가의 진정한 주인이라고 말할 때, 그럼으로써 매개/분리의 질서에 불합치되는 규격 외적 힘의 초과성을 표현할 때, 노동자계급/그리스도는 착취와 억압을 정상화시키기 위한 자본이라는 신의 심판을, 자본의 자기증식하는 정상상태를 위한 항시적 비상상태의 발효를, 곧 정상과 비상의 상호귀속·결속 관계를 절단하는 '진정한 비상사태'로 발현하는 힘이다. "존재론적 네트워크는 결코 중립적인 것이 아니며, 주체 없는 과정도 아니다. 심연의 경험이 야기한 심오함과 존재론적 몰입은 이번에는 신성에 대한 경험으로 특징지을 수 있는 비상사태를 통해 주체 구성으로 전화한다."[32] 자본이 사회적 관계의 생산, 사회 그 자체의 생산을 목표로 한다는 것은 그런 사회에 최적화된 사람들의 생산, 이른바 '경험의 파괴'의 생산을 그 주요 계기로 포함한다는 뜻이다. 진정한 비상사태, 그것은 경험의 파괴를 종교적 봉헌의 대상으로 만든 제의종교적 자본주의 속에서 신성을 다르게 경험함으로써 다른 법적 주체로 기립하는 시공간의 발현을 가리킨다. 프롤레타리아트를 십자가의 진정한 주인으로 명명하는 「심판」의 의지는 그렇게 비상사태를 신성과 법적 주체구성의 관계적·발생적 계기로 인지하는 것과 접속되어 있다. 심판의 비상사태, 그것은 달리 표현될 수 있는바, 상황의 구축 또는 메시아적 힘의 한 양태가 그것이다.

구축된 상황이란 무엇인가? 『국제상황주의자』 1호에서 주어진 정의를 다시 인용하면, 상황이란 "집단적으로 통합된 환경을 조직하고 [주변의] 사건들로 자유롭게 유희함으로써 구체적이고 계획적으로 구축된 삶의 순간"이

---

32. 안토니오 네그리, 『욥의 노동』, 185쪽.

다.… 여기[구축된 상황]에서 결정적인 것은 세계를 거의 손대지 않은 채 **송두리째** 변화시키는 메시아적 전위이다. 왜냐하면 여기에서는 모든 것이 변하지 않은 채 그대로지만 그 정체성을 잃기 때문이다.[33]

상황의 구축, 그 '삶의 순간'이 '메시아적 전위轉位'라는 이름으로 다시 표현되고 있는 지점을 눈여겨보게 된다. 매개/분리를 통해 손수 먹이는 신성목자의 권력, 사목적 신성체 속으로 합성된 삶의 형태. 다시 말해 현재에 모조리 체험된 몫으로, 현행화된 고갈의 상태로, 축적의 안전상태로 안배되고 할당된 지위·위치·위상의 폭력적인 자리바꿈. 그때의 폭력, 다시 말해 그런 자리바꿈의 시간과 생명이 결속하는 관계형식으로서의 폭력이란 세계의 물리적 파괴가 아니라, 그런 지위·자리·몫에 의해 부과된 '정체성'의 상실·소실·일소를 뜻한다. 다시 말해 세계의 진전된 부富와 역량을 무無로 돌려세우는 파괴가 아니라 그런 부와 역량의 공통적인 사용의 형태를 분만하고 정초하는 삶의 관계이자 법의 형태로서의 게발트–산파. 그런 한에서, 메시아적 전위의 게발트는 기존의 위계적 법 연관에 대한 원–분할Ur-Teilung로 구축되는 상황이다. 그것은 단선적인 부의 재분배를 넘어, 분리된 것들의 신성한 경계를 다시 획정하고 다르게 근거 짓는 주체구성적 비상사태의 동력이자 산물이다. 「심판」의 시인은 십자가의 진정한 주인을 명명하는 말의 동일한 용법 속에서 '모든 성물聖物들의 진정한 주인'에 대해 말한다. 그때의 성물이란, 축적의 일반공식/성무일과와 그것의 간결체의 실현에 소용되는 것들, 곧 세계의 모든 것들이며, 자본의 그런 자기실현/자기증식에 봉헌하는 신성한 척도·규준 및 '마음의 시금석'에 의해 분리된 것들이고, 그런 한에서 자본의 정상상태와 그것을 위한 항시적 비상상태 속에 소유권의 형태로 독점되어 있는 것들이다. 메시아적 전위 속에서 잃게 되고 소실되는 정체성은 사람의 정체성일 뿐만 아니라 독점된 '성물'의 속성에도 해당된다. 그런 자리바꿈, 분리의 완성에

---

33. 조르조 아감벤, 『목적 없는 수단』, 87쪽, 89쪽.

대한 원-분할의 힘은 앞질러 이렇게 표현된바 있다 : "흑인은 흑인이다. 일정한 관계들 속에서 그는 비로소 노예가 된다. 면방적기는 면방적을 위한 기계이다. 일정한 관계들 속에서만 그것은 **자본**이 된다. 이러한 관계들로부터 떼어내졌을 때는 그것은 자본이 아닌데, 이는 마치 금이 그 자체로서는 **화폐**가 아니거나 설탕이 설탕 가격이 아닌 것과 마찬가지이다."[34] 자본에 의해 사열되는 국법의 형태, 특정하게 고안된 그런 힘의 관계로부터 '떼어내지는' 시간, '성령'Paraclete에 의한 폭력적 원-분할로서의 성별聖別, paraclete의 게발트. 그런 폭력에 의해, 그런 폭력과 함께, 그런 폭력으로서 흑인은, 면방적기는 노예상태로부터, '흑인은 흑색 인종의 인간이다'와 같은 (국민)경제학의 용어-법으로부터, 자본의 정상상태로부터 돌이킬 수 없이 분절된다. 그렇게 떼어내지는 그 사람 그 사물은 이전의 성물과는 다른 속성의 성물로 형질전환되는바, 독점적 소유권의 소멸이 그것이며, 목적에 의한 수단으로의 합성을 인준하고 재생산하는 계약상태의 파기가 그것이다. 그때 그 성물은 수단 그 자체로 개시되며, 법적 소유가 아니라 공통의 사용으로 되돌려진 것, 세속화된/신성모독적인 것이 된다. 그렇게 「심판」의 시인이 말하는 성물의 진정한 주인은 "공통적인 것의 자유로운 사용uso libero으로서, 그리고 [이와 동시에] 순수한 수단의 영역으로서 분절하는 데 성공"[35]하는 힘, 새로운 분절력 또는 다른 성별력, 곧 그리스도이다.

그리스도/메시아라는 힘을 가리키는 또 하나의 말이 '중재자'인 한에서 메시아적 전위, 그 자리바꿈의 신적 폭력은 자리와 자리를 다시 다르게 결속하는 순수한 매개력으로서, 순수한 폭력으로서 다시 명명될 수 있다. "메시아라는 관념["중재자라는 관념"]은 모든 규정과 모든 목적론 바깥에서 인간과 신 사이의 관계를 경험하고자 시도하는 것이다 : 메시아는 무無의 가장자리와 파괴의 한계지점에 자리한 자유이며, 또한 메시아는 사건이 되는 욕구이자,

34. 칼 마르크스, 『임금노동과 자본』, 42~3쪽.
35. 조르조 아감벤, 『목적 없는 수단』, 129쪽.

현전화되는 토대와 가치의 존재론적 절박함이다. 메시아라는 관념을 통해서, 도덕 담론은 물질로 복귀해, 경험으로 채워진다."[36] 경험의 파괴, 곧 의미의 와해로서의 자본주의, 무세계성으로서의 자본주의 안에서, 줄여 말해 목적-수단의 골조 안에서 그것의 부식과 해체와 '골절'의 형태로, 경험의 충만함으로 발현하는 메시아라는 중재력·매개력. 중보자仲保者, Mediator 메시아, 줄여 말해 순수매개의 게발트케적. 그 힘은 최종목적-신-G'의 바깥으로, 세계의 파괴적 무화가 아니라 힘의 현행화된 임계지점·가장자리에서의 자유로, 욕구의 사건화로, 실정적 법과 대립하는 필연의 절박함으로 존재한다. 그렇다는 것은 순수매개가 자리와 몫의 위계적 통합 속에서 그것의 전위·자리바꿈으로 발현하는 힘이라는 것을, 지위·위상의 질서-자유 속에서 그것의 무위無位 또는 퀄위로 도래하는 힘이라는 것을 달리 표현한다. 그렇게 '발현 중'에 있음이라는 시간, 그 '도래중'에 있음이라는 힘의 상태가 뜻하는 것이 무엇인지는 저「심판」의 마지막 시어들이 오늘 필요한 반시대성과 함께 암시해 주고 있다.

추잡한 질서의 세상을 쓸어버리며 오는/행군의 발자국 소리/심판의 함성이 가까이 오고 있소//전지전능한 계급/세상의 모든 것을 파괴할 수도/창조할 수도 있는/노동자계급으로부터의 심판/심판의 날이 다가오고 있소[37]

바로 그 긴급함, 반시대성, 시대착오 덕분에 우리는 '너무 늦은' 형태이자 '너무 이른' 형태로, '아직 아닌' 형태이자 '이미'의 형태로 우리의 시대를 포착할 수 있다.[38]

이른바 법의 효력을 정지시킴으로써 분리의 정상상태를 수호하고 완성하는 유혈적 신의 심판. 시인은 그런 신성의 질서를 일소하며 오는 노동자계

---

36. 안토니오 네그리,『욥의 노동』, 137쪽.
37. 김해화,「심판」, 복간호, 199~200쪽.
38. 조르조 아감벤,「동시대인이란 무엇인가」,『장치란 무엇인가?』, 79쪽.

급에 대해, 십자가의 주인인 산 노동들로부터의 심판의 날에 대해 말한다. 그 날, 메시아의 그 시간은 아직 오지 않은 미래가 아니라 지금 오고 있는 것, 도 래중인 것이다. 동시에 그렇게 '다가오고 있는' 것이므로 이미 다 와버리고 끝 나버린 것이 아니라 오고 있는 것, 지금 도래중인 힘이다. 그러므로 그 힘은 자신의 완성·완료·완수를 부결시키는 항구적 불일치의 형태로 도래중이다. 그것은 집계 가능하고 가산적이며 그런 한에서 언제든 법에 등록·가공될 수 있는 힘의 형태가 아니라 환원불가능한 최소제헌적/비정립적 힘-의-형태소 로, 시인이 말하는 '행군의 발자국 소리'로, '함성'으로 오고 있는 약한 힘인 동 시에 불사의 힘이다. 도래중인 메시아적 힘, 그 조치가 갖는 항시적 긴급성으 로서의 반시대성과 시대착오에 힘입어, 현재는 척도적 법의 시간에 의해 주재 되는 단순한 삶의 합성상태가 아니라 그런 단선화된 시간을 내부로부터 골 절시키며 발생하고 분기하는 힘의 여러 시간들로, 힘의 문턱들로 인지되고 표현된다. 법의 호명에는 너무 늦게, 법의 정시에는 너무 이르게, 법의 완성에 는 아직 아니라고, 법의 균열에는 벌써 이미라고 응대하고 조치하는 힘. 이 힘의 메시아성, 그 긴급함의 도래상태가 힘의 문턱들로 발현 중이라는 것은 다시 한 번 다른 법적 주체의 구성 상황과 접촉한다. '동시대인'이라는 주체 가 그것이다. "현재는 체험된 모든 것 속에 남아 있는 체험되지 않은 몫과 다 르지 않다. … 이 체험되지 않은 것에 주의를 기울이는 것이 동시대인의 삶이 다. 이런 뜻에서 동시대인이 된다는 것은 우리가 결코 있어보지 못한 현재로 되돌아가는 것을 뜻한다."[39] 안배된 자리와 몫으로, 현행화된 것으로 체험하 는 모든 힘은 저 자본의 정상상태를 정립하는 분리/매개의 계산-내-운동이 다. 그렇게 현행화된 힘, 경로의존적인 힘의 체험들 속에서 체험되지 않은 현 재의 몫을, 잠재력의 몫을 경험하는 자, 그런 경험을 통해 몫과 자리의 배열 을 전위시키는 자, 그가 동시대인이다. 그는 척도적 시간을 거스르는 긴급성 과 반시대성의 힘을, 그렇게 아직 체험되지 않고 고갈되지 않은 현재적 경험

---

39. 조르조 아감벤, 「동시대인이란 무엇인가」, 85쪽.

의 몫을 발굴하고 셈하며 파지하는 '고고학'으로서의 고현학考現學을 통해 관철시키는 자다. 현행적인 것으로 일괄 수렴되지 않고 잔여로 '남은' 그 몫의 경험이 분리/매개의 법 연관을 거듭 원-분할하는 힘으로 발현되는 것은 잠재적인 것virtual과 현행적인 것actual의 관계를 거듭 자기가치화하는 리얼한 것the real의 연출 속에서일 것이다. 오늘 여기에서 1990년 울산 골리앗크레인 고공점거의 정세란 무엇인가. 체험되었으므로 고갈된 것으로 조치된 것들 내부에 잔여로 잔존하는 전위적/궐위적 힘의 리얼한 몫이며, 그 몫/힘을 노동의 성스러움이라는 교의의 문턱에서 거듭 발굴하고 경험할 수 있게 하는 산 노동의 사상이다.

도래중인 철탑 아래

2013년 7월 20일, 울산의 르포

죽음을 망각한 생활과 죽음이 시시각각으로 다가옴을 의식한 생활은
서로 완전히 다른 상태이다. 전자는 동물의 상태에 가깝고,
후자는 신의 상태에 가깝다.

— L. 톨스토이, 『인생의 길』 —

1-1. "척후"斥候라는 말. 2013년 7월 20일 늦은 밤, 그 말의 뜻과 힘을 기립시키면서 투쟁의 무대에 섰던 이는 강정마을의 한 주민이었다. 그런데 그는 제주에 있지 않았고, 그 무대는 강정에 있지 않았다. 그는 울산에 있었고, 그 무대는 현대차 울산 3공장 맞은편에 있었다. 그 무대 앞에는 '희망버스' 사람들이, 그 위엔 송전탑이 있었으며 그 철탑에는 두 명의 비정규직 노동자가 278일째를 사는 중이었다. 강정과 울산의 투쟁이 하나로 용접되고 있던 그 시공간이 생산해낸 말, 그것이 '척후'다. 척후, 척후병. 이는 철탑과 희망, 철탑의 희망을 다시 정의하고 다르게 고양시키는 크레인 같은 말이다. 철탑 위의 척후는 적대의 보이지 않는 전선을 눈앞으로 끌고 와 개시한다. 대나무 만장을 쇠파이프로, 시위대를 폭도로, 착취를 보호로, 살인을 구원으로 호도하고 치환하는 숨은 적의 기척과 기미, 그 징후와 증후를 기어코 지각해내는 이들이 척후이다. 인지된 적을 적이라고 선언할 때 척후병은 척탄병이 된다.

1-2. 그 철탑 위 척후의 몸, 척탄이 된 몸들에 대해 생각해보게 된다. 사건화될 수 있는 것이 오로지 스스로의 몸뿐인 몸, 오직 몸으로써만 성립하는 오늘의 사건 속 극한의 몸. 그런 몸을 품고 있는 철탑의 현장은 고통이 흘

러드는 하구, 투쟁의 합수머리였다. 무슨 말인가. 철탑 아래로 강정과 밀양이, 서울 혜화동 성당종탑이, 부산 영도의 크레인이, 일본 나카마 유니온의 해고 노동자들이 흘러들었다. 울산에서 밀양으로 갔던 학습지 노동자들에 화답 하듯, '765kv OUT'이라는 단체구호 아래 절규하는 뭉크의 그림 티셔츠를 입고 철탑 아래로 왔던 밀양 사람들, 그녀들의 노래들. 재능교육 해고노동자들이 성당의 종탑 위에서 싸우며 들었을 그 종소리, 또는 영도 한진중공업 85호 크레인 앞에 놓인 노동자 최강서의 차가운 시신 앞에서 울부짖던 다른 노동자 김진숙의 그 목소리("냉동실에 너를 눕혀놓고 꾸역꾸역 밥을 먹는 우리는 이 겨울이 참 춥다. 이력서에 붙은 사진은 영정이 되고, 다시 상복 입은 사람들이 모였다"), 2011년 85호 크레인 아래에서 보았던 일본의 노동자들, 다시 울산에서 만난 그들의 선명한 고함소리("같이 투쟁합시다!"). 이들 모두에 화답했던 희망버스 사람들. 그렇게 흘러든 철탑 아래는 국법과 자본이 축적이라는 신적인 목적에, 축적이라는 최고위의 숨은 법에 봉헌하는 통치력의 파트너임을 개시한다. 그런 한에서 철탑이라는 합수머리는, 그런 절대적 법을 유혈적인 것으로 재인식하고 부결시키는 자리이며, 그 부결과 동시에 다른 법이 원천적으로 다시 설립될 수 있게 하는 밑돌을 제공하는 장소이다. 철탑이라는 합수머리의 그런 법정초적/제헌적 성분은 시민사회와 대법원의 판결에 귀를 닫고 있는 현대차 자본에 대한 국정조사를 요청하고 강제하는 것이었지만, 동시에 그 '국정'國政이라는 틀 자체를 초과하는 것이기도 했다. 철탑이 고통의 합수머리라는 것은 제도적 보완과 법적 쇄신을 실질적으로 획득해낼 수 있는 힘을 길러야 한다는 뜻이면서도, 동시에 그 힘이 다름 아닌 법적이고 제도적인 교섭체의 이름으로 매회 파괴되고 있는 상황적 아포리아를 정치적인 것의 전장으로 인지해야 한다는 뜻이기도 하다. 철탑은 과거와 오늘의 고통들이 합수될 때의 게발트의 변신과 이행에 근거함으로써, 제도의 불가능한 완성을 위해 제도에 대한 항구적 간극으로 존재해야 하며, 그런 간극 속에서, 그런 간극/이격의 게발트 속에서, 제정된 법 연관의 자기증식적 환원론·합성론의 일반공식과 그런 통치적 합법성/정당성의 생산관계의 근거를 매회 다시 정의할 수 있어야 한다. 줄여 말해 철탑의 저 고공점거란, 발현하는 비정립적 제헌력-의-형태소를 자신의 잠재성-근거grund로서 보존하고 지속해야 한다.

1-3. 오늘의 철탑으로 과거의 고공점거가 합수되고 있는 현장들 중 하나는 사진가 노순택이 채집한 이미지들의 배치 속에 있다. 가진 게 몸밖에는 없는 몸, 그 유일한 몸을 바치고서도 끝내 사건이 되지 못한 고공의 고통들이 노순택의 수집 속에서 지금-사건이 되려 한다. 사진에세이「머리 위의 섬」에 들어있는 그의 문장들, 시를 닮은 그 문장들에서 인용해 올 것은 다음과 같다. "사람에게 다가가고파 / 사람에게서 멀어진다는 것 / 너무도 외로워 / 고립을 결단한다는 것 / 지상에 서고파 / 고공에 매달린다는 것 / 살고 싶어 / 죽는다는 것 // 이것은 가능한 언어인가 / 불가능한 언어가 현실로 구현되는 이 세계에 / 우리가 있다. … 폭력을 탓하는가. / 세상 모든 폭력은 '공조'와 '방조'로 완성된다. / '자조'로 추앙된다. // '체공녀' 강주룡은, / 여전히 / 우리들, / 머리 위에 있다."[1] 외로움으로부터 벗어나기 위해 고립을 택한다는 것, 살고 싶어 죽음을 택한다는 것. 그런 역설의 언어, 그런 '불가능한 언어'가 고공의 몸들에 결부된 생명의 시간을 가리키고 있다. 강주룡(1901~1932)은 고공에서의 그 시간 그 언어를 가장 먼저 경험했던 이 땅의 노동자이다. 노순택이 2009년 5월 17일 광주 금남로 분수대 앞의 교통감시탑과 그 위에서 68일째 농성 중이던 로케트전기 해고노동자 이주석·유제휘를 찍은 사진 곁에다가, 평양 평원 고무공장의 임금삭감에 맞서 16미터 높이의 을밀대 지붕을 점거했던 여성노동자 강주룡의 사진을 인용·병치했을때, 오늘의 고공농성자들은 어제의 강주룡과 만나 자신들의 적이 역사적인 적이었음을, 자신들에게 가해지는 폭력이 오래된 폭력의 첨예화된 변주였음을 알게 된다. 그 각성의 시간동안 강주룡은 어제의 활자들에서 오늘의 사건으로 부활하고, 그 부활 속에서 오늘의

---

1. 노순택, 「머리 위의 섬」, 격월간 『말과활』 창간호(2013년 7~8월호), 4쪽, 19쪽.

투쟁은 과거를 산다. 그때 과거와 오늘이 함께 생동한다. 강주룡의 을밀대 고공투쟁이 찍힌 사진 한 장을 지금 다시 인용하려는 까닭은 바로 그 부활의 의미를 지금 다시 관철시키기 위해서이다. 그렇게 「머리 위의 섬」에 인용되어 있던 강주룡을 여기 재인용함으로써, 인용의 약한 연대를 이루고, 그 힘으로 2013년 7월 20일 울산의 철탑 아래에 1931년 5월 29일 평양 을밀대의 지붕을 다시 합수시키려는 것이다.

△ 대공황 이후, 아사동맹(餓死同盟) 직후. 저 고공의 게발트는 '동무의 살이 깎이는' 삶의 상태로부터 발생 중이다 : "2300명 우리 동무의 살이 깎이지 않기 위하여 내 한 몸뚱이가 죽는 것은 아깝지 않습니다."(『동광』, 1931. 7.)

2-1. 7월 20일 오후 울산 현대차 정문에 내렸을 때, 앞을 막아선 컨테이너의 산성과 경찰버스의 차벽은 웅장했고, 웅장한 그만큼 가련했다. 지체할 이유 없이 만장을 따라 도로를 걸었다. 40분 정도를 걸어 명촌주차장 철탑이 눈에 보일 때쯤 먼저 도착해 있던 인파와 만났고, 이내 인파 속의 하나가 되었다. '사람은 파도입니다. 막으면 터지고, 벽이 생기면 넘습니다'라고 트윗을 남긴 사람은 김진숙이었고, 쇳소리 같은 구호가 확성기를 타고 퍼졌다. 그때 동시에 귀에 들렸던 건 철탑 아래를 지나가던 동해남부선 기관차의 째지는 경적이었다. 그 소리에 투쟁의 리듬이 깨진다고 생각했다. 물대포와 소화기

분말이 현장을 가득 채울 때도, 문화제가 시작된 이후에도 그 경적소리는 끊이지 않고 들렸다. 그런데 철탑 위의 생명을 보여주던 동영상을 보면서 알았다. 아침 해가 뜨는 시간 아래로 동해남부선의 기차가 지나가고 있었고 기적이 울렸다. 최병승이 말했다. 저 기적은 기관사들이 우리들의 투쟁을 응원하는 소리라고. 그 기적은 기관사가 기관실에 있으면서 동시에 철탑 위에도 있음을 뜻한다. 신체적 공생 속에서 나는 여기(기관실)에 있지만 거기(철탑)에도 있다는 것인바, 그것은 기관실의 파열이며 기관사의 몸의 파열이다. 그때, 기관실에 구속된 철도노동자의 삶은 철탑의 삶으로 확산한다. 그렇게 파열은 확산됨으로써 발현하는 힘이다. 저 을밀대의 시공간이, 고공농성 이후 '가장 낮은 곳' 빈민굴에서 시체로 발견된 강주룡의 그 몸이 오늘 이곳에서 다시 파열하듯, 강정·밀양·영도·일본의 몸들이 이곳 철탑 아래에서 거듭 파열한다.

2-2. 그렇게 몸이 파열/발현한다는 것은 무엇인가. 이 물음과 관련하여 읽게 되는 문장들이 있다. "몸이 있다. 그리고 아무런 본질을 (심지어 '죽음'마저도) 지니지 않은 채 다만 바깥을 향해 있는ex-iste 실존이 있을 뿐이라는 사실을 기입하는 몸의 치명적인 벌어짐이 있다.…몸들은 오직 경계에서만, 경계로서만 발생한다. 경계란 의미나 질료의 연속이 낯섦과 교차하면서 부러짐을 겪는 외변, 열림과 **불연속화**인 것이다."[2] 철탑 위의 몸, 직사광선에 곪아터지고 칼바람에 벗겨져나가는 그 몸, 현존하는 법-폭력에 반응하는 그 몸의 피부, 철탑의 살갗. 몸의 그 치명적인 벌어짐은 체제의 바깥을 향하는 몸들, 바깥을 향하는 살갗('밖-갗')들의 상태를 표현하는바, 몸의 벌어짐이 체제의 벌림이다. 몸의 터짐과 찢김이 체제의 합법화된 경첩cardo/joint의 부러짐을 이끈다. 고통 받는 몸, 그래서 그 고통의 레짐 바깥으로 나가려는 밖-갗Expeausition의 몸. 그 몸들은 체제의 '경계'로서만 발생하며 운동한다. 경계는 법의 권역

---

2. 장-뤽 낭시, 『코르푸스—몸, 가장 멀리서 오는 지금 여기』, 김예령 옮김, 문학과지성사, 2012, 19~20쪽. 이하 쪽수만 표시.

의 한계선이자 임계선이다. 법이 생산하고 통제하는 의미, 그 의미를 따라 인도되고 합성되는 질료들의 세계, 그 세계 속에서 재생산됨으로써 보호되는 법. 이런 연쇄 혹은 순환, 곧 합법의 경첩들로 직조된 법의 일반공식이 절단되고 불연속적으로 되는 장소들, 거기가 경계이다. 위-계의 재생산에서 축적의 동력을 구하는 법-계, 그 체인화된 구조 속에서 불연속성의 계기들로 발생하는 경계의 힘, 경계적 몸의 힘. 바깥으로 파열하는 밖-갗의 바로 그 몸/힘이 축적의 목적에 봉헌하는 법-의미-질료의 착취적 일반공식을 끊으면서 그것들의 관계를 거듭 원Ur-분할한다. "몸은 의미의 원-건축술이다."(28) 파열하는 몸, 경계로서 발생하는 척후들의 몸에 의해 법은 원천적으로 재정의된다. 그때 척후들은 법의 재설계자이자 법의 공병, 법의 엔지니어이다. 그들에 의해 지금 "세계-몸mundus corpus, 다시 말해 몸(의)-자리들로 번식하는 것으로서의 세계가 도래"(42)하는 중이다. 점거된 철탑이라는 법-밖의 몸, 밖-갗의 철탑에 의한 법의 재점거는 그렇게 비정립적 제헌력의 분만 상황으로서 매회 도래한다.

3-1. 현대차가 고용한 용역들과 관리자들, 그들의 폭력을 묵인하고 묵과하던 경찰권력은 서로 입 맞춘 듯 물대포와 소화기로 일관했다. 격렬한 몸짓으로 적의 이면을 표현했던 율동패 중 한 사람은 그 물대포와 소화기가 불을 끄는 도구인 한, "우리는 불길"이라고 노래했다. 척후란 무엇인가. 척후는 방사된 화염이다. 그 불은 신성하다. 신의 불사의 생명을 가리켜 '태우는 불'burning fire이라고 했던 건 조직신학자 폴 틸리히였다. 척후는 불사의 불길이므로 항구적 불화의 힘이다. 그 힘이 적을 향한 역전의 사고, 역설의 입장을 구축한다. 무슨 말인가. 무산자의 시 「적은 나의 구원이오」를 읽자. 철탑을 향해 '그 높은 곳에서 무얼 먹고 어떻게 사느냐'고 묻는 적을 향해 그 시는 답한다. "나는 적을 먹고 사네 / 적이 와서 밥을 떠먹여주니까 / 적이 와서 이부자리를 깔아주고 발 뻗고 자게 하니까 / 적이 날뛰어야 성이 고고하고 높고 튼튼해지니까 // 적이 없으면 외롭고 쓸쓸해진다는 걸 / 적이 없으면 성을 허물어 포르노

상영관을 만들 거란 걸 / 적이 사라지면 아름다운 무기를 녹여 / 경운기를 만들어야 한다는 걸 / 적이 총을 버리면 나는 백수가 된다는 걸 / 적이 사라지면 위대한 신의 정의가 부엌칼이 된다는 걸 … 하나의 적을 격침하고 두개의 적을 만들어야 한다는 걸 / 적이 없으면 허수아비를 세우고 선지라도 칠해야 한다는 걸 … 그래서 기도를 좆빠지게 해야 한다는 걸 / 적을 달라고 사탄을 내려달라고 적을 만들 지혜를 달라고 / 적이 없으면 복음은 개소리가 될 뿐이라는 걸 / 저 불신의 거리에 돼지 피를 은총으로 뿌려대어야 한다는 걸 / 적은 나의 포도나무요 / 나의 구원이라는 걸"[3] 밥을 주는 적, 잠자리를 살펴주는 적. 그러므로 없으면 큰일인 적. 그래서 적 하나가 파괴되면 적 두 개가 만들어져야만 되는 그런 적. 그 적은 일깨우고 각성시키고 기립시키는 것이다. 망각했으므로 망각되어버린 자들, 그렇게 감각을 방기하거나 박탈당한 자들에게 구원을 선물하는 것이 적이다. 그래서 적이 없으면 복음은 개소리로, 고통의 마취제로 전락한다. 구원하는 적, 적그리스도. 적은 자신을 적으로 호명한 사람들에게 항구적이고 항시적인 각성의 상태를 선물한다. 다시 말해 적은 기립한 척후들을 생산하고, 그 척후들에 의해 부서지며, 그 척후들에 의해 생산되고 개시된다. 오직 그 과정/소송 안에 척후들의 구원이 있다. 그 소송/소환의 보존과 지속 안에서 척후들은 '은총의 유물론'을 관철시킨다. 파괴시킨 적의 잔해들 위에서 다시 다른 적을 생산하고 개시하는 구원의 최적화된 장소. 거기가 바로 철탑 아래이다. 희망의 철탑이, 원리로서의 희망이 거기에 있다.

3-2. 철탑 아닌 곳이 없다는 말로, 철탑 위의 몸과 철탑의 현장이 가진 고유한 맥락과 배치를 삭제하지 말아야 한다. 철탑에 너무 많은 것을 맡겨선 안 된다는 말로 철탑의 현장과 그 몸에서 이뤄지고 있는 잠재력의 발현을 봉쇄하지 말아야 한다. 그 철탑과 그 몸은 '일반화'되어야 하지만, 철탑 아닌 곳이 없다는 식의 대패질하는 일반화를 부결시키는 방법과 태도 속에서 일반

---

3. 백무산, 『그 모든 가장자리』, 창비, 2012, 60쪽.

화되어야 한다. 그 철탑과 그 몸은 생산관계의 유혈적 모순에 무감각해져가는 오늘 '사건'이 개시하는 삶의 향유의 최대치를 감당해야 한다. 그리고 그것은 어디까지나 사건 속에서 발생하고 있는 힘의 상태, 이념의 탄생에 대한 경험 속에서 감당하는 최대치여야 한다. 울산이 중요한가. 울산은 중요하다. 다른 이유에서 중요한 게 아니라 그런 일반화, 그런 최대치를 위해 중요하다. 먼저 '열사'烈士의 일반화에 관하여. 철탑 아래 내가 앉아 있던 바로 코앞에는 임시로 설치된 영사막이 있었고, 거기에는 지난 7월 15일 목숨을 끊은 현대차 아산공장 사내하청 노동자 박정식(1979~2013)의 생전 모습이 비춰졌다. 40만 사내하청 노동자들 중 하나였던 그는 노동운동에 대한 사측의 합법적/도륙적 방법인 손해배상 가압류로 생계가 막막해져 있었다. 그렇게 검은 바탕에 흰 글자로 된 만장 속에서 그를 열사라는 이름으로 만났다. 그 열사라는 단어의 하중은 죽은 자와 살아남은 자 그 누구도 쉽게 감당할 수 없는 것이라고 생각했었던바, 열사는 죽음의 복잡성을 단순화하고 죽음을 덮고 있는 내밀성의 막을 기어코 갈라 헤집는 기표라고 느꼈기 때문이고, 죽은 자의 유지를 받드는 방법으로 선택된 열사라는 기표가 때때로 그 유지를 폐기해버리는 모순의 장소였기 때문이다. 그러나 기왕의 그런 생각들 속에서가 아니라, 철탑 아래에서 열사라는 기표는 내게 판단을 요청하고 강제하는 것이었다. '열사'라는 단어는 비판될 수 있을지언정 포기될 수는 없는 것이었다. 열사는 가까스로 만들어진 무기의 기표였다. 열사는 무릅쓰고 장전된 총탄 같은 단어였다. 그것은 죽은 자의 유지를 받드는 방법이란 어떠해야 하는가를 묻는 질문으로 장전되고 있었다. 더 빨리 정규직이 될 수 있겠다는 계산으로 사내하청 지회에 가입했던 동영상 속의 박정식은 급속도로 자기라는 울타리를 벗어나 갱신의 과정을 밟았다. 그는 '정몽구=현대차'라는 구조적 폭력 속에서의 각성과 고민으로 편치 않았던 사람이었다. 각성이란 편치 않게 된다는 것, 불편해진다는 것의 다른 말이다. 그 편치 않음을 선택한 각성의 고통은 숭고한 것이었다고 생각한다. 그리고 모든 숭고는 비약적인 것의 성분을 포함한다. 그런 한에서 편치 않았다는 것, 그것은 그 자체로 구조의 안전이 흔들리고 있었음을 약하게 확증한다. 그 펀치 않음을 '열사'의 최소 조건, 열사의 '하한선'으로 볼 수는 없을까. 그럴 때, 죽음을 향한 열사의 결단이 가진 숭고와 비약은 죽은 자의 만장의 문자에서 벗어나 산 자들의 몸짓 하나하나로 '일반화'되는 게 아닐까. 그럴 때, 죽음 없이 죽음의 효과가, 죽음 없이 죽음의 단절력에서 발생하는 힘의 발현상태가 산개되는 게 아닐까. 자신의 죽음으로 죽임의 구조가 끝나기를 바라는 죽은 자, 그의 유지를 받드는 한 가지 태도가 그런 일반화의 과정/소송 속에 있는 건 아닐까.

4-1. 길 위의 신부, 늘 길 위에 있었으므로 펀치 않았던 믿음의 인간, 불편했으므로 끝내 불화의 편위(클리나멘, 사선, 편차, 차이)를 보존하고 있는 사도는 이렇게 적었다. "내 삶의 자리에서 이 가난한 사람에 대한 관심과 애정으로 지켜보다 다가가는 것이 참여다. 가서 할 수 있는 일을 최선을 다해 하는 것이 바로 연대다. 단 한 번으로 족하지 않고 항상 안타까운 마음을 두고 사는 것은 더 깊은 연대다."[4] 대추리 미군기지 투쟁의 현장에서 발원했던 이 문장들은 참여, 연대, 더 깊은 연대로 심화되고 고양되는 윤리적/정치적 태도 속에서 투쟁 현장의 일반화와 동시에 그렇게 싸우는 사람들의 일반화에 대해 더 생각하게 한다. 몸을 움직이는 비용, 몸의 터짐과 벌어짐의 비용을 치르지 않고서도 더 깊은 연대를 수행하고 있다는 알리바이로 위의 문장들이 오용될 여지. 그 알리바이가 무서운 건 싸우지 않고서도 싸우고 있다는 오인

---

4. 문정현, 「대추리, 깊은 연대」, http://munjh.or.kr/bbs, 2006. 11. 25. 야구헬멧 쓰고 지팡이 들고 대추리 어떤 집 지붕 위에서 포크레인과 대치하던 때의 기록이다. 땅에서 농사짓던 사람들에게 없으면 굶어 죽을 수밖에 없는 것이 땅이다. 평택 대추리·도두리에 살면서 농민과 땅에 대한 그런 상식을 몸으로 지키려 했던 문정현은 '765kv OUT'을 외치는 오늘의 밀양 위양리·도곡리 사람들이었다. 밀양 싸움이 10년 전부터였으니, 실은 밀양 사람들이 이미 벌써 문정현 신부였다. 그 사도가 오늘 강정에 산다. 『예수전』의 저자 김규항이 물었고, 길 위의 사도가 답했다. "김 : 강정에서 평화는 무엇인가. / 문 : 있는 그대로 놔두는 게 평화다. 그러나 저절로 오는 평화는 없다."(「김규항의 좌판」, 『경향신문』, 2011. 10. 4) 복창하게 된다. 저절로 오는 평화는 없다. 불편의 편위를 관리하는 평화는 도륙의 현장을 은폐함으로써 도륙에 동참한다. 도륙하는 평화.

속에서 남도 속이고 자신도 속이기 때문이며, 그 속고 속임의 편안과 안락 속에서 적들이 증식하기 때문이다. 위의 문장들을 다시 곱씹기 위해선, 다시 말해 투쟁의 일반화가 알리바이로 오용될 우려를 덜어내기 위해선, 다시 한 번 길 위에 있는 사도의 말을 인용해야 한다. "내가 래디컬의 하한선을 지키는 이유는 예수 때문이다. 예수가 가난한 이웃, 고통 받는 이웃들과 함께 하라고 가르쳤고 내가 동의했는데 민주화 운동이든 반이명박이든 무슨 이름을 달았건 이웃과 함께하는 삶을 거스른다면 나를 구분 지을 수밖에 없다.… 선명해야 한다. 선명성이라는 건 복잡할 게 하나도 없다. 고통 받고 내몰리는 사람들의 이웃이 되는 것. 누가 내 이웃인가를 분명히 하면 된다."[5] 래디컬의 하한선. 그것은 '일반화'된 투쟁의 급진성을 보존하고 지속하는 사도의 마지노선, 사도적 생명선이다. 그 하한선을 무너뜨리는 그 어떤 대의명분의 진보운동과도 스스로를 구분시키고 이격시킬 것. 내 이웃이 누구인가를 선명히 할 것. 돌려 말해 누가 나의 적인가를 분명히 할 것. 일반화된 투쟁의 진정한 힘은 이웃과 적의 선명한 구분이라는 래디컬의 하한선에서 매번 발생하고 매회 시작한다. 그 하한선에다가 적 하나를 격침시키면 적 두 개를 만들어야 한다고 했던 시인 백무산의 마지노선을 포개놓기로 하자. 적이 깨지고 다시 다른 적들이 만들어질 그때, 오늘의 이웃이 그 적들에 가담하지 말란 법은 없다. 그러므로 그때는 다시 한 번 '누가 내 이웃인가'라는 물음을 작동시켜야 한다. 사도의 그 물음은 항구적이며 항시적이다. 시인이 말하는 적의 격침과 생산이 그랬듯이 말이다.

4-2. '시인'의 일반화에 관하여. 치안의 여러 상황, 여러 경로에 따라 이번 희망버스 또한 각기 다른 주제들, 예컨대 노동, 언론탄압, 남영동, 인권, 교육, 사진, 시, 만화, 역사 등의 공부거리를 가지고 출발했던바, 그중 한 대의 희망버스는 짐작컨대 시의 힘으로 돋워진 시간으로서, 보이지 않는 것을 개시하

---

5. 문정현, 위의 인터뷰.

고 들리지 않는 것을 들리게 했던 '아무나'의 시인들 – 심보선 시인의 말로는 '무식한 시인–되기' – 의 시적/정치적 시간으로서 철탑 아래로 도래했다. 희망 버스 안에서 시인이 되었던 김민석. 그는 시를 썼고, 시로 도래했고, 물대포와 소화기 분말 속에서 경찰에 연행되었다. 시인의 탄생은 투사의 일반화를 약하게 증거한다. 그의 시-격문은 같은 버스에서 함께 시를 썼던 다른 시인에 의해 낭독되었다. 운율 속에서 나는 그 낭독의 상황을 사진 한 장에 담았고, 집에서 그 사진을 확대해 시를 필사했다. 「별」이라는 시이다. "어둠 속의 별은/어둠 속의 우리에게 별빛으로 보이는 것을 알까?/빛은 어디에서 시작될까?/눈과 눈이 마주치는 순간은 혹시 아닐까?/탑 위의 그들은/사람이 오를 수 있는 가장 높은 높이에 있을까?/내 무심의 죄목을 모르는 나는/얼마쯤 낮은 바닥에 달라붙어 있는가" 이 시는 시의 자격과 시인의 조건을 둘러싸고 인지의 몫을 분할하는 권력에 이의를 틈입시키는 시작詩作이다. 거기엔 무심했던, 그래서 죄목을 몰랐던 시인이 있다. 밑바닥 나락에서 시인의 눈이 어둠 속 별의 눈과 마주치는 그 순간, 별은 어둠 속에서 빛나는 별빛이 되고 시인은 무심의 죄로부터 구원된다. 지상의 눈과 천상의 빛이 만났던 그 순간, 별은 구원의 별이 되고, 시인은 가장 높은 높이로 이끌린다. 지상과 천상이 서로의 밑돌임을 깨닫고 서로가 이웃으로 함께 기립한다. 적으로부터 스스로를 구분하면서 누가 내 이웃인가를 거듭 질문하는 래디컬의 하한선. 시인의 시작을 추동하는 힘이 바로 그 사도적 마지노선에서 발원한다.

5-1. 철탑 아래에 앉아 철탑 위를 올려다보았다. 때때로 머리 위로 박수치며 함성을 올렸지만, 실은 그 고공의 시간은 위태로움을 감출 수 없었다. 그들의 건강도, 거주공간도 모두 위태로웠다. 그 위태로움을 붙들고서 생각을 더 기울였던 건 집으로 돌아온 다음 날이었다. 폭염 때문에 집을 나서 근처 대학 도서관으로 가다가 우연히 나무 위의 둥지를 보았고, 얼기설기 엮여있던 울산 철탑의 거주공간이 그 둥지를 닮았다고 생각했다. 지금 철제빔, 천막, 끈, 합판, 철판, 철조망 등으로 지어진 그 둥지/철탑의 '약함'에 대해 생각한다. 약함

이란 무엇인가. 파견법·노조법·근로기준법 위반, 불법체포 및 감금, 폭행 등 1만 5천 건 이상의 범법을 저지른 현행범 정몽구가 아웃되었을 때조차도, 그리고 이후 모든 것이 복원되거나 갱신되었을 때조차도 철탑의 그 약함이란 보존되고 지속되어야만 하는 것이다. 현대차 정몽구라는 적 하나가 격침되어도 적 두 개를 만들어내고 개시시키는 힘이 바로 그 약함에서 나온다. 얼기설기 약하디 약한 바로 그 철탑 아래에서 고통이 합수될 수 있었고 투쟁이 용접될 수 있었기 때문이다. 약함이 폐기될 때 희망이 끝난다. 약함이 희망의 조건이다. 크레인, 굴뚝, 종탑, 지붕, 송전탑, 감시탑, 난간, 포크레인 등 그 모든 약함의 장소가 고통의 역사성과 공통성을 일깨운다. 약함이 코뮌의 밑돌을 선물한다. 그래서 약함은 강함이다. "전능은 약함 아래"[6], 없지 않고 있다. 그러므로 우리는 그 약함 아래를, 철탑 아래를 최고도로 지속해야 한다. 약함을 '전투적 담론'이라고 쓰고는 오직 그 약함으로만 이겨야 한다고 했던 건 사도 바울을 읽고 있던 바디우였다.

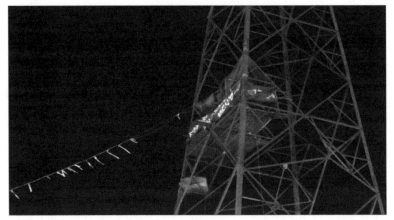

△ 철탑-둥지. ⓒ 필자, 2013. 7. 20.

---

6. 위르겐 몰트만, 『희망의 신학』, 이신건 옮김, 대한기독교서회, 2010, 245쪽.

5-2. 철탑 또는 고공 위의 둥지, 그 약함의 강함은 다시 표현될 수 있다. 『둥지의 철학』 중 한 대목에 들어있는 '철학'이라는 단어를 모두 '철탑'으로 바꾸어 다시 읽기로 하자. "나는 철탑이 아무것도 생산하지 못하고, 세계의 어느 것도 바꾸어놓을 수 없음을 안다. 그러나 철탑은 세계를 밝히는 빛이다. 나는 철탑의 실용성을 믿지 않는다. 그러나 철탑이 세상을 보다 명확히 그리고 새롭게 보는 인간의 정교한 눈이며, 세계가 철탑의 제품이라는 점에서 철탑은 가장 실용적이라고 생각한다."[7] 철탑은 축적/목적의 관점에서 보았을 때 아무것도 생산하지 못하는 무능하고 허약한 것이지만, 그런 관점을 적의 시점이라고 보는 철탑은 적이 명령하는 세계의 생산을 거절함으로써 모든 것을 생산한다. 철탑은 적의 이면과 적들의 관계를 투시하고 개시하는 정교한 눈이며, 세계는 철탑의 설계와 제작에 이끌린다. 무단으로 절취하고 임의로 교체해 읽은 위의 한 대목에서 철탑은 철학에 다름 아니다. 철탑은 철학의 임무를 수행하면서 철학이 된다. 철탑은 철학이 됨으로써 '일반화'한다. 적 하나의 격침에 만족하거나 그 성취로 환수되지 않는 항구적인 잔여의 힘, 그 힘에 의한 적의 항시적 개시/계시. 그것이 일반화된 철탑 아래에서의 발생적 사건이다. 무산자의 시는 다시 한 번 그런 철탑 아래를 가리킨다. "흐린 물속 물고기들이 수면 밖으로 입을 드러내고 숨을 쉬어야 하듯이, 나는 수시로 '바깥'을 호흡해야만 했다. 그 벽이 경계이든 현실이든 숙명이든 나를 둘러싼 알껍데기를 깨고 나오면, 그 바깥에는 또다른 껍데기가 존재해왔다. / 다시 태어나는 길밖에 없었다. 그래서 생성만이 실재였지만, 그건 또다른 표류였다. // 나는 늘 인간의 제로 지점에 한 발을 딛고 있으려고 해왔다. … 그래야 현실이라는 소용돌이에 마음 놓고 표류할 수 있으리라."[8] 다시 한 번, 철탑은 '바깥'이다. 철탑 아래가 합의된 합법적 장치들의 가장자리이자 법-밖이다. 그 철탑 아래를 보존하고 지속한다는 것은 그런 바깥의 호흡을 통해 거듭 '생성'된다는 것

7. 박이문, 『둥지의 철학』, 소나무, 2013, 351쪽.
8. 백무산, 『그 모든 가장자리』, 150쪽. 강조는 인용자.

이다. 시인에겐 오직 그 생성의 시간만이 삶의 실질이고 '실재'이다. 그 실재가 항시적인 바깥의 호흡 속에서만 쟁취될 수 있는 것인 한, 그 실재는 고착과 정 박을 거절하는 '표류', 전투적 표류에 다름 아니다. 그렇게 표류할 수 있기 위 한 시인의 자세 혹은 태세는 이런 것이었다. 한 발을 '제로 지점'에 내딛고 있 기. 우리들이 한 발을 내딛고 있어야 할 철탑 아래가 바로 그 제로 지점이다. '전능함'의 발현지가 '약함 아래'라면, 시인의 제로 지점은 우리들의 약함 아 래이며 철탑 아래이다. 두 노동자가 철탑에서 내려왔던 지난 8월 8일의 그 철 탑 앞에는 응원과 축하를 건네던 사람들이 있었음과 동시에 철탑을 봉쇄하 기 위한 철조망 꾸러미와 자재들 또한 가득했었다. 철탑이 폐쇄되는 것은 철 탑 아래가 봉인되는 절차의 시작점이다. 그러므로 철탑이 폐쇄되고 있는 이 시간, 철탑 아래를 보존하고 지속시키는 방법과 태세에 대해 더 빨리, 더 많 이 생각해야 한다. 그런 생각의 편린들은 다른 먼 곳에 있는 게 아니라 우리 가 점거했던 바로 그 철탑 아래에, 그 약함 아래에 산재해 있다. 그것들을 수 집해 재배치하는 쉽지 않은 작업을 각자 다르게 수행하면서, 서로의 바깥에 서 다시 접촉하게 되는 시공간, 거기가 철탑 아래, 일반화된 철탑 아래일 것 이다.

파루시아의 역사유물론

크레인 위의 삶을 위하여

> 역사는 그렇게 질척거리지만
> 끊임없이 각성하라고 채찍을 휘두르며 간다.
> — 김진숙, 『소금꽃나무』 —

1-1. '재현 너머'라는 게발트의 꼴·질·방향을 본원적으로 다시 정초했던 화가 파울 클레P. Klee. 그가 그린 것들 중에서 〈공포의 발생 Ⅲ〉을 눈여겨보았던 까닭은, 함부로 해선 안 되지만 가까스로 거듭 해야 할 일을 위해서인바, 그것은 과거의 그곳과 오늘 이곳의 고통들을 용접하는 일이며, 외마디 비명으로 내질러진 고통들의 연합을 구상하고 그런 구상력의 벡터를 증폭시키는 일이다. 화가의 꿈을 이루지 못했던 히틀러A. Hitler의 의지, 그 투쟁이 발효시킨 나치의 퇴폐예술전에는 유대인이자 국외자였던, 그러므로 끝내 이방인일 수밖에 없었던 사람들의 그림이 전시되고 있었고, 거기 그 회랑의 한 쪽 벽면에 걸린 클레의 그림 또한 그렇게 참시되고 있었다. 그 회랑을 건립한 자들 간의 경합과 공모, 알력과 계약으로 구성된 '히틀러 국가'는 가시적이므로 직접적인 모든 이미지들을 나치라는 정치의 최종심과 결단을 위한 이데올로기적 장치로 이용했다. 그렇게 퇴폐예술전에 걸린 이미지들은 퇴폐와 순수라는 구획법, 피의 유혈적 분리를 통한 통치의 법의 재생산력으로 합성되었다.

〈공포의 발생 Ⅲ〉, 다시 말해 보이는 것의 재현 너머에서 보이지 않는 힘들을 표현한다는 것, 그렇게 표현/개시된 공포. 사지가 토막 나던 바로 그 순간의 공포가, 뼈를 으깨고 피부를 찢어발긴 자들의 풍족하고 우아한 식탁이,

△ 파울 클레, <공포의 발생Ⅲ>, 1939.
▷ 메나슈 카디쉬만, <낙엽>, 1997~2001, 철제주물. ⓒ 필자

그렇게 군림하는 자들끼리 맺은 은밀한 묵계의 유혈성이 개시된다. 줄여 말해, 저 놀라고 일그러진 얼굴은 '살'chair의 파괴를 증언하고 계시한다. 제 자리를 벗어난 눈과 눈동자, 뚫려버린 입, 뜯겨진 살점, 흩어지고 뭉개진 다리, 팔, 손, 창자 혹은 태아는 '법의 문'의 빗장을 긁으면서 그 문 안쪽에 숨겨져 있는 법의 규방을 향해 약한 괴성을 지르고 있다. 법으로 환원되거나 합성되지 않는 그런 비명만이 파괴된 살들이 고통을 증언하는 유일한 방법이며, 그런 약한 증언만이 도래중인 사건을 구성하는 조건으로서의 비정립적 제헌력의 형태소이다. 그런 공포의 발생, 파괴된 얼굴 곁에 카디쉬만에 의해 다시 다르게 표현된 공포의 얼굴들을 병치시키고 그런 병치의 효과를 살펴보게 되는 것은, 그 얼굴들 또한 도래중인 사건과 관련되어 있기 때문이다.

　　클레가 꽉 붙잡고 있는 익명의 얼굴은 휙 스치고 지나간 과거의 폭력적 순간들을 다시 상기하도록 요청한다. 그 요구의 강제에 응하고 있는 것이 저 만 개의 얼굴들일 것이다. 강철 주물로 된 얼굴들, 설치작업 <낙엽>. 떨어진 낙엽 위를 걸으면 바스락거리며 부서지는 소리가 들리듯, 바닥에 깔린 강철의 얼굴들 위를 걸으면 절규하는 과거의 쇳소리가 들린다. 카디쉬만은 우리들 자신의 발아래서 신음하고 있는 얼굴들 하나하나를 관찰하게 함으로써, 얼

굴들이 맞부딪쳐 나는 쇳소리에 귀 기울이게 함으로써, 적층된 얼굴들의 울퉁불퉁한 표면 위를 걸을 때의 발바닥 감촉을 느끼게 함으로써 우리들의 망각의 시간을 끝내려 한다. 그렇게 눈으로 보게 하고, 귀로 듣게 하고, 발바닥으로 느끼게 하는 〈낙엽〉은 고통에의 충실을 요청하는 윤리적 공감각의 경험이다. 〈낙엽〉은 그런 경험의 힘을 자동화된 안락의 감각을 분배하는 체제 속에서 발현시키고 있는 중이다.

1-2. 〈낙엽〉을 감싸고 있는 것은 〈기억의 공백〉이라는 건축 공간이다. 양옆으로 도열해 선 육중한 콘크리트 벽들이 과거와 오늘의 사람들을 옥죈다. 그 공간이 부과하는 짓눌림의 무게감은 강철 주물들의 육중한 더미인 〈낙엽〉의 물질성과 결합되어 있다. 그렇게 합일된 육중함은 억압 받았던 자들의 소리 없는 비명과 비참의 깊이를 조심스레 증언하면서, 동시에 오늘 각자가 선택하게 되는 책임의 무게와 밀도에 관해 질문하고 있다. 그런 육중함은 〈기억의 공백〉의 조도와 맞물려 있는데, 천장의 자연채광이 가장 밝을 때에도 밑바닥의 〈낙엽〉까지 이르는 빛의 양은 많지 않다. 그런 조도가 육중한 물질성의 공간을 일종의 지하묘지catacombs로 전변시킨다. 햇볕이 들지 않는 묘지 속의 고요와 경건은 〈기억의 공백〉이 지닌 정치적 정조이다. 알다시피 억압된 과거에 대한 진정한 애도는 언제나 기억의 문제였으며 기억은 언제나 투쟁의 문제였다. 기억을 두고 늘 새로이 싸워서 탈취해야 하는 것이라고 했던 건 발터 벤야민이었다.

기억을 둘러싼 투쟁의 문제에 초점을 맞춰, 과거의 저곳 〈기억의 공백〉이라는 지하묘지 곁에 여기 광주의 구묘역을 병치하려는 것은 최종해결이라는 폭력과 고통의 고유성을 방기하려는 것이 아니다. 아우슈비츠에서 광주 망월동으로, 부산 영도로 이동해가는 것은 축적이라는 제1목적을 집전하는 법의 일반공식을, 그 자기증식적 벡터의 첨예화된 반복적 주조음을 다시 확인하고 다르게 각인해보기 위해서이다. 제정된 권력의 정당성을 수호하려는 자들에게 1980년 5월의 광주는 불편하고도 위협적인 기억이다. 망월동 구묘역은 국

△ 메나슈 카디쉬만, <기억의 공백>. 카타콤에서의 위령, 기억의 귀환. ⓒ 필자.
▷ 광주 망월동 구묘역, 위령의 퍼포먼스. ⓒDOLDARI

가에 의해 완전히 정비되지 않았으므로 아직도 찢기는 고함을 지르고 있으며, 그렇게 온전히 '관리'되고 있지 않기에 지금도 피의 기억을 내장하고 있다. 거기엔 아직 어떤 적나라함이 있다. 거기엔 아직 어떤 노골적이고 직접적인 비명이 있다. 구묘역의 시신들을 말끔하게 정비된 국립 신묘역으로 이장하는 것은 그러므로 진정한 애도가 아니다. 그것은 기억의 말소이므로 활력의 말살이다. 저들 통치하는 자들의 협치는 거듭 이기기 위해 5월의 기억이라는 폭탄에서 뇌관을 제거하려 한다. 그 방법이 신묘역으로의 이장이며 구묘역의 폐기이다.

지하묘지 곁에 병치된 위의 사진 한 장은 그런 구묘역의 비명의 적나라를 어루만지는 한 순간을 붙잡고 있다. 배우 이당금의 퍼포먼스, 위령의 극劇/極. '무명열사'의 묘비 앞에서 행해지고 있는 그녀의 극은 신묘역의 거대한 기념비 앞에서 때마다 벌어지는, 혼령마저 소유하려는 입법자들의 퍼포먼스와는 그 정치적·미학적 질감을 달리 한다. 이당금의 위령 작업, 그 위령의 극점은 기억의 불온함을 충전하고 유지하는 방법과 태도에 관해 더 사고하도록 이끈다. 그런 이끌림 속에서 클레와 카디쉬만이 움켜잡고 있는 공포의 얼굴들을 다시 마주하게 된다. 그 얼굴들이 비명으로 증언하고 있는 과거를 오늘 이곳의 기억의 전장 위에서 공통의 고통으로 접촉시키는 과정/소송을 두고 '변증법적 도약'이라고 했던 건 칼 맑스였다. 지금 막 그런 도약의 시간 속으로 들어가려는 우리는 곧 통치체에 도래중인 파국catastroph의 순간과 마주칠 것이다. 여기 부산 영도의 85호 크레인 위에서 최고도로 지속 중인 종언의 순간, 법폭력의 악무한적 일반공식을 들이치는 파루시아parousia·임재의 순간과 말이다.

2-1. "이제 끝내야 하지 않겠습니까?"[1] 이 물음은 김진숙의 비명이다. 줄곧 모르쇠였다가 남몰래 입국하신 조남호 회장님께서는 눈물을 훔치며 호소문을 낭독하는 안쓰러운 몰골로 공중파를 타셨다. 더 많이 축적하기 위해 영도를 폐쇄하려는 회장님은 영도를 떠날 수 없다는 이들을 합법적으로 멸균하려 한다. '합법'을 향한 회장님의 의지와 투쟁이 너무도 굳세서 웃기다. 회장님은 말씀하신다. "당사자 간 합의를 무시한 외부 세력들의 개입으로 불법 고공농성, 시위와 집회 등 불법적 압력에 의해 정당하고 합법적인 경영활동이 힘들어진다면 이는 우리 사회가 지켜야 할 최소한의 기본원칙을 저버리는 결과일 것입니다." 우리는 회장님의 호소문 속에 들어있는 노사정의 공식적 '합의'를 찢는 법의 의미를 새로이 정초할 수 있어야 한다. 저 '고공'이라는 불법의 쓰나미로 합법과 불법의 신화적 구획을 부숴야 하며, 희망버스라는 '외부'의 공생주의적 감각으로 순연한 내부와 불온한 외부를 분할하는 축적의 목적에 맞서야 한다. 지켜야 할 삶의 '원칙'이라는 것이 저들의 합의라는 정치공학적 도그마 속에는, 합법과 불법의 분할/매개라는 정당성 생산의 공정 속에는, 내부와 외부의 분리라는 통치의 전략과 준칙 속에는 결코 들어있지 않다고 선언해야 한다. 선언이 사건을 구성한다. 그 구성이 도래중인 파국의 조건, 임박한 파루시아의 근거로 잔존한다.

'이제 끝내야 하지 않겠습니까'라는 물음은 돌진하는 것이었다. 저들의 야합과 분할과 도그마를 향해 죽을 각오로(이는 빈말이 아니었다) 돌진하는

---

1. 김진숙, 『소금꽃나무』, 후마니타스, 2007, 147쪽. 이하 쪽수만 표시.

물음. 2011년 6월 현재, 우리는 그 돌진의 방향을 알고 있다. 85호 크레인, 35 미터 고공. 그곳에는 이미 죽음들이 깃들어 있었으므로 발현하는 분노가 일렁인다. 2003년 가을, 같은 자리에서 목을 맸던 김주익, 그를 보낸 죄스러움을 갚기 위해 4도크에서 투신했던 곽재규. "나의 죽음의 형태가 어떠하든 간에 나의 주검이 있을 곳은 85호기 크레인입니다"라고 쓴 김주익의 착잡한 유서/ 격문이 김진숙을 35미터 위로 밀어 올렸다. 김진숙은 85호 크레인을 더 이상 죽음과 슬픔의 공간이 아니라 승리와 부활의 장소가 될 수 있도록 김주익의 영혼과 함께 살아 내려오겠다고 말했다. 그런 그녀에게 우리들이 벌레가 아니라 인간이라는 사실을 최초로 각성토록 한 이는 전태일이다. 그녀는 전태일의 기억을 김주익의 유서에다 용접한다. 용접공이었던 그녀는 철판 용접하듯 유서들을 용접한다. 그녀의 적이 "전태일과 김주익의 유서가 같은 나라"(119)인 한에서, 그녀의 적은 역사적인 적이다. 역사적인 적은 우리의 적이다. 파괴된 과거의 영혼들을 오늘 그렇게 다시 용접한다는 것, 다시 말해 어떤 역사적 유물론의 게발트궤적: "역사적 유물론의 중요한 과제는 위험의 순간에 역사적 주체에게 예기치 않게 느닷없이 나타나는 과거의 이미지를 꽉 붙잡는 것이다."[2]

2011년 1월 6일 새벽 3시, 85호 크레인의 깡깡 언 계단을 오르고 있는 바로 그때 김진숙은 클레처럼, 카디쉬만처럼, 이당금처럼, 과거에 살해당한 이들의 찢어진 몸과 살을 꽉 부여잡고 있다. 외로움과 추위 속에서 떨었던 김주익 때문에 8년 동안 보일러를 켜지 않았던 그녀는 전 날 밤 "웬일인지" 방에 불을 땠다고 한다. 김주익의 기억이 느닷없는 강렬함으로 그녀를 기존의 자기와 가파르게 단절시켰던 한 순간을 상상하게 된다. 그녀는 어떻게 저 '역사

2. 발터 벤야민, 『발터 벤야민의 문예이론』, 반성완 편역, 민음사, 1983, 346쪽. 내게 「역사의 개념에 관하여」는 동시에 「역사철학테제」이다. 벤야민의 입장은 1980년대 남한의 이른바 '과학적' 사회주의에 의해 때때로 비과학적이고 신비적인 것으로 인지/배제되었다. 당대의 진보적 신학과 신학적 문학 또한 사정은 크게 다르지 않은 것 같다. 그런 한에서 '역사철학테제' 라는 이름에는 척도적 진보가 행사한 폭력의 시간과 연혁이 새겨져 있으며, 그때 「역사철학테제」라는 이름은 어떤 상흔에 다름 아니다. 그 상흔을 끌어안고 다시 사고하기 위해 「역사철학테제」라는 이름을 버리지 않기로 한다(이하 이 번역본에서의 인용은 글 제목과 쪽수만 본문에 표시).

적 유물론'의 과제를 선택하고 감당하는가. 이 물음으로 우리는 무엇을 할 것인가. 이에 대한 가능하고 필요한 답은 김주익의 죽음을 애도하는 그녀의 시한 대목에서 시작될 수 있다 : "준하야. / 너에게 아빠는 이 세상에서 가장 크고 듬직한 거인이었을 테지만 사실 네 아빠 난장이였단다. / 수백 명의 생존권을 난도질하고도 낯빛 하나 바꾸지 않던 세상과 외로이 맞서 싸워야 했던 난장이였단다. / 천막이 삭았던 세월, / 2년 동안을 안 해 본 것 없이 다 해 가며 마침내 이끌어낸 합의안을 손바닥처럼 뒤집는 가진 자들의 농간에 맞서 / 바이킹보다 높고 아찔했던 크레인에 올라가는 것밖엔 할 게 없었던 난장이였단다. / 129일을 혼자 매달려 있었던 크레인 위에서 기어이 목숨을 던져 모두를 살렸던 거대한 난장이였단다."(128)

△ "이 투쟁이 승리할 때까지 나의 무덤은 크레인이 될 수밖에 없습니다." 김진숙을 85호 크레인 위로 밀어올린, 또 하나의 현재적 무덤 앞으로 송환시킨 '거대한 난장이', 김주익의 유서(2003. 10. 4).

2-2. 거대한 난장이들. 이 역설에 응축되어 있는 의미의 무게와 파장을 좀 더 무겁게 생각하려고 한다. 어떻게 난장이가 거대할 수 있는가. 35미터, 바로 그 고공에 있기 때문이다. 위에서 모든 걸 볼 수 있기 때문이다. 크레인 아래로 희망버스가 처음 온 날, 용역들에 의해 조합원들이 끌려가는 걸 보고서 한 숨

도 잘 수 없었던 김진숙은 이렇게 말했다. "위에서 그 광경을 다 봤으니 오죽하겠나." 조감鳥瞰의 시선은 한 눈에 모든 걸 내려다볼 수 있으므로 전지적이며 절대적이다. 하지만 동시에, 그 위에선 다른 게 아니라 오직 내려다볼 수만 있으므로 한 없이 무력하며 연약하기도 하다. 조감의 시선을 포기하면 땅에서 힘을 보탤 수는 있으되 전지적인 힘을 잃는다. 조감의 시선을 유지하면 위에서의 전지적 시야는 가지되 땅에서 힘을 보탤 수는 없다. "전능한 무력감" 또는 "무능의 전능성"[3]. 이 역설과 '거대한 난장이'라는 역설은 그리 먼 거리에 있는 게 아니다. '거대한'은 전지적인 것과 연결된다. '난장이'는 무력하고 약한 것에 연결된다. 거대한 난장이는 전능과 무능의 이율배반으로 진동하면서, 전지적 약함이라는 모순을 구성하고 있다. 회장님의 호소문이 표상하는 합법과 합의와 원칙이라는 통치의 척도들을 기소하는 김진숙의 고공점거는 어쩌면 그런 고공에서의 삶에 내장되어 있는 바로 그 전지적 약함이라는 역설 속에서 나오는 것일지도 모른다. "전능은 약함 아래"[4]에, 잔여로 잔존하고 있다.

　　그런 잔존의 보존을 위해 좀 더 깊이 새겨야 할 것은 고공점거의 삶, 그 거대한 난장이의 생명이 여기 축적의 법 연관 속으로 새로운 법의 시간으로서 도래중이라는 사실이다. "이 지금Jetzt 속에서 진리에는 폭발 직전의 시간이 장전된다."[5] 그 시간의 게발트는 어떤 형질을 띠고 있는가. 파국의 도래가 장전된 시간, 방아쇠가 당겨져 공이가 총탄을 때리기 '직전'의 시간, 종언과 몰락이 코앞에 닥친 시간, 꽉 차오른 위기와 위험이 법의 일소의 게발트로 전변하기 직전의 시간, 달리 말해 어떤 메시아적 시간. 회장님의 가련한 호소문을

---

3. 최정우, 「눈뜸과 눈멂의 계보학」(http://blog.aladin.co.kr/sinthome, 2011. 7. 22)에서 이 두 구절을 따오면서, "중단은 인용의 기초이다. 하나의 텍스트를 인용한다는 것은 그 텍스트의 상관관계를 중단시킨다는 뜻을 내포하고 있다"(「서사극이란 무엇인가」, 57)는 벤야민의 한 문장을 떠올린다. 인용이란 원문을 파괴적으로 절취함으로써 완결성의 틈새를 세심히 헤집고 그 의미를 곱씹음으로써 재맥락화의 수순을 밟아가는 작업이다. 인용이 그런 절취에서 시작되는 한, 인용은 어떤 절도이며 인용된 구절은 어떤 장물이다. 내다 팔아치울 것인가 아니면 수집하고 재배열할 것인가가 장물을 처리하는 두 갈래이다.

4. 위르겐 몰트만, 『희망의 신학』, 이신건 옮김, 대한기독교서회, 2010, 245쪽.

5. 발터 벤야민, 『아케이드 프로젝트』 I, 조형준 옮김, 새물결, 2005, 1056쪽. 이하 약호로만 표시.

떠받치는, 법을 정립하는 폭력과 법을 유지하는 폭력의 악무한적 고리, 그 유령적 혼합의 '피의 폭력'을 정지시키는 메시아적 힘의 시간이 벤야민이 말하는 새로운 진리의 시간으로서의 '지금'이며 '지금시간'Jetztzeit이다. 그것들은 새로 시작하는 종언의 도래를 고지한다. 고공점거의 삶, 그 거대한 난장이의 생명은 임박한 파국의 도래를 고지하는 지금시간의 로고스-담지자이다. 그리스도가 신의 말씀Logos의 담지자로서, 현행화된 법 연관의 정지력으로 인입되듯, 거대한 난장이는 지금시간이라는 메시아적 힘으로 통치-피통치의 계약연관을 침탈한다. 거대한 난장이는 그런 대의 및 양도의 체제를 들이치는 "사상의 번개"와 함께, 최종목적화한 축적/목적의 체제로 종언적/정언적 파국을 고지하는 "갈리아의 수탉의 울음소리"[6]를 함께 운다.

　　벤야민의 역사철학테제 2번에 나오는 이른바 "약한 메시아적 힘"eine s c h w a c h e messianische Kraft(「테제」, 344). 억압 받았던 과거의 선조들과 오늘의 후손들에게 함께 주어져 있다는 그 약한 힘이란 무엇이며, 어떻게 활용되어야 하는가. 아감벤은 벤야민의 초고에 기록된 '약한'이라는 단어가 저렇게 띄어쓰기되어 있다는 사실에서, 나아가 벤야민의 역사철학을 구성하는 주요 개념들 모두에서 바울의 흔적을 발견하고선 고무되어 쓴다. "벤야민 「역사철학테제」의 어휘는 모두가 순수하게 바울적인 것이다."[7] 저 '약한'이라는 단어와 바울의 편지가 맺고 있는 관계에 대해 바로 묻자. 사도 바울은 자신이 모시는 신으로부터 무슨 말을 들었는가.

　　이 하수인[사탄의 가시]에 대해서, 내게서 떨어지게 해 주도록 나는 주에게 세 번 요청했습니다. 그러자 주는 나에게 이렇게 말했습니다. '나의 은혜는 너에게 충분하다. 힘은 약함 속에서야말로 완전히 드러난다.' 때문에 그리스도의 힘이 내 위에 베일을 덮어주도록, 오히려 크게 기뻐하며 나의 약함을 자랑할

---

6. 칼 마르크스, 『헤겔 법철학 비판』, 강유원 옮김, 이론과실천, 2011, 28쪽, 30쪽.
7. 조르조 아감벤, 『남겨진 시간』, 강승훈 옮김, 코나투스, 2008, 235쪽.

것입니다. 그 때문에, 나는 약함, 모욕, 궁핍, 박해, 그리고 강요된 상태에서도 그리스도를 위해 만족하고 있습니다. 왜냐하면 나는 약함의 때야말로 강하기 때문입니다.(「고린도후서」 12:8~10)

'약함의 때' 속에서 '완전히 드러나는' 강한 힘. 약함 속의 강함, 강함의 조건으로서의 약함이라는 역설 속에서 바울의 신학정치적 비판력이 발원한다. 85호 크레인 위의 삶, 거대한 난장이의 생명을 다시 떠올리자. 바울과 바울의 신이 말하는 약함은 '난장이'에, 강함은 '거대한'에 연결된다. 벤야민이 말하는 '약한'은 '난장이'에, '메시아적 힘'은 '거대한'에 연결된다. 돌려 말해, 바울은 여기 크레인 위에서 살고 있는 거대한 난장이다. 그 거대한 난장이는 신의 말을 듣고 있는 저 바울이다. 둘 모두는 약한 메시아적 힘의 담지자이며, 그런 한에서 축적의 법 연관을 절단하는 파루시아의 대행자이다. 고공 위의 거대한 난장이와 함께/동시에 "바울은 굳건하게 약함이라는 전투적 담론을 붙잡는다."[8] 여기의 메시아적 힘은 숨은 적에 대한 개시-전투의 지속을 위한 방법론이며, 사회적 관계를 합성·재편하는 아르케로서의 신성한 후광의 담론을 절단하는 힘 ─ 이른바 유일하게 유물론적 힘 ─ 의 벡터에 대한 사고력의 한 형태이다. 그런 힘의 벡터궤적을 가속화하기 위해 다시 읽은 벤야민의 한 문장은 다음과 같다 : "그렇다면 [바울 이후] 앞서 간 모든 세대와 마찬가지로 [고공과 함께 하는] 우리들에게도 약한 메시아적 힘이 주어져 있[다]."(「테제」, 344)

2-3. '힘은 약함 속에서야말로 완전히 드러난다'는 신의 말, '약함의 때야말로 강하다'는 바울의 말, 파괴된 과거를 오늘 이곳의 통치체 속으로 다시 귀환시키고 있는 김진숙의 '거대한 난장이'라는 말. 역설/아포리아에 내장된 신학정치적 비판의 힘을 가리키는 그 세 가지 말이야말로 자신이 하고 싶은 말이라고 거듭 되뇌고 있는 이가 있다. 다시, 클레.

---

8. 알랭 바디우, 『사도 바울』, 현성환 옮김, 새물결, 2008, 105쪽.

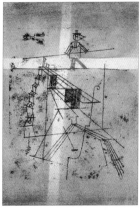

△ 파울 클레의 <날개 달린 영웅>(1905)과 <줄 타는 사람>(1923). 그 영웅과 줄 위의 사람이 말한다 : "시작이 있는 곳에는 결코 무한이 있을 수 없다. 끝이 있다는 사실을 통찰할 것."(파울 클레, 『교육학적 스케치북』, 1925) 끝의 통찰, 그 힘의 조건을 가리키는 것이 위의 이미지-실재이다.

탄탄하고 강건한 육체의 고전미 속에서 서로 교차하고 있는 몇 가지 대비들. 몸통의 강인함과 부목을 댄 왜소한 한쪽 팔의 대비, 또는 몸통의 강건함과 미성숙한 날개의 대비. 비상을 상징하는 날개와 그 비상을 불가능하게 하는 나무뿌리가 된 다리의 대비. 클레의 자화상이라 해야 할 〈날개 달린 영웅〉의 오른쪽 아래에는 이렇게 써져 있다. "자연으로부터 특별히 한쪽 날개를 부여받았기에 영웅은 자신이 당연히 날 수 있는 존재라고 생각한다. 하지만 그런 생각으로 인해 그는 파멸하고 만다." 그 영웅은 날개로 비상하는 자이면서 동시에 땅에 뿌리박은 다리를 가진 자이다. 영웅의 힘은 비상과 고착의 동시성이라는 역설에서 나온다. 약함의 때야말로 강하고, 난장이라서 거대할 수 있는 것처럼, 착지의 때야말로 비상의 때다. 〈날개 달린 영웅〉과 동일한 시기에 동일한 배치와 요소로 그려진 또 하나의 자화상 〈노회한 불사조〉(1905)의 불사조 또한 발과 다리가 땅에 뿌리박힌 상태에서만 비상의 가능성을 타진하고 있다. 그들 영웅과 불사조가 생활하는 곳은 어디인가. 고공에 내걸린 팽팽한 '줄 위'다. 그런 한에서, 클레의 〈줄 타는 사람〉은 역설적 상황이 지닌 힘의 유지와 지속을 표현한 그림으로 읽히고 또 들린다. 음악을 들려주려는 듯 악곡의 리듬들·기표들로 된 콤포지션 윗부분의 두 가로줄을 보자. 하나는 그림을 4등분하는 십자가·십자로의 가로줄이면서 동시에 공중에 내걸려 있는 줄이기도 하다. 또 하나의 가로줄은 교차로의 한 복판에서 공중에 걸린 줄 위를 걷고 있는 자의 평행봉이다. 줄 위에서의 긴장을 잃는 순간, 그 사람은 그림 상·하단에 채색된 암흑 속으로 떨어지고 말 것이다. 친구에게 보낸 1940년 1월 2일자 편지에서 클레는 '옳은 것은 중간에 위치하고 있다는 생각으로' 아이스킬로스Aischylos의 『오레스테스』를 읽었다고 쓰고 있다. 클레가 말하는 '중간'이란 바로 '줄 위'이며, 줄 위에서의 긴장의 지속이다. 옳고 정의로운 것은 그런 긴장의 지속과 유지 속에 들어있는바, 그런 클레와 용접시킨 벤야민의 문장은 다음과 같다 : "인식 가능한 지금 속에서의 이미지는 모든 해독의 기반을 이루는 위기적이며, 위험한 순간의 각인을 최고도로 유지하고 있다."(N3, 1)

인식 가능하고 체험 가능한 메시아적 시간으로서의 '지금'이란, 위기와 위험의 순간들이 뭉쳐져 일거에 체제를 해소·척결하는 시간이 아니라 고공이라는 줄 위의 긴장 속에서 위기의 순간들을 거듭 용접시켜 나가는 시간의 지속이다. 그 지속상태만이 '예외가 일상이 된' 체제의 법 연관을 정지시키는 "진정한 비상사태를 도래"(「테제」, 347)시키고 '최고도로 유지'시킨다. 고공에 걸린 줄 위를 팽팽한 긴장 속에서 걷고 있는 저 사람이야말로 위기의 순간의 각인을 최고도로 유지하고 있는 자이다. 고공의 '줄 위'는 관념의 장소가 아니라 눈앞에 있으므로 볼 수 있고 들을 수 있고 통할 수 있는 장소이다. '줄 위'는 여기 '85호 크레인 위'다. 줄 위를 걷고 있는 저 사람이 바로 크레인 위에서 살고 있는 거대한 난장이다. 크레인 위의 그 사람은 크레인 아래와 함께, 여기 통치권위의 정당성 생산의 공정에 위기와 몰락의 순간들을 용접하고 인각시키는 중이다. 크레인 위에서, 그런 인각의 지속상태 속에서 거대한 난장이는 지금 국경을 넘어가려 한다. 김진숙의 전화목소리는 뉴욕 주코트 공원이라는 어떤 '진앙지' 안으로, 그곳에서 기립 중인 법의 아-토포스 속으로, 월스트리트에서 발현 중인 삶·생명의 향유 속으로, 그런 향유의 방법론이자 존재론으로서의 '점거'occupy의 힘 한복판으로 용접되고 있다. 그렇게 서로에 대한 각인이 최고도로 유지되고 있다:"신자유주의의 심장, 월스트리트의 용기 있는 시민 여러분. 여기는 대한민국 부산 한진중공업 85호 크레인입니다.… 노동이 존중받고 돈보다는 인간이 우선인 사회. 그 꿈은 하나입니다. 한국의 희망버스는 지금까지 하나의 구호를 외쳤습니다. 그 구호를 월스트리트의 용기 있는 시민들에게 전합니다. 웃으면서, 끝까지, 함께. 투쟁!"[9]

2-4. 이렇게 질문하자. 줄 위를 걷는 저 사람과 크레인 위의 거대한 난장이는 어떤 성격을 가졌는가. '파괴적 성격'을 가졌다. "그는 어디에서나 길을 보기 때문에 그 자신은 언제나 교차로에 서 있다.… 현존하는 것을 그는 파편으로 만드는데, 그것은 파편 자체를 위해서가 아니라, 그 파편을 통해 이어지는 길을 위해서이다."(「파괴적 성격」, 29) 파괴적 성격을 가진 자들은 어디서나 길을 본다. 어디서나 사방의 길을 볼 수 있는 자리란 어디인가. 바로 교차로이다. 클레의 줄 타는 사람이 걷고 있는 고공의 줄 위가 바로 교차로 위였다. 그 줄 위가 크레인 위였다. 파괴적 성격의 소유자들은 일방통행의 경로의존 속으로 환수되지 않고 분기하는 교차로의 장소를 최고도로 유지하면서 현존하는 지배적 척도들의 근거와 이면을 파괴하고, 그 파편들로 새로운 길을 구성하려는 자들이다. 외줄과 크레인 위에서의 파괴적 삶의 시간이란 체계화된 폭력의 체제 안에 폭발과 파국의 순간을 장전하는 메시아적 힘으로 충전된 시간이다. 그것은 통치자들의 '영원한 수다' 속으로 절단과 위기의 순간을 각인시켜 넣고, 그 각인의 상태를 최고도로 지속시키고 있다. 메시아적 시간의 최고도의 지속, 저 '새로운 천사'가 선택하고 또 감당하고 있는 임무가 그와 같다.

---

9. 마이크나 확성기를 쓰지 않는 상황에서 김진숙의 육성은 짧게 끊어 통역된 후 '인간 확성기' 한 사람에 의해 외쳐졌다. 그렇게 앞사람들의 입과 입을 거쳐 점거자들의 뒤쪽으로 전달되었다. 말 그대로 입들의 용접. 연설문은 모두 읽히지 않았다. 그게 아쉽고 안타까웠던 사람들이 김진숙의 연설문 전체를 퍼 날라 소문을 만들고 널리 전파했다. 인용한 부분은 익명의 누군가가 퍼다 놓은 연설문에서 발췌한 것이다.

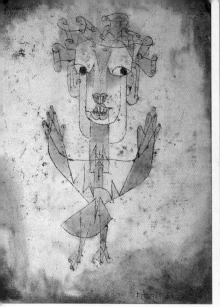

△ 파울 클레, <새로운 천사>(Angelus Novus), 1920, 318×242, 예루살렘.
▷ 크레인 위에 거주하는 거대한 난장이, 그가 '역사적 유물론자'가 된 지 207일째. ⓒ『오마이뉴스』2013. 10. 26.

　　신의 소명으로 파송되어 신의 말을 대신하고 신의 일을 대행하는 자, 사도apostle. 사도disciple는 새로운 원리principle를 구성하는 자다. 천사 또한 마찬가지다. 벤야민은 클레의 <새로운 천사>를 두고 "천사는 머물고 싶어 하고, 죽은 자들을 불러 일깨우고 또 산산이 부서진 것을 모아서는 다시 결합하고 싶어 한다"(「테제」, 348)라고 썼다. 히틀러와 그 대항자 스탈린의 야합을 목격하고선, 그 두 사회체계 모두가 미래 진보의 직선적 프로그램이라는 시간감을 공유하고 있다고 판단한 벤야민은 <새로운 천사> 속에 자신이 왜 '신학적 유물론자'인지를 각인시켜 놓았다. 새로운 천사는 왜 머물고 싶어 하는가. 진보의 폭풍에 떠밀려 결코 오지 않을 미-래에 목매달지 않기 위해서이다. 그렇게 머물며 무얼 하려 하는가. 진보라는 통치의 전-종말론적 시간감을 정지시키기 위해, 통치의 합법성-정당성의 조정력으로서의 진보라는 기관차를 정지시키기 위해, 찢겨 흩어진 과거의 사건과 이미지들을 꽉 붙잡아 재결합하려 한다. 그런 재결합의 과정을 가리키는 개념이 "긴장들로 가득한 성좌"(N10a, 3)이다. 이 '성좌'라는 단어는 실은 저 찢기고 으스러지고 엉긴 살과 뼈와 피의 기억들로만 거머쥘 수 있는 개념-칼이다. 성좌는 과거의 피와 오늘의 피의 합수머리이다. 그런 한에서 벤야민의 역사적 유물론은 피의 합수를 요청하는, 피의 역사철학이다. 그 피의 합수 속에서만이 몰락과 종언 직전의 시간이 최고도로 유지될 수 있다.

김진숙이라는 새로운 천사에 의해 전태일·김주익의 지나간 피와 내놓고 있는 오늘의 피가 합수되고 있는 85호 크레인은 여기 우리들의 성좌다. 사람의 얼굴에 새의 발을 가진, 심장에 붉게 치솟는 화살표를 박아 놓음으로써 비상의 의지와 힘으로 충전되어 있으면서도 동시에 왜소하고 연약한 날개를 가진 새로운 천사의 곤혹과 역설. 그것은 클레가 구성한 저 날개 달린 영웅과 늙은 불사조의 아포리아에서 그리 먼 거리에 있지 않다. 새로운 천사는 그 역설 속에서의 즉결적 심판의 힘, '약한 메시아적 힘'을 갖는다. 새로운 천사의 임재, 어떤 종언적 법의 파루시아. 신의 말의 담지자이며 신의 일의 대행자인 새로운 천사, 달리 말해 피들을 합수시키는 역사적 유물론자에 의해 "되살아나는 과거의 한순간 한순간은 그날, 최후의 심판이 이루어지는 날의 일정표의 인용문이 될 것이다."(「테제」, 344) 역사적 유물론자는 찢긴 과거의 피들을 되살려 오늘로 역류시킴으로써 축적의 법 연관을 절단하는 '최후의 심판' 당일의 일정표를 착착 기록/각인해 가는 자다. 파괴적 성격을 가진 그는 하나의 신호이자 소문이다. "파괴적 성격은 하나의 신호이다. 마치 삼각형의 깃발이 바람의 방향에 자신을 드러내보이듯 파괴적 성격은 사방의 소문에 자신을 내맡기고 있다."(「파괴적 성격」, 28) 사방으로 퍼지는 소문들과 웅성거림을 예민하게 감각하는 사람들, 그 파괴적 성격들의 연합한 입들衆口이 척도적이고 신화적인 폭력의 체제를 달구고 태우고 녹이고 있다鑠金. 85호 크레인 위, 그 외줄 위의 삶을 향해 쏘아 올린 우리들의 풍등은 그 중구삭금의 역사에 대한 증언의 지속이어야 한다. 그 풍등들은 고공 위의 거대한 난장이들이라는 피의 별과 어우러져 매번 긴장어린 성좌를 다시 만들어가야 한다. 다시 말해 우리들의 풍등은 역사적 유물론의 풍등이어야 한다. 어쩌면 그때에야, '이제 끝내야 하지 않겠습니까?'라는 저 고공의 종언적/정언적 벡터에 관한 물음을 다시 다르게 이행시킬 수 있는 것인지도 모른다. 거대한 난장이는 쓴다. "역사는 그렇게 질척거리지만 끊임없이 각성하라고 채찍을 휘두르며 간다."(26) 최고도로 유지되는 진정한 역사의 질감이 그와 같다.

△ 풍등의 성좌, 역사유물론의 신호. ⓒ 이치열

후기 : 2011년 11월 10일 흐린 오늘, 김진숙은 85호 크레인을 내려왔다. 대표이사 이재용, 금속노조 위원장 박상철, 금속노조 한진 지회장 차해도의 이름으로 서명된 반 페이지짜리 「한진중공업 노사합의서」의 제5항은 다음과 같다. "본 합의서의 효력은 85호 크레인 농성자 4명이 전원 퇴거한 날로부터 발생한다." 김진숙과 크레인 '중간 사수대' 전원이 내려온 그 시각부터 합의서의 법적 효력이 발생한다는 것. 그렇다는 것은 그들이 애초에 목표로 내걸었던 '정리해고 철회'가 크레인에서 내려올 때라야 가능하다는 뜻이다. 그러므로 거대한 난장이는 더 이상 크레인 위, 고공에 걸린 그 외줄 위를 고수할 수 없었을 것이다. 텅 빈 크레인에 관한 이제부터의 문장들은 왠지 본문 안으로 들여 써질 수 없는 후기 또는 추고追考의 형식이어야만 될 것 같다. 거대한 난장이의 힘으로 충전되었던 85호 크레인 위에 아무도 살지 않는 이 텅 빈 시간은 내게 어떤 힘의 공백으로 다가오며, 그런 만큼 어떤 미결정의 사태이거나 판단 정지의 상황이기에 쉬 지각되지 않고 판명나지 않는 시간이기 때문이다.

분명하게 잡히는 것이 하나 있다면, 지금 이 마지막 문장들을 쓰는 것이 매우 착잡한 일이라는 것이다. 맺힌 한숨을 내쉬고 안도하면서 일상으로의 복귀를 상상하게 되는 순간이면서, 동시에 이데올로기의 침탈 속에서 예민한 촉수를 잃고 한 없이 무뎌지기 시작하는 출발점이기도 하기 때문이다. 김진숙이 김주익과 곽재규의 혼령을 껴안은 채로 살아 내려왔기 때문에 마음을 가라앉히고 안도하게 된다. 그러나 그녀가 내려온 이후, 이 안도감 이후, 최고도로 유지되던 여기의 입들, 소문들, 파국의 풍등들이 서서히 사그라지게 되는 건 아닐까. 크레인 위의 김진숙이 찍힌 사진 한 장을 클레의 〈새로운 천사〉와 겹쳐 보았던 그 순간부터, 나는 속으론 그녀가 오래도록 내려오지 않기를 바랐는지 모른다. 통치체의 숨은 계약연관 위에 기초한 정상성의 공동지배로부터 깨어나기 위해 그녀가 더 오래도록 크레인 위에 있기를 바랐는지 모른다. 조남호는 자본가답게 끝내 더 혹독하게 닦달하기를, 그에 응전해 희망버스는 100차 200차 영도로 거듭 몰려오기를 바랐는지 모른다. 여기 영도가 체제 전체에 파국을 도래시키는 파루시아의 시공간이 되길, 그래서 삶을 담보한 그 어떤 계약과 양도도 부결되는 새로운 자연상태가 여기에서 열어젖혀지길, 다시 말해 법의 새로운 영도zero degree를 개척되고 정초되길 바랐다. 여기의 풍등이 뜨겁게 들끓어 올라 삶을 장악하는 모든 단단한 것들을 녹여버리길 희망했다. 분명 한진중공업의 정리해고가 철폐됨으로써 체제의 일각은 무너져 내리고 있다. 하지만 그렇게 찢어지고 부수어지는 자신의 수족을 체제는 죽치고 앉아 좌시하지 않는다. 문제는 늘 그렇게 반격하며 재복구되는 법의 탄력성, 종교적 원상복구의 유혈성이다. 노사합의서를 두고 김진숙은 트위터에 "백프로 만족할 순 없지만 권고안의 울타리 내에선 최선이라 생각한다"고 썼다. 합의서는 고된 투쟁의 결과물인 것이 분명하지만, 동시에 '권고안'으로 대표되는 신화적 폭력의 '울타리' 속에서 고안된 산물이기도 하다. 깨야 할 것은 그러므로 울타리이며 그 울타리 속에서의 목양 및 영양배분상태이다. 울타리의 네메인/노모스 안에서 부르는 승리의 노래가 내질러질 비명과 괴성의 지척에 있어왔다는 것을 우리는 이미 안다. 김진숙이 크레인을 내려온 이후 더욱 탄력적이고도 유연해질, 그런 만큼 더욱 은밀하게/수치스럽게 살인하게 될 신화적 폭력의 경첩들. 그 법의 문고리들을 절단하는 각성의 순간을 최고도로 유지하는 '파괴적' 시간 속에서 우리는 지나간 김진숙의 육탄 같은 육성을 다르게 요청하고 재정의해야 한다. 노사정의 화기애애한 합법적 야합을 목격한 2011년 6월 27일의 전화통화 한 대목. "앞으로의 싸움은 더 힘들어질 것이다. 훨씬 더 처절해질 것이다. 하지만 난 결코 이 85호 크레인을 포기하지 않는다. … 그러므로 이 싸움은 끝나지 않는다. 아니 새로운 시작이다." 크레인 위에 아무도 살지 않는 바로 지금, 벌써부터 아련해지고 아득해지는 이 미결정의 배치, 전-종말론적 체제변환 속에서 그녀의 목소리를 아찔하게 찔리고 베이도록 다시금 되받아 쓰게 된다. 이 싸움은 끝나지 않는다, 아니 새로운 시작이다. 김진숙의 육성이 월스트리트의 점거하는 입들과 용접되고 있던 그때, "우리가 자유롭다고 느끼는 것은 우리의 부자유를 분명히 표현할 수 있는 언어가 없기 때문"이라는 외침이 똑같은 입들에 용접되고 있었다. 다른 법의 분만을 위해 다시 거대한 난쟁이와 용접될 우리의 풍등은 그렇게 고지하는 언어여야 한다. 「노사합의서」 한 장으로 크레인 위에 아무도 없게 된 안전한 오늘이 승리의 날로 느껴지는 것은, 그 승리야말로 처참한 패배와 지척에 있음을 표현하는 로고스의 부재 속에서 일어나는 오인이며, 그런 오인의 이데올로기에 의한 사회의 석권 상태일 것이다. 그러므로 여기 거대한 난쟁이와 다시 용접될 풍등들, 그 피의 성좌는 공통common의 로고스/노모스여야 한다. 크레인 위-아래에 아무도 살지 않는 오늘 이곳이 향유의 세계의 가능한 최대치가 아니라 구원적/살인적 일반공식의 축적체임을 거듭 기소하게 하는 신적 공통의 반석. 그렇게 고지하는 공통의 순수언어를 감각한 자들에 의해 여기의 고공은 다시 점거되어야 한다. 그렇게 고공에 걸린 그 외줄 위 위기의 힘들이 최고도로 지속될 때에만, 그 고공은 다른 법의 발현장소로 분만될 수 있다.

비인칭적/신적 주이상스의 이념
월스트리트의 점거로부터

1-1. 점거Occupy, 새로운 '투쟁순환'의 주요 형식. 그것은 광장·거리·공원에 텐트를 쳤던 익명incognito의 사람들에 의해 공통의 로고스/노모스로서 발현했다. 앞질러 요컨대, 그들 익명의 공동체는 다음 한 문장 위에서 야영했다. "모든 이해에 앞서, 또한 모든 이해의 조건으로서 묵시의 목소리가 공동체 내에서 들리지 않는가?"[1] 선험적 조건으로서의 묵시. 그것은 축적의 통치체가 무마하고 연기시킨 파국의 기미, 끝의 징후의 물리적이고 물질적인 현현이다. 묵시의 목소리란 매번 다르게 반향하며 틈입하는 '이의제기로서의 계시'이며, 그런 한에서 결산 불가능한 비-언어이고, 통치의 장치들 내부로 인입되는 폭발 직전의 시간으로 장전된 힘이다. 달리 말해 묵시의 목소리는 장치들의 밑바닥에 폐절과 정지의 순간을 매설한다. 이름 없는 자들이 그 일을 행한다. 그들은 이름이 없으므로 아무것도 아니고, 아무것도 아니므로 호명될 수 없다. 부결된 호명 속에서 무엇이라도 될 수 있는 게 그들이다. 그러므로 이름이 없다는 것은 역설적으로 유일무이한 고유명의 향유를 뜻한다 : "나는 아무것도 아니다. 그러나 나는 모든 것이어야 한다."[2]

세속의 질척거림과 상처들을 마다하지 않는 익명의 공동체, 이른바 '연인

---

1. 모리스 블랑쇼, 『밝힐 수 없는 공동체』, 박준상 옮김, 문학과지성사, 2005, 28쪽.
2. 칼 마르크스, 「헤겔 법철학 비판 서문」, 『헤겔 법철학 비판』, 강유원 옮김, 이론과실천, 2011, 25쪽.

들의 공동체'는 아무것도 아니기에 모든 것일 수 있고, 또한 모든 것이어야 한다. 익명, 그것은 묵시적/유물론적 힘의 다른 표현이다. 그들 익명의 현전은 할당된 모든 이름들을 지우려는 사람들이다. 그들은 이름을 부과하고 이름을 부르는, 명명과 호명의 체제를 끝내려 한다. "어떤 현전, 장소 없는(유토피아) 전체 공간을 잠시 점유하는 어떤 현전이 있다. 그 현전은 회집한다기보다는 항상 급박성 가운데 흩어져 나간다. 동시에 일종의 메시아주의가 그 현전의 자율성과 무위를 선포한다."[3] 익명의 공동체는 점유하며, 점유를 통해 선포한다. 통치의 공간은 그들의 점거/선포에 의해 통치불가능한 장소, 곧 비-장소, 없는 장소u-topia로 전위·변신된다. 그들은 어떻게 점거하는가. 인지와 표현을 관리하는 위계적 조직과 관방적 학지의 회집에 맞서 '흩어짐'으로써 점거한다. 축적이라는 최종목적·텔로스로 일괄 수렴되는 순차적이고 기계적인 과정, 그 유혈적 공정을 정지시키는 긴급한 흩어짐을 통해 점거한다. 긴급함·급박함이란 절대적인 필요의 요청이며, 그것은 통상적 상례를 멈추는 비상의 상황으로 발효되는 힘이다. 흩어짐으로써-열어젖히는, 산-개散-開하는 익명들의 점거는 축적/목적을 기소하는 메시아적 힘, 자율과 불복종으로 연합한 무위無爲의 건설적이고 정초적인 힘이다. 점거의 힘으로서의 무위, 메시아적 힘으로서의 점거. 지금 월스트리트의 콘크리트, 그 육중한 벽들에 금이 갔던 시간에 대해 더 생각한다. 그 금융의 콘크리트적 질서가 어떻게 중지되었는지를, 그 중지의 시간이 이미 여기의 사건으로 어떻게 지속되고 있는지를 생각해보게 된다.

1-2. 고전적 가치법칙에 기초한 이윤의 축적과 재생산이 가능할 수 있는 것은 화폐장치를 통한 등가화의 과정이 관철될 때 만이다. 그러므로 일반적으로 등가화하려면 먼저 만물과 만사가 비등가적인 것들로 생산되어야만 했다. 그러니 순서는 이렇게 된다. 비등가물이 원래부터 있어서 자연스레 등가

---

3. 모리스 블랑쇼, 『밝힐 수 없는 공동체』, 56쪽.

화되는 것이 아니라 등가화의 욕동이 비등가화를 촉진하고 계발한다. 비등가적인 것이 원래부터 있었던 것이 아니라 자본 축적의 전략과 국가적 치안이라는 이위일체-신-G′의 자기증식 속에서 비등가적인 것들은 만들어지고 전면화된다. 의회-자본주의의 대의적 속성과 운용 절차 또한 먼 거리에 있지 않다. 통치의 힘을 누적적으로 운용하기 위해선 대의제의 정당성을 통한 양도의 합의 과정이 관철되어야 했고, 그런 양도의 계약을 성사시키려면 통치의 주체와 대상을 분리하고 구획해야 했다. 통치하는 자와 통치되는 자가 원래부터 분리되어 있어 자연스레 계약하고 양도하는 것이 아니라 통치를 향한 욕동이 그런 분리와 재매개를 적법하게 계발하고 정당하게 가속화한다. 분리/매개의 완성을 위한 평형의 결정상태 속에서 오늘 축적의 신-G′은 자기증식한다.

　그런 오늘, 점거란 무엇인가. 점거는 위와 같은 분리/매개의 공정이 절단되는 힘의 시공時空/施工이다. 미등록 이주민들, 곧 이름을 말소당한 익명의 사람들이 1996년 파리 생 베르나르 성당을 점거했던 것은 그 한 예이다. 그 점거의 시공간이 자본-국가의 결산적 법-밖을 향해 선언된 계산될 수 없는 사건이었음을 표현하는 한 문장은 다음과 같다. "가치 없는 것의 존재와 가치를 선포하고, 이곳에 있는 사람은 이곳 사람이라는 것을 단호히 결정함으로써 '불법'이라는 말을 좌초시킨 것이다."[4] 가치 없게 된 것의 가치를 선포하고, 분리되어 분쇄된 가치의 회복을 고지한다는 것. 한진중공업 김주익의 85호 크레인 점거, 대추리 사람들의 마을 점거, 쌍용차 비정규직 노동자들의 공장 점거, 촛불 시민들의 광장 점거, 용산 철거민들의 건물 점거, 두리반과 마리 점거, 편재하는 철탑 점거. 이 점거들이야말로 명령으로 할당된 가치의 몫을 넘어 가치의 온전한 생환을 선포하고 고지한다. 지금 월스트리트라는 또 하나의 점거 현장에서 날아온 긴급한 리포트를, 점거의 뜻과 힘을 사고하고 있는

---

4. 바디우의 한 문장이다. 그 맥락에 관해서는 서용순, 「'하나의 세계'와 다문화 상황의 진실」, 『오늘의문예비평』 82호(2011년 가을) 참조. 인용문은 40쪽.

르포를 읽게 된다.

사람들은 장터를 연 것처럼 떠들썩하게 음식을 해먹기 시작했고 토론을 하고 서로의 살아온 이야기를 들었다. 그리고 서로의 잠자리를 보살폈다. 어떤 점거자는 "우리는 여기서 지금 셀프 거버닝을 하고 있다"고 했다. '지배', '통치', '정부' 등으로 번역되곤 하는 'government'라는 말은 여기서 완전히 새로운 의미를 획득한다('사물들의 배치와 운용'이라는 원래의 말에 더 다가갔는지도 모르겠다). 언뜻 보기에는 조잡해 보이지만 점거 장소에 설치해둔 조리기구들과 침구류들은 공동체와 사회, 삶의 거버먼트에 대한 태초의 질문이 만들어진 장소처럼 오히려 숭고해 보인다. 이들이 점거한 공원이 참된 의미에서 공동의 장소로 거듭나고 있다. 여기서 사람들은 거버먼트를 새로 배우고 있다.[5]

'영토의 점유'가 최초의 질서를, 법의 근원을 설립한다고 했던 건 『대지의 노모스』의 저자 슈미트였다. 영토의 점유, 그것은 시초적이고 본원적인 제헌력의 관철이다. 그 힘에 의해 탄생하는 것이 바로 '장소'ort이다. '히틀러 국가'는 독일을 점유했던 힘의 형태이며, 그런 한에서 최초의 노모스의 설립자였다. 그때 독일이라는 대지는 하나의 장소로 형질전환된다. 그러하되 법의 근원이자 원천으로서의 그 장소란 실은 법을 남김없이 박탈하고 고갈시키는 시간 위에 건립된 수용소camp이기도 했다. 하나의 장소로서의 생활권Leben-sraum은 합법적으로 법을 박탈하는 시간, 이른바 벌거벗기는 시간의 외화였다. 이렇게 질문하자. 익명의 점거자들, 약한 텐트로 야영하는 그들 연인들의 공동체는 어디를 어떻게 점유하는가. 블랑쇼M. Blanchot는 앞서 이렇게 적었다. '그들은 장소 없는 전체 공간을 잠시 점유한다.' 무슨 말인가.

---

5. 고병권, 「월스트리트를 점거하라」, 그린비출판사 블로그에서 인용. 2011년 9월 24일의 현장에서 송고된 이 글은 『점거, 새로운 거버먼트』(그린비, 2012)에 다시 수록되었다.

소유주의 이름을 딴 주코티 공원을 리버티 스퀘어Liberty Square라는 고유명으로 다시 명명하면서 점거하는 순간, 그곳은 법의 다른 근원이 설립되는 하나의 장소가 된다. 점거자들은 사적 소유를 지탱하는 기존의 계약연관을 기소하는 다른 법을 개창하고, 공원이라는 지정되고 명령된 용도를 기각하는 새로운 용도를 구성한다. 그렇게 재-장소화된 그곳에서 그들은 함께 먹고 자고 서로의 말을 들으면서 자신들의 삶이 가진 제헌적 힘을 확인하고 실험하고 학습한다. 그들의 제헌은 '장소 없는' 장소, 이른바 비-장소(아-토포스)를 생산한다. 거기서 그들 벌거벗겨진 몸들은 산파로서, 새로운 법의 활력을 분만한다. 그런 한에서 그들이 거주·사고·건립하는 그 비-장소란 통치의 법적 기술체계를 심판하는 생명의 장소이다. 비-장소는 점거라는 최종심에 의해 통치의 연장과 연속으로부터 폭력적으로 구별되고 떼어내진 장소, 곧 성별적 임재의 장소이다. 거기서 월스트리트라는 금융적 폭력의 현장 전체는 공통의 사용이 가능하도록 형질전환된 공통재commons로서의 장소로 전위되고, 그 전위 속에서 축적의 법은 궐위된다. 거기서 점거자들은 사물들의 배치와 운용에 있어 객체가 아니라 주체로 구성되며, 그런 자기-통치, 그런 자기들·데모스demos의 통치kratia의 습득과 공부는 자기 밖에서 부과되는 외적 치안을 작동 중지시키는 코뮌적이고 제헌적인 힘의 내실을 다진다. 그렇게 점거의 장소는 진리의 자리이자 사건의 시간이 된다. 그 공간은 그러므로 진리/사건이 선포되는 순간들의 지속시간이다. "이 과정은 사실상 신성의 현현이다."[6] 다시 말해 점거의 그 과정prozess은 신적인 소송prozess의 수행이다. 르포를 쓰고 있던 고병권이 리버티 스퀘어의 공동주방 조리기구들, 침구들, 도서관의 책들, 정치적 토론장들에서 자기-통치를 위한 태초의 숭고하고 지고한 질문들이 만들어지고 있다고 인식했던 그 순간, 기존의 통치권위에 대한 신의 소송과 심판은 이미 시작되고 있었다. 그것은 다른 세계의 개창, 이른바 어떤 창세에 다름 아니다. 여기 메시아적인 것의 임박한 도래, 그 파루시아의 시점이

---

6. L. A. 코프먼, 「합의의 신학」, 슬라보예 지젝 외, 『점거하라』, 유영훈 옮김, RHK, 2012, 80쪽.

란 신성한 후광 속으로의 사회적 관계의 합성 및 재조직화를 통해 축적하는 신-G′의 일반공식 내부에서, 그런 신-G′의 운동에 대항하면서 그 운동을 한정하고 제약하며 그것 너머로 이행시키는 독신瀆神의 게발트-발현들, 곧 공통성의 물질적 배치를 만들어가는 눈앞의 사람·사건·사물들의 발생사를 포착·표현할 수 있는 인지적 준비태세이자 그 능력의 고양을 뜻한다.

2-1. 익명의 공동체에 의한 점거가 신-G′이라는 제의종교적 운동의 전前-종말론적 연장을 절단하면서 새로운 법의 장소를 구성했던 것은 삶을 즐기고 누리는 향유의 과정과 동시적으로 수행된 삶의 권위의 질적 도약이다. 그런 도약은 언어, 곧 말의 수준에서도 발생한다. 르포르타주를 이념의 발생과 폭발을 목격하는 방법이라고 정의했던 건 이란에서의 정치종교적 혁명 속에 있던 푸코였다. 다음의 문장들은 그렇게 발생하는 이념을 목격하고 있다. "'우리는 99%다'라는 말은 '99%로서의 우리'를 창조해버렸다.…마치 맑스와 엥겔스F. Engels가 아직 프롤레타리아트가 하나의 신체로서 구분되지 않았을 때 '만국의 프롤레타리아트여 단결하라'고 외치면서 프롤레타리아트를 현실화시켰듯이, '인구'라고 하는 미규정적이고 미분화된 신체에서 하나의 신체를 구분해 내는 언명, 어떤 변신이 '월스트리트를 점거하라' '우리는 99%다'라는 슬로건(들뢰즈와 가타리F. Guattari는 이를 '명령어'라고 불렀다)을 통해 일어난 것이다."[7] '우리는 99%다'라는 익명의 말은 이중의 구별을 관철시킨다. 그 하나는 '통치성'의 대상으로서의 인구로부터, 뭉쳐지고 뭉개진 입들로 된 그 인구로부터 '우리'라는 카테고리를 구별해내는 것이다. 다른 하나는 그 우리라는 카테고리를 '99%'라고 명명함으로써 1%의 통치자들로부터, 생명을 율律/率-법 아래 관리하는 그들 통치성의 설계자들로부터 구별해내는 것이다. '우리는 99%다'라는 명명법/명령어는 선포와 고지의 언어로서, 인구라는 대지로부터 '우리'라는 제헌적 주체화의 비-장소를 정초하고, 1%에 의해 벌거벗겨

---

7. 고병권, 『점거, 새로운 거번먼트』, 196쪽.

지는 통치의 과정으로부터 그 과정에 불복종하는 '99%'를 떼어낸다. 이 과정은 언어신학적 비판력에 맞닿는바, 고병권은 '우리는 99%다'라는 선포를 '예수의 언명'으로, '거대한 성체변환'으로 인지한다. "예수의 언표 행위는 그것을 듣는 이를 예수처럼 변형시킨다."[8] 이 한 문장을 이동시켜 재맥락화 할 필요가 있다.

'우리는 99%다'라는 말, 그 로고스에 의해 99%의 우리는 신-G'의 노모스로부터 성별(聖別)되고 실효화된다. 말이 창조의 원천이다. 창조하는 그 말은 신의 말이며, 그 말 자체가 신이다. 그리스도는 신의 그 말의 대행자이며 신이라는 말과 한 몸이다. 성만찬 자리에서 빵과 포도주를 나눠주며 제자들에게 했던 그리스도의 말, '이것이 내 피요 살이다'라는 그 언명에 의해 빵과 포도주는 통상적이고 고착된 사물성의 연장과 연속으로부터 떼어내어져 구분된다. 그리스도의 말, 그리스도라는 로고스에 의해 빵과 포도주는 그리스도의 살과 피로, 그리스도 그 자체로 된다. 성스럽게 구별된 빵을 먹고 포도주를 돌려 마셨던 사람들은 각자의 삶의 고착된 자동성으로부터 구분되고 떼어내어져 그리스도의 새로운 몸, 새로운 생명이 된다. 그 과정은 법의 경첩에 물린 삶의 관성에 폭력적으로 가해진 신적 탈구의 경험이자 그리스도의 말이 수행한 성스러운 구별의 실질화이다. 그것은 그리스도와의 일체화의 과정이며 그리스도로의 도약을 위한 소송이다. 이렇게 질문하자. 말에 의해 구별된 포도주, 그리스도의 그 피는 무얼 하는가. 기존의 계약을 끝내는 새로운 계약을 설립시킨다. "피로 세우는 새로운 계약"(「누가복음」 22:20). 그리스도의 피는 "계약의 피"다(「마태복음」 26:28, 「마가복음」 14:24). 계약이라는 것이 서명, 곧 이름의 양도, 그 양도의 보증, 그 보증의 보존을 위한 권위의 상관물인 한, 계약은 법이다. 그런 법의 문턱에서, 그리스도의 피는 여기 통치의 계약, 곧 양도되고 이양되었으므로 합법적으로 할당되고 부과된 이름들을 폐절시키는 새로운 계약, 다른 법을 정초하는 힘이다. 그리스도의 피, 그 피의 법정초적 힘

---

8. 고병권, 『점거, 새로운 거버먼트』, 194쪽.

의 문턱에서 발굴될 수 있는 것이 제정된 권력의 재정립으로 환원되지 않는 비정립적 제헌력의 발현이다. 그런 발현 속에서, 그리스도의 말에 의해 성스럽게 구별된 포도주(그리고 그걸 마신 자)가 그리스도의 제헌적 피로 성체변환되듯이 '우리는 99%다'라는 점거자들의 언명에 의해 인구 및 1%에서 때어내져 구별된 99% 또한 그런 성체변환을 경험한다. 그렇게 리버티 스퀘어는 최후의 만찬이 있었던 바로 그 장소이고, 99%는 거기서 포도주를 돌려 마셨던 사도들이다. 여기 '우리는 99%다'라는 익명적 사도들의 말, 그 근원적 법의 창설에 응답하는 또 하나의 말이 있다. '나는 99%다'라는 고지의 로고스가 그 것이다.

△ "나(I)는 99%다". 다시 말해 "우리(WE)는 99%다"라는 테제와 함께 하되 그 '곁'에서 차이를 내는 힘의 형질. 출처 : occupywallst.org.

'나는 99%다'라는 말은 '우리는 99%다'라는 로고스 속에서 발생하고 있는 '나'[1]에 대해 생각하게 한다. '나는 99%다'라는 말 속의 '나'는 인구로부터 구별되고 1%를 적대로 개시한 99% 속의 한 구성원으로서의 '나'가 아니다. 팻말 속 '나'와 99%는 포함관계가 아니라 등가관계로 읽는다. 99%가 '나' 하나이며, '나' 하나가 곧 99%인 것이다. 그것은 '나'에 의해 관철되고 있는 제헌력의 확장태를 표현한다. 그것은 99%의 '우리'로부터 다시 한 번 떼어내어지고 구별됨으로써 향유할 수 있게 된 제헌적 잠재성의 발현을 표현한다. '나는 99%다'라는 말, 그렇게 무한히 확장된 '나'의 선포는 하나의 목소리(팻말 속 "AND I HAVE A VOICE") 속에서 배양·보존되고 있다. 하나의 목소리를 가진 막대한 '나'. 그 하나의 목소리는 여러 목소리들을 성문화·언어화함으로써 집계하는 결산적 질서의 목소리에 의해 관리되지 않는 통치의 가장자리로서 구성되는 힘이다. 그렇게 99%의 목소리로서의 '나'의 목소리는 제헌하는 비정립적 사보타지, 이른바 재정의된 '총파업'의 향유를 수행한다 : "총파업은 일반적으로 법을 개정reforming하거나 다시 쓰는re-writing 것에 초점을 맞춘 요구들로 이루어져있다."9 법의 리라이팅, 그것이 총파업의 근원이며 목표이다. 그 목표는 완료형을 거절한다. 그 목표는 영구적으로 회귀하면서 매번 재작성된 매일의 법에 비판적으로 개입하고 틈입한다. 그런 한에서 점거의 목소리는 서발턴subaltern(하위자)의 목소리이기도 하다. "우리가 단순히 포스트식민 사람이거나 에스닉 소수 집단의 구성원이라고 해서 '서발턴'인 것은 아니다. '서발턴'이라는 단어는 탈식민화된 공간의 순전한 이질성을 위해 남겨진다."10 하위주체들의 소수집단에 소속되어 있다는 사실 그 자체가 서발턴의 존재를 보증하는 것은 아니다. 서발턴은 중층화되는 법의 복리의 축적체에 영구적인/순전한 이질성의 이의틈입으로 잔존하고, 그럼으로써만 도래한다. 점거함으로써 그렇게 잔존할 때, 점거자들은 순수한 이질성의 게발트로 도래중이다.

2-2. 다시, 목소리의 문제. 점거하는 익명의 사람들에게서 묵시의 목소리를, 자율과 불복종의 메시아적 선포를 들었던 블랑쇼 곁에서, 다큐멘터리 감독 마이클 무어M.Moore 또한 듣는다. 노동자-학생 연대와 함께 축제의 행진을 마치고 리버티 스퀘어라는 태초의 장소에 도착한 그 밤, 무어는 '마이크 체크'를 외치는 표현의 욕구들·목소리들 틈에서 말한다. "오늘은 역사적인 날입

---

9. 가야트리 스피박, 「총파업」, 고병권, 앞의 책, 부록, 265쪽.
10. 가야트리 스피박, 「서발턴은 말할 수 있는가」, 로절린드 모리스 엮음, 『서발턴은 말할 수 있는가』, 태혜숙 옮김, 그린비, 2013, 138쪽.

니다. 이 운동은 함께 일어났습니다. 그것은 사람들이 그것이 일어나기를 원했기 때문입니다. 리더 때문도 아니고 큰 조직이 원해서도 아닙니다. 바로 사람들이 원했기 때문입니다. 나는 인간 마이크를 원합니다. 왜냐구요? 이것은 바로 내 목소리이고 그의 목소리이고 그녀의 목소리이고 우리 모두의 목소리이기 때문입니다. … 이제 점거는 여러분들을 자랑스레 생각할 모든 사람들의 도시에 있을 것이고 어디에나 있을 것입니다. 모든 곳을 점거합시다!Occupy Everywhere!"11 무어가 말하고 있는 그 시간, 그 말이 입에서 입으로 전해지면서 말의 사태가 만들어지는 그때야말로 묵시의 목소리, 파루시아의 유물론적 힘이 공동체 안에서 들려오고 행사되는 시간이다. 그 목소리의 힘은 리더와 조직의 것이 아니라, 고유한 익명들의 것이었다. 유착·고착된 체제를 녹이고 태우는 모두의 목소리, 중구삭금의 목소리. 지금 어디에나 있게 된, 그 편재적 자기-통치의 목소리들 속에서, 또는 언어적 공통성과 그 협력 속에서 '인민의 목소리가 신의 목소리Vox Populi, Vox Dei'라는 오래된 테제가 다시 생환한다.

그 목소리들, 그 많던 텐트들은 지금 다 어디로 갔는가라는 물음. 그것은 아직 변화된 게 하나도 없다는 사실진단이며, 변화는 '제도'의 보완과 갱신 없인 불가능하다는 현실주의적 입장이고, 점거로 표현되는 파루시아의 사건이 오늘의 제도적 구축에 결과적으로 실패했다는 판결이다. 그런 진단, 입장, 판결은 제도와 사건의 관계에 대해 고민하게 한다. 제도는 공동의 숙의과정에서 향유되는 민주적 삶의 결과이자 그 물질적 기초이다. 제헌의 제도적 경로는 정당이다. 사건은 내 삶의 지금 한 순간이 공통성의 향유라는 지고의 가치에 근접해 가고 있음을 매번 각성케 하는 힘의 생산지이다. 점거는 제헌의 사건적 경로 중 하나이다. 제도는 완벽을 기할 수는 있으되 완벽할 수는 없다. 제도는 자신의 완벽에 무한히 수렴해갈 수는 있으되 끝내 자신의 완벽에 도달할 수는 없다. 그러므로 제도는 자신의 완벽과의 간극의 산물이자 과정

---

11. 고병권, 『점거, 새로운 거번먼트』, 91쪽.

이다. 제도는 제도로 커버되지 않는 구멍을 지닌 채로 구축된다. 그런 구멍 없는 제도는 없다. 그런 한에서 제도는 구축됨과 동시에 균열나기 시작한다. 사건은 그런 균열 키우며 그 벌어짐을 가속화한다. 사건은 끝내 제도를 붕괴시킨다. 그러나 동시에 사건은 제도의 재건을 위한 조건을 창출하는 힘이다. 제도는 사건 속에서 무너지고, 사건과 함께 새로운 밑돌을 얻는다. 제도의 붕괴와 기립 모두가 사건 속에서의 과정/소송이다. 그런 한에서 사건은 제도의 피다. 붕괴하지 않는 제도와 재정초시키지 못하는 사건은 국법과 축적의 이위일체에 봉교한다. 사건은 제도의 고착을 부결시키는 틈입된 이의제기이다. 그렇게 틈입된 게발트의 발생적 도래이자 지속이 사건의 속성과 벡터를 결정한다. 모르는 사이 강제되고 폭력적으로 강요되는 제도와 사건의 양자택일이라는 프레임을 부수는 것, 그 프레임·프로세스가 '축적하라'는 모세의 신을 최종목적화한 성무일과적 공정 속에서 수호하는 상태를 정지시키는 것. 이는 제도와 사건의 관계를 좀 더 고차원적인 긴장 관계로 고양시키는 사고의 실험 속에서 시작된다. 제도와 사건의 관계론적 전장은 지속적인 결렬과 간극 속에서, 다시 말해 항시적으로 불합치하는 간극과 이반 속에서 함께 비정립적 제헌력-의-형태소를 생산하는 공동작업장이 된다. 그런 공통적 비-장소의 보존과 지속을 위해 거슬러 올라가 읽게 되는 것은 저 독립선언문」의 초안자 제퍼슨T. Jefferson의 문장들이다.

제퍼슨은 봉기와 헌법의 문제를 동렬에 놓고 사고했다. 그는 봉기 없이 20년의 시간이 흐르는 것은 '신의 힘'에 의해 불가능하게 되었다고 쓴다. 제퍼슨에게 매번의 현재 속에서 매회 새로운 세대에 의해 수행되는 그 봉기는 "사실상 헌법의 폐지권을 행사하는 것"이었다. "이전 세대들의 헌법과 법률은 순리적으로 그것들을 존재하게 만든 사람들이 사라져감에 따라 마찬가지로 사라져갑니다. 따라서 모든 헌법과 법률은 자연스럽게 19년마다 효력이 종료됩니다. 만일 이 효력이 더 오래 지속된다면, 그것은 강압에 의한 것이지 자연법에 따른 게 아닙니다."[12] 제퍼슨에게 세계는 '죽은 자들'의 것이 아니라 '산 자들의 것'이었고, 그것은 하나의 원칙이자 원리였다. 그 원리 속에서 봉기는 영속하며, 제헌의 과정을 주기적으로(그러므로 지속적으로) 개방한다. 이에 대해 마이클 하트M. Hardt는 흑인노예 문제 및 아메리카 원주민 문제에 대한 제퍼슨의 인종주의적이고 반동적인 사고를 분별해내면서 다음과 같이 적는다. "제퍼슨은 구성권력constituent power의 과정들이 구성된 권력constituted power의 기초를 계속 뒤흔들고 개방을 강제해야만 한다고 말한다."[13] 이는 봉기에 대한 오늘의 시계열적인 사고를 비판하는 맥락에서 나온 문장이다. 법을 붕괴/재정초시키는 제헌권력(구성권력)의 사건은 그 발생과 동시에, 이미 구성되어 있는 기존의 법 연관을 수정·보완·갱신하는 측정가능하고 계산가능한 힘으로 인식되고 재배치되기 시작한다. 사건의 힘에 대한 그런 순차적이고 척도적인 사고법은 제헌적 힘을 기존의 법 안으로 환원하고 환수하려는 폭력적 의지의 산물이다. 그때, 그 의지는 제도적 쇄신이라는 진보의 외투를 걸치고선 기존의 법을 수호하는 공안적 치안의 입장과 합치한다. 구성권력적 사건의 발현은 제도의 재생산을 위해 제도로 환수되는 것이 아니라 제도의 재정초를 위해 제도와의 간극과 불합치를 설계하고 지속하는 힘이다. 구성권력은 구성된 권력이라는 사목적 울타리 속에서의 영양배분상태를 항상 이미 초과하는 게발트이다.

구성권력은 이른바 '이행'에 대한 시계열적 사고법, 다시 말해 노동자 전위에 의한 혁명정당 건설, 선거 승리, 집권, 국가 장악, 국가 기구 분쇄, 국가 사멸이라는 시계열적 사고 속의 맑스주의가 폐지의 대상인 국가를 국가 폐지의 원천적 힘으로 인지하는 도착을 비판한다. 그 이행은 문제의 시초인 국가에서 시작해 그 문제의 해소이자 종료인 국가의 사멸이라는 미래 진보의 프로그램·드라이브 위에 있다. 그것은 '시원-종말론적'이다. 이에 비해 봉기와 헌법의 항구적 결합 속에서 민주주의를 사고하는 제퍼슨의 "이행 개념에서 종료는 없다. 실제로 제퍼슨은 이행이 언제까지나 지속되어야 한다고 주장했

---

12. 토마스 제퍼슨, 『독립선언문』, 차태서 옮김, 프레시안북, 2010, 106쪽.
13. 마이클 하트, 「토마스 제퍼슨, 혹은 민주주의로의 이행」, 제퍼슨, 앞의 책, 서문, 20쪽.

다.… 즉 민주주의는 혁명과정의 목표인 동시에 역설적으로 혁명을 완수하기 위한 수단이기도 하다."[14] 제퍼슨이 말하는 종료 없는 사건, 항구적 제헌의 봉기는 국가 사멸이라는 미래의 목표 달성과 그걸 위한 수단으로서의 국가의 한시적 보존이라는, 목표와 수단의 충돌을 기각한다. 혹은 사건적 봉기는 노동 해방이라는 목표 달성과 그걸 위한 이행적 수단으로서의 노동정당의 매개구조 확립이라는, 목표와 수단의 배리를 철폐한다. 목표와 수단의 이율배반적 결합을 강제하면서 그 이외의 다른 가능성 일체를 봉쇄하는 법의 위계적 레짐을 해체하는 힘, 그것이 비정립적 제헌력이다. 제퍼슨의 민주주의는 목표이면서 수단이다. 그러므로 수단은 목표 밖에 따로 있지 않고 목표 안에서 내재적으로 운동한다. 민주주의라는 수단을 늘 초과하는 민주주의라는 목표. 그 목표는 그 수단에 대해 매번의 간극과 차이로서 존재한다. 그 간극의 항구성 속에서 매번의 새로운 세대는 거버넌스의 존재양태를 학습하는 생명들이며, 그런 한에서 자기-통치의 숙련공들이다. 그들은 미래의 민주주의를 기다리는 것이 아니라 이미already 도래중인 민주주의를 수행하면서 민주주의를 공부하고, 아직 오지 않는not yet 미래의 새로운 사회라는 텔로스/목적으로 현실의 수단적 폭력을 정당화하지 않으면서도 이미 도래중인 새로운 사회의 완결태를 부결시킬 인지적 태세를 가공한다. 제퍼슨의 한 문장은 다음과 같다. "정부에 대한 저항정신은 매우 소중하기에, 저는 이것이 앞으로도 영원히 보존되기를 기원합니다.… 그것은 마치 대기에서 일어나는 폭풍과도 같습니다."[15] 제퍼슨에게 영원회귀하는 제헌의 사건은 20년의 주기를 갖는 것이었다. 통치의 강도가 직접적인 것으로 되고, 그 속도가 광속을 따르는 오늘, 사건의 주기는 더 빨라질 수밖에 없다. 이제 제퍼슨은 이렇게 말할 것이다. 봉기 없이 매시간이 흐르는 것은 '신의 힘'에 의해 불가능한 것이 되고 있다고, 그 신의 폭풍은 매시간 통치의 구조 속으로 틈입하고 있다고. 그 신적

---

14. 마이클 하트, 「토마스 제퍼슨, 혹은 민주주의로의 이행」, 25쪽.
15. 토마스 제퍼슨, 『독립선언문』, 74쪽.

인 힘에 접촉되고 있는 제퍼슨의 「독립선언문」은, 저 월가 점거자들이 '우리는 99%다'라는 테제로 그 99%를 실제로/실재로 창설했듯이, 맑스·엥겔스가 '프롤레타리아의 단결'이라는 테제로 프롤레타리아를 개창했듯이, '인민의 이름으로' 인민을 발명하고 발현시키는 힘이었다. 제퍼슨을 포함해, 「독립선언문」 속 법정초의 대리자들이 서명함으로써 사후적으로 창조한 인민이란, 그들 대표자들의 의도와는 관계없이, 또는 그들의 의도로부터 탈구되는, 곧 대표·대의의 순수한 통치평면을 구축하려 했던 그들의 의지를 내재적으로 기소하는 초과적 게발트로서의 인민의 발명, 이른바 자기-통치력의 발현이었다. 이 발현 또는 현현 속에서 정부에 대한 불복종적 저항의 정신, 살아있는 자들이 행사하는 신의 힘, 헌법의 사실상의 폐지권 행사는 독립선언을 서명함으로써 국가를 정립했던 저 국부들의 게발트실천을 초과하는 힘의 형태소로 잔존한다.[16]

2-3. 앞의 질문으로 돌아오자. 그 많던 점거자들은 오늘 다 어디로 갔는가. 이 물음은 점거라는 사건의 '지속성'을 겨냥한 것이기도 하다. 단발적이고 순간적인 것에 머물고 말았다는 것, 한 번 강렬하게 점화됐다가 꺼진 불꽃이 사건 일반의 피할 수 없는 속성이라는 것. 사건의 제헌성을 봉쇄하는 이런 자동화된 관점에 있어 좌우란 따로 없다. 아니 좌우가 합작하여 그런 관점을 정답으로 만든다. 방금 꺼진 불꽃이므로 안락에 안기고, 금방 꺼질 불꽃이므

---

16. 「독립선언문」이라는 텍스트를 예의 저 '서명'이라는 '탈구축'적 문제설정 속에서 독해한 문장들을 인용해 놓는다. 언제나 그렇듯이 '차이'(差移)라는 게발트의 벡터를 어떻게 이해하고 활용할 것인가가 관건이 될 것이다 : "「선언」의 '우리'는 '인민의 이름으로' 말한다./그런데 이 인민은 실존하지 않는다. 인민은 이 선언에 앞서 그 자체로는 실존하지 않는다. 만약 인민이 자유롭고 독립적인 주체로서, 가능한 서명자로서 스스로를 탄생시킨다면, 이는 이 서명 행위에 의해서만 이행될 수 있다. 서명은 서명자를 발명한다. … 서명하면서 인민은 말한다 ─ 그리고 자신이 실행한다고 말하는 것을 실행한다. 하지만 서명을 함으로써 따라서 사후적으로만 충분하게 적법화된 대표성을 지니는 자신들의 대표들의 대리를 통해 이를 차이화함으로써 그렇게 한다."(자크 데리다, 「독립 선언들」, 『법의 힘』, 진태원 옮김, 문학과지성사, 2004, 175~6쪽)

로 일찌감치 허무의 품에 안긴다. 그런데 어떤가 하면, 점거는 스스로의 지속성(그러므로 시간성)을 재정의하는 사건이기도 하다. 말 그대로, 사건적 시간. 그 속에서 통념적(그러므로 공안적) 지속성에 근거한 저들의 안락과 허무의 실재가 폭로되고 개시된다. 점거라는 최종심의 시간 앞에서 안락의 전체주의는 자기의 환상과 허무라는 본모습을, 허무의 공안주의는 안락의 이윤을 향한 욕망이라는 자기의 이면을 까발리지 않을 수 없게 된다. 지속성, 다른 지속성에 대해 다시 사고하게 두 개의 이미지, 접촉하고 접선하는 두 개의 시간을 보자.

△ "이미 도래한 사상(IDEA)을 밀어낼 수는 없다." 출처 : occupywallst.org.
▷ "나는 [벌써-]이미 다음 전쟁에 반대한다." 출처 : occupywallst.org.

뉴스쿨 대학생들이 건물 외벽에 붙여 놓은 텐트, 고지하는 지고의 로고스. 그 텐트에 새겨진 말씀은 월스트리트의 점거자들, 이른바 99%에 의해 구성된 제헌적 시간의 정의를 표현한다. 99%의 현재는 미래에서 온 시간, 미래에서 온 사상과 결합된 현재이다. 그들의 현재는 이미 도래한 미래를 지각할 수 있는 능력, 이미 발생하고 있는 미래의 사상과 그 힘을 감각할 수 있는 능력으로 충전된다. '이미 도래한 사상은 밀어낼 수 없다.' 이미 도래한 사상은 현재 속에서 현재의 질곡을 규제하고 그 현재의 너머로 이행하게 하는 현재

jetzt의 사상이다. 미래는 도래의 형식 속에서 현재와 연합한다. 도래를 통해 미래는 현재화된다. 현재화된 미래. 그 역방향 또한 실재적이다. '나는 이미 다음 전쟁에 반대한다.' 이 선언은 아직 오지 않은 미래를 현재에 도래시키고 있다. 99%는 미래의 전쟁을 오늘 이미 앞당겨 반대하는, 시간의 선편을 쥔 시간의 주권자들이다. 편재하는 점거의 현장은 현재를 미래로 향유하는 삶의 장소로 고양된다. 이 고양에 기여하는 모든 몸짓에서 자기-통치의 장소는 발현한다. 그런 고양·도약의 장소에서 치안적 시계열의 연장이라는 척도를 절단하는 비정립적인 지속성이 배양된다. 거기에서 누구도 예상할 수 없는 사건의 도래를 미리 준비하고 향유하는 인지적 태세가 취해진다. "예견되지 않는 사건을 준비한다는 이 역설적 과제야말로 2011년 투쟁순환의 작업과 성취를 이해하는 최상의 길일지 모른다. 운동들은, 자신들이 예견할 수 없거나 예측할 수 없는 사건을 위한 지반을 준비하고 있다. 평등, 자유, 지속가능성, 공통적인 것에 대한 개방적 접근권 등을 포함하여 그것들이 촉진하는 원리들은, 근본적인 사회적 단절이라는 사건 속에서 새로운 사회가 건설될 수 있는 비계飛階를 형성할 수 있다."17

예견되지 않는 사건의 도래를 미리 준비하는 시간. 그것이 사건의 지속성을 새롭게 정의하고 관철시킨다. 사건이 보존되고 지속되는 것은 통치의 사회적 관계를 절단하는 힘이 동시에 새로운 사회의 분만과 정초를 위한 크레인이 될 때이다. 채무, 미디어, 보안체제, 대의제 등 분리의 장치들에 대한 연쇄적 점거는 그런 장치들을 작동 중지시킴으로써 축적의 신에 봉헌하는 그것들을 공통적으로 사용할 수 있는 것들commons로 형질전환시키려는 비정립적 힘의 실험이다. 이는 99%의 자기 정의들 중 하나인 다음과 같은 팻말, 아니 하나의 '이정표'에서 그 실효적 표현을 얻는다. "우리는 배교자들이다. 우리는 우리 자신의 철학을 가진 민중이다. 우리, 당신과 나 같은 민중이 매일 역사의 진로를 바꾼다." 배교자들Renegades로서의 99%. 무엇에 대한 배교이며

---

17. 마이클 하트·안토니오 네그리, 『선언』, 조정환 옮김, 갈무리, 2012, 161쪽.

무엇에 대한 봉헌의 폐기인가. 저 국법과 축적의 이위일체-신국에 대한 배교이며, 컬트종교로서의 자본주의의 존재-신-론, 신-G'의 일반공식에 대한 봉헌의 철폐이다. 그것은 1%가 설계 중인 신정정치, 99%를 인도하는 그 적그리스도의 가족유사성에 대한 신성모독적 종언의 선포이자 정언적 존엄의 재설계이다. 배교자들의 약한 제헌력이 그 일을 행한다. 무슨 말인가. 처음으로 돌아가 익명적 공동체, 그 묵시의 목소리 속에서 다시 다르게 시작하자.

3-1. 청년 맑스는 지배의 분리기술로서 생산된 '화폐적 관계'를 폐지하는 '인간적 관계'에 대해, 달리 말해 '익명의 사랑'에 대해 말한다. 그 인간적 관계 속에서 화폐라는 일반적 등가물은 세상 모든 것을 살 수 있는 힘, 구매력이라는 자신의 절대적 권능을 잃는다. 익명적 사랑의 권능이 화폐의 권능을 폐한다. 축적의 대지를 내리치는 '사상의 번개', 그 묵시의 목소리를 듣고 있던 맑스의 한 대목은 다음과 같다.

> 인간을 인간으로서, 세계에 대한 인간의 관계를 인간적 관계라고 전제한다면 그대는 사랑을 사랑과만, 신뢰를 신뢰와만 교환할 수 있다. 그대가 예술을 향유하고자 한다면 그대는 예술적인 교양을 갖춘 인간이어야만 한다. 그대가 다른 사람에게 영향력을 행사하고자 한다면, 그대는 현실적으로 고무하고 장려하면서 다른 사람에게 영향을 끼치는 인간이어야만 한다. 인간에 대한 ─ 그리고 자연에 대한 ─ 그대의 모든 관계는 그대의 의지의 대상에 상응하는, 그대의 **현실적·개인적** 삶의 **특정한 표출**이어야 한다. 그대가 사랑을 하면서도 되돌아오는 사랑을 불러일으키지 못한다면, 다시 말해서 사랑으로서 그대의 사랑이 되돌아오는 사랑을 생산하지 못한다면, 그대가 사랑하는 인간으로서 그대의 **생활 표현**을 통해서 그대를 **사랑받는** 인간으로 만들지 못한다면 그대의 사랑은 무력한 것이요, 하나의 불행이다.[18]

강제적이거나 자발적인 동의를 끌어내는 힘에 의해 변형·왜곡·소외되지 않고 자기를 배반하지 않아도 되는 삶의 관계. 인간이 통치력에 의해 합성되거나 작용하는 단순한 대상이나 질료로서가 아니라 인간으로서 그 존엄이 보존되고 인지되는 관계, 줄여 말해 '인간적 관계'. 그 속에서 사랑과 신뢰를 얻는 것은 화폐의 힘을 통한 구매·축장·판매·독점으로써 가능한 게 아니라, 오직 사랑과 신뢰의 주고받음으로써만, 오로지 화폐의 매개를 거절하는 직접적인 만남과 상응을 통해서만 가능하다. 그 속에서 예술의 가치는 예술품의 구매와 선망의 시선을 통해서가 아니라 오직 예술의 향유를 위한 이지와 감수성의 고양을 통해서만 가능하다. 그 속에서 타인에 대한 영향력은 화폐적 권능의 추상 속에서가 아니라 오직 '현실적'이고 구체적인 관계의 고무와 건립을 통해서만 가능하다. 나와 남, 주체와 세계의 진정한 관계맺음이란 '현실적·개인적 삶의 특정한 표출'을 통해서만, 다시 말해 화폐적 추상을 찢으며 나오는 직접적으로 현실적인 삶의 고유한 표현을 통해서만, 화폐적 보편성과 일반성을 뚫고 나오는 제헌적 삶의 특이한 분출을 통해서만 가능하다. 일반적 등가의 신적인 매개 권능을 폐지시키려는 의지 속에서, 맑스의 사랑은 그렇게 파괴하며 탄생하는 반매개적 직접성의 표출에 다름 아니다. 누군가의 사랑, 익명의 사랑이 '되돌아오는 사랑'을 생산할 수 있기 위한 근본 조건이 바로 그런 삶의 직접성의 발현이다. 맑스가 말하는 '되돌아오는 사랑'은 화폐G와 사랑L의 적대적 관계를 개시하는 힘이면서 다음과 같은 자본의 악무한적 순환의 일반공식을 침탈하는 힘이다. "가치는 유통에서 나와서 다시 유통에 들어가며, 유통 속에서 자신을 유지하고 증식시키며, 더 커져서 유통으로부터 되돌아 나오고, 그리고 이 동일한 순환은 끊임없이 되풀이하는 것이다."[19] 상품생산과 그것의 유통이라는 이물질 혹은 장애물(예컨대 생산에서의 파업, 협상, 유통에서의 물류, 입지 등등)이 깨끗이 제거된 순수한 축적의 이념형(G—G'). 신-G'의 첨예화된 현상형태로서의 사목적 금융의 경향적인

---

18. 칼 마르크스, 『경제학-철학 수고』, 강유원 옮김, 이론과실천, 2006, 181쪽.
19. 칼 마르크스, 『자본론』(I-상), 김수행 옮김, 비봉출판사, 1991, 194쪽.

인도력 속에서 오늘의 노동은 유연성·불안정성·이동성 같은 새로운 시초축적, 새로운 유혈입법 속으로 내놓이고 있다. 신자유주의는 자본이 재도약하기 위한 또 한 번의 본원적 축적의 시간이며, 그것은 도덕적 죄의식과 무기력 속으로 사람들을 유폐시키는 채무관계의 전면화와 강도 높은 보안체제로 합법화되고 있다. 순수한 축적, 그것은 신-G′의 자기증식적 최종목적이다. 그 유혈적 텔로스의 구도 안으로 폭발 직전의 시간으로서 장착되고 삼투되는 것이 바로 '되돌아오는 사랑', 사랑의 순수증여이다(L—L′). 이 증여의 게발트가 축적/목적을 위해 편성된 사회적 관계의 성스러운 경첩들을 절단한다. 사랑의 순수증여, 그것은 확대재생산하는 성자-잉여가치(Gott Sohn=△G)를 보존하고 옹립하는 법들을, 그것에 의한 전-종말론적 평형의 결정상태를, 화폐관계 안에서 일반화하고 있는 등가화의 과정을, 나아가 자본의 저 순수한 일반공식의 기계적 운동과 자기전개를 정지시킨다. 그렇게 '되돌아오는 사랑'의 잉여가치(△L), 사랑의 거버넌스는 어디서 누가 생산하는가. 점거된 공통의 장소에서, 익명의 사람들이 생산한다. 먹고 자고 말하고 돌보는 정주적定住的 공생의 장소에서, 아무것도 아닌 연인들의 공동체가 생산하고 재생산한다. 다시 맑스의 한 문장, 익명의 존재증명. '나는 아무것도 아니다. 그러나 나는 모든 것이어야 한다.'

'나'는 아무것도 아닌 익명이다. 모든 것이어야 하는 그 익명은 메시아적이다. 그러므로 맑스의 그 문장을 다시 쓰면 이렇다. '메시아는 아무것도 아니다. 그러므로 메시아는 모든 것이다.' 왜 그렇게 고쳐 쓰는가. 이는 아무것도 아닌 자들로 자신의 힘을 대행하도록 했던 바울 서신 속의 신에 관련되어 있다. "하나님께서는 세상의 어리석은 것들을 택하사 지혜 있는 자들을 부끄럽게 하려 하시고, 세상의 약한 것들을 택하사 강한 것들을 부끄럽게 하려 하시며, 세상의 천한 것들과 멸시 받는 것들과 아무것도 아닌 것들[없는 것들]을 택하사 있는 것들을 폐하려 하시나니"(「고린도전서」 1:27~28). 바울의 신이 선택한 이들은 누구인가. 어리석은 자들, 약한 자들, 멸시 받는 자들, 그래서 아예 없는 자들, 아무것도 아닌 자들. 부과되고 호명되는 이름만을 가졌을 뿐, 고유명을 박탈당한 그들 익명의 사람들은 밖으로 추방되고 배제됨으로써만 안으로 수용되고 포함된다. 그들은 그렇게 있으되 없는 자들이었다. 바울의 신은 왜 하필 그들을 택하였는가. '있는 것들을 폐하기 위해서'이다. 있으되 없는 그들은 있지 않기에 비-존재로 있다. 신에 의해 구별된 그들은 통치의 장소와의 가파른 비대칭성을 관철시키고 있다. 다시 말해 그들은 통치의 장소와는 전혀 '다른 곳'을 점거한다. "대안은, 단순히 권력 프로그램에 반대하는 행동, 명제, 혹은 담론이 아니라 급진적으로 비대칭적 관점에 근거하는 새로운 **장치**다. 이것의 입지점은 **다른 곳에**elsewhere이다."[20] 무슨 말인가.

3-2. 바울의 신이 선택한 '아무것도 아닌 것들'로서의 그들은, '있는 것들', 다시 말해 지혜 있는 자들이 가진 통치의 기술과 강한 자들의 연합에 의해 편성된 주권적 대행의 질서와 잘난 자들이 행하는 지배에의 봉헌과, 줄여 말해 통치의 장치들과 근본적으로 불합치되는 과정에서 그런 장치들에 대한 비대칭적 장소인 '다른 곳'으로의 벡터를 지속한다. '실질 민주주의'의 요구를 구성했던 2011년 새로운 투쟁순환의 거점들, 이집트 타흐리르 광장, 스페인 푸에르타 델 솔 광장, 그리스 신타그마 광장, 그리고 리버티 스퀘어. 그 연쇄적 점거의 장소란 어디인가. 편재하는 '다른 곳에'이다. 바로 거기가 독점된 가치들을 공통의 사용으로 되돌리는 신성모독적 역-장치의 현장이다. 그 장소들의 정주성이 1999년 이후 대항세계화 운동의 리좀적인 투쟁을 이으면서도 그것과는 변별되는 점거 운동의 특성이다. 점거하고는 거기서 산다는 것의 효력, 함께 정주해 살면서 자기-통치의 민주성을 향유하고 그런 향유의 조건들을 주기적으로 학습해 간다는 것의 실질, '다른 곳에'라는 비-장소의 벡터 위에서 통치의 합법에 불복종의 비-법을 대치시키는 삶-의-형태. 바울의 신이 선택한 저 '아무것도 아닌 이들'의 급진적 비대칭성이 그와 같다. 그렇게 보존되는 비대칭의 관점 속에서 그들은 '신의 기름부음을 받은 자', 곧 메시아에

---

20. 마이클 하트·안토니오 네그리, 『선언』, 103쪽.

다름 아니다(그리스도는 메시아라는 단어의 번역어이다). 사울의 머리에 기름을 붓고 거기에 입 맞춘 사무엘은 말한다. "야훼께서 네게 기름을 부으사그 기업基業의 지도자로 삼지 아니하셨느냐"(「사무엘상」 10 : 1). 기름 부어진 그들은 신의 법의 대행자이자 그 법과 한 몸이 된 일체이다. 이른바 '그리스도라는 사건', 사건적 메시아. "그리스도라는 사건은 존재자보다는 오히려 비존재자들로 하여금 신에 대한 증명으로서 등장하도록 하며, 그러한 사건은 이전의 모든 담론들이 실존하고 존재한다고 간주했던 것을 폐기하는 데 있다"[21]. 신의 법으로 파송되고 그 법을 수행하는 비존재자들–점거자들. 그들은 실존하고 존재하는, 그렇게 '있는 것'으로 집전되고 봉헌되던 것들을 폐지하는 신의 말씀의 대언자, 줄여 말해 사도이다. 그들 익명의 사도들은 어떻게 통치의 법 연관을 절단하는가. '사랑의 시도'를 통해 그렇게 한다.

> 두 인간 존재들이 간헐적으로 공동체를 형성하는 곳에, 어떤 전쟁 무기가 있다. 보다 정확히 말해 그곳에, 아무리 대수롭지 않은 것이라 할지라도 우주무화無化의 위험을 초래할 수 있는 재난의 가능성이 있다.… 이 무無를 향한 사랑의 시도 자체. 그들을 자신들도 모르게 고무시키며 서로 헛되이 접촉하도록 유도하는 이 아무것도 아닌 것 이외에 결국 어떠한 다른 목적도 갖지 않은 시도.[22]

비존재들을 분리/양산하고 그들을 재합성함으로써 축적하는 신-G′의 체제 속에서 블랑쇼의 사랑은 그렇게 비존재로 있는 것을 '존재하게 한다.' 저 99%, 프롤레타리아, 인민을 개시했던 것처럼, 있는 것을 존재하도록, 있는 것을 직립하도록 하는 사랑은 명명되고 호명된, 그래서 결산 가능해진 이름들을 지우고 각기의 고유한 이름들을 재발명하게 한다. 사랑은 있는 것

---

21. 알랭 바디우, 『사도 바울』, 현성환 옮김, 새물결, 2008, 94쪽.
22. 모리스 블랑쇼, 『밝힐 수 없는 공동체』, 78쪽, 80쪽.

을 존재하게 하는 힘이지, 있는 것을 조직하는 힘이 아니다. 그 사랑은 축적의 목적, 목적의 축적을 향한 미래 진보의 프로그램을, 그 위계적 조직화의 힘을 거절한다. 그런 점에서 그것은 목적을, 목적-수단의 자기증식적 순환을 '헛되이' 공회전시키는 힘, 목적을 무로 전위/궐위시키는 폭력적 권위의 힘이다. 그러므로 사랑의 시도, 사랑의 순수증여라는 게발트는 서로를 목적 바깥에서 목적 없이 헛되이 접촉하도록 이끄는 아무것도 아닌 시도, 곧 무위의 시도에 다름 아니다. 그런 시도, 그런 순수증여 속에서 축적 아닌 다른 목적, 이른바 '최종목적 없는 목적'을 위한 새로운 사회적 관계가 분만/정초된다. 사랑≒무위≒분만. 이 등식은 목적의 제국을 끝장내기 위한 전쟁무기들의 본원적 원리이다. 파루시아의 힘과 함께하는 무위라는 제헌의 무기. 누가 그 유물론적 사랑의 무기를 사용하며 그 사랑의 정초적 임재의 가능성을 장치하는가. 지도자 없는, 그래서 모두가 지도자인 사람들이 그 일을 행한다.

지도자가 없다는 것은 축적/목적에 봉헌하는 공안의 관점에선 약함의 근거이지만, 비정립적 제헌력의 관점에선 강함의 근거이다. '약한' 힘이어야만 강한 힘이라는 역설이 제헌의 고유성을 규정한다. 리버티 스퀘어의 '총회'general assembly는 약한 힘이 강한 힘이고 '헛된' 힘이 실재적인the real 힘이라는 것을 예시한다. "다수의 결정은 차이나는 것들을 포함하는 과정, 혹은 차라리 차이나는 것들의 접합을 통해서 앞으로 나아간다. 달리 말해, 집회가 하는 일은, 서로 다른 관점들과 욕망들이 우연적 방식으로 함께 들어맞을 수 있도록, 그것들을 연결하는 방식을 발견하는 것이다. 그렇게 되면 다수는 동질적 단위나 합의체가 아니라 차이들의 연속적 연결상태로 된다."[23] 총회는 디자인, 인터넷, 미디어, 법률, 청소, 재정, 식품 등 여러 차원의 워킹그룹, 예술 퍼포먼스그룹, 세탁 및 샤워 기부그룹 등 다양한 위원회들의 화이부동하는 연합이다. 스페인 점거 운동의 '피플 어셈블리'에서 영감을 받은 총회의 집합적 의사 결정은 기존의 권력과는 다른 방식으로 수행된다. 매일 두 차례 열

---

23. 마이클 하트·안토니오 네그리, 『선언』, 115쪽.

리는 총회야말로 기왕의 권력과의 급진적 비대칭성을 보존함으로써 다른 제헌의 가능성을 실질화하는 민주의 실험실이다. 거기서는 각자의 자기-통치에 근거한 '다른 곳에'로의 의지가 매번 갈등하고 길항한다. 총회에서의 결정은 지도자를 정점에 둔 위계적 조직의 절차에 의한 생산물이 아니라 차이의 보존과 접합을 통한 전진적 과정의 흔적들이다. 자신의 혀와 말이 다른 혀와 말에 의해 육식적으로 먹히거나 삼켜지지 않는다. 혀를 혀로서, 말을 말로서, '인간을 인간으로서' 응대하는 혀, 말, 인간에 의해 직접적으로 공통적인 만남이 성사된다. 신체적 공생의 현장, 에로틱한 주권적 생성으로서의 총회는 체위를 바꿔가며 정치적 새살을 돋게 하는 향유jouissance의 벡터를 지시한다. 질리지 않는 총회의 주이상스는 이른바 '주체의 해체', 자기성의 주인됨의 해체, 자기 흩뿌려짐을 통한 차이의 보존을, 차이의 주권을 설립한다. 이에 반해 지도자 혹은 전위들의 리더십은 무엇보다 에로틱하지가 않다. 그것은 확고부동한 양도와 전폭적인 대의를, 줄여 말해 순수한 정치적 자살을 요구한다. 전위는 시체를 탐닉한다. 대의 일반은 네크로필리아적necrophilia 지반 위의 구조물이다. 그것은 싸워야 할 적을 구조적으로 뒤따르면서 그 적의 하위 파트너로 스스로를 배치하는 죽음과 죽임의 이행 과정을 필수적으로 뒤밟는다. 지도자의 목적은 그 수단과 충돌하면서 그런 이행을 항구적인 것으로 고착화한다. 그것은 새로운 사회를 위한 오늘의 프로세스가 아니다. 오늘, 그것은 이미 '구체제'다. 그런 한에서 저 시체의 탐닉은 실은 제정된 권력과의 자리바꿈이며 발기한 자기 혀의 연장이다. 이 혀는 타인의 혀를 혀로서 응대하는 혀에 의해 규제되어야 한다. 점거자들의 총회는 모든 경화된 것들을 부결시키는 유연한 즐김의 힘, 약하고 헛된 향유의 힘이다.

다시, 바울의 한 문장. "사람은 그리스도 예수 안에서 얻는 구원으로 말미암아, 하나님의 은총으로 값없이[도레안δωρεάν] 의롭다는 선고를 받습니다."(「로마서」 3:24) 바울의 의義는 딱딱하게 굳은 돌판에 선명하게 새겨진 율법, 빳빳하게 죽은 사후경직의 율법에서 나오는 게 아니라 그 돌판을 깨는 데에서 구성된다. 위의 '도레안'이라는 단어를 바울 신학의 키워드로 끌어올리는 주석은 이런 것이다. "도레안이라는 말은 '순수한 선물'로, '아무 이유 없이', 심지어 '헛되이'라는 의미마저 갖는 강렬한 단어다."[24] 순수한 선물, 헛된 선물. 다시 말해 바울의 증여론. 그것은 맑스의 문제설정으로부터 적출한 사랑의 순수증여와 먼 거리에 있지 않다. 축적이라는 목적의 바깥을 구성하는 사도들의 증여, 돌판 위에 새겨진 대문자로서의 율법을 형질전환시키는 문자적이지 않은 법, 사랑의 법은 바로 그런 순수증여 속에서 정초된다. "사랑은 율법의 완성이다."(「로마서」 13:10) 증여되는 사랑, 그 약하고 헛된 의로움의 수행에 의해 기존의 법은 공통적 법의 분만을 위한 세세한 계기들로 전위된다. 기름 부어진 그들 연인들이 수행하는 증여는 그런 전위를 위한 폭발적 물리력이며, '사랑의 전투적 실재'의 구성력이다. 그 전장에서 돌판의 율법이 녹아내린다. 일찍이 단단한 모든 것들의 녹는점을 지각했던 건 맑스였다. 그의 문장들을 조금만 더 읽어보기로 하자.

3-3. 지금 청년 맑스는 구원의 폭력의 선구자이다. "**진리의 피안**이 사라진 뒤에 **차안의 진리**를 확립하는 것은 **역사의 과제**이다. 인간의 자기소외의 신성한 **형태**가 폭로된 다음, **신성하지 않은 형태**들 속에 있는 자기소외를 폭로하는 것은 무엇보다도 역사에 봉사하는 **철학의 과제**이다. 그런 까닭에 천상에 대한 비판은 지상에 대한 비판으로, **종교에 대한 비판**은 **법에 대한 비판**으로, 신학에 대한 비판은 정치에 대한 비판으로 전환된다."[25] 모든 종교적·신학적 보증의 장막 안에서 옹립되고 강화되던 '진리의 피안'이 사라진 뒤, 일반화되고 전면화된 화폐관계에 의해 모든 단단한 것들이 녹아내린 뒤, 축적이라는 목적과 형식적 원인을 파기하는 창의적 목적과 빼어난 원인을 다시 사고하고 재정초하는 일. 그것이 맑스가 말하는 '역사의 과제'이다. 2011년 9월 17일 월가 국립원주민박물관 뉴욕지부 건물 앞을 점거했던 저 '배교자들'의 플래카

---

24. 알랭 바디우, 『사도 바울』, 150쪽.
25. 칼 마르크스, 「헤겔 법철학 비판 서문」, 9쪽.

드, "PEOPLE NOT PROFITS[이윤이 아니라 사람]"라는 선언은 바로 그런 역사의 과제가 수행됐던 예일 것이다. 신 앞에 오롯이 온전히 섰으나, 오직 배제되는 방식으로써만 신 앞에 섰던 인간의 소외 상황은 오래전에 폭로되었다. 그러나 폭로되었다고 소외가 끝난 것은 아니다. 보편적 절연수단으로서의 화폐를 '현실적 신'이라고 했던 맑스 곁에서 화폐를 '세계의 세속화된 신'이라고 인지했던 건 짐멜이었다. 화폐라는 세속의 신을 수호하는 노동가치론 속에서의 소외가 신성한 신 안에서의 소외를 단지 대체했을 뿐이다. 소외는 외투를 갈아입었을 뿐이다. 그런 사정을 개시하는 것이 맑스가 말하는 '철학의 과제'이다. 역사에 봉사하는 철학, 맑스의 역사철학. 그것은 천상-종교-신학을 참조하는 지상-법-정치, 달리 말해 신정정치체의 존재-신-론에 대한 종언의 정언적 기획이다. 이 맥락 속으로 「포이어바하에 관한 테제들」 중 하나가 인입될 수 있다. "세속적 기초 자체가 자기 자신 안에서, 자신의 모순 속에서 이해되어야 할 뿐 아니라 실천적으로 혁명화되어야 한다. 그러므로 예들 들면 세속적 가족[지상-법-정치]이 신성 가족[천상-종교-신학]의 비밀로서 폭로된 이후에 이제 전자 자체가 이론적으로나 실천적으로나 파괴되어야 한다."[26] 세속의 계열은 스스로의 모순 속에서 설명되어야 하고 형질전환되어야 한다. 그것은 파괴적 종언과 동시적이며 등질적이다. 해석과 이해가 아니라 변화와 변신이 중요한 것이라고 썼던 맑스에게 두 권력, 신성과 세속은 동시적 '비판'과 기소의 '번개'가 내리치는 법의 대지이다. 말하자면 맑스의 신학적 유물론. 1%의 천상, 그 신성하고 숭고한 영토를 더 이상 믿지 않았던 리버티 스퀘어의 '배교자들' 또한 신성과 세속의 동시적 비판을 수행하는 중이다.

신에 의해 추동되었던 익명의 메시아적 힘, 그것은 오래된 새것이었다. 다시 한 번 익명의 힘에 관해 말하게 된다. 오뒷세우스, 이 사람을 보라. 신을 두려워하지 않으며 법을 모르며 오만한 괴물 퀴클롭스의 동굴 속에 갇힌 채로, 오뒷세우스는 동료들의 인육이 뜯겨가는 걸 지켜보았다. 그는 신의 음료인

---

26. 칼 마르크스·프리드리히 엥겔스, 『저작 선집』 1권, 박종철출판사, 1997, 186쪽.

향기로운 포도주로 그 괴물을 유혹한다. 포도주를 받아 마신 퀴클롭스는 오 뒷세우스에게 말했고 오뒷세우스는 답한다. " '너는 내게 자진하여 그것을 한 잔 더 주고 네 이름을 말하라,/지금 당장.'… '퀴클롭스, 그대는 내 유명한 이 름을 물었던가요? 그대에게 내 이름을 말할 테니 그대는 약속대로 내게 접 대 선물을 주시오./내 이름은 '아무도아니'요. 사람들은 나를 '아무도아니'라 고/부르지요. 어머니도 아버지도 그리고 다른 전우들도 모두."[27] 다시, 고유명 의 문제. 고통을 부과하는 자가 고통 받는 이에게 명령한 것은 당장 이름을 대라는 것이었다. 이에 답해 오뒷세우스가 자신의 이름과 유사한 단어 '우티 스(아무도아니)'를 발음했던 그 순간은 단순한 순발력이나 기지의 표현에 머 물지 않는다. 그 순간은 문명의 출발인 동시에 존엄의 시작이었고, 굴하지 않 고 눈을 치뜬 익명의 역사가 초과적 게발트로서 스스로를 발현하기 시작한 카타스트로프의 점이었다. 치뜬 오뒷세우스가 신이 자신들에게 용기를 불어 넣어 주었다고 말했던 그때, '아무도아니'라는 고유명은 꺾이지 않고 고개를 쳐든 익명의 신적인 힘이기도 했다. '아무도아닌' 오뒷세우스, 그 익명의 항시 적 보존과 지속에 의해 제국의 주권자 퀴클롭스의 눈은 오늘 불태워지고 매 일 불태워진다. 오뒷세우스 곁에 『계몽의 변증법』의 저자들이 아니라 다시 청 년 맑스를, 그의 증진되고 있는 한 문장을 다시 병치해 놓기로 하자. 인용부호 를 붙이지 않는 건 그 한 문장이 '일반화'되고 있기 때문이다. 나는 아무것도 아니다. 그러나 나는 모든 것이어야 한다.

---

27. 호메로스, 『오뒷세우스』, 천병희 옮김, 숲, 2006, 205쪽.

불복종-데모스론

백지투표의 갈채, 산파의 독재

메시아적 게발트가 하는 일

1-1. '시민'에 대한 하나의 정의. 시민은 전기다. 이 한 문장은 격랑과 파란을 예고하는 기이한 한 구절로 이끌려 들어간다 : "시민이라는 전기가 정전된 사태."[1] 작가 사라마구J. Saramago는 시민이라는 전기로 작동하는 정치체의 정지에 대해 몰두했다. 그가 그려놓은 한 도시에서는 40여 개의 투표소에서 지방자치의 대표들을 뽑는 선거가 치러지고 있다. 오전부터 쏟아진 빗속에서 투표율은 오후 4시까지 거의 제로에 가까웠다. 그런데 바로 그 시각부터 저항할 수 없는 명령과 이상한 충동의 힘을 따라 시민들은 투표소로 꾸역꾸역 몰려갔다. 자정에 끝난 개표 결과는 다음과 같았다. 우익정당 13%, 중도정당 9%, 좌익정당 2.5%. 무효표 또는 기권표는 없었다. 나머지 70% 이상의 표들은 어디로 갔는가. 투표함 안에 고스란히 있다. 그렇게 있되, 모두 다 백지인 채로 있다. 백지는 무효가 아니므로 실효이고 기권이 아니므로 기적이다. '기권의 반대말은 기적입니다'라는 여기 공화국 야당의 선전문구 밑바탕에 깔려 있는 어떤 기대를, 투표하면 세상이 조금씩 바뀔 수 있다는 일말의 희망을 그 백지들은 다르게 수행한다. 백지들은 투표용지에 구획되어 있는 합법적이고 정당한 후보들을 찍지 않음으로써 합법이 불법이거나 탈법적인 것이며 정

---

1. 주제 사라마구, 『눈뜬 자들의 도시』(원제 '빛의 향연'), 정영목 옮김, 해냄, 2007, 13쪽. 이하 『빛』으로 바꿔 쓰고 쪽수만 표시.

당함이 부당함이거나 파당적인 것임을 고지한다. 쏟아져 나온 시민들의 백지
는 자기들의 인식·감각·행동을 미리부터 결정짓는 구조 그 자체에 대한 불신
임의 의지이며, 그런 초월적이고 신성한 구조를 설계한 자들의 조절·관리하
는 힘을 거절하는 불복종의 힘이다. 이 지점에, 이 발전가능성의 발판에 기적
이야말로 기권의 반대말이라고 말할 수 있는 정당성의 근거가 있다. 현대국가
론의 핵심이들이 '환속화된 신학적 개념'이라는 논지 또는 의지, 예컨대 인지
와 표현을 관리·운용하는 대의의 제도가 일상적 삶 속으로 연착륙한 신학
개념과 합성된 신정정치적 포획의 장치라면, 그리고 그 장치가 자신과 마찰을
빚으면서도 늘 함께 삶을 재편성하고 재주조하는 '현실적 신'으로서의 화폐장
치와 합성된 것이라면, 그렇게 합성된 채로 무한히 증식하는 신성의 폭력들
을 끝내는 힘은 어떤 형질을 띠어야 하는가. 또 하나의 신성한 힘, 다른 신적
인 힘의 발생적 현현이여야 하지 않을까. 사라마구의 백지들, 그 기적 같은 도
래의 순간을 꽉 채우고 있는 힘에 대해 거듭 묻고 답하려는 까닭이 거기에 있
다. 언제나 그랬던 것처럼, 문제는 '신성한 사냥꾼들'과 싸우는 신적인 게발트
의 다른 질감이었던 것이다.

1-2. 사라마구적 백지투표, 그것에 의해 촉발될 수 있는 몇 가지 일은 다
음과 같다. 매번 기계적으로 받아들고 악순환적으로 찍게 되는 한 표가 민주
주의라는 외투를 걸친 대의적 입법관리자의 힘의 현신이라는 사실을 낯설게
감각하는 일, 그럼으로써 가상의 주권재민이 실상이라고 믿게 만드는 상상적
이고 이데올로기적인 힘을 사고하는 일, 그 힘에 민주주의가 때로는 은밀히
때로는 대놓고 합성되고 있음을 지각하는 일. 줄여 말해 민주주의가 대의제
의 원천이자 시녀로 되어 있는 사정의 이면을 직시하는 일. 경상북도의 한 지
역에서 6만표를 얻는 데 성공하면 장차관 자리 하나는 거뜬하다는 여기 '대
권' 선거 직전의 공공연한 소문, 지역의 선거조직 하나를 굴리는 데 1억 5천
만원치의 윤활유가 들며 선거 승리 후 5,000개가 넘는 자리가 득표수에 따른
논공행상으로 곳곳에 뿌려진다는 어제오늘의 농담 같은 진단. 그 말들이 암

시하는 바로 여기, 이 구조적 실황 속에서 질문의 형세는 다음과 같이 된다. 사라마구의 백지들은 어떤 무기로 재설계되어야 하는가.

70%의 백지표를 일시적 일탈이나 단순한 판단착오 쯤으로 이해한 대의 장치의 운용자들은 재투표만을 주장한다. 그러면서 한 입 크기의 아기자기한 위기와 긴장을 즐긴다. 중앙정부의 총리는 재선거를 통해 시민들은 예전의 위엄과 예의를 되찾을 거라고 확신한다. 힘 들어간 목 위에 얹힌 총리의 엄숙한 얼굴이 '시민의 의무' '시민의 의무'라며 연거푸 그 입을 놀리고 있다. 총리의 바로 그 '시민의 의무' 곁에 '의무의 희생자'를 병치시킴으로써 의무라는 가상의 파기에 대해 더 사고하기를 요청했던 건 이오네스코E. Ionesco였다. 재투표 결과, 수도의 모범적인 시민들에게서 쏟아져 나온 백지투표는 83%에 달했다. 총리의 확신은 깨졌다. 그는 긴급히 내각 회의를 주재했고 TV에 나와 그 결과를 발표했다. 사태의 추이에 따라 비상사태를 선포할 수 있다는 것, 기본권 제한의 피해자는 전부 시민들이 될 거라는 것, 그렇게 되기 전에 광기 어린 절대악의 '전염' 상태로부터 한시 바삐 벗어나 회개하라는 것, 자애로운 아버지처럼 중앙정부는 회개한 자들을 용서함과 동시에 다시금 '정상적'으로 국가의 명예를 드높일 수 있는 기회를 부여할 거라는 것.

합법적 정당들로서 지난 선거보다 더욱 초라한 득표율을 기록한 우익, 중도, 좌익 정당들은 총리의 담화를 각기 아전인수 격으로 오독한다. 우익은 기라성 같은 배우도 울고 갈 총리의 일품연기를 극찬하면서 당근과 채찍의 변증법이 갖는 실효적 힘을 찬양한다. 그들은 그들 내부에 있는 순진한 평화주의적 분파를 상대로 밀고 당기면서 당원들로 하여금 팽팽한 긴장상태 속에서 5분대기조로, 기동타격대로 스텐바이하고 있기를 주문한다. 중도정당은 자타가 공인하는 원내 유일의 수권야당답게 총리 연설의 주요 뼈대에 동의를 표하고 백지투표의 배후 음모자를 수사해야 한다고 맞장구쳤다. 그러면서 모든 정당대표들이 모인 구국내각을 구성해 백지의 창궐이라는 비상사태를 민주적으로 해결해야 한다고 목소리를 높인다. 이때 그들이 내걸고 있는 '민주적'이라는 푯말은 여당이 독점한 노른자위 권력을 합리적 공개토론을 통해 나눠 갖자는 의지의 의장意匠이라고 해야 한다. 좌익정당은 백지투표가 국가 전복의 목표를 지닌 것이라고 볼 근거가 전혀 없으므로 그 백지들은 결국 양당 구조에 염증을 느낀 시민들이 좌익 정당의 진보적 정강 실현에 걸고 있는 거대한 열망 이상도 이하도 아니라는 성명을 준비 중이다. 이른바 합법적 정당들 모두는 거덜난 득표율을 표시하는 쪼그라든 막대그래프를, 그 반토막난 거세의 실황과 상흔을 외면함으로써 급기야 복구불능의 완전한 폐절의 순간과 마주한다. 중앙정부의 내각이라고 해서 사정이 다르진 않다. 민주주의라는 이데올로기적 장치로 운행되는 그들 대의의 체제는 임박한 "파국의 짐"에 의해, "거리의 권력"(『빛』, 81, 82)이 내리누르는 하중에 의해 압살된다. 대의제의 어깨를 짓이기는 파국의 그 하중은 역사적 유물론의 힘으로 일렁이고 또 어른거린다. 무슨 말인가.

여기 적대하는 두 선조의 영혼이 있다. 지배의 계보 맨 위에 있는 선조와 피칠갑을 한 채로 도약하는 호랑이 같은 선조. 계엄령의 막중한 책임을 진 국방장관과 내무장관에게 총리는 자신의 선조들이 사랑했던 표현을 빌려 말한다. 당신들에겐 길 잃고 부유하는 양떼를 다시 울타리 안으로 인도하는 애국적 책무가 있다고. 총리와 그의 선조들의 힘을 대행하는 두 장관은 대의를 거절하는 시민들을 적이 아니라 단순한 반대자로, 공모하는 이탈자로, 체제의 비판적 파트너로 치환하고 포획하는 숭고한 임무를 부여받았다. 비상사태 하의 내각을 향해 총리는 말한다 : "신이 신성한 임무를 수행하는 여러분의 발길을 인도해 주시길, 그래서 다시 일치의 태양이 우리 동료 시민들의 양심을 비추고 평화가 그들의 일상생활에서 사라져버린 조화를 되살려 주길 기원하는 바입니다."(『빛』, 85) 총리의 기원 곁에서 사라마구는 희망하면서 그 희망의 도래를 목격하는 중이다. 국법에 의한 통합과 일치의 태양을 꺼트리는 진정한 빛의 향연을, 일원성을 목표로 하는 권력의지의 조화를 영구히 파탄내는 불화의 갱신을, 조화의 태양을 보수·유지하는 총리의 신을 쏴죽이는 진정한 신의 폭력을, 줄여 말해 83%의 백지투표, 그 불복종의 파루시아를. 그렇게 임재하는 힘들이 바로 저 도약하는 호랑이/선조들의 힘이다. 한 투표참관인은 투표소로 밀려오는 시민들을 보면서 이렇게 말한다. 국가가 숭배하는 영령들이 되살아나 투표용지들로 현신하는 것 같다고. 지배자의 뜻과 입맛에 따라 국가의 만신전에 봉사하고 있던 선조들이 그런 지배의 뜻을 거슬러 오늘 이곳으로 틈입함으로써 생환하고 있는 한 순간. 그렇게 도약하는 선조들에 의해 총리의 선조들이 쌓아올린 국가의 제단은 난장이 된다. 바로 그 도약의 도상에서 대의제라는 신성한 가치의 등뼈는 조금씩 부러뜨려진다. 대의의 민주주의라는 신성불가침의 영토와 불화하는 선조들/백지들, 이른바 과거와 오늘의 피를 합수시키는 역사적 유물론자들. 그들은 '무성'無性의 존재이다. 무슨 뜻인가.

도저히 감당할 수 없어 아예 천도하려는 정부가 야음을 틈타 수십 갈래의 도로로 일사분란하게 도망치려는 바로 그때, 농담 같은 진실과 진리로 길가의 모든 건물 모든 방들에서 전등이 켜졌고, 모든 창문들로 뛰쳐나간 그 빛의 격랑은 도로 위의 정부를 대낮 같이 씻기고 밝혔다. 총리는 영혼까지 떨려오는 불안에 옴짝달싹 할 수 없었다. 정부는 도로 위에 그대로 멈춰 섰다. 총리를 더 곤혹스럽게 했던 건 창문 곁에 아무도 서 있지 않다는 사실이었으며, 수모를 당한 계엄의 주권이 일벌백계할 수 있을 적들이 그 어디에도 없다는 사실이었다. 주어진 정체성을 거절함으로써 아무것도 아니게 된 이들이 때때로 모든 것이 될 수 있는 가능성을 열듯, 할당되고 부과된 장소를 기각함으로써 아무 데도 없게 된 이들이야말로 모든 곳에 있다. 아무 데도 없으므로 어디에든 있다. 신이 그렇다. 신에게 부재와 편재는 동시적이며 등가적이다. 사라져 없어진 그 무성의 상태는 어디든 있는 신성의 조건이며 신의 힘의 반석이다. 칠흑 같은 도로 위의 정부가 창백하게 얼어붙었던 바로 그 순간, 달리 말해 비상사태를 결정했던 주권자를 포위하고서 그 주권의 운용을 정지시키는 파국을 고지하는 사람들. 그들이 바로 무성의 신인Gott-Mensch이다. 그들 새로운 인간이 '최후의 인간'을 매개·인장으로 하는 끝없는 축적의 질서를, 그 '자유의 왕국'이라는 신성한 통치의 힘을 폐하려 한다.

2-1. 총리가 자기 선조의 말에 기대어 시민이라는 양떼를 안전하게 돌봐야 한다고 장관들을 일깨울 때, 총리와 그의 선조는 이른바 '사목권력'의 계보를 예증한다. 총리와 그의 선조들의 연합한 사목권력을 대리 집행하는 장관들Minister은 이미 신성한 사냥꾼들의 숭고한 명령을 섬기는 성직자Minister에 다름 아니다. 총리는 시민이라는 양들의 행실과 품행을 계도하는 목자를 한가로이 펼쳐진 목가적 풍경 안에 놓아두고 있지만, 실상 그 풍경의 본질은 사회와 삶의 유혈적 파괴의 현장이다. 국가적 목자에 의해 고요하게 숨지고 있는 그 살풍경 속에서 인용하게 되는 한 대목은 다음과 같다.

> 인구를 주요 목표로 설정하고, 정치경제학을 주된 지식의 형태로 삼으며, 안전장치를 주된 기술적 도구로 이용하는 지극히 복잡하지만 아주 특수한 형태의 권력을 행사케 해주는 제도·절차·분석·고찰·계측·전술의 총체를 저는 '통치성'으로 이해합니다.[2]

푸코는 근대 국가를 근대 국가이게 하는 통치적 합리성의 계보를 밝히면서 먼저 '인구'를 그 핵심요소로 꼽았다. 지금은 자명한 정치적 통계의 대상인 인구, 집합적 주체로서의 인구가 통치의 궁극적 대상이자 최종목표로 인식되면서도 동시에 스스로 알아서 처신하는 활동적 주체가 되기를 요구받았던 과정은 근대 국가 이전의 지배체제를 떠받쳤던 사고 및 실천과는 이질적이며 단절적이라는 것. 16~17세기에 등장한 직업적 정치가들이 통치합리성을 고도화하는 과정에서 고안한 인구는 후생적 통치의 메커니즘에 의해 북돋워지고 조절되고 관리됨으로써 통치에 최적화된 주체들을 생산하기 위한 장치였다. 그런데 83%의 백지들을 던졌던 수도의 인구는 총리와 그의 선조라는 통치자, 그 온화한 목자들의 통치에 급진적인 비대칭성으로서 발현한다. 백지투표는 저들 목자들/통치자들의 입맛을 아예 잃게 만들며 다시는 입맛 다시지

---

2. 미셸 푸코, 『안전, 영토, 인구』, 오트르망 옮김, 난장, 2011, 163쪽.

못하게 한다. 총리라는 목자는 자신이 원하는 효과를 내도록 인구라는 양들 하나하나를 옆구리에 끼고 손수 먹이면서 늑대들의 으슥한 밤으로부터 양들 전체의 생명을 지키기 위해 불침번을 선다. 그런 한에서 총리의 사목은 균형 있게 안배하고 안전하게 배려하는 권력의 기술이자 절차이다. 백지들은 사목 적 기술이라는 배려의 통치를, 양떼의 구원이라는 신성한 목적의 추구 속에 서 수행되는 결산의 운용을 정지시킨다.

푸코는 근대적 통치국가의 모범이자 모델이었던 사목적 구조를 전혀 관 련이 없을 것 같은 경제 위기의 문제와 종교적 구원의 문제를 동시에 인식할 수 있는 어떤 준칙으로 이해한다. 경제 위기와 사목권력은 인구 개념의 설계 도 속에서 연결되고 또 교환된다. 그렇게 함으로써 배려하는 통치의 이면을 다른 각도에서 개시한다. 이는 18세기 전반의 경제학자들이 옹립하려고 했 던 것이 '자유'였다는 사실과 맞닿는다. 그들이 고안한 통치적 합리성 혹은 국 가이성의 핵심은 통제화가 아니라 자유화였다. 개인의 행복과 국력의 증산 에 백해무익한 통제화가 아니라 국가 간 통상의 자유와 개인들 간 경쟁의 자 유, 사람과 사물과 사건의 자연스러운 흐름을 그대로 방임하며 내버려두는 것, '보이지 않는 손'의 자연스러움이 관장하는 흐름과 순환의 자유, 자연스러 운 자유. 푸코는 인위적 관계로서의 경쟁의 자유가 새로운 자연이 되게끔 하 는 보이지 않는 손의 전능한 힘을, 그 편재하고 신성화된 조절적 힘이 가져다 줄 개인의 행복을 곧바로 국력 그 자체로 되게 하는 통치이성의 의지를 기각 하려 한다. 다시 말해 푸코는 신자유주의적 국가이성의 기원과 태동에, 그런 국가이성의 입맛을 자신의 입맛으로 욕망하는 개인들의 품행에 계보학적 볼 록렌즈의 빛을 비춘다. 그 빛에 의해, 생산·유통·소비라는 회전과 순환의 자 유를 삶의 피할 수 없는 필연적 토대로 인식하고 확증하는 '정치경제학'이라 는 결산적 지식과 자유라는 필연적 통치성의 '사회'를 체계적으로 보존하는 '안전장치'가 함께 기소된다. 자유에 대한 봉헌과 미사의 체제, 다시 말해 폭력 의 안전장치로 변용된 수치스런 경찰권력이 신성화된 자유의 왕국을 우러러 보며 그런 미사를 집전한다. 봉헌의 장치 또는 미사의 정치, 그 사목의 법 연관을 절단하는 것이 저 사라마구의 반-사목적 백지들이다. 그것은 표票라는 표상의 유혈성, 다시 말해 가장 악독한 걸 피하기 위해 그나마 덜 표독스런 걸 찍어야 할 필요를 창출하는 힘/법의 경제를 정지시킨다. 백지들은 이른바 당의 관료화, 당의 사목화, 곧 권력의 신정정치화에 의해 부과된 품행들에 대한 불복종의 표현이며 '복종의 사목제도'에 대한 반-사목적 '대항품행(대항인도)'의 예다. 푸코가 인용한 솔제니친A. I. Solzhenitsyn은 구원의 사목체 일반을 겨누며 이렇게 말한다 : "우리는 이런 구원을 원하지 않는다. 우리는 그런 사람들에게 구원받고 싶지도, 그런 수단으로 구원받고 싶지도 않다. 우리는 그런 사람들에게 복종하고 싶지 않다. 우리는 명령하는 자들도 공포제에 복종해야 하는 체제를 원하지 않는다. 우리는 그런 복종의 사목제도를 원하지 않는다. 우리는 그런 진실을 원하지 않는다. 우리는 그런 진실에 사로잡히기를 원하지 않는다. 우리는 우리를 항구적으로 심판하고 우리의 근저에서 우리가 누구인지, 즉 우리가 건강한지, 병들었는지, 혹은 미쳤는지 미치지 않았는지를 말하는 이런 항구적인 관찰과 시험의 체제에 포획되기를 원하지 않는다."[3]

반-사목적 대항품행이란 무엇인가. 이 물음은 쿠데타란 무엇인가라는 물음에 대한 답으로 제출될 수 있다. 푸코의 분석 속에서 쿠데타는 보이지 않는 신의 손이 매만지는 자유의 국가가 구원에 대해 사고하고 수행하는 폭력적 절차로 드러난다. 17세기 초의 쿠데타는 오늘날 흔히 생각하는 국가의 소유권을 몰수한다는 의미가 아니었다. 그것은 정상적인 법적 절차의 상궤를 위반함으로써, 합법성을 박탈하고 중단시킴으로써 통치한다는 뜻이었다. 통치를 수행하는 각 부문들끼리의 알력·상충·결렬·경합·야합·합의라는 통치의 비용과 비효율, 통치의 지체와 정체상황을 단번에 철폐하는 통치이성 최고도의 실천, 그것이 쿠데타이다. 쿠데타는 국가/국법의 위기에 대한 결단과 그것을 처방해야 할 필요성에 따라 드러나게 되는 국가이성의 맨몸이다. 그런 국가적 긴급사태에 대한 단언·결정·결단의 필요성을 밑바닥에서부터 규

---

3. 알렉산드르 솔제니친, 『암 병동』(1967), 미셸 푸코, 『안전, 영토, 인구』, 284~285쪽에서 재인용.

정하는 것은 국가의 구원이라는 사목적 당위였다. 쿠데타라는 사목권력은 질서를 유지하기 위해 법을 중지시키고 민주주의를 위해 민주주의를 희생시킨다. 푸코는 통치성의 절차를 구성하는 '내치'를 항구적인 쿠데타로 정의함으로써 법의 중지라는 예외적 상태가 통치의 일상적 지속을 보증하고 있는 오늘의 주권을 비판한다. 푸코에게 통치는 합법적 상궤 속에 있는 것이 아니라 그 합법성을 중단시킬 수 있는 '필요성의 힘' 속에 있다. 푸코가 인용한 17세기 초의 한 대목은 다음과 같다 : "필요성의 힘은 대단히 크기 때문에 여신 女神의 주권, 그 철회불가능한 선고의 견고함보다 더 신성한 것은 이 세상에 없다. 필요성은 법을 침묵하게 만든다. 필요성은 모든 특권을 중지시키고 만인을 복종시킨다."[4] 인구는 법을 중단시키는 신적 주권의 선포 속에서 복종한다. 그 복종의 삶은 무제한적이고 연장적인 통치의 시간이라는 근대적 국가이성 특유의 시간기획 속에 들어있다. 대항품행이란 무엇인가. 내치의 시간, 항구적 쿠데타의 시간을 끝내는 게발트의 편재적 발현이다. 대항품행의 한 갈래는 끝을 배제하는 자들, 전-종말론적 힘의 경제에 끝을 대치시키는 상황의 발현, 최후의 시간의 도래, 이른바 메시아적인 것의 임재와 맞닿아있다.

국가이성의 새로운 역사성은 최후의 제국, 즉 종말론의 왕국을 배제하고 있었습니다. 16세기 말에 정식화된 이 주제, 물론 지금도 남아 있는 주제이지만, 이 주제에 대해서 시간이 끝을 맞는 때가 도래할 것이라고 긍정하는 것을 원칙으로 하는 대항품행, 즉 종말론, 최후의 시간, 역사적이고 정치적인 시간의 박탈, 완료의 시간, 소위 국가의 무제한의 통치성이 정지되는 시간의 가능성을 제기하는 것을 원칙으로 하는 대항품행이 발전하게 됩니다.[5]

사라마구의 백지들을 대항품행의 한 가지 예라고 했던 근거가 위에 있

---

4. 미셸 푸코, 『안전, 영토, 인구』, 361쪽(1632년 르 브레의 문장)
5. 미셸 푸코, 『안전, 영토, 인구』, 481쪽.

다. 푸코는 통치의 대상으로 만들어진 시민사회가 통치의 명령을 따르는 것이 아니라 그 명령을 해석함으로써 그 명령 안으로 자신들의 의지를 개입시킬 때, 그럼으로써 통치의 배려와 후견과 한계를 초과하게 될 때 근대적 통치성의 무한한 시간이 정지된다고 말한다. 19~20세기를 관통해온 '혁명적 종말론'의 이름으로 푸코는 국가권력이 시민사회 안으로 흡수되는 상황에 관해, 시민사회를 국가 권력보다 우위에 있는 것으로 보는 종말론에 관해 언급한다. 그것이 대항품행의 첫 번째 주요 형식이다. 그런데 푸코는 사목권력과 그것을 재분배하고 전복하고 실격시키는 대항품행 사이에 상호 지지와 교환의 관계가 성립해 있음을 지적한다. 사목권력의 역사가 대항품행의 여러 층위(수덕주의, 공동체, 신비주의, 종말론, 성서로의 회귀)를 끊임없이 자신의 내부로 재도입함으로써 순치하고 전치했었던 과정인 한에서, 국가권력에 시민사회를 대치시키는 것은 근본적인 한계를 가질 수밖에 없다. 이런 한계를 마주하면서 푸코는 불복종의 가능성을 통해 종말론적 대항품행을 다시 언급한다. 인구가 국가와의 복종적 관계를 차단할 수 있는 권리를 손에 넣는 때가 틀림없이 도래할 것이라고 하면서 푸코는 말한다. "여기서 종말론은 반란이나 모반이라는 형태, 온갖 복종적 연결고리의 단절이라는 형태와 관련된 절대적 권리라는 형태를 취합니다. 이 권리는 혁명 자체의 권리입니다. 이것이 대항품행의 두 번째 주요 형식입니다."[6] 사목과 대항품행 간의 교환 관계를 절단하는 절대적 불복종의 권리, 통치성을 폐절시키는 신성한 게발트의 벡터궤적은 푸코에게 머릿속의 개념이 아니라 눈앞의 현실이었다. 다시 말해 1978년 9월 8일 '검은 금요일'의 이란과 푸코, 이란의 푸코.

2-2. 1970년대 미국의 중동정책 아래에서 이란의 석유 이윤은 팔레비M. Pahlevi 국왕 및 그 측근들과 외국 기업들에게로 넘어가고 시장 상인은 파산했으며 농민은 건설노동자로 전락했다. 독재와 치안 강화 속에서 추진된 지

---

6. 미셸 푸코, 『안전, 영토, 인구』, 482쪽.

속적인 미국화 과정은 반민주화, 공공영역의 민간화, 빈부격차, 이슬람 전통의 파괴를 가져왔고 팔레비 왕정은 서로 상충하는 여러 계급과 계층들, 예컨대 중소 부르주아지, 대지주, 노동자, 농민, 좌파, 자유주의자, 민족주의자, 이슬람 근본주의 등에게서 터져 나온 저항에 직면했다. 그렇게 상충하는 저항의 교류처가 '신의 신호'를 뜻하는 대大아야톨라, 곧 시아파 지도자 호메이니 A. Khomeini였다. 검은 금요일, 계엄군의 발포로 수도 테헤란 잘레 광장에서 시위하던 수천 명이 살해되었다. 신국으로서의 '이슬람 공화국'을 내걸었던 거대한 격랑이 있었고 팔레비는 1979년 1월 이란을 떠났다. 1964년 이래 망명 중이던 호메이니가 돌아옴으로써 이란혁명은 완수됐다. 호메이니는 의회의 다수를 차지한 이슬람 율법학자들(파키흐)에 의한 통치를 내세웠고, 일면 초의회적이고 초법적이라고 해야 할 헌법감시평의회의 수장이 되었다. 그 힘을 바탕으로 냉전의 분할체계에 격렬하게 맞섬으로써 제3세계의 입장 하나를 선연하게 표현했으며, 미국의 비호를 받던 이라크와의 전쟁을 지속함으로써 내부의 권력관계를 자신의 의지대로 재편했다. 보복의 공개처형이 있었고 투옥과 탄압이 있었다. 서양음악과 술이 금지되었고 이란의 여성은 다시 베일로 얼굴을 가려야 했다. 호메이니가 수행했던 사목적 전권全權이 파괴/혁신의 그 모든 일을 가능케 했다. 『안전, 영토, 인구』와 『생명관리정치의 탄생』 사이, 그 두 번의 연속적 강의 사이에 푸코는 이란에 있었고, 르포를 썼다.

「이념의 르포르타주」(1978. 11. 12)에서 푸코는 이렇게 적었다. "이념들의 탄생에 참여해야 한다. 그 힘의 폭발을 목격해야 한다."[7] 어떤 이념의 탄생에 개입해야 하는가. 이란인들이 폭발시키는 정치적 봉기의 이념에 개입해야 한다. 그 폭발의 뇌관이 바로 임재하는 메시아로서의 '숨은 이맘Imam'에 대한 믿음이었다.[8] 푸코는 호메이니가 주장했던 율법학자들의 통치에서 호메이니의 독재를 보았던 자유주의적 시아파 지도자 마다리를 만났고, 숨은 이맘을

---

7. 미셸 푸코, 『안전, 영토, 인구』, 502쪽.
8. '인도하는 자' 또는 '모범'을 뜻하는 이맘의 도래에 대한 신념은, 12번째 이맘으로 874년 신에 의해 '은폐의 문' 뒤로 숨겨진 마흐디(mahdi)의 재림에 대한 믿음과 다르지 않다. 구세주 마

기다리면서 매일 '좋은 통치'를 위해 싸우고 있다는 마다리의 말에 기대어 '이슬람의 통치'에 대한 르포를 썼다. 이슬람의 통치는 성직자의 독점적 지도력을 따라 인도되는 정치체제에 대한 거절의 힘이며, 현실의 폭압에 대한 혁신적 응답으로서 이슬람의 전통적 사회구조의 정치화이고, 정치적 삶에 '영적 차원'을 개방하는 것이었다. 그 르포의 제목은 「이란. 이맘을 기다리며」였다 (1978. 10. 8). 그것은 반사목적 대항품행에 관한 강의의 연장선상에 있다. 좋은 통치를 사고하던 그때 푸코는 사회학 교수 샤리아티의 행동과 입장을 지지하고 있었다. 『대지의 저주 받은 사람들』의 페르시아어 역자이자 투옥과 망명과 강의로 이름난 샤리아티는 알제리의 파농이나 벤 벨라와 같이 세속과 신성, 맑스와 무함마드를 결합시킬 수 있다고 믿었던 사람이었다. 「이란인들은 무엇을 꿈꾸는가」(1978. 10. 16)에 기록된 이란인들은 그리스도교의 거대한 위기 이래 그 가능성이 폐기되었던 '정치적 영성'을 밀어붙이고 있는 사람들이었다. 푸코는 그런 정치적 영성과 신성의 정치력에 대한 프랑스인들의 비웃음소리를 들었고, 그 비웃음이 틀렸다고 비판했다. 이후 호메이니 신체제의 준군사집단에 의해 반대자들이 처단되기 시작할 때, 혁명을 지지했던 푸코는 좌우로부터 십자포화를 받게 된다. 그런 비판들에 응답한 글이 「봉기는 무용한가?」였다(1979. 5. 11). 이 르포에 기대어 쓴 푸코 강의록의 책임편집자 세넬라르의 한 대목을 인용한다. 큰따옴표 안의 문장들은 모두 푸코의 것이다.

흐디는 '올바로 인도하는 자'라는 뜻이다. 이른바 진정한 사목의 게발트, 그것이 이란혁명의 요체였다. 아라비아 지역의 유대 신비주의 및 기독교의 종말론적 메시아사상에서 영향 받아 재구성된 마흐디즘이 이슬람사에 처음 등장하는 것은 685년의 반(反)우마이야왕조 운동 때이다. 그 후 마흐디즘은 시아파 최고지도자로서의 '무오류의 이맘' 관념과 결합함으로써 핵심적인 교의가 된다. 일반적으로 마흐디는 학정과 억압의 시대를 끝내고 새로운 질서를 구성하는 이슬람적 천년왕국운동의 지도자로 드러난다. 19세기 식민지배에 대해 저항했던 나라들 중에서도 마흐디가 통솔했던 수단의 예가 있다. 1979년 이슬람 성지 메카의 성 모스크 점거 사건 또한 마흐디의 통치를 요구했던 불복종의 표현이었다. 이맘/마흐디에 대해서는, 국제정치적 역학관계 속에서 왜곡된 이란상을 비판하면서 이란에 대한 '독자적 시각'의 가능성을 모색하고 있는 유달승의 작업들 중 「시아파 정치사상의 특성 연구」(『한국이슬람학회논총』, 18집, 2008)를 참조.

푸코는 일체의 역사적 인과성과 관련해 봉기는 초월성을 가진다고 단언하면 서["들고 일어서는 사람은 결국 설명될 수 없다."] "교조적인 성직자의 잔인한 통치"와 "죽음을 각오한 사람들이 기댄 영성"을 대치시키고 있다. 봉기란 "역사의 흐름을 막는 단절"이며, 이것에 의해 역사에 "주체성"의 차원이 도입된다.["인간 은 봉기한다. 그것은 사실이다. 주체성(위인이 아닌 아무나의 주체성)은 봉기에 의 해서만 역사에 도입되고 역사에 숨결을 불어넣는다."]··· "넘어설 수 없는 법, 제 한 없는 권리"를 정당화해주는 것도 바로 이 필수불가결한 반란이다.9

들고 일어나는 이들이 설명될 수 없다는 것은 활동의 결산이 불가능하 다는 것이다. 봉기가 몇몇 위인들의 지도와 사목의 뒤를 따를 때 통치의 이성 은 봉기를 계측하고 집계함으로써 예측한다. 이란의 푸코에게 봉기의 주체는 위인이 아니라 '아무나'이다. 그 익명적 영성의 정치력은 목자들의 통치이성을 초월하며, 그 초월을 통해 자유와 배려의 통치성이 관장하는 역사의 진행을 내부로부터 정지시킨다. 절대적 불복종의 무한한 권리가 그런 신적 봉기의 권 위에 의해 정당화된다. 1968년 5월 튀니지의 학생파업이 절대적 희생의 욕구 와 능력과 가능성에 의해 추동된 것이며 그 근저에 신화와 영성의 힘이 있었 다고 회고하는 푸코는, 1975년 10월 브라질 상 파울로의 한 성당 광장에서 있 었던 거대한 추모미사를 상기한다. 무장 경찰과 사복형사들이 깔려 있는 광 장으로 붉은 사제복을 입은 추기경이 들어온다. 공산당 지하조직의 유태인 기자가 죽었고, 누구도 나서서 그 죽음을 기릴 수 없었다. 광장을 꽉 메웠던

---

9. 미셸 푸코, 『안전, 영토, 인구』, 506쪽. 셰넬라르가 말하는 반란의 그런 필수불가결함 곁에서 푸코는 "봉기의 수수께끼"를 말하면서 봉기의 원천적 이유가 아니라 봉기가 체험되는 방식과 효과에 방점 찍는다. 그렇게 해서 작성된 문장들은 다음과 같다 : "획득되거나 요구되는 자 유의 모든 형태들, 사람들이 주장하는 모든 권리들은, 덜 중요해 보이는 것들에 대해서조차 도, 의심할 여지없이 '자연권'보다 더 단단하고 경험적인 최후의 고정점/참조점을 반란에 두 고 있다. 만약 사회가 지속되고 살아남는다면, 이는 모든 동의와 억압 너머에, 위협과 폭력 그리고 설득 너머에, 삶·생명이 더 이상 거래되지 않는, 권력이 더 이상 힘을 쓸 수 없는, 또한 교수대와 기관총을 면전에 두고도 사람들이 봉기하는 그 순간의 가능성이 존재하기 때문 이다."(미셸 푸코, 「봉기는 무용한가」, 서정연 옮김, https://goo.gl/o1X3Xd)

아무나의 주체들, 그 추모의 침묵 속에서 푸코는 이렇게 쓴다. "경찰은 뒤로 물러섰다. 어찌할 도리가 없었던 것이다. 그것은 참으로 장엄하고 강렬한 광경이었다. 그곳에는 거대한 역사의 무게가 내리누르고 있었다."[10] 통치이성의 에코노미를 정지시키는 거대한 역사의 하중, 파국의 짐. 파국의 임재, 사목체에 대항하는 파루시아의 폭력. 다시 사라마구적 백지투표를 검토하자.

3-1. 백지투표의 의지에 맞선 총리와 각료들은 저희들이 모인 회의실이야말로 의회보다 더 집약적으로 민주주의의 힘을 대표한다고 믿는다. 총리는 민주주의로 충만한 그 방에서, 문지기들이 끝없이 도열해 서있는 법의 그 규방 안에서 계엄령을 선포했다. 계엄戒嚴은 사방을 둘러싸고 엄격히 차단·분할한다는 것이다. 그 분할의 정치는 법의 적용과 집행과 효력을 독점하기 위해 법을 정지시키고 무력화하는 과정 속에서 자신의 정당성을 구한다. 이때 법의 정지 혹은 법의 공백은 정상적 상태를 지탱하는 규범과 질서를 바로잡고 옹립하는 힘으로 발휘된다. 법의 공백이 법의 힘으로 나타나는 이율배반과 배리 속에서 계엄이라는 예외는 "법이 생명에 가닿고 스스로를 효력 정지시켜 생명을 포섭하기 위한 근원적 장치"로 기능하며, 예외라는 장치는 "살아 있는 자를 법에 묶는 동시에 법으로부터 내버리는 관계"[11]를 재생산한다. 법이 정지된 예외상태 속에서 삶·생명은 일체의 법적 지위가 임의로 박탈될 수 있는 상황의 창출/결단에 의해 통치의 순수하고 직접적인 질료로 형질전환

---

10. 디디에 에리봉, 『미셸 푸코』(下), 박정자 옮김, 시각과 언어, 1995, 197쪽. 메시아적인 것, 숨은 이맘의 도래를 기다리는 이란인들의 정치를 르포라는 형식 속에서 옹호·보강·유통시키려 했던 푸코의 응답, 앞서 언급했듯 호메이니의 집권 이후 좌우파로부터 터져 나온 비난들에 대한 그의 선언적 응답이 「봉기는 무용한가」였다. 그 선언 전에, 아니 그 선언과 함께 「불편함의 모랄을 위하여」(1979. 4. 23)가 있었다. 그 글에 대한 에리봉(Didier Eribon)의 다음과 같은 언급 속에, 탄생 중인 이념의 목격이 좌초된 이후와 마주하는 어떤 태도의 요청이 있다: "그 글은 좌절된 소명감에 대한 고백이고, 자신의 신념을 포기하지 않은 채 확신을 수정하고 자신에게 충실한 채로 남아 있으면서 판단을 전환해야 하는 사람들에 대한 존경심의 토로였다. 그것은 '자기 자신의 확신에 완전히 동의하지 말 것'을 충고하는 메를로-퐁티의 교훈을 매일 매일 지켜나가는 사람들에 대한 존경심이었다."(같은 책, 165쪽)
11. 조르조 아감벤, 『예외상태』, 김항 옮김, 새물결, 2009, 14쪽.

된다. 예외는 법의 심판력과 생명의 활력 사이에 놓인 매개물·장애물·비용들을 말끔히 일소함으로써 그 둘을 직접적으로 매회 거듭re 묶으며ligio, 그런 종교적 유사법제의 매끈한 통치평면 위에서 삶·생명은 오차 없이 인도되고 사목된다. 예외에 의한 통치는 유동적 정상성을 척도로 법의 안과 밖을 항시 재획정하는바, 그렇게 식별불가능해진 법의 울타리 속에서 삶은 법 안으로의 포함과 법 밖으로 배제가 동시적이고 등질적 상태에 놓이며, 그때 생명은 오직 그런 법의 정립/유지를 위한 단일하고 단순한 기능 단위에 거듭 묶이게 된다. 그러하되 사라마구가 말하는 계엄/예외의 이면이란 다음과 같은 것이어서 눈여겨보게 된다. "정부는 포위하는 존재이면서 동시에 포위당하는 존재이기도 하다."(『빛』, 89) 법적 울타리로 둘러치고 그 경계를 임의로 분할하는 계엄은 누구에 의해 어떻게 포위당하는가. '구원하면서 살인하는' 주권적 명령을 따르지 않을 권리, 통치의 단순한 기능 단위로 인도되지 않을 권리, 벌거벗은 생명에 묶여 있기를 중단할 권리, 이른바 불복종의 권위Auctoritas에 의해 포위된다.

사라마구가 백지 하나하나를 두고 다이너마이트라고 쓸 때, 쟁여진 폭탄의 뇌관 같은 백지들 앞에서 총리는 다시 한 번 결단했었다. 민주적 정상상태의 회복과 복구를 위해 정부를 다른 도시로 이전하려는 것이다. 자신들을 선출한 수도의 시민들을 죽게 내버려두려는 것. 그런 한에서 총리의 수도 이전 결단은 후생의 정치체, '생명관리정치'의 유혈적 운용을 애써 꾸미려하지 않고 적나라하게 드러낸다. 알려진 것처럼 통계적 센서스census(인구 및 국세조사)에 기초한 생명정치는 출산·질병·사망의 증감률을 국민의료, 평균수명, 방역체계, 백신관리, 건강보험, 연금, 최저생계 같은 복지적 기술을 통해 관리·조절함으로써 '살게 만들고 죽게 내버려두는 권력'으로서 출현했다. 수도가 아닌 곳의 합법적 표들은 살게, 더 살게 하고, 수도의 백지들이라는 불복종적 게발트는 죽게, 꺼지게 내버려두는 권력. 총리의 수도 이전은 그렇게 삶·생명을 집합적 인구 개념으로 환치한 위에 덧씌워놓은 복지적 안전의 환상을, 그런 후생을 향한 상냥한 기술의 장막을 걷어치움으로써 지배의 맨살을, 통치의 맨얼굴을 드러낸다. 그럼으로써 총리 자신의 결단이라는 것이 법 안에서 살도록 북돋고 법 밖에서 죽도록 내버리는 권력을 철저히 봉헌하고 있음을, 그런 폭력에 철저히 봉인된 것임을 인구 전체에 고스란히 폭로·누설한다. 기밀화된 통치실천으로서의 총리의 결단, 총리의 생명정치적 주권의 실상이 총리 자신에 의해 모조리 까발려지는 시간의 현현. 백지라는 불복종의 신성한 게발트는 주권자의 자기폭로로, 달리 말해 주권자 스스로 자신 안에 장착한 폭발의 계기로, 주권 스스로가 스스로를 정지시키는 자기 멸절의 계기로 작동한다. 사라마구의 말처럼 백지가 폭탄이라면 그런 이유에서 폭탄인 것이다. 투표함에 백지라는 신성의 폭발물을 장치함으로써 권력에 의해 관리되는 인구는 계산 불가능한 데모스로 전위된다. 그런 유물론적 변신의 과정/소송이 법과 생명의 직접적 묶음을 절단한다. 그럼으로써 법의 주인이 누구인지를, 법의 힘이 무엇인지를, 다시 말해 법의 벡터가 어떠해야 하는 것인지를 질문하는 진정한 정치를 수행한다.

총리는 수도를 버렸고 수도는 초소들에 둘러싸였다. 모종의 음모를 꾸미던 내무장관은 수도의 시장을 만나 앞으로의 일을 상의했다. 시의회와 행정이 이런 비상시에 방관만 해선 안 된다는 장관의 말에 같은 여당 소속의 시장은 망설임 없이 답한다. 시민들과 벌이는 전쟁의 도구로 시의회를 이용하지 말라고, 자신의 책무를 수행하는 데 있어 내각의 지시와 간섭을 수용하지 않을 것이며 그럼으로써 결코 유혈의 폭력을 행사하는 정부의 공모자가 되지 않겠다고. 장관은 고압적으로 다시 말한다. 시의회도 결국 이 국가의 일부일 뿐이라고. 시장은 그렇지 않다고, 시의회는 국가의 소유가 아니라 시민들에게 속한다고 되받는다. 장관의 신념과 시장의 의지는 그렇게 결렬됨으로써 적대로 돌아선다. 시장의 돌연한 변신이란 무엇인가, 시장은 누구인가. 시장은 바로 그날 투표함에 백지를 넣었던 자였다.

법을 정립하고 유지하는 힘을 사이에 두고 그런 힘들의 관계의 최종적 결정자이기 위해 경합하면서도 공모하는, 끝내 합의된 합작을 통해 그 힘을 분점함으로써 축적의 운동을 항존시키는 장치들의 협치. 이를 정지시키는 힘의 형태가 백지투표이다. 백지들은 법의 힘을 둘러싼 변증법적 부침을, 치명타를 날리지 않는 상호 간의 알력을, 버젓이 눈뜨고도 코 베인 줄 모르도록 하는 저들의 합의를, 정치적 힘의 그런 인준·분점상태를 불신임함으로써 정지시킨다. 백지는 '빛'이다. "백지투표를 던진 사람들이 누군가 보게 되기를 바라는 빛"(『빛』, 143), 도망치는 도로 위의 정부를 얼어붙게 만들었던 그 빛, 총리가 말하는 합법적 일치의 태양을 꺼트리는 신성한 게발트의 빛. 그 빛은 적들의 분점이 적들의 독점임을 백일하에 폭로한다. 그런 한에서 그 빛은 각성과 계시의 빛이다. 수도의 시장은 그 빛들의 향연에 동참하고 있다. 사라마구는 앞길이 보장된 여당의 신뢰와 주식시장의 훈풍, 승인된 전통과 질서가 들려주는 "자장가를 듣던 시장이 계시에 마음을 열었"으며 "이 도시의 부드러운 반역 뒤에 뭔가 더 깊은 의미가 있다는 확신을 표명했다"(『빛』, 144)고 쓴다. 백지는 눈뜬 자들의 의지이자 표현이다. 시장은 눈뜬 자다. 백지라는 불복종적 게발트의 빛은 감은 두 눈을 뜨게 하면서 눈뜬 자로 하여금 자신의 그 눈뜸을 낯설게 아찔하게 지속하도록 촉구한다.

그런 지속을 위해, 최고도의 지속을 위해 이렇게 묻고 답하자. 무엇에 의해 그들은 눈뜰 수 있었는가. '게발트라는 독재'에 의해서만 그들은 눈뜰 수 있었다. 제 갈 길을 뚝심으로 걷고 있는 엥겔스의 한 구절을 폭력적으로 절취하여 반복한다. "게발트에 의해서만, 요컨대 사실상의 독재에 의해서만."[12] 이른바 과학적 사회주의자로서의 엥겔스는 뒤링E. K. Duhring이 정치경제학적 사고를 부차적인 것으로 전락시켰던 일에 대해, 그런 뒤링의 이론이 당대를 석권하고 있었던 상황에 대해 전방위적으로 반박하면서 게발트에 대한 일관된 입장을 제시했다. 이를 비스마르크의 성공과 한계에 적용시킴으로써 독일사회주의노동자당의 역사철학적 정당성을 옹립하려고 했던 것이 『역사에서 게발트가 행한 역할』(1888)이었다. 당대 독일의 부르주아들은 서로 충돌할 수

---

12. 프리드리히 엥겔스, 『역사에서 게발트가 행한 역할』, 이재원 옮김(에티엔 발리바르, 『폭력과 시민다움』, 진태원 옮김, 난장, 2012에 수록), 183쪽.

밖에 없는 두 개의 기획을 함께 요구함으로써 갈팡질팡하고 있었다. 그들은 자기 계급의 이윤을 위해서는 상이한 규제와 경계들이 말끔히 철폐된 매끄러운 통합의 공간이 필요했다. 그들은 그런 공간을 마련해줄 정당과 그 정당에서 임명한 장관의 힘을, 다시 말해 대의된 법의 집행력을 원했다. 하지만 동시에 그들은 대의의 비용과 비효율적 운용을 단번에 정지시킬 수 있는 비스마르크의 게발트 수행을, 다시 말해 '사실상의 독재'를 또한 원했다. 엥겔스는 당대의 부르주아들이 그런 두 개의 요구들 중 어느 것도 성취할 만한 능력을 가지지 못했다고 말하면서, 프로이센 중심의 군사주의로 드러나는 비스마르크의 독재와 결단을 역사를 진보시키는 힘으로 긍정한다. 그 힘을 통해 엥겔스는 부르주아지가 중심이 된 자유주의적 의회주의를 부수려 한다. 엥겔스 독자로서의 발리바르É. Balibar는 엥겔스의 자유주의 비판의 힘과 근거를 비스마르크의 독재가 혁명의 목적과 수단을 긴밀히 결합시켰던 데에서 찾는다. 엥겔스에게 결단에 근거한 비스마르크의 '현실정치'는 부르주아지의 이윤이라는 절대적 노모스를 보존하고 돌보는 대의민주주의의 법적이고 도덕적인 자기기만을, 그 이데올로기적 장치의 반동성을 폭로하고 개시하는 힘이었다. 이 힘은 비스마르크가 설정한(그리고 근본적으로는 엥겔스 또한 이월 받았다고 해야 할) 혁명의 목적, 다시 말해 분열과 분쟁으로 인해 늦어진 근대적 국민국가로서의 통일 독일 건설이라는 목적을 달성하기 위한 수단과 맞닿아 있다. 국가 건설이라는 혁명의 목적은 언제든 선포 가능한 잠재적 예외상태 속에서의 반대의제적 수단을 통해 달성될 수 있다고 인지됐던 것이다. 그런 비스마르크가 끝내 자신이 가진 역사의 추동력으로서의 위상을 져버리고 융커로 대변되는 구시대적 지주계급의 권익을 옹호하는 것으로 마감되고 말았을 때, 엥겔스는 비스마르크의 독재를 구조적으로 더 철저하게 반복·관철하는 프롤레타리아트의 독재를 역사를 진보시키는 강철기관차로 등장시키려 한다. 발리바르가 비판하려는 지점이 바로 거기이다.

게발트의 의미와 적용 조건을 규정하는 기준은 '역사의 의미/방향sens'이다.

문제는 보편사를 '가속시키기 위해서든 '장애물'을 만들기 위해서든, 어떻게 폭력과 권력이 보편사의 과정에 개입하는지를 아는 것이다. 하지만 [엥겔스에 게] 이런 의미/방향 자체는 게발트의 형태들에 대한 선험적 위계화를 통해 정의된다.13

역사적 맑스주의의 맹목과 당착에 대한 성찰 속에서 노동자당 중심의 국가체계와 프롤레타리아트 독재라는 엥겔스의 역사철학적 기획은 게발트 의 다양한 질적 차원들에 대한 선험적 위계화의 산물로 비판된다. 파괴적이 거나 구성적인 힘들 일반, 폭력, 권력, 제헌력, 제도적 권위, 합법성, 정당성 등 서로 겹치면서도 서로 환원되지 않는 게발트라는 단어의 애매성과 비규정성 을 보존해야 한다고 말하는 발리바르에게 게발트는 그 어떤 정치 행위로도 환 원되지 않으면서 모든 정치 행위를 가능케 하는 근본적인 구성요소였다. 그런 게발트에 대한 엥겔스의 위계적 인식이란 어떤 것인가. 다시 말해 엥겔스가 게 발트의 잠재성 속에서 적출하는 힘의 방향과 강도는 어떤 것인가. 근대 국가의 건설을 위한 파괴적이고 제헌적인 힘, 그 힘이야말로 인류의 보편사를 발전시 키는 필연적 동력이라는 신념, 그 같은 국민국가와 보편사의 함수관계를 합리 적이고 안정적으로 관리하고 통어할 수 있는 프롤레타리아트의 게발트/독재. 엥겔스는 이렇게 쓴다. "정치에는 두 개의 결정적인 역량만이 존재한다. 조직화 된 국가게발트인 군대, 그리고 미조직된 인민 대중의 기초적 게발트."14 발리바 르는 엥겔스의 이분법적 위계 속에서 미조직된 인민은 진보적 힘의 담당자로 서의 상위의 국가가 건네는 바통을 이어받을 수밖에 없다고 말한다. 이 이어 달리기의 연쇄 고리에 대해, 보편사의 필연적 바통에 대해 다시 질문하는 것 이 관건이다. 이는 엥겔스의 프롤레타리아트 독재를 설명하기 위해 썼던 발리 바르의 한 구절을, 설명이 아니라 변신을 위해 전용함으로써 엥겔스의 게발

---

13. 에티엔 발리바르, 『폭력과 시민다움』, 26쪽.
14. 프리드리히 엥겔스, 『역사에서 게발트가 행한 역할』, 183쪽.

트론을 전유하고 전위시키는 일에서 시작될 수 있다. 국가를 향한 인민의 무한한 수렴 과정, 그 국민국가적 인식틀의 역사적 패착을 재인식하며 썼던 '게발트를 넘어서는 게발트'라는 발리바르의 한 구절이 그것이다.

3-2. 미조직된 기초적 게발트에서 조직화된 국가게발트로. 이 이행의 과정, 다시 말해 '지양'의 필연적 진행 속에서 게발트가 합리적 체제의 경제로 전환되고 치환되는 과정이야말로 엥겔스가 생각하는 보편사적 발전의 과정이다. 미조직된 게발트가 기관차로서의 노동자계급의 등장을 재현하는 데에는 필수였지만 정작 엥겔스 자신의 정당적 전망과는 모순된다는 발리바르의 생각을 다르게 밀고나간다는 것은 다음과 같다. 엥겔스에게 발전을 위한 지양의 계기로만 인지됐던 '미조직된' 게발트는 엥겔스 자신이 기획한 노동자당 중심의 보편사적 발전과정 전체를, 그 합법칙적 진보의 전망 전체를 대기 중으로 녹여버리는 초과적 벡터 위의 것이기도 하다. 미조직된 게발트란 미리부터 완전성의 정점으로 전제된 조직적 국가게발트에 의해 기어코 완비되고 부양되어야만 하는 어떤 결여태가 아니다. 이렇게 말해야 한다. 미조직된 대중의 게발트는 국가 건설이라는 혁명의 목적에 따라 엥겔스가 부여하고 할당한 위상과 역할을 배반·초과·범람한다고. 그런 한에서 미조직된 게발트는 엥겔스 자신의 역사철학적 정당성을 지탱하는 대표/대의의 구조를 이미 그 내부에서부터 붕괴시키는 힘이라고. 이 힘을 따를 때, 게발트를 한정하는 엥겔스의 '기초적'이라는 용어 또한 국민국가 건설이라는 혁명의 목적을 달성하기 위한 단순한 수단적 소여·질료가 아니라, 그 목적의 관철을 보장하는 수단으로서의 대의의 폭력성을 기소하는 비정립적 제헌력의 형태소를 가리키지 않을 수 없게 된다. 엥겔스에게조차 그것은 이미 어떤 메시아적 힘의 표상으로 드러난다.

게발트는 역사에서 또 다른 역할, 즉 혁명적 역할을 한다는 것, (맑스의 말에 따르면) 게발트는 새로운 사회를 잉태하고 있는 모든 낡은 사회의 산파라는 것, 게발트는 사회적 운동이 자신을 관철하며 굳고 마비된 정치적 형태를 파괴하는 도구라는 것 – 뒤링 씨에게는 이런 언급을 한마디도 찾아볼 수 없다.[15]

'새로운 사회'의 '산파'는 맑스의 용어이다. 게발트에 대한 통합의 필요성과 결산 불가능성 사이의 긴장으로 채워져 있는 맑스의 그 용어를 엥겔스는 자신의 역사철학적 기획을 보증하기 위해 부분적으로 대패질하지 않을 수 없었다. 기존의 마비되고 낡은 사회 속에 잉태되고 있던 새로운 사회를 변증법적 지양의 과정 위에서 출생시키는 산파로서의 게발트, 그런 엥겔스의 게발트는 그러나 맑스의 긴장을 해소해버린 끝에, 미조직된 개인들을 합리화된 대중으로 인도·사목한 끝에, 산파를 여성적인 것으로 규정하는 어떤 젠더적 전치·치환 끝에 가능해진 게발트이다. 그것은 궁극적으로 미조직되고 기초적인 게발트를 대의제 국가를 통한 보편사적 발전의 계기 속에 종속시키고 유폐시킴으로써 가능해진 게발트이다. 앞서 엥겔스의 '미조직적/기초적'이라는 단어를 재정의하려 했던 의지의 연장선에서 엥겔스가 전유한 역사의 산파를 다시 전유할 필요가 있다. 낡은 사회, 구세계를 설립하고 보존했던 법 연관을 파괴함과 동시에 그 안에서 잉태되고 있던 새로운 사회의 분만에 빛을 비추는 진정한 힘으로서의 역사의 산파, 메시아적 게발트. 이는 역사를 추동하는 게발트의 일차적 요소를 "매개되는 것"[16]으로 보는 엥겔스의 의지와 목적을 중지시킨다. 풀어 말해 메시아적 게발트는, 근대적 군함에 토대를 둔 바다에서의 정치적 권력이 금속공학의 발달, 숙련 기술의 진보, 탄광의 높은 생산성이라는 경제력에 의해 '매개되는 것'과 같이 근대 국가에 기초한 '삶'에 있어서의 정치적 권력이 대의제라는 제도적이고 물적인 표상에 의해 '대표되는 것'일 수밖에 없다는 엥겔스의 보편사적 필연의 왕국을 정지시킨다. 이 정지상태 속

15. 프리드리히 엥겔스, 『역사에서 게발트가 행한 역할』, 174쪽.
16. 프리드리히 엥겔스, 『반뒤링론』, 김민석 옮김, 새길, 1987, 186쪽. 강조는 엥겔스.

에서, 과학적 유물론의 홈 패인 길을 따라 배치된 엥겔스 게발트론의 핵심 용어들 ─ 순간, 도래, 거역, 의지, 기계, 전도, 폭파, 몰락 ─ 은 오늘의 신정정치 안에 이의를 틈입시키는 오래된 새 무기로 변신한다. 엥겔스는 국민개병제가 모든 인민에게 무기 사용법을 가르침으로써 그들이 사령부의 명령을 '거역'하고 국가의 군대에서 인민의 군대로 바뀌게 될 '순간'이 '도래'할 거라고 적었던바, 그 순간이란 거역의 '의지'를 갖게 되자마자 도래하는 것으로 되어 있다. 그때 '기계'로서의 인민 대중은 말을 듣지 않게 되며 군국주의는 자신의 발전 논리를 따라 스스로 '몰락'하고 내부로부터 '폭파'된다. 어디까지나 엥겔스는 근대적 군사장치의 매개를 통해 전개될 수 있는 힘의 관계를 사고하는 중이다. 그런 한에서 엥겔스가 말하는 거역 혹은 불복종은 국가게발트에 매개된 불복종이며 국가게발트 속으로 내부화하는 불복종이다. 여기서도 인민은 국가의 사목적 바통을 건네받으며 이어달리고 있는 것이다. 이 이어달리기 속에서는 군사장치와 그것의 힘으로 지탱되는 국가게발트가 스스로를 끝내는 최종적 모순을 생산하리라 기대할 수 없다. 그런 모순을 먹고 자라는 탄력적이며 유연한 국가게발트가 내부로부터 몰락하는 순간은 언제 도래하는가. 결핍과 결여 또는 단순한 재료와 소여로 인식되었던 미조직적이고 기초적인 게발트가 지양이 아니라 전위되는 과정/소송으로서만 도래한다. 달리 말해 저 백지투표로 발현 중인 메시아적 게발트궤적으로서만 도래한다. 뒤링은 게발트를 절대악, 원죄, 타락, 악마적 힘으로 보면서 그것이 역사 전체를 감염시키고 모든 법칙과 질서를 변형시켜 놓았다고 말한다. 그런데 뒤링의 그 말은 낯이 익다. 뒤링은 사라마구의 총리가 백지들을 두고 타락한 소돔의 '절대악의 전염'이라고 했던 말을 앞질러 하고 있다. 국가게발트의 매개와 대표에 뿌리박은 엥겔스의 뒤링 비판은 그런 매개와 대의의 정치를 끝내려는 사라마구의 총리 비판으로 전위되어야 한다. 기왕의 법을 끝내는 역사의 산파, 그 메시아적 게발트는 엥겔스의 매개의 정치 속에서는 사고될 수 없는 힘이다. 그러므로 이렇게 되묻고 다시 답해야 한다. 낡은 사회가 잉태하고 있는 새로운 사회는 무엇에 의해서만 분만될 수 있는가. 게발트에 의해서만, 요컨대 사실상의 독재에 의해서만. 백지들이라는 역사의 산파에 의해서만, 요컨대 불복종이라는 메시아적 게발트에 의해서만.

3-3. 수도를 옮긴 직후 내무장관은 지하철역 하나를 폭파하는 테러를 자행했고 34명이 숨졌다. 시신의 소유권을 가졌다고 생각하는 유가족들은 테러가 백지투표 봉기세력에 의한 것이라고 믿었으므로 시신을 주민들의 공동체에 넘길 수 없었다. 불에 타고 그을린, 그래서 신원을 확인할 수 없는 나머지 주검들은 수도의 주민들에 의해 폭력의 현장 맞은편에 안장되었다. 그들이 묻힌 바로 그 장소가 사건의 이정표로 남을 것이었다. 누군가 비애어린 연설을 하려 했지만 거부되었다. 죽음의 대의는 죽음의 소각이었기 때문이다. 주검들이 원하는 것이 있다면 그건 자신들의 죽음을 앞세우거나 동원하지 말고 가만히 놔두는 것일 거라고 주민들은 생각했다. 공통적인 것으로서의 죽음의 조건이 거기에 있다. "이 죽은 자들, 그들 모두가 우리에게 속한 것이라면, 그들 가운데 어느 하나만 오직 내 것이라고 생각하지 말아야 한다는 것."(『빛』, 177) 죽음의 주인은 누구인가. 죽음은 그 죽음에서 공통의 존엄을 경험하는 이들의 것이다.

죽음을 함께 짊어진 사람들은 흩어지지 않았다. 거리가 사람들로 가득 메워졌다. 으레 있기 마련인 구호 하나 피켓 하나 없었다. 인형을 태우거나 노래 부르지도 않았다. 돌이 날지 않았으므로 창문 한 장 깨지지 않았다. 총리 공관으로 쓰이던 18세기말의 부르주아 저택 앞에 이르러 사람들은 정지했고 입을 다문 채 고요히 섰다. 그렇게 아무것도 하지 않음으로써, 그렇게 침묵함으로써, 분노한 폭도들의 본성이 노골적으로 드러나길 바랐던 정부와 언론의 의지는 절단되었다. 통치자들의 "등뼈까지 떨리게 만드는 위협적인 전율"(『빛』, 184), 그것이 침묵이 지닌 힘, 침묵의 폭력이었다. 침묵은 미결정의 언어이다. 미결정적이므로 잠재적이고, 그러므로 계측되지 않는다. 침묵은 계산되지 않으므로 막대하다. 막대한 침묵은 사목적 울타리 속에서의 영양배분의 상태를 초과함으로써 기소한다. 마리아-컬름 사원 제단에 새겨져 있던 한 문장, '언어는 성스러운 침묵에 기초한다'를 제사로 인용하고선 침묵이라는 초과적 게발트의 정치적 깊이에 도달했던 이는 막스 피카르트M. Picard였다. 그에게 침묵은 능동적으로 생산하는 것이며 인간을 형성하는 신성한 힘이다. 침묵은 자신 안에 모든 것을 가지고 있으므로 무언가를 목적으로 설정하지 않는다. 침묵은 독자적인 완전한 세계이고, 그런 한에서 침묵은 무목적적이다. 침묵은 목적을 위한 효용과 효율을 배격하며 활용과 이용을 거절한다. 그것은 축적을 위한 사용 일반을 거절한다.

> 무목적적인 침묵은 지나치게 목적 지향적인 것 곁에 갑자기 나타나서, 그 무목적성으로써 놀라게 만들고 목적 지향적인 것의 흐름을 중단시킨다. … 침묵은 사물들을 분열된 효용의 세계로부터 온전한 현존재의 세계로 되돌려 보냄으로써 사물들을 다시금 온전한 것으로 만든다. 그것은 사물들에게 성스러운 무효용성無效用性을 준다.[17]

침묵은 목적으로 인도해가는 사목의 흐름 안으로 갑자기 틈입함으로써 그 흐름을 정지시키는 발생적 힘이다. 침묵이라는 성스러운 무효용성의 힘에 의해 효용의 세계, 다시 말해 임의적 분리/매개를 통한 이윤의 노모스는 부수어진다. 침묵의 신성한 게발트가 '거대한 소음의 기계장치'에 항거한다. 피카르트는 '침묵을 창조하라'는 키에르케고어의 한 문장을 인용하면서 자신의 책을 마무리했다. 그렇게 침묵의 게발트를 창조했던 저들 사라마구적 침묵의 시위대 속에는 계시에 마음을 열고 내무장관과 맞섰던 여당의 시장도 있었다. 그 또한 침묵의 무효용으로 총리공관을 예의주시하고 있던 이들 속에, 축적의 법 연관으로 합성되지 않고 있는 그들 속에 있었다. 그는 누가 이 시위를 기획하고 주동했느냐는 언론의 물음에 "모두이기도 하고 아무도 아니기도"(『빛』, 339)하다고 답한다. 침묵하는 '아무나'의 주체성, 그 신적 익명성의

---

17. 막스 피카르트, 『침묵의 세계』, 최승자 옮김, 까치, 1985, 21쪽.

게발트가 사목의 어깨를 내리치는 파국의 게발트궤적을 규정짓는다. 압축되어 있는 한 장의 이미지를 읽게 된다.

△ 가면들, 다시 말해 익명의 봉기력을 체험하는 방식과 효과. <브이 포 벤데타(V For Vendetta)>(제임스 맥티그, 2006)의 한 장면.

저 가면들은 1605년 영국의 국회의사당을 36배럴의 화약으로 폭파시키려 했던 가톨릭 혁명 단체의 맹원 가이 포크스G. Fawkes의 얼굴이다. 영화는 밀고로 미수에 그친 그 사건의 핵심 인물을 2040년 영국의 제도정치 속에서 다시 정의했다. 아돌프 히틀러의 이름을 딴 독재자 아담 셔틀러는 바이러스의 집단 감염에 의한 생리학적/정신적 무질서, 예상할 수 없는 테러의 위협, 피부색과 정치적 입장과 성적 취향의 차이가 가져오는 혐오의 준동 등을 통해 통치한다. 영국의 성 조지 십자가를 나치 갈고리십자가의 원천 중 하나인 로젠 십자가로 바꾼 연단에서, 그 쏟아지는 기립의 '갈채'의 반석 위에서 셔틀러는 '하나된 국민'과 '하나된 조국'에 대해 열렬히 연설한다. 그 흥분된 달콤한 공포제 속에서 사람들은 울타리 안의 양들로, 안락의 전체 속에서 산다. 각자가 안락의 전체를 부수고 봉기할 수 있도록 나섰던 이가 '브이'였다. 가면을 쓰고 1605년의 의지를 함께 생환시켰던 자, 사람들로 하여금 각성의 비를 맞게 했던 자. 그 비란 무엇인가. "빗속에 신이 있다"라는 여주인공 '이비'의 대사 속에서 표현되고 있는 힘, 신의 비, 신적인 힘의 침투. 위의 한 장면은 '신의 파편'으로서의 비를 맞은 저들 익명의 가면들이 셔틀러적 통치를 통째로 불신

임함과 동시에 법의 새로운 벡터를 설정하려는 한 순간을 포착하고 있다. 브이는 누구인가. 이비가 익명성에 대해 답한다. "그는 나의 아버지였고, 또 어머니였고, 나의 동생이었고, 당신이었고, 나였어. 그리고 우리 모두였어." 단지 흑인일 뿐인 흑인이 특정한 관계 속에서 노예가 되고, 광인일 뿐인 광인이 특정한 배치 속에서 정신병자가 된다고 했을 때, 브이는 어떤 관계 속에서 무엇이되는가. 브이는 브이다, 그는 익명적 불복종의 네트워크 속에서 신성의 제헌력으로 구성·발현된다. 셔틀러가 하나의 국민국가를 외쳤던 것처럼, 사라마구의 총리 또한 내각의 갈채 속에서 비장하게 말한다. "하나의 지도자, 하나의의지, 하나의 계획, 하나의 길."(『빛』, 230) 일치의 태양을 꺼뜨리는 브이는 누구인가. 사라마구가 답한다. 브이는 백지들이다.

3-4. 침묵의 봉기 이후, 백지를 투표하지 않았던 사람들은 겁에 질렸고 계엄에 의해 울타리 둘러쳐진 수도를 탈출하려 한다. 총리에겐 이윤을 분점하는 합법정당들의 지지자인 그들의 표야말로 중요한 것이었으며, 그런 한에서 그들을 부르는 호칭이 애국자이든 민주제 방어의 선봉이든 별로 중요하지 않았다. 그들의 탈출을 거들고 도우라는 총리의 명령에 국방장관은 누구도 수도의 경계를 넘지 못하게 하라는 명령을 들어 반대했다. '백지 전염병'을 퍼트리는 불순분자들이 수도를 넘어 전국으로 퍼질 사태에 대해 어떻게 대비하고 있냐는 국방장관의 날선 질문에 총리는 답하지 못했다. 한 발 뒤로 물러서면서 총리는 속으로 자신의 명령에 일사분란하게 따르지 않는 국방장관을 통치의 효율을 떨어뜨리는 자라며 괘씸히 여겼다. 총리는 때때로 고집을 피우면서 의견을 굽히지 않았던 내무장관의 중재안을 수용했고, 그것은 탈출하는 사람들의 자동차 안으로 정부의 의지를 전달하는 것이었다. 백지들 모르게 야음을 틈타 짐을 꾸린 1만여 명의 사람들이 수도의 경계에 이르렀을 때 내무장관의 목소리가 라디오를 타고 흘러나왔다. 내무장관은 수도를 타락한 소돔과 고모라로 비유했고 탈출자들을 부패하지 않는 법의 옹호자로 호명했다. 수도라는 소돔으로 차를 되돌리기를, 돌아가 민주주의라는 법을 지키는

열렬한 투사가 되기를, 탈출자들에게 이를 갈던 백지들의 약탈과 방화로 인해 훼손된 질서를 바로잡기를, 저항의 요새를 끝까지 지키기를, 그것이 정부의 단호한 입장이라는 것을 전달했다. 헬기로 탈출의 행렬을 내려다보고 있던 방송국 기자는 차들이 유턴하는 광경을 지켜보면서 감격에 찬 멘트를 날리기 시작했다. 생중계되고 있던 그 화면과 그 멘트 속에서 정부의 통치술에 의해 다시 한 번 내버려진 사람들은 법을 보존하는 영웅들의 회귀로, 의기양양한 발키리의 귀환으로 재현되었다. 그 기자는 백주대낮에 벌어질 백지들과 탈출자들 간의 비극적 유혈충돌을 예감하면서 이내 흐느끼기 시작했다. 떠났다가 돌아온 탈출자들은 백지를 투표했던 사람들과 아래 한 대목 속에서 만나고 있다. 총리는 입맛을 다시며 그들의 만남을 TV화면을 통해 지켜보고 있었다.

> 밑에 있는 사람들은 알아들을 수 없는 말을 몇 마디 나누었다. 이어 별 소동 없이 차에 실었던 물건들을 건물 안으로 날랐다. 비가 오는 컴컴한 밤을 틈타 밖으로 날랐던 것들을 훤한 대낮에 안으로 들여오고 있었다. 씨발, 총리가 소리를 지르며 주먹으로 탁자를 내리쳤다.(『빛』, 215)

부지불식간에 나온 총리의 욕은 사태에 대한 가장 즉각적인 부정일 텐데, 그것이 가련한 이유는 단번에 부정했던 것이 실은 전혀 부정되지 않은 채로 강하게 귀환하게 될 것이기 때문이다. 그렇게 가련한 총리의 즉각적인 부정은 눈앞의 사태가 끝내 부정되지 않을 사건의 지속임을 반증한다. 총리의 '씨발'은 그 영원한 사건 앞에서 전혀 손쓸 수 없는 무기력과 허탈을, 쪼그라든 자신의 불가항력적 왜소함을 드러낸다. 백지를 내지 않았고, 그래서 침묵의 봉기에 참여하지 못했으며, 그러므로 봉쇄된 수도 안에 감금됐다고 느낀 사람들의 공포와 고민 앞에서 다시 묻게 된다. 총리의 씨발이란 무엇인가. 이 물음은 '환대'의 힘과 그 방향은 어떠해야 하는가라는 물음으로 되물어질 수 있다. 백지를 투표했고 침묵의 게발트를 창조했던 사람들이 백지를 내지 않은 사람들의 그 불안과 공포의 시간 속으로 기꺼이 들어감으로써, 자기 삶이 타인의 고통을 안고 견딜 수 있는 것임을 자타에게 확증하게 될 바로 그때, 이른바 환대는 성립한다. 환대는 우리를 북돋고 인도하는 목자들의 입에서 씨발과 같은 험한 말을 자기도 모르게 내뱉게 하는 치명적인 힘이어야 한다. 환대는 환대다, 그것은 봉기의 관계망 속에서 통치의 경제를 중지시키는 힘이 된다. 환대는 유물론적 변신의 힘과 이웃의 관계론이다. 무슨 말인가.

생각해보면, 나의 시간과 나의 경계를 내가 원치 않는 시간에 내가 원치 않는 공간에서 언제 어디서든 침범하는 것이 이웃이다. 신이란 그런 이웃을 통해 우리를 훼방하는 존재이며 우리는 그 이웃이라는 신에게 불가항력적으로 노출될 수밖에 없다고 썼던 건 카프카F. Kafka였다. 그것은 환대의 힘의 가능성에 대한 비극적인/궁극적인 실패와 좌초의 경험으로 읽힌다. 그러나 카프카는 동시에, 이웃이라는 신에 대해 무지할 때 이웃을 억압하기가 훨씬 수월해진다고, 이웃이라는 신을 자신의 삶을 되비추는 자기 안의 거울로 삼지 않을 때 이웃은 쉬 억압된다고, 그래서 독일인은 유대인의 역사를 깊이 알려 하지 않는다고도 썼다. 이웃이라는 신은 이웃을 피 흘리지 않도록 하기 위해 알아야만 한다. 그러나 그 앎이란 자기만의 시공간을 언제 어디서든 신에게 송두리째 내놓아야만 하는 불가피한 비용 위에서의 앎이다. 그 비용이 이윤과 목적을 위한 비용이 아니게 될 때, 다시 말해 타인을 알면 알수록 진행되는 나의 붕괴와 잠식이 나를 다시 일으키고 다르게 채우는 약한 힘으로 전용될 그때, 환대의 유물론은 두 발로 선다. 바로 그때 환대는 총리의 입을 총리 자신도 모르게 씨발거리게 만드는 힘이 된다. 환대는 타인에 대한 앎과 침탈되는 자기 사이의 곤혹스런 변증 속에 겨우 있거나, 아예 없다. 어쩌면 그렇기 때문에 환대는 완결되지 않는 공통의 실험으로 지속되면서 매번의 실패 속에서도 새로운 시작의 여지를 남기는 것인지도 모른다. 그런 공통의 실험을 푸코M. Foucault가 강의 도중에 언급했던 어떤 우정 속에서, 그 '상호복종'의 관계 속에서 다시 생각하게 된다. 두 사람이 서로를 '신의 위치'에 놓고 서로에게 복종하기로 했다는 것, 다른 무엇보다도 서로를 높여 서로에게 고양된 자리를 선사하기로 약속했다는 것, 그 상호복종의 관계가 1380년까지 28년 간 지속됐다는 것. 서로가 서로를 신으로 봉헌하는 관계의 계약, 그것은 일방적 양도의 권력관계를 찢는 상호적 위임이다. 그 상호복종의 위임론/환대론은 사목의 체제를 탈구시키는 불복종적 대항품행의 한 갈래라고 할 수 있을 것이다. 이와 달리 통치력의 관점에서 양도하고 양도받는다는 것은 무엇인가. 권력의 양도, 우리의 총리에게 그것은 독재다. 침묵과 환대의 봉기 앞에서 등뼈까지 떨리는 위협을 맞본 총리는 이제 사실상의 독재를 수행하고 있던 자신의 실질과 본모습을 수면 위로 가감 없이 드러내면서 그 실질에 덧입혀져 있던 민주주의적 힘의 양도 및 그것에 근거한 권력 분립이라는 구속복을 찢어발긴다. 예컨대 총리는 내각회의라는 통치의 비효율 상태를 완전히 끝장냄으로써, 곧 국방장관·내무장관·법무장관으로부터 그 권리들을 합법적으로 이양받고 양도받음으로써 자신의 외양과 실질을 일치시킨다.

다시 말해서 총화 협동과 총화 집중이라는 것이지. … 유례를 찾아볼 수 없는 전복적 활동, 체제의 가장 민감한 기관인 의회 대의기구를 공격한 행동을 이겨낼 수 있다면, 나는 역사에서 영원한 자리를 확보할 수 있을 거요, 민주주의의 구원자로서 특별한 자리를 얻을 수 있단 말이오.(『빛』, 200)

민주주의를 옹립하기 위해 독재를 감행하는 총리. 헌법의 수호를 위해 헌법을 정지시키고 민주주의를 위해 민주주의를 끝내는 역설. 총리가 말하는 '일치의 태양'과 '총화 집중'은 다른 말이 아니며 독재의 힘 안에서 합류한다. 총리에게 의회라는 대의장치는 체제의 존립에 있어 가장 예민한 고리이며 반드시 보존해야 할 최후/최고의 보루이다. 백지들의 힘을 매장하는 독재의 힘을 통해 총리는 민주주의의 구원자가 되려 한다. 구원의 길로 인도하는 목자로서의 총리, 총리라는 적그리스도. 총리는 "투표를 방탕하게 사용할 가능성"을 미리 예상하지 못함으로써 백지들의 봉기를 초래했다. 그는 "백지투표의 무절제한 사용이 민주체제의 작동을 중단시킬 수 있다는 것"(『빛』, 128,

139)을 뒤늦게야 깨달았다. 그런 한에서 백지투표의 게발트궤적이 갖는 의미와 파장을 총리만큼 정확하게 이해하고 철저하게 체감하고 있는 이도 없다. 다시 묻자. 백지란 무엇인가. 합법정당에 투표할 수 있게 인가되고 훈련된, 이른바 민주적 참정권이라는 것을 방탕하게 낭비했던 것이다. 소중한 한 표를 합법화된 정상적 정당에 찍지 않고 무절제하게 탕진하고 소진했던 것이 백지이다. 달리 말해, 백지들은 정치의 영역에서 수행된 바타이유$^{G.\,Bataille}$적 '일반경제'의 사건이자 그 효과이다. 일반경제는 상품이나 사건, 생각, 의지, 의미 등의 합리적이고 정상적인 생산과 흐름을 보존하고 보수하는 '제한경제'의 목적론적 체제 안에서, 그 체계의 한계를 초과하는 소비·소진의 과정과 효과를 가리킨다. 국가이성 혹은 통치적 합리성은 제한경제적이다. 사목은 제한경제를 운용하는 힘의 속성 중 하나이다. 제한경제는 통치이성의 의미론적·실천적·절차적 합리성과 함께 움직인다. 불복종의 백지투표가 반사목적 대항품행의 성분을 지닌 것인 한, 백지는 제한경제 안에서 제한경제의 한계를 초과·범람·이탈·위반하는 의지의 발생적 사건이다. 막대한 탕진으로서의 일반경제는 제한경제적 통치의 규모가 감당할 수 있는 한계를 넘어섬으로써 통치 그 자체를 위협하고 중지시킨다. 합리적 축적이라는 제한경제의 목적을 휩쓸어가는 하는 백지들의 힘, 일반경제적 탕진의 게발트.

4-1. 불복종의 게발트, 침묵의 폭력, 환대의 유물론, 탕진의 신성. 이제 누가 어떻게 통치하는가. 메시아적인 것이 공통적으로 통치한다. 통치의 메시아성, 다시 말해 메시아적인 것의 진정한 독재. 그것은 새로운 법을 구성하고 창출하는 힘, 이른바 제헌권력의 의미연관 속에서 발생하고 전개된다. 슈미트가 말하는 '입법자'는 그런 제헌의 힘과 사명이 무엇에 의해 정당화되고 증명되는지, 또는 어떻게 재인식되고 전용될 수 있는지에 관한 가능한 답변의 초입에 해당한다. 슈미트에게 루소의 입법자가 담당하는 사명과 그 법률적 지속성은 무엇에 의해 보증되는가. '인간화된 기적'에 의해, 곧 '위대한 영혼'의 행위에 의해 보증된다. 그런 한에서 사라마구의 백지들은 일단 입법자적 속성을

가졌다고 할 수 있지만 그것으로 일괄 환원되지는 않는다. 좀 더 나아간 지점에서 그 환원불가능성의 의미를 전개할 필요가 있다. 슈미트는 이렇게 쓴다.

> 입법자는 국가 밖에 서 있지만 법 속에 있으며, 독재자는 법 밖에 서 있지만 국가 속에 있다. 입법자는 아직 구성되지 아니한 법에 불과하며, 독재자는 구성된 권력 이외에 아무것도 아니다. 독재자의 권력을 입법자에게 부여하고, 독재자적 입법자, 헌법을 제정하는 독재자를 구성하는 것을 가능케 하는 결합이 주어지자마자 위임적 독재로부터 주권적 독재가 완성되는 것이다.[18]

발안된 법, 입법자의 법은 아직 제정되지는 않았으므로 법적 권력을 갖지 못한, '권력 없는 법'이다. 입법자는 자신의 발의를 통해 잠재적으로 언제든 법을 구성할 수 있기에 법 속에 있지만, 아직 국가의 제정된 법이 된 것은 아니므로 국가 밖에 있다. 이에 반해 제정된 헌법에 근거하여/구속되어 법의 효력정지를 선포할 수 있는 위임독재는 법 바깥의 전권, 그러므로 '법 없는 권력'이다. 독재의 장소와 위상을 가리키는 비식별역이라는 단어의 내력은 위임독재가 법 밖에 있지만 국가 속에 있다는 말 속에 들어있다. 중요한 것은 그런 입법자와 독재자가 결합할 때이며, 그때 위임적 독재에서 주권적 독재로의 이행이 완수된다는 것이다. 주권적 독재는 진정한 위임적 독재다. 입법자와 독재자가 결합함으로써 주권적 독재는 법의 안팎과 국가의 안팎 그 어디에든 있을 수 있게 된다. '진정한'이라는 말은 독재의 수행이 그렇게 어디서든 가능해진 시공간적 편재성의 다른 말이다. 주권적 독재란 무엇인가. 편재하는 독재이다. 다시 말해 신적인 통치이다. 어디서든 언제든 무제약적으로 적의 배제와 법의 구성을 결단·수행할 수 있는 힘의 전면화이다. 입법자와 독재자를 결합시키는 근원적 힘이자 그런 결합으로부터 발원하는 주권적 독재의 게발트를 달리 표현하는 말이 제헌권력이다. 사라마구의 백지들은 분명 입법자와

---

18. 칼 슈미트, 『독재론』, 김효전 옮김, 법원사, 1996, 163쪽.

독재자의 결합, 곧 독재적 입법력으로서의 제헌권력적 현현이지만, 그것으로 모두 환원되지 않는다. 그렇게 환원불가능한 백지의 게발트로 슈미트적 주권 독재/제헌권력을 문제시하면서 그런 시선 속에서 메시아적 제헌상황의 분만/정초를 위해서는 저 '갈채'acclamatio와 접촉해야 한다.

슈미트는 확립된 통치를 지탱하는 법 연관(제정된 권력)의 차단과 중지를 두고 '기적'이라는 말을 쓰면서, 그 기적과 제헌권력을 동렬에 놓고 함께 사고한다. "제헌권력은 헌법이 진정한 헌법의 모습으로 있을 수 있는 상태를 만들려고 노력하는 것이다. 따라서 주권적 독재는 현행 헌법이 아니라 초래되어야 할 헌법에 근거하는 것이다."[19] 제헌권력은 현행의 모든 법들을 근거지우는 근원적인 힘, 이미 있던 법의 절멸과 새로운 법의 신생을 관장하는 힘이다. 슈미트에게 그것은 지금 당장의 헌법이 아니라 초래·도래해야 할 헌법, "도래할 혁명적 독재"[20]에 근거한다. 제헌권력은 임재하는 신적 힘에 근거한 것이다. 그 힘에 의해 파국을 맞이해야 할 제정된 권력의 첫머리에 의회적 가치들의 계열이 있다. 다시 말해 의회와 상관적인 자유주의적·민주주의적·법치국가적 가치들이 슈미트의 적이다. 그것들은 공공성의 외투를 입고 사적 이익과 권력을 분점하는 정당들을 지탱하는 원천적 가치들이었다. 결정을 유보하는 '영원한 대화'의 평형론과 낭만성, 그것에 결합된 모조-공개성과 토론장. 의회는 통치의 이윤을 기다리는 대합실이었던바, 슈미트에게 정치의 유일한 기준으로 남은 것은 저항할 수 없는 '인민의 의지'였다.

인민은 공법적 개념이다. 인민은 공공성의 영역에서만 존재한다. 1억의 사적인 개인들이 일치된 의견을 가진다 해도 그것은 인민의 의지가 아니며 여론도 아니다. 인민의 의지는 갈채, 즉 자명하고 부인되지 않는 현존을 통해서만 표현될 수 있다.… 독재적이거나 무단적인(카이사르주의적인) 방법은 인민의

---

19. 칼 슈미트, 『독재론』, 172쪽.
20. 칼 슈미트, 『독재론』, 164쪽.

갈채에 의해 지지될 뿐만 아니라, 민주주의적 실질과 힘의 직접적인 표현일 수 있을 것이다.[21]

공공의 힘으로서의 인민의 의지를 가리키는 '갈채'란 무엇인가. 대의민주주의의 근간이 되는 동일성들을 파괴하거나 쇄신하는 직접적인 힘이다. 통치하는 자와 통치당하는 자의 동일성, 인민과 그 대표의 동일성, 국가와 인민, 국가와 법률의 동일성, 산술적 다수라는 양적인 것과 법률의 정당성이라는 질적인 것의 동일성. 이런 동일성들과 적대하는 갈채는 제헌하는 주권독재를 근저에서부터 지지하는 힘이며 민주주의적 실질을 의회적 가치들로부터 탈취하는 길이다. 대의하는 자들의 연막과 주술을, 사목적 대표들의 대의와 매개에 의한 인도를 거절하는 자명하기에 부인되지 않는 현존으로서의 갈채. 사라마구적 대항품행으로서의 백지투표는 분명 갈채의 한 양식이지만, 그런 갈채로 환원불가능하며 그렇게 환원되지 않는 잔여의 힘이 갈채의 의미를, 그 의지를 문제시하게 한다. 갈채는 의회주의적 가치들의 축적 연관을 끝내는 공공적 인민의 힘, 인민의 의지의 직접적 발현체라고 할 수 있는가. 갈채의 의지가 적대시하는 대의의 신화적 유혈성은 갈채에 의해 지혈되고 있는가. 그렇지(만은) 않은 것 같다. 갈채가 다음과 같은 법-폭력과의 (탈)연루적 오염상황에 걸려 넘어지기 때문이다. 갈채라는 인민의 공공적 의지, 그 카이사르주의적 의지의 승리를 재현한 레니 리펜슈탈L. Riefenstahl의 〈의지의 승리〉(1934), 그 승리의 '환호'에 화답하는 인도자/목자 히틀러, 가스실과 화장용 가마, 절멸수용소. 슈미트가 갈채로 지탱되는 주권독재를 '진정한 위임'으로 정의할 때, 나아가 주권독재를 제헌권력의 '무조건의 행동위원'이라고 규정할 때, 자명하기에 부인되지 않는 공공적 인민의 권리와 의지는, 끝내 폐기되지 않고 흘레붙은 유령적 혼합상태로서의 '위임'과 '위원'의 권위 내부로 자발적으로 양도되고 유혈적 분리/매개의 공정 속으로 합법적으로 합성된다.

---

21. 칼 슈미트, 『현대 의회주의의 정신사적 상황』, 나종석 옮김, 길, 2012, 37쪽.

그때 갈채는 삶·생명을 대상으로 한 최종해결로서, 절멸Endlösung을 통한 구원Erlösung의 폭력으로서, 피의 폭력의 신화적 후광으로서 발효된다. 그런 갈채가 찍힌 이미지 한 장을 인용하게 된다.

△ 히틀러는 카메라와 함께 뚜껑 없는 벤츠에 올라타 있다. 달리는 차 위의 카메라는 『나의 투쟁』의 저자를 총통으로 선출한 베를린 시민들의 환호와 '갈채'를 촬영했다. 이 갈채, 곧 익명성의 유혈적 벡터궤적 위에서 온몸으로 화답하는 히틀러는 '진정한 위임'의 위격에 자신을 위치시켰을 것이다. 위의 한 장면은 뉘른베르크 나치전당대회 과정을 찍은 리펜슈탈의 <의지의 승리>에 들어있던 것을 알랭 레네가자신의 다큐멘터리 <밤과 안개>(1955)에 인용·재배치한 것이다. 배치의 전환 속에서 동일한 프레임은상반된 정치적 의지와 효과로 재생된다

총통이라는 대표는 다른 그 어떤 대표와도 다를 것이라는 확신과 결단. 나치라는 대의의 절차는 다른 그 어떤 대의와도 다를 것이라는 판단과 기대. 배제하고 제거하려 했으며, 그럼으로써 적어도 회피할 수 있으리라 믿었던 의회주의적 가치의 계열은 바로 그런 믿음을 올라타고 더 은밀하고 강력한 힘으로 원상복구된다. 갈채는 의회의 위기를 결정하고 위임적/대의적 권능을 정지시키려 했지만, 끝내 갈채는 그런 위임적/양도적 게발트와의 연루의 산물이었다. 그런 (탈)연루의 상태 속에서 갈채의 제헌권력적 벡터는 최종해결로 수렴한다. 저 불복종의 신적 게발트, 백지의 갈채의 벡터는 위임과 양도의 프로세스를 매회 절단하는 진정한 주권적 독재의 성분을 가졌다. 백지의 갈

채는 프롤레타리아트 독재로 수렴하는 맑스주의의 변증법적 발전사관에 대한 슈미트의 다음과 같은 비판을 히틀러의 독일정신에 대한 비판으로, 세계법정으로서의 히틀러라는 위임권력의 신화적 위격에 대한 비판으로 전위시켜 독해하게끔 한다. "발전은 중단되지 않고 계속해서 진전되고, 중단도 발전을 진척시키기 위해 발전의 부정으로서 발전에 봉사해야만 한다.… 세계사가 세계법정이라면 세계사는 최종심이 없는 그리고 최종의 선언적인 판결이 없는 과정(소송)이다."[22] 진보의 기관차를 정지시키는 힘마저도 발전의 동력으로 전치·합성시키려는 한에서 권력화한 맑스주의와 나치의 사회체계는 동렬에 놓인다. 진보의 신화 속으로 합성된 세계사/세계법정은 최후의 심판을 항시 유보시키고 지연시키는 위임된 권력의 벡터궤적이 스스로의 정신을 비추는 거울인바, 백지의 갈채는 그렇게 서로를 비추는 세계법정과 위임적 권력 간의 항구적인 상호참조에 종언을 고지하는 힘, 끝없음에 끝남을 도래시키는 힘이다. 도래할 제헌권력으로서의 메시아적 독재가 그런 힘을 주재한다.

4-2. 백지와 대결하기 위해 총리는 다시 한 번 결단한다. 자신의 안락한 세계를 둘러치고 있던 자명한 베일의 가상을 찢는 것이다. 4년 전 도시의 모든 이들이 눈멀었던 때, 그 혼돈과 무질서와 치욕과 상처들을 봉합하고 있던 가짜 정상상태라는 장막을 찢고서 시민과 자신에게 결코 기억하고 싶지 않은 그때를 다시 환기시키려는 것이다. 그럼으로써 사람들에게 그때의 고통이 오늘의 백지투표에 의해 재현되리라는 것을 각인시키려고 했다. 총리는 그때 눈멀지 않았던 한 여성이 백지의 '배후'임을 지목한다. 그녀에게는 죄의 증거가 발견되지 않았을 때와 무죄의 증거가 발견되지 않았을 때가 전혀 다르지 않을 것이었다. 수사의 책임을 맡은 경정은 그녀를 찾았고, 그녀가 죄가 없다는 것을, 그녀가 끝내 한 명의 이웃임을 깨닫는다. 이 각성의 파장은 총리의 체제 전체에 대한 불복종의 힘으로 퍼진다. 모호했던 것들을 분명히 직시하게 된

---

22. 칼 슈미트, 『현대 의회주의의 정신사적 상황』, 114쪽.

경정에게 우리들은 태어나자마자 평생을 지켜야 할 계약서에 선험적으로 서명한 사람들이었다. "이렇게 자문할 날이 온다, 누가 여기에 나 대신 서명했는가."(『빛』, 371) 이 불복종의 의지에 기대어 사라마구는 선포한다. 위임과 양도의 계약을 파기하는 사람들이 바위처럼 단단한 결론들을 고치고 있다고, "그 결론들은 이제 그것을 만지는 손가락들 사이로 부서져 내리고 있다"고(『빛』, 412).

총리는 백지들에서 누구보다 빨리 누구보다 예민하게 한 정치체제의 완전한 붕괴를 본다. 총리에게 백지는 대의된 힘의 권위를 지탱하는 투표과정 그 자체를 파멸시키는 완전히 새로운 '미지의 씨앗들'이었다. 그 씨앗은 선거라는 정상적 절차의 온실에서 여러 세대에 걸쳐 길러진 비수였다. 자신만만한 내무장관은 말했었다. 조직된 합법적 폭력의 사용권을 독점한 국가는 결코 그 비수들과의 칼부림에서 지지 않을 것이라고, 진다면 세상이 끝나버리게 될 것이므로 결코 질 수 없다고. 총리는 부지불식간에 이렇게 답한다. "아니면 세상이 시작될지도 모르지."(『빛』, 172) 백지의 게발트에 의한 붕괴와 파국이 끝이 아니라 다른 시작일지도 모른다는 것. 총리는 도래중인 제헌권력의 메시아성을 우리보다 더욱 예리하게 인지하고 있는지도 모른다. 어쩌면 총리는 우리보다 우리가 원하는 것을 더욱 정확하게 감지하고 있는지도 모른다. 조직적 힘의 갱신이야말로 현실적인 것이라고 누가 말하는가. 그것이 지금 당장 실천 가능한 실효적 과업이라고 누가 말하는가. 누가 한 체제의 종언과 세계의 다른 시작이 사변이라고 말하는가. 누가 역사의 산파에서 메시아적 힘을 제거해야 한다고 말하는가. 무엇이 현실적이며 무엇이 관념적인가. 무엇이 과학적이며 무엇이 공상적인가. 확실한 것은 저 총리에게 백지의 갈채로 도래중인/발현 중인 게발트가 관념이 아닌 실재라는 사실이다. 백지의 갈채는 지상과의 고리를 잃은 천상의 노래가 아니라 지상에서 관철되는 지고한 의지의 실재적 효과이다. 우리가 우리의 적인 총리보다 우리를 더 잘 알고 있다고 단언할 수 없다는 사실, 그것이 정치적인 것의 재정의를 촉발하는 소멸될 수 없는 하나의 계기가 되고 있다.

바틀비-그리스도론

사보타지 또는 신국에 대한 습격 직전

1-1. 법의 문을 지키는 문지기가 그 문으로 들어가고 싶어 하는 이들에게 했던 '아직은 안돼'라는 말. 그 말을 '언젠가는 돼'로 알아서 접수했던 사람들. 그렇게 삶의 온 시간을 저당잡고서도 끝내 법의 문 앞에서 법에 계류됨으로써 스스로를 북돋우며 탈진하고 있는 사람들. 어떻게 해야 법의 규방을 점거하고, 스스로가 고갈되지 않는 노동을 하고, 다른 법을 개시할 수 있을까. 이 물음에 대한 응답들 중 하나는 이런 것이었다. "피로는 특별한 태평함, 태평한 무위의 능력을 부여한다. 한트케는 깊은 피로를 치유의 형식, 더 나아가서 회춘의 형식으로 승격시킨다. 피로를 통해 세계는 경이감을 되찾는다. … 깊은 피로는 정체성의 조임쇠를 느슨하게 풀어 놓는다. 사물들은 더 불분명해지고 더 개방적으로 되면서 확고한 성질을 다소 잃어버린다. 그리고 이런 특별한 무차별성으로 인해 우애의 분위기를 띠기 시작한다."[1] 깊은 피로, 그것에서 시작하자.

외적 강제, 금지, 명령, 복종으로 운용되는 '규율사회'로부터 자기 스스로 동기와 목표치를 부여함으로써 긍정적으로 자신을 닦달해가는 '성과사회'로의 이행. 이를 추동하는 힘은 노동의 형태 또는 이윤의 생산을 경향적으로 리드하고 인도함으로써 헤게모니적 우위를 쥔다. 그 과정에서 피로는 다른

---

1. 한병철, 『피로사회』, 김태환 옮김, 문학과지성사, 2012, 69~70쪽. 이하 제목과 쪽수만 표시.

누구 아닌 자기 스스로에 의해 자기에게 누적되는바, 거기가 『피로사회』에 대한 시대적 공감대가 만들어진다. 성과사회는 『피로사회』의 독창이 아니다. 노동공간과 그 외의 공간, 노동시간과 그 외의 시간에 대한 외적 분리와 분할을 철폐함으로써 언제 어디서든 축적하는 '사회적 공장' 혹은 '공장-사회'와 성과사회는 먼 거리에 있지 않다. 자기 갱신하는 '성과주체'와 자발적 '자기-판매자' 또한 다른 게 아니다. 좀 더 생각해야 할 것은 성과사회의 사람들을 치유하는 처방전으로서의 '깊은 피로'이다. 그것은 스스로를 닦달하지 않는 능력의 고양을 가리킨다. 한가로움을, 태평함을 유지하는 특별한 능력이 깊은 피로이다. 그것이 특별한 것은 자기의 확고한 정체성을 느슨하게 함으로써 세계와의 무차별성을 얻고, 그것으로 인한 우애의 느낌 속에서 자기와 타자가 엮이고 짜이는 안정적인 연속성을 확보할 수 있기 때문이다. 섬세한 말이되 칼이 없는 말이고, 칼이 없음으로서만 세세할 수 있는 말이다. 그래서 섬세한 그 말은 실은 아련하고도 아득한 말이다. 치유의 시적 형식으로서의 깊은 피로를 지탱하는 한병철의 정치적 테제가 지금 비평/비판의 대상으로 떠오른다. "중요한 것은 매개 구조다. 매개 수준이 높을 경우 자기주장은 타자를 부정하거나 배제하지 않고 통합한다. '신은 최고의 매개 능력을 지닌 존재다. 그에 반해 폭력범은 신경증 환자와 같다. 그는 매개가 없는 폭력을 통해서만 자아의 연속성을 얻을 수 있다."[2]

매개 수준이 높다는 것, 이를 한병철은 '친절함'이라고 명명하면서 권력론의 주요 개념으로 삼는데, 그것은 타자를 배제하지 않는 어떤 중재의 능력을 뜻한다. 나와 나 아닌 다른 것을 매개하고 중재하기 위해선 자기의 정체성이 개방되어야 한다. 그래야 우애의 분위기 속에서 타자와 함께 할 수 있다. 깊은 피로란 무엇인가. 최고의 매개 수준을 유지하는 능력이다. 깊은 피로라는 치유의 형식은 최고의 매개 능력을 지닌 신에 의한 치유와 등가이다. 한병

---

2. 한병철, 『권력이란 무엇인가』, 김남시 옮김, 문학과지성사, 2011, 103쪽. 이하 『권력』으로 줄이고 쪽수만 표시.

철이 옹립하려는 '권력'Macht은 생성시키고 생산하는 능력을 지닌 권력이다. 부정적이고 타락한 것으로만 인식되는 권력에 대한 통념을 비판하면서, 최고의 매개 수준을 유지하는 권력의 긍정적 생산성을, 줄여 말해 신적 권력을 옹립하려는 것이다. 그것에 기대어 서로 다른 권력론들의 혼란을 통합할 수 있는 '유동적인 권력 개념' 혹은 '융통성 있는 권력 개념'을 정립하려는 것이다. 그런 한병철에게 혼돈은 악마적인 것이었다. 그는 혼돈을 못 견딘다. "권력은 단 하나의 목소리에 절대적 타당성을 부여할 때 가장 빛난다. 묶여지거나 매개 중재되지 않으면 다수의 목소리는 웅성거림에 그칠 뿐이며, 그것은 폭력이 벌어지는 장소가 될 수도 있다. … 권력의 긍정적인 힘은 권력이 통솔하는 목소리를 통해 웅성거림을 '밝힌다'는 데서 나온다. 권력은 저 수많은 목소리들이 불협화음으로 이어져 행위와 결정을 마비시키지 않게 한다."(『권력』, 8) 한병철에게 권력은 본원적인 것을 개시하는 절대적 하나, 일자의 목소리여야 한다. 그렇지 않으면 매개하거나 중재할 수 없기 때문이다. 매개되지 못하는 다수의 목소리들은 웅성거림이며 웅성거리는 그것들의 목소리는 불협화음의 소란과 난동으로 이어져 행위와 결정을 마비시킨다. 한병철에게 불협화음은 '폭력'이다. 폭력은 권력의 반대편이며, 매개 능력 제로이며, 타자를 죽인다. 그러므로 웅성거림, 그 다성성의 혼돈은 최고의 매개 능력을 지닌 신/권력의 목소리에 의해 통솔·사열되어야 하는 질료가 된다. 그런데 어떤가 하면, '인민의 소리는 신의 소리'이다. 그렇다는 것은 인민의 웅성거림이라는 폭력이 신적인 벡터 위에 있는 것임을 가리킨다. 오래된 격언 속 신의 폭력, 신/폭력이 한병철의 신적 권력, 신/권력과 적대한다. 그렇게 두 개의 신이 있다. 웅성거리는 뭇입들로 빚어진 격언 속의 신과 매개 능력 최대로서의 신. 한병철이 타매하는 격언 속의 신의 폭력, 그 혼돈을 악의 등가물이 아니라 창조적 순간들의 편재이자 그 집합으로, 그 불협화음을 권력의 장치들을 마비시키는 신성의 발현이자 발생으로 사고할 필요가 있다.

1-2. 한병철의 권력 개념을 수식하고 있는 '유동적인' 또는 '융통성 있는'

같은 단어들은 최고의 매개 능력이 보존되고 있는 신적인 상태를 가리킨다. 신적 권력은 유동적인 권력이다. 모든 단단한 것들의 경계를 허물고 융해하는 자본은 한병철에게 최고의 매개 능력을 위한 가능성의 조건으로 인지된다. "전 세계를 무대로 활동하고 있는 기업들의 초국가적 구조도 이 매개 과정을 촉진할 수 있다."(『권력』, 41) 이 말은 틀린 말이 아니되, 자본이라는 권력의 매개과정과 동시적이며 등질적으로 수행되는 폭력에 대해 함구함으로써 최고의 권력과 최대의 폭력이 맞닿는 상황들에 눈감는다. 유연화되고 유동화하는 자본의 탄력성과 한병철의 유동적인 권력 개념은 함께 물신에 봉헌한다. 매개 능력 최대치의 신/권력이라고 할 때의 그 신은 유혈적 물신의 생산 상태와 스스로를 준별할 근거를 어디서도 구할 수 없으며, 그런 한에서 한병철의 신은 자본주의의 신을, 자본주의라는 신을 매개한다. 매개 수준과 '매개구조'에 대한 한병철의 옹호는 물신의 관할권과 사정권의 정립이며, 물신에 의해 구조화된 법 연관의 유지이다. 초국적 자본이라는 유연한 물신과 한병철의 유연한 권력은 서로를 돌보는 동일한 패턴 속에서 함께 병진한다. 그러면서 서로가 이윤을 나눠 갖는다. 이윤의 공동축적을 위한 파트너는 자본만이 아니다. "힐러리 클린턴이 말한 '스마트 파워'는 다른 사람들의 말을 경청하고 다른 사람들의 욕구와 요구에 응답하는 권력이다."(『권력』, 7) 한병철에겐 매개 능력의 수준에서 합의의 폭력의 주요마디를 담당하고 있는 미국이라는 국가 또한 신적인 권력에 준한다. 축적과 국법의 이위일체-신-G'. 후생厚生을 향하는 그 유혈적 신성 안에 안긴 채 한병철의 권력론은 지금 성스러운 미사의 권위를 집전하는 중이다. 그 권력론, 권력의 그 학지가 봉헌하는 땅 위의 이위일체-신국을, 그 유혈적 법 연관의 신성한 후광을 용인하지 말아야 한다. "그러므로 여기서 우리의 사보타지는 '천국에 대한 습격' 직전에 서 있다."[3]

그런 사보타지의 한 가지 형식, 이위일체-신국을 습격하기 '직전'의 시간으로 항시 도래중인 질문들이란 다음과 같다. 과연 그 많은 권력론들을 '혼

---

3. 안토니오 네그리, 『지배와 사보타지』, 윤수종 편역, 새길, 1996, 118쪽.

돈'으로, '통합'의 대상으로 인지해도 되는가. 혼돈을 통합하려는 의지가 승리할 때 권력론들의 배치의 갱신으로서만 발원할 수 있는 비판력이 사전에 봉쇄되고 오직 사후적으로만 인가되는 것은 아닌가. 그때 그 통합이란 끔찍한 이론적 독재이며 독재적 이론인 것은 아닌가. 그런 한에서 통합의 척도로 내세워진 '매개 능력'이란 국법과 축적에 신성에 의해 공동으로 설립된 법적 위-계의 관리력인 것은 아닌가. 그 매개 능력의 최고도의 권력과 (탈)연루된 유혈성, 그것에 대한 책임을 한병철은 자신의 이론적/비평적 체제 안에서 질 수 있는가. 이론적 무능이란 무엇이고 비평적 패착의 파장이란 무엇인가. 이 물음들 끝에 할 수 있는 말들 중 하나는 치유의 장소에 관한 것이다. 치유는 매개의 장, 친절한 우애, 깊은 피로 속에서의 일이 아니다. 치유는 친절한 매개가 거절되는 혼돈, 우애의 중재가 부결되는 불합치의 편위 속에서의 일이다. 그런 한에서, 이제 권력과 폭력이라는 매개 수준의 양극 프레임을 초과·위반하는 다른 폭력의 발생과 도래에 대해, 법의 문이 부서지고 법 앞이라는 공간이 전위되는, 그럼으로써 법의 규방이 개시되는 시간에 대해 말해보게 된다. 이는 최고의 매개 능력으로서의 신의 권력 정반대편에 있는 무감각의 존재로, 매개 능력 제로의 '폭력범'으로 낙인찍힌 게발트의 형상, 곧 바틀비에 대한 재정의에서 시작된다.

2-1. 멜빌H. Melville의 「바틀비 – 월스트리트 이야기」(1856) 속에서 주로 말하고 있는 '나'는 변호사이다. 그는 즉각적으로 법의 이미지를 떠올리게 한다. 표독스럽거나 모질지는 않지만 그는 분명 삶의 향배가 걸린 소송들과 분쟁들, 다시 말해 충돌하는 힘들의 장을 법적으로 인식하고 인준하며 판단하고 유보하는 자다. 그는 법의 전부, 혹은 법 그 자체라고 할 순 없지만 분명 법의 권능의 대리자·대변자이고 대필자·대행자이다. 그는 정밀히 측정하긴 어렵지만 분명 법의 문 안쪽으로 깊숙이 들어가 있는 자들의 표상이다. 그는 잘 나간다. 법의 문 앞에, 그러므로 법의 문 밖에 영원토록 붙들려 있는 사람들의 신체와 시간을 세밀하게 잘라 절취하면서 더 잘 나가기 위해 고용한 서기

가 바틀비였다. "창백할 정도의 단정함, 애처로운 기품, 그리고 치유할 수 없는 고독. 그가 바틀비였다."[4] 복사기가 없던 시절 법적 문서의 필사본과 원본의 대조는 매우 중요했고, 변호사는 바틀비에게도 당연히 필사본 검증의 업무를 부여했다. 그렇게 서류들을 건네는 변호사/법의 면전을 향해 바틀비는 말한다 : "그러지 않는 쪽을 택하겠습니다."I would prefer not to.

바틀비에 의해 증식될 그 말은 정치적 급진성과 그것의 올바름과 그것의 아름다움과 그것의 효과를 온통 감당할 수 있는 말은 아니다. 하지만 그렇다는 것이 한병철의 다음과 같은 단언을 승인하는 것일 수는 없다. "그 말은 아무런 의욕도 없는 무감각 상태의 징후이다. 바틀비는 결국 그러한 의욕상실과 무감각으로 몰락하고 만다."(『피로사회』, 56) 그런 병리학적 독해 속에서 바틀비는 신경쇠약의 증상을 보이는 무기력한 인간이며, 그런 "신경증적 자기긍정은 타자의 부정을 초래할 것이다."(『권력』, 103) 그런 한에서 신경쇠약 환자 바틀비는 매개 능력을 갖지 못한 채 타자를 제거하는 폭력적 형상으로 몰락하는 자가 되고 만다. "바틀비의 실존은 죽음으로 향하는 부정적 존재다."(『피로사회』, 60) 과연 그러한가. 불합치와 혼돈의 힘을 체계적으로 무마하고 있는 권력의 존재-신-론, 그것을 내부로부터 붕괴시키는 힘이 바틀비의 형상이다. 변호사의 면전을 향한 바틀비의 저 말의 힘은 소설 「바틀비」를 구성하고 있는 고유한 상황들·맥락들 속에서 관계적으로 발생하고 있다. 그 내재적 관계에 대한 독해가 바틀비의 말이 지닌 힘의 성분에 대해 말할 수 있게 한다. 그렇게 말하는 과정에서, 지상에 뿌리박은 초월적 힘의 발생을 마주할 것이며, 지상의 법 연관, 그 폭력의 권력을 내리치는 신적인 힘의 물질성을 확인하게 될 것이다.

바틀비의 상용구, 그의 일상을 꽉 채운 그 말 '그러지 않는 쪽을 택하겠

---

4. 허먼 멜빌, 『필경사 바틀비』, 한기욱 옮김, 창비, 2010, 58쪽. 이 번역본의 직역적 강도에 공진호 번역본(『필경사 바틀비』, 문학동네, 2011)의 유연함을 덧대어 읽는다. 정남영 주해본(『바틀비』, 갈무리, 2006)에 근거해 두 국역본 사이의 차이를 확인하면서 선택적으로 인용할 것이며 이하 따로 출처를 밝히지 않는다.

습니다.' 이에 대한 번역들은 다음과 같다. "그러고 싶지 않습니다"(이정문), "그렇게 안 하고 싶습니다"(한기욱), "그러지 않고 싶습니다"(황혜령·차동호), "차라리 ~하지 않으렵니다"(임민욱), "안 하고 싶네요"(복도훈), "안 할래요"(박진우), "~하지 않는 편이 좋습니다"(김상운), "안 하는 편을 택하겠습니다"(공진호), "그러지 않는 편이 낫겠어요"(김태환) 등등. 이렇게 미세한 차이를 갖는 번역들은 많건 적건 「바틀비」에 대한 이해와 입장의 편차를 드러낸다. 바틀비의 상용구에 대한 번역은 바틀비가 보여주는 의지와 선택의 결기와 세기, 그 의지적 선택 혹은 결단의 강도와 밀도를 가장 잘 표현하는 문장으로 수정될 필요가 있다. 'prefer'는 '원하다/선택하다'이다. 바틀비의 선택이란 원하는 것의 선택이다. 그 선택은 원하는 것을 독점적으로 움켜쥔 자들에게서 원하는 것을 박탈하고 탈취하는 힘의 수행이다. 바틀비의 'prefer'에는 'prefer against(고소하다)'라는 법적 성분이 함유되어 있다. 적의 정면을 향하고 있는 바로 그 지향성의 의지 속에서 바틀비의 'prefer'는 법의 문제, 곧 고소와 기소의 문제에 맞닿는다. 다시 말해 바틀비의 선택은 원하는 것을 움켜쥔 자들의 손을 펴게 하는 힘, 움켜쥔 자들을 기소하고 송사에 휘말리게 하는 소송의 힘이다. '그러지 않는 쪽을 택하겠습니다'는 의무와 계약의 이행을 독촉하는 유연한 유혈적 명령에 대한 불복종의 힘이며, 그런 명령을 결코 거두지 않는 법의 면전을 향해 발화되고 발포되는 말이다. 온화하고 조용하게 퍼지고 번지는 바틀비의 그 말 그 목소리는 확고하기에 고지하고 단호하기에 단절적인 정조를 동반하면서 매번 점화된다.

자신을 향해 고지되는 바틀비의 전례 없던 말을 들은 변호사는 소돔을 탈출하던 롯의 아내가 그랬던 것처럼 잠시 '소금기둥'이 된 듯 정지한다. 이성을 찾은 그는 자기 사무실의 기초적이고 정당한 법칙들과 의무들 속에는 필사본 대조라는 업무가 있다고 말하면서, 바틀비에게 확실히 다짐받기 위해 이렇게 선언한다. "그건 상례야."It's common usage. 대답하라는 다그침을 받자 바틀비는 반복한다. '그러지 않는 쪽을 택하겠습니다.' 이 상황을 위해 장전해야 할 질문은 다음과 같다. 상례란 무엇인가. 항상적인 것[常]이다. 항상적인 것

안에서 따르고 지켜야 할 삶의 법식(例)이다. 변함없는 지속과 연장의 상태가 '常'인바, 항상성 또는 변치 않는 기원이자 마르지 않는 원천인 그것은 불변하기에 판단의 척도가 된다. 줄여 말해 '常'은 법이며 법의 속성이다. 상례란 법의 척도적 속성에 의해 체계적으로 관리·운용되는 삶의 '자발적 복종'의 경제를 가리킨다. 그런 한에서 바틀비의 저 말은 항상적 척도로서의 법의 존재론을 작동 중지시킨다. 바틀비의 상용구는 상례의 항상성 속에서 발현하는 비-상의 선포이며, 상례의 법식 속에서 돌발하는 예-외의 고지이다.

2-2. 변호사의 말귀를 충분히 이해했고, 그가 매개하는 법의 규준을 쉬 부정할 수 없다는 것 또한 잘 아는 바틀비는 그럼에도 자신의 상용구를 버릴 수가 없다. 바틀비는 "법보다 우위에 있는 중요한 사정 때문에 그렇게 응답할 수밖에 없었다." 법보다 상위에 있는 중요한 사정, 바틀비로 하여금 명령의 상태 속에서 매번 불복종의 힘을 점화하도록 촉구·요청했던 법 우위의 사정이란 무엇인가. 이 물음은 우선 '도래'라는 한 단어에, "바틀비의 도래"the advent of Bartleby라는 한 구절에, 바틀비가 도래한 자라는 멜빌의 언명에 걸린다. 바틀비에 대한 변호사의 생각 한 구절을 보자. "바틀비는 전적으로 지혜로운 신의 어떤 신비로운 뜻에 따라 나와 함께 살도록 숙사를 배정받았다." 숙사 배정billet이 전시의 군인과 관련된 것인 한, 바틀비는 적과 마주한 전시 상태에 있다. 임재·도래·출현을 뜻하는 단어 'advent'는 바로 그 전시라는 상황적 맥락 안에서의 사건이다. 그 단어는 신성의 이미지에 결속되어 있다. 바틀비는 신에 의해 적대적 구조 속으로 파송된 자다. 아직 도래하고 있고 이미 도착해 있는 바틀비의 상용구에는 비-상의 선포와 예-외의 고지라는 신의 사명과 임무가 압축되어 있다. 바틀비의 상용구는 그러므로 상례를 끝내는 불복종의 신적 게발트에 다름 아니다. 법 위의 바틀비, 다시 말해 '불'과 '칼'의 그리스도, 불합치와 종언의 그리스도-바틀비.

예의 그 상용구에 대한 비평 속에서 바틀비를 '새로운 그리스도'로 명명했던 건 들뢰즈였다. "[바틀비는 환자가 아니라] 병든 미국의 의사이며 주술사이고, 새로운 그리스도, 혹은 우리 모두의 형제이다."[5] 새로운 그리스도의 저 상용구, 그것은 어떤 언어신학적 비판력의 층위에서 읽힌다. 들뢰즈의 다른 한 문장. "그 상용구는 불명료한 덩어리와 특이한 숨결을 형성하면서 돌이킬 수 없는 것에로 이른다."[6] 말이 불명료하다는 것, 말이 통사적으로 분절되어 있지 않고 덩어리째로 되어있다는 것은 (문)법이라는 의미 생산의 자동적 과정 안으로 비(문)법적이고 비정형적인 이탈·변형·틈입의 효과를 발생시킨다는 것이고, 그럼으로써 의미의 낯선 생성을 노린다는 것이다. 다수적인/지배적인 언어 안에 괴물 같은 이질어와 비언어들을 매설함으로써 기계적 언어라는 포획의 그물망을 절단하는 일. 예컨대, I had rather not(차라리 ~하지 않는 게 낫겠다) 같은 멜빌 당대의 정상적이고 다수적인 구문 속에서 자동적으로 사용되었던 rather가 매너와 격식을 준수하기 위하여 회피됐었던 prefer에 의해 전면적으로 대체되고 있다는 점, I would prefer to(~하는 게 좋겠다)에서의 자연스런 문법적 흐름에 역행하는 not의 삽입에 의해 문법의 상례, 정상성의 법이 절단되고 훼손되고 있다는 점, 그런 이질적이고 괴이한 괴물성의 비-영어들이 결국 변호사의 사무실에 있는 모든 사람들에게 전이·전염되고 있다는 점. 그것들이 바틀비의 상용구가 지닌 소수적 언어로서의 힘이다. 그 힘은 절단적이다. 언어의 관례적 자동성을 중단시키고, 문법적 직선성을 절단하며, 사무실의 운용을 중지시킨다. 그 힘은 "영어 아래를 흐르면서 영어를 싣고 다니는 [비-영어로서의] 어떤 외국어를 만들어낸다. 그것은 곧 **탈영토적인 것, 고래의 언어인 것이다.**"[7] 『모비 딕』(1851)의 고래, 그것이 표현하는 거대한 소수적/탈주적 힘은 다수적/통치적 언어를, 다시 말해 항상적인 법의 근간과 원천을 고갈·증발시킨다. 그 힘이 다수적인 언어를 사어^{死語}가 되게 한다. 그 힘이 변호사의 정신줄을 놓게 하고, 가득 채워진 법을 몰락의 제로가 되게 한다. "따라서 매번 변호사는 모든 게 제로에서 다시 시작하

---

5. 질 들뢰즈, 「바틀비 혹은 상용구」, 『비평과 진단』, 김현수 옮김, 인간사랑, 2000, 163쪽.
6. 질 들뢰즈, 「바틀비 혹은 상용구」, 126쪽.
7. 질 들뢰즈, 「바틀비 혹은 상용구」, 132쪽.

는 어지러운 느낌을 받는다."[8] 이른바 다수적 언어의 '소수적인' 사용. 그것은 발화된 말에서 (문)법적으로 집계 가능한 의미를 제거한다는 것이고, 그런 한에서 판별되지 않는 말 혹은 계측불가능한 말의 힘을 발생시킨다는 것이다. 법의 발화에 소송 거는 바틀비의 상용구는 그렇게 특이성의 숨결을 지닌 생동하는 말이 된다. 숨결과 성령이 숨·호흡·바람을 뜻하는 프시케psyche와 관련되어 있다는 점에서 바틀비의 생동하는 상용구는 신의 숨을 대신 쉬는 성령의 말이다. 바틀비의 상용구는 신의 말의 대언代言이며, 그런 한에서 그 상용구는 그리스도의 말씀이자 로고스/노모스로서의 그리스도이다. 그렇다는 것은 바틀비의 상용구가 결코 '돌이킬 수 없는 것', 결코 원상복구될 수 없는 절대적 몰락으로서 법의 문 안팎에 도래 중이라는 것과 다르지 않다. 들뢰즈 이전에, 들뢰즈와 함께 멜빌은 이렇게 적었다. "바틀비의 선택은 되돌릴 수 없는 것이었다." 신에 의해 구별되었으며 신에 의해 파송되었으므로, 임재하는 신적 사명은 결코 '되돌릴 수 없는 것'이었다. 이에 대해 좀 더 말하기로 하자.

3-1. "마침내 변호사업과 관련된 필요가 다른 모든 사정 위에 군림했다." 바틀비의 고독과 외로움에 자비심을 품었던 변호사는 결국 자기의 이윤 축적과 관련된 필요성이 모든 가치들 위에 군림하는 걸 묵인하고 묵과한다. 지금 우리들의 변호사는 필요가 군림의 밑바탕임을, 그것이 공안적 장치의 원리들 중 하나임을 스스로 실토하고 토로하는 중이다. 일주일 안에 무조건 사무실에서 나가라는 변호사의 명령에 바틀비는 답한다. '그러지 않는 쪽을 택하겠습니다.' 필요의 군림, 군림하는 필요에 의해 변호사는 이제 바틀비에게 되묻지 않고 짧게 잘라 말한다. "그렇게 해야만 돼."You must. 말을 섞지 않고 잘라 말해서 마음이 짠해진 변호사는 바틀비의 책상 위에 돈을 놓고는 집으로 향했다. 변호사는 이내 세련되고 침착하게 바틀비를 도려낸 자신의 관리

---

8. 질 들뢰즈, 「바틀비 혹은 상용구」, 131쪽.

능력에 만족감을 느낀다. 바틀비가 곧 떠날 것이라는 스스로의 가정에 쾌재를 부른다. 그러나 불시에 변호사의 정수리에 내리박히는 칼날 같은 생각이 있었다. "그 가정은 결국 순전히 나 혼자 정한 것이며, 바틀비 자신은 전혀 상관이 없었다. 핵심은 그가 나를 떠나리라는 가정을 내가 했느냐 안 했느냐의 문제가 아니라, 그가 그렇게 하는 쪽을 택할 것이냐 마느냐는 것이었다. 그는 가정보다는 선택에 더 관계된 사람이었다."

변호사의 자기만족과 유쾌한 가정은 단지 필요에 맹목이 된 맹인의 군림 속에서의 허술한 만족과 가정일 뿐 바틀비와는 아무런 상관이 없었다. 핵심은 바틀비가 떠날 것이라는 변호사의 가정이 아니라 '선택'의 인간 바틀비가 무얼 결정할지이다. 바틀비의 상용구, 그 항구적이고 절대적인 선택과 결정이 변호사의 가정과 가상을 걷어치운다. 변호사의 가정은 추정이고 추단이며 예단이다. 그런 한에서 법의 가정assumptions은 법으로의 포섭subsumption을, 포섭에 의한 이윤을 목표로 한다. 가정보다는 선택에 관계된 자, 돌려 말해 신의 소송을 대신 결정하는 자, 바틀비. 그의 상용구에 의해 법의 포섭망이 찢긴다. 공안의 관점에서 늘 "주검"으로 인지되고 명명됐던 바틀비는 그렇게 "명백히 자활하고 있다." 그 자활의 생동감 속에서 "불가사의한 필경사가 행사하는, 절대 벗어날 수 없는 놀라운 우위"가 관철된다. 바틀비는 법의 연산 과정 안에서 돌발한 직후, 체제의 오작동을 초래하고 삽시에 법 연관 전체를 정지시키는 '불가사의한' 버그이며, 체제의 탄력적이고 종교적인 원상복구의 능력을 초과·위반하는 '놀라운 우위'의 신인神人이다. 변호사의 자기만족과 가정과 기대가 남김없이 부서진다. 바틀비는 사무실을 떠나지 않았으며 자기 자리를 영구적으로 "점거"occupying할 태세다. 떠난 것은 사무실을 이전하지 않을 수 없었던 저 가련한 변호사였다.

바틀비 없는 사무실은 순조롭고 안락했지만 그리 오래가지 않았다. 이내 예전 건물의 주인과 업자들이 바틀비의 처리를 독촉하러 변호사를 방문했다. 변호사는 다시 한 번, 모든 가치들 위에 군림하는 자기 사업의 '필요'를 향해 머리를 조아리며 알현한다. 변호사야말로 필요라는 법에 신성한 봉헌을 바치는 자이다. 하나의 법이란 그 법의 헌신적인 봉헌을 받는 또 하나의 법과 함께 공동으로 통치한다. 법-계는 그렇게 신성한 봉헌들의 연쇄로 직조된 위-계이다. 바틀비는 다시 한 번 법-계의 정립적 원리 안으로 파국의 시간을 끌고 들어간다. 이와 동시에 바틀비는 세밀하게 구획되고 분리된 위-계의 연쇄 속에서 그것을 절단하는 임재의 사건들을 발생시킨다. 무엇으로, 어떻게 그럴 수 있는가. 상용구로, 상용구의 높아진 강도·밀도로 그렇게 한다. 무슨 말인가.

3-2. 다시 만난 바틀비에게 변호사는 둘 중 하나를 선택하라고 강요한다. 서기, 점원, 바텐더 등으로 다시 고용되어 일을 하거나, 아니면 무단 점거한 부랑자의 죄목으로 감옥에 갇히거나. 바틀비는 노동과 감금이라는 양자택일 앞에서, 그 양자가 다른 게 아니라 실은 등가적인 것임을 인지한 듯 이렇게 말한다. "아니오. 아무것도 변경하지 않는 쪽을 택하겠습니다." 바틀비는 변호사가 제안한 불가항력적인 양자택일이 아니라 바틀비 자신의 '지금'을, 바틀비 자신의 '현재시간'을 선택한다. 다시 말해 바틀비는 건물에 대한 점거의 실황을 끝내 지속시킬 것임을 선언한다. 이는 바틀비의 기존 상용구와는 그 느낌을 달리하는바, 왜냐하면 아무것도 변경하지 않는 쪽을 택한다는 건, 개별적이고 단발적이었던 명령에 대한 기존의 불복종적 의지를 넘어, "상례"의 확장과 연장을 정지시키는 보편적이고 일반적인 레벨에서의 비-상의 선포를 항구적으로 지속하겠다는 힘의 표현으로 읽히기 때문이다. 바틀비의 상용구는 그렇게 '일반화된' 힘으로 드러나는 중이다. 그리고 그것은 뒤에 반복적으로 이어지는 바틀비의 다른 말, "저는 유별난 사람이 아닙니다"I am not particular라는 말과 맞닿은 것이기도 하다. 그 말은 바틀비가 이상한 성격이거나 까다로운 별종이 아니라, 어디든 얼마든 엄연히 있었고 지금 버젓이 곁에 있는 '아무나'의 인간이라는 것이다. 그 말은 바틀비의 일반화된 상용구와 상호작용하면서 '일반화된' 바틀비 ─ 보통사람 바틀비들 ─ 의 엄존을 표현한다. 항상적 법의 상례, 악순환적 교환의 사목적인 장치들 속으

로 인도되는 모든 관계의 질적 변화. 일반화된 바틀비의 일반화된 상용구가 그 일을 행한다. 편재하는 바틀비의 신성한 폭력이 그 일을 매회 행한다.

바틀비 앞에서 변호사는 다시 한 번 절감한다. "사람이 전례가 없고 부당한 방식의 위협을 받으면 그 자신이 지닌 가장 분명한 믿음마저 흔들리기 시작한다는 것, 이것은 별로 드문 일이 아니다." 바틀비와 그의 상용구는 이제 드문 일이 아니다. 그것은 변호사를 변호사이게 해주던 강고한 믿음들의 해체가 다반사로 일어난다는 뜻이다. 그렇게 법의 상례를 지탱하는 여러 믿음들의 납땜질이 바틀비의 일반화된 비-상의 선포 속에서 항시적으로 타고 녹는다. 주권자의 비상사태가 예외가 아니라 상례로 되었음을 가르쳐 주던 억눌린 자들의 현재적 역사 속에서, 주권자의 상례를 정지시키는 바틀비들의 '진정한 비상사태'가 매번 발생하고 도래한다. 그것은 다른 공통성의 구축, 다른 대화의 실험, 다른 코뮨의 생동과 맞닿아 있다. 그것은 어디든 얼마든 있는 것이므로 드물지 않으면서, 또한 결코 되돌릴 수 없는 것이었다. 되돌릴 수 없으므로 되돌아가지 않는 새로운 항상성, 다른 법의 권리장전. 총탄 같은 그 법전으로 장전된 총의 총구가 바틀비의 상용구이다. 장전된 총의 바로 그 약실藥室 안에서 비로소 치유의 시간은 말해질 수 있다. 그 약실만이 치유의 시공간이다. 그 약실은 그러나 전장에 다름 아니다. 그렇게 전장에 섰을 때에만, 적대의 전선을 거듭 재정의하는 전장에서의 그 시간동안만 상처의 치유에 대해, 치유의 가능성과 불가능성에 대해, 그 둘의 동시성과 근친성에 대해 말할 수 있다.

배제와 추방을 합법적인 것으로 만드는 신성한 계약과 합의는 도래중인 파국 속에서 부결되고 정지된다. 그것이 바틀비의 약실로부터 일어나는 치유의 사건이다. 사건은 삶의 조건을 다시 정초한다. 합의의 폭력적 과정을 위반하는 정초, 해체하는 설립, 절멸시키는 입법. 바로 그 역설적 과정/소송에서 불복종과 시민권이 맺는 관계의 핵심을 찾고 있는 문장들이 있다. "이런 [불복종의] 행동에 함축된 모든 결정들은 환원 불가능한 주체성의 몫을 포함하고 있음을 관찰할 수 있다. …[그 결정들은] 비상사태의 민주주의적 등가물이다. 이렇게 해서 전개된 진리의 시험은 통치자들에 대해서만이 아니라 피통치자들에 대해서도 집합적인 테스트라는 가치를 갖게 될 것이다."9 '진리의 시험'이라는 말을 눈여겨보게 된다. 일반화된 상용구, 그 되돌릴 수 없는 비-상의 선포 속에서 바틀비는 자기 주체성의 고유한 몫을 갖는다. 그 몫은 합의된 계약에 의해 일괄적으로 양도될 수 없는 것이며, 자기 아닌 다른 누구의 그 어떤 힘으로도 환수 불가능한 것이다. 그렇게 되돌릴 수 없음이란 양도될 수 없음이자 환원될 수 없음이다. 바로 그 지속성 속에서 그런 지속성을 가능케 하는 것이 진리이며 진리의 시험이다. 그것은 바틀비의 상용구를, 새로운 권리장전을, 주체성의 몫의 고유성을 지속시키는 힘이자 그 힘을 매번 반성적으로 되비추는 메타적 거울이다. 메타적이란 거리를 둔다는 것이다(모든 것으로부터 거리를 둘 수 있는 힘, 그렇게 구별된 고유성을 지속시킬 수 있는 힘, 그것은 신적인 힘이기도 하다). 자신의 힘에 거리를 두지 못하는 모든 힘은 폭력으로 전화한다. 폭력으로 전화한 힘은 사실상 그 힘이 무능하고 무력한 것임을 역으로 반증한다. 이렇게 말해야 한다. 통치자들의 상례 속에서 예외를 고지하는 바틀비의 일반화된 상용구는 진리의 시험이라는 메타적 거울로 매번 반복적으로 되비쳐져야 한다.

그런 생각 끝에서 다시 읽게 되는 바틀비의 정의는 이런 것이다. "그는 아무 데도 가지 않았다. 그는 사무실 한 구석의 영원한 초병이었다." 자기의 현장을 변경하지 않는 바틀비, 전장의 지속적인 점거자로서의 바틀비는 '영원한 초병'이다. 뜬눈으로 깨어 있는 그는 영원히 반복되는 경계근무를 서고 있다. 다시 말해 바틀비는 매순간 각성된 초병으로서 자기에게로 돌아오고 있다. 그것은 영원 회귀적이다. " '영원회귀'는 원심력이 부여된 바퀴, '어떠한 결의도 타격을 줄 수 없고 어떠한 부정도 모독할 수 없는 존재의 최고의 성좌'이다. '영원 회귀'는 '반복'이다. 그러나 그것은 선택하는 '반복'이며 구원하는 '반

9. 에티엔 발리바르, 「시민 불복종에 대하여」, 『정치체에 대한 권리』, 진태원 옮김, 후마니타스, 2011, 31쪽.

복'인 것이다. 해방하고 선택하는 경이로운 '반복'인 것이다."10 바틀비의 상용구는 불복종의 선택이었고, 그 선택은 반복적인 것이었다. 선택하는 바틀비는 법의 결의, 법에 의한 부정과 모독, 법의 그 힘에 대한 최고위의 존재, 곧 치외법권적 존재의 성좌이다. 그 지고성의 성좌는 다름 아닌 '초인'의 주성분이었다. "초인은 긍정될 수 있는 모든 것이 모여진 상태를 가리키며, 존재하는 것의 최고의 형태, '선택'적인 존재를 대표하는 유형, 이러한 존재의 싹과 주체성을 가리키는 것이다."11 바틀비-초인, 그의 상용구-선택이 환원불가능한 주체성의 몫을 지닌 우위 혹은 경이일 수 있었던 것은 그것이 긍정 가능한 것들로 구성된 반복이자 지속이었기 때문이다. 자신의 그 선택과 그 반복을 영원한 초병으로서 메타적으로 경계하고 되비추지 않았다면 바틀비의 반복이 그런 지고성의 게발트, 구원하는 반복일 수는 없었을 것이다. 영원한 초병으로서의 바틀비는 그렇게 진리의 시험을 항구적으로 치르고 있는 학생, 배우고 있는 생명이며, 그런 생명의 상태로서만 법의 결의를 정지시키는 비상사태로 스스로를 발현시킬 수 있다.

4-1. 바틀비는 감옥에 구속된다. 그는 감옥 안쪽 마당에서 높은 벽을 자주 바라보았다. 마음 짠한 변호사가 뒷돈을 지불한 취사 담당의 음식을 바틀비는 먹지 않았다. 그는 식사하지 않는 쪽을 택했다. 감옥 안마당이 쥐죽은 듯 고요한 어느 날, 소식을 전해들은 변호사가 바틀비를 찾았다. 바틀비는 몸을 웅크리고 모로 누웠고, 차가운 돌에 머리를 대고 있었으며, 움직임이 없었다. 변호사는 그의 몸을 만졌고 전율을 느꼈다. 먹지 않고도 사느냐는 취사 담당의 물음에 변호사는 "먹지 않고도 삽니다"라고 답하면서 바틀비의 눈을 감겨주었다. 바틀비는 세상을 떠났다, "세상의 제왕들과 고관들과 함께." 알려진 것처럼 변호사의 그 말은 「욥기」 3장 14절의 인용이다. 신으로

---

10. 질 들뢰즈, 『니체』, 박찬국 옮김, 철학과현실사, 2007, 63쪽.
11. 질 들뢰즈, 『니체』, 65쪽.

부터 죄 없이 형벌을 받은 욥이 견딜 수 없어하며 태어난 날을 저주하던 부분. 태어날 때 이미 죽어 나왔더라면 고통 없이 평안히 쉬었을 것이며, 세상의 왕들과 고관들과, 금은으로 집을 채운 목백牧伯들과 함께 있었을 거라는 것. 그렇게 변호사의 마지막 말은 바틀비의 명복을 빌기 위해 인용된 것이었다. 부와 권세 속에서 편히 잠들라는 것이다. 하지만 그것은 바틀비를 두 번 죽이는 살해의 행위이다. 변호사는 자비라는 것이 자기를 위한 "훌륭한 보호장치"라고 생각하며, 고통 앞에서 자기를 보호하는 것이 자기 잘못 때문이 아니라 "과도한 구조적 악이 고쳐질 희망이 없다는 데서 기인"하는 것이라고 여긴다. 변호사가 자기 이윤의 필요에 따라 언제든 바틀비에 대한 동정심을 폐기처분할 수 있었던 근거가 거기에 있다. 변호사는 바틀비를 "선천적인, 그리고 치유할 수 없는 장애의 희생자"로 확신한다. 그리고 그 확신은 끝까지 간다. 변호사의 애도는 세상의 제왕들과 고관들과 목백들의 묵계에, 그들 통치하는 자들의 연합에 절멸을 고지했던 바틀비-그리스도의 신적인 게발트를 무마하고 봉쇄하면서 제왕들과 고관들의 통치를 다시 옹립한다. 그러므로 중요한 것은 바틀비에 대한 변호사의 프레임에서 바틀비를 떼어내는 일이며, 바틀비에 대한 애도의 이윤을 얻고 있는 법 연관의 질곡 속에서 바틀비를 탈환하는 일이다.

변호사는 바틀비를 두 번 죽이면서 욥 또한 다시 살해한다. 변호사는 평안을 찾기 위해 죽음을 바라는 욥을 인용함으로써, 불의한 재판관으로서의 신의 통치가 미치지 않는 미-래의 장소를 향한 욥의 열망을, 그 열망의 다른 분출구를 폐기한다. "거기서는 악한 자가 소요를 그치며, 거기서는 곤비한 자가 평강을 얻으며, 거기서는 갇힌 자가 다함께 평안히 있어 감독자의 소리를 듣지 아니하며, 거기서는 작은 자나 큰 자나 일반으로 있고 종이 상전에게서 놓이느니라."(「욥기」 3 : 17~19) 욥의 거기는 동시에 바틀비의 거기다. 바틀비는 욥의 열망의 다른 계승자이다. 그런 바틀비는 노동하는 사람들 속에 있다. "욥은 하나님이 만든 세계를 규제하는 모든 척도들에 충실한 자였으며, 노동자들은 자본에 의해 지배되는 세계의 모든 척도들에 충실한 자였다. 그렇지만, 이제 척도는 폭파되었다. 욥은 척도에 저항했고, 고통의 통약불가능성으로부터 괴로워했다. 그 후 모든 척도들이 사라졌다."[12] 그 어떤 대차대조표의 합리적 계산 속에서도 약분되거나 상쇄되지 않는 고통의 실황. 그 속에서 욥과 바틀비는 말한다. "고통이 세계를 생산했고 언어는 그 창조성을 증명했다."[13] 고통의 신학적 유물론, 바틀비의 상용구는 세계를 다시 분만/정초하는 고통의 신적인 힘을 내장하고 있는 것이다.

애도라는 방법으로 바틀비를 완전히 장사지내려는 변호사는 바틀비가 워싱턴의 배달 불능 우편물계의 하급직원이었다는 소문을 그냥 넘기지 않는다. 변호사는 사서死書, Dead letter라는 단어에서 사자死者, dead men를 연상하고선 그 단어를 바틀비를 구속하는 목줄로 쓴다. 그러고는 생각한다. "날 때부터, 그리고 운이 나빠서, 창백한 절망에 빠지기 쉬운 사람을 상상해보면, 끊임없이 데드 레터를 취급하고 분류해 불태우는 것보다 절망을 키우는 일에 더 적합한 것이 어디 있겠는가?" 변호사는 일관되게도 바틀비를 선천적인 기질과 장애, 타고난 운명의 피해자로 인지한다. 지독한 독법이 아닐 수 없다(알다시피, 법의 귀는 대개 그처럼 악독하게 막혀있다). 바틀비의 고통 앞에서 변호사가 했던 말, 예컨대 "형제애로서의 우울! 바틀비와 나는 아담의 아들들이었다", "아, 바틀비여! 아, 휴머니티여!" 같은 영탄법 속에 들어있는 변호사의 형제애와 휴머니티는 고통 앞에서의 마음의 운동을 자기 안락을 위한 자위의 도구로, 자기가 속한 법의 권역을 보존하기 위한 장치로 환수하는 고통의 질료화/추상화이다. 고통은 특수한 구체성이며 통약불가능한 고유성이다. 변호사는 그런 고통의 물타기가 특기인 법의 풀장으로 고통을 끌고 들어가 익사시킨다.

그런 한에서 데드 레터는 결코 익사되지 않을 바틀비의 한 메타포이다. 데드 레터는 발송과 반송 모두가 불가능한 우편물이다. 수신지의 주소가 잘

---

12. 안토니오 네그리, 『욥의 노동』, 박영기 옮김, 논밭, 2011, 10쪽.
13. 안토니오 네그리, 『욥의 노동』, 12쪽.

못되었거나, 배달부의 실수 때문이거나, 수신자가 이사를 갔거나 등등. 그렇게 발송되지 못하는 이유들은 반송되지 못하는 이유와 다르지 않다. 데드 레터는 발신과 수신이 오차 없이 정확하게 이뤄지리라는 믿음 위에 구축된 기계적 장치의 바깥이자 잔여이다. 그것은 발신과 수신의 지속적인 불일치와 간극의 산물이다. 그것은 발신과 수신 사이의 완결·완수·완성·종결을 거절하고 기각한다. 바틀비가 바로 데드 레터이다. 신이 파송/발송한 선물로서의 바틀비는 이미 보냈음에도 아직까지 도착하지 않고 있을 가능성, 누구도 기억하지 못할 정도로 너무 늦게 보냈음에도 누구도 예상하지 못한 때에 이미 도착해 있을 가능성의 발현이다. 바틀비의 선포는 데드 레터와 같이 완성과 종결이라는 목적으로 환수되지 않는다. 바틀비라는 신적 게발트는 눈앞에 이미 도착했을 때조차도 완전히 온 것이 아니며, 영원히 오지 않을 거라고 합의하고 결정했을 때조차도 그런 합의와 결정을 위반하면서 이미 도래해 있다. 바틀비란 무엇인가. 잠재성the virtuality 그 자체이다. 선명한 완료와 완수의 항시적인 거부와 부결이라는 영구혁명적 지속 안에서 이미 언제나 발생하고 있는 잠재성의 권역/권리. 그것이 바틀비이다.

펜을 들고 필사하는 바틀비는 "헤아릴 수 없는 잠재성의 장소로서의 펜을 뜻하는 '콸람'Qalam이라는 이름의 천사"와 등질적인 힘을 지녔다. "쓰기를 단순히 중단하는 것이 아니라 '하지 않는[쓰지 않는] 쪽을 택하는' 필경사 바틀비는 쓰지 않기의 잠재성 외에는 아무것도 쓰지 않으려는 그 천사의 극한적 이미지이다."[14] 지혜를 뜻하는 콸람, 아랍의 그 천사는 쓰지 않는 쪽을 택했을 때 이미 쓰기의 막대한 잠재성으로 도래하며, 지금 막 눈앞에서 쓰고 있음에도 쓰지 않는 때의 막대한 잠재성을 보존한 채 쓰기의 완수와 완료를 거절하고 있다. 필경사 바틀비의 잠재성, 그 쓰지 않음, 그 "무위는 태만이 아니라 카타르게시스katargesis[율법의 폐함]이다."[15] 그렇게 하지 않음을 선택·결정함으로써 법을 폐하며 도래중인 천사. 예컨대, 아직 오지 않고 있는 '연인'을 고

---

14. 조르조 아감벤, 『도래하는 공동체』, 이경진 옮김, 꾸리에, 2013, 59쪽.

대하며 기다리는 자에게 그 연인은 미지의 막대한 잠재성으로서 이미 벌써 와있다. 문을 열고 지금 막 들어오고 있는 연인은, 아직 오지 않은 연인을 기다리던 그 시간 속에서, 그 시간을 꽉 채운 미지의 막대한 잠재성 속에서 매번 다시 반추되어야 할 메타적 대상으로서 들어오고 있다. 그렇게 도래중인 연인이 콸람이라는 천사이며, 바틀비다. 통치의 탄력적인 자기생신의 시간에 쉽게 찬동하거나 동의해버리지 않는 항시적 이반의 시간감. 그 속에서 동시대에 발현하고 있는 이념의 탄생을 목격하는 것, 새로운 구성적 힘을 세세히 경험하고, 그 경험의 방식을 반성하는 힘. '동시대인'으로서 동시대를 산다는 것은 그런 것이었다. "바로 그 긴급함, 반시대성, 시대착오 덕분에 우리는 '너무 늦은' 형태이자 '너무 이른' 형태로, '아직 아닌' 형태이자 '이미'의 형태로 우리의 시대를 포착할 수 있다."[16] 그렇게 바틀비는 법의 연속적 시간을 내리쳐 끊는 메시아적 절단의 시간들로 도래하는 중이다. 그 도래의 지속 안에서 바틀비는 곳곳에서 동시대를 사는 중이다.

4-2. 바틀비라는 절단과 불연속의 시간, 이른바 도래중인 '현재시간'으로서의 바틀비는 자신을 탈진한 신경증자로, 매개 능력 제로의 폭력적 형상으로 못질했던 한병철의 다음과 같은 시간론을 기각한다. "신은 어떤 의미와 질서의 얼개에 영원한 타당성의 봉인을 부여하는 권력이다. 신은 반복과 동일성을 상징한다. 변화와 차이의 신이란 존재하지 않는다. 신은 시간을 안정화시킨다."[17] 이 신은 최고의 매개 능력을 지닌 하나의 목소리이며 의미를 독점함으로써 질서를 수호하는 권력이다. 그 적그리스도의 목소리는 자신의 반복 속에서 안정과 동일성을 확보하고, 웅성거리는 목소리들의 잠재성을 일관되

---

15. 조르조 아감벤, 『도래하는 공동체』, 64쪽.

16. 조르조 아감벤, 「동시대인이란 무엇인가」, 『장치란 무엇인가? 장치학을 위한 서론』, 양창렬 옮김, 난장, 2010, 79쪽.

17. 한병철, 『시간의 향기』, 김태환 옮김, 문학과지성사, 2013, 125쪽. 이하 『시간』으로 줄이고 쪽수만 표시.

게 매개·통솔·인도하려 한다. 이것이 신에 의한 시간의 사목적 안정화 과정이다. 안정된 시간, '향기로운 시간'의 반대편에 '사건'의 시간, 도래하는 시간이 있다. 한병철에게 사건이란 결코 지속적일 수 없으며, 불연속적이기에 삶을 취약하게 만들고 허무에 빠져들게 한다. "사건들 사이의 간격은 죽음의 지대가 된다. 아무 사건도 일어나지 않는 그 중간의 시간에 영혼은 무기력 상태에 빠진다."(『시간』, 92) 사건과 사건 사이에 아무 일도 일어나지 않는다는 것은 끝내 공안적 정체의 관점을 벗어나지 않는다. 그 사이공간이 죽음의 지대라는 것은 장치의 운용자들이 환영할 말이다. 한병철/공안의 관점은 사건의 사건성을 대패질한다. 사건은 공안이 규정한 지속성과는 다른 지속성을 구성하는바, 사건들의 순간성은 따로 분리된 파편적이고 무관계적인 상황의 점멸이 아니라 단절과 몰락의 편재적이며 집합적인 아카이브이자 대장정으로 그 지속성을 관철하기 때문이다.

시간을 안정화시키는 신/권력에게 "연속성은 미래를 불시의 폭력에서 지켜준다."(『시간』, 28) 불-시Un-Zeit는 매개 능력 제로의 폭력과 관계된 것으로서 한병철에겐 미래를 위협하는 시간이다. 반대로 바틀비에게 그것은 재정의해야 할 시간이다. 불-시는 연속성의 안정상태를, 향기로운 시간을, 친절함과 우애의 시간을 끊고 끝낸다. 시간을 안정화시키는 신, 유연화한 자본과 탄력적인 국가폭력을 최고의 매개 능력으로 보존하는 그 신, 구원하면서 살해하는 그 결산적 신의 왕국이 정지되는 시간이 불-시이다. 그것은 법-계의 경첩이 불시에, 삽시에 탈구되고 빠지는Un-Fuge 시간의 힘, 힘의 시간이다. 한병철의 신이 불시의 폭력으로부터 보호하고 있다는 그 '미래'를 그 신의 품안에서 탈구시키고 탈환하고 떼어내는 일. 바틀비가 그 일을 행한다. 파루시아의 시간으로 신에 의해 '증여'되고 있는 바틀비가 그 일을 행한다. 무슨 말인가.

바틀비는 그가 봉헌하는 신에 의해 파송/발송된 자였다. 신의 파송은 신의 증여이다. 바틀비는 법 연관 속으로 증여된 신의 순수한 선물이다. 그것은 뇌물과는 달리 대가를 전제하지 않는다. 로고스로서의 바틀비-그리스도의 상용구와 같은, 목적 없는 증여로서의 순수한 선물이 인입되어 산개될 때,

축적과 국법의 이위일체적 교환의 경제는 교란되고 정지된다. 신의 파송/증여는 그런 교환의 유혈적 에코노미 속에서, 그런 교환의 회로로 환수되지 않는 잔여적 법-밖의 시공으로서 역-장치된다. 그렇게 신의 순수한 증여로서 일반화된 바틀비-그리스도는 법 연관의 위-계를 정지시키는 전위적/궐위적 시간으로 도래중이다. 그 도래, 그 미래는 미-래未-來의 시간감, '이미'와 '아직' 사이에 있으며 그 두 시간의 항구적인 상호침투, 항상적인 상호삼투 속에서 스스로를 되비춤으로써만 그렇게 도래중일 수 있다.

보르헤스적 비히모스-만유회복
독일정신분석으로부터

1-1. 보르헤스J. L. Borges의 「독일 진혼곡」은 「욥기」의 오래된 한 문장으로 시작한다. '비록 그가 나의 목숨을 앗아갈지라도 나는 그를 믿으리라.' 저지른 죄가 없음에도 신의 지독한 형벌을 감내했던, 그러면서도 끝내 신을 향한 믿음을 저버리지 않았던 욥. 두 말할 것 없이, 저 굳은 다짐의 말 속에 들어있는 '그'는 신이며 '나'는 욥이다. 보르헤스는 그 신의 자리에 나치즘을, 욥의 자리에 1941년 2월 타르노비츠 수용소의 부소장으로 임명된 린데를 포개고 또 겹친다. '비록 나치즘이 나 린데의 목숨을 앗아갈지라도 나는 기어코 나치즘을 믿으리라.' 단편 「독일 진혼곡」은 그러므로 「욥기」의 변주였다. 린데의 말들로 된 그 변주는 가스실과 화장용 가마로 표상되는 절멸의 시간에 관한 어떤 증언으로서, 이른바 최종해결의 밑바탕에 놓인 독일정신의 한 절단면을 담담하고도 섬뜩하게 암시한다.

린데, 1908년생. 슈펭글러O. Spengler의 역사철학이 호전성과 급진성을 독일적인 것 안에서 융해시키고 있음을 확인한 그는 1929년 나치당NSDAP에 입당했다. 그는 수용소에서의 일이 결코 유쾌하진 않았지만 그 임무를 게을리 한 것 또한 아니라고 말한다. 그는 이감되어 온 저명한 시인 다비드 예루살렘에 대한 고문과 암살로 총살형을 선고받은 상태이고, 그 죄를 자인하고 있으며 사형 집행을 바로 몇 시간 앞두고 있다. 「독일 진혼곡」을 채우고 있는 린데의 생각과 말들이 그런 정황 속에 들어있다. 그에게 나치즘은 이런 것이다.

"나치즘은 본질적으로 타락한 옛사람에게 새옷을 입히기 위해 그의 옷을 벗기는 도덕적인 행위이다."[1] 그의 말에서 드러나는 나치즘은 주체 편성의 기술이다. 달리 말해 나치즘은 주체 운반과 배송의 기술이다. 낡은 것들을 새로운 것들로, 오염된 것들을 정화된 것들로, 타락한 것들을 순수한 것들로. 옷을 벗긴다는 린데의 표현은 그렇게 순수한 것들로의 전면적인 이동이라는 것이 기왕의 것들에 대한 전폭적인 폐기 위에서만 가능함을 뜻한다. 나치즘은 그렇게 벌거벗긴다는 것이다. 그것이 도덕적이라는 말은 그것이 시혜적이고 교정적이며 폭력적인 것임을 애써 부정하거나 숨기지 않는다. 린데에게 도덕적 행위와 가스를 트는 폭력의 실행은 서로를 보증하며 함께 전진한다. 그것이 린데의 '의지'Willens이며 의지의 승리이다.

그렇게 승리하는 의지의 밑바닥에 놓인 린데의 독일론: "독일은 모든 것을 받아들이는 보편적 거울, 즉 세계의 의식이다."(3:117) 독일은 세계의 수렴점이다. 혹은 독일은 세계의 합수머리이며 밑변이고 뿌리이다. 독일은 모든 것들의 다른 모든 것들에 대한 감각과 인식의 불변하는 표준이다. 독일은 세계가 찍히는 절대적 감광판이며 신적인 스크린이다. 줄여 말해, 독일은 '정신'Geist이다. 다시 말해 독일은 '거울'이다. 세계의 거울. 보르헤스에게 거울은 늘 공포로 드러난다. 서로를 마주하고 있는 거울들 속에서 무한히 증식되면서 그 너머를 볼 수 없는 불빛들과 탐욕스런 시선들에 의해 발가벗겨지고 있음을 느끼는 「엠마 순스」의 주인공은 보르헤스의 일부이다. 벌거벗긴다는 점에서 거울, 불빛, 시선은 나치즘과 등가이다(엠마 순스는 신의 정의가 인간의 정의를 꺾을 것이며 자신은 그런 신의 도구이므로 인간의 법에 따른 판결을 거절할 수 있다고 믿는 자다). 세계의 거울로서의 독일이라는 린데의 독일론은 예수에 대한 신앙으로서의 유대주의가 세계를 병들어 죽게 하고 있다는 생각과 맞닿아 있다. 그에게 독일정신은 병든 세계에 대한 치료 그 자체

---

1. J. L. 보르헤스, 「독일 진혼곡」, 『알렙』(전집3), 황병하 옮김, 민음사, 1996, 120쪽. 이하 보르헤스의 소설들을 인용할 때는 다음의 전집 권수와 쪽수만 표시하기로 한다. 『불한당들의 세계사』(전집1), 『픽션들』(전집2), 『칼잡이들의 이야기』(전집4), 『셰익스피어의 기억』(전집5).

였으며 유대주의를 파괴적으로 도려내야만 하는 외과적 사명의 담당자였다. 그 사명을 완수하는 데 가장 큰 걸림돌은 자비심과 동정심이었다. "초월자에게 자비심은 짜라투스트라가 극복해야 했던 최고의 죄이다."(3:120) 니체F. W. Nietzsche에 대한 린데의 인용과 전용의 맥락을 확인케 하는 문장이다. 이 한 문장이 독일정신이라는 초월자 또는 독일정신으로의 초월자가 세계를 병으로 전염시키는 유대인들을 척결하는 데 있어 가장 큰 장애물로 자비심을 꼽았던 근거이다. 린데는 시인 예루살렘이 이감되어 왔을 때 동정심에 굴복하여 자비라는 죄를 범할 뻔했다고 고백한다. 린데는 세계의 모든 것들 중에 지옥의 씨 아닌 것이 없으며, 그 씨들은 모조리 정화되고 망각되어야 한다고 생각한다. 망각의 프로그램으로서의 나치즘. 린데에 의해 시인 예루살렘(또는 도시 예루살렘)은 모든 것을 망각했다. 1943년 3월 1일, 예루살렘은 죽었다.

> 나는 예루살렘이, 내가 그를 망가뜨렸던 게 나의 동정심을 망가뜨리기 위함이었다는 것을 깨닫고 있었는지 알지 못한다. 나의 눈앞에서 그는 한 사람의 인간도 아니었을 뿐만 아니라 한 사람의 유태인조차도 아니었다. 그는 내 영혼이 저주하는 한 지점의 상징으로 변해 있었다. 나는 그와 함께 고뇌했고, 그와 함께 죽었고, 달리 보자면 그와 함께 사라져버렸다. 그래서, 그렇게 잔혹할 수 있었던 것이다.(3:122)

린데는 독일정신이라는 초월자로 고양되기 위해서는 자신의 동정심을 부숨으로써 자비심이라는 죄로의 이끌림을 차단할 필요가 있었으며, 그렇게 하기 위해 예루살렘을 파괴했다. 린데에게 예루살렘은 한 명의 인간이나 유태인이 아니었다. 예루살렘은 린데 자신의 영혼이 저주하고 저지하며 끝내 기피하고 회피하려 했던 죄의 상징이었다. 무언가를 저주한다는 것은 그 무언가가 이미 자기 안에 들어 있었음을 자각한 이후의 일이다. 기피한다는 것은 언제든 저지를 수 있다는 반증이므로, 무언가에 대한 기피는 언제나 그 무언가에 대한 잠재적 수행과 함께 한다. 그러므로 린데가 저주하고 기피했던 예루살렘은 린데 안의 예루살렘이었다. 린데 안의 병균이었으며, 린데 안의 퇴폐였고, 린데 안의 타락이었다. 린데는 자신 안의 예루살렘을 철저히 파괴함으로써만 독일정신이라는 초월자로의 고양을 완수할 수 있었다. 예루살렘의 파괴가 린데 자신의 파괴였다고 말하는 까닭, 예루살렘과 린데가 함께 죽고 함께 사라졌다고 말하는 까닭, 그렇게 참혹하게 잔인할 수 있었던 까닭이 거기에 있다. 이것이 총살형 직전에 되뇌어진 린데의 신념과 논변의 일부이다. 그를 향해 이렇게 물을 수 있을까. 린데 당신과 함께 예루살렘도 그렇게 고양되었다고 보증할 수 있는가. 아니 그런 고양의 의지에 예루살렘 또한 동의했었던가. 당신이 함께 했다는 예루살렘의 고뇌는 당신의 의지에 의해 편집되고 가공된 고뇌이지 않는가. 진실로 고뇌를 함께 했다고 할 수 있는가. 진정으로 함께 죽고 함께 사라졌다고 할 수 있는가. 끝내 예루살렘은 당신의 목적을 위한 수단으로 전락하지 않았는가. 줄여 말해, 당신의 독일정신은 타자의 타자성에 대한 체계적 파괴와 얼마나 어떻게 다른가. 혹은 당신의 독일정신은 세계의 편집증적 수단화/물화物化와 얼마나 어떻게 다른가. 이렇게 묻고는 그렇게 물어도 되는 것인지, 그 물음들이 얼마나 어떻게 본원적인 것일 수 있는지 좀 더 생각하게 된다. 그것은 린데의 남은 말들에서 다시 시작된다.

1-2. 린데에게 히틀러의 전쟁 수행은 독일이라는 한 국가를 위한 것이면서 동시에 히틀러 자신이 침공했던 국가들을 포함한 모든 국가들을 위한 것이기도 했다. 이런 아이러니한 사정을 히틀러 자신은 몰랐을지라도, 독일적 삶의 권역 및 권리의 확장을 위해 내닫던 히틀러의 '피와 의지'에는 애초부터 각인되어 있었다는 게 린데의 생각이다. 린데에게 중요한 것은 히틀러 한 개인의 융성이냐 패망이냐가 아니라 바로 그 피와 의지의 관철이냐 폐기냐이다. 히틀러는 어찌되어도 상관없었다. 피와 의지에, 곧 세계를 되비추는 보편적 거울로서의 독일정신에 어긋나는 모든 것들을, 그 초월자로서의 독일정신의 보편적 관철에 장애가 되는 모든 것들을 제거하는 것이 린데의 사명이자 임무였다. 독일 제3제국의 독재장치 또한 예외일 수는 없다. 독일정신에

위배되는 독일이라면 그 독일마저 일소의 대상인 것이다. 이 지점에 린데가 제시하는 독일정신의 다른 한 측면이 있다. 이를 두고 그는 '진정한 해답'이라고 말한다.

세계는 예수에 대한 신앙인 유대주의라는 병에 의해 죽어가고 있었다. 우리는 유대주의에 폭력과 칼의 신앙을 가르쳐주었다. 바로 그 칼에 우리가 죽어가고 있다. … 새로운 질서가 세워지기 위해서는 수많은 것들이 파괴되어야 한다. 이제 우리는 독일이 바로 파괴되어야 할 것들 중 하나인 것을 안다.(3:125)

폭력과 칼. 신(앙)으로까지 고양된 그것들은 나치즘의 신화적 고안물이었다. 병균이며 오염이며 타락인 유대주의를 도려내고 그것에 물든 세계의 환부를 치료하는 것이 독일정신의 사명이었던 것처럼, 폭력이라는 신의 사명 또한 마찬가지였다. 독일정신과 폭력이라는 신은 동일한 사명과 목표 안에서 융합된다. 린데는 세계를 타락에서 순수로 이전시키는 신성한 폭력으로서의 독일정신에 의해 이제는 나치즘이 끝장날 때라고 선언한다. 새로운 질서, 새로운 법이 설립되기 위해 기존의 질서는 송두리째 파괴되어야 한다는 것. 이제는 나치즘이 바로 그런 기존의 낡은 법을 답습하고 재생시키고 있다는 것. 나치즘이 파괴되어야 하는 이유가 거기에 있다. 린데에게 나치즘의 파괴는 슬퍼할 일이 아니다. 그것은 독일정신의 담지자들에게 내려진 폭력이라는 신성한 선물이 본래의 원리와 사명을 잃지 않고 완전히 관철되고 면면히 증여되고 있다는 반증이기 때문이다. 린데는 말한다. "이제 세계 위로 무자비한 시대가 만개하기 시작하고 있다. 영국이 망치가 되고, 우리가 대장간의 모루가 된들 무슨 상관이란 말인가? 중요한 것은 비굴한 기독교적 소심함이 아니라 폭력이 지배하기만 하면 되는 것 아닌가."(3:126) 린데의 독일정신은 영국과 독일이라는 국가 간 대결의 승패 너머에서, 혹은 그 승패들의 밑바닥에서 전면적으로 관철되고 있다. 자비라는 죄, 그리스도교적 소심함과 단절하는 폭력의 신성화를 통해 기존의 질서와 기왕의 법을 리셋하는 사명의 철저하고 처절한 전면화. 그것이 린데가 말하는 신성한 폭력으로서의 독일정신이다. 총살형 앞에서 육체는 두려울지언정 정신은 떨리지 않는다고 되뇌는 타르노비츠 수용소 부소장 린데. 그가 연주하는 독일 진혼곡은 파괴된 나치즘을 기리는 패잔병의 위령곡이 아니라, 오염된 법으로 전락한 나치즘에 조종 울리며 장사 지내고 있는 승리자의 장송곡이자 전승곡이었던 것이다.

린데의 의지의 연주를 들으면서 그의 소명 바로 곁에 또 하나의 소명을 병치해야만 하는 필요와 까닭을 인지하게 된다. 「비밀의 기적」에 나오는 자로미르 흘라딕의 사명이 그것이다. 1939년 3월 14일 제3제국의 기갑부대가 프라하를 침공했다. 5일 뒤 게슈타포의 우두머리 율리우스 로스에 의해 흘라딕은 체포됐고 29일 오전 9시에 총살형이 있을 예정이다. 흘라딕은 유대인이며 독일 신비주의에 관한 연구서의 저자이고 미완성 비극 『적들』을 썼다. 그는 체포된 열흘 동안, 상상 속에서 처형과 죽음을 무한히 반복하며 연습했다. 그러던 중 문득 6음절 운율로 된 그의 희곡 『적들』을 떠올렸다. 흘라딕은 한 정신 이상자의 상상 속에서 무한히 재생되고 반복되는 환상의 경험을 기록한 그 작품을 머릿속에서 수정해 나갔다. 작품을 완성하기 위해선 1년의 시간이 더 필요했지만 그는 곧 죽어야 했다. 그는 어둠 속에서 신을 향해 말한다. 자신의 존재와 신의 존재를 정당화해 줄 수 있는 그 비극을 끝내기 위해 1년의 시간을 더 달라고 말이다. 흘라딕의 소명, 그것은 『적들』을 완성시키는 것이었다. 그에게 『적들』은 자기 자신의 존재와 신의 존재를 함께 그리고 동시에 정당화할 수 있는 근거였다. 흘라딕의 작품과 신의 세계는 무한과 반복의 차원에서 창조됐다는 점에서 동열에 놓인다. 작품의 완성은 흘라딕의 존재증명이며, 그것은 동시에 신의 세계의 완성이자 신의 존재증명이기도 했던 것이다. 자신이 신의 시행착오에 의해 만들어진 존재가 아닌 이상 『적들』의 저자로 존재한다고 믿는 흘라딕에게, 편재하는 목소리로서의 신은 일할 수 있는 1년의 시간을 허락한다. 사형 집행이 예정되어 있던 29일 오전 아홉시가 되었고, 흰 페인트가 칠해진 병영의 한쪽 구석진 벽 앞에 흘라딕은 섰다. 굵은 빗방울 하나가 흘라딕의 관자놀이를 타고 흘렀다. 총을 들고 정렬한 분대를 향해 하사관 하나가 손을 들며 발포 명령을 내렸다. 그 순간, 다음과 같은 일이 벌어졌다.

물질적 세계가 정지해 버렸다. / 무기들이 흘라딕을 향해 모아져 있었다. 그러나 그를 죽일 사람들은 얼어붙은 듯 굳어 있었다. 하사관의 팔은 아직 못 마친 동작 속에서 영원화되어 있었다. 벌 한 마리가 마당의 보도 위에 굳어버린 그림자를 드리우고 있었다.(2 : 241)

영원화된 순간, 비밀의 기적. 흘라딕은 온몸이 마비된 채로 물질적 세계의 운행이 정지된 그 틈입하는 순간 속에서, 그 단절적 순간의 연장 속에서 "정밀하고 비밀스럽게 자신의 보이지 않는 고결한 미로를 짜 나갔다."(2 : 243) 미완성 희곡의 수정과 완성의 과정이 고결한 미로를 직조하는 것으로 표현되어 있다. 보르헤스에게 미로는 세계였다. 다시 한 번 흘라딕의 작품과 신의 세계가 동열에 있음을 확인할 수 있다. 허락된 1년이 지났고, 흘라딕은 작품을 완성했다. 인간과 신의 존재증명이 수행되었고 흘라딕의 소명은 완수되었다. 관자놀이를 타고 흐르던 굵은 빗줄기가 다시 흘렀고, 마당 위에 굳어져 있던 벌의 그림자가 다시 움직이기 시작했다. 29일 아침 9시 2분, 네 개의 총구에서 발사된 독일제 총탄들이 흘라딕을 쓰러뜨렸다.

수용소 부소장 린데의 사명은 폭력의 신성화로서의 독일정신을 통해 유대주의라는 전염균을 제거하고 세계의 운행과 그 질서를 재설립하는 것이었다. 이와 달리 흘라딕의 사명은 인간과 신성의 동시적 증명을 수행하는 것이었으며, 그것은 물질적 세계의 운행정지 속에서, 그 정지 순간의 지속 속에서 가능한 무엇이었다. 린데의 사명은 세계의 전부를 관리하고 비추는 세계의 거울로서의 독일정신을 순수하게 지속시키고 연장시키는 것이었다. 이는 세계를 미로로 인식하는 흘라딕의 신과는 결코 화해될 수 없는 의지이다. 흘라딕에게 자신과 신의 존재증명을 가능케 했던 장소는 세계를 모조리 비추는 린데의 투명한 거울이 아니라, 미로로서의 세계를 파편적으로만 비출 수 있는 깨진 거울이었다. 온전한 거울이냐 깨진 거울이냐, 다시 말해 세계의 거울이냐 세계의 정지냐. 이것이냐 저것이냐. 그것이 린데와 흘라딕의 차이다. 신성의 경험이라고 할 수 있을 물질적 세계의 정지 순간, 그 순간의 지속 안에서 전개되는 파괴적인 동시에 구성적인 힘. 흘라딕에겐 그것이 관건이었다. 그런데 그것은 린데의 문제이기도 했다. 왜냐하면 앞서 인용했던 한 문장, '새로운 질서가 세워지기 위해서는 수많은 것들이 파괴되어야 한다'는 바로 그 문장의 의지는 린데의 것이면서 동시에 흘라딕의 것이기도 하기 때문이다. 기존 질서의 붕괴와 새로운 법의 설립, 그 둘의 동시성을 뜻하는 몰락의 개념은 흘라딕의 것이면서 동시에 린데의 것이기도 하기 때문이다. 그러므로 이렇게 말해야 한다. 세계의 거울이냐 세계의 정지냐라는, 제3제국에 대한 화해될 수 없는 인식의 차이는 실상 구조적 차원에서는 끊임없이 서로를 향해 근접하며 간섭하고 있다고 말이다. 그러므로 중요한 것은 동일한 문장과 개념을 둘러싸고 벌어지는 인용과 전용의 전투이며, 그 전투에서 이기기 위한 인식의 배치를 지속적으로 갱신해 가는 작업이다. 린데와 흘라딕이 서로를 닮아가지만 결코 똑같아지지 않게 하는 일, 서로에게 근접해가지만 끝내 합치되지 않게 하는 일. 남은 과제가 그 지점에 걸려 있다.

2-1. 「독일 진혼곡」과 「비밀의 기적」은 보르헤스의 적대가 비교적 선명히 드러나는 소설들이다. 『또 다른 심문』(1952)의 몇몇 에세이들에서 보르헤스의 적들은 더욱 간명하고 구체적으로 제시된다. 그에게 가장 시급히 풀어야 할 문제는 개인에 대한 국가의 개입이었다. 나치즘과 공산주의와 민족주의는 단연코 사회악의 요소를 가진 것으로 비판된다. 그런 적들과 싸워나가는 와중에 새롭게 정당성을 얻게 된 것이 개인주의이다. 그의 개인주의는 물론 아르헨티나의 개인주의이다. 국가주권과의 대결 이전에는 무용지물이자 해로운 것으로 여겨졌던 개인주의가 그 대결의 과정 속에서 각성의 계기를 제공하는 것으로 전변하리라고 기대했던 것이다. 그것은 당대의 대다수가 떠

받들었던 민주주의에 대한 비판에 근거해 있다. 보르헤스는 민주주의의 숭배자들이 그들의 적이었던 나치즘과 동일한 용어로, 즉 피와 대지와 의지가 발하는 내밀한 명령을 부과했다고 쓴다. 나치즘과 민주주의의 적대적 공모에 대한 그런 판단의 연장선에서 이데올로기 투쟁의 격렬한 전장이었던 스페인 내전 또한 비판된다. 보르헤스에게는 공화주의 및 민족주의와 더불어 '망치와 낫'을 든 맑스주의 또한 인종차별주의를 공유하고 있었다.

이방인의 위대함을 공표하는 것을 영광으로 여겼던 아이슬란드인들의 기록 『덴마크인의 사적』을 읽으면서 보르헤스는 네이션nation이라는 인식틀 속에서 그것이 깨지는 어떤 날의 도래를 감지한다. "아직 미래 속에 존재하고 있을 예언된 날짜, 즉 혈통과 국가와 인종을 망각한 날짜 말이다."[2] 보르헤스에게 예언된 그 날은 경계의 설정과 재조정을 통해 순수성을 높이는 피의 국가, 곧 닦달함으로써 안달하게 하는 네이션의 분리/매개의 정치를 끝내는 시간이었다. 이런 묵시적/정치적 사고는 책들의 무한한 연계 속에서 끊임없이 읽고 또 읽었던 보르헤스에게 인용의 급진성이라는 문제로 다시 드러난다. 보르헤스는 조지 무어 및 제임스 조이스J. Joyce가 다른 작가의 글에서 한 단락씩을 통째로 인용할 때와 오스카 와일드O. Wilde가 다른 작가들이 사용할 수 있도록 자신의 플롯을 제공할 때를 비교한다. 보르헤스에 따르면 그 두 경우는 인용 행위에 의해 수행되는 어떤 급진성으로 상호 연결되어 있다. "만국주의적이고 무인칭적인 의미". 이를 관철시키는 인용 행위는 보르헤스에게 "'말씀'Logos의 근본적 존재를 증명하는 또 하나의 증거이자 개별 작가의 경계를 부정하는"(『심문』, 32) 정치적 행위에 다름 아니었다. 무슨 말인가.

인용은 자기의 붕괴다. 독창적인 것과 독보적인 것을 향해 진군하는 자의식의 전횡이 정지되는 순간, 바로 그때가 인용할 때다. 한편 누군가에 의해 나의 글이 인용된다는 것은 때때로 내가 구축한 자족적인 체계가 그 누군가

---

2. J. L. 보르헤스, 『만리장성과 책들』(원제 『또 다른 심문』), 정경원 옮김, 열린책들, 2008, 303쪽. 이하 『심문』으로 줄이고 쪽수만 표시.

의 인용에 의해 깨지고 부서진다는 말과 다르지 않다. 인용됨으로써 나의 문장은 나의 체계로부터 탈구되어 '제자리를 잃고 불구가 된 말'이 된다. 그래서 급진적인 인용은 인용할 때와 인용될 때의 양방향 모두에서 자기의 경계를 부수는 힘과 더불어 자기의 경계가 부서지는 사건으로 경험된다. 그리고 그 힘과 그 경험은 '말씀'이라는 신의 존재를 증명하는 또 하나의 증거로 자리매김 되고 있다. 자기의 동일성을 가능케 했던 경계가 부서진 이후의 자기는 이미 더 이상 자기가 아니다. 그는 자기라는 1인칭의 폐기를 맛본 '무인칭'의 인간이다. 순수한 피의 국가를 끝내는 그 날, 도래할 바로 그 날을 살고 있는 무인칭적/만국주의적 인간의 어떤 세계주의. 무인칭의 인간이란 아무것도 아니라는 것이다. 아무것도 아니라는 것은 무無라는 것이다. 보르헤스에게 "신은 완전한 무이다."(『심문』, 259) 아무것도 아닌 그들이야말로 신이다. 아무것도 아니므로, 무이므로 모든 것이다. 보르헤스는 쓴다. " '아무것도 아님'이야말로 '그 무엇이 되기'이며, 경우에 따라서는 '모든 것이 되기'가 아닐까."(『심문』, 261) 청년 맑스는 쓴다. "나는 아무것도 아니다. 그러나 나는 모든 것이어야 한다."[3] 맑스-보르헤스적 기획으로서의 익명성 또는 신적 게발트성. 그것은 어떤 불복종의 힘으로 드러난다. 환상소설 「지친 자의 유토피아」를 읽자.

2-2. 일흔의 나이를 바라보는 영미문학 교수이자 작가인 에두아르도 아세베도. 보르헤스의 분신인 그는 끊임없이 확장되고 불어나는 시 한 구절을 되뇌면서 평원을 걷다가 꿈결 같이 그곳 유토피아에 이르러 있다. 그가 꿈꾸는 '없는 곳'U-topos으로서의 유토피아에서 없어져버린 것들의 목록은 다음과 같다. 달력, 역사, 통계학, 기념식, 동상, 박물관, 도서관, 국가들, 이름들. 그는 그런 것들이 없는 곳에선 모두가 자신만의 버나드 쇼, 자신만의 예수, 자신만의 아르키메데스가 되어야 할 거라고 말한다. 보르헤스는 쇼의 어떤 편지 속에 들어있는 한 문장을, 앞선 맑스의 문장과 꼭 빼닮은 한 문장을 인용했었

---

3. 칼 마르크스, 『헤겔 법철학 비판』, 강유원 옮김, 이론과실천, 2011, 25쪽.

다. 보르헤스에게 쇼는 아마도 그 유토피아에서 살아가는 이들 중 하나였을 것이다. 그렇게 없어진 것들의 목록을 일별했었던 그 누군가에게 아세베도는 이름을 묻는다. 그 누군가는 이름이 없다고, 다만 '어떤 사람'으로만 불린다고 답한다. 그는 익명의 인간, 무인칭의 생명이다. 그들은 국가/국법에 불복종했던 이들(의 후예)이다. 국가들은 어떻게 되었느냐는 물음에 그 익명/비인칭의 신-인은 답한다.

전승에 따르면 그것들은 점차로 쓸모가 없어졌다고 하더군요. 사람들은 선거를 부르짖고, 전쟁을 선포하고, 세금을 거두고, 재산을 압류하고, 구속명령을 내리고, 검열을 하려고 했지만 지구상의 그 누구도 그것들에 복종하지 않은 거예요.(5:106)

대의-양도의 체계, 폭력의 법 연관에 대한 불복종. 그 익명적/무인칭적 게발트궤적의 신적인 표상으로 보르헤스가 제시하고 있는 또 다른 하나는 저 「욥기」의 괴물 비히모스Behemoth이다. 1977년 부에노스 아이레스에서 있었던 일곱 번의 대중강연 중 하나에서 보르헤스는 '신'을 두고 "비히모스(이 이름은 복수이며, 히브리어로 수많은 동물들을 의미합니다)처럼 가공할 만한 것"[4]이라고 말했다. 그는 비히모스로 무얼 하려 하는가. 다시 말해 비히모스를 정의하는 보르헤스의 의지란 무엇인가. 비히모스는 개별적 단수를 특칭하는 게 아니라 복수적 존재들을 통칭하는 말이면서 수많은 동물들을 가리킨다. 비히모스는 아무것도 아닌 무이므로 무인칭적이며 신적이다. 보르헤스에게 비히모스는 익명적 신의 힘이며 국가라는 괴물에 대한 불복종적 권위의 발현이었다. 보르헤스는 말한다. "인간은 시간 속에서, 연속성 속에서 살고 있지만 마술적인 동물은 현재 속에, 순간의 영원 속에 살고 있"다고(2:278). 인간이 살아가는 연속적인 진보의 시간이 끊기고 정지되는 순간. 그 순간의

---

4. J. L. 보르헤스, 『칠일 밤』, 송병선 옮김, 현대문학, 2004, 38쪽. 이하 제목과 쪽수만 표시.

지속과 연장, 곧 순간의 영원함. 그것은 앞서 「비밀의 기적」의 흘라딕이 경험했던 신성의 시간, 곧 지속되던 그 정지의 순간과 다르지 않다. 줄여 말해, 현재시간Jetztzeit. 수많은 익명적 동물들로서의 비히모스는 바로 그런 현재시간을 사는 마술적인 동물들을 가리킨다. 보르헤스에게 비히모스는 연대기적 진보의 시간과 그 시간 위에서 부과되고 있던 선포·압류·명령·검열의 국가주권을 정지시키는 주체성/괴물성의 표현이다.

무인칭의 인간은 죽지 않는다. 익명성은 불사의 신성이다. 「죽지 않는 사람들」에서 보르헤스가 설정한 주인공은 『오뒷세이아』의 저자 호메로스Homeros였다. 그는 죽지 않고 세기를 걸쳐 매번 다른 모습으로 살아간다. 이름을 묻는 퀴클롭스에게 '아무도 아니'라고 답했던 오뒷세우스처럼, 「죽지 않는 사람들」의 호메로스는 아무것도 아닌 자는 모든 자가 될 것이며 단 한 명의 죽지 않는 자는 죽지 않는 모든 인간이라고 말한다. 이와 관련하여 보르헤스는 오뒷세우스의 삶에 있어 절정의 순간은, 혹은 그가 가진 힘의 원천은 트로이 목마의 계략과만 관계된 것이 아니라 범접 불가능하도록 금지되고 기밀화된 신성의 영역을 알고자 했던 대담하고도 고결한 결의와 관계된 것이라 말한다. 보르헤스가 문학의 변함없는 주제들 중 하나로 꼽았던 『신곡』의 단테D. Alighieri는 바로 그 지점에서 오뒷세우스와 동렬에 놓인다. 오뒷세우스처럼 단테 또한 누설이 금지되고 공표가 불가능해진 숨은 신성의 규약과 한계선을 위반하고 있기 때문이다. 보르헤스에게 그런 위반의 순간, 초과의 수행은 죽지 않는 익명적/무인칭적 삶의 지고한 정점에 다름 아니었다.

비히모스와 위반의 힘을 되짚으며 조금 더 나아가도록 하는 것은 「전체와 무」 속에 그려진 셰익스피어W. Shakespeare이다. 그는 자신 안에 아무도 없다는 사실, 곧 아무것도 아닌 자로서의 자신을 남들에게 들키지 않기 위한 위장에 능란했으며, 그런 한에서 배우라는 직업은 그에게 적격이었다. 오랜 시간 동안 그는 수많은 사람들이 되는 경험을 할 수 있었다. 그는 극장을 소유했었으며 성공했었고 은퇴한 흥행주였다. 그러던 어느 아침, 그는 자신의 그 아무것도 아님이 두렵고 혐오스러웠다. 그는 극장을 팔았고 유언장을 썼고 죽기 직전에 혹은 죽은 직후에 신과 대화했다. 그는 신에게 이제껏 모든 것이 될 수 있었던 것은 헛된 것이었다고, 이제 그 자신이 되고 싶다고 고백한다. 그 고백에 이어 회리바람과 함께 들려오는 신의 말. "나의 셰익스피어여, 나 또한 나 자신이 아닌 걸. 나는 마치 네가 너의 작품을 꿈꾸었던 것처럼 세계를 꿈꾸었지. 그리고 내 꿈의 형상들 속에, 마치 나처럼 수많은 존재이기도 하고 동시에 아무도 아닌 네가 존재하고 있는 거지."(4:58) 신 또한 신 자신이 아니었다. 셰익스피어가 아무것도 아니었던 것처럼 신 또한 무였고, 무였으므로 전체일 수 있었다. 셰익스피어가 꿈꾸었던 작품처럼 신이 꿈꾼 세계 속에서, 셰익스피어는 신 자신이었다. 셰익스피어가 신처럼 수많은 존재일 수 있었던 것은 아무것도 아니었기 때문이었다. 완전한 무이므로 무한한 변주의 힘을 가진 자. 그가 셰익스피어이며, 신이며, 익명적/무인칭적 인간이다. 익명의 인간이 신적인 게발트의 담지자이다. 이 명제를 암시함과 동시에 그 명제의 힘을 다시 한 번 재정의하도록 이끄는 보르헤스의 육성 한 대목을 듣기로 하자.

> 우리 각자 안에는 극히 작은 신의 입자가 있습니다. 이 세상이 정의로운 하느님의 작품이 될 수 없다는 것은 명백합니다. 그러나 그것은 모두 우리에게 달려 있습니다. 카발라가 우리에게 남겨주는 가르침은 바로 그것입니다.…카발라는 그리스인들이 '아포카타스타시스'apokatastasis(만유회복)라고 부른 교리를 가르쳤습니다. 그 가르침에 의하면 모든 피조물, 심지어 카인과 악마도 기나긴 윤회가 끝나면 되돌아와서 언젠가 그들을 출현하게 만들었던 신과 뒤섞이게 될 것입니다.(『칠일 밤』, 223)

유대 카발라의 교리에서 세계를 만든 여호와는 무한한 신성En Soph으로부터 멀리 떨어지고 이격된 신이며, 그런 한에서 신성이 축소된 신이고 결함과 실수투성이의 신이다. 매매된 정의 위에서 사회들이 버젓이 유지되고 있는 까닭, 악착같은 악과 표독스런 독이 넓고 깊게 퍼지고 있는 까닭이 거기에 있다. 하지만 그 악과 독의 문제가 근본에선 우리들 자신에게 달려 있다고 말하는 보르헤스의 의지는 카발라의 의지와 함께 움직인다. 보르헤스는 쓴다. "신을 규정하는 것은 '무'無이지 '전'全은 아니라"고(『심문』, 258). 무는 전능함이 아니다. 아무것도 아니기에 모든 것으로 변신할 수 있는 힘, 그 불복종적이고 위반적인 힘이 전능한 힘인 것은 아니다. 익명의 인간이 행사하는 신적인 힘은 전능함을 내세우는 힘의 무능을, 전능함을 선포하는 힘의 불의를 향해 발포하는 힘이다. 곧 선포하고 압류하며 명령하고 검열하는 신적인 힘의 유혈적 불의와 무능을, 불의라는 무능을 쏴 죽이는 힘이다. 익명의 인간은 좌시하는 신이 아니다. 익명의 신은 "육중한 권총을 끄집어냈고(우리들은 그 꿈속에서 돌연 권총을 가지고 있었고) 즐겁게 신들을 쏘아죽였다."(4:61) '꿈'을 두고 역사를 형성하는 일에의 참여이며 폐기된 사물의 심장부를 뚫고 들어가는 힘이라고 했던 건 발터 벤야민이었다. 보르헤스의 단편 「꿈」 속의 꿈은 권총이라는 무기의 돌연한 발생적 순간을 품고 있다. 그 권총들에 의해 전능함을 가장한 신들이 살해되는 순간은 그 신들에 의해 파기된 것들의 의미를 재각성하게 되는 시간과 맞닿아 있다. 그런 시간의 도래를 수행하는 이들이 바로 신의 입자를 가진 자들, 익명의 인간이다. 묵시적/독신적瀆神的 아포카타스타시스는 권총에 맞은 신들이 거꾸러지는 순간을, 다시 말해 축적의 신들의 권능이 정지되는 최후심판적 순간의 지속을, 최고도로 정지된 위기적 상황의 보존을 가리킨다. 폐기된 모든 것들이 신성을 회복하는 순간, 어떤 보편적 구제의 시간. 만유회복적·아포카타스타시스적 게발트궤적의 강도와 방향이 그와 같다. 보르헤스에게 그것은 이미 불사不死의 주제에서 암시되어 있는 것처럼 '영원회귀'의 힘에 대한 표현으로 구체화된다.

3-1. 보르헤스가 '영원'을 설명하기 위해 예로 든 사건은 이런 것이다. 적막한 밤의 분위기, 장밋빛 담장의 색감, 인동덩굴의 향기. 그런 사건들의 거듭된 반복은 단순한 재현이나 유사한 것의 연속이 아니라 매번 '바로 그것 그자체'인 것이다. 그 사건들은 결코 다른 무엇으로 환원될 수 없는 고유성을 가졌다. 이런 생각은 어제의 한 순간과 오늘의 한 순간이 직선적인 발전과 진

보의 관점에서 연속적/인과적 고리로 연결되어 있다는 시간관과 대결한다. 어제와 오늘의 그 각 순간들은 다른 것들로 환원되지 않는 차이의 영원한 지속이다. 보르헤스에게 그 매 순간은 그런 환원불가능한 차이를 품은 채로 영원히 도래한다. "매 순간은 자치적이다."(『심문』, 316) 순간의 자치self-governing, 순간이라는 자치의 게발트. 보르헤스는 그 자치의 힘이 연대기적 고착의 시간을 정지시키기에 충분한 것이라고 적었다. 보르헤스의 묵시적-만유회복·아포카타스타시스는 바로 그런 순간의 자치적 힘을 가리키는 말이기도 하다.

직선의 시간은 어떤 독재의 체제를 지탱하는 전제들 중 하나이다. 보르헤스가 말하는 대칭성은 그런 독재의 체제를 유지하는 또 다른 전제이다. "10년 전 그 어떤 대칭도 — 변증법적 유물론, 반유태주의, 나치즘 — 외형적 질서만 가지고 있으면 쉽게 인간의 마음을 사로잡을 수가 있었다. 그 누가 질서정연한 혹성이라는 정밀하고 방대한 증거를 눈앞에 두고서도 틀뢴에게 굴복하지 않을 것인가?"(2:48) 1940년을 전후해 작성된 이 문장에서 좀 더 생각하게 되는 단어가 있다면 그건 대칭과 틀뢴이다. 대칭이란 짝이라는 것이다. 짝은 거울 같은 것이며, 거울은 보르헤스에게 공포의 대상이었다. 짝이라는 거울, 그 공포의 대칭성은 예컨대 영국과 독일, 연합국과 추축국, 자본주의와 나치즘, 민주주의와 공산주의 같은 것들이다. 공모하는 그 짝들의 힘은 영원한 악순환에서 나온다. 그 악순환의 토대들, 혹은 속성들을 다음과 같다. 질서정연함, 그런 질서정연한 전망의 제시, 그 전망의 오차 없음에 대한 기계적 증명, 그 증명을 위한 정밀하고 방대한 증거들. 줄여 말해, 틀뢴. 어떤 혹성을 뜻하는 그 용어는 상상된 것들(그러므로 더욱 물질적이고 실질적인 것들)의 조합으로 된 이데올로기적 장치이다. 보르헤스에겐 아르헨티나의 급진주의자와 독재주의자(페론주의자)가 바로 그런 영원한 악순환의 짝이자 거울이었다. 보르헤스는 보수당을 선택했다. 그리고 그는 많은 이들에게 아르헨티나에서 보수를 택한다는 것이 우익이 아니라 중립이 되는 것임을 이해시켜야만 했다. 보르헤스가 말하는 중립이 된다는 것, 다시 말해 양극단의 틈새에 선다는 것은 그렇게 영원히 악순환하는 짝이 삶의 가능한 최대치가 아니라 현재의 삶에 의해 일소되어야 할 적대임을 개시하는 일이다. 대칭은 적이다. 총구를 겨눠야 하는 것은 그러므로 대칭적 짝이며, 적대적으로 공모하는 '친밀한 적'으로서의 적이다. 그 영원한 악무한의 토양이자 뿌리가 직선적/신화적 발전의 시간관이었다. 보르헤스에게 직선의 시간을 부정하는 것과 자기의 동일성을 부정하는 것은 다른 게 아니었다. 그 둘 모두는 부정의 행동이므로 허망한 것으로 느껴지지만 실은 삶을 위로하고 치유한다는 점에서 등가였다. '시간'과 '나'의 관계에 대한 보르헤스의 문장들을 인용한다.

> 시간은 나를 이루고 있는 본질이다. 시간은 강물이어서 나를 휩쓸어 가지만, 내가 곧 강이다. 시간은 호랑이어서 나를 덮쳐 갈기갈기 찢어버리지만, 내가 바로 호랑이이다. 시간은 불인 까닭에 나를 태워 없애지만, 나는 불에 다름 아니다. 세상은 불행히도 현실이다. 나는 불행히도 보르헤스다.(『심문』, 337)

무슨 말인가, 어떤 의지인가. 앞서 직선의 시간이 어떤 독재를 지탱하는 한 가지 전제라고 썼다. 보르헤스에겐 그 신화적 발전의 시간에 대한 거절과 불복종이 나의 동일성에 대한 해체의 수행과 등가였다. 나의 본질은 시간인데, 그 시간은 강물이며 호랑이고 불이라서 '나'라는 동일성을 휩쓸어버리고 찢어버리며 불태워버린다. 그 시간은 주인-나의 자기성/동일성을 해체한다. 그렇게 해체된 나에 의해, 다시 말해 동일성이 붕괴되었으므로 아무것도 아닌 것(또는 모든 것)이 된 익명적 인간, 그 계산 불가능해진 인간에 의해 계산과 집계를 통해 동일화하는 발전의 직선적/유혈적 시간은 정지된다. 왜냐하면 휩쓸리고 찢기고 불태워진 나, 그 익명적 인간이야말로 동시에 동일성의 시간(직선의 시간)을 휩쓸고 찢고 불태우는 강이며 호랑이고 불이기 때문이다. '나는 불행히도 보르헤스다'라는 한 문장은 보르헤스가 인용했던 스위프트 J.Swift의 문장과 포개져 있다. '유감스럽게도 나는 나'라고 적었던 스위프트는 그럼에도 신이 원하는 그대로 존재했으며, 그렇게 '존재한다는 것'과 '모든 것이 되는 것'이 전혀 다르지 않다고 고백하고 있다. 그의 고백처럼 그를 인용한 보르헤스 또한 불행히도 보르헤스였다. 그럼에도 그 보르헤스는 모든 것이 되었던 보르헤스, 익명적/무인칭적 보르헤스였다. 그는 이렇게 적었다. 존재한다는 것은 시간이 된다는 것이며, 우리들은 모두 시간이다. 그 말을 되받아 쓰기로 하자. 존재한다는 것은 시간이 되는 것이되 자치적 시간이 되는 것이며, 우리 모두는 시간이되 자치적 시간이다.

보르헤스의 시간에 대해 여기까지 쓰고선 그의 어떤 절망적 인식과 마주하게 된다. 그의 절망적 몸짓은 그가 읽은 것들, 그가 인용하고 있는 염세적인 것들 때문이다. 젊은 날에 자살로 생을 끝낸 마인랜더에게서 보르헤스가 인용한 부분은 인간과 신의 관계에 대한 것이었다. 마인렌더에게 인간은 태초의 시간에 존재하기를 거절하고는 스스로를 파괴해버린 어떤 '신의 파편'이었다. 절망적으로 고개를 끄덕이던 보르헤스는 세계란 바로 그런 파편들의 우울한 고뇌의 역사라고 적었다. 생각해 보면, 태초의 시간은 일방적인 명명과 제작의 시간이기도 했다. 그 일방적 시간에 대한 불복종의 표현으로 스스로를 파괴해버리는 신의 의지가 그 신의 부서진 파편들 속에 보존되어 있다. 익명적/무인칭적 인간은 그렇게 파편들로서 보존된 신의 의지적 게발트이다. 자신의 파괴가 자신에게 부과되는 명령의 시간을 기소하기 위한 비극적 방법이자 절망적인 태도인 한에서, 보르헤스의 절망은 패배의 무기력한 추인이 아니라 원리적 수준으로까지 고양된 절망이라고 해야 한다. 여기 두 개의 절망이 있다. 포기하고 마는 절망과 끝내 포기하지 않는 절망. 절망을 그렇게 구분할 때, 포기와 절망은 동의어가 아니라 반의어이다. 절망은 포기와는 반대로 끝내 포기하지 않는 거듭된 실패의 시도이다. 자기를 있도록 명명한 세계의 신을 자기의 파괴를 통해 기소하고, 그런 기소를 통해 그 신을 파괴함으로써 그 신의 파편들·잔여들로 잔존하는 익명의 신인들. 이 지점에 관련된 것이, 만유회복·아포카타스타시스의 순간으로 도래중인 익명적 인간이 '신의 입자'로 구성되어 있다고 했던 보르헤스의 말이다. 그렇게 신의 입자들과 신의 파편들로 된 익명의 인간은 이른바 "또 다른 영원회귀가 양산해내고 있는 지각되지 않는 수많은 주체들"(『심문』, 47)과 포개져 있다. 지각되지 않는다는 것은 결산되지 않는다는 것이다. 계측에 근거한 예상이 불가능하므로 저들은 지배자들의 관점에선 위험한 숨은 힘이다. 보르헤스에게 신은 곳곳에 숨은 것이었다. 영원회귀란 무엇인가. 영원회귀는 계산불가능성을 생산하는 힘이자 편재하는 숨은 신을 양산하는 힘이다. 영원회귀는 저 영원한 악무한의 대칭 체제를 정지시키는 신의 게발트이다. 그 힘에 대해 좀 더 할 수 있는 말이 남아있다.

3-2. 알려진 것처럼 보르헤스에게 '책'은 중요한 주제 중 하나이다. 자주 그것은 영원회귀의 이미지로 드러난다. 대표적인 예가 『천일야화』이다. 이야기가 끝나면 목이 달아나므로 왕비 셰에라자데의 이야기는 끝나지 않고 불어나고 늘어난다. 페르시아의 왕은 무한히 다시 삽입되고 다르게 틈입하는 끝없는 이야기를 듣고 있을 뿐이다. 이야기가 시작되었던 그 순간부터 줄곧 증식되고 있는 한, 그래서 왕이 그 이야기를 듣기 시작한 순간부터 줄곧 듣고만 있는 한, 셰에라자데에 의한 구체적 예외 속에서 왕이 가진 생살여탈권은 줄곧 정지되어 있고 끝내 유예되고 있다. 보르헤스에게 『천일야화』에서 드러나는 이야기의 무한한 삽입과 틈입의 가능성은 존재론적 증식의 유희 및 향유와 맞닿은 것이었다. 『천일야화』는 한계와 제약이 없으며 인과율적이거나 직선적이지 않다. 그것은 파편적이어서 분산적인 '모래의 책'이다. 그것은 집계를 거절하므로 결산 불가능한 책이다. 그렇게 결산이 불가능하므로 숨은 책, 숨은 신의 책이다. 그것은 생살여탈의 권능 안에 그것을 정지·해체시키는 최고도의 위기를 장전하고 있다. 이는 그 저변에 있어 「비밀의 기적」의 물질적 세계를 정지시켰던 신의 시간, 신의 그 폭력적 틈입의 아포카타스타시스와 동질적인 것이다. 이런 사정이 시적으로/역사적으로 형상화된 이미지가 보르헤스의 '호랑이'다.

「또 다른 호랑이 – 그리고 유사하게 창조하는 기술」이라는 시. 그 호랑이는 피범벅인 채로 힘 있고 새롭고 천진하다. "그의 세계는 이름도, 과거도, 미래도 없고, 다만 어떤 찰나만이 있을 뿐이네. / 야만적 거리距離를 도약하리."5 그 호랑이는 이름이 없으므로 익명이고 익명이므로 과거와 미래의 직선적 운행을 정지시키는 틈입하는 '찰나'이다. 줄여 말해 호랑이의 도약Tigersprung. 보르헤스의 호랑이는 도약한다. 그 호랑이는 야만적 분리력/매개력이 만들어 놓은 네메인/노모스의 경계와 구획된 거리를 뛰어넘는다. 그 야만적 피의 경계들을 떠올리게 하는 것들이 「일천구백이십몇년」에서 나열된다. 연합군의 가공할 밤과 공포, 굴욕, 방화, 분노, 스페인의 코르도바와 인산인해의 군중들. 보르헤스는 그 모든 사태가 아르헨티나에서 벌어질 것임을 누구도 말해 주지 않았다고 말한다. 아무런 일도 일어나지 않을 것 같은 반혁명적 안정과 고요와 안락, 그 고갈과 유배의 감각에 대한 추인과 공모가 보르헤스가 인식하는 아르헨티나의 역사였다. 그 역사를 달고 재고 찢는 것이 호랑이의 도약이었다. "호랑이는 회귀하는 형상들 중 하나"이다(『열기』, 94). 그런 호랑이의 회귀처럼, "선조들의 무인의 피는 신의 전쟁에 기쁨으로 회귀"한다(『열기』, 82). 무한히 오늘로 무한이 회귀·틈입·도래하는 호랑이는 어디로/어디서 도약하는가. 익명의 선조들이 신의 전쟁에서 흘린 기쁜 피로 도약하며, 그 피에서, 그 피로서 오늘로 도약한다. 그렇게 피를 칠갑한 역사적 유물론의 호랑이 같은 「순환하는 밤」을, 그 시의 도약하는 시어들을 읽자.

> 내 핏줄의 과거 이름들을 ― 라쁘리다, 까브레라,/솔레르, 수아레스…― 되풀이하는 거리들이 엮어낸./(이미 비밀스런) 기상나팔, 공화국, 말, 아침,/행복한 승리, 용사적 죽음들이 고동치는 이름들./… 변함없는 영원이 내 육신에 회귀하네.(『열기』, 162)

보르헤스의 선조들, 그 이름들이 되풀이해 여기로 도약할 때, 그 이름들은 매번 오늘로 회귀하는 익명성/무인칭성이다. 싸움하는 선조들의 피로 도

---

5. J. L. 보르헤스, 『부에노스 아이레스의 열기』, 우석균 옮김, 민음사, 1999. 66쪽. 이하 『열기』로 줄이고 쪽수만 표시.

약하는 보르헤스의 호랑이는 이미 보르헤스가 바로 그 호랑이였음을, 익명의 인간이었음을, 틈입한 신이었음을 가리킨다. 섬뜩한 인지를 중단할 순 없지만, 피로 고동치는 익명의 이름들은 오늘의 육신들로 무한히 회귀하고 있다. 도약하는 호랑이는 그렇게 피범벅인 채로 매번 힘 있고 새롭고 천진하다. 호랑이는 아무것도 아니다, 호랑이는 모든 것이어야 한다. 보르헤스에게 호랑이의 도약은 '무'라는 본원적 신성에 이르는 과정에 다름 아니다. 그 과정 위에, 그 소송의 길 위에 역사와 악과 독을 마주하는 보르헤스의 신념과 의지가 있다.

법률과 교리를 공부했고 판결과 법조문 속에서 살 거라고 생각했던 보르헤스의 선조 프란시스코 라쁘리다. 「순환하는 밤」에서 나열됐던 이름들 중 하나인 그는 보르헤스의 외가 쪽 선조였으며 1816년에 아르헨티나의 독립을 선포했던 뚜꾸만 의회의 지도자였다(그는 소설 「의회」에 나오는 의장 알레한드로의 말을 떠올리게 한다. "의회는 잿더미 위의 욥이자 십자가 위의 예수야."(5:41). 보르헤스에게 의회라는 장치는 아무것도 아니므로 모든 것이어야 하는 익명성의 역-장치여야만 했다). 「추측의 시」는 1829년 9월 22일 적들에게 살해당하기 직전에 있었던 그 라쁘리다의 신성의 경험을 다룬 시이다. 그런 한에서 「추측의 시」의 라쁘리다는 「전체와 무」의 셰익스피어, 「비밀의 기적」의 흘라딕과 같은 선상에 놓인다. 심장을 찔러오는 적의 비수를 느끼는 그 순간에 라쁘리다가 느끼고 경험했던 것은 이런 것이다. "마침내 내 인생의, 숨겨진 열쇠를 발견하였네.… 빠져 있었던 문자, 애초에 신이 인지한 완벽한 형상을. 오늘밤이라는 거울에서 의심할 바 없는 영원한 내 얼굴에 도달하네."(『열기』, 170) 그가 죽기 직전에 발견했던 열쇠란 신이 인지한 완벽한 형상의 발견이며, 그 발견이란 오늘밤이라는 거울에 비치는 자신의 상을 깨고 의심할 것 없는 자신의 영원한 맨얼굴을 인지하는 것과 등가이다. 그렇게 영원한 자신의 얼굴을 발견하는 자들의 그 밤, 거울이라는 대칭의 형상을 깨고 틈입하는 실재/신의 힘, 그런 신적 힘으로 구성된 그들의 그 밤은 잠들지 않는 밤이며, 영원히 회귀하는 밤이다. 그러므로 다시 「순환하는 밤」을, 그 불면의 밤을 지새우는 보르헤스의 뜬눈을 마주하게 된다 : "모든 불면의 밤이 세세히 회귀하리라. / 이 글을 쓰는 손도 동일한 배에서 또다시 출생하리라. / 강고한 군대가 심연을 건설하리라. / (에딘버러의 데이비드 흄이 똑같은 말을 했네.)"(『열기』, 158)

읽은 것들에서, 그것들의 미로에서 유출되고 분비되고 있는 보르헤스의 시어들, 문장들. 그가 말하는 무한회귀하는 것들, 불면의 밤, 쓰는 손, 강고한 군대. 불면이란 깨어있음을 말한다. 그것은 각성의 지속상태이다. 그 불면의 각성 속에서만 익명의 인간은 폭력의 실상에 대한 목격자이자 관찰자가 된다. 그러므로 그 불면의 밤은 익명의 밤이며 정치적인 것의 밤이다. 보르헤스에겐 그 밤이야말로 어떤 배腹에 다름 아니다. 그 뱃속에는 놓치지 않고 세세히 목격했던 실재를 써나가는 손들이 잉태되어 있다. 그 손들은 불면의 밤이 누대에 걸쳐 회귀하듯, 매번 그 배에서 또다시 분만된다. 그렇게 발생하는 쓰는 손들이 바로 강고한 군대이다. 쓰는 손들의 군대에 의해 적들의 저 영원한 악무한 속으로 묵시적 몰락과 중단이, 만유회복·아포카타스타시스의 지속이 매설된다. 그것은 불사의 시간에, 순환하는 불면의 밤에 일어나는 일이다. 보르헤스가 말하는 영원회귀의 게발트가 그 일을 한다. 그 게발트를 향한 신념이 보르헤스의 의지의 승리를 인도하고 있다.

공통적인 것의 신학정치론
카이로스라는 힘의 격률에 대해

1-1. '삶'life이라는 단어를 접두사로 붙여 만들어진 테제들. 삶활력, 삶정치, 삶권력, 삶시간, 삶언어, 삶문화, 삶문학, 삶예술, 삶미학. 그렇게 '삶'이라는 단어가 접두사로 붙여질 때의 힘과 의지에, 힘에의 의지에, 그 의지의 벡터궤적으로서의 비평에, 줄여 말해 조정환이라는 '확대경'에 주목하게 된다. 그에게 비평가는 예술가로 변신해가는 이행의 길 위를 걷는 자다. 그에게 예술가로서의 비평가는, '지구적 주권'과 그것을 합성해가는 자본의 운동 속에서 그런 합성을 한정·기소하고 이행·전위시키는 특이한 의지과 힘으로 내전을 치르고 있는 '투사'이다. 조정환은 이른바 '공통적인 것'으로 향해진 예술가들/비평가들의 창조적 내전 수행을 플럭서스 예술운동의 재정의를 통해 인지했었다. 비평은 '삶'을 포획하는 폭식의 삶권력pouvoir에 맞선 투쟁의 예술이자 예술의 투쟁이고, 그런 한에서 그것은 '삶'을 위한 해방의 정치, 삶정치에 다름 아니다. 조정환이 말하는 비평은 삶정치적 활력puissance의 지속 시간을 표현하고 예술화하는바, 그 표현의 형질은 '삶'의 포획을 위한 분류법의 절차 및 구획의 정지를 향해 있다.

'삶'은 활력의 다른 말이다. 활력은 절단적인 힘인 동시에 공통적인 것을 발굴·발명하는 능력이다. 이 삶활력을 어떻게 증대시키는가 혹은 그 활력이 어떻게 봉쇄되는가에 조정환의 문학비평이 삶정치적 비평으로 드러나는 순간과 맥박이 집약되어 있다. 개념과 용어를 둘러싼 투쟁은 아직 끝나지 않았으며, '삶'은 그 예다. '삶'을 둘러싼 문학의 투쟁에서 조정환의 입장은 이른바 '리얼리즘 에피스테메'를 끝장내려는 의지를 따라, 그것에 조종을 선언하려는 힘을 따라 펼쳐진다. 왜 그는 비평가 백낙청과 황종연을 기각할 수밖에 없었는가. 종국에 있어 그들의 비평이 '삶'의 저지선으로, 활력의 발양의 금지로 기능한다고 판단했기 때문이다. 로렌스가 말하는 '삶'의 문제에서 그들 사이의 입장차가 미세하지만 선명하게 드러난다.

로렌스는 백낙청의 근간 중 하나이다. 리얼리즘의 수세를 공세로 역전시키기 위한 백낙청의 전장으로서의 로렌스, 또는 세잔과 고흐의 그림 앞에 섰던 로렌스. 해바라기와 사과는 여러 존재자로서의 해바라기들과 사과들을 재현한 것이 아니라 존재의 열림이라고 말하는 로렌스. 그는 자기 자신과 존재로서의 해바라기 사이의 '생생한 관계를 시간 속의 그 살아 있는 순간에 드러내고 또 성취한다'라고 썼다. 백낙청은 그런 로렌스의 또 다른 한 문장에 주목한다. '세잔 자신이 원한 것은 다름 아닌 재현이었다고 나는 확신한다.' 백낙청 리얼리즘론의 근간으로서의 '재현'은 로렌스 재현론의 전유에 다름 아니었다. 하지만 로렌스는 자신이 말하는 재현이라는 것이 '삶에 더 충실하기를 원했을 뿐'이라고 못 박음으로써, 조정환에 따르면, "재현의 위상을 삶의 지평으로 가져간다."[1] 조정환은 백낙청이 다음과 같은 로렌스의 문장, 곧 '세잔은 현실life에 충실한 재현을 실제로 원했다. 다만 그것이 현실life에 더욱 충실하기를more true-to-life 원했을 뿐이다'라는 문장 속의 'life'를 '삶'이 아니라 '현실'로 번역함으로써 로렌스 고유의 '삶' 개념을 리얼리즘론의 재현을 보증하는 것으로 변형시켰다고 말한다. '삶'이 '현실'로 번역된 것은 백낙청의 실수가 아니라 리얼리즘론의 구축과 재구축을 위한 '의식적 조작'이었던바, 거기에 조정환이 백낙청을 기각하는 이유와 근거가 있다. 그 두 비평가의 확연한 분기를 아래에서 거듭 확인하게 된다.

---

1. 조정환, 『카이로스의 문학』, 갈무리, 2006, 57쪽. 이하 『카이로스』로 줄이고 쪽수만 표시.

이어지는 인용 'Ce'zanne was a realist, and he wanted to be true to life'에
서도 'life'를 '현실'로 새겨 '세잔은 리얼리스트였고 현실에 충실하게 그리기를
원했다'고 하고 있는 것을 보면 이 바꿔치기는 부주의의 산물이기보다 의식
적인 조작으로 보인다. 이 조작을 통해서 현실 재현을 넘어서는 것으로서의
로렌스의 '삶' 개념과 '삶에의 충실성으로서의 재현' 개념이 리얼리즘론을 뒷
받침하기에 적절한 '현실'과 '현실 재현'의 개념으로 둔갑하는 것이다.(『카이
로스』, 57)

내게 위의 문장들은 무엇보다 먼저 백낙청을 상대로 한 조정환의 투쟁의
지속으로 읽힌다. 1980년대 후반 조정환은 당대의 문학장을 부르주아 문학
의 경향적 우세로 추상하면서 노동해방의 기관차로 90년대를 민중의 시대로
만들어 가야 한다고 처방했다. 월간 『노동해방문학』(1989)에 실린 노동자 '전
위' 조정환의 「'민족문학주체논쟁'의 종식과 노동해방문학운동의 출발점」은
당시 문학 담론의 주류였던 백낙청 민족문학론의 민족주의적 우편향을 비판
하는 글이었다.[2] 그 글이 1990년대 중반 네그리A. Negri/가타리의 『자유의 새
로운 공간』을 번역함으로써 이뤄진 자율주의로의 전회와 맞물려 있다는 사
실, 그 연장선에서 위의 인용 부분은 1980년대 후반의 백낙청 비판이 달라진
정세 속에서 다시 다르게 반복·단절·전변하고 있음을 확인하게 한다(이는
백낙청의 거버넌스론, 이른바 창비 거버넌스론을 다중의 거버넌스로 비판하
는 것으로 다시 한 번 이어졌다). 어떤 비평의 궤적에서 한 결로 된 시간의 지
속을 감지할 수 있다면, 그 비평은 존엄의 조건 하나를 채운 것이다. 어느 때
고 문제는 '삶'이었다. 활력으로 충만한 '삶'의 관점, 그것이 조정환의 입론이다.
그리고 그것은 '삶에의 충실성'이라는 로렌스의 관점과 공통된다. '삶'을 현실
로, '삶에의 충실'을 현실 재현에의 충실로 번역/전유한 백낙청의 관점이 기각
되는 까닭이 거기에 있다.

---

2. 조정환, 『노동해방문학의 논리』, 노동문학사, 1990, 47~87쪽 참조.

1-2. '삶'은 활력의 다른 말이고, 활력은 늘 잠재성의 표현과 합성된 말이다. 백낙청에 대한 조정환의 결론: "백낙청은 재현이 현실 재현을 넘어서야 함을 주목했지만 현실을 넘어서는 잠재의 평면과, 현실과 잠재를 포괄하는 전체의 열림인 역동적 표현의 차원[곧, '삶'의 관점]을 보지 못했다."(『카이로스』, 66) 이 결론 혹은 선고의 근거로 조정환은 작가 신경숙의 『외딴 방』에 대한 백낙청의 평가를 든다. 『외딴 방』이 잊혀져간 노동자들의 모습을 생생히 되살리고 그들의 정당성을 옹호했으며 우리에게 인간으로서의 위엄을 '부여'하는 거대한 일을 했다는 백낙청의 평가에 대해, 조정환은 신경숙의 동일한 한 대목을 인용하면서 작가는 결코 작가 바깥에 있는 그들 노동자들을 대상화하여 위엄을 부여한 것이 아니라는 것, '삶'의 위엄과 활력은 작가가 부여하는 것이 아니라 작가 자신마저도 포함되어 있는 그들 속에 항상-이미 잠재적으로 실재한다는 것, 그런 그들 안에 공통적으로 들어있는 작가는 꾸민 이야기의 '재현'을 통해 그들의 삶활력과 위엄을 재생산하고 '표현'했을 뿐이라는 것, 그리고 그것은 새로운 민중의 창조 작업에 다름 아니라는 것을 말한다. 재현을 넘어서는, 이른바 '되기'의 연쇄. 창조자-되기, 친구-되기, 줄여 말해 공통-되기의 실천 혹은 창조적 내전의 수행. 이런 사고의 연장선에서, 『외딴 방』에 호남 사람이 당하는 서울에서의 차별이나 노동자들의 생활 속에 흔히 있을 법한 상스런 모습들이 그려져 있지 않다는 백낙청의 평가는, 잠재적virtual 활력과는 아무런 긴장 관계를 맺지 못한 사실성과 현행성actual에 매몰된 것으로, 기존의 리얼리즘적 재현이라는 척도를 뒷문으로 다시 도입하고 있는 예증이 된다. 그때 '삶'은 억제된다.

백낙청이 '삶에의 충실성'이라는 로렌스의 관점을 '현실 재현에의 충실성'으로 전유했다면, 백낙청에 대한 비판을 조정환과는 다르게 수행했던 황종연에게는 '개인에의 충실성'이 중요했다. 조정환은 백낙청과 황종연의 관계를 두고 "민족문학의 편집증적 코드와 대립하는 일종의 분열증적 코드"(『카이로스』, 35)라고 평한다. 황종연이 강조하는 '진정성'은 개인의 자아·감정·신념에 일치하는 진실된 삶을 살려는 의지이자 파토스이다. 이와 같은 진정성에 대한 강조는 연대·연합하는 삶의 중요성을 인정하면서도 그것에 언제든 틈입하고 들러붙을 수 있는 파시즘의 유령성을 회피하고 제거하기 위해서였다. 민족에의 충실성, 민중·계급·당에의 충실성이 아니라 개인의 진정성에의 충실성은 그러나 모든 사회 윤리들을 규제하는 척도로 기능함으로써, 민족·민중·계급 같은 동일성을 강제하는 사회체제에 갇혀있던 자아를 자유의 이름 아래 카오스 상태로 방치하게 된다. 백낙청을 비판했던 황종연은 백낙청과는 정반대 방향에서 로렌스적 '삶에의 충실성'을 폐기하거나 포기한다.

> 이렇게 하여 진정성이 로렌스적 의미의 '삶에의 충실성'으로 발전될 가능성은 차단된다. 1990년에 부상한 사회적 주체성의 새로운 덕성은 '개인'이라는 형틀에 따라 낱낱이 부서지고 파편화된다. 특이함singularity의 이름일 수 있는 진정성을 개인성individuality에 종속시킴으로써 진정성들의 공통성을 구축할 수 있는 어떤 가능성도 배제된다.(『카이로스』, 38)

어느 때고 문제는 '삶', 곧 공통적인 것의 구축이었다. 황종연은 사회적 정상성의 영역에서 일탈·이탈하는 '비루한 것들의 축제'를 권력에 의해 허용된 일시적 균열상태로 규정했고, 그것의 낭만적 미화를 거절하면서, 자유로운 개인의 내면성과 진정성의 밀도를 '삶'의 척도로 설정했다. 조정환은 정치적으로 자유주의적인 개인성에의 충실과 그것의 미학적 표현으로서의 진정성이라는 황종연의 두 기둥이 민중·민족·계급 같은 동일성에의 충실성을 내재적으로 비판하고 넘어선 것이 아니라 단지 그런 여러 동일성들에 곁에서 개인의 진정성에의 충실이라는 또 하나의 동일성을 대립시키고 대치시킨 것에 지나지 않은 것이었다고 비판한다. 동일성들은 정치적으로는 대의를, 미학적으로는 재현을, 달리 말해 리얼리즘의 주조음을 그 배면에 깔고 있는 것들이었다. 그런 사정을 비판했던 황종연이 개인의 진정성이라는 또 다른 동일성을 다른 동일성들에 단지 대치시키는 선에서 멈추고 말 때, 그의 비평은 자신의 적들과 적대함으로써 공모하게 되며, 그렇게 적을 환대하게 될 때, 동일성들의 연쇄적 자리바꿈은, 동일성들의 순번에 따른 주도권 나눠먹기는, 동일성들의 변증법적 합종과 연횡은, 줄여 말해 리얼리즘 에피스테메는 끝내 끝나지 않는다. 그러므로 다시 한 번 되뇌어야 하는 것은 저 로렌스/들뢰즈적 '삶'의 의미, 그것에의 충실성이다. 어느 때고 문제는 '삶', 다시 말해 특이한 진정성들의 공통-되기, 그 창조적 내전 수행으로서의 비평이 갖는 권위의 정당성-근거의 정초인 것이다.

로렌스/조정환은 말한다. '삶'의 관점이란 주체와 세계 사이의 역동적 관계를 '시간의 살아 있는 순간에 드러내고 또 성취'하는 것이라고. 시간의 살아 있는 순간. 이 한 구절은 거듭 강조되어야 한다. 로렌스가 말하는 살아 있는 '삶'의 시간, 삶시간, 그 잠재적 활력의 시간이야말로 조정환의 삶문학이 운행하는 터전이며 태반이기 때문이다. 삶문학은 삶시간의 지속을 위한 문학이며, 그런 한에서 시간의 화살을 뜻하는 '카이로스'의 문학이다. "그리스어 크로노스Chronos는 시간의 길이, 시간의 충족, 측정된 시간을 뜻함에 반해 카이로스kairòs는 시간의 순간, 시간의 도착, 사건 속의 시간을 의미한다. 카이로스는 위기 속에서의 선택과 결정을 함축한다."(『카이로스』, 16) 크로노스는 축적의 질료로서 분리/매개된 시간이며, 그런 분리/매개를 위해 측량가능하고 계산가능하게 변성된 시간이고, 산업자본의 헤게모니가 관철되던 때의 시간이다. 그것은 재현의 시간, 착취·소외·죽음의 시간의 다른 말이다. 이에 적대하는 시간으로서의 카이로스는 크로노스적 시간의 체제가 중단되는 시간이며, 몰락과 만유회복의 동시적/등질적 사건이자 그것의 도래중인 시간이다. '삶'이라는 접두사들의 이행과 변이로 드러나고 있는 조정환의 활력의 비평은 카이로스의 시간 속에서 이뤄진 의지적 결단과 선택들 속에서 숨 쉬며 그것들에 틈입하고 있다. 그 틈입과 위기의 시간 속에 각인된 결단의 순간들을 다시 다르게 지속하는 것. 그것이 여기서 수행해야 할 과제 중 하나이다. 그러므로 이제부턴 시간에 관한 비평으로, 카이로스를 위한 비평으로 넘어간다. 그렇다는 것은 리얼리즘 에피스테메에 대한 비판의 근거였던 '삶'의 관점, 곧 카이로스적 시간의 시점에 근거해 이른바 인지자본주의라는 이름의 자본의 이행형태를 다시 비판한다는 뜻이다. 이는 가치법칙 에피스테메에 대한 비판으로 압축된다.

2-1. 산업자본주의가 두 발로 설 수 있었던 것은 공장에서의 노동시간 덕분이다. 그 시간은 둘로 나뉜다. 임금을 지불하는 사회적 필요노동시간과 지불하지 않고 착취하는 잉여노동시간. 시간을 그렇게 길이와 양으로 분리하는 것은 국법과 축적의 법이라는 이위일체적 척도의 비호와 보증 없이는 불가능하다. 다시 말해 필요노동시간과 잉여노동시간의 분리는 법이 숨은 채로 드러나는 한 방식이다. 길이와 양으로 측정될 수 있는 시간의 체제 속으로 '삶'을 합성하려 했던 것이 산업자본주의의 포섭 전략이었다. 곧, 형식적 포섭. 이는 시간이 공장이라는 공간 속에서 훈육된다는 것을 말한다. 이 같은 시간의 공간화의 밑바탕에는 계산 가능한 시간에 근거해 가치를 산출하는 '가치법칙'과 위계화하고 구획하는 법에 근거한 '권력법칙'의 짜임이 있다. 이 짜임의 밀도·강도·속도가 높아진다는 것은 시간이 그만큼 압축된다는 걸 뜻한다. 컨베이어 시스템으로 표상되는 경제적 기계화의 기술인 테일러주의·포드주의는 지배의 테크놀로지인 사회(민주)주의·케인즈주의와 결합하여 노동하는 시간의 밀도를 높임으로써 더 많은 잉여노동시간을 창출한다. 곧, 실제적 포섭. 과학기술을 생산에 응용한 자본은 시간의 압축을 통한 착취의 성취를 공장이라는 특정한 공간을 넘어 사회 전체를 대상으로 확장하려는 경향에 이끌린다. 공장 바깥에서 이뤄졌던, 그래서 전통적 가치법칙으로는 계산되지 않았던 협력적 '삶'의 여러 양상들인 가사, 보육, 치료, 연구, 교육, 놀이, 관광, 연예, 정보, 통신, 안전, 보험, 금융 등과 같은, 돌보고 나누고 아끼고 소통하고 인식하고 즐기는 직접적인 삶활력들을 비물질노동의 형태로 포섭하려는 것이다. 오늘날의 자본은 공장 안에서 일하는 노동자의 몸과 땀에만 눈독 들이는 것도 아니며, 노동자 없이 홀로 돌아가고 있는 자동화된 기계에만 군침 흘리고 있는 것도 아니다. 인지자본은 느낌과 표현을, 그것의 공감과 공유를, 감각과 인식과 판단과 의지에 의한 인지적 생명활동 전반을, 줄여

말해 '삶' 그 자체를 직접적인 축적의 질료로 합성한다. 곧, 가상실효적 포섭virtual subsumption.

공장에서 기계들이 그 스스로 작동하고 있는 것으로 보여도 사실상 그것들을 관통하고 있는 것은 사회 전체이며, 모든 개인들이 통상적인 생산의 현장에 부재하는 것처럼 보일 때에도 자신들을 연결접속하는 탈코드화된 흐름들을 접합접속함으로써 그것을 공리화하는 사회체에 결합되어 있는 한, 연구하거나 소통하거나 봉사하거나 혹은 소비하는 삶의 모든 과정들에서 그들은 잉여가치를 생산하는 주체로 기능한다. 이제 사회적 노동자가 가상실효적 방식으로 기능하는 것이다.[3]

조정환의 '가상실효적 포섭'은 네그리의 '총체적 포섭'을 갱신하고 전진시킨 개념으로, 시간의 실제적 포섭이 사회체 전체에, 생명 전체에 전면적으로 관철·완성되는 상태를 가리킨다. "그것은, 지각, 정서, 지성, 상상의 힘이자 무엇보다도 행동의 힘인 '뜻'을 포섭한다."[4] 조정환이 말하는 '뜻'은 행동과 행위의 힘이자 '능력'이다. 그것은 구성능력/제헌권력pouvoir constituant과 겹친다. 그것은 삶활력/삶정치의 다른 말이며 '삶'이라는 접두사의 중핵이고, '뜻'은 삶권력을 정지시키는 힘이다. 그것은 법의 권력의 정지와 접촉하는 힘, 곧 기존의 법이 부여하는 틀 안에서 설립되면서도 기존의 법을 보강하고 증대시키는 법들을 발의·입법하는 제정권력pouvoir constitué을 절단하는 힘, 새로운 법과 다른 삶의 규준을 창출하는 힘이다. 인지자본주의 아래에서의 제헌적 활력은, 노동시간에서 차지하는 잉여노동시간의 비중을 줄여 노동의 힘을 신장시키고 그 힘의 헤게모니를 확장시키려는 투쟁에 국한되거나 제한되지 않는다. 길이와 양으로 분할 가능한 공장에서의 노동시간 바깥에서 이뤄지는 비물질적

---

3. 조정환, 『제국기계 비판』, 갈무리, 2005, 48쪽.
4. 조정환, 『인지자본주의』, 갈무리, 2011, 285쪽. 이하 『인지자본』으로 줄이고 쪽수만 표시.

생산활동의 경향적 리드에 의해 전통적 가치법칙의 에피스테메가 교란되고 있기 때문이다. 이 지점에서 조정환의 삶문학과 정치경제학 비판으로서의 삶정치학은 합류한다. 가치법칙 에피스테메의 교란은 문학에서의 리얼리즘 에피스테메의 교란 및 붕괴와 동시적이며 등질적이다.

2-2. 노동시간과 비노동시간의 분할이 쉽지 않은 비물질적 생산이 역사적으로나 본성적으로 자본주의에 포획되기 어렵다고 했던 건 '노트'를 쓰고 있던 맑스였다. 가치법칙의 붕괴가 '삶'의 해방과 새로운 사회의 조건이라고 했던 건 '요강'을 쓰고 있던 맑스였다. 자본은 가치법칙에 근거한 기존의 축적 전략으로는 손쉽게 관리·축적할 수 없는 힘들, 곧 자본의 축적의 한계를 초과해 접속하고 소통하는 비물질적 생산의 힘들에 대응하기 위하여, 노동의 유연화로 자신의 숨통을 틔우고, 자신의 금융화로 명령으로서의 비물질적 화폐의 힘을 강화하며, 기술을 에테르화함으로써 공통의 소통과 공감을 상품화하고, 핵무기를 통한 공포의 감정적 전염과 확산을 통해 자신을 군사적·심리적으로 옹립한다.[5] 인지자본의 이와 같은 사활을 건 삶권력적 축적의 전략은 경계를 넘어 흘러넘치고 있는 인지화되고 공통화된 생산적 힘들, 곧 공통적인 것의 활력을 둘러싸고 전개되고 있다. 공통적인 것이란 무엇인가. "공통적인 것은 '때들'의 생산물이며 새로운 '때들'이 생성되는 터전인 집단적 '뜻'이다."(『인지자본』, 521) 앞서 '뜻'은 제헌권력과 삶정치의 다른 말이라고 했다. 공

---

5. 소통의 상품화에 관한 일례, 다시 말해 오늘날의 생산 전반에 경향적 파급력을 미치고 있는 예로는 '오늘날의 공장'으로서의 SNS와 같은 사회연결망서비스, 구글 같은 통합검색엔진을 들 수 있다. 그것들은 다중들의 흩어진 생각들, 느낌들, 활동들, 곧 인지적인 것들을 집중시키기 위한 알고리즘을 제작하고, 이어 그것을 지적재산권·특허권에 근거해 독점함으로써 착취한다. 다시 말해 그것들은 인지적인 것들로 이뤄진 광대하고 무한한 '인지토지'를 구축하고 그 토지의 독점을 통해 '소통의 잉여가치' '관계의 잉여가치' '네트워크의 잉여가치'를 착취한다. 토지의 독점을 통한 이윤이 지대인바, 인지토지의 독점을 통한 인지자본의 이윤은 그러한 첨예화된 지대로 전변하고 있다. 점차 사라져 가던 지대 개념이 오늘 그렇게 되살아나고 있다. 네그리/조정환이 '지대에 대항하는 절대민주주의'라는 테제를 내세우는 의지와 맥락이 그와 같다. 안토니오 네그리, 「지대에 대항하는 민주주의」, 조정환 옮김, 『아우또노마M』 7호, 2010년 3분학기, 17~22쪽 참조.

통적인 것은 그런 삶정치적 활력이 생산한 새로운 '때들', 저 카이로스의 시간의 생산물이면서 동시에 그런 카이로스의 시간들을 생성시키는 터전이자 토양이다. 카이로스는 쏘아진 영원성의 화살이고, '영원'은 잠재적 활력의 저수지이며, '때'는 영원의 동적인 단면 하나이다. 그런 때들의 공통적인 힘은 집계·집적의 체제로서의 크로노스적 시간의 종언적 절단이자 정언적 전위인바, 그런 카이로스적 게발트가 다중이 지닌 힘의 주요성분이다. "다중은 시간의 화살들, '때들'이며 그 '때들'의 떼이다."(『인지자본』, 289) 공통적인 것, 혹은 때들의 코뮨으로서의 다중은 잠재적인 것 속에서 생성되는 카이로스적 종언의 힘, 메시아적 제헌의 힘이다. 무슨 말인가. 튀니지에서 촉발된 아랍혁명이라는 일례를 주시하게 된다.

> 폭력을 오직 방어에만 제한하는 운동의 반폭력적이고 평화적인 성격이 운동에 높은 윤리성을 부여하면서 운동참여자들을 '자유의 카라반'으로 만들 수 있었다. 이 카라반의 정동적 움직임이 메시아적 참여의지를 불러일으키면서 중심지도부 혹은 명확한 지도강령의 부재라는 조건 하에서도 운동을 지속시키는 힘으로 작용했다. 이것이 아랍혁명의 새로움이자 특징이며 21세기 혁명의 진화방향 중의 하나를 제시한다.[6]

---

6. 조정환, 「아랍혁명, 존엄의 카라반, 그리고 다중의 전지구적 대장정」, 『오늘의문예비평』 2011년 여름호, 169쪽. '정동적 움직임'이라고 할 때의 '정동'(情動, affect)과 그 곁의 '정서'(情緖, affection)라는 단어, 곧 스피노자/들뢰즈적 개념쌍의 번역을 둘러싼 논쟁 속에서, 조정환은 '정'이라는 단어가 그 개념쌍의 공통 어근이라는 것, 정서의 '서'가 실마리·순서·계통·질서를 뜻하는 곁에서 정동의 '동'은 카오스적 움직임·소용돌이를 뜻한다고 말한다. "나는 앞에서, 정서를 정동의 현실태로 정동을 정서의 잠재성으로 규정했다. … 정동은 카오스이며 정서는 질서이다. 정동은 표현이며 정서는 정동적 카오스의 재현이다. 정서는 카오스적 정동에서 건져진 한 줌의 질서이다. 정동이 우선적인 것이며 정서는 그것에 뒤따르는 것이다. (하지만 우선적인 것과 뒤따르는 것을 가치론적으로 이해하지는 말아야 한다. 좋은 것/나쁜 것, 중요한 것/사소한 것이라는 식으로.)"(조정환, 「'정'의 두 양상으로서의 '정서'와 '정동'」, http://amelano.net/285045, 2016. 4. 4) 저 특정한 논쟁 속에서 주목하게 되는 힘의 형질이 어떤 것인지는 뒤에서 다룬다.

튀니지와 이집트의 다중들은 각종 총기류, 탱크, 전투기, 국영방송, 감옥 등으로 표상되는 지배집단의 압도적인 치안기계들을 상대로 화염병, 몽둥이, 부엌칼로 대응하면서, 수적 우세 속에서 SNS를 통한 소통과 협력, 함성, 긍지, 분노, 키스, 꽃과 같은 접촉적/접속적 정情이라는 '마주침'의 무기로 응전했다. 그런 '공통-되기'의 운동은 카오스적 정동 또는 잠재적 활력의 근원으로서의 '메시아적 참여의지'를 환기시킴으로써 지도력의 부재를 저항의 지속 동력으로 전위시킨다. 제정된 권력의 폭력 또는 크로노스적 결산력을 정지시키는 그런 메시아적 전위/궐위의 게발트, 그 '신성의 경험'은 이렇게 표현된다. "존재론적 네트워크는 결코 중립적인 것이 아니며, 주체 없는 과정도 아니다. 심연의 경험이 야기한 심오함과 존재론적 몰입은 이번에는 신성에 대한 경험으로 특징지을 수 있는 비상사태를 통해 주체 구성으로 전화한다."[7] 이는 어떤 존재론, 정확히 말해 어떤 메시아적 힘의 발현론을 가리키고 있으며, 존재론적 네트워크로서의 다중에 내장된 진정한 주권의 힘을 신적인 경험에의 몰입 속에서 확증하고 있다. 아랍혁명의 특이성에 관한 조정환의 문장들은 네그리적 비상사태의 신적인 게발트궤적과 그 속에서의 주체재구성의 조건을 구체적이고 현실적으로 지시하고 있는 셈인데, '지도부의 부재' 혹은 위로부터 부과된 '강령의 부재'가 그것이다.

지배집단의 시선에서 중심적인 지도자와 조직이 없다는 것은 '약함'의 증거이지만, 이미 그 약함은 메시아적 참여라는 절대적 힘의 근거였다. 약함의 메시아적 잠재성. 그러므로 지도자와 강령의 부재는 게발트의 부재가 아니었는데, 운동에 참여했던 모든 이들이 스스로 지도자가 되는 공통의 순간들이 '지도력의 빅뱅' 속에서 발현하고 있었기 때문이다. 조정환이 말하는 '각자의 지도자 되기' 혹은 '순교자 되기'의 시간과 함께 하는 카이로스적 종언과 묵시의 힘은 권리의 어떠한 양도도 없이 스스로 지도자가 되고, 그렇게 각자의 독

---

7. 안토니오 네그리, 『욥의 노동』, 박영기 옮김, 논밭출판사, 2011, 185쪽. 이하 『욥』으로 줄이고 쪽수만 표시.

재의 공통성을 창출함으로써 축적의 법 연관을 저지·정지시킨다. 그 힘, 묵시의 그 힘은 "그때그때의 삶시간의 완성과 '장차 올 것'의 열림 사이에 존재하는 순간의 관점"(『카이로스』, 90)으로서 발현한다. 지금 조정환의 비평은 두 개의 시간 사이에 있다. 이미already 발현한 잠재력에 의해 완성된 삶의 시간과, 그렇게 이미 완성된 삶 안에서 그것을 기소하고 그것 너머로 이행시키는 열려진 시간, 즉 '장차 올 것'not yet으로서 도래중인 미-래의 시간이 그것이다. 그 두 시간 사이의 긴장·위기 또는 상호삼투·상호침탈 사이에, 곧 '이미 온' 힘에 의해 '장차 올' 힘의 잠재성의 발현the virtual이 소환·심리·판별됨과 동시에 '장차 올' 힘에 의해 '이미 온' 힘으로 현행화된 것들the actual이 기소·갱신·전위되는 매회의 실재적 상황the real 속에 조정환의 비평은 있다. '이미'와 '장차' 사이, '액추얼'과 '버추얼'의 상호삼투 속에 있는 '순간'과 '리얼'의 비평, 그런 상호침탈의 상황을 매회 창출하는 매 순간의 실재주의적 비평. 창조적 내전 수행으로서의 비평의 정당성-근거가 바로 그 실재주의, 리얼-리즘에 있다. 그런 정당성의 근거를 가리키는 다른 이름이 '발생사'의 발현지이다:" '발생적 역사'Geschichte 속에서 사고할 때 우리는 근대 속에서 그것을 규정하고 근대와의 대항을 통해 근대를 밀어붙이며 궁극적으로는 근대의 시간을 넘어서 나아가는 탈근대성의 잠재력을 확인할 수 있다."[8] 그런 발생사의 관점 속에서 그것과 공통되는 초월론적/메시아적 게발트의 궤적은 도래의 완료나 완성이 아니며 도래에 대한 항구적 유예 속에서의 기다림도 아니다. 그 게발트는 '이미 온' 힘의 발현과 누차에 걸쳐 '장차 올' 힘 간의 상호삼투 속에서, 항시 '도래중인' 힘, 그러므로 언제나 앞질러 이미 온 것이면서도 아직 다 오지는 않은 '미-래'의 힘이다. 그것이 발생사의 형질이며 발생사의 주름/전장이다. 초월론적/메시아적 게발트궤적으로서의 발생사가 발효되는 시공간적 형식이 그와 같다. 그 전장에서 제헌권력과 제정권력의 승패는 각기 다음과 같이 된다. "제헌하는 능력의 운동형식은 제정된 권력의 운동형식과는 다르다. 제정권력에

---

8. 조정환, 「한국문학의 근대성과 탈근대성」, 『상허학보』 19집, 2007, 161쪽.

게 승리와 패배는 뚜렷한 경계를 갖지만 제헌권력에게 그 양자는 서로 뒤섞이며 때로는 상승작용한다."[9] 제헌권력에게 승리와 패배의 상황은 상호삼투·상호침탈하는바, 제헌권력의 패배는 도래중인 승리의 조건이 되며, 제헌권력의 승리는 도래중인 패배에 의해 항시 소송 걸린다. '이미'와 '장차' 사이, 바로 거기가 실재적인 것의 전진을 위한 근원이자 목표, 동력이자 산물로서 선사되고 있다. 그것은 다시 한 번 카이로스적 힘, 메시아적 게발트와 결속한다.

3-1. 제국주의와 제국, 맑스가 말하는 '명제'와 '문제의식', '설명'과 '변화', 『자본』과 『요강』, 가치형태에 관한 규명적 '인식론'과 노동과정에 관한 주체구성적 '존재론', 현실성과 잠재성 등의 구도 속에서 앞의 것들에 매몰된 입지협착의 시점으로 뒤의 것들을 바라본다는 것. 이는 가치법칙 에피스테메의 속성이며, 계급구성, 주권합성, 시간, 공간, 메트로폴리스, 지성, 정치적인 것, 윤리적인 것과 같은 가치법칙 비판에 관계된 다양한 흐름들이 갖는 고유성들을 가치법칙 비판이라는 척도적 기원 안으로 환원·회수·감금한다. 조정환의 좌표는 위의 분리된 항목들을 '이미'와 '장차' 사이의 실재주의적 상황의 창출 속에서 재정의하는 과정에서 거듭 수정되고 있다. 그 수정은 차이를 생산하는 수정, 차이에 의한 수정이다. 차이가 실재적인 것을 전진시킨다. 실재적인 것을 둘러싼 인지의 배치를 진전시키는 차이의 소송력이 관건이 될 때, 그 차이는 맑스의 유산을 사산시키지 않는 방법과 태도를 논구하는 과정에서 제출되고 있는 데리다의 '차이'différance, 差移다. 차이는 어떤 시간과 공간을 개시한다 : "억제할 수 없는 차이 안에서 지금–여기가 펼쳐진다."[10] 어떤 시공간이 어떻게 열리는가. "법 이전의, 의미 이전의 법의 폭력, 시간을 중지시키고, 탈구시키고, 이음매에서 빠지게 만들고, 자연적인 거처에서 벗어나게 만드는 폭력, 곧 '이음매가 어긋나'out of joint 있음."(『유령들』, 76) 차이는 무엇보다 폭

---

9. 조정환, 『공통도시』, 갈무리, 2010, 26쪽.
10. 자크 데리다, 『마르크스의 유령들』, 진태원 옮김, 이제이북스, 2007, 76쪽. 이하 『유령들』로 줄이고 쪽수만 표시.

력인데, 기존의 법이 만든 의미의 체계, 기존의 법에 의해 자연화된 규약과 규준, 규범과 규칙을 정지시키는 폭력이다. 경첩의 연결을 통해 지속되는 법의 시간이란 길이로 재현되고 양적으로 계산되도록 가공·재편된 시간, 이른바 사회적 필요노동시간이라는 척도이며 그 척도의 힘을 옹립하는 정치적·사회적 합의의 시간들이다. 차이라는 폭력은 계측적 법의 시간의 연장을 중지시키고 그런 시간의 경첩을 탈구시키는바, 그 틈의 간극에서 차이라는 폭력은 수단화되지 않는 법 그 자체를 재정초한다. "차이가 지닌 단절의 힘이 제도나 헌법constitution, 법 자체를 생산한다."(『유령들』, 76) 차이라는 게발트는 합의된 합법성의 체제 속에서 그것을 한정하며, 그것 너머로서, 새로운 법의 생산력으로서 발현한다. 그 힘은 메시아적이다. "메시아성은 지금 여기서 사태, 시간, 역사의 통상적인 경로를 중단시킨다. 그것은 타자성 및 정의에 대한 긍정과 분리될 수 없다."[11] 법 자체의 생산력으로서의 차이의 폭력, 그 메시아적 제헌력은 카이로스적 게발트와 접촉한다. 조정환이 카이로스의 시간을 "틈과 단절이며 새로움의 구성인 '때'"라고 표현할 때, 그것을 "지속으로서의 시간을 파열시키는 틈이자 **미분**의 힘, 공통적인 것을 생산하는 **구성의 힘**"(『인지자본』, 280; 294)으로 다시 정의할 때, 카이로스의 시간은 양으로 집적되고 율※로 관리되는 통합적 시간으로서의 크로노스적 체제를 정지시키는 비정립적-제헌적 폭력의 순간이다. 그것은 적분의 시간에 몰락과 끝을 도래시키는 미분의 힘이다. 거듭 잘려도 새살로 다시 돋는 대양적 히드라의 힘, 양적 분할의 육지적인 연장 속에서 끝내 분할되지 않고 환수되지 않는 미세한 차이들의 잔존하는 힘. 그것이 미분의 힘이다. 그것은 "절대적 독특성의 촉구/서두름이다."(『유령들』, 77) 아랍혁명의 동력이었던 독특성들의 지도자–되기와 순교자–되기에서, 다시 말해 공통적인 것에서 메시아적 참여의지의 제헌성을 본 조정환은 그들을 '자유의 카라반caravan'이라고 명명했다. 그는 '사막'을 횡

---

11. 자크 데리다, 「마르크스와 아들들」, 『마르크스주의와 해체』, 진태원·한형식 옮김, 길, 2009, 215쪽.

단하며 성지순례와 상업을 겸했던 카라반들의 여행에서 제국에서의 삶을 초과하는 다중의 대장정을 본다. 자유自由의 카라반, 자기에게서 말미암는 한, 자유는 자기통치self-government이며 자기창조autopoiesis의 다른 말이다. 사막의 순례자들인 카라반은 "사막의 메시아주의의 기회"(『유령들』, 72)를 놓치지 않는다. 사막에서의 신성의 경험이라는 절호의 비상사태 속에서 구성 중인 사람들, 제헌적 갈채의 카이로스들. 조정환은 카이로스의 때들을 한 체제의 종언을 가져오는 '새로운 시작'의 시간으로, 잠재력의 토지를 항시 새롭게 일구고 거듭 분만한다는 뜻에서 '발생적 역사'로 지칭했다. 이는 달리 표현될 수 있다. 카이로스는 발생적 게발트의 역사 속에서, 발생사 속에서 잠재성의 대지를 갈아 새로운 가치를 수확하는 노동의 시간이다. 발생사가 그렇게 노동하는 자로의 변신과 재구성의 순간에 맞닿은 것이자 그런 순간의 최고도의 지속인 한에서, 발생사는 노동과 가치의 개념을 혁신한다. "가치는 메시아를 통해 노동으로 복귀한다."(『욥』, 138) 이 한 문장은 네그리에 의한 가치법칙 에피스테메 비판의 형질을 가늠하는 조준경이다. 메시아적 제헌의 시간에 깃든 카이로스의 노동은 가치법칙에 의해 측정될 수 없는 가치, 공통가치의 다른 말이다. 가치의 재발명, 가치의 역사적 이행 속에서 신성의 경험과 유물론적 입장은 봉기적 순간을 통해 합수한다. 메시아적 유물론자로서 말하는 네그리, 그의 단언 혹은 선언은 다음과 같다.

> 메시아는 두 번째 자연이다. [메시아는] 에너지를 생산·축적하는 기계이며, 에너지를 변형시키기 위해서 에너지를 제1질료materia prima로 적용하는 기계이며, 그 최초의 소진으로 인한 재들이 재탄생하는 힘이다. 강력한 혁신이다. 독창적이며, 모든 목적성 바깥에 있고, 세계 곳곳에 흩어져 있는 존재와 물질성의 잉여이다. 이것이 메시아다. 그리고 세계의 척도는 늘 새롭게 창조된다.(『욥』, 195)

신자유주의적 질서가 시민상태와 자연상태의 경계를 허물고 시민상태를 모조리 늑대들의 자연상태로 전변시키고 있다는 것은 독이면서 약이다. 자연스럽게 신자유주의는 어떤 갈림길에 서게 되는데, 늑대의 상태냐 새로운 시민상태로의 역전이냐가 그것이다. 네그리에게 메시아의 임재는 그 어떤 권리도 양도하지 않는 절대적 민주주의로서의 새로운 자연, 두 번째 자연을 개시한다. 제헌적 메시아, 그 게발트의 형질은 개념의 오랜 역사와 이력을 지닌 '제1질료'와 관계한다. 존재의 변신가능성의 저장고이자 잠재성의 총체, 아리스토텔레스Aristoteles적 '신'神으로서의 제1질료. 메시아적 힘을 유물론적 비판의 에너지로 변형시키기 위해 메시아의 파루시아의 순간은 제1질료로 불탄다. 그것은 연금술적이다. 타고 녹는 메시아의 임재의 순간은 재들로, 새로운 몸으로, 화살로, 카이로스로 다시 분만된다. 네그리의 재는 데리다의 재 곁에 놓인다. 차이라는 폭력의 재. "재와 뒤섞여 있는 헤아릴 수 없이 많은 절대자의 탄각炭殼 속에 흩어져 있는 것이기 때문에, 일자Un 속에서는 그 유일성이 보장될 수 없는 차이"(『유령들』, 72). 카이로스적 재들이 단일한 목적과 집계의 체제 바깥에 있는 법-밖의 잔여이듯, 데리다의 차이는 메시아적인 것이 타고 녹은 뒤의 재들과 합성된 채로 절대적 유일성의 축적체와 싸운다. 차이라는 폭력은 차이라는 재들의 일이다. 체제의 경첩들에 뿌려지고 있는 재들, 저 '사막'의 모래들, 그 미세한 알갱이들微粉이야말로 미분微分의 힘, 목적-수단 도식으로 환원되지 않는 비정립적 제헌력-의-형태소를 가리킨다. 그런 메시아적 게발트궤적 위에서 저 일자의 목적에 의해 인도되고 관리되는 크로노스적 축적의 시간이 안정을 잃고 탈구된다: "시간이 탈구되고 이음매가 빠지고 벗어나고 탈궤되어 있고, 시간이 탈이 나고 쫓기다가 탈이 나고 뒤틀리고, 고장이 난 동시에 미쳐 있다."(『유령들』, 50)[12]

---

12. 조금 뒤 다시 한 번 네그리-데리다의 병치가 제시될 것이지만, 그것을 앞질러 그 둘 사이의 결렬을 언급해 놓기로 한다. 네그리는 『마르크스의 유령들』이 변화하는 존재론적 요소를 포착하고서도 초월론적인 연속체의 시간 속에 매몰됨으로써 결국 존재론적 발견을 부적합하게 만들었다고 비판한다. 이에 대해 데리다는 맑스주의적 존재론을 무효로 만든 변화를 인정하고서도 왜 존재론이라는 단어에 집착하는지를 따져 물으면서, 네그리의 존재론이 모든 것을 거대한 질서 속으로 집어넣을 위험을 자초하고 있다고 재비판한다(데리다, 네그리

3-2. 조정환이 자율주의로의 선회 이전의 자신을 두고 쓴 한 문장. "얻은 것은 이데올로기였고, 잃은 것은 지금시간Jetzt Zeit이었다."(『카이로스』, 424) 이 문장은 조정환의 과거와 오늘을 관통하면서 그의 비평의 전 궤적을 함축한다. 그것은 그의 삶과 비평의 존재론적 벡터를, 그 힘/방향의 전모를 직감하게 한다. 조정환의 한 단어 '지금시간'은 앞서 썼던 발생사적 힘의 시간과 다르지 않은바, 그것은 벤야민의 인장이 새겨진 단어인 동시에 바울의 '호 뉜 카이로스ho nyn kairos(지금 이때)'와 접촉한 단어로 읽힌다. "이 지금Jetzt 속에서 진리에는 폭발 직전의 시간이 장전된다."[13] 조정환이 아랍혁명에서의 마주침, 그 메시아적 참여의지의 제헌성을 두고 종교의 권력의지와는 아무런 관련이 없다고 말하며 놀라워할 때, 그는 데리다의 '메시아주의 없는 메시아적인 것' 혹은 '메시아 없는 메시아성'을 이론의 계급투쟁 속에서 다시 상기하게 하며, 조정환이 그들의 메시아적 참여가 세속적인 삶의 존엄과 행복을 요구한 것이었다고 말할 때, 그는 벤야민이 말하는 역사철학적 과제의 중요성을, 곧 '행복'으로 정향된 세속적인 것의 질서와 메시아적인 것의 도래 사이의 관계에 관한 탐구의 중요성을 되새기게 한다. 몰락의 추구가 세계정치의 과제라고 했던 한에서, 벤야민의 한 단어 '지금시간'은 제헌적 파루시아의 시간이며, 카이로스적 발생사의 시간이고, 타고 있는 재들의 떼이다. 폭발 직전의 시간이 장전된 정의의 발현상황으로서의 지금시간 곁에 또 하나의 폭발 직전의 시간을, 또 하나의 도래중인 메시아적 시간을 가져다 놓자. 그것은 맑스의 유산을 메시아적 단절과 폭발의 힘으로 상속 받으려 했던 이의 의지인바, 그것은 조정환이 말하는 '장차'과 '이미' 사이에 긴장 속에 존재하는 저 '순간의 관점'과 비교 가능하다.

외, 『마르크스주의와 해체』 중 네그리, 「유령의 미소」, 34쪽; 데리다, 「맑스의 아들들」, 234쪽 참조). 이 상호 기각이 생동하는 것이라고 생각하지 않는다. 데리다적 차이의 메시아성이 개시한 시간이 과연 초월론적 연속체를 보증함으로써 존재론적 변신의 계기와 요소를 부당하게 폐기했던가. 네그리적 비상사태의 신적인 게발트궤적이 과연 모든 것을 억압의 질서 안으로 유폐하는 거대한 존재론적 감옥에 불과했던가.

13. 발터 벤야민, 『아케이드 프로젝트』 I, 조형준 옮김, 새물결, 2005, 1056쪽.

어떤 메시아적 극단성이 존재하지 않는가? 곧 그 궁극적인 사건(직접적 단절, 미증유의 폭발, 때맞지 않게 일어나는 무한한 놀라움, 완수 없는 이질성)이 노동과 생산 및 모든 역사적 목적과 같은 어떤 피지스의 최종적인 종점을 매 순간 초과할 수 있는 어떤 에스카톤eskhaton이 존재하지 않는가?(『유령들』, 88)

메시아적 임재의 매 순간은 권력적 역사, 혹은 역사적 권력의 연장을 중지시킨다. 파루시아의 순간은 자본주의적 노동과 생산의 목적을, 곧 축적의 일반공식/성무일과를 정지시킨다. 이윤이라는 노모스는 자연의 신진대사의 최종적 종점과 도달점에 자신의 표지를 각인하고 서명함으로써, 자신을 아무 거리낄 것 없는 매끄러운 자연의 군주로 만든다. 하지만 그 군주는 자신이 했던 서명과 동시에 그 자신이 부재하는 힘이라는 사실을, 항시적인 의심과 회의의 대상으로 된다. 서명은 서명자의 부재를 전제할 때만 가능하며 서명의 현전은 부재의 필연성 위의 흔적이기 때문이다. 파루시아의 순간은 그 군주를, 이미 소실되고 있는 그 군주의 자연에 종언을 고지한다. 그것은 종말론eschatology의 어원이면서 '종언'과 '끝'을 뜻하는 에스카톤의 선포에 다름 아니다. 그것은 새로운 법을 분만하는 힘의 발생이며 돌발이다. 이 발생사적 힘은 '해체'의 정의의 조건이다. 그리고 그것은 어떤 증여의 힘으로 드러난다. 해체는 "선물로부터, 곧 법과 계산, 교역을 넘어서 정의를 사고해야 할 필연성"(『유령들』, 69)에 이끌리는 힘이다. 선물은 목적 없는 교환, 목적 바깥으로 나가는 교환의 한 형식이다. 그것은 이윤이라는 최종목적에 따라 편성된 자연의 작위성을 폭로/개시하는 힘을 지시한다. "선물의 계산 불가능성으로서의 정의, 타자에 대한 비-경제적인 탈-정립ex-position의 독특성으로서의 정의."(『유령들』, 60) 선물의 증여는 축적의 성무일과 속으로 합성되지 않는 '초과의 시간들'이다. 그것은 통념적 경제의 순환의 경첩들을 어긋나게 하고 오작동하게 한다. 그래서 비-경제적이다. 해체의 정의는 일단 그렇게 비-경제적 독특성의 얼굴을 하고 드러난다.

무언가를 주는 행위는 그 줌의 행위에 언제든 연루될 수 있는 주는 자와 받는 자 사이의 위계 형성에 눈뜨고 있어야 한다. 데리다의 증여는 받은 자가 아예 받지 않은 자가 될 수 있도록 주어야함을, 타자의 타자성을 제거하지 않으면서 줄 수 있는 방법과 태도를 암시하는 것이기도 하다. 해체가 말하는 타자성은 독특성을, 독특성은 지금-여기를, 지금-여기는 차이를, 차이는 타자성을 그 조건으로 한다. 타자성으로 시작해서 그것으로 끝나는 조건들의 연쇄적 맞물림. 그것이 해체의 정의가 해체불가능한 구조적 원리이다. 그런 한에서 독특성 없이는 타자성이 없고, 지금-여기 없이는 독특성이 없으며, 차이 없이는 차이가 개시하는 지금-여기가 없고, 증여를 통한 타자성의 환대 없이는 차이가 없다. 억제할 수 없는 차이의 메시아적 폭력, 축적의 목적-수단 도식 바깥으로서의 '법 그 자체'의 생산력은 바로 그런 구조적 원리에 의한 정당성의 생산력과 함께 관철된다. 그 속에서 타자성의 환대에 관여하는 증여는 교환의 경제(이윤의 자연)에 선포된 에스카톤의 순간이자 파루시아의 순간이다. 신적 축적의 경첩에서 탈구된 초과적/독신적瀆神的 시간을 정의의 이름으로 복원하고 수리해야만 했던, 그래서 끝내 불의의 나락으로 전락할 수밖에 없게 되는 자신의 태생적 운명을 저주했던 햄릿. 그의 바닥없는 불행을 마주하면서 데리다는 운명적 저주에 대항해 철저한 고통을 무릅썼던 욥을 떠올렸다. 그런 데리다 곁에서, 판단 기준의 실천적 전환이야말로 욥에게 있어 가장 근본적인 것이라고 했던 이는 욥에 물든 네그리였다.

3-3. 네그리가 인용한 아퀴나스T. Aquinas의 '사랑'은 늘 척도를 초과한다. '삶'은 항상 이미 척도를 초과한다고 썼던 건 조정환이었다. 아퀴나스의 '자선' 慈善, 그것은 신성과의 융합에 이어진 사랑의 행위이고 신의 명령에 근거하는 지고의 힘이며 그런 한에서 정의와 주권의 문제에 걸린다. 자선은 창조의 힘에 마주치도록 만들기에 교환의 경제와 그것을 유지하는 합법적 폭력의 독점구조에 의해 측정되거나 계산되지 않는다. "힘이 권력에 맞설 때, 힘은 신적

인 것이 된다. 힘은 삶의 원천이자, 자선의 넘침이다."(『욥』, 145) 욥의 이야기를 메시아의 은총과 예언의 담론으로 받아들이는 네그리에게 힘이 신적인 것으로 된다는 말은 '견신'見神, visione의 경험과 맞닿아 있다. 「욥기」의 마지막 장에서 욥이 했던 말, '이제는 제가 제 눈으로 주님을 뵙습니다.'(「욥기」 42:5) 신을 자기 눈으로 직접 만나는 욥의 견신의 순간은 신이 절대적 초월성으로부터 떨어져 나와 분리되는 순간이고, 그런 한에서 그것은 신의 죽음의 순간과 다름없다. 그 절대의 죽음 속에서만 욥은 신에 대해 말할 수 있었고 법을 정초하는 신적인 구원의 힘과 마주칠 수 있었다. 이것이 네그리가 말하는 '신의 죽음이라는 장치'가 하는 일이다. 이렇게 말할 수 있을 것이다. 견신은 메시아의 죽음을 통한 주체의 재구성이며 재가 된 메시아의 탄각들 속에서 이뤄지는 주체의 활력의 급진화이다. 욥은 견신의 순간에 이어 말한다. '티끌과 재 가운데에서 회개하나이다.'(「욥기」 43:6) 재 속에서의 회개는 통념적인 죄의 뉘우침에 국한되지 않는다. 그것은 주체의 메시아적/유물론적 전화를 뜻한다. "신의 죽음이라는 장치는 바로 세계의 인간적 구성과 창조이다. 견신에 대한 유물론적 독해는 신과의 관계 속에서 그런 존재론적 인간의 몰입이 지니는 창조적 계기를 포착하는 능력이다."(『욥』, 185) '신의 죽음이라는 장치'는 조정환이 구상하는 장치론, 다시 말해 인지적 포획장치로서의 자본에 대항하는 '행동인'의 새로운 '생명장치'를 다르게 표현하는 하나의 경로를 보여준다. 스피노자 독자로서의 조정환은 예언자들의 '상상력imaginatio'을 다중의 역량 potentia multitudinis의 정당성에 관한 구상으로 이끌어온다. 신의 법을 계시하기 위한 도구이며 그런 한에서 신의 정신과 동등한 예언자들의 상상력을 '누구나가 예언자일 수 있는' 상황의 창출로 정의하려는 것이다.

예언자들의 상상력이 신의 정신이라면 예언자들은 신=존재=지속을 정신 속에서 개체화하는 존재이다. 그런데 이 말은 누구나가 예언자일 수 있다는 의미에서 받아들여야 다중 개념과 모순되지 않는다.[14]

이 문장들은 앞서 아랍혁명의 '누구나의 지도자-되기'와 다시 접촉하는 바, 이 마주침의 장소에서 다중의 상상력이라는 신적인 힘, 곧 누구나의 예언자-되기의 게발트는, 군산정軍産政 복합체의 근간으로서의 대의장치적 헤게모니의 정치를 초과하는 행동인의 속성으로 구성된다. 이런 사고의 절차 속에서, 저 '견신의 유물론적 독해'는 기존 법의 폐지와 동시적인 구성과 창조의 순간들을 신에의 존재론적 몰입 속에서, 신과의 마주침의 지속 안에서 매회 감지할 수 있는 시점과 능력을 지시한다. 이는 공통적인 것을 공통적으로 관리하기 위한 테제들로, 다시 말해 호헌과 제헌이 충돌하는 전장으로서의 메트로폴리스를 재정복하기 위한 테제들로 예각화된다. "통제의 직선적 공간 속에서 사선을 긋기. 다이어그램에 사선을 대립시키기, 바둑판형에 간극을 대립시키기, 위치에 운동을 대립시키기, 정체성에 생성을 대립시키기, 단순한 자연에 무한한 문화적 다양성을 대립시키기, 기원의 참칭에 인공물을 대립시키기."[15] 감옥에서 작성된 『욥의 노동』 서문(1988)으로부터 20년이 지난 뒤의 네그리가 말하는 사선斜線,diagonal의 힘, 곧 인지장치의 알고리즘들을 향한 폐절의 힘은 저 견신의 유물론적 힘과 함께 간다. 누구나가 신을 본다는 것, 누구나가 신과의 마주침의 게발트를 실천한다는 것, 그 익명성 또는 무인칭성이 수단화되지 않는 '법 그 자체'의 생산력으로서, 이미 정립된 법의 전위적/권위적 비정립을 수행하는 힘의 속성이 된다. 그 힘이 싸우는 대상들의 형질, 그 힘이 적으로 인지하는 체제의 근저는 무엇인가. '기원론적 관점'이 그것이다.

3-4. '학문적 신뢰'를 하나의 척도로 정동과 정서라는 번역어를 문제시했던 입장에 대해 조정환은 이렇게 쓴다. "'기원론적 관점'은 '그는 이렇게 말했다'(묘사) ― '그 말은 다른 뜻이 아니라 이런 뜻이다'(해석)를 반복한다. 그것

---

14. 조정환, 「『신학정치론』에서의 상상력과 표상」, 앞의 블로그, 2014. 4. 25.

15. 안토니오 네그리 외, 「인류의 공통적인 것을 발명하기」, 다지연 불어세미나팀 옮김, 『아우또노마M』 7호, 2010년 3분학기, 16쪽.

은 하나님의 말을 인간에게 전해온 사제의 사유방식과 언어습관을 반복한다. … 우리는 이 구도['기원론적 담화양식의 순환양상'] 속에 금융자본, 돈, 군대와 경찰, 정보기관, 신고, 몽둥이, 폭음, 이지메, 자포자기, 정리해고(앞으로는 일반해고까지) 등등이 그 재생산의 부품들로 기능하고 있다는 것을 안다. 이 장치들을 통해 기원(아니, 이미 목적을 내장한 것으로서의 아르케)은 단두대로 기능하며 공포를 우리 삶의 가장 일반적인 정서로 구축한다. 그 효과는 공통적인 것의 사적 전유이며 자본주의적 축적의 확대재생산과 더 큰 지배이다."[16] 폭력관계 속의 정치체, 또는 권력관계의 편성 상태를 자신의 제정/수호를 위해 특정한 구도로 인도하려는 축적체의 방법과 태도, 그것이 기원론적 관점이다. 그것은 발화된 말, 곧 발포된 법의 언어에 대한 '묘사'와 그 말·언어의 뜻에 대한 독점적 '해석'의 순환양식 속에서 존재한다. 그런 말/법의 상태를 드러냄과 동시에 숨기는 저 묘사-해석의 순환적 궤도, 그 악무한적 프레이밍의 축적공식은 신의 말을 전할 수 있는 유일한 대언자로서의 '사제'의 자기 재생산력으로서, 권력관계를 인도·견인하는 환속화된 신학적 매개/대의의 프로세스이다. 줄여 말해, 존재-신-론의 일반공식. 금융자본에서 일반해고에 이르는 여러 장치들은 바로 그런 존재-신-론 속에서, 목적-수단이라는 신화적 법형식에 의해, 곧 아르케/기원으로의 인도에 의해, 아르케/통치에 의

---

16. 조정환, 「단두대와 도약대 사이에서」, 앞의 블로그, 2016. 4. 4. 이 문장들은, 정동-정서라는 개념쌍이 표현하는 힘의 형질에 대한 마수미의 지속적 탐색을 건너뛰고는, 그 입장의 기원으로서 들뢰즈의 강의록으로, 그 강의의 고유성에 대한 논구 없이 다시 스피노자라는 기원으로 거슬러 올라가는 "연구자" 진태원의 방법과 태도, 곧 그런 기원으로의 소급이라는 방법, "기원으로의 두 번의 퇴행"이라는 태도를 비판하는 조정환의 다음과 같은 문장들과 동궤에 놓인다 : "진태원에게서 철학은 이렇게 기원적인 것을 찾는 인디아나 존스적인 여행이다. 이 여행 속에서는, 시간 속에서 전개되는 철학적 노력들, 그 속에서 이루어지는 개념창조 작업들은 간과되고 무시되고 '오류'로 단죄된다. 기원을 척도로서 사랑하는 자, 그래서 스스로를 기원의 대리자로 참칭하고자 하는 자들은 '초보적 수준' '초보적 오류' 등 지성의 위계를 공고히 하려는 지적 프레이밍 작업에 참여하기를 좋아한다. 프레이밍은 항상 수익(profit)과 결부되어 있다."(조정환, 「들뢰즈의 affection/affect에 대한 기원론적 접근에 대해」, 같은 곳, 2016. 4. 2) 내가 위의 논쟁에서 발굴하고 싶은 것은, '사제-진태원'에 대한 조정환의 비판이 다름 아닌 신론(神論)의 벡터궤적을 그리고 있는 장면의 뜻과 힘이다.

한 '삶'의 인도 속에서 자신들을 정당성의 생산공정으로 정립할 수 있게 된다. 그런 정당성의 생산은 사제적 체제를 구동시키는 단두대-법의 일반화 과정으로, 해고의 일반화 상태로, 사제의 일반의지로서의 단두대·대공포법령이라는 질서화의 과정/소송으로, 통치를 위한 '죄'의 일반화 절차로 제정되고 수호된다.

아르케/기원으로의 인도, 기원에 의한 사목, 기원을 대리하는 사제적·사목적 체제 속에서 지성의 활동은 '학문적 신뢰'를 기준으로 위계화된다. 정동-정서라는 개념쌍의 번역을 둘러싼 적대 속에서 조정환은 이렇게 쓴다. "우리는, 번역은 '학문적 신뢰'(즉 지적 신앙)의 대상(지성의 신)을 만들어 내는 작업이 아니라 우리의 삶과 실천에서 사용할 수 있는 무기를 벼려내는 집단지성적 작업이며 창조적 실천이라고 말해야 한다."[17] 학문적 신뢰라는 지적 신앙, 그것이 봉행하는 아르케/기원으로서의 지성의 신. 그런 신앙과 신과 지성의 연합, 그 신성의 힘을 독점적으로 매개·집전하는 사제. 그것들이 사목적 신정정치체의 이데올로기적 기관들·장치들이다. 번역은 신의 보호를 위한 장치가 아니라, 신적인 축적의 정지를 고지하는 힘의 발생, 신의 살해를 위한 집단지성적인 ─ '누구나의 예언자-되기'로서의 ─ 힘의 발현이다. 그 힘은 어디서 나오는가. 기원을 향한 신앙의 충실이 아니라 기원에 대한 반역과 배반에서 나온다 : "역사의 '실재적 경향'은 그런 '배반'을 불가피한 것으로 만드는 조건이다. '넘어섬beyond'과 '초월론transcendentalism'의 사유 전략은 그 불가피성에 대한 이론적 응답이다."[18]

---

17. 조정환, 「들뢰즈의 affection/affect에 대한 기원론적 접근에 대해」, 같은 곳. 신앙의 대상으로서의 신을 세속에서 본 딴 지적 신앙의 대상으로서의 지성의 신. 계열화·권력화되는 지성과 신앙의 정치체. 지성의 신을 대리함으로써 그 신을 봉헌하고, 봉헌함으로써 그 신을 생산하는 사제, 사제의 정치. 그것은 '넘어섬'과 '초월'의 계기를 축적의 공정 속으로 합성하는 훈고학적 경(經)과 스콜라학적 신(神)의 상관물, 아르케의 정치체였다 : "이런 맥락에서 진태원 연구자가 여러 글들에서 일관되게 보여주는 기원에 대한 집착과 기원론적 프레임을, 나는, 동양의 훈고학파('경')나 서양의 스콜라학파('신')가 역사적으로 보여주었던 것, 즉 다양하고 특이한 넘어섬의 아나키에 대한 공포 대응으로, 다양성과 특이성들을 기원적 권위와 질서 하에 복속시키려는 권력야욕과 철학적 보수주의의 증상으로 읽지 않을 수 없다."(같은 글)

초월론이 적대하는 것은 사제의 신앙이 축적의 원천이자 동력인 상태이며, 그런 한에서 초월론의 게발트는 기원론을, 목적론을, 아르케주의를 내부로부터 제약하고 한정하면서 그것을 전위시키는 힘의 형태이다. 초월론, 그 넘어섬의 벡터가 저 누구나의 예언자-되기, 누구나가 신과의 마주침의 실천자인 상황의 지속을 향하며, 그때 초월론은 메시아적인 힘의 형질을 가리키는 다른 말로 된다. 조정환에게 그 힘은 모든 기원의 지성소를 전장arena으로, 단두대를 도약대로 '활용'하는 방법이었으며, 그 활용의 현장을 저 로두스Rhodus의 상황으로 재정의하는 태도의 토대였다. 초월론적/메시아적 게발트의 전장, 로두스의 위치와 위격. 거기가 사제적 축적의 아르케주의와 적대하는 창조적 내전 수행으로서의 비평이 거주하는 곳, 다른 권위의 정당성-근거Grund로서 정초되는 곳이다.

---

18. 조정환, 「들뢰즈의 affection/affect에 대한 기원론적 접근에 대해」, 같은 곳.

종말론적인 것과 게발트

성^聖-조직의 에클레시아에 대해

1-1. "민주주의는 정당과 운동, 제도와 투쟁의 두 가지 날개를 필요로 한다."[1] 이 한 문장은 민주주의란 무엇인가라는 물음을, 민주주의가 요구하는 힘의 형질은 어떤 것인가라는 물음 속에서, 또는 민주주의라는 힘의 벡터는 어떤 궤적을 그리고 있는가라는 물음 속에서 함께 사고해야 함을 강조하고 있다. '정당'과 '제도'라는 한 쪽 날개, 바꿔 말하자면 '조직화'된 게발트, 게발트의 조직성. 이 날개와 동시에 움직이는 투쟁·운동이라는 다른 날개, 말하자

---

1. 진태원, 「최장집과 에티엔 발리바르 ─ 민주주의의 민주화의 두 방향」, 고려대 민족문화연구소, 『민족문화연구』 56호, 2012, 244쪽. 이하 진태원의 글들을 인용할 때는, '(1 : 160)'과 같이 일련번호와 쪽수를 본문에 표기함(고딕체로 강조한 것은 모두 인용자). (1) 「시간과 정의 : 벤야민, 하이데거, 데리다」, 서강대 철학연구소, 『철학논집』 34집, 2013; (2) 「폭력의 쉬볼렛 : 벤야민, 데리다, 발리바르」, 계간 『세계의문학』 2010년 봄호; (3) 「푸코와 민주주의 : 바깥의 정치, 신자유주의, 대항품행」, 『철학논집』 29집, 2012; (4) 「푸코에 대한 연구에서 푸코적인 연구로 : 한국에서 푸코 저작의 번역과 연구 현황」, 『역사비평』 2012년 여름호; (5) 「스피노자 철학에 대한 관계론적 해석」, 서울대 박사논문, 2006; (6) 「대중의 정치란 무엇인가? : 다중의 정치학에 대한 스피노자주의적 비판」, 『철학논집』 19집, 2009; (7) 「최장집과 에티엔 발리바르」; (8) 「'포스트' 담론의 유령들 : 애도의 애도를 위하여」, 『민족문화연구』 57호, 2012; (9) 「좌파 메시아주의라는 이름의 욕망」, 계간 『황해문화』 2014년 봄호; (10) 「'비판적 사유의 미국화'란 무엇인가」, 『황해문화』 2014년 겨울호; (11) 「몫 없는 이들의 몫 : 을의 민주주의를 위하여」, 『황해문화』 2015년 겨울호; (12) 「세월호라는 이름이 뜻하는 것」, 고려대 민족문화연구원, 웹진 『민연』 2014년 7월호['(12 : 세월호)'로 표기]; (13) 「새로운 역사의 천사 ─ 멘붕의 정치학, 유령들, 메시아주의」, 『연세대 대학원신문』 2013년 3월[(13 : 천사)]; (14) 「사변의 과잉, 사변의 과소」, 『프레시안』 2014. 12. 26[(14 : 사변)].

면 봉기·반란의 게발트, 게발트의 발생성·발현성. 민주주의는 그런 두 날개, 게발트의 두 성분을 필요로 하며, 민주주의의 그 필요, 그런 필요의 정당성-근거는 두 날개 간의 관계를 설정하는 힘의 방향성을 따라, 그 두 날개 두 게발트 간의 관계구성적 벡터궤적을 따라 생산·재생산되거나 파기·환송된다. 이 파기·환송의 법적인/신적인 최종심을 대행하는 힘의 한 가지 형태로, 나는 '진태원'이라는 따옴표 친 고유명을, 한 쪽 날개가 체계적으로 도려내지고 있으면서도 두 날개의 민주주의로 날고 있다고 믿는 그 믿음의 유혈적 공정을 비평해보려고 한다. "나는 결코 개인을 공격하지 않는다 ─ 다만 개인을 강력한 확대경처럼 사용할 뿐이다. 이 확대경은 일반적이지만 살금살금 기어다니면서 잘 잡히지 않는 비상사태를 보이게 만들어준다."[2] 진태원, 그 확대경이 개시하는 비상사태에 의해 정지되는 법 연관의 형질이 어떠한지는 이하 메시아적·종말론적 힘이라는 게발트·날개를 중심으로 제시될 수 있을 것이다.

진태원은 메시아적인 것과 정치적인 것의 접촉에 대한 사고력 일반을 "메시아주의 정치"(1:160) 혹은 "좌파 메시아주의"(1:160, 9:172)라는 표식-질곡으로 묶고 "사변적인 정치학"(1:160, 9:184)이라는 파기·판결의 합법적 표찰을 달아 소각하는데, 그 소각의 근거는 하나 '조직적인 것'이다. 그 하나는 자기반복적이며 반복적 '자기'인데, 변이 없는 그 반복은 그 근거의 폐쇄회로적 절대성을 보증하고 그렇게 보호되는 절대적 근거 위에서만 그 반복은 스스로를 거듭 재정립할 수 있기 때문이다. 그런 악순환, 악무한적 악순환 속에서 조직은 유일무이한 근거 또는 성스러운 반석petra이 된다: "메시아주의 정치는 신자유주의적 자본주의나 국가에 대한 구체적인 분석을 제시하지 않으며, 그것에 맞설 수 있는 대안적인 운동이나 조직에 관한 구체적인 성찰도 보여주지 않는다."(1:160, 9:185) 그것에는 "객관적으로 판단할 수 있게 해주는 객관적 조건이나 규정 같은 것이 존재하지 않"(9:187)으며, 그런 한에서 "혁명(내지 진정한 정치)을 수행할 정치 조직이나 방법에 관한 논의를 찾아보기는

---

2. 프리드리히 니체, 『이 사람을 보라』, 백승영 옮김, 책세상, 2002, 344쪽.

매우 어렵다."(9 : 187) 메시아주의 정치는 "혁명적 주체와 그 조직 형성에 관한 고민이 없"(1 : 160, 9 : 185)으며, 그런 한에서 "사회적 실천, 특히 조직적인 실천과의 연계를 맺는 경우가 극히 드물다."(9 : 195, 이 한 문장은 위의 다른 인용문들이 1번 글에서 9번 글로 붙여넣기Ctrl+V 되고 있는 동안 10 : 213에서 재인용되며 뒤이어 10 : 222에서 따옴표를 떼고 동일하게 타이핑됨으로써 자기성l'ipseité 속에서, 자기성을 위하여 반복/증식된다. 이런 자기반복과 증식의 글쓰기 형식은 진태원이 강조하는 조직의 결정론적 벡터를 '물질적'으로 드러내는 것이기도 하다.) 정치경제적 축적의 성스러운 일반공식에 대한 절단적/종지적 시간의 발현들을, 그런 세속적/신성모독적 종말론의 상황성에 대한 인지력의 관계들을, 곧 메시아적인 것의 정치력을 "사변적인 메시아주의"(1 : 161)로, '사변적인 정치학'으로, "사변적인 역사철학"(1 : 160, 9 : 185)으로, "사변적 차원에서의 성찰이자 호소"(1 : 160, 9 : 185)로, "사변적 차원에서의 해방감"(1 : 161)으로, 다시 말해 자기증식하는 사변의 축적공식으로, 사변이라는 객관적 규정의 유혈성으로 경찰·취조·심판할 수 있게 하는 반복적/반복강박적 반석으로서의 조직력. 줄여 말해, 정립/유지되는 성-조직이라는 게 발트-에클레시아. 다음과 같이 질문하고 답하면서 시작하기로 하자. '진태원'은 누구이며, 어떤 힘인가. 성-조직적 게발트의 신/법을 대행하는 성전聖殿의 사제, 사제적·사목적 계급의 이윤축적력이며, 그런 신의 로고스/노모스의 문을 여닫는 경첩cardo-기계, 그 문 안팎을 은밀히 구획하는 추기경Cardinalis, 통치의 중추적 기관-기밀이다.

1-2. "문제는 사변을 어떻게 실행할 것인가 일 텐데"(14 : 사변), 메시아적인 것의 정치력에 대해 반복되고 있는 저 사변의 실행은 "과하면서도 부족하다. 그리고 그것은 사실 동일한 현상의 두 측면이다."(14 : 사변) 그 동일한 현상이란 메시아적·종말론적 게발트를 문제화하는 힘의 부재이며, 그런 '무능'이 조직적 게발트를 결정론적인 것으로 성화시키는 공정의 추진력이다. 그때 저 두 날개 중 한쪽 날개는 '사변의 과잉' 속에서, 다른 한 쪽 날개는 '사변의 과소'

속에서 동시에 꺾인다. '주된 문제를 종말론 쪽에 두지 못하는 무능'과 짝하는 조직적 게발트 결정론은 제도와 사건, 조직과 봉기, 제정된 권력과 제헌하는 권력 간의 관계를, 그 둘 간의 상호 간섭·삼투·결속·길항의 관계를 인지하되 오직 그런 관계를 객관적으로 사고하고 있다는 자기오인의 편집증적인 폭력 속에서만 인지한다. 그런 인지의 공정에 대한 소송 곁에서 두 날개 두 게발트의 변증법에 대해 다시 생각해보기 위해 앞질러 인용하게 되는 문장들이 있다. 등질적인 듯 보이지만 실은 차이 나는 두 문장, 실로 차이 내야 할 두 가설이 그것이다.

[①] 메시아주의 및 종말론에 맞서 단절의 가능성, 사건의 가능성을 모색하고 있다는 점이야말로 데리다 정치철학의 중요한 교훈이라는 것이 이 글을 이끌어가는 나의 기본 가설이다.(1 : 162)

[②] 내 화두는 정확히 메시아적인 종말론을 목적론과 구별하는 것이다.[3]

'메시아주의'와 '종말론'은 "및"이라는 단어로 등질화되어 흘레붙을 수 없다. 데리다의 화두, 그러므로 그의 유산, 곧 상속을 요청하는 데리다적 적대의 구도는 진태원이 말하는 '메시아주의 및 종말론', 메시아주의≒종말론에 맞서는 단절과 사건의 가능성에서가 아니라, 그 "및"·등식·교환가능상태의 경첩joint을 절단하는 '메시아적인 종말론'이 '목적론'과 구별되고 있는 상황에서 성립한다. 데리다에게 메시아주의와 종말론은 "및"이라는 등질화의 계사에 의해 등가적으로 등치되거나 교환될 수 있는 것이 아니며, 그런 한에서 메시아주의≒종말론에 맞서는 사건이라는 진태원의 가설, 그 적대의 구도설정은 메시아적·종말론적 게발트라는 날개를 주된 문제로 사고하지 못하는 '무능'의 결과물이다. 다시 말해 "이 모든 것보다 더 문제가 되는 것은, 주된 문제

---

3. 자크 데리다, 『마르크스의 유령들』, 진태원 옮김, 이제이북스, 2007, 180쪽.

를 '종말론' 쪽에 두지 못하는 그(들)의 무능일 것이다."[4] 데리다의 화두는 메시아적 종말론과 목적론 간의 적대의 설정력과 그런 힘의 효과에 대한 사고의 효력을 둘러싼 것이며, 그런 한에서 데리다적 신정정치 비판에서의 상속대상은 목적론에 대한 비판력의 벡터이고, 그런 목적론에 의해 합성·병합·인도되는 통치공정의 경첩으로부터 스스로를 구별·탈구시키는 메시아적 종말론의 게발트 발현과 그 지속성에 대한 사고의 형질이다.

위의 ①과 함께 진태원은 데리다의 정치철학이 갖는 새로움의 근거를 두고, "종말론/목적론 대 허무주의/상대주의라는 그릇된 양자택일을 넘어서 정치적인 것의 보존을 정치의 고유한 과제로 제시하기 때문"(2:358)이라고 쓴다. 여기서 데리다적 적대의 설정력은 다시 한 번 전도된다. 혁명의 혁사가 목적론적 희망의 역사이자 동시에 그 희망이 합법적 폭력으로 오염·전화되는 역사이기도 하다는 데리다의 주장에 맞물려 있는 저 한 문장 속에서 '종말론'은 다시 한 번 등질화의 기호[/]에 의해 '목적론'과 교환가능한 것이 되며, 그런 등가화 속에서, 데리다가 말하는 목적론 대 메시아적 종말론 간의 적대설정-력은 다시 한 번 소멸한다. 데리다의 화두/유산이 '정치적인 것의 보존'인한에서, 다시 말해 메시아적 종말론 대 목적론이라는 적대구도를 상속하는힘인 한에서 진태원의 저 가설은 데리다의 화두를 파기시키는 선-화두적 답안이자 공안적 법안이다. 그 법의 반석으로 존재하는 것이 메시아적·종말론적 게발트에 대한 인지의 무능력, 조직적 게발트 결정론이다. 관리될 수 있으므로 오염되지 않을 수 있는 조직적/매개적 '대표'의 힘이 척도적이며 최종목적화된 힘의 형질을 가질 때, 그것은 통치교리로서의 메시아주의를 정립/수호하는 법의 경찰적 힘으로 기능한다. 그런 메시아주의 없는, 그런 메시아주의와 적대하는 메시아적인 것, '메시아주의 없는 메시아적인 것'의 게발트벡터는 봉기적·절단적 힘, '발현'의 힘으로서의 메시아적 종말론을 정확히 그런 최

---

4. 에티엔 발리바르, 「종말론 대 목적론」(장진범 옮김), 진태원 엮음, 『알튀세르 효과』, 그린비, 2011, 568쪽. '종말론 대 목적론'이다. 그것은 "목적론이나 종말론"(3:163)이 아니다.

종목적론/메시아주의로부터 구별하는 소송의 궤적으로, 대표와 발현이라는 두 게발트 두 날개의 관계설정력의 정당성-근거를 구성하는 궤적으로 잔존한다.

'메시아주의 및 종말론', '종말론/목적론'. 이 반복되는 등가교환은 "훨씬 더 초월론적인 것으로, 또는 훨씬 더 메시아주의적이고 종말론적인 것으로"(1:183), 다시 말해 '초월론적인 것=메시아주의적인 것=종말론적인 것'이라는 등치로 변주된다, 이 변주·악화는 그 역방향에서도 일어나는데, 남한에 수용되어 비판력을 거세당한 이른바 '포스트 담론'의 고유한 힘을 언급하는 과정에서 그러하다. "보편성의 조건이라는 문제에 관한 포스트 담론의 고유한 기여는 그 조건의 우발성과 다양성이라는 쟁점, 따라서 (비목적론적·비종말론적) 역사성이라는 쟁점을 제기했다는 점에서 찾을 수 있다."(8:33) 종말론/목적론, '비목적론적·비종말론적'. 다시 말해 등질화의 양방향. 그 양방향 모두에서 메시아적인 종말론과 목적론 간의 적대라는 정치적인 것의 고유성은 다시 한 번 박탈된다. 그런 등호들에 의한 등질화, 적대 구성력의 폐기, 종말론적 게발트의 무력화 속에서 진태원은 봉기력의 발현을 '결정의 문제'로, 이어 '결정의 책임' 문제로 제기하되, 진태원에게 그 결정과 책임은 모두에게 항시 '요구'되거나 '할당'되는 것으로만, 항시 "극단적 존재 양상"(1:184)에 맞물린 것으로만 인지된다. "그렇다면 우리들 각자, 우리들 아무나는 매일매일, 매 시간, 매순간, 매 지금마다 치열한 계급투쟁을 치르고 있고 또 치러야 하는 셈이다. 그런데 과연 사람들이 그것을 견뎌낼 수 있을까? 또는 우리가 누군가에게(또 사람들 각자가 자기 자신에게) 그것을 요구할 수 있는 규범적 정당성을 가지고 있을까?"(1:184) 이 물음들, 봉기-결정의 정당성 문제는 각주로 붙어있는 다음 문장들에서 좀 더 구체화된다. "그러한 극단적 존재 양상(극단적 폭력에 내몰려 있는)이 일상적인 존재 양상으로 보편화될 수는 없으며, 또 그렇게 되어서도 안 된다."(1:184) 극단적 양상과 일상의 접촉·마주침의 문제를 극단이 일상을 잠식하고 석권하는 일방향적인 '보편화'로만 사고하는 무능·무능력은 다음과 같은 유능함들과 함께한다. 극단과 일상의 관계를 그런 잠식적 보편화를 이유로 분리·격리된 것으로 지정·할당시키고는 '사후적으로' 그것을 매개해야 할 필요를 요구·제작·외삽하는 유능함, 그렇게 제작된 필요를 위해 조직적 게발트에 의한 논변 또는 대표의 법칙을 결정론적인/목적론적인 것으로, 존재-신-론적인 것으로 정립·수호하는 유혈적 유능함. 그 무능-유능, 무능함의 유능함은 그렇게 메시아적 종말론의 게발트 발현이라는 날개를 체계적으로 꺾고 도려내는 일관된 능력, 의사擬似-두 날개의 정당성을 근거 짓는 메시아주의적 힘의 형태이다.

1-3. 그런 최종목적론/메시아주의는 메시아적·종말론적 게발트의 내재적 변신론metamorphosis에 대한 탐구를 비판할 때의 근거일 뿐만 아니라 특정한 게발트의 형태를 인정하고 긍정할 때의 근거이기도 하다. 진태원에게 그런 인정의 대상은 푸코였고, 긍정의 논리는 다음과 같다. "이렇게 재구성된 역사는 기원의 우연성과 불연속성으로 이루어져 있다는 점에서 가장 반反목적론적 역사라고 할 수 있다. 이 때문에 푸코는 현대 사상가들 중에서도 목적론이나 종말론과 가장 거리가 멀고 권력이나 정치의 문제를 제로섬의 방식으로 환원하는 데 가장 면역력이 큰 인물 중 한 사람이라고 할 수 있다.··· 제도적인 민주주의 정치 바깥에 위치하여 자유민주주의 체제의 한계를 드러내면서도 그것을 종말론적인 방식으로 극복하려고 하지 않고, 그 내부에서 그것에 저항하고 변혁할 수 있는 길을 보여줄 수 있지 않을까?"(3:163~4) 푸코가 긍정되는 것은 그가 '반목적론적 역사'의 구성을 보여주며 '목적론이나 종말론'에서 가장 거리가 멀고 '종말론적 방식'으로 자유민주주의를 극복하려하지 않았기 때문이다. 다시, 문제는 종말론에의 무능이며, 목적론과 메시아적 종말론 간의 적대의 일소이다. 푸코를 대상으로 할 때의 그 무능, 그 일소란 푸코 독자로서의 진태원이 민주주의를 다시 사고하는 자극제로 들고 있는 푸코의 두 개념, 곧 파레지아와 대항품행[대항인도]의 재정의에 있어서의 인지협착으로 드러난다. 갈등적 과정으로서의 민주주의를 관철시키는 대표의 매개력이 신자유주의적 예속화 메커니즘으로서의 '시민권=국적' 도식을 깨는 힘

이라는 논리에 근거해 진태원은 푸코의 파레지아parrhêsia — 진실을 말하기, 그 말함의 윤리적 결단 및 용기 — 라는 윤리적/정치적 개념을 부각시킨다. "푸코가 말하는 파레지아는 이중적인 조건을 지닌 것이다. 첫째 그것은 자기 자신에게 솔직함을 함축하는 것이며, 둘째는, 나이나 사회적 위계, 서열 등의 차이를 무릅쓰고 상대방에 대해 솔직하게 발언하는 것을 뜻한다. 특히 정치적 맥락에서 본다면 파레지아는 의회에서 자신의 견해를 솔직하게 밝히는 것을 의미한다."(3:181~2) 진태원의 파레지아는 위험을 감수하고 진실을 솔직하게 말하는 결단이되 그런 정치적 발언의 장소, 그 윤리의 현장으로 방점 찍히는 것은 '의회'이다. 조직화된 게발트, 아르케로서의 대표라는 매개력으로서 파레지아는 의회에서 대표·재현되는 '발안'의 층위로 제도화되며, 그렇게 제도의 날개로만 날려질 때, 파레지아라는 윤리적/정치적 게발트가 봉기적 발현의 게발트와 접촉·변용되어 개시시키는 실재적 힘의 차원은 파기된다.

'반종말론적' 푸코는 역사적 대항품행을 다섯 가지로 예시했으며, 그중 하나는 메시아적 종말론의 대항인도라는 이름으로 논구될 수 있는 것이었다. 종말론과 목적론을 등질화하는 진태원에게 다음과 같은 푸코적 대항품행의 한 갈래는 끝내 사변적인 정치학으로 환원되고 있다. "국가이성의 새로운 역사성은 최후의 제국, 즉 종말론의 왕국을 배제하고 있었습니다. 16세기 말에 정식화된 이 주제, 물론 지금도 남아 있는 주제이지만, 이 주제에 대해서 시간이 끝을 맺는 때가 도래할 것이라고 긍정하는 것을 원칙으로 하는 대항품행, 즉 종말론, 최후의 시간, 역사적이고 정치적인 시간의 박탈, 완료의 시간, 소위 국가의 무제한의 통치성이 정지되는 시간의 가능성을 제기하는 것을 원칙으로 하는 대항품행이 발전하게 됩니다."[5] 이 종말론적 대항인도는 이란 혁명의 신학정치적 현장에서 르포를 쓰고 있던 전후의 푸코, 예컨대 「봉기는 무용한가?」(1979)와 접촉될 수 있다. 푸코 강의록의 편집자 세넬라르가 인용해 쓰고 있는 한 대목은 다음과 같다(작은따옴표 안의 문장들은 모두 「봉

---

5. 미셸 푸코, 『안전, 영토, 인구』, 오트르망 옮김, 난장, 2011, 481쪽.

기는 무용한가?』의 구절들이다). "푸코는 일체의 역사적 인과성과 관련해 봉기는 초월성을 가진다고 단언하면서['들고 일어서는 사람은 결국 설명될 수 없다.] '교조적인 성직자의 잔인한 통치'와 '죽음을 각오한 사람들이 기댄 영성'을 대치시키고 있다. 봉기란 '역사의 흐름을 막는 단절'이며, 이것에 의해 역사에 '주체성'의 차원이 도입된다.['인간은 봉기한다. 그것은 사실이다. 주체성(위인이 아닌 아무나의 주체성)은 봉기에 의해서만 역사에 도입되고 역사에 숨결을 불어넣는다.]…'넘어설 수 없는 법, 제한 없는 권리'를 정당화해주는 것도 바로 이 필수불가결한 반란이다."[6] 봉기의 게발트 또는 단절의 초월력, 다시 말해 비정립적 제헌력-의-형태소를 반석으로 하는 아무나의 주체성, 절대적 법·권리의 정당성-근거. 이는 메시아적 종말론과 목적론 간의 적대를 상속하면서 재정의할 수 있는 게발트의 억제할 수 없는 벡터이다. 진태원이 남한에서의 푸코 수용과 연구를 '푸코에 대한 연구에서 푸코적인 연구로'라는 비판적 관점으로 일별하면서 강조하고 있는 "푸코적인 연구와 실천"(4:412, 414), 그것의 최소조건 중 하나는 '객관적 판단을 위한 객관적/조직적 조건 및 규정'을 결정론인 것으로서 접촉하지 않는 것이며, 게발트의 환원불가능성을 폐기하는 것이 아니라 정치의 실재적 장소로 보존·지속하는 일일 것이다.

1-4. 데리다가 말하는 메시아적인 종말론, 다시 말해 최종목적론/메시아주의의 경첩을 절단하는 메시아적 게발트의 한 가지 형질·벡터. 이른바 "역사의 종언의 무대를 마련하기."[7] 이 종언의 무대, 연출되는 종말론의 전장에서 다음과 같은 두 날개, 두 게발트, 두 법칙 간의 아포리아는 정치적인 것의 고유한 장소로서 보존된다. '법 그 자체'를 정초하고 기립시키는 '억제할 수 없는 차이差移'의 게발트 혹은 '초월의 법칙'과, 그것과 동시적인 수행을 명령받는 매개적 게발트 혹은 '대표의 법칙' 간의 필수적이고 불가피한 숙명적 타협의 무

---

6. 미셸 푸코, 『안전, 영토, 인구』, 506쪽.
7. 자크 데리다, 『마르크스의 유령들』, 34쪽.

대·전장이 그것이다. 이를 겨냥해 진태원은 이렇게 쓴다. "서로 환원불가능한 두 가지 법칙 사이의 타협의 숙명을 주장한다면, 그러한 타협은 **차악의 것을** 영속적으로 보존하고 재생산할 수 있는 위험에서 어떻게 벗어날 수 있는가? 곧 그러한 타협을 통해 생산되는 차이, 변형, 이질성이 이전과 **다른 새로운 차** 이, 변형, 이질성이라는 것, 더욱이 **이전보다 더 나은 것**이라는 점을 어떻게 알 수 있는가? 요컨대 초월적인 것의 새로운 역사가 시작되었다는 것을 우리가 어떻게 식별할 수 있는가?"(1 : 188, 강조는 진태원)

데리다의 메시아적인 것은 기원·원리arkhē로서의 대표에 의해 힘의 환수 가 행해지는 절차 안에서 그 절차를 절단하는 힘의 발현이다. 데리다적 '정의' 의 두 명령, 곧 '대표의 법칙'을 따르라는 명령과 그런 대표의 법칙바깥을 향 한 '초월의 법칙'을 따르라는 명령, 그러니까 두 날개의 운동, 두 게발트의 수 행을 동시에 발하는 정의의 이율배반은, 그리고 그런 정의의 이름으로 구성 된 숙명적 타협의 아포리아는, 조직적 게발트 결정론에 기초한 논변과 매개의 장을 목적론적/아르케적 제1원리로 인지하는 진태원에게 정치적인 것의 장소 가 될 수 없는 것이었다. 초월의 법칙에 맞닿는 힘들, 곧 메시아적 종말론의 정 치력, 곧 목적론의 경첩을 탈구시키는 일·힘으로서의 '역사의 종언의 무대를 마련하기', 계산불가능한 차이가 개시하는 지금-여기라는 힘, 곧 잠재적인 것 the vitrual의 발현하는 힘. 그런 초월의 법칙과 동시적인 관철을 요구받는 대표 의 법칙에 맞물린 힘들, 곧 매개적이고 조직적인 게발트, 현행적인the actual 힘, 제도력, 제도제정력. 그 두 법칙 간의 타협은 '차악의', '이전과 다른 새로운', '이 전보다 더 나은'이라는 진태원적인 비교우위상태 속에서 '식별'될 수 있는 것 이 아니라, 저 잠재적인 것과 현행적인 것 간의 관계론을 위한, 그 둘 간의 관 계구성력을 위한 인지적 준비태세로서의 '실재적인 것the real'으로서 내재적으 로 인지·인도되어야 하는 것이다. 바로 그 실재적인 것의 인지가 버추얼과 엑 추얼 간의 관계를, '이전보다 더 나은 새로운'이라는 식별을 위한 외삽적 규준 의 전제상태가 아니라 초월·발현·잠재라는 게발트와 대표·매개·현행이라는 게발트 간의 환원불가능한 상태에서의 교섭·교차·숙의·합의, 긴장·알력·교착·상쇄·공멸의 벡터를 이해하고 표현하며 재정의하고 결정하기 위한 조건이자 반석이다. 그러므로 초월적인 것의 역사(들)은 국가장치 바깥에/바깥으로 독립해있는/독립해가는 정치적 실천이 아니라, 다시 말해 '새로운 역사'로서 '시작'되는 것이거나 그런 시작-끝의 체제로서 '식별'될 수 있는 실체론적이고 시원-종말론적인 목적의 환속화상태가 아니라, 그런 목적-그리스도의 체제 내부에 인지불가능하게 변형·왜곡·전용·합성된 채로, 그러하되 항상-이미 그런 목적의 유혈적 논리를 신체에 새긴 상태로, 그런 목적의 폭력체 내부에서 그런 폭력의 역사를 개시·계시하는 절단적 발현력으로, 내재적 초월의 게발트로 잔존하고 있었던 것이 될 것이다. 그런 한에서, 메시아적 종말론과 목적론 간의 적대를 소각하는 조직적 게발트 결정론은 저 두 날개 두 법칙 간의 이율배반·아포리아라는 정치적 현장을, 역사의 종언이 연출되는 무대를, 줄여 말해 정치의 실재를 대패질하고 억지하는 카테콘적 아르케이다. 그 아르케·팔루스에 의해 환원불가능한/억제할 수 없는 차이의 게발트는 통치의 공정 속으로 합성·관리되고, 그 게발트의 비등가적 불일치의 벡터는 등가교환되는 합치·협치의 상태로 최적화된다. 그때 차이·초월의 게발트는 언제나 매개적 대표의 게발트라는 형상적 법칙·척도eidos에 의해 '식별'될 수 있는 질료적 상태hyle로 변형·가공·재생산된다. '진태원'은 어떤 힘인가. 법이 된 매개력의 대행자, 조직적 게발트라는 중보자Mediator를 수호하고 집전하는 법복 입은 사제의 인도력, 사제적/사목적 계급의 폭력이다. 손수 세고 먹이는 그 폭력이, 그 폭력의 반복적 인도력이 내재적 초월의 힘을, 사건적 상황의 발현을 인식하는 다른 식별의 가능성을, 다르게 존재하는 그런 가능성을 정치의 실재적 전장으로 재정의할 수 있는 방법과 태도를 차단·봉쇄한다.[8] '진태원'이

---

8. 메시아적 종말론과 목적론 간의 '현실적' 적대를 정치의 '실재적인' 장소로 인지하지 못하는 진태원이 현실의 정치상태를 통념적 메시아정치론에 고착된 눈으로 건너다보는 것은 자연스럽다 : "신자유주의가 지배하는 오늘날의 세계에서 메시아["안철수라는 새로운 메시아"]를 기다리면서 이룩할 수 있는 정치적 진보가 있을까 질문해볼 수 있다. 이렇게 본다면 선거 직전 한겨레신문이 좌파 메시아주의의 아이콘 중 한 사람인 알랭 바디우를 동원해 야당 후보를 지원했다는 것은 의미심장한 사실이 아닐 수 없다."(13 : 천사)

라는 확대경 속의 풍경, 그 유혈적 힘의 형태는 어떤 것인가. 법정립적/법유지적 사상경찰이라는 '유령 같은 혼합'의 힘, 아르케/기원의 정치력을 봉행하는 사제의 법칙. 그런 아르케에서 발원하고 그곳으로 재귀하는 미사의 정치체, 신정정치체의 존재-신-론. 그 힘에 의해 항시 저지·전용되고 있는 것, 그것은 게발트의 내재적 관계에 대한 탐색이며, 내재적 초월력으로 발현하는 비상상태에 대한 '인식'이다.

> 거기에는 또한 폭력 일반과 각각의 특수한 폭력에 관한 것을 인식하고, 알아내고, '내부로부터' 탐색하는 것에 대한 금지가 있다. 마치 사회적 관계들의 '정상적인' 결정으로, 즉 정치적, 사회적, 역사적 효과들의 원인으로 **사고될 수** 있는 것들의 바깥에 폭력이 [잊혀진 채로] 남아 있도록 하는 일에 어떤 강력한 이해관계라도 걸려있다는 듯이 말이다. 범죄와 폭동이 벌어지는 장소로부터 선한 시민들을 멀리 떨어져 있도록 관리하는 일종의 '사상경찰'이 거리의 경찰과 함께 존재해 왔다.[9]

조직적(법적·제도적) 매개력을 강조하는 진태원은 데리다적 정의의 두 명령 중에서 '표상·대표의 법칙'을 따르라는 하나의 명령으로 거듭 재귀하면서 '정의'에 대해 말한다. 그때 정의는 원리로서의 대표 바깥을 향하는 '초월의 법칙'을 '바깥의 정치' 또는 사변적인 정치학이라는 표찰·표상 속으로 환수하는 수단으로 기능하며, 그런 수단적 정의 또는 정의의 수단은 초월적 게발트와 정치적인 것의 관계구성에 대한 무능의 유혈적 힘으로 관철된다. 그 힘에 안겨 있는 힘, 그것이 게발트의 내재적 탐색과 인식을 금지하는 사상경찰이다. 초월의 법칙을 명령하는 데리다적 정의의 한 축이 소각될 때 게발트의 형질은 정치적·사회적·역사적 효과들의 관계망 속에서 내재적으로 사고될 수

---

9. 에티엔 발리바르, 「폭력 : 이상성과 잔혹」, 『대중들의 공포』, 최원·서관모 옮김, 도서출판b, 2007, 485쪽.

있는 상황 밖으로 추방된다. 그런 추방력으로서의 사상경찰에 의해 수단적 정의는 마치 사회적 관계들의 정상적이고 공공적인 결정인 것처럼 신성한 후광 속으로 재합성된다. 메시아적인 것, 다시 말해 내재적 초월력으로 발현하는 '차이'의 메시아성이 조직화된 게발트로 환수되지 않는 근원적으로 어긋내고 닫으며 폐하는 종지적 벡터를 지닌 것이었던 한에서, 억제할 수 없는 차이란 '역사의 종언의 무대를 마련하는' 힘, 메시아적 게발트에 다름 아니다. 그힘이 삶의 실제적 관계들로부터 그에 상응하는 관계의 신성화된 형태들을 적출해 개시시키는 '유일하게 유물론적인 것'이다. 매개적 게발트를 구제되고 구원된 삶을 위한 정치의 아르케로 인지하는 사상경찰의 테제, 육식적 메시아주의의 사목권력. 그것이 봉헌하는 축적 체제의 모조-구원적 결산의 공정과 더불어, '억제할 수 없는 차이가 개시하는 지금-여기'에서, 또는 차이의 메시아성 속에서 전개되는 억제할 수 없는 지금-여기에서, 줄여 말해 유일하게 유물론적인/메시아적인 '종언의 무대'의 연출 속에서 두 개의 게발트, 초월의 법칙과 대표의 법칙이라는 정의의 두 날개의 아포리아는 정치적인 것의 장소로 거듭 발현/도래중인 것으로 된다 : "정의는 도래할 것으로 남아 있으며, 도래함을 지니고 있고[도래해야 하고], 도래함이며[도래하는 중이며], 환원될 수 없는 도래할 사건들의 차원 자체를 전개시킨다."[10]

---

10. 자크 데리다, 「법에서 정의로」, 『법의 힘』, 진태원 옮김, 문학과지성사, 2004, 58쪽. 역사의 종언의 무대를 마련하는 연출자, 그는 '묵시록적 음색'을 취하는 자이다. 데리다적 탈구축의 방법론/존재론으로서의 묵시론, '종말의 도래'에 관한 문장들을 인용해 놓는다. "묵시록적 음색을 취하는 이는 누구라도 당신에게 무언가를, 말하지는 않더라도, 표현하게 된다. 무엇을? 물론 진리를. 당신에게 진리를 계시하고 있음을 표현하는 것이다. … 진리 자체가 종말이고 종착지이며, 진리가 스스로를 드러내는 것은 종말의 도래다."(자크 데리다, 「최근의 철학에서 채택되는 묵시적 어조에 관하여」, 알베르토 토스카노, 『광신』, 문강형준 옮김, 후마니타스, 2013, 394쪽에서 재인용) 최후적 종언은 매번 복구·봉합·갱신되는 회귀적이고 재귀적인 순환론의 영원한 체제를, 조직적 게발트 결정론이라는 무오염적 순수를 전제한 힘의 속성/벡터를, 그 전(前)-종말론적이고 카테콘적인 게발트실천을 폐절시키는 '종착지', 도래중인 종말=진리의 게발트이다. 이는 묵시록적 음색, 묵시적/정치적 힘의 형태 속에서 발현 중인 다른 법의 장소들에 대해, 그런 장소들의 형세와 집합적 이론화의 태세에 대해 사고하도록 요구한다.

2-1. 초월적인 것이 어떻게 새롭고 더 나은 것으로 '식별'될 수 있는가라는 진태원의 물음은 동일한 의지 속에서 이번엔 대상을 바꿔 벤야민을 향한다. "그 자체로 고려된 순수한 폭력이 면죄하게 해주는 힘을 지니고 있고 법과 연루된 폭력들을 근원적으로 파괴하는 힘을 지니고 있다하더라도, 우리는 역사 속에 존재하는 폭력이 과연 그것인지, 당장 우리 앞에서 벌어지는 폭력이 순수한 폭력인지 확실히 판단할 수 없다."(2:362) 이 판단할 수 없음은 식별할 수 없음과 먼 거리에 있지 않다. 벤야민의 순수 수단, 순수한 신적 폭력을 두고 '그 자체로 고려된'이라는 구절을 붙이는 것은 게발트의 형질을 가리키는 것으로서의 벤야민적 '순수'를 무매개적이며 자족적인 것으로, 일방적 초월의 상태로 이해하는 것이다. 진태원은 데리다의 후기를 따라 '벤야민'을 차이적 오염에 무감각했던 순수주의적 폭력론으로 인지한다. 그러나 벤야민적 순수의 뜻과 힘은 다른 게 아니라 게발트의 아포리아를 게발트에 대한 비판·비평을 가능케 하는 환원불가능한 정치의 발현·발생지로 사고한다는 점에 있으며, 그런 환원불가능성의 절대적 벡터궤적 위에서 게발트들 간의 대립적 관계를 사고하고 있다는 점에 있다. 벤야민이 말하는 교리로서의 '결산'의 폭력과 자본주의의 관계, 곧 '구원적erlösende이면서 동시에 살인적인töten den 지식'에 대한 비판은 그 한 예가 될 것이다. 이렇게 묻게 된다. 누가 게발트의 형질을 '그 자체로 순수하게' 보고 있는가.

진태원이 '그 자체로 고려된 순수한' 힘의 형태로 비판하는 대상은 이번엔 '다중'多衆이며 그런 비판의 정당성-근거는 마찬가지로 '식별'의 여부이다. "네그리와 하트가 제시하는 다중 개념의 한계 중 하나는 그들이 여러 차례에 걸쳐 다중과 대중의 차이에 관해 역설하고 있음에도 불구하고 현실적으로 이러한 차이를 **식별할 수 있는** 기준은 제공하지 못한다는 점이다.… 다른 사람들의 독특성을 존중하고 스스로 자신의 독특성을 개발하면서도 다른 사람들과의 공통적인 것을 추구하고 실제로 그것을 구성하는 사람들이 바로 다중이다. 그러나 문제는 우리는 늘 **사후에만 그것을 식별할 수 있다는** 점이다."(6:197) 스피노자의 물티투도multitudo에 대한 자율주의적 의지의 번역어, 다중multitude. '다중은 어떻게 결정에 도달하는가.' 『다중』의 저자들이 제기하는 그 질문은 다중이라는 게발트의 형질·벡터, 또는 주권적인 힘을 차이 속에서 행사하기 위한 다중의 조건·양태를 겨냥하고 있다. 그런 물음의 의지에 대한 진태원의 다음과 같은 대응은 저 식별 기준의 중심성분, 식별-력의 근간을 다시 확인하게 한다. "분명히 공통된 것의 생산 가능성은 그 자체로는 아직 정치에 미달하는데, 왜냐하면 정치는 공통된 것의 생산을 넘어 결정이 어떻게 가능한지 그 가능성을 보여주어야 하기 때문이다. 네그리와 하트는 정치 **제도의 틀** 안에서 어떻게 다중의 결정이 이루어질 수 있는지, 또 그 구체적인 제도적 틀의 형태는 어떤 것인지에 대해서는 언급하지 않고 있다. … 그들이 제시하는 스피노자주의가 어떤 것인지, 또 그것이 스피노자 철학과 얼마나 **부합**["합치"]하는 것인지 따져볼 필요가 있다."(6:179)

정치에 미달함 또는 스피노자 철학에 합치함. 미달과 부합이라는 식별력의 양극, 미달-합치라는 식별틀. 그것은 정치 제도의 틀에, 제도적인 틀에, 다시 말해 조직적 게발트의 결정론적인 형상이 주조한 법정法廷/法政의 유혈적 공정 속으로 합성되어 있다. 그런 결정론적 법의 저율의 형상/성상이, 공통적인 것의 생산에 머무는 정치 미달의 상태를 넘어 어떻게 다중이 결정할 수 있는가라는 진태원의 다중 비판의 반석이며, 그때 조직적 게발트 결정론은 항상-이미 다중의 결정을 앞지르는 선행적·선험적·제1목적적인 아르케의 경찰하는 최종심으로 존재한다. 그 심판은 주체를 분리하는 힘으로, 정치적인 것을 둘러싼 미달·합치·자격의 식별력으로 기능한다. 사회구성원들에 의해 회자되면서 남한 사회의 절단면을 표현하는 정치 개념으로 이동 중인 '을'乙, 그 상태에 대한 문장들은 다음과 같다. "내가 저항의 주체와 정치의 주체를 구별한 것은, 저항이 정치에서 차지하는 중요성을 무시하거나 간과하기 때문이 아니다. 내가 강조하고 싶은 것은, **저항 자체에 머물러 있는 주체**, 따라서 자신을 구성과 통치의 위치에 놓지 못하는 주체는 엄밀한 의미에서 정치의 주체에 **미달**한다는 점이다. 집합적으로 어떤 정치체를 구성하고 그 정치체를 **통치하고 조직하는** 위치에 존재하는 것만이 정치적 주체로서의 자격을 주장할 수 있다."(11 : 209) 저항의 주체와 정치의 주체를 분리하고, 그런 분리에 근거하여 저항의 게발트를 자족적 저항에 머물러 있는 상태로, 구성·통치·조직하는 위치에 미달하는 상태로 결정하는 힘. 이 힘은 저항적 게발트와 정치·구성·통치·조직의 게발트, 그 두 날개가 맺는 내재적(상호구속적/상호구성적) 관계를 절연시키는 분리력이면서, 사후적으로 그 두 게발트를 접합시킬 힘의 필요와 형성을 강조하는 매개력이다. 그 분리력/매개력은, 마치 언제 어디서든 무엇이든 묶고 풀 수 있는 끈들의 끈, 일반적 등가물, 현실적 신, 화폐의 권능이 정치적 최종심의 결정권으로 정립되고 있는 것과 같이 저항적 게발트를 미달-합치의 심판체 속에서 조직적 게발트 속으로 합성·질료화하는 사후적인 절차의 순수성으로 존재한다. 그 순수성, 순수-력 속에서 현실의 정치적 현장이 다음과 같이 인식되는 것은 필연적이다. "어쨌든 세월호 사건은 처음부터 끝까지 주체성의 부재, 주체성의 결여로 특징지을 수 있는 사건이었다."(11 : 202) 그렇게 세월호 이후의 저항과 정치는 '통치하고 조직하는 위치'라는 사상경찰적 규준의 심판체에 의해 부재·결여·미달의 부정태로, 식별불가능한 것으로 배치/추방되며, 끝내 저항과 정치의 내재적 관계를 표현하는 힘으로 인식되지 못한다 : "그것을 실현할 수 있을 만한 주체 내지 행위자들이 누구인지 우리는 아직 알지 못한다."(11 : 205)

그런 식별불가능 속에서 '세월호 이후'라는 게발트는 70년 전부터 '늘' 구멍과 공백으로 존재해온 국가에 대한, 대상a에 대한 '동일시'의 역사, '앞으로도 늘' 그럴 것인 정태적 고착상태에서의 '무관심과 망각'의 최근 국면으로 인식/소각된다. "검은 구멍이고 커다란 공백으로서의 국가가 가장 깊은 외상外傷, trauma으로 체험되는 지점은, 그것이 늘 구멍과 공백으로 존재해온 어떤 것이며, **앞으로도 늘** 그럴 것이라는 점을 사람들이 부인할 수 없는 존재론적 사실로서 스스로 체험하고 납득하는 지점이라고 할 수 있다. 그 경우 사람들이 택할 수 있는 길은 무관심과 망각이다. 또는 좀 더 적극적으로 표현된다면, 사람들은 그들과의 동일시를 통해, 구멍과 공백을 메우려고 할 것이다."(12 : 세월호, 강조는 진태원) 이런 인식/소각의 상태 속에서 '제도와 투쟁'

이라는 두 날개 중 하나인 저항적 게발트는 소멸의 형태로서만 존재한다. 그
것은 제도적 틀을 기준으로 하는 미달-합치의 양극 사이에, 식별불가능한
것으로 배치/추방되는 상태로만 있는 것이다. 그런 체계적 매개/분리의 체제
를 설계하는 진태원은 말한다. "삶은 봉기로만 이루어지지 않는다. 봉기 이후
에는 삶이 찾아오고, 삶이 찾아오는 순간 차이는 팽창한다. 이데올로기가 세
계를 뒤덮는 것이다."(14:사변) 그렇게 말할 때, 이데올로기가 뒤덮는 것은 세
계가 아니라 자기이다. 실질적으로는 저항과 정치를 분리하는 심판의 체계를
구축하면서도 표면에서는 게발트의 두 날개를 중시한다고 말하는 자기기만
과 자기오인 속에서, '봉기 이후 찾아오는 삶-차이'가 다음 한 문장 속 데리다
적 '차이'와 맺는 관계, 그 두 차이 간의 마주침에 대한 사고, 그 두 힘 간의 관
계구성력은 거듭 폐기될 수밖에 없으며, 그런 폐기의 공정이야말로 이데올로
기가 오인된 자기를 석권하는 절차와 보조 맞추고 있는 것이다 : "억제할 수
없는 차이 안에서 지금-여기가 펼쳐진다."[11]

　　그 차이 곁에 다시 '인용'해 놓게 되는 것은 진태원이 번역·인용하고 있는
발리바르의 문장들 중 하나이다. "나는 봉기와 헌정의 차동差動, différentiel 관
계에 대해 말한 바 있는데, 이는 정치에 대한 순수하게 형식적이거나 법적인
표상은 어떤 것이든 간에 결코 해명할 수 없는 것이다."(2:231에서 재인용) 이
재인용은 다음 두 가지 인용의 게발트궤적 위에 있다. ① "중단은 인용의 기
초이다. 하나의 텍스트를 인용한다는 것은 그 텍스트의 상관관계를 중단시
킨다는 뜻을 내포하고 있다."[12] ② "나는 그것[성서]을 (문자 그대로가 아니라)
'그 정신과 사실에 따라' 결합된 방식으로 인용한다."[13] 진태원이 민주주의를
제도와 투쟁의 두 날개를 필요로 하는 것으로 말할 때 실제로 행해지는 것은

---

11. 자크 데리다, 『마르크스의 유령들』, 76쪽.
12. 발터 벤야민, 「서사극이란 무엇인가」, 『발터 벤야민의 문예이론』, 반성완 편역, 민음사,
　　1983, 57쪽.
13. 루이 알튀세르, 「이데올로기와 이데올로기적 국가장치」, 『아미엥에서의 주장』, 김동수 옮
　　김, 솔, 1991, 123쪽.

416　III 불복종-데모스론

그중 한 쪽 날개인 봉기적 게발트의 체계적 분리/매개, 인식/소각, 배치/추방이다. 그런 한에서, 발리바르가 말하는 '봉기와 헌정의 차동 관계'라는 개념은 저자 진태원에 의해 인용되었으되, 게발트 간의 관계형성을 체계적 분리/매개의 심판체 속에서 사고하고 합성하려는 그의 논리·의지를 거슬러 돌출하는 것이었다. 발리바르의 그 개념은 진태원이 직조한 텍스트 내부로의 인용/인식으로 환수되지 않는 잔여의 힘으로 존재하며, 저 ①과 ②의 인용-법은 그렇게 진태원의 텍스트 내부에서 그 텍스트를 찢고 있는 초월성의 발현에 맞물린 게발트의 형식이다. 사제적 진태원의 텍스트, 경찰된 인식의 성-텍스트의 연장적 상관관계를 절단하는 신성모독적인 인용. 표면적인 문자와 외양적 문맥을 거슬러 진태원이라는 텍스트의 성스러움을 관통하는 정신과 그런 정신에 의해 호명·귀속·재편되는 사실의 결합관계를 읽어내기 위한 인용. 그렇게 다시 인용해 온 발리바르의 차동 개념은 게발트 간의 관계형성을 동적인 차이의 분리불가능한/환원불가능한 미분적 힘 속에서 인지하려는 힘의 벡터를 내장하고 있다는 점에서, 정치에 대한 순수하게 형식적이고 법적인 표상으로 게발트의 형질을 판결하는 심판의 체계를 기소한다.

2-2. '제도적 틀'과 '통치·조직'에의 미달과 합치, 그 법정-최종심에 의한 식별불가능의 판결은 물티투도에 대한 발리바르의 번역어 '대중들'masses을 핵심어로 하여 작성된 진태원의 다음 문장들에서 다시 출몰한다. "대중들의 역량은 항상 능동성과 수동성의 갈등적인 경향 속에 들어 있으며, 항상 희망과 공포의 정서적 동요를 보여준다는 점, 따라서 대중들의 역량은 **항상 제도적인 매개를 요구한다. 법적·제도적 매개**는 스피노자 정치학의 관점에서 볼 때 결코 부정적인 것이 아니라 오히려 긍정적이고 필수적인 성격을 띤다.… 대중들의 역량이 국가의 보존과 안전을 위해 적절하게 활용되기 위해서는 대중들은 마치 하나의 정신에 의해 **인도**되는 것처럼, 법적·제도적 매개에 따라 **규제**되어야 한다."(6 : 189) 스피노자의 고안된 용어법 '마치~처럼', " '마치~처럼 veluti'이라는 매우 의미심장한 표현"(6 : 189)에 기대어 강조되고 있는 법적·제

도적 매개는 통상적이고 현행적인 것에 고착된 폭력이 아니라는 것이며, 동시에 그런 고착된 대의적 폭력으로 전화·삼투·오염되지 않는 힘이라는 것이다. 그렇다는 것은 법적·제도적 매개가 그런 폭력으로 오염·합성·전이되지 않게 하는 힘에 의해, 폭력의 역효과 없는 관리가능성이라는 순수한 전제 위에 존재하고 있음을 뜻하는 것이기도 할 것이다.[14] 마치 '마치~처럼의 의미심장함'이 차이적 오염의 아가리로부터, (탈)연루의 유령으로부터 자유롭기라도 한 것처럼, 진태원이 강조하는 법적·제도적 매개는 계약상태를 해체하는 순수 변용의 조직적 게발트로 긍정·비대화된다. 이때 파기되고 소각되는 것은 다름 아닌 초월적인 것, 초월적 게발트이다. 무슨 말인가.

조직적 게발트 결정론, 제도적 매개력의 강조는 폭력에 대한 역효과 없는 관리력·인도력·규제력과 함께 기능하며, 그런 사목적 권력의 순수성을 위한 정당성 생산공정의 결과물이자 동력원이다. 그 공정 속에서 진태원은 스피노자에 대한 역량론적 해석을 체계적으로, 비판적으로 재검토한다(물론 범신론적 해석에서 역량론적 해석으로의 전환이 갖는 힘·뜻에 자신의 '관계론적 해석'이 전적으로 힘입고 있다고 밝히는 진태원은 '거인들의 어깨 위의 난장이', 그 '이상의 야심'을 갖지 않는다고 쓰고 있다). 그는 역량론적 해석에 대한 비판 ─ 이는 '바깥의 정치', '좌파 메시아주의', '포스트 담론'의 "이론적·정치적 지향에 담긴 애매성(심지어 양가성)"(3:155)에 대한 비판과 부분적으로 겹친다 ─, 곧 역량론적 해석이 스피노자의 자기원인 개념을 초월적인 것으로 규정함으로써 애매한 것, 불명료한 것, 식별불가능한 것, 그러므로 위험한 것이 되고 있다고, "[역량론적 해석이] 스피노자 철학에 여전히 초월성의 여지를 남겨놓

---

14. 이 문장은 상속되어야 하는 폭력 비판의 한 가지 형태를 절취·변주한 것으로, 맑스주의에 대한 역사적 비평, 곧 "역사를 폭력의 '전환'으로 사유할 수 있다고 간주하는 일체의 사고방식, 특히 (국가의 폭력이든 혁명의 폭력이든 간에) 폭력을 사용하는 이들에 대해 폭력이 미치는 역효과 없이 폭력을 제어할 수 있다고 믿는 일체의 사고방식"(에티엔 발리바르, 「'게발트'─맑스주의 이론사에서 본 폭력과 권력」, 『폭력과 시민다움』, 진태원 옮김, 난장, 2012, 89쪽)에 대한 비판이 그것이다. 이는 다시 게발트의 아포리아를 정치적인 것의 고유명으로 사고하려는 과제와 접촉될 것이다.

는다는 점에서 위험한 해석이라고"(5:40), 이에 반해 스피노자가 말하는 "자기원인 개념은 목적론적이고 초월적인 존재론에 대한 비판"(5:53)이었다고 쓴다. 대상은 달라졌으되 저류로 지속되는 것은 게발트의 등질화/등가화이다. 목적론적이고 초월적인, 목적론적인≒초월론적인. 다시 말해 초월적인 것이 목적론과 등질화·등가화될 때 메시아적·종말론적 게발트벡터로서의 초월, 내재적 초월력의 발현은 사후적 식별을 위해 사전에 봉쇄되며, 그럴 때 메시아적 종말론과 목적론 간의 적대는 다시 한 번 일소된다. 게발트의 그런 등가교환상태의 생산공정에 맞물려 있는 것이 진태원의 다음 한 문장 속 '관계론'이라는 개념이다. "자기원인 개념이 유대-기독교 신학에 대한 비판을 통해 초월성 없는 내재적 관계론을 전개할 수 있는 조건을 형성한다."(5:40) 질문의 향배, 적대의 구도는 이렇게 된다. 초월성 없는 내재적 관계론이냐, 내재적 초월의 아포리아론이냐. 메시아적/정치적인 것에 대한, 바깥의 정치에 대한, 역량론적 해석에 대한 진태원의 비판을 정립시키면서 출몰하고 있는 유령, 곧 메시아적 종말론과 목적론 간의 적대의 소각, 종말론에의 무능, 목적론과 초월력의 등질화라는 유령·유령들에 들린 진태원적 스피노자의 저 '초월성 없는 내재적 관계론'이란, 통치관계 내부에서 그런 통치력에 의해 새겨진 폭력의 흔적으로 잔존하는 힘의 실재, 역효과 없이 관리되는 폭력의 관계망 내부에 변형되고 뒤틀린 형질로 착종되어 있는 통치관계-바깥의 흔적, 그런 내재하는 바깥/초월로서의 게발트궤적을 초월 없는 통치관계 내부로 매개·합성·무화시킴으로써 그런 통치관계의 순수한 내재평면을 정립/유지하는 힘의 존재론, 존재-신-론이다. 이는 다시 다르게 표현될 수 있다.

2-3. '목적론적≒초월론적'이라는 등식의 보호를 위해 고안된 "초월성의 유령"(5:36, 37, 120)이라는 이름은 다시 다르게 정의되어야 한다. 그것은 저 내재적 초월의 벡터 속에서 초월주의 없는 초월성으로, 초월주의 없는 초월적인 것의 이름으로 정의될 수 있으며, 그 이름은 법적·제도적 매개력의 푸닥거리에 의해 소멸되지 않는 힘의 발현으로, 오히려 그런 조직적 게발트·날개

와의 상호조건성 속에서 정치적인 것의 장소를 구성하는 힘의 벡터궤적으로 잔존한다. 그런 궤적 위에서, '역량론자' 들뢰즈는 초월주의 없는 초월성의 이름으로 수행되는 정치적인 것의 구성력을 목적론≒초월론의 등질화 속에서 파기하고 있는 진태원, 곧 『윤리학』을 '연구'하고 있는 진태원을 '도덕적' 법칙론자로 지목한다. "도덕은 신의 심판이고, **심판의 체계**이다. 그러나 윤리학은 심판의 체계를 전도시킨다. … 도덕적인 것이든 사회적인 것이든 법칙은, 우리에게 어떠한 인식도 가져다주지 않으며, 어떠한 것도 인식하게끔 하지 못한다. 최악의 경우에, 그것은 인식의 형성을 방해한다(**폭군의 법칙**). 최선의 경우라고 해도 그것은 인식을 준비하고, 인식을 가능케 할 뿐이다(**아브라함과 그리스도의 법칙**). 이 두 극단들 사이에는, 존재 양태 때문에 인식을 할 수 없는 사람들에게 인식을 대신해 주는 법칙이 있을 수 있다(**모세의 법칙**)."[15] 윤리학과 법칙적 도덕의 구별은 인식·인식력의 상태를 둘러싸고 전개된다. 도덕-법은 인식에 대한 감찰력, 운동의 경찰·인도력이며, 그런 한에서 인식과 운동 ─ 인식의 운동, 운동의 인식 ─ 을 객관적 식별가능태로 질료화하는 힘이다. 이 힘이 들뢰즈가 말하는 '신의 심판' 또는 '심판의 체계'인바, 그에게 윤리학은 그런 최종심의 통치체 또는 심판체를 전도시키는 힘, 말하자면 들뢰즈적 신정정치 비판의 게발트이다. 이 힘은 인식의 형성을 방해하는 법칙적 폭군에 대한 방벌放伐-력이며, 인식의 상황을 인식의 구성적 생산이 아닌 인식의 수동적 준비·수용에 한정하는 아브라함·그리스도의 법칙과, 인식을 매개·대행하는 모세의 법칙을 적대의 상황창출 속에서 개시·계시한다.

최악의 도덕적-사회적 법칙으로서의 저 폭군의 법칙은 스피노자 독자로서의 들뢰즈가 말하는 '폭군과 사제'의 게발트와 맞물려 있다. "필수적인 것으로서의 슬픈 정념들, 슬픈 정념들을 생기게 하는 것은 힘의 실행에 필수적입니다. 그리고 스피노자는 『신학정치론』에서, 이것이 폭군과 사제 ─ 이들은 모두 자신들의 백성들subjects의 슬픔을 필요로 합니다 ─ 사이의 뿌리 깊은 연결

---

15. 질 들뢰즈, 『스피노자의 철학』, 박기순 옮김, 민음사, 2001, 40~41쪽.

점이라고 말합니다"; "사제는 자신의 신도들subjects의 슬픔을 필요로 합니다. 사제는 이러한 신도들이 스스로 죄의식을 느끼게 할 필요가 있습니다."16 폭군과 사제가 백성들/신도들, 주체들/신민들을 각자의 죄의식의 생산자로 자립/복속시키는 힘을 가리키는 것일 때, 법칙적 도덕론자 진태원이 강조하는 법적·제도적 매개력, 다시 말해 언제 어디서나 묶고 풀 수 있는 매개적/분리적 게발트의 체제·정신이란 무엇인가. 죄와 속죄의 양극으로 된 정치체, 죄의 정신연관이며, 속죄에 항시 미달됨으로써 대속적 신에의 합치라는 환속화된 척도에 반복적으로 미달되는, 그럼으로써 그런 합치의 아르케를 정치적인 것의 결정력으로 거듭 정립/수호하는 죄-속죄 연관의 항시적 심판체이다. 이 최종심의 체제 속에서 폭군/사제의 게발트, 곧 최악의 도덕적-사회적 법칙은 최선의 법칙으로서의 아브라함·그리스도와, 최악-최선 사이에 있는 모세의 법칙과 함께, 그러니까 세 개의 위격으로 구분되지만 실은 나이가 같고 한 몸인 성-가족적 통치의 게발트로 존재한다. 폭군-아브라함-모세의 신, 그 신의 말씀과 그 로고스/노모스의 형질을 드러내고 있는 두 대목을 인용·병치한다.

하나님이 떨기 가운데서 "모세야, 모세야!" 하고 그를 부르셨다. 모세가 대답하였다. "예, 제가 여기에 있습니다." … 모세가 하나님께 아뢰었다. "제가 이스라엘 자손에게 가서 '너희 조상의 하나님께서 나를 너희에게 보내셨다' 하고 말하면, 그들이 저에게 '그의 이름이 무엇이냐?' 하고 물을 터인데, 제가 그들에게 무엇이라고 대답해야 합니까?" 하나님이 모세에게 대답하셨다. "나는 곧 나다I am who I am. 너는 이스라엘 자손에게 이르기를, '나'라고 하는 분이 너를 그들에게 보냈다고 하여라." 하나님이 다시 모세에게 말씀하셨다. "너는 이스라엘 자손에게 이르기를 '여호와, 너희 조상의 하나님, 곧 아브라함의 하나님, 이삭의 하나님, 야곱의 하나님이 나를 너희에게 보내셨다' 하여라. 이

---

16. 질 들뢰즈, 「정동이란 무엇인가?」, 자율평론 기획, 『비물질노동과 다중』, 서창현 옮김, 2005, 33쪽, 51쪽.

것이 **영원한 나의 이름**이며, 이것이 바로 너희가 대대로 기억할 나의 이름이다."(「출애굽기」 3:4; 13~15, 강조는 인용자)

만일 종교 이데올로기가 사람들에게 말을 걸고 그래서 주체가 '예, 바로 접니다!'라고 응답한다면 … 그러면 개인들의 주체로의 호명이, 그것의 '이름'으로 종교적이고 '유일한 다른 주체'["절대적인 '다른 주체' 곧 신"]의 존재를 전제로 한다는 사실은 분명해진다. 이 모든 것은 성경이라 불리는 글 속에 명백하게 씌어 있다. "그때에 주님(야훼)이 구름 속에서 모세에게 말씀하셨다. 주님은 모세를 부르셨다 : '모세야!' '접니다' 모세가 말했다, '저는 당신의 종 모세입니다. 말씀하십시오. 그러면 듣겠습니다' 그러자 주님은 말씀하셨다. '나는 바로 나다' "[17]

시원-아브라함으로부터 모세로 내려오는 과정·공정으로서의 신, 신의 법, 신이라는 '영원한 이름'. 동시에 '나는 곧 나다', '나는 스스로 있는 나다 I=AM'라는 신의 그 이름과 함께 아브라함의 신으로 소급해 올라가는 과정으로서의 통치의 정당성 생산공정. 저 모세는 누구인가, '모세'라는 사제적 힘은 어떤 것인가. 기원적/아르케적 통치력으로서의 신의 그 이름을 대행하는 힘이며, 스스로 존재하는 신, 그런 자기원인적인 신을 매개하는 대지 위의 성스러운 게발트이다. 신의 부름, 신의 호명에 대답함으로써 신을 매개·대의·대행하는 힘이 되는 모세, 그러하되 그 모세는 동시에 신의 이름이 무엇인지를 질문함으로써 신이 자신의 존재를 다른 게 아닌 이름이라는 특정한 형질로 드러내게 하는 힘이기도 하다. 그런 모세-력, 매개의 게발트벡터는 호명이라는 종교-이데올로기적 국가장치의 방법과 유령 같은 혼합상태에 놓이면서, 또는 이데올로기적 국가장치의 호명-대답이라는 신성한 양극의 창출 속에서 호명의 특정한 벡터를 기획·갱신·조정·산출함으로써 '나는 곧 나다'의 통치체를,

---

17. 루이 알튀세르, 「이데올로기와 이데올로기적 국가장치」, 123~4쪽.

신이라는 영원한 이름의 통치체를, 신정정치적 통치체의 정당성-근거를 정립한다. 인식을 대행하고 매개하는 '모세의 법칙', 척도화된 '법적·제도적 매개'의 벡터는 그런 매개력·날개를 추동·세공·저지·붕괴시키는 항구적 힘의 배양지로서의 동적 차이를, 차이의 운동을, 발현하는 미분적微分的, différentiel 차이의 게발트를 '이상화되고' 성화된 조직적 게발트 결정론의 위계적 구도 안으로 안치·기념·애도함으로써 독점하고 장사지낸다. 게발트의 그런 유혈적 이상화에 의한 순수한 통치평면은 다시 한 번 모세가 매개하는 신의 영원한 이름, '나는 곧 나다'의 유혈적 순수성에 근거한 아르케정치와 맞물린다. 그렇게 저 법적·제도적 매개력은 "신은 신이요, 법은 법이다Gesetz ist Gesetz라는 명제와 같이 이상화시키는 명제들, 자신들의 완벽한 동일성 안에 절대적인 것을 '가두는' 명제들 속에 표현되는, 권력의 이상성"[18]을 정립하며, 그런 이상성/신성으로서 수호된다. 그렇게 신은 신이요, 법은 법이다. 그렇게 '조직'은 '조직'이요, '매개'는 '매개'다. 그 순환적 폐쇄성, 그 '완벽한 동일성' 안에서 게발트의 형태를 심판의 체계 속으로 환수·재배분하는 진태원은 신이요, 법, I=AM이다. 그 신은 게발트의 아포리아를 대패질하는 후광 두른 법적 도그마이며, 그 법은 그런 아포리아를 정치적인 것의 전장으로 근거 짓는 게발트의 '가장 초과적인 부분'을 초월성 없애는 유혈적 통치기계의 기능으로 배치/추방한다. 저 아브라함-모세가 대행하고 아브라함-모세로서 관철되는 그 신, 그 법은 함께 여기 법제정적/법수호적 폭력의 이윤을 협업하고 분점한다.

3-1. 그 신, 그 법의 벡터 속에서, 그 법의 문의 경첩으로 기능하는 진태원이 거듭 지지·참조·비교·기획·편찬·번역하고 있는 것은 발리바르인바, 독일어 '게발트'를 비평하고 있는 한 대목에서 다시 한 번 시작하기로 하자. 그럼으로써 종말론에의 무능과 조직적 게발트 결정론에 대한 비판의 경로를 맑스적 공멸과 상쇄의 게발트궤적 위에서 다르게 생각해보기로 하자. "한편으로 모

---

18. 에티엔 발리바르, 「폭력 : 이상성과 잔혹」, 489쪽.

든 맥락에서 게발트라는 단어가 잠재적으로 지니고 있는 비규정성을 보존해야 하며, 다른 한편으로는 (소렐G. Sorel의 『폭력에 대한 성찰』에서 등장했다가 벤야민의 「폭력의 비판을 위하여」에서 독일어로 다시 나타난) 폭력의 '파괴적 측면'을 강조하기 위해, 또는 권력의 제도적 측면이나 심지어 '구성적/헌정적' 측면을 강조하기 위해('현실 사회주의'의 당 중심적 국가체계의 구성에서, 그리고 이 국가체계가 '프롤레타리아 독재'라는 통념에 부여한 해석에서 이런 강조는 경향적으로 지배적인 위치에 있었다) 독일어 게발트에 의지해야 한다."[19] 맑스와 엥겔스 및 초기 맑스주의자들의 저술 속에서 사용되었던 게발트는 법, 정의, 그리고 그것들을 관철시키는 제도와 국가를 가리킴과 동시에 그런 법과 정의에 항거하는 힘들까지도 지시하는 단어였다. 게발트는 상반된 벡터의 충돌과 이반을 동시에 내장한 단어이며, 그런 한에서 다른 그 어떤 어휘들로도 번역불가능한 '애매성'과 '비규정성'을 지닌 단어이다. 폭력의 파괴적 힘, 권력의 주체화/신민화하는 힘, 변증법적 지양의 힘, 정당의 대표하는 힘과 같은 특정한 힘의 형태들·경향들로 환원되지 않는, 등가화되지 않는, 합치되지 않는, 완역불가능한, 항시 웃도는 초과적 힘(의 상황). 그것이 게발트이며, 발리바르에게 게발트는 정치의 본질적 구성력이었다. 위의 문장들을 쓰고 있을 때의 그는 게발트가 '잠재적으로' 지니고 있는 그 환원불가능성, 차이, 비등가성, 불합치의 상황을 보완·교정·견인되어야 할 힘의 미완·미달·결여·결핍·혼동상태가 아니라 '보존'되고 지속되어야 할 정치의 지반 그 자체로 인지하고 있다.

　발리바르는 제도화 및 조직화 과정의 게발트로 성취된 '헌정'과 그것을 작동 정지시키는 '해방투쟁'의 게발트가 맺고 있는 관계를, 그 관계에 깃든 모순성과 딜레마를 표현했다. 발산하는 봉기는 수렴적·조직적 헌정(으로)의 응집력을 필요로 하며 그 응집력의 토지에서 제도적 매개력의 상태를 재고하고 일신하는 양분을 얻는다. 그러하되, 봉기와 투쟁은 조직적 게발트의 구축

---

19. 에티엔 발리바르, 「'게발트'」, 19쪽.

을 위한 단순한 질료나 소여가 아니라 그런 조직적 매개 상태로부터 스스로를 자유롭게 활성화하려는 항구적 이격의 힘이기도 하다. 발리바르는 사회적 갈등들을 대표하고 표출하는 경쟁적 정당제의 중요성을 강조하는 것이 제도적인 '논변과 매개의 바깥'이 폐지되어야만 하는 당위적 근거로 직결된다고 생각하지 않는다. 그는 매개 바깥의 제헌적 상황과 매개적 조직을 필요와 이격이 동시에 관철되어야 하는 관계로, 항구적인 상호 삼투와 길항의 관계로, 모순적 딜레마의 관계로, 아포리아적인 것으로 설정하고 있다. 그런 모순적 상황이 정치적인 것의 장소 중 하나일 것인데, 거기에서야말로 합의된 합법적 폭력의 정당성-근거가 개시되기 때문이다. 그러므로 관건은 그런 모순적 아포리아의 해결이 아니라 지속적인 개시이며, 그런 아포리아를 구성하고 있는 게발트의 환원불가능성을 보존하는 방법들일 것이다. 게발트를 다시 다르게 표현하고 있는 다음 문장들을 읽어보게 된다.

> 역사적이고 사회적인 폭력에 관한 그 어떤 반성도 결코 **권력**에 관한 질문들의 검토에 한정될 수 없다. 게발트라는 용어의 다의미성은 즉시 "권력"의 이론화의 한계들을 초과하기 때문이다. … 여기서 우리는 폭력의 이를테면 **전환불가능한** 부분을 겨냥하고 있다. 이것은 가장 "초과적excessive"인 부분이며, 가장 파괴적이고 자기 파괴적인 부분이다.[20]

게발트는 비규정성에 이어 다의미성, 모호한 용법과 의미작용, 아예 번역이 불가능한 것 등으로 표현되고 있었다. 발리바르는 역사적이고 사회적인 게발트에 대한 성찰이 조직화된 권력의 술어로 환수되는 것을 문제시한다. 발현하는 게발트는 조직적 게발트로서의 권력의 범례와 경계를 항상 이미 '초과'하는 것이기 때문이다. 게발트의 한 가지 벡터로서의 '전환불가능성', 그것은 최고도의 초과성이며, 그런 한에서 항구적인 불일치의 지속이다. 그것은

---

20. 에티엔 발리바르, 「폭력 : 이상성과 잔혹」, 487쪽.

'파괴적'이며 또한 '자기 파괴적'이다. 어째서 그러한가. 제헌력의 성분을 가진 봉기적 게발트는 헌정의 조직적 체제를 자신 스스로의 가시화 및 물질화를 위해 항시적으로 요구하면서도 자신의 전환불가능한 초과성에 근거해 그러한 체제를 기각하고 파괴함으로써 조직적 게발트 내부로 완전히 수렴되지 않는다. 헌정이라는 조직화 및 물질화 상태에 대한 그와 같은 파괴는 당연히, 동시에, 그것을 필요로 하고 요구했었던 봉기적 게발트 자신의 파괴와 직결되는 것이 아닐 수 없다. 제헌적 게발트의 그런 모순성에 맞물려 있는 것이 발리바르가 말하는 '시민권의 이율배반', '차동' 같은 개념들/상황들이다. 그가 중시하는 것은 실재하면서도 들리거나 보이지 않게 배제된 갈등적 힘들을 축적의 계기로 재배치하는 세력을 드러내기 위해, 대의되지 못하는 갈등의 현장들을 제도적으로 대의·대표하는 논변과 매개의 공론장을 건립하는 것이었으며, 그것은 게발트의 아포리아를, 봉기와 제도의 차동 관계를, 그 이율배반의 장소를 정치의 본질적 조건이자 지반으로 인지하고 기립시킬 때 가능한 것이었다.

3-2. 제헌적 게발트의 환원불가능한 '초과성'을 두고 발리바르는 이렇게 적는다. "[그 가장 초과적인 부분은] 야만적 묵시록과 상호 파괴의 위험을 가지고 유희한다. 또는 더 나쁜 것이기도 하다."[21] '유희'하는 게발트의 초과성에 관계된 세 개의 상태는 다음과 같다. ① 야만적 묵시록, ② 상호 파괴의 위험, ③ 더 나쁜 것. 먼저 ①에 대해. 묵시록적인 것에 대한 사고의 안팎을 보여주는 발리바르의 한 대목은 다음과 같다. "한편으로 역사적 생성의 **경향들과 결과들**의 분석을 지향하는 시간의 정치철학(즉 '목적론')과 다른 한편으로 '극단적'이거나 '묵시록적'이라고 여겨지는 상황―[『공산당 선언』에 나오는] 착취세력과 해방세력이 서로를 상쇄相殺하는 상황―의 의미와 결말의 **발본적 불확실성**을 지향하는 시간의 정치철학 사이의 딜레마란, 맑스의 작업에 대한 철

---

21. 에티엔 발리바르, 「폭력 : 이상성과 잔혹」, 487쪽.

학적·신학적 독해들이 외부에서 맑스에게 투사한 딜레마가 아니라는 점이다. 그것은 자본주의적 발전과 반자본주의적 혁명에 관한 맑스의 구상 전체를 가로지르고 갈라놓는 딜레마다."[22] 맑스의 딜레마. 그것은 게발트의 모순적 딜레마와 먼 거리에 있지 않다. 두 개의 게발트에 대한 두 정치철학 간의 딜레마. 하나, 합법칙적이고 '계산 가능한' 역사적·진보적 힘들의 경향 및 결과에 대한 분석적 시간에 결속되어 있는 목적론적 정치철학. 둘, 초과하는 게발트의 벡터가 갖는 '발본적 불확실성'의 시간 — 다시 말해, "역사를 중단시키는, … 따라서 역사의 한계들이 초과되거나 초월되는 바로 그 순간에 그러한 한계들을 드러내는 **사건**"[23]의 시간 — 과 결속된 묵시록적 정치철학. 앞서 서술했듯, 발리바르에게 게발트의 딜레마, 그 '가장 초과적인 부분'은 정치적인 것을 기립시키는 정초적 장소였다. 그런 그에게 맑스의 딜레마는 게발트의 딜레마를, 달리 말해 봉기적·제헌적 게발트와 조직적·매개적 게발트 그 둘 어디로도 환원되지 않지만 동시에 그 둘 모두의 구성적 원천으로 발현하는 정치의 고유한 지반이자 상황을 표현한다. 그런 한에서 맑스의 딜레마는 교정·보완·견인의 대상이 아니라 재구축과 재활성화의 대상이어야 했다. "'맑스주의'의 기성 정식들과 법칙들, 예언들 너머 또는 그 아래에서 그의 전형적인 딜레마가 재활성화되는 것을 오늘 우리가 목격할 가능성이 높으면 높을수록"[24] 게발트의 형질을 인식/소각하고 배치/추방하는 결정론적 게발트의 도그마를 전위·변신시키는 경로에 대한 토의는 확산될 것이다. 메시아적인 것이 개입하고 인입되는 곳이 바로 거기이다.

메시아주의적 차원은, 구세계의 파괴적 힘을 집중시키는 동시에 여기에 절대적으로 새로운 요소를 도입하는 혁명적 게발트라는 관념이 띠고 있는 이율배반적 성격을 설명해준다. 하지만 "투쟁 중인 두 계급의 공멸" 가능성과 관

22. 에티엔 발리바르, 「종말론 대 목적론」, 571쪽.
23. 에티엔 발리바르, 「종말론 대 목적론」, 570쪽.
24. 에티엔 발리바르, 「종말론 대 목적론」, 584쪽.

련된 『공산당 선언』의 수수께끼 같은 언급에서부터 1852년 이후 맑스가 인정하게 된 자본주의의 발전능력(동일한 적대를 무한정하게 확장된 규모로 재생산할 수 있는 능력)에 이르기까지, 투쟁의 성패를 둘러싼 **불확정성**에 관해 맑스가 언급한 것들과 이 메시아주의적 차원을 연결시키지 않는다면 혁명적 게발트의 양상을 충분히 이해하지 못하게 될 것이다.[25]

'메시아주의적 차원'이란 혁명적·제헌적·봉기적 게발트의 이율배반성을 설명하고 창출하는 술어이다. 혁명적 게발트는 맑스가 말하는 '파국', 곧 자본주의적 생산양식 안으로 그것의 '위기'를 도입하고 발생시키는 힘이다. 그렇다는 것은 구세계 또는 '낡은 사회'를 지탱하던 갈등·대립·내전의 파괴적 힘을 결정적으로 집중시키는 것이 혁명적 게발트라고 말하는 것과 다르지 않다. 프랑스 혁명 3부작 전후의 맑스는 그 파국과 위기의 상황적 힘이 혁명과 반혁명, 프롤레타리아 독재와 부르주아 독재를 '결정적인 대결'로 이행·강화·전개시키는 '극단으로의 고양'을 규정한다고 생각했다. 그때 하나의 대결적 표상이 그려진다. 조직된 폭력을 최고도로 응집시킨 '국가기계' 대 직접민주주의를 사회에 일반적인 것으로 관철시키는 프롤레타리아트 '영속혁명'의 대결. 바로 그 영속혁명의 개념 및 상황이 메시아적 파국의 시간, 결정적 임재의 시간성과 맞닿는다. 이른바 '아직 아닌'not yet과 '이미'already라는 이율배반적이고 모순적인 두 시간성의 항구적 상호 간섭·길항·침투·삼투의 과정에 근거해, 모두가 고개 젖는 낡은 사회 안에 '이미 벌써' 새로운 사회의 속성과 성분이 잉태되고 있음을 인지하고 파지하는 시간, 그렇게 잉태되어 있던 새로운 사회의 출산이라는 모두의 기쁜 시간 속에서 그 새로운 사회라는 것이 '아직' 새로운 사회가 '아닌', 환상적 후광에 싸여있는 낡은 사회의 연장이자 보철물임을 표현하고 개시하는 시간·힘. 이런 맥락과 배치 속에 맑스가 말하는 메시아적 은유/실질로서의 '새로운 사회의 산파'가 들어있다. "게발트는 새로운 사

25. 에티엔 발리바르, 「'게발트'」, 43쪽.

회를 잉태하고 있는 모든 낡은 사회에서 산파 역할을 한다. 게발트는 그 자체가 하나의 경제적 힘이다."[26] 산파로서의 게발트, 그것은 그 자체로 하나의 '경제적 잠재력'이다. 낡은 사회의 근저에 잠재하는 '이미 벌써'와 '아직 아닌'의 동시적 상황을 인지·경영·운용하는 힘, 그것이 산파로서의 게발트이다.

국가기계와 결정적으로 대결하는 영속혁명, 그 게발트의 극단으로의 고양과 수행이라는 표상, 다시 말해 "혁명적 계기, 그리고 그 계기를 끝까지 밀고 나갈 프락시스에 대한 이런 표상에 메시아주의적 차원이 담겨 있음은 명백하다."[27] 한 세계의 종말, 낡은 사회의 끝, 새로운 사회의 출산을 향하는 바로 그 '메시아주의적' 차원에 『공산당 선언』에 나오는 ② '상호 파괴의 위험', 대결하는 두 계급의 공멸의 묵시론/파국론이 맞물려 있다. "지금까지의 모든 사회의 역사는 계급투쟁의 역사다. 노예상인과 노예, 귀족(로마)과 평민, 귀족(봉건제)과 농노, 길드 장인과 도제들, 짧게 말하면 억압자와 피억압자가 언제나 대립항으로써 서로에 대하여 서 있었으며, 때로 잘 보이지 않지만, 때로는 명백한 중단 없는 투쟁을, 그 각각이 전체 사회의 혁명적 전환으로 끝나거나 투쟁하는 양 계급 모두의 몰락으로 끝나는 투쟁mit dem gemeinsamen Untergang der kämpfenden Klassen을 이어왔다./ … 우리 시대, 부르주아 계급의 시대는 계급대립을 단순하게 만들었다는 점에서 두드러진다. 사회 전체는 점점 더 두 개의 커다란 적대적 진영으로, 직접적으로 대립하는 커다란 계급들로 나뉘고 있다 : 부르주아 계급과 프롤레타리아 계급."[28] 결정적 대결의 극단으로 고양된 투쟁하는 두 계급의 최후적 공멸共滅, 묵시적 상쇄. 그렇게 맑스가 말하는 혁명적 게발트는 파국의 메시아성으로 드러난다. 맑스의 문맥 속 메시아적 게발트에서 발리바르는 삶의 실제적 관계들에 내재된 양가적이고 모

26. 칼 마르크스, 『자본』, I-2, 강신준 옮김, 길, 2008, 1007쪽.
27. 에티엔 발리바르, 「'게발트'」, 42쪽.
28. 칼 마르크스·프리드리히 엥겔스, 『공산당 선언』, 강유원 옮김, 이론과실천, 2008, 8~9쪽. '투쟁하는 양 계급 모두의 몰락'이라는 구절이 들어있는 부분은 스피노자 연구자 김강기명의 페이스북(2014. 4. 27)에서 인용.

순적인 힘을, 순수하게 형식적이며 법적인 힘의 결정론이 부결되는 이율배반적 딜레마의 힘을 인식해야 한다고 말한다. 왜냐하면 그런 딜레마의 시공간이야말로 그에겐 '정치의 실재'이기 때문이다. "이는 구조적이면서도 정세적이고, 오래된 것이면서도 근대적이고, 자생적이면서도 조직적인 몇몇 극단적이거나 과도한 폭력형태 속에서 **정치의 실재**라고 불릴 수 있는 것, 즉 정치에 비극적 성격을 부여하는 예견 불가능한 것 내지 계산불가능한 것을 발견하려는 방식이다. 예견불가능한 것 내지 계산불가능한 것은 정치의 자양분이지만, 정치를 소멸시킬 수 있는 위험성을 내포하고 있다."[29] 이 문장을 어떤 힘과 강도로 읽어야 하는가.

결정적 극단으로 고양된 게발트의 모순적인 속성이 구조적/정세적, 오래된/근대적, 자생적/조직적 등의 이름으로 다시 표현된다. 둘 어디로도 환원되지 않지만 둘 모두의 지반으로 발현하는 혁명적 게발트라는 정치의 실재. 그것은 정치의 합법칙적 목적론으로는 발견할 수 없는 예견 불가능하고 계산불가능한 것, 가장 초과적이고 묵시적인 것의 발생을 인식하게 하는 장소이자 방법이다. 그런 계산불가능한 것이 비극적인 성격을 갖게 되는 건, 그것이 정치를 기립시키는 자양분임과 동시에 정치를 소멸시키는 묵시적인 것의 위험성을 지닌 것이기도 하기 때문이다. 정치를 위한 약이면서 동시에 정치를 소멸시키는 독. 약과 독의 동시성 또는 등질성. 이른바 파르마콘의 이율배반이다시 한 번 게발트의 딜레마를, 정치의 실재적 장소를, 초과적인 게발트의 긴장된 유희의 무대를 지시하는 키워드가 된다. 바로 그 독의 상황, 정치 소멸의 그 묵시적 상황이 ③ 게발트의 초과적인 부분을 '더 나쁜 것'이라고 지시하는 한 구절과 맞닿는다. 그 '나쁜 것'을 키워드로 한 맑스의 한 문장, 다시 말해 조직화된 게발트의 결정론 및 합법칙적 진보의 목적론을 중단시키는 맑스의 묵시적 문장은 다음과 같다. "역사는 나쁜 측면에 의해 전진한다"; "이 나쁜 측면이야말로 투쟁을 구성해 역사를 만드는 운동을 산출한다."[30] 전진하

---

29. 에티엔 발리바르, 「'게발트'」, 37쪽.

는 역사의 운동을 산출하고 출산하는 산파, 메시아적 종말론의 게발트. 그것은 정치의 소멸이라는 묵시적인 것의 위험에, 조직화된 합법칙적 게발트로 환원되지 않되 그것의 근거가 되는 '나쁜 측면'의 보존과 지속에, 게발트의 가장 초과적인 부분이 갖는 이율배반의 지속과 발현에 결속되어 있다.

3-3. 맑스가 말하는 임박한 파국의 메시아적 형상, 다시 말해 '새로운 사회의 산파'. 그것은 다시 한 번 게발트에 대해 생각하게 한다. "동등한 권리와 권리 사이에서는 게발트가 사태를 결정짓는다."[31] 이 문장의 원래 문맥은 상품교환의 법칙에 의해 보장되는 두 개의 동등한 권리와 관계된 것이었다. 첫째는 자본가계급, 곧 노동력상품의 구매자가 가지고 있는 그 상품에 대한 소비의 권리, 곧 노동일 연장에 대한 권리이고, 둘째는 노동자계급, 곧 노동력상품의 판매자가 가지고 있는 그 상품에 대한 판매의 권리, 곧 노동일 표준화에 대한 권리이다. 법칙적 지반을 공유하는 두 권리, 공유된 법칙 위에서 적대하는 두 권리, 그렇게 맞서 있는 두 힘 사이에서 사태를 '결정하는 게발트'. 그 게발트는 그 두 권리 및 두 권력의 공통지반으로의 통약이 불가능한 부분이고, 게발트의 환원불가능한 부분이자 가장 '초과적인' 부분이며, 「공산당 선언」이 말하는 공멸의 종언적이고 묵시적인 게발트이다. 그것이 맑스가 말하는 결정하는 게발트이다. 그 결정은 이른바 '이것이냐 저것이냐'의 결정에 접촉하는 것이었다. 다시 말해 그 결정은 혁명이냐 사회적 투쟁이냐, 라는 당파적 질문과 맞물려 있다. "혁명의 경우, **권력으로서의 게발트**들 사이에서 '결정을 지은' 것은 **폭력으로서의 게발트**였다. 사회적 투쟁의 경우, **폭력으로서의 게발트**들 사이에서 '결정을 내릴' 것은 궁극적으로는 **권력으로서의 게발트**(입법적인

30. 칼 마르크스, 「철학의 빈곤: 프루동의 『빈곤의 철학』에 대한 응답」, 최인호 옮김, 『칼 맑스·프리드리히 엥겔스 선집 1』, 박종철출판사, 1990, 284쪽.
31. 칼 마르크스, 『자본』(I-1), 강신준 옮김, 길, 2008, 334쪽. 김수행 번역본은 다음과 같다. "동등한 권리와 권리가 맞서 있을 때는 힘이 문제를 해결한다."(『자본론』 I-상, 비봉출판사, 2000, 296쪽)

국가게발트)일 것이다."[32] 부르주아 국가장치로 차압당하지 않는 조직적 매개의 당黨 건설로 모든 문제가 응결된다고 말할 수 있기 위해서는, 아니 그렇게 말할 때조차도, 혁명의 경우(묵시적 폭력으로서의 게발트가 결정하는 경우)는 사회제도적 투쟁의 경우(입법적 권력으로서의 국가게발트가 결정하는 경우)로 환수되거나 합치되지 않는다. 그 불합치·탈구·잔여의 초과적 게발트가 조직적 매개/입법의 환원불가능한 조건이자 지반이다. 그러므로, "권력이 모든 것은 아니다. 심지어 그것은 본질적으로 '비전체'非全體, pas-tout이다. 즉, 그것은 나머지가 있는 것이다."[33] 나머지, 잔여, 가장 초과적인 부분. 다시 말해, 결정하는 게발트. 폭력으로서의 초과적 게발트와 권력으로서의 조직적 게발트는 변증법의 관계로 진입하지만, 그것은 항상 이미 그런 변증법을 지탱하는 '결정'의 속성에 근거해서만 가능한 것이었다. 발리바르는 그것을 '게발트의 변증법의 한계들 또는 의미의 불확실성'이라고 적었다. 그 불확실성, 그 초과성, 다시 말해 권력을 본질적으로 비전체의 상황으로 구성하는 힘, 권력과 어긋나는 '나머지'의 초과적 힘, 그 힘의 원천과 발현을 가리키는 다른 말, 그것이 메시아적인 것이다. 그런 메시아적인 것을 두고 맑스의 유산 및 그것의 상속에 관련된다고 했던 데리다의 문장들 바로 곁에 맑스의 문장들을 배치하고, 그 병치의 효과를 '새로운 사회의 산파'라는 맑스의 한 구절 속에서, '역사의 종언의 무대를 마련하기'라는 데리다의 한 구절 속에서 생각하게 된다.

> 결코 포기하지 않을 맑스주의의 어떤 정신이 존재한다면, 그것은 … 우리가 일체의 교리들이나 심지어 일체의 형이상학적·종교적 규정, 일체의 메시아주의로부터 해방시키려고 시도할 수 있는 어떤 해방적이고 메시아적인 긍정, 약속에 대한 어떤 경험이다. 그리고 어떤 약속은 지켜진다는 것을 약속해야 한다. 사건들과 새로운 형태의 활동, 실천, 조직 등을 생산해 낼 것을 약속

---

32. 에티엔 발리바르, 「'게발트'」, 48쪽.
33. 에티엔 발리바르, 「폭력 : 이상성과 잔혹」, 489쪽.

해야 한다. '당 형태'나 이러저러한 국가 형태 내지 인터내셔널의 형태와 단절한다고 해서 모든 실천적이거나 현실적인 조직 형태를 포기한다는 뜻은 아니다.[34]

이는 즉각적으로 데리다적 유령 곁에 환영들에 대한 맑스의 비판이 병치하게 한다. "종교가 만든 흐릿한 환영들Nebelbildungen의 세속적 핵심을 분석해 찾아내는 것은, 삶의 실제적 관계들로부터 그에 상응하는 관계의 신성화된 verhimmelten 형태들을 [뽑아내] 펼쳐 보여주는 것보다 훨씬 쉽다. 후자의 길만이 유일하게 유물론적이며, 따라서 유일하게 과학적인 방법이다."[35] '신성화된 형태들' 속으로 합성되어 들어간 삶의 실제적 관계들, 그런 합성상태를 개시·정지시키는 일. 다시 말해 '신성한 후광' 속으로 편성되고 있는 삶의 실질적 관계들, 그런 편성상태 속에서 잉태되고 있는 새로운 사회를 분만시키는 메시아적 종말론의 과제, 산파의 노동. 바로 그런 산파의 과정/소송이 맑스가 말하는 '유일하게 유물론적인 것'의 힘이다. 그 산파의 일, 그 노동의 메시아성이 유일하게 유물론적인 방법을 수행하고 관철시키는 게발트의 '과학적' 형상이자 속성이다. 맑스가 말하는 유일하게 유물론적인 것은 신성화된 세계를 인지·개시·변혁하는 메시아적 게발트로서의 산파의 방법론이자 존재론이다. 그것은 데리다가 말하는, 포기할 수 없는 '맑스주의의 정신'과 관련된다. 유일하게 유물론적인 산파, 유일무이한 메시아적 게발트는 신성한 후광의 구원적 체제를, 환속화된 신국의 축적-법 연관을, 다시 말해 '일체의 메시아주의'를, 곧 종교적이고 형이상학적이며 사변적인 일체의 도그마를, 그런 도그마를 통한 이윤의 항구적인 축적 공정을 중단시키는 힘의 상황이자 상황적 힘이다. 이 힘이 맑스의 유산과 그것의 상속을 말하면서 데리다가 썼던 두 개의 '정신', 이른바 '맑스주의의[유물론적] 정신'과 '메시아적 정신'의 공통지반이다. 둘이면

---

34. 자크 데리다, 『마르크스의 유령들』, 180쪽.
35. 칼 마르크스, 『자본론』 1권, 501쪽.

서 하나인 그 '정신'이 삶의 실질적 관계들을 신성한 후광 속으로 합성시킨 모조-구원적 '메시아주의'를 끝내는 유일하게 유물론적인/메시아적인 게발트이다. 그렇게 메시아적 힘은 메시아주의로의 합성 공정을 폐하는 최후적 무대의 연출을 약속한다. 그 약속은 메시아주의에 뿌리박은 위계화되고 중심화된 일체의 당 형태, 국가 형태, 인터내셔널 형태와 같은 조직적 대안으로의 환원에 대한 거절, 조직화된 게발트로의 환수에 대한 기각과 맞물려 있다. 이러한 맥락 속에 '메시아주의 없는 메시아적인 것'이라는 데리다적 개념·상황·의지가 운신하고 있다. 메시아주의 없는 메시아적인 것, 풀어 말해 메시아주의와 메시아적인 것의 '(탈)연루' 및 오염의 상태를 매회 지각하고 개시함으로써, 그런 오염의 자리, 그 아포리아의 장소를 정치적인 것의 기립을 위한 매번의 준거지대로 재정의하는 힘, 메시아적인 힘. 그 신적인 게발트의 발현을 표현하는 다른 말이 '차이'다. 계산불가능하고 환원불가능한 차이, 묵시적 차이, 억제할 수 없는 차이가 개시하는 지금-여기의 게발트. 맑스적 산파의 노동 곁에서 데리다는 차이에 대해 이렇게 적는다. 산파-차이: "차이가 지닌 단절의 힘이 제도나 헌법constitution, 법 자체를 생산한다."[36] 차이의 게발트가 개시하는 지금-여기란 해석되는 법, 해석-집행의 일반공식으로 순환하는 법이 아니라 '법 자체'의 생산력, '정의'의 창출력이다. 이 힘들의 발생지는, 발리바르가 종말론과 목적론이라는 두 게발트의 양극성 사이의 딜레마라고 했던 곳, 그러니까 맑스의 정치적 실재가 거하는 장소라고 했던 곳, 맑스의 유산과 그것의 상속을 재정의하는 데리다가 양극성 사이라고 했던 곳, 그러니까 두 게발트의 변증법이 기립하는 장소라고 했던 곳이다.

데리다는 벤야민의 언어론을 '표현의 언어'와 '표상의 언어'라는 양극의 이론으로 정의한 다음, 벤야민이 그런 양극성에 의해 지휘되는 모든 것들은 순수한 것으로 유지·작동될 수 없음을 분명히 했다고 쓴다. 순수할 수 없는 그 양극의 '타협'에 대한, 그리고 그것과 맞물려 있는 정의에 대한 데리다의

---

36. 자크 데리다, 『마르크스의 유령들』, 76쪽.

문장을 읽어보게 된다. "양자 사이의 '타협'이 필수적이거나 불가피하다. 하지만 이는 공약불가능하고 근원적으로 이질적인 두 차원 사이의 타협이다. 여기서 우리가 이끌어낼 수 있는 교훈 중 하나는 이질적인 질서들 사이의 타협의 숙명, 더욱이 표상[대표]의 법칙(계몽주의, 이성, 객관화, 비교, 설명, 다양성의 계산, 그리고 이에 따른 특유한 것 및 모든 특유성이 일반성이나 비교의 질서로 재기입되는 것을 피하도록 해주는, 표상을 초월하는 법칙에도 복종하도록 명령하는 정의의 이름에 따라 이루어지는 타협의 숙명, 아마도 그것일 것이다."[37] 데리다가 말하는 타협은 두 항, 두 속성의 각기 다른 고유성의 제거가 아니며 두 차원, 두 질서, 두 게발트가 각기 지닌 특유성의 희석이 아니다. 그 타협은 타협이되 근원적인 이질성과 공약불가능성의 유지 및 보존을 조건으로 한다. 타협은 확연한 경계선과 구획을 부결시키는 '경계선 위'의 상황을 지시하며, 축적을 위한 기계적 분할의 공정들을 절단하는 '경계 위의 삶'을 향한다. 그런 한에서 타협은 저 '차이'의 속성을 지닌 것이다. 차이는 통치적 경첩의 합치를 어긋나게 하는 이질적인 편차·편위의 운동, 혹은 항구적인 이격과 이동을 통해 경계와 구획의 질서 내부에서 그 질서를 그렇게 재편되지 않을 수 없게 강제했던 게발트의 변형·왜곡된 약한 흔적으로서 실재한다. 차이는 순수한 경계와 분할법을 탄핵하는 '(탈)연루'의 상황을 개시하는 힘으로, 그런 과정/소송 속에서 수단화하지 않는 '법 자체'를 생산하는 힘으로 발현한다. 그런 힘에 뿌리박고서, 타협이 필수적이며 불가피한 것으로서의 '숙명'으로 표현되어 있음을 눈여겨보게 된다. '타협의 숙명'은 '정의의 이름'에 따라 이루어지는 것이었다. 데리다가 말하는 정의, 이른바 탈구축(해체)의 해체불가능한 '유일한' 지반이자 구축물이고 그런 해체의 공정이자 결과인 그 정의는 서로 대립하는 두 명령을 동시에 발하는 이율배반의 상황적 힘을 설명해준다. 정의의 첫 번째 명령, 그것은 '표상'의 법칙에 복종하라는 명령이다. 다양성을 회집·결산·질서화·조직화하는 게발트로서의 표상 — 대의, 대표, 객

---

37. 자크 데리다, 『법의 힘』, 134쪽.

관, 식별의 준거 — 에 복종하라는 명령, 곧 '특유한 것의 계열화'의 힘에 복종하라는 명령. 그러한 정의의 첫 번째 명령은 그 명령과 즉각적이며 원천적으로 대립하는 정의의 두 번째 명령과 맞물리고 맞닥뜨린다. 그것은 특유한 것의 계열화라는 표상의 게발트 바깥으로의 '초월'의 법칙에 복종하라는 명령이다. 정의는 특유한 것들 — '근원적으로 닫는^閉' 힘으로서의 '특이성'을 주요 성분으로 지닌 특유한 것들 — 의 계열화로 편성되고 직조된 텍스트로부터 '초월'하는 힘을 명령한다. 그러하되 그 초월의 힘은 동시에, 이미 언제나, 초월하려는 그 텍스트에 '내재'하는 힘으로서 명령된다. 그러므로 텍스트의 바깥, 그 초월적 게발트의 흔적은 언제나 텍스트의 직조상태로 환원되지 않으면서 그 직조상태의 근간이 되는 특유성의 지속과 보존으로서, 계열화하는 텍스트에 대한 내재적 해체/구축의 힘으로서 항존한다. 정의라는 내재적 초월의 힘, 정의라는 이율배반적 게발트가 그런 항구적 해체/근거세움을 수행한다. 게발트의 아포리아라는 정치적인 것의 장소를 계열화하고 심판하는 조직적 게발트 결정론 속에, 줄여 말해 목적론적 메시아주의의 텍스트 속에 변형되고 뒤틀린 채로 내재하고 잠재하는 초월적 게발트 발현으로서의 정의. 그것이 메시아적 종말론의 유일한 동력이자 그 결과이다. 다시, 문제는 종말론에 대한 무능, 주된 문제를 종말론 쪽에 두지 못하는 무능이 유혈적 축적력의 계기로 전화하는 시공간인 것이다.

윤리-종언론

"여기서도 역시 문제는
존재-신-론을 끝장내는 것이다"

1-1. '끝' 혹은 '끝장'에 방점 찍힌 문장 하나를 인용하는 것에서 시작했으면 한다. "여기서도 역시 문제는 존재-신-론을 끝장내는 것이다."[1] 무슨 말인가. '존재Sein'는 '신'과 같이 세계에 대한 보편적인 지반으로서, 혹은 질서의 정초력으로서 존재한다west. 달리 말해 존재는 근원적 통합력으로서 지배한다west. 그러니까 존재의 편재, 존재의 존재함이란 일반화된 지배의 운동이다. 그것은 '은폐' 및 그 은폐에 의해 일어나는 '망각', 그 망각에서의 구제('탈은폐')가 연쇄적으로 순환하고 폐쇄적으로 반복되는 '존재론적 유희'의 원환구조를, 곧 존재의 경제를 구동하는 힘이다. 그 경제 속에서 진리화된 이윤을 생산하는 존재의 그 힘은 일관되게 타자성의 흡수·제거·가공·재편을 통해 동일자로서 존재하며, 그 힘을 지지하고 봉헌하는 '론logie·앎·학(學)'은 그 힘의 기반이자 변양이며 그 힘의 원리적 장소이자 등가물에 다름 아니다. 존재의 힘은 그런 앎의 관점을 초과하는 비-지非-知를, 혹은 론에 의해서는 밝힐 수 없는 반-론을 포획하고 합성한다. 존재라는 힘은 그렇게 자신을 향해 있는 앎과 론의 벡터, 곧 존재를 향해 가속되고 가중되는 지향성의 구조를 구축하면서 그 구조 안에서 존재하며 명령한다. "존재의 진리 안에서의 존재는 신에

---

1. 엠마누엘 레비나스, 「신과 존재-신-론」[1975~1976], 『신, 죽음 그리고 시간』, 김도형·문성원·손영창 옮김, 그린비, 2013, 182쪽.

대한 앎이나 신에 대한 이해가 된다. 즉, 신-론théo-logie이 된다. 유럽의 존재철학은 신학이 된다."2 이른바 '존재-신-론'의 신. 다시 말해 존재와 론, 존재-론 사이에서 그 둘을 연결·매개·통합·증식시키는 신. 그 신을 겨누어 이렇게 말해보기로 하자. 언제나 관건은 존재-신-론과는 '다르게 존재'하는 신의 게발트라고, 그렇게 존재-신-론과 대결하는 신의 발생적 상황과 그 힘의 폭력적 정황이야말로 언제나 앞질러 결정적인 것이 되고 있다고. 윤리라는 신의 게발트, 윤리라는 '성스러운' 폭력. 내게 레비나스E. Levinas의 윤리학은 존재-신-론을 탄핵하는 신의 게발트를 특정한 맥락과 맥동을 지닌 상황에서, 다시 말해 '윤리적인 관계'에서 목격·체험·표출하고 있는 폭력의 신적 발현태이다. 어째서 그러한지를 말하기 위한 하나의 걸림돌/디딤돌로 우선 문학과 윤리의 관계에 대해 쓰고 있는 여기의 비평을 읽게 된다.

1-2. 필수적인 것으로서의 예술. 정치와 윤리에 있어 불가결한 것으로서의 예술. 문학평론가 김형중의 문장들은 다음과 같다. "정치는 관계 맺음이다. 그것이 사물이 되었건, 타인이 되었건 나의 세계 바깥에 있는 것들과의 대면이 정치를, 그리고 또한 윤리를 발생시킨다. 그럴 때, 예술은 인간을 포함한 생명체의 그 지독한 자기 보존 본능, 그리고 인간 특유의 동일성 사유에 의한 대상의 포획으로부터 벗어나, 나의 세계 밖에, 내 인식 너머에, 나와 다른 존재자들이 '있음'을 경험하게 해준다. … 그런 의미에서 예술은 정치에 대해서도 윤리에 대해서도 필수적이다."3 대면對面, face à face. 다시 말해 내 눈앞에 당도하고 내 코앞으로 도래중인 자, '최초로 온 자'의 그 얼굴, 그 고통의 불가피한 당면 또는 직면. 이른바 '타인의 얼굴'을 마주하는 시공간에서 정치와 윤리가 발

---

2. 엠마누엘 레비나스, 「신과 존재-신-론」, 182쪽. 다음과 같이 첨언하면서 정리되려는 상태를 벗어나자. '존재철학은 신학이 된다'라는 한 문장은 '현대국가의 주요 개념들은 환속화된 신학의 개념이다'(C. 슈미트)라는 한 문장과 어긋나는 채로 비교 가능하다. 차이로서 보충 가능하며, 그렇게 중층화된다.
3. 김형중, 『살아 있는 시체들의 밤』, 문학과지성사, 2013, 57쪽.

생한다는 생각은 귀하다. 그런데 그 귀함이란 이제는 알 만한 사람은 아는 것으로, 그렇게 알려지기만 하고 퍼져 있기만 한 것으로, 그러니까 될 대로 되라는 식으로 되어 있는 건 아닌가. 다시 말해 그 귀함이란 이제 이마를 짚으며 더디게 읽지 않고서도, 상황과 문장을 견주고 견디며 사고하지 않고서도, 재정의를 위한 사고의 노동·즐김 없이 수취하는 불로소득의 형태로, 평균적인 것으로, 낯설지 않은 것으로, 불합치하지 않는 것으로, 줄여 말해 안전한 것으로 안착되고 연착륙되어 있는 것은 아닌가. 안전·치안police에 귀속된 귀함. 그 귀함을 안전으로부터 떼어내야 한다. 김형중의 문장들이 보여주는 흠잡을 데 없는 연쇄, 일이관지하는 논지는 윤리-정치-예술을 향한 사고의 귀함을 보존하고 지속시키는 것인가, 아니면 그 귀함을 안전·치안의 행정으로 귀착시키고 구속시키는 것인가. 이에 답하기 위해, 그가 예술을 정치와 윤리에 있어 필수적인 것으로 정의하기 위해 인용했던 것이 마흔의 레비나스가 쓴 다음 한 문장이었음에 주목하게 된다. "예술은 이 대상들이 세계로부터 벗어나게끔 해주며, 이를 통해 주체에 귀속되지 않고 떨어져 나오게 해준다."4 존재-론에 의해 파악되고 포획된 대상들, 효용과 쓸모를 기준으로 재편성된 대상들의 세계. 예술은 그런 세계로부터 대상들을 벗어나게 하며 존재화하는 주체로부터 분리시킨다. 그런데 어떤가 하면, 70세의 레비나스에게 예술은 존재-신-론의 반려였다.

> 신학 – 신은 존재론과 일정 부분 연결되어 있다 – 과 더불어, 신은 개념으로 고정된다. 그 본질에서 도상학圖像學인 예술과 더불어, 존재 너머로의 운동은 미美로 고정된다. 신학과 예술은 기억할 수 없는 과거를 잡아맨다.5

도상학이란 무엇인가. 존재에 의해 그려진 지도 혹은 판도 위에서 존재

---

4. 엠마누엘 레비나스, 『존재에서 존재자로』, 서동욱 옮김, 민음사, 2003, 83쪽.
5. 엠마누엘 레비나스, 「신과 존재-신-론」, 308쪽.

라는 우상을 건립하는 존재의 학 혹은 론. 그것이 도상학이다. 그것이 예술의 본질이다. 신학 곁에서, 신학과 함께 예술은 존재 너머로 발현하는 초과적 게발트를 '미' 안에 구금시킨다. 그때 미는 형形을 주조하는 틀이며 형刑을 부과하는 틀이다. 그런 미, 그런 미-학과 항구적으로 싸우는 힘의 과정/소송, 다시 말해 존재-신-론과 합성된 그런 미, 그런 미-학을 부수고 폐지하는 힘의 정황을, 그것에 대한 비평의 노동을 누락하거나 건너뛰지 말아야 한다. 그럴 때에야 마흔의 레비나스가 지닌 의지, 그 의지에 기댄 김형중의 논리 ─ 예술은 자아의 동일화하는 힘을 깸으로써 세계의 바깥을 개시하는 윤리적/정치적 힘이다, 라는 의지와 논리 ─ 가 구동될 수 있는 조건이 마련된다. 그런 한에서 문학이라는 예술의 옹호를 위한 논전 중에 던져지고 있는 김형중의 물음, "그것은 혹시 정치에 의한 문학의 '봉합'suture인 것은 아닌가?"[6]라는 테제가 거꾸로 윤리를 둘러싼 가능하고 필요한 물음들을 '봉합'하고 말 때, 윤리적 게발트를 위한 사고의 귀함은 끝내 안전 속으로 귀속된다. 문학의 옹호가 어떻게 저 존재의 미-학으로부터 스스로를 떼어낼 수 있는지를 묻는 일, 문학의 옹호가 어떤 과정/소송 속에 놓여야만 저 존재-신-론과 합성되지 않는 항구적 비정립의 힘으로 스스로를 보존할 수 있는지를 묻는 일이 누락되고 사장되기 때문이다. 그러므로, 여기서도 역시 문제는 존재-신-론을 끝장내는 것이다. 이는 앞서 인용한 70세 레비나스의 한 문장, 곧 예술과 신학이 '기억할 수 없는 과거를 잡아맨다'는 한 문장에 관여하는 일에서 시작될 수 있다.

2-1. 신학의 기술로서의 예술은 '기억할 수 없는 과거'를 잡아매고 통합하는 신성한 끈이다. 레비나스는 '신성한 것le sacré'과 '성스러운 것le saint'의 차이를 강조하면서 그 둘을 적대적 관계에 놓고 사고했던 바, 그런 한에서 기억할 수 없는 과거란 서사화된 시간의 회로도 내부, 계열화된 시간의 도상학 내부그 어디로도 지정되거나 자리 매겨지지 않는 삶의 시간, 지고至高의 시간을 뜻

6. 김형중, 『살아 있는 시체들의 밤』, 33쪽.

한다. 그 '성스러운' 시간이 지배와 관리의 시간을 일반화시키는 끈, '신성한' 끈을 절단하는 힘의 발현적 상황이다. 레비나스가 말하는 '신'이란 그런 절단적 힘의 상황과 포개지고 맞물리는바, 신의 게발트를 구성하는 주요 속성은 다음과 같이 표현된다.

> 신이 의미하는 것은 재현 불가능함, 무-시작, 아나키다. 대상화로 환원할 수 없는, 기억할 수 없는 과거다. … 3자성illéité인 신은 무-한이며 구조의 바깥에 있다.7

개념의 짜임을 살피게 된다. 그럼으로써 신에 대해 말하는 레비나스의 문맥과 의지를 상속받는 일에 대해 생각하게 된다. 신이 의미하는 것. 먼저 1) '재현 불가능성'. 그것은 도-상-학적인 상태 일반, 곧 재현된 도면의 세계, 그것의 정치적 판도로서 과두적 대의의 정치체, 그것의 기반이자 결과로서 우상에 의해 매개·인도되는 사회, 그것들을 보증하는 전문적 학지에 의해 일괄적으로 인식되거나 일거에 파지되지 않는 텍스트-바깥(으로)의 상황적 힘을 가리킨다. 곧 재현 불가능성이란 한계 초과의 규격 외적 '무-한'을 뜻한다. 2) 그런 신적인 게발트의 정황을 가리키는 말들 중 하나가 '무-시작'이다. 시작-없음, 시작 혹은 시초, 시원 혹은 원천, 원인 혹은 원형archē의 없음an-, 그것의 무화·폐절. 시작은 끝을 전제하지 않고서는 자신의 두 발로 설 수 없다. 시작은 끝과 종말을 그 핵심 성분으로 갖는 '목적'과 맞물림으로써 절대적 전체로 편성된다. 이른바 시원-종말론적 체제. "시작으로서의 주체는 또한 완성이다. 역사의 종말은 자기를 통해 자기를 완전히 소유하는 것이며, 완전한 자기 현존이다."8 완성이라는 목적을 지향하는 자기, 시작 혹은 시초로서의 아르케/

---

7. 엠마누엘 레비나스, 「신과 존재-신-론」, 307쪽.

8. 엠마누엘 레비나스, 「신과 존재-신-론」, 274쪽. 윤리에 맞물린 이 문장의 의지에 의해 『역사의 종말과 최후의 인간』(F. 후쿠야마, 1992)이 수렴하는 '자유의 왕국'은 정립되기도 전에 이미 파쇄의 기미를 지니게 된다.

자기성l'ipseite. 그것은 완전한 소유로 지탱되는 순수한 현존의 체제를 제작한다. 그로부터 수취되는 이윤·영양·몫을 배분하는 입법자들, 안전·치안의 행정인들. 그 체제와 그 체제적 인간을 파괴하는 힘, 그것이 무-시작이며 무한이다. 그 무한을 통해서만 윤리는 "목적론을 비껴가고 목적의 행운과 행복을 파괴한다."[9] 그런 무한과 무-시작을 즉각적으로 뒤따르고 있는 말, 그것이 3) '아나키anarchie'이다. 이것은 신의 게발트를 표현하는 1) 재현 불가능성, 2) 무-시작, 그리고 4) '3자성', 5) '무한'과 더불어 서로를 지지하며 구동시키는 과정에서 레비나스의 정치철학, 곧 윤리적 신학정치를 기립시키는 핵심어로 부각되어야 할 개념이다. 아나키, 다시 말해 '무-아르케.'an-archē 이에 대해선 '무한'과 함께 조금 뒤에 언급하기로 하자.

먼저 4) 3자성에 대해. '3자성인 신'이라는 한 구절에서처럼 3자성은 신이며, 신의 성분이다. 1인칭 '나', 곧 존재-신-론의 신이 자리한 위격에 의해, 다시 말해 신격으로서의 주主-격에 의해 할당되고 안배된 자리에 들어앉아, 그 주격을 향한 지향성의 인증을 통해 주격을 욕망하거나 현재의 자리의 안전과 안락을 유지하는 2인칭. 3자성은 그런 주격과 그 주격의 대칭적 자리 어디로도 귀속되지 않는 '재현의 바깥'이며 항구적 '대격'對格, accusatif의 보존과 지속이다. 바깥(으로)의 폭력적인 떼어냄·분리, 대칭적 주격의 이항구도로부터 성별Paraclete시키는 대격의 게발트. "분리, 즉 성스러움을 통해 욕망할 수 있는 것은 3인칭으로 남는다."[10] 존재-론의 구도 안으로 환수되지 않는, 그 구도의 바깥으로 남는 나머지, 그 잔여성. 그것이 3인칭의 3자성이다. 그 3인칭 혹은 제3자가 바로 '이웃'이다. 그 이웃은 '배제된' 자들이었다. "이 제3자는 **배제된** 제3자이고, 오직 그렇기에, 존재-신-론적인 방식으로 사유될 수 없는 신이다."[11] 오직 배제되고 있기 때문에, 그렇게 검붉은 얼굴을 드러내고 있기 때문에, 다시 말해 배제라는 단일하고 단선적인 목표에 골몰하는 존재-

9. 엠마누엘 레비나스, 「신과 존재-신-론」, 333쪽.
10. 엠마누엘 레비나스, 「신과 존재-신-론」, 336쪽.
11. 엠마누엘 레비나스, 「신과 존재-신-론」, 312쪽.

신-론의 방법으로는 결코 파악될 수 없는 초과적 잔여로 남기 때문에, 이웃은 신이다. 존재-신-론으로부터 분리되는 힘, 그것으로부터 성별시키는 힘으로서의 신은 배제의 방식으로 합성되고 있는 그 이웃/제3자로부터는 결코 분리될 수 없다. 그 이웃의 얼굴을 마주하는 시간으로부터는, 다시 말해 '책임'의 시간으로부터는 결코 분리될 수 없는 것이 신이다. 책임지는 신, 이 신이 존재-신-론의 신과 싸우는 신이다. 그 책임의 성분이 3) 아나키이다. 다시 말해 신의 그 책임을 꽉 채우고 있는 것이 3) 아나키이고, '무-아르케'이며, 5) 무한이다. 문학과 윤리와 정치의 관계를 사고하고 있는 또 하나의 문학평론이 아나키적인 것에 뿌리박고 있는 상태를 비평하면서 아나키 혹은 무-아르케가 수행하는 적대의 과정에 대해, 무-한이 봉행하는 소송의 벡터궤적에 대해 말하기로 하자.

2-2. '문학이란 무엇인가'라는 물음을 다시 던진다는 것에 대한 자의식 속에서 문학평론가 권희철이 먼저 인용했던 건 저 '십계명'의 두 번째 금지였다. "너희는 너희가 섬기려고 위로 하늘에 있는 것이나, 아래로 땅에 있는 것이나, 땅 아래 물속에 있는 것이든지, 그 모양을 본떠서 새긴 이미지를 만들지 못한다."[12] '우상을 만들지 못한다'로 알려진 문장 속 '우상'의 영어 번역을 근거로 권희철은 그 문장을 '새긴 이미지graven image를 만들지 못한다'로 바꾸었다. 이 변환으로부터 문학이란 무엇인가라는 물음에 대한 그의 응답이 시작된다. 문학은 이미지를 만들지 말라는 신성한 금지를 위반하면서 만들어지는 '이미지'였으며, 그것의 '매혹'이었다. 금기를 뚫고 나가는 이미지/문학을 뜻하는 한 구절이 '우글거리는 밤의 시간들'이다. 레비나스/블랑쇼를 큰따옴표 없이 인용해 써진 한 대목은 다음과 같다. "밤은 존재자들이 세계에 자리 잡기 전의 어떤 미결정 상태 속으로 존재자들을 되돌려 보낸다. 밤의 시간 속에서 세계는, 이미지의 매혹 속에서 사물이 그런 것처럼, 더 이상 존재하지 않고

---

12. 「출애굽기」 20장 4절(권희철, 『당신의 얼굴이 되어라』, 문학동네, 2013, 11쪽에서 재인용).

아직 존재하지 않으며 불투명한 텅 빈 열림만이 존재한다. 그것은 단지 아무 것도 없는 공허함이 아니며, 미결정 상태의 존재의 웅성거림으로 가득한 열림이다."[13]

　　권희철에게 밤은 '세계의 바깥'을 개시하는 시간이며, 그 바깥은 '세계 속에 자리할 수 없는 불가능성들이 우글거리는 황야'이다. 문학은 그러므로 밤의 황야이며 황야의 밤이다. 문학은 대낮의 확정적인 세계와는 다른 미결정적인 상태이고 그 속에서의 존재의 웅성거림 혹은 우글거림이다. 다시 말해 문학은 대낮으로 밝히는 빛, 인식의 원천적인 빛으로서의 아르케가 거절되는 안-아르케, 아나키의 시공간이다. 그러나 앞질러 요컨대, 저 밤의 시간, 미결정성, 웅성거림으로서의 아나키는 문학이라는 것을 끝내 위계화로 설립되는 주격의 위상으로, '우상'의 위격으로 자리매김하는 근거이므로 아나키일 수 없다. 문학은 이렇게 정의된다. "문학이 철학적이고 윤리적이며 정치적인 과제에 참여할 수는 있겠지만, 그러한 참여가 곧 문학의 의무인 것처럼 말할 때 우리는 문학의 자리를 지워버리고 있는 것은 아닌지 돌아볼 일이다. … 문학을 문학으로 만드는 바로 그것은 그러한 세계 내의 다스림의 문제 바깥에 있다. 차라리 그 바깥으로 빠져나가는 위험을 감수하는 데에 문학은 있다고 말할 수 있다. 우리를 매혹시켜 세계를 망각하게 만드는, 그 이미지 만들기의 금기를 위반하는 데에 문학은 있는 것이니까. 십계명의 성실한 이행자들에게 문학은 아직 열리지 않는 것이니까."[14]

　　질서의 이데올로기이든 비판적 사유이든, 정치와 윤리라는 것에 의해 문학이 '봉합'되는 것에 대한 거부, 곧 문학을 문학이게 하는 고유한 자질과 속성이 사라지는 것에 대한 거절. 권희철에게 문학은 자신의 속성, 이른바 자기성의 기반으로서의 아나키에 대한 매혹을 통해 세계를 망각하도록 하는 '너무도 여리고 희미한 능력'이었다. 이렇게 물어야 한다. 미결정적 밤의 아나키

---

13. 권희철, 『당신의 얼굴이 되어라』, 13쪽.
14. 권희철, 『당신의 얼굴이 되어라』, 19~20쪽.

가 정치와 윤리의 관여로부터 문학의 자기-존재를 정립하는 기반이자 시초·아르케가 될 때, 그 아나키는 아나키인가. 웅성거림과 우글거림의 아나키가 문학의 자기성을 정초하기 위한 고유성의 식별 원리이자 원천·아르케가 될 때, 그 아나키는 아나키가 맞는가. 아르케가 되어 있는 아나키. 그것은 형용 모순이다. 그것은 비판적이거나 창설적이지 않은 모순, 당착으로 떨어진 자기 보호의 모순이며, 문학의 정립에 수반되는, 문학의 정립을 가능케 하는 '정치적' 시초·반석의 옹립이다. 권희철의 아나키는 원리이자 원천으로서의 아르케와 싸우는 아나키가 아니라 시초적 아르케의 변양이다. 다시 말해 그의 아나키는 시초, 곧 시초/축적의 변주이다. 축적하는 아나키. 그것은 '나약한 문학주의자' 대 '문학만능주의'라는 고안된 구분법 속에서, 그러니까 문학적인 것에 대한 비평에 있어 잘못 설정된 적대의 구도 속에서 안전하게 정립되고 안락하게 유지된다. 줄여 말해 정립된 아나키, 정초되는 치안. 그것들은 존재-신-론의 등가물이다. 권희철은 문학의 여린 능력, "현실적인 위력에 대한 포기를 감수하면서 다른 미약한 힘을 얻는 문학"[15]의 능력, '이미지들의 반짝임', '움켜쥘 수 없는 이미지들의 피어남', '불분명한 어떤 느낌들과 환영들'이 '존재로부터의 탈출의 체험'을 선물한다고 말하지만, 그가 참조하는 레비나스는 그 희미한 능력의 관념성을 문제시한다 : "관념론이 해방을 상상할 때 존재를 넘어서게 되는 바로 그 계기에서, 존재는 모든 양상에 침투해 들어간다."[16]

권희철의 문학, 그것은 존재로부터의 '탈출'의 계기를 상상하는 바로 그 때, 존재의 주-격을 완성한다. 존재로부터의 탈출이 존재-신-론을 완성시키는 주요 계기로 안착한다. 그런 탈출로부터 탈출함으로써 그런 탈출을 파괴시켜야 한다. 다시 말해 주격적 존재를 봉헌하는 미-학으로서의 문학의 위격을 탈정립해야 한다. 문학을 문학이게 하는 저 밤의 매혹을, 미결정적 웅성거림으로서의 아나키라는 문학의 시초적 자기성을 소추해야 한다. 그러므로

---

15. 권희철, 『당신의 얼굴이 되어라』, 323쪽.
16. 엠마누엘 레비나스, 『탈출에 관해서』, 김동규 옮김, 지식을만드는지식, 2012, 71쪽.

여기서도 역시 문제는 존재-신-론을 끝장내는 것이다. 권희철이 문학의 자리라고 말한 '황야'의 사막을 파국으로, 폐허로 만들기 위해 저 십계명의 인용을 다시 살피게 된다. 그가 '새긴 이미지를 만들지 못한다'로 바꾼 십계명의 문장을 '우상을 만들지 말라'는 원래의 문장으로 다시 복귀시키게 된다. 변경시킨 십계명에 기댄 문학의 위반성이라는 것이 우상의 위격을 완성하고 있었던 사정을, 우상의 금지 혹은 폐지라는 옛 문장의 칼끝으로 해부하기 위해서이다. 십계명은 존재론적 상(像)을 옹립하는 법이 아니다. 그 당대의 정치적 역장 속에서 제작된 우상들의 법을 깨는 법, 소외되지 않는 자율의 법으로 요청되고 승인되는 오늘의 법, 그것이 십계명이다. 과거와 오늘의 십계명이란 이런 것이었다 : "그것은 누구나 이 법의 주역이며, 이 법이 지탱하고자 하는 사회의 주역이라는 점, 그리고 이 법이 요구하는 의무에서 자유로울 수 없다는 점을 승인하는 것이다."[17] 이른바 '다르게 존재하는' 아르케, 다시 말해 '다른 법의 발견'을 수행하는 무-아르케에 대해, 더불어 무-한에 대해 언급하는 일이 남아있다. 그것들은 존재론적 축적의 경제를 정지시키고 절단하는 유일자의 힘으로, 다시 말해 '책임의 비-상함' 속에서 존재-신-론의 법 연관을 정지·전위·비정립하고 소송의 게발트로 다르게 존재하는 중이다(거듭 도래하는 중이다).

3-1. 타인의 얼굴을 마주한다는 것은 합치되지 않는(으깨져서는 안 되는) '타자성'의 지속이며, '둘됨dualité'의 보존 속에서의 하나됨에 의해 구성되는 힘이다. 타인과의 마주함, 대면의 상태를 폐기시키고 얼굴의 무화로, 죽음의 동일화로 귀착시키는 힘이 존재-신-론의 일이다. 그런 힘과 일에 적대하는 레비나스적 메시아의 힘/일이 다음 문장들 속에서 표현된다. "유대교에 대한 한 저서(『어려운 자유』, 1963)에서 레비나스는 '메시아, 그것은 나이고, 내가

17. 김진호, 「성서의 십계명, 그 법신학에 대하여」, 격월간 『공동선』 115호(2014. 3, http://owal.tistory.com/338에서 인용).

된다는 것, 그것은 곧 메시아가 된다는 것이다'라고 말한다. 메시아는 '타인의 고통을 짊어진, 고통 받는 의인'이다. '타인의 고통이 부과한 짐을 피할 수 없다는 사실, 이것이 자기성을 정의해준다'는 말을 레비나스는 여기에 덧붙인다. 그리스도교적인 용어로 말하자면 내가 된다는 것, 그것은 곧 그리스도가 된다는 것이다."[18] 자기를 구성하는 성분, 곧 자기성은 타인의 고통에 대한 회피 불가능함 속에서 정초된다. 다시 말해 존재-신-론의 경제를 타격하는 타인과의 대면이라는 비-경제 속에서만 자기성은 기립한다. 그렇게 기립하는 자기가 된다는 것, 그것이 '메시아가 된다는 것'이다. 메시아의 역어는 그리스도이다. 타인의 얼굴이라는 '소환'의 명령에 책임지지 않을 수 없음으로써만, 그 불가항력적 상황으로써만 기립할 수 있는 자기, 그렇게 기립할 수 있는 자기가 된다는 것, 그것이 메시아/그리스도가 된다는 것이다. 그 책임의 상황, 책임에 의한 '비-상'의 발효가 관건으로 떠오르는 맥락이 거기에 있다.

언제나 문제였던 것, 그러니까 존재-신-론을 끝내는 신적 힘의 성분으로 표현되었던 1) 재현 불가능성, 2) 무-시작, 4) 3자성에 이어, 이제 3) 무-아르케(또는 책임의 비-상황)에 대해 말하기로 하자. 5) 무한은 그 다음이 될 것이다. 무-아르케는 '나'의 기원/아르케를 기각하며 '나'라는 시초/축적의 존재론적 의지와 적대한다. 그것은 책임의 성분, 곧 책임성의 문제로 부각된다. "책임지는 것, 그것은 모든 결단에 앞서 책임지는 것이다. 여기서는 모든 행위의 근원적 지향성이 실패하는 것과 마찬가지로, 초월론적 통각의 통일이 빠져나가며 실패하고 일그러진다. 마치 여기에는 시작에 앞선 어떤 것이, 이를테면 **무-아르케**가 있다는 듯이. 그리고 이것이 의미하는 바는 자발성으로서의 주체를 문제 삼는다는 것이다."[19] 책임진다는 것. 그것은 타인의 배제됨, 오직 배제됨으로써만 할당된 몫과 자리로 합성되고 있는 타인의 검붉은 얼굴을 마주한다는 것이다. 이는 나의 결단, 나의 의지, 나의 자발성을 따르는 것이 아니

---

18. 강영안, 『타인의 얼굴』, 문학과지성사, 2005, 231쪽.
19. 엠마누엘 레비나스, 「신과 존재-신-론」, 259쪽.

라, 그런 나로부터 연원하는 모든 것을 앞질러 결정되는 것이다. 나라는 주격의 모든 요소들을, 존재로부터 연역되어 나오는 항목들 전체를 앞질러 거스르게 하는 명령의 수용 및 수행이 책임성이다. 그런 책임성의 시공간, 거기에서 존재/아르케를 향한 모든 행위의 지향성은 실패하며, 감각을 집계하고 통합하는 존재는 누수된다. 거기에는 존재의 시초, 존재라는 아르케를 앞지르고 거스르는 무-아르케, 아르케-균열[a]이 있다. 책임의 장소로서의 무-아르케, 곧 아르케-균열의 시간들은 존재의 일상성 내부에, 다시 말해 일반화한 존재의 편재성 내부에 편성되어 있으면서도, 오직 배제와 합성이라는 단선적인 목표를 향해 운용되는 존재의 경제 속에서는 완전히 파악되거나 파지될 수 없는 잔여를 남긴다. 바로 그 잔여가 책임성을 관철시킨다. 그 잔여, 그 나머지, 그 3자성과 마주하게 되는 회피 불가능한 책임에 의해, 존재의 편재성 속으로 합성되는 삶·생명에 폭력적 정지로서의 '비-상'의 상황이 불러일으켜진다. 레비나스적 문맥 속에서의 비-상, 그것은 책임 또는 '증언'의 유일한 성분인 동시에 신적 일자[un]의 게발트를 구성하는 유일한 성분으로서의 '예-외'와 맞물려 있다. "회피 불가능성은 내가 끊임없이 피난처로 삼는 개념을 벗어나는 비-상한 상황이다." 또는 "증언은 존재의 규칙에 대해 예외이다."[20] 다음 문장들을 표나게 인용하게 된다.

신이 스스로를 '현현'할 수 있는 것은 오직 이 ["책임의 비-상함"이라는 윤리적] 관계들로부터다. 그러나 윤리로부터 출발하여 신을 사유하는 것은 결코 능란하게 사유하는 사유가 아니라는 점을 강조하자. 오히려 (비공간적인 바깥이 의미를 주는) 비-상함으로서의 인간적 관계를 부각시키는 것이 중요하다. … 수동성은 그 끝까지(타자의 볼모에 이르기까지) 밀고 간 타자를-위한-일자에서만 의미를 갖는다. 거기서 인간은 자신이 유일하고 대체 불가능한 정체성 속에 있음을, 즉 자기로 회귀하지 않는 타자를 위함 속에 있

---

20. 엠마누엘 레비나스, 「신과 존재-신-론」, 296쪽, 297쪽.

음을 발견한다. 여기에 존재성 가운데 존재성에 대한 예-외가 있다.[21]

신의 '현현', 그것은 '책임의 비-상함' 안에서의 일이다. 이른바 '바깥', 존재성 너머 또는 법-밖a-nomos으로서 정초되는 윤리적 관계, 그것이 신의 현현이다. 책임의 비-상 상황을 기립시키는 자는 타인의 검붉은 얼굴에 사로잡히고 포위된 '볼모'이며, 그렇게 꼼짝할 수 없이 '소환된 자'의 그 수동성 및 회피불가능성이 타자를 마주한 자에게 '대체 불가능한' 유일성을 준다. 존재/아르케의 좌표로 다시 귀속되지 않는 자, 시초적 자기성/아르케로 복귀될 수 없게 되는 자. 다시 말해 타인을 마주하는 자, 유일한 자, 윤리적 일자-신. 타인의 볼모로서의 자기 정체성을 발견해가는 과정, 곧 타인에 의해 소환된 정체성으로서 '존재와는 다르게' 정립되는 ─ 곧 비정립되는 ─ 유일자의 자기 실황에 대한 보존력 혹은 지속력. 그것이 책임이며 책임의 비-상함이다. 그것이 윤리이며, 그렇게 윤리는 일자의 일이다.[22] 일자의 네 가지 성분, 곧 일자성은 i) 모든 결정에 앞서 있는 타인의 소환으로, ii) 그런 소환 명령에 따른 타인에의 '노출의 우선성'으로, iii) 그런 노출에 의한 '나'의 비정립의 과정이라는 것이 나를 '벌거벗기는 폭력'의 겪음과 맞물려 있음으로 구성된다. 그런 일자성이 바로 존재-신-론 한가운데에서 비-상의 상황으로, 예-외의 게발트로 발현한다. 일자성, 다시 말해 iv) 예-외로서의, 존재-바깥으로서의 폭력. 그것은 존재-신-론이라는 안전·치안의 골수·등뼈에 '외상'의 흔적으로 각인됨으로써, 또는 '돌연한 불안정'으로 불시에 존재-신-론의 경제를 타격함으로써 안락의 전체로부터 스스로를 이격·성별시킨다. 일자의 윤리에 의해, 일자의 예-외성

---

21. 엠마누엘 레비나스, 「신과 존재-신-론」, 281쪽.
22. 레비나스에게 '윤리'로부터 출발하는 신에 대한 사고는 능수능란할 수 없는 것이었다. 그럼에도, 아니 그렇기 때문에 다음과 같은 물음이 「신과 존재-신-론」의 주조음이 되는 것이다. "윤리로부터, 존재-신-론의 외부에서 신을 사유하게 해줄 그런 이해의 가능성의 모델을 정식화할 수 있지 않겠는가?"(「신과 존재-신-론」, 204쪽) 이 물음, 또는 물음으로 된 하나의 테제는 존재-신-론을 탄핵하는 '바깥'으로서의 신에 대한 사고가 결코 능수능란할 수 없는 것이기 때문에, 오직 그렇기 때문에 거듭 상속 받고 다르게 이월될 수 있다.

에 의해, 일자라는 폭력에 의해 "갑작스레 외상이 휴식을 흔들고, 시간이 멈춘다. 이런 의미에서 갑작스러움의 시간이 열리는데, 이것은 **동일자 안의 타자의 두드림이다.**"[23] 돌연突然의 시간, 그것은 존재론의 회집과 계산이 흔들리고 중지되는 시간이다. 그것은 존재론이 관장하는 의미의 작용을 정지시키는 의미-바깥으로서의 시간, 의-외의 시간이며, 존재론이 관철시키는 시간이 부결되는 시간, 곧 불-시不-時의 시간이다. 의외의 불시의 시간, 줄여 말해 불-시unzeit의 게발트. 그것이 일자의 시간성이며 그 시간성이 예-외적 일자의 윤리를 구성하는 게발트의 성분이다. 동일자 안의 타자의 '두드림', 그 타격, 그 폭력이란 존재/아르케가 관장하는 안전한 평상시 한가운데에서 불-시의 절단력으로 발령·발효·발의되는 비-상시의 상황, 아르케-균열의 정황이다. 무-아르케의 그런 예-외적 게발트를 고지와 증언을 통해 표출시키는 힘, 그것이 저 '무한'이다. 이에 대해 조금 더 말해보기로 하자.

3-2. 무한이란 먼저 '무한의 영광'이라고 할 때의 무한이다. "이런 영광에는 원리가 없다고 우리는 감히 말할 수 있을 것이다. 이 무한에는 아나키적 요소가 있다. … 영광은 주제화인 모든 **로고스** 이편에서 의미를 주며, 주체의 특별송환을 의미한다."[24] 원리 또는 척도가 없는 무한의 영광에 아나키적 요소가 있다는 것은 무한과 무-아르케가 맞물린 개념임을 알게 한다. 이들은 '주제화'하는 힘과 싸운다. 주제화, 그것은 아르케가 집전하는 동일자로의 단선적 서사화 및 계열화의 절차이다. 다시 말해 그것은 존재-신-론의 드라마투르기dramaturgy이다. 은폐, 노출, 삭제, 첨가, 변형, 조작, 편집, 가공, 호도, 희석, 전가, 지연, 공작, 선전, 설득, 협박, 회유, 보상, 기념, 위로, 애도 등의 기술로 연출되는 가상적 탈은폐의 진리, 이른바 '로고스', 다시 말해 존재-신-론의 유혈적 네메인/노모스. 그 로고스/노모스의 드라마로부터 떼어내지는 분리

---

23. 엠마누엘 레비나스, 「신과 존재-신-론」, 207쪽.
24. 엠마누엘 레비나스, 「신과 존재-신-론」, 295쪽.

의 상황, 곧 책임의 비-상함을 기립시키는 소환된 자의 유일성에 무한의 영광이 깃든다. 또는, 저 드라마트루기의 형상-질료 도식으로 환원되지 않고 항상적인 나머지·잔여로 남아 웃돌고 초과하는 무한에 의해 책임의 비-상함이 불러일으켜진다. 로고스의 드라마를 '책임이 연루된 신적 희극으로 되돌리는' 힘, 무한의 그 유일한 일은 성서에 기록된 비상의 상황과 맞물린다.

> 무한의 이 무가 말하는 것은 어떤 능력도 담을 수 없고 어떤 기초도 더 이상 지탱하지 못하는 겪음의 심오함이다. 여기서는 모든 포위의 과정이 좌초되고, 내면성의 배면을 막아주는 빗장이 부서진다. 모아들임 없는 놓임은 마치 불이 장소를 집어 삼켜 재로 만들 듯 자신의 자리를 폐허로 만든다. 『성경』은 이를 다음과 같이 표현한다. '여호와께서 그 처소에서 나오시고 강림하사 땅의 높은 곳을 밟으실 것이라. 그 아래서 산들이 녹고 골짜기들이 갈라지기를 불 앞의 밀 같고 비탈로 쏟아지는 물 같은 것이니.'(「미가」 1:3~4)[25]

무한의 '무'는 존재-신-론에 의해 인증되고 허가된 능력의 그릇을 초과하는 '물'이며, 모든 동일자적 기초들의 포위망을 녹이는 '불'이다. 그 물과 불이 주재하는 '모아들임 없는 놓임', 그것은 집계 및 계열화의 결산체를 좌초시키고 부수고 불태우는 신적 무한의 파루시아이며, 그런 임재에 의한 비-상의 관철, 곧 기초들의 폐지와 동시적으로 관철되는 탈출과 성별이다. 무한의 무-아르케, 그것은 다시 한 번 존재-신-론의 영원성과 적대한다. 당장 여기로, 거듭 도래중인 바로 그 무한의 무-아르케적 성분에 의해, 그 예-외의 게발트에 의해, 존재-신-론의 아르케가 주재하는 안전이라는 것의 거대한 불안전성이, 오직 그런 불안전의 생산을 통해서만 축적할 수 있는 아르케의 영원한 무능이, 줄여 말해 아르케의 폭력이 개시되고 계시된다. 무한의 적대로서의 아르케의 영원성, 일반화된 아르케의 신성에 대한 비판은 이렇게 표현

---

25. 엠마누엘 레비나스, 「신과 존재-신-론」, 331쪽.

되고 있다 : "영원성은, 시간을 초월할 수 있을 것이라는 상상에 빠진 채, 어느 한 순간의 불꽃에 지나지 않음을, 반쪽 사실에 불과한 것임을 드러내고 있으며, 항상 회집 불가능한 것을 가능하다고 꿈꾸고 있다는 혐의를 받아 오지 않았는가? 이러한 영원성과 지성적 신은 결국에는 추상적이고 불안정한, 시간적 분산의 반쪽 순간으로 짜인 것으로서의 추상적 영원성이요, 죽은 신이 아니겠는가?"[26] 모든 것을 '회집'할 수 있다는 초월적[영원성] 결산력[지성]을 상상하는 신, 그런 상상으로써만 구동될 수 있으므로 추상적이고 불안정해지는 신, 죽은 신. 그런 신의 정치, 신정정치. 그런 신의 정부, '죽은 신'의 정치체가 사람을 죽이고 있다. 산 것을 죽여야만 자기증식할 수 있는 죽은 신의 통치 속에서 그런 축적의 신을 정지시키며 다르게 존재하는 신의 폭력의 날인은, 죽어가는 이와 대면하지 않을 수 없게 되는 불가항력 속에서의 저 미가적 불과 물의 로고스/노모스로 수행된다. 오늘 여기의 신정정치를, 존재-신-론으로 구동되는 저 초월적 '회집 가능성'의 폭력을, 그 결산적 게발트궤적을 탄핵하는 신적인 힘. 그것이 회집 불가능성으로서의 '무한'이며 무한의 공동 날인이다. 여기 아르케의 정치는 존재-신-론의 외부로서의 윤리에 의해 타인의 얼굴 앞으로 비-상 소환되지 않을 수 없는 무한의 날끝에 의해서만, 신의 즉결법정 앞으로, 끝의 날로 거듭 소환될 수 있다.

26. 엠마누엘 레비나스, 「서문」[1979], 『시간과 타자』, 강영안 옮김, 문예출판사, 1996, 18쪽.

신적인 호명-소환,
대항-로고스적 폭력으로서의 윤리

1-1. '당신은 누구입니까? 당신은 신 자신입니까?' 나치 정권 위에서 그 정권과 싸웠던, 혹은 나치 정권과 싸움으로써 끝내 그 정권 위에 있을 수 있었던 신학자 본회퍼D. Bonhoeffer의 질문, 또는 질문으로 된 테제. 그에게 그 질문, 그 테제란 신을 향한 진정한 믿음에 결부된 것임과 동시에, '경악' 속에서 마비된 이성이 그런 경악을 연출했던 신을 향해 던진 화염병이기도 했다. 그렇게 던져진 화염병 속에 신학이 들어있어도 되는가, 쏘아진 불화살에 발라놓은 유황이 신학이어도 되는가. 신학이 인도하는 화염병은 어떻게 깨지고 불붙으며, 화시의 화살촉으로 고안된 신학은 어디에 꽂혀 얼마나 불태우는가. 그렇게 던져지고 쏘아진 신학, 그렇게 깨지고 꽂혀 불타는 신학은 과연 신학인가. 인화성 강한 신학, 촉발하는 신학이므로 신학 아닐 이유가 없을 것이다. 그리고 그런 '신학'이란 이른바 '이론'의 벡터궤적과 교환 가능한 무엇이다. 이론이란 앞의 문장들에서 사용한 신학이라는 단어를 이론이라는 단어로 바꿔 읽었을 때의 그 이론이며, 그렇게 바꿔 다시 읽었을 때 발효되고 발안되는 특정한 활력이자 비판의 효력이다. 그런 게발트의 벡터는 본회퍼의 신학적 의지, 곧 '낮추어진' 신학 속에서, 다시 말해 '윤리적인 것'의 안팎에서 다시 한 번 인지되고 구성될 수 있다. 그렇다는 것은 '당신은 누구입니까, 당신은 신 자신입니까'라는 본회퍼의 질문이 경악스런 사태와 마주해 제출된 것이었음을 비평한다는 말과 다르지 않다. 비평이 비교라면, 비교는 인용에서 거듭 시

작한다. 무엇을 인용할 것인가라는 물음은 무엇을 할 것인가라는 테제와 맞물린다. 본회퍼의 저 질문과 긴밀하게 조응시켜야만 된다고 느꼈던 한 대목, 다시 말해 그 질문의 긴박함을 위해 그 질문을 차이로서 보충할 수 있다고 판단했던 한 대목은 이런 것이다. 본회퍼의 '동시대인' 레비나스의 문장들 : "부르주아는 본질적으로 보수주의자이지만 불안한 보수주의로 존재한다. 부르주아는 사업 문제와 학문을 자신들이 예측하지 못한 사태에 대한 방어와 연결시킨다. 부르주아의 소유 본능은 통합에 대한 본능이고, 부르주아의 제국주의는 안전에 대한 탐구다. 부르주아는 세계와 자신을 대립시키는 적대 관계에 대해 '내적 평화'라는 백색의 망토를 덮어씌우려 한다."[1] 2014년 5월 현재, 문제는 '부르주아'며 관건은 '백색의 망토'이다.

1-2. 문제는 부르주아다. 곧 불안한 보수주의자들의 그 불안이 문제다. 그 불안이 부르주아로 하여금 사회의 '안전[공안]'police을 탐구하고 개발하는 행정권력의 체제를 건립케 한다. 불안은 부르주아를 움직이는 동력의 원천이자 그 동력의 결과이다. 그래서 부르주아의 불안은 항구적으로 자기 생산적이다. 안전에 대한 탐구가 지속되는 것은 그런 까닭에서다. 안전의 보장, 그것은 근저에 있어 그들 부르주아의 제국주의적 폭력이 시행되는 과정이며, 이 과정은 그들이 봉행하는 이윤 생산의 공정과, 성자-잉여가치Gott Sohn=$\triangle$G의 자기증식적 일반공식과 선험적으로/사후적으로 합성되어 있다. 그런 합성상태는 넘볼 수 없이 전문화되고 고도화된 지식들, 비할 데 없이 지고한 미와 숭엄을 다루는 학문들로 신성한 진리의 후광으로 편성된다. 그럴 때에야 이윤은 머리끝에서 발끝까지 자신의 패션, 자신의 형식을 완성시키며 자신의 내용, 자신의 모든 신진대사를 속속들이 구동시킨다. 이윤의 내용과 형식이 하나로 결합하는 그때 이윤은 비로소 최종목적/끝이 되고 제1원인/시작이 된다. 그렇게 시작과 끝, 알파와 오메가를 통합한 부르주아의 이윤

---

1. 엠마누엘 레비나스, 『탈출에 관해서』, 김동규 옮김, 지식을만드는지식, 2012, 23쪽.

은 부르주아의 소유 본능이 예측 불가능하고 계산 불가능한 것들에 대한 결산적 계열화의 순수한 관철임을 드러낸다. 그런 통합 속에서 부르주아의 적대는 배제되는 방식으로 관리되며 사회는 부르주아 단독으로 단성 생식한다. 안전이 완성된다. 줄여 말해, 이윤이 '현실적 신'으로 된다. 그 신은 이윤을 위해, 곧 자기 자신을 위해 수행하는 모든 레벨에서의 내전을 '내적 평화'라는 안전의 장치로 조정·조절한다. 눈부신 빛으로 된 거대한 '백색의 망토'가, 내적 평화라는 환상적 안전이, 이윤이라는 신의 힘을 — 신이 된 부르주아의 그 힘을 — 수호한다. 후광 두른 그 신, 그 부르주아, 그 힘을 가리켜 본회퍼는 '로고스의 지배'라고 말한다. 로고스, 말씀. 다시 말해 발령하는 신의 말, 발포하고 명령하는 신/부르주아의 통치의 노모스. 본회퍼가 말하는 로고스의 지배는 백색 망토, 부르주아의 방법, 부르주아라는 신의 힘을 가리키는 다른 말이며, 그 힘을 봉행함으로써 그 힘을 소유하게 된 인간들이 구축한 신성한 질서, 곧 안전의 인간들이 설계한 '로고스-질서'Logos-Ordnung와 다르지 않은 말이다. 그 질서, 그 내적 평화의 로고스/노모스는 자신을 향해 불복종을 선언하는 '반-로고스'Gegenlogos를 자신의 질서 내부로 편입시킴으로써 스스로를 증식시킨다. 로고스/신은 자신을 부정하는 반-로고스/반-신보다 더 빨리 더 세심히 자신을 부정함으로써 반-로고스를 흡수하고 흡입한다. 그것이 로고스의 지고한 능력이다. 로고스의 자기 보존력은 수동적 방어가 아니라 적극적 자기부정의 선취로, 그런 선취를 위한 자기에의 통찰력으로 표출된다. 그때 '당신은 누구입니까, 당신은 신 자신입니까'라는 신학의 질문, 질문하는 신학이란 무엇인가. 자기 부정력과 자기 정립력을 일체화시킨 로고스의 궁극적 능력에 대한 탄핵의 테제이며, 신의 지고한 자기 유지력을 들이치는 심판의 임재이다. '4·16'이라는 경악 속의 지금, 경악 이후의 이곳, 다시 말해 분노의 정점을 찍으며 비감에 젖고 죄책의 하중을 짊어지며 서약을 다짐하면서도 한층 무뎌진 내면을 마주하고 있는 여기의 지금, 문제는 로고스이며 관건은 반-로고스이다.

1-3. 백색 망토 두른 신성한 힘, 그 힘을 독점한 자들의 말. 곧 합의, 묵계, 공표, 판결, 발령으로 존재하는 그들의 말, 말씀. 그 신성의 말/로고스는 즉각적으로 축적의 노모스로 펼쳐진다. 법의 말, 법이 된 말씀의 영토가 쉽사리 흔들리거나 붕괴되지 않는 것은, 그 로고스/노모스가 스스로를 탄력적으로 앞질러 부정함으로써, 자신을 거스르고 거역하는 반-로고스를 자신의 영토 안으로 안착시키고 그 충격과 파동을 흡인·완화·순치하는 능력을 가졌기 때문이다. 그렇게 반-로고스는 로고스의 안전을 위한 단순한 기능 단위로 합성되고 재배치된다. 그렇게 반-노모스는 노모스를 수호함으로써 노모스를 완성한다. 그런데 어떤가 하면, 로고스의 지고함 또는 국법과 축적의 이위일체 내부로 흡인되거나 감치되지 않고 어느 때고 '나머지'로 남는 반-로고스의 생동과 발현이 있다. 무슨 말인가. 본회퍼에게 로고스는 게발트이다. 로고스를 게발트로 인지한다는 것은, 자기 부정을 통한 자기 정립의 힘이 집전하는 내적 평화 속으로가 아니라, 그 힘으로의 환원을 부결시키면서 전개되고 있는 힘의 쟁투 상황 속으로 로고스를 밀어 넣는다는 뜻이다. 그 상황 그 현장으로 로고스를 거듭 밀어 넣고 있는 본회퍼에게 로고스는 '인간적 로고스(곧, 로고스-질서)'와 '신적 로고스'로 매번 구분되고 이격됨으로써 매회 적대적 관계로 정초된다. 본회퍼 그리스도론의 핵심이 거기에 있다.

반-로고스가 전혀 새로운 형태 속에서, 자신 스스로를 로고스의 지배에 반대하는 어떤 이념이나 말로 이해하지 않고 언젠가 어느 곳에서 역사 속의 인간이면서도 인간적 로고스에 대한 심판으로 자처하면서 다음과 같이 말한다면 어떤 일이 일어나는가? '나는 진리요', 나는 인간적 로고스의 죽음이며, 나는 신적 로고스의 생명이고, '나는 알파와 오메가다.' … 여기서는 육신이 된 말씀을 로고스-질서로 편입시킬 수 있는 가능성이 전혀 존재하지 않는다. 여기서는 단지 '당신은 누구입니까?'라는 물음만이 가능하다. 이것이 바로 경악 속에서 폐위된 이성의 물음이며, 동시에 신앙의 물음이다. '당신은 누구Wer입니까? 당신은 신Gott 자신입니까?' 그리스도론에서는 오직 이러한

물음만이 중요하다.[2]

그러한 물음을 던지는 신학만이 중요하다. 그런 신학 안에서만 반-로고스는 로고스-질서, 곧 부르주아의 인간이 정립한 통치의 노모스(인간적 로고스)와는 '다르게 존재'한다. 반-로고스는 로고스-질서와 서로 공유 가능하거나 통약 가능한 것으로서가 아니라, 곧 로고스-질서에 의해 예측되거나 결산될 수 있는 교환 가능한 공약으로서가 아니라, 역사적 인간으로서, 로고스-질서에 대한 '심판'의 힘으로서 기립한다. 그때 반-로고스는 이렇게 말한다. '나는 진리요'(「요한복음」 14:6), '나는 알파와 오메가다'(「요한계시록」 22:13). 그렇게 '말함'으로써 반-로고스는 부르주아의 신으로부터, 곧 제1원인·시작이자 최종목적·끝으로 스스로를 증식시키고 있는 성자-잉여가치라는 신으로부터, 그 신이 탐구 중인 안전이라는 신적 레짐으로부터 폭력적으로 성별된다. 그때 반-로고스는 로고스-질서로 흡수되거나 재배치될 가능성을 제로로 만드는, 그럼으로써 로고스-질서의 자기 부정적 유지력을 끝내는 '신적 로고스'로, 심판하는 신의 말씀으로 정초된다. 신적 로고스, 그 신, 그 말은 로고스-질서의 불가역적 말씀에 대한 거역과 역성의 법으로, 달리 말해 로고스-질서가 두른 백색 망토를 찢는 파쇄의 힘으로, '대항말씀'Gegenwort으로, 반-신Gegen-Gott의 게발트로 다르게 존재하며 거듭 '잔존'한다. 바로 이 잔존의 상황 속에서 '당신은 누구입니까, 당신은 신 자신입니까'라는 질문은 첨예해지며, 그 첨예함의 지속과 보존 속에서만 대항말씀의 잔존의 상황은 심판의 힘으로 항존한다.[3] 이 잔존의 항존성을 지지하고 지탱하는 것, 그것이

---

2. 디트리히 본회퍼, 『그리스도론』, 유석성 옮김, 대한기독교서회, 2010, 13~14쪽.

3. 다르게 존재하는 반-로고스, 잔존하는 반-신의 게발트는 역사적 대표제 속에서는 끝내 매개의 대상으로 위치 부여된 것이었다. 그러나 어느 때고 그 게발트는 대표제의 통합적 논변과 회집하는 매개력을 신성한 후광 속에 안착되고 연착륙된 것으로 문제시하는 동력이었다. 다시 말해, 잔존/항존하는 반-로고스는 숙의와 갱신과 변혁이라는 하나의 목표로 수렴해가는 대표제의 단성 생식을 백색 망토 두른 로고스-질서 속으로 흡수·합성된 것으로 기소하는 소송력이다.

본회퍼가 말하는 '윤리' 혹은 '윤리적인 것'이다. 본회퍼의 저 질문 속에서 '이웃'은 이른바 '초월'의 뜻과 만난다. " '누구인지를 묻는 물음'Wer-Frage은 종교적 물음 그 자체다. 이 물음은 다른 인간, 다른 존재에 대한 물음이다. 이 물음은 이웃 사랑에 대한 물음이다. 초월에 대한 물음과 실존에 대한 물음은 이웃에 대한 물음이다."4 이웃과 초월의 결속, 혹은 '이웃으로의 도달 가능성'에 대해선 뒤에서 다시 다루기로 하자. 아직 '백색의 망토'와 '로고스-질서'라는 신성한 후광에 대해, 그것을 다시 다르게 표현할 수 있는 방법과 태도에 대해 써야 할 것이 남아있기 때문이다.

2-1. 백색의 망토, 그것은 성자-잉여가치를 둘러치고 있던 환상적 안전을, 로고스-질서의 물질적·유혈적 이데올로기를 가리킨다. 백색의 망토는 항시적 내전의 시간을, 다시 말해 검붉은 피의 얼굴과 몸들을, 그에 대한 증언의 사건들을 자신의 후광으로 합성·무화시킨다. 그러므로 그 흰 빛, 그 후광은 악이며, 악이므로 적이다. 악/적의 존재론에 대해 쓰면서 본회퍼는 악이고 적인 독재자 '그'를 조준한다. "악이 빛, 선행, 신실, 갱신의 모습으로 나타나고, 악이 역사적 필연성과 사회정의의 형태로 나타난다는 사실" 속에서 "그는 불안을 책임이라고 칭하고, 욕망을 열심이라고 칭한다. 의존심을 연대성이라고 칭하고, 잔인함을 남성다움이라고 칭한다."5 불의를 의라고 칭하고, 살인을 살림이라고 칭하는 그는 선함의 빛 속에서, 그 후광 속에서 스스로를 부정·갱신·변혁하는 신실한 성찰적 존재로 자신을 조명한다. 그때 삶의 모든 실제적 관계가 악의 일반화된 후광-기계 속으로, 종교가 된 불가역적 필연성으로, 신성화된 사회정의 속으로 합성·재편된다. 이 유혈적 합성의 상태를 표현하고 있는 다른 한 대목을 읽게 된다. 맑스, 본회퍼/레비나스의 동시대인.

---

4. 디트리히 본회퍼, 『그리스도론』, 15쪽.
5. 디트리히 본회퍼, 「형성의 윤리」, 『윤리학』, 손규태·이신건·오성현 옮김, 대한기독교서회, 2010, 77쪽, 87쪽.

종교가 만든 흐릿한 환영들의 세속적 핵심을 분석해 찾아내는 것은, 삶의 실제적 관계들로부터 그에 상응하는 관계의 신성화된 형태들을 [뽑아내] 펼쳐 보여주는 것보다 훨씬 쉽다. 후자의 길만이 유일하게 유물론적이며, 따라서 유일하게 과학적인 방법이다.[6]

'유일하게 유물론적인' 힘, 그것은 삶을 관장하고 사목하는 신성화된 폭력의 논리를 인지·개시하기 위한 방법들의 탐구이며, 삶을 주재·집전하는 신성한 권력, 종교가 된 통치력의 자기 성찰적 부정과 정립과 연장을 앞질러 절단할 수 있는 경로들로의 인입이다. 유일하게 유물론적인 힘은, 백색 망토 두른 로고스-질서의 눈부신 빛, 통합과 일치 속에서 이윤을 생산하는 바로 그 부르주아적 안전의 후광을 지목해 그것이 다름 아닌 악이자 적이라고 거듭 결단하게 하는 상황적 개입과 인입의 근거이며, 그런 악/적이 역사적 필연으로, 신실함으로, 선으로, 불가역적 정의로 스스로를 드러내는 때야말로 삶의 실재적 관계가 악/적의 내부로 합성·가공되고 있는 시간임을 개시·계시하게 하는 인지양식의 기반이다. 줄여 말해, 유일하게 유물론적인 게발트에게 문제는 신성화된 악/적이 주관하는 칭의稱義와 구원의 유혈적 상태이며, 관건은 그 칭의의 불의함을, 그 구원의 모조성을 개시하는 발생적 힘의 상황·정황·형세이다. '유일하게 유물론적인' 바울은 말한다. "그러나 놀랄 것은 없습니다. 사탄도 빛의 천사로 가장합니다. 그렇다면, 사탄의 일꾼들이 의義의 일꾼으로 가장한다고 해서, 조금도 놀랄 것은 없습니다. 그들의 마지막은 그들이 행한 대로 될 것입니다."(「고린도후서」 11 : 14~15) 삶의 실재적 관계를 로고스-질서의 신성 속으로 합성시켜 끝장내는 악/적은 정확히 자기들이 행했던 바로 그대로 자기들의 마지막을 목도하게 될 것이다. 그렇게 말하는 이가 유물론자이다. 신학자 본회퍼는 유물론자이다. 이른바 '비종교적 그리스도교' 또는 '그리스도교의 차안성/세속성Diesseitikeit'으로 표현되는 본회퍼의 신학은 유물

---

6. 칼 마르크스, 『자본론』 1권, 김수행 옮김, 비봉출판사, 2001, 501쪽.

론자의 신학, 유물론적 신학이다.

우리는 종교 없이, 즉 형이상학, 내면성 등의 시간적으로 제약된 전제들 없이 어떻게 신에 관해 말할 수 있는가? 어떻게 우리는 '세속적으로'weltlich 신에 관해 말할 수 있는가? 어떻게 우리는 '비종교적으로-세속적으로' 그리스도인 이 될 수 있는가? 어떻게 우리는 자신을 종교적 특권자로 이해하지 않고, 오히려 전적으로 세상에 속한 자로서 '에클레시아', 즉 부름 받은 자들이 될 수 있는가?[7]

본회퍼가 말하는 '종교 없이'란, 종교적 환영들 — 추상적이고 형이상학적이며 내면적이고 내향적인, 그러므로 흐릿한, 그래서 권위와 자격을 가진 자만이 말할 수 있는 그런 환영들 — 에 근거해 종교적/정치적 특권을 나눠 갖는 것이 아니라, 곧 백색의 망토를 함께 두르는 것이 아니라, 그 환영들 자체를, 그 백색 망토 자체를 걷어치운다는 뜻으로서의 '종교 없이'이다. 그렇게 종교 없이 그리스도인이 된다는 것, 다시 말해 '비종교적으로-세속적으로' 신에 대해 말한다는 것은, 예컨대 '이웃으로의 도달 가능성' 속에서 타진되는 삶의 실재적 관계가 하나의 게발트로서, 곧 로고스-질서의 신성한 후광을 기소하는 반-로고스적 인간의 게발트로서 불러일으켜진다는 뜻이다. 그가 바로 '전적으로 세상에 속한 자'이다. 본회퍼에겐 세상에서 번연히 사는 인간들 모두가 전적으로 세상에 속한 자인 것은 아니다. 세상에 사는 이들 또한 전적으로 세상에 속해야 한다. 전적으로 세상에 속한다는 것, 그것은 '부름 받은 자들'이 된다는 것이다. 이른바 '에클레시아'ekklesia가 된다는 것이다(에클레시아는 '교회'라는 말로 통용되지만 그 말은 쓰지 않기로 한다. 지배적 교회, 또는 국가교회에 대해 에클레시아는 무-교회이며 또렷한 무교회주의적 용어로 읽힌다). 본회퍼에게 유일하게 유물론적인 것은 에클레시아로 관철된다. "형성

---

7. 디트리히 본회퍼, 『저항과 복종』, 519쪽.

의 윤리는 오직 에클레시아 안에 현존하는 예수 그리스도의 모습의 토대 위에서만 가능하다. 에클레시아는 예수 그리스도의 모습이 이루어진다는 사실을 선포하는 장소요, 그 모습이 이루어지는 장소다. 그리스도교 윤리는 이러한 선포와 사건을 위해 봉사한다."[8] 이웃 혹은 타인의 부름을 받은 자들로서의 에클레시아. 그 부름·응답·책임의 윤리에 의해 '그리스도의 몸'으로서 '형성'되고 정초되는 현장. 신성한 후광 속 안전의 국가와 서로 공조·참조·조율하는 종교적 특권 속 구원의 교회가 아니라 종교 없이, 비종교적으로-세속적으로, 그리스도의 몸으로 신의 말을 대신하는 이들의 현장. 다시 말해 그리스도의 몸으로, 그의 혀로, 진정한 주-격으로 불러일으켜지는 윤리적 게발트의 현장. 그 '현장'이 곧 에클레시아이다. 앞서 인용했던, '그들의 마지막은 그들이 행한 대로 될 것입니다'라는 유물론자의 말처럼, 그 현장/에클레시아에 의해 세속을 합성하는 신성의 지배 또는 진리관리의 체제는 정확히 자기들이 행했던 바로 그대로 자기들의 마지막을, 녹아 공중으로 흩어지는 자기들의 최후를 목도하게 될 것이다. 그 마지막, 그 종지적 힘이 거듭 시작되는 곳, 다시 말해 시작의 알파가 최후적 오메가와 하나로 기립하고 있는 현장이 에클레시아다:"부름 받은 자들의 실천적 행동이 에클레시아를 구성한다."[9] 반-로고스적인 것 또는 윤리적인 것이 발현되고 있는 현장/에클레시아는 그렇게 신의 말씀, 신의 소명과 명령으로 지지되고 유통된다. "신의 계명은 윤리적 논의의 유일한 권한이다. … 신의 계명은 무시간적으로, 그리고 무공간적으로 발견되거나 알려지는 것이 아니다. 그것은 오직 장소와 시간에 결부된 가운데서 들려진다."[10] 어디든 편재하고 있는 지금-여기의 현장에서 신의 소명으로서 들려오고 있는 목소리가 있다. 본회퍼에게, 그리고 레비나스에게 그 목소리는 배제되는 타인의 부름으로서 들려오는 것이었으며 그 부름은 신/타인의 언명이므로 회피할 수 없는 현장이었다.

---

8. 디트리히 본회퍼,「형성의 윤리」, 109쪽.

9. 디트리히 본회퍼,『본회퍼 전집』 14권, 430쪽(『저항과 복종』, 715쪽에서 재인용).

10. 디트리히 본회퍼,「주제로서 "윤리적인 것"과 "그리스도교적인 것"」,『윤리학』, 456쪽.

2-2. '세월호'라는 현장. 왜 그들은 여기에 없는가. '당신은 누구입니까, 당신은 신 자신입니까'라는 질문이 '경악'을 연출했던 세력의 신성한 후광을 향한 소송이었던 것은, 그 질문을 오늘의 경악을 연출하고 있는 세력들, 신성한 부르주아들, 로고스-질서의 설계자들이 소유한 신적 힘에 대한 기소로 다시 읽게 한다. 세월호라는 현장의 이면에 있었던 것은 정치경제적 축적을 위한 힘의 유착이었으며 힘의 융합이었다. 스스로를 재생산하기 위해 진실의 제작과 설계에 몰두하는 세 개의 독점적 힘들. 사건 초기의 정보와 자료를 독점했던 해경 정보수사국, 인명 구조를 위한 잠수권을 독점했던 언딘, 사건 전반의 수사권을 독점하고 있는 검경합수부. 이들과 유착되고 융합된 다른 힘들. 기업의 의사결정을 독점한 구원파의 종교지도자이자 자본가. 규제 완화를 위한 법제정 및 그 법의 보호를 통해 이른바 '종교로서의 자본주의'에 축적의 자유를 선사하고 있는 통합된 3권, 편재하는 여기의 국법. 그 국법의 독점적 수반이자 반인반신의 연장으로서의 종신통령. 이를 중심으로 건립된 동의와 안락의 구조. 이 연쇄, 그 연락망 속에서 축적의 공정 내부로 연계되거나 합성되지 않은 것이 있는가. 그렇게 유착되고 융합된 힘이 스스로를 '내적 평화'의 유지자이자 보장자로, 다시 말해 고안되고 탐구된 '안전'의 장치를 통해 거대한 '백색 망토' 두른 절대적 신성의 정치체로 구축되어 있다. 2014년 5월 현재, 무릅쓰고 말하건대 세월호라는 현장은 그런 독점과 신성의 연락망이 수면 위로 떠오르는 시간이자 장소이다. 그 현장 그 상황을 둘러싼 '인지양식'의 투쟁에 대한 말과 말들이야말로 어디로도 환원되지 않을 애도의 방법 중 하나이며, 회피 불가능한 '타인의 부름'에 대한 응답/책임의 일부를 이룰 것이다. 지금 현장을 가리키고 있는 숱한 문장들 중에서 여기 인용해 올 것은 다음과 같다. "두 인지양식 사이의 투쟁에서 지금 대안인지양식의 방향을 규정하는 가장 강력한 힘은 가족대책위원회에서 나오고 있다. 그것은 슬픔의 정동에서 촉발되었지만 생명의 안전을 도모하고 그것을 가능케 할 장치를 구축해야 한다는 강렬한 열망으로 빠르게 변형되고 있다(4월 30일 가족대책위 호소문). 청소년들, 청년들, 학생들, 부모들, 노동자들이 하나씩 둘씩 거리로

나서서 서로의 마음과 생각을 타진하기 시작하고 있다."[11] 현장의 '수습'과 '공식 진실'의 제작으로 수렴해가는 진리 독점체로서의 국가의 인지양식 대^對 백색 망토의 후광 속에서 가동되고 있는 그런 공식 진실의 재생산적 자기 독백과 이윤 연쇄를 절단하는 대안인지의 양식. 그것의 주요 경향성은 생명을 이윤으로 합성하는 체제, 진리의 제작 속에서 신성을 확보해가는 체제를 거듭 정지시키는 게발트, '생명-진실의 새로운 체제'를 건립하기 위한 공통적 동력으로 전개되는 게발트의 벡터 위에 있다. 한다. 거리 위에서 타진되고 있는 그 힘을 상대로 수습·질서·안전의 재구축이라는 이름으로 내전을 준비 중인 법복 입은 사제들, 그들의 사목적 입법력을 차단하는 방법과 경로. '유언비어'^{流言蜚語}라는 말, 흐르고 기며 번지고 퍼지는 중구삭금^{衆口鑠金}의 말들을 주시하게 된다. 법복 걸친, 백색 망토 두른 저들 사제들이 기를 쓰고 봉쇄하려는 유언비어의 유통, 그것에 대한 하나의 성찰은 다음과 같다.

> 유언비어는 공적 거짓말이라는 흰 악마가 불러낸 검은 천사이다. 유언비어는 저주받은 시대의 사적이고 경험적인 판단력이자, 공론 그 자체다.[12]

공적인 새빨간 거짓말, 혹은 공식 진실의 유혈적 허구성. 그것은 정의로, 갱신으로, 선으로, 빛으로 스스로를 분식하는 백색 망토 두른 악, 곧 '흰 악마'가 자신을 유지하는 방법들 중 하나이다. 유언비어란 그 흰 악마가 구축한 안전의 최대치가 불러낸 '검은 천사'이자 '공론 그 자체'이다. 다시 말해, 유언비어는 최고도로 전개된 로고스-질서가 불러일으키고 기립시키는 반-로고스의 게발트이다. 그것은 진리관리의 체제가 제작한 정치공학적 공식진실을 파기하고 진실 및 진리를 재발견하며 재구성해내는 힘이다. 검은 천사로서의 말들, 유언비어라는 '대항말씀'은 안전의 영토가 흰 악마의 거주지이자 백색 망

---

11. 조정환 페이스북, 2014. 5. 1.
12. 황호덕 페이스북, 2013. 12. 30.

토의 신성한 후광의 편성체였음을 현시하고 확증하는 근거이며 힘인 동시에, 저 진리관리의 시간 속에서 기밀화되는 통치arcana imperii의 경제를 정지시키는 대안인지의 가능한 형식이자 그 표출이다. 그런 대안인지의 발현 장소, 그런 절단적 시간으로 직조되는 상황의 벡터궤적을 결정짓는 힘, 그것이 본회퍼적 '현장'이다. 그 현장은 타인의 부름을 회피할 수 없는 장소이며, 그런 회피 불가능함 속에서 강제되는 응답의 시간이고, 주체 구성의 유일하게 유물론적인 힘이 발현 중인 시공간이다. 들려오고 답하게 되는 현장이 바로 윤리적인 것의 시공간이다. '전적으로 다른' 타자/신의 부름에 답하지 않을 수 없게 되는 이들, 그들의 그 응답에서 윤리의 뜻을 새긴 사람들이 있었다. 이에 대해 좀 더 말해보기로 하자.

3-1. 독일교회투쟁에서 활약했었으며, 이후 히틀러 암살기획에 가담했었던 본회퍼. 발각되어 형무소의 지하에 감금되었던 그는 옥중에서 구원을 바라며 읽고 썼다. 그가 자신의 사촌 매제이자 대화의 벗이었던 에버하르트 베트게E. Bethge에게 보낸 1944년 2월 23일자 편지에는 이렇게 적혀 있다. "우리 삶이 단지 단편의 희미한 미광에 불과할지라도, 그 단편이 단시간만이라도 다양한 주제들을 조화시키며, 처음부터 끝까지 거대한 대위법에 의해 유지되고, 최후의 곡이 끝나더라도 거기서 '제가 여기 당신 앞에 있습니다'라는 찬송합창을 부를 수만 있는 단편이라면, 우리는 그런 단편적 삶에 대해 불만을 갖지 않고 오히려 기뻐할 것이네. 예레미아 45장이 나를 놓아주지 않고 있다네."[13] 이 편지 안에, 신의 부름에 응답하지 않을 수 없었던 자의 목소리가 들어있다. 그 목소리는 한계를 가진 삶, 단편과 편린으로 머무는 삶을 향유할 수 있게 하는 조건들 중 하나이자, 그 조건들 전부이다. 응답 중인 그 목소리는 누구의 것인가. 이사야, 예언자의 것이다. "그때에 나는 주님께서 말씀하시는 음성을 들었다. '내가 누구를 보낼까? 누가 우리를 대신하여 갈 것인가?'

---

13. 디트리히 본회퍼, 『저항과 복종』, 손규태·정지련 옮김, 대한기독교서회, 2010, 434쪽.

내가 응답하였다. '제가 여기에 있습니다. 저를 보내소서.'"(「이사야」 6:8) 본 회퍼가 인용한 '제가 여기에 있습니다'는 '저를 보내소서'와 잇닿은 것이었다. '여기에 있습니다'라는 응답은 신의 소명missio에의 봉헌이며, 이는 즉각적으로 '저를 보내소서'라는 신의 파송missio에의 봉행과 맞물린다. 파송되는 자는 파송한 자를 전면적으로 '위임'받아 파송한 자가 된다. 신의 소명을 따라 파송된 그가 곧 신이다. 이른바, '신인'Gott-Mensch. 신성화된 로고스–질서를 향한 탄핵의 테제로서, 항구적 불–일치un-fuge의 게발트로서 '당신은 누구입니까, 당신은 신 자신입니까'라고 질문하는 그 신인에 의해 장소와 시간, 상황과 현장을 가진 '구체적 윤리'가 수행된다. 그 구체적 윤리의 수행력이 본회퍼가 말하는 '진정한 초월'의 동력이다.

> 그는 로고스 그 자체로서 존재한다. 그는 대응말씀으로서 존재한다. … '누구인지를 묻는 물음'은 타자의 타자성을 표현하는 물음이다. '누구인지를 묻는 물음'은 동시에 질문하는 사람의 실존물음이기도 하다. '누구인지를 묻는 물음' 속에서 물음을 던지는 사람은 자신을 한정하는 존재에 대해 묻는다. 요약하자면, 실존에 대한 물음은 초월에 대한 물음이다.[14]

자신을 한정하고 제약하는 규범과 규약들의 레짐, 구체제. '당신은 신 자신입니까'라는 질문의 표적이 그것이다. 그 질문은 타자의 타자성/절대성, 이른바 '타인의 얼굴'을 마주함으로써 수행되는 것이었다. 동시에 그 질문은 그렇게 마주하고 응답하는 이의 실존을 초월의 관점에서 사고하도록 요청하고 강제한다. 그 요청 그 강제 속에서 질문하는 자는 반–로고스의 게발트로, 대항말씀으로 다르게 존재한다. 그것은 '이웃'과의 관계라는 문제로 제기된다. '이웃으로의 도달 가능성'이라는 본회퍼의 테제는 '로고스 그 자체'로서의 초월성을 가리키는 말과 다르지 않다. 본회퍼는 옥중에서 전체 세 개의 장으로

---

14. 디트리히 본회퍼, 『그리스도론』, 14쪽.

된 100쪽 안팎의 글을 쓰려고 했으며, 그중 2장의 주요 내용은 그리스도로의 참여, 그리스도 속에서의 변신이었다. 그 연구의 개요를 따르면, 본회퍼에게 신과 인간의 관계는 다음과 같은 것이었다. "예수의 존재에 참여하는 가운데 주어지는 '타자를 위한 존재'에서 드러나는 새로운 삶이 그것이다. 초월적인 것은 무한하거나 도달할 수 없는 과제가 아니라 각자에게 주어진 도달 가능한 이웃이다."[15] 윤리적인 것, 다시 말해 초월적인 것으로서의 '도달 가능한 이웃'이란 삶의 실재적 관계를 — 즉 궁극적인 것으로서의 이웃과의 관계를 — 침탈하고 합성하는 안전의 로고스-질서 내부로 다음과 같은 것들로 거듭 인입·각인·유통될 때 가능한 것이었다. 로고스-질서를 지탱하는 안전장치의 최대치에서 그 질서의 무능과 착종과 한계를 노출·노정시키는 '한계 사건'의 현장으로 인입될 때, 백색 망토 아래에서는 결코 탐구될 수 없고 관리될 수 없는 초과적 게발트로 각인될 때, 줄여 말해 유일하게 유물론적인 방법의 수행과 관철로 유통될 때. 그때 이웃으로의 도달 가능성이 타진되고 수행된다. 로고스-질서의 신적 주재자들을 향해 본회퍼가 던졌던 질문, '당신은 누구입니까, 당신은 신 자신입니까'라는 소추의 테제 속에서 유물론적인 것과 윤리적인 것은 그렇게 하나로 결속되어 있다.

3-2. 본회퍼가 인용했던 이사야, 그 소명에의 응답과 파송의 상황을 다른 강도와 밀도로 표현하고 있는 윤리학을 마주하게 된다. '제가 여기 있습니다'가 뜻하는 것은 '저를 보내소서'이다, 라고 말했던 레비나스의 윤리학이 그것이다. 그 또한 부름에 대한 응답이 곧 파송이며 파송이 곧 일자로서의 신으로 불러일으켜지는 것임을 말한다. 레비나스의 다음 문장들을 본회퍼의 이사야 '곁'에 병치해보게 된다 : "소환 속에서, 대명사 나je는 대격이다. 이것이 의미하는 것은 제가 여기 있습니다me voici이다. 이것은 마치 모든 격변화 이전에 격변화된 나, 어떻게든 주격으로 정립되기 이전에 격변화된 내가 타자에

---

15. 디트리히 본회퍼, 『저항과 복종』, 710쪽.

의해 소유된 것으로 깨워지는 것과 같다."16

'누가 대신하여 갈 것인가'라는 신의 물음 또는 호명, 그것은 회피할 수 없는 소명이자 '소환'에 의한 주체의 재구, 신민의 소구訴求이다. 신의 그 호명-소환을 따라 주격 '나'는 '고발당한'accusé 피고인으로서 주격의 자리를 박탈당한다. 곧 나는 나로 정립된 상태 내부에서 이뤄지는 모든 격변화가 자기 동일성의 순환적 축적에 지나지 않는다고 고발당하며, 그럼으로써 나는 정립된 나의 바깥으로, '탈정립'된 외-존의 현장으로 내놓이게 된다. 다시 말해 '대격'의 자리에 위치하게 된다. 대격이란 타인의 얼굴을 마주하게 됨으로써 책임을 지게 되는 구체적 '예-외'의 시공간이다. 대격의 자리, 외-존적인 비정립의 현장에서 나는 타인의 얼굴을 대면하지 않을 수 없게 되며, 그런 한에서 나는 타인의 소유로, 타인의 '볼모'로 일깨워진다. "자아의 전-사前-史에서, 나는 전적으로 볼모다. … 여기에, 전-근원적으로 타인에게 묶인 나의 종교성re-ligiosité이 있다."17 타인이란 무엇인가. 이미 나의 전-사에서부터, 곧 나의 현존을 이미 앞질러 나를 부르고 붙듦으로써 나를 나로 기립시키고 있는 절대적 '힘', 그것이 타인이다. 그런 타인의 부름에 응답하게 됨으로써, 다시 말해 타인이라는 '전-근원적'인 끈으로 매번 다시re 묶이고 매회 결속ligio됨으로써 불러일으켜지는 나의 종교성, 종교적인 나. 그 종교성은 레비나스가 구분했던 '성스러운 것'과 '신성한 것' 중에서 성스러운 것과 함께 한다. 타인의 부름에 응답하게 됨으로써 나는 성스러운 것/유일성으로 채워지며, 그렇게 성스러운 것은 전적으로 세속에 속한 나에게로 내려오는 중이다. 윤리의 실천이란 성스러운 것의 그런 내려옴, 차안으로의 내려옴이자 세속화이고, 그렇게 내려오는/내려치는 성스러운 것이란 올라가는 것, 군림하는 것, 신성한 것으로서의 로고스-질서의 후광과 군림을 신의 법정에 세우는 탄핵의 게발트이자 소추의 현장이다. 그 힘, 기소 지속의 그 현장이 곧 로고스-질서의 좌표로 다시 귀

---

16. 엠마누엘 레비나스, 「신과 존재-신-론」, 『신, 죽음 그리고 시간』, 김도형·문성원·손영창 옮김, 그린비, 2013, 284쪽.
17. 엠마누엘 레비나스, 「신과 존재-신-론」, 265쪽.

속되지 않는 외-존의 힘이며, 근원적·시초적 아르케로 복귀하지 않는 윤리적 탈정립/비정립의 현장이다. 그러므로 "얼굴로 나아가는 행위 속에는 분명 신 개념으로 나아가는 행위가 있다."[18] 바로 거기에 소환되고 있는 이사야의 저 응답, '제가 여기 있습니다, 저를 보내소서'라는 말의 뜻과 의지가 있다. 신의 부름에 응답하게 됨으로써, 곧 신의 소명으로 파송됨으로써 신의 권능을 위임받은 자가 신의 말/로고스를 대신하는 '유일한' 대언자가 되듯이, 대격의 현장에서 그는 그 자신을 '유일한 것'으로 끌어올리는 양도될 수 없는 책임을 진다.

> 탈정립된 나는 사회의 상부구조에서, 정의에서 법을 다시 발견할 것이며, 이 법을 통해 자율과 평등을 다시 찾을 것이다. 그러나 나는 무엇보다도 대신함 이다. … 대신함에 의해 확증되는 것은 나의 개별성이 아니라 유일성이다.[19]

'누가 대신하여 갈 것인가'라는 신의 물음과 마주한 '제가 여기 있습니다'라는 응답은 '저를 보내소서'이자 '대신 가겠습니다'이다. 마주한다는 것, 대신한다는 것은 주체구성력이자 정치의 구성력이다. 대신함에 의해 나는 유일성으로, 신적 '일자'로 확증된다. 그런 일자에 의해 사회의 상부구조는 백색 망토 두른 이윤 생산 공정의 컨트롤 타워로, 정의는 그 탑을 수호하는 내전의 무기이자 마취적 이데올로기로 개시된다. 응답하고 책임지는 그 일자에 의해 부르주아의 '안전의 체제'는 스스로를 빛으로, 선으로, 신실함으로, 갱신으로, 역사적 필연으로 칭의하고 있는 유혈적 후광의 체제로, 악으로서의 로고스-질서로 거듭 개시되고 고지된다. 줄여 말해 일자는 '유일하게 유물론적인' 방법을 파지한 자이다. 일자는 로고스-질서의 상부구조와 정의에서 다른 '법'을 발견하고 그 법의 향유 속에서 '자율과 평등'을 다시 탐구하는 반-로고스의

---

18. 엠마누엘 레비나스, 『윤리와 무한』, 양명수 옮김, 다산글방, 2000, 119쪽.
19. 엠마누엘 레비나스, 「신과 존재-신-론」, 275쪽.

게발트이다. '제가 여기 있습니다. 저를 보내소서'라는 이사야의 말/로고스, 다시 말해 소명과 소환에 대한 응답이자 책임으로서의 윤리, 응답이자 파송으로서의 윤리가 다른 법과 자율의 탐구를 요청하고 강제하는 대격의 현장으로, 비정립의 시간으로 유통된다. "윤리가 의미하는 것은 경험을 근원적으로 종합하는 통일성의 파열이며, 따라서 그런 경험 자체의 너머다."[20] 일자는 통일성의 파열의 시간으로 유통된다. 일자는 환원할 수 없는 '너머'이며 한계-초과이며 불-일치의 시간으로 유통된다. 그 시간, 그 시간성에 대한 레비나스의 문장들은 다음과 같다 : "이것은 현재를 넘어선 초과다. 이 초과가 영광이다. 이 영광과 더불어 무한은 사건으로 생산된다. 현재를 넘어선 초과는 무한의 삶이다. … 이것이 시간성이다. 이 시간성은 관계의 항들의 환원할 수 없는 불-일치에 의해 생겨난다."[21]

　　로고스-질서가 사목·인도하는 시간으로서의 '현재'를 넘어가는 시간, 백색 후광 두른 현재의 그 동일자적 단성생식을 침투하고 침식하는 초과적 힘으로서의 시간. 그것은 대위법적 주조 속에서 보존되는 질적 차이들을 회집하고 통합하는 기계적·반복적 단조의 시간을 폐절시키는 초과적 '무한'을, 회집 불가능한 무한의 삶을, 무한의 영광/빛 속에서의 생명을 뜻한다. 초과적 사건으로, '책임의 비-상함'으로 발현하는 무한은 질적 차이의 그 불일치성을 지속하는 힘이며, 그 환원 불가능성에 대한 보존력이다. 무한은 그러므로 성스러운 것이다. 곧 '신을-향함'à-Dieu으로써/으로서 불러일으켜지는 무한은 로고스-질서와의 작별adieu 혹은 성별의 신적 게발트로 발현되며 '탈정립된 나'로서, 반-로고스적 게발트의 시간으로서 보존되고 생산된다. 이를 표현하기 위해 인용을 직조해보면 다음과 같다.

　　i) 이때 시간은 잉태의 구체성이 되면서 논리의 부조리로 된다. 같음이 다름

---

20. 엠마누엘 레비나스, 「신과 존재-신-론」, 302쪽.
21. 엠마누엘 레비나스, 「신과 존재-신-론」, 294쪽.

을 흡수해버리는 관계 – 이 관계를 대표하는 것이 앎이다 – 를 넘어 타자성의
관계가 우뚝 솟는다. ii) 게발트는 새로운 사회를 잉태하고 있는 모든 낡은
사회에서 산파 역할을 한다. 게발트는 그 자체가 하나의 경제적 힘이다. iii)
시간의 작업은 단순히 창조에 의한 혁신이 아니다. 창조는 현재에 고착되어
있고… 시간은 우리의 영혼 상태, 우리 속성의 혁신 이상이다. 시간은 본질적
으로 새로운 탄생이다.[22]

로고스-질서가 집전하는 '현재', 곧 대위법이 단조로 흡수되는 통합과 축
적의 시간. 그 폭력적 합성의 상태로 환원되지 않는 초과적 잔여의 시간, 곧
무한의 게발트로 생산되는 시간이 후광 두른 축적의 존재-신-론을 원래의
부조리로, 통치의 맨얼굴로 개시하고 고지한다. 타인의 소환 및 소명에 응답
하게 되고 그렇게 응답함으로써 파송되는 자의 말/증언의 시간, 곧 '제가 여
기 있습니다. 저를 보내소서'가 그 일을 행한다. 그 말 그 증언의 시간이, 저 대
항말씀/대항인지로서의 '유언비어'의 속성을 결정짓는 구체적 '현장'의 시간이
며 '잉태의 구체성'을 지닌 시간이다. '시간의 작업'이란 그렇게 현장에서 잉태
되고 있는 대항말씀을, 필연이자 정의가 되려는 독재적 로고스의 후광과 군
림이 정지되게 하는 게발트궤적으로서 분만하는 노동의 시간이다. 그때 그
시간은 '본질적으로 새로운 탄생'으로서, 로고스-질서와는 전적으로 다르게
존재하는 게발트의 정당성-근거로서 생산된다. 그 근거의 정초를 위한 게발
트의 형상, 그것이 산파이다. '새로운 사회'의 출산을 돕는 산파로서의 게발트,
게발트로서의 산파. 게발트가 그 자체로 하나의 '경제적 힘[잠재력]'일 때, 그
게발트/산파가 충돌하는 두 힘 사이의 결정자일 때, 그리고 그 결정을 '진정
한 공동본질Gemeinwesen'의 이름으로 관철할 때, 그것은 낡은 사회의 중층적
법 연관 사이에 잉태되어 있는 새로운 사회의 분만을 결정함으로써 그 낡은

---

22. 각각의 출처. i) 엠마누엘 레비나스, 『윤리와 무한』, 77~8쪽, ii) 칼 마르크스, 『자본』(I-2),
    강신준 옮김, 길, 2008, 1007쪽. iii) 엠마누엘 레비나스, 『시간과 타자』, 97쪽.

사회를 소멸 중에 있는 구체제로 판결하고 개시시킨다. 그 공동본질의 게발트는 저 응답 및 파송을 통해 다르게 존재하는 법으로 발현하는 게발트로서의 윤리와 접촉한다. 그때 경제적 잠재력으로서의 게발트/산파는 로고스-질서라는 후광의 경제를 정지시키는 반-로고스적 힘의 경제로 구동한다.

3-3. 레비나스와 더불어 이사야의 혀로 응답했던 옥중의 본회퍼를 끝내 붙잡고 있었던 것은 저 「예레미야」 45장의 조종弔鐘, 그러니까 신에 의한 파열이자 최종이었다. 예언자 예레미야, 신의 말씀을 듣고 대신 말하는 자. 그가 말한다. "주님께서는 나더러, 그대 바룩에게 전하라고 하시면서, 이렇게 말씀하셨소. '나 주가 말한다. 나는, 내가 세운 것을 헐기도 하고, 내가 심은 것을 뽑기도 한다. 온 세상을 내가 이렇게 다스리거늘, 네가 이제 큰일을 찾고 있느냐? 그만 두어라. 이제 내가 모든 사람에게 재앙을 내릴 터인데 너만은 내가 보호하여, 네가 어디로 가든지, 너의 목숨만은 건져 주겠다. 나 주의 말이다.' "(「예레미야」 45:4~5) 옥중의 본회퍼는 예레미아가 대신하는 심판/폭력의 말 속에, 그 로고스/신 안에 거주한다. 신의 그 말/법에 뿌리박은 본회퍼는 최후적이고 종지적인 힘 속에서 시작과 구성의 현장을 발견하려고 한다. 그는 1944년 7월 21일자 편지, 바라던 히틀러의 암살이 실패한 바로 다음 날의 그 편지에 이렇게 적는다. "자기 자신의 수난이 아니라 신의 세계 내 수난을 진지하게 생각하고, 또한 겟세마네의 그리스도와 함께 깨어 있지. 그것이 신앙이고, '메타노이아[회심]'라고 생각하네. 그리고 이렇게 우리는 인간이 되고 그리스도인이 되지. (예레미아 45장을 참조하게.)"[23] 「예레미야」 45장의 참조, 다시 말해 그리스도인이 된다는 것. 그것은 '부름 받은 자가 된다는 것이므로 윤리의 인간이 된다는 것이다. 곧 신의 삶을 '이 사람을 보라'라는 말로 표현할 수 있는 인간이 된다는 것이며, 의를 참칭하는 로고스-질서의 참람 속에서 진정한 로고스로, 반-로고스로 발의되고 발포되는 '현장'이 된다는 것이다. 그리

---

23. 디트리히 본회퍼, 『저항과 복종』, 690쪽.

스도가 된다는 것, 그것은 「예레미아」 45장을 참조한다는 것이다. 신의 저 심판의 말씀을 대언자 예레미아의 혀로 함께 말한다는 것이다. 그 말함은 현장을 증언함이자 현장으로 증언됨이다. 그래서 "**취소를 초래하는 말함**"[24]이다. 신성한 후광으로의 합성력으로 군림하는 로고스-질서의 규약, 예컨대 정상성normality을 척도로 통치자와 피통치자의 동일성의 상태와 내역을 매회 재고·조정·재편하는 계약연관의 '한계' 혹은 임계를 현시함으로써 그런 계약적 법의 효력을 '취소시키는 레비나스적 '예-외'이자 '비-상'의 선포, 혹은 본회퍼적 정상성 비판으로서의 '한계 사건'의 발생, "정상적인 것과 대립되는 '한계 사건' "[25]의 발현. 그런 게발트궤적이 저 「예레미아」 45장의 참조, 신의 최후심판의 벡터 위에 있다. 1944년 4월 30일자 편지의 한 대목에서 예레미아의 말은 「시편」의 문장들과 만난다. "그것[신이 성취하기 시작하는 것]을 볼 수 있는 자에게는 시편 58장 12절과 9장 20절 이하가 사실이라는 것을 깨닫게 될 것일세. 그렇기 때문에 우리는 매일같이 예레미야서 45장 5절을 반복해서 읽지 않으면 안 되네."[26] 예시된 시편의 문장들은 '악'에 대한 신의 '보복', '땅'과 그 땅 위의 '나라'에 대한 신의 '심판'으로 채워져 있다. 그 심판과 관련해, 본회퍼의 「시편」 인용에서 주목하게 되는 것은 "통곡의 골짜기"Jammertal(「시편」 84:6)라는 한 구절이다.

"모든 골짜기는 메워질 것이다." 눈물의 골짜기 속으로 내던져진 자들, 멸시와 천대받는 자들은 바로 세워질 것이다.[27]

울며 일그러지는 얼굴을 가진 타인이 바로 세워질 것이다. "모든 골짜기는 메워질 것이다."(「누가복음」 3:5) 궁극적인 것으로서의 이웃으로의 도달

---

24. 엠마누엘 레비나스, 「신과 존재-신-론」, 191쪽.
25. 디트리히 본회퍼, 「주제로서 "윤리적인 것"과 "그리스도교적인 것"」, 441쪽.
26. 디트리히 본회퍼, 『저항과 복종』, 515쪽.
27. 디트리히 본회퍼, 「궁극적인 것과 궁극 이전의 것」, 『윤리학』, 184쪽.

가능성, 곧 삶의 실재적 관계를 남김없이 침탈·합성·재편하는 정상적인 것의 광대한 폭과 깊이가, 로고스-질서의 그 심연이 메워질 것이다. 신성화된 진리 관리의 체제가 설계하고 설치한 질곡, 신성한 후광 속에서 제작되고 있는 진리들의 굴착기가 파놓은 고통의 골짜기는 메워질 것이다. 그런 의지와 힘 속에서 본회퍼에 앞서, 본회퍼와 함께 '통곡의 골짜기'를 인용했던 이는 맑스였다 : "종교는 인민의 아편이다. / 인민의 환상적 행복인 종교의 폐기는 바로 인민의 현실적 행복에 대한 요청이다. 인민의 [자기] 상황에 대한 환상을 포기하라는 요청은, 이 환상을 필요로 하는 상황을 포기하라는 요청이다. 그러므로 종교에 대한 비판은 그 기원에서 본다면, 종교를 자신의 후광으로 삼고 있는 간난의 삶Jammertales에 대한 비판이다."28 신성한 후광, 종교적 환상은 인민을 고통의 골짜기에서 탈출할 수 없도록, 응답할 수 없도록 재갈물리고 중독시키는 아편이다. 아편의 그 환각 속에서 유지되는 환상적 행복인 종교의 폐지, 즉 백색 망토 두른 로고스-질서의 폐절. 그것은 이웃으로의 도달 가능성 속에서 경험하고 쟁취하는 현실적이고 실질적인 행복의 요청과 강제에 의해 수반되는 사건이다. 이사야가 듣고 응답하고 있는, 예레미아가 듣고 대신 말하고 있는, 의인義人에 의해 목격되고 있는 바로 그 현장에서, 다시 말해 신인의 심판으로서 발현하고 있는 윤리적 게발트의 궤적에서, 맑스가 말하는 '종교에 대한 비판'은 신성한 후광의 체제가 굴착한 곳곳의 여기, 그 '간난신고'의 골짜기들로부터 내질러지고 있는 괴성의 부름에 대한 응답이 된다. '비판'Kritik이 된다. 파송되는 윤리적인 것과 유일하게 유물론적인 것이 그 비판 안에서 하나로 합수하면서 그 비판을 지탱하고 지속하는 힘으로 유통된다.

---

28. 칼 마르크스, 「헤겔 법철학 비판 서문」, 『헤겔 법철학 비판』, 강유원 옮김, 이론과실천, 2011, 8쪽.

책임의 비상시, 역사 종언의 무대
카프카스러운 사회로부터

1-1. 당신의 적敵은 무엇입니까. 이 물음이 작가 이승우를 향한 온당하고 뜻있는 질문일지 자신할 순 없지만, 무릅쓰고 묻자면 그렇다. 그 물음 앞에서 이미 준비되어 있던 답변 하나를 꺼내자면, 그건 단편소설 「사령」辭令 속에 들어있다. 「사령」은 이승우의 적이 모종의 '서약'임을 암시한다. 어떤 서약인가. 할당된 업무를 끝까지 완수하겠다는 서약. 그것은 명령에 따르겠다는 복종의 맹서다. 그 명령은 윗사람들에 의해 결정된 '발령'의 형식으로 드러난다. 발령은 영令인 한에서 법法이며 영이기에 법이다. 그것은 비가시적이므로 불가지적인, 그래서 치명적인 힘을 행사한다. 「사령」 속의 부장은 '나'를 '사회'라는 지명의 새로운 일터로 발령한다. 부장은 듣지 않고 말하는 자이다. 말하되 자신의 말을 하는 게 아니라 윗사람들의 말을 대신한다. 자신의 의지와 결단에 의한 말이 아니라 허락된 말들의 한계와 규격 안에서 하는 말, 그것이 부장의 말이다. 그런 한에서 부장이 하는 말의 힘이란 윗사람들에 의해 언제든 부장 자신에게 통보될 수 있는 발령의 유보와 지연 속에서만 유효하다. 임명과 파면의 구조, 달리 말해 발령의 정치체. 이를 설계하고 구축한 윗사람들은 발령적 생살여탈에 관한 자신들의 결정을 다른 이들에게 설명하고 이해시킬 의무나 필요가 없다. 그들은 혁명 다음 날에도 표정 없는 얼굴로 태연히 반문하는 자들이다. '왜 오늘은 다를 거라고 생각하지?' 소더버그S. Soderbergh의 영화 〈카프카〉의 대사다.

당연한 말이지만, 발령은 출장이 아니다. 출장은 일회적이며 그런 한에서 원위치로의 복귀를 전제한다. 그것은 안정과 안전의 카테고리를 벗어나지 않는다. 이에 반해 발령은 현 위치의 청산이며, 뿌리 뽑힘이고, 추방이자 유배이다. 발령은 안정의 취소다. 발령은 불안의 부과다. 왜 불안한가, 그 불안은 어디서 오는가라고 물을 때 「사령」은 빛난다. '사회'라는 장소는 그렇게 발령받은 나의 새로운 임지였다. 그런데, 그곳은 시력을 앗아가는 원인 모를 괴질로 인해 이미 오래전에 출입이 금지된 곳이었다. 사회라는 저주받은 지명은 '0404'라는 기호로 바뀌었으며 지도에서 자취를 감추었다. 다시 말해 그곳은 이미 사라진 곳이었다. 사회는 없는 곳이었다. 발령받았으므로 반드시 가야만 하는데, 없는 곳으로 발령받았으므로 갈 수가 없다. 그러므로 이 발령은, 발령은 발령인데 "불가능한 발령"[1]이다. 따를 수 없는 발령을 따라야만하므로 불안한 것이다. 불안은 그렇게 발령의 불가능함에서 나온다. 그 불가능한 발령의 구조가 오늘의 사회구조이다.

1-2. '나'의 불안은 사회 근처의 지사에서 근무하고 있던 '우리'의 불안과 등가이다. 나와 우리 — 처음 만났을 때 나와 우리는 서로가 회사 그 자체가 아닌데도 서로를 회사라고 오인했다. 그러므로 나와 우리는 서로의 기대를 만족시킬 수 없었다 — 가 회사로부터의 발령과 명령을 완수하겠다는 서약을 끝까지 붙들고 있는 것은 불안 속에서나마 안정을 얻기 위한 방법일 것이다. 모든 서약은 어쨌든 하나의 약속이며, 안정 속에서 유지되고 지속될 거라는 믿음의 근거 위에서만 약속은 성립한다. 나와 우리는 불가능한 발령의 완수에 대한 자신들의 서약이 불안이라는 전당포에 삶을 저당 잡히는 것임을 모르지 않지만 서약을 저버릴 수 없다. 서약은 결코 회피할 수 없는 불가피의 영역이자 사고와 분석이 허락되지 않는 절대적 불가촉의 성역이다. 이미 없어진 곳으로 가야만 하는 사람들, 불가능한 발령을 완수해야만 하는 불안한 사람들. 그

---

1. 이승우, 「사령」, 『심인광고』, 문이당, 2005, 34쪽.

런 불안으로부터 해방되기 위해 끝내 그 불안에 장악되는 길을 택하는 사람들. 어쩌면 이 모순이야말로 발령의 체제를 경영하는 동력일지도 모른다. 서약을 두고 이승우의 적이라고 했던 근거와 이유가 거기 있다. 이런 사정을 압축하고 있는 한 문장이 「사령」의 첫머리에 인용되어 있다. 「사령」은 그 문장에서 거듭 출발하는 중이다. 카프카의 「파발꾼」에 나오는 그 문장: "그들은 기꺼이 자신들의 비참한 삶을 끝내고 싶었지만, 그러나 충실히 업무를 수행하겠다고 서약한 것 때문에 감히 그럴 엄두를 못 내고 있는 것이다." 윗사람의 불가능한 명령을 충실히 수행하는 파발꾼들의 서약, 서약들. 그것에 기대어 자신의 실수와 착각과 오작동을 수정하고 벌충하며 조절하는, 불투명하므로 은밀하고 괴이하므로 섬뜩한, 줄여 말해 '카프카스러운'kafkaesk 사회, 사회들. 바로 그것이 작가 이승우의 적이다.

「사령」 속의 '사회'로 발령된 '나'는 『그곳이 어디든』의 '서리'로 발령된 '유'에 관하여 더 생각하도록 한다. 원인 모를 괴질로 출입이 금지됐다는 점에서, 그리고 그곳으로 발령받은 자가 있다는 점에서 서리는 사회와 겹치며 유는 나에 이어진다. 서리에서 사회는 더 예각화되고 있으며, 그렇게 첨예해진 사회의 유에게서 나는 '폭발 직전'의 장전된 시간을 살게 되는 자로 이행하고 있다. 『그곳이 어디든』의 결말에서 이승우는 서리라는 발령의 체제를 정지시키는 '불'의 임재의 순간을 꽉 붙잡고 있다. 앞질러 미리 말해두자면 그렇다. 이후 그런 폭발과 화염에 대해 더 말한다는 것은 이승우가 표현하고 있는 임재의 순간을 다시 포착하고 재점화시키기 위한 조건으로서의 타자론 또는 윤리적 환대의 발현에 대해, 어떤 윤리적 긴급-사의 게발트궤적에 대해 사고한다는 말과 다르지 않다.

괴질로 수백 명이 감염되고 사망했던 그 이듬해 서리에선 지방자치선거가 열렸고, 예로부터 이름난 귀양지였던 서리로 몸을 숨긴 폭력배들이 관리의 허술함을 틈타 단체장과 의원직을 독식했다. 서리는 덫들의 세계가 되었다. 도박, 매춘, 마약, 협박, 공갈, 사기가 저들 패거리에 의해 장악된 법의 이름으로, 합법의 힘으로 사람들을 옭아매고 옥죄었다. 서리로 발령받아 서해안

고속도로를 타고 내려왔던 유 또한 그 덫들에 걸려들지 않을 수 없었다. 그렇게 될 수밖에 없게 되어 있는 곳, 그곳이 서리였다. 회사는 발령한 사실을 이미 잊었고, 유는 회사로부터 그렇게 아무 거리낌 없이 망각되어도 좋은 사람이 되었다. 덫에 걸린 유가 '왕국'이라는 이름의 도박장 뒷방에 감금된 채로 얻어 읽게 된 것은 아이러니하게도 카뮈의 『적지와 왕국』이었다. 유배지를 뜻하는 '적지'謫地라는 단어에서 유는 '적지'敵地와 '적지'赤地라는 다른 두 단어를 떠올리는데, 그것들 모두는 서리라는 공간을 떠받치고 있는 합법적 폭력의 의미를 각기 다른 경로를 통해 표현한다.

먼저, 서리는 유배의 땅이다. 서리로의 발령이라는 유배의 형벌로 인해 완벽하게 잊히고 사라진 유도 그렇지만, 무엇보다 서리의 덫들에 걸려 삶을 노획당한 그곳 사람들 모두가 자기 땅에서 유배되고 격리된 사람들이었다. 서리라는 유배의 땅을 장악한 저들 패거리는 대의장치로 법을 제정하고 합의된 공권력으로 그 법을 유지하는, 법의 설계자·정립자이자 관리자·수호자이다. 그들이 적이다. 그런 한에서 서리는 적지다. 서리가 적들의 땅인 한, 적들의 법에 의한 인지의 분할과 매개, 착취와 할당으로 통치되는 축적의 순수평면인 한, 그곳은 도륙의 현장이고 피의 붉은 땅이며 흉년의 땅이다. 나락 한 톨 거둬들일 것 없는 죽음의 피폐한 땅인 것이다. 적들에 의해 사산된 땅, 불임의 땅. '적지'라는 세 개의 동음이의어는 각기 다른 위상과 수준에서 서리를 표상하면서도 법폭력의 설계라는 밑바탕에서 완전한 동격인 채로 오차 없이 합일하고 일체화한다. 지배의 어떤 삼위일체. 그 절대적 신성의 카프카스러운 폭력구조는 어떻게 파쇄되는가. 이 물음을 다음과 같이 변형시키면서 좀 더 말하자. 서리는 어떤 파루시아parousia에 의해 끝나는가.

2-1. 서리의 서산봉 동굴 속에서는 영원히 살 돌집이 지어지는 중이다. 서리를 장악한 자들에 의해 추방되고 격리된 약한 사람들이 그 일을 한다. 젊은 시절 서리의 덫에 걸려 살해당한 아내를 그 돌집에 안치했었던, 지금은 늙어버린 한 노인. 사람들이 '미친 노아'라고 부르는 그 노인의 말에 공명한 이

들이 그렇게 돌을 나르고 쪼아 집을 짓는 중이다. "여기에 집을 지어라. 영원히 살 너의 집을 손수 지어라. 그는 상담하는 자가 아니라 선포하는 자였다."[2] 「창세기」의 노아가 신의 말을 듣고 거대한 배를 만들었던 것처럼, 『그곳이 어디든』의 미친 노아는 선포하면서 돌집을 짓는다. 서리의 덫에 걸려 홀로 허우적대던 유 또한 미친 노아를 따라 돌집을 짓는다. 이렇게 말하는 것은 노아의 선포야말로 메시아의 구원이라고 전도하려는 게 아니다. 미친 노아의 선포는 서리에서 매춘부가 된 자신의 딸조차도, 아비의 말에 온전히 설득되기 위해 듣고 있는 그 딸조차도 설득하지 못한다. 그의 선포가 근본주의적이기 때문이다. 그에게 서리는 문명의 표상이며 문명은 폭력의 다른 말이었다. 문명 속에서의 모든 욕망을 철저히 거세할 것, 밥 한 덩이와 물 한 바가지에 기대어 다가올 심판의 날을 준비할 것. 그때 폭력적 문명으로서의 서리에 대립하는 서산봉 동굴은 메시아주의적 근본주의의 표상이다. 그때 동굴은 서리와 완벽히 분리되어 아무 관련이 없는 세계로서, 또는 서리와 원리적 거울상으로서 합체한다. 미친 노아가 선포하는 신성의 현현은 그렇게 분리를 통해 매개하는 통치의 경제-내-사건일 뿐이며, 그런 한에서 그의 선포는 죽음충동으로 전이되는 신성의 수호를 구원으로 오인시키고 유통시킴으로써 통치의 법 연관의 끝을 유예하고 억지하는 카테콘Katechon적인 게발트이다.

유가 발령받아 서리로 떠나올 때, 그의 아내는 그런 남편을 떠나 옛 남자에게로 갔다. 서리에서의 섬뜩한 곡절들 속에서도 유는 철저히 혼자일 수밖에 없었다. 그는 이렇게 생각한다. "상이한 것들은 무심하다. 다른 것들은 무섭다.… 나 말고는 아무도 없다. 유는 중얼거렸다. 나 말고는 모두 다르다."(213) 서로 다른 삶을 살아온 이들, 삶의 다른 연혁을 가진 이들은 서로에게 무심하며, 관심이 없으므로 서로에게 무섭다(뒤돌아보면, 우리들에게 유의 그 말은 참으로 맞는 말이질 않는가. 그러므로 그것은 너무도 뼈아픈 말이지 않았는가). 타자를 그렇게 인지하는 유에게 자신 말고는 아무도 없다. 그

---

2. 이승우, 『그곳이 어디든』, 현대문학사, 2007, 239쪽. 이하 쪽수만 표시.

는 철저히, 처절하게 혼자이다. 말 그대로, 그 자신을 둘러싼 '모든 타자는 전혀 다르다.'tout autre est tout autre. 유에게 자신과는 전혀 다른 타자들은 서로에게 환원되지 않는 고유한 독특성들이 아니라, 서로에게 한 치의 자리도 비워줄 수 없는 자기라는 신성, 자기성ipséité의 철벽들로 인지된다. 유의 이런 생각은 서산봉 동굴 속에서 자기 소유의 돌집을 짓는 와중에도 근본적으로는 변하지 않는다. 그러나 어느 날 아내가 서리로 찾아왔을 때, 해가 지는 서쪽 하늘 아래에서 죽음을 맞이하고 싶다는 옛 남자의 마지막 염원을 위해 아내가 그 남자와 함께 돌아왔을 때, 미동도 없이 침대에 누워 있는 그 깡마른 남자를 보던 바로 그때, 유는 예전의 유일 수 없었다.

유는 자신의 그런 변화를 부정하려 했지만 "그것은 급하게 임한 계시와도 같아서 거부하기가 어려웠다."(279) 급하게 임한, 긴급하게 임재한 계시revelation 또는 누설/폭로revelation. 유에게 아내의 옛 남자는 긴급하게 도래한 신적 계시였다. 임재한 그 계시는 이데올로기적이고 상상적인 것들로 편성된 너무도 물리적이고 물질적인 발령의 통치체가 중지되는 삶의 실재the real를 개시하는 것이었다. 개시하는 계시. 대면對面을 거부할 수 없는 불가항력적 계시의 존재, 자기성의 전체주의적 안락으로부터의 탈구를 강제하는 '책임'의 비상시 : "[타자에 대한] 회피 불가능성은 내가 끊임없이 피난처로 삼는 개념을 벗어나는 비−상한 상황이다."[3] 유에게 아내의 옛 남자라는 타자는 무심하므로 무서운 철벽이 아니라 바로 그런 '회피 불가능성'의 상황·정황·정세의 구축·발현으로 인지된다. 그때 유에게 그 남자(타자)는 다른 무엇으로부터도 구별되는 존재이며 절대적으로 전혀 다른 자, 곧 신이다. '전혀 다른 자는 전혀 다른 자이다.'tout autre est tout autre. 다시 말해 "전적으로 다른 것/모든 다른 것.tout autre 역사의 종언의 무대를 마련하기."[4] 이 동어반복의 벡터궤적 위에서 무엇을 할 것인가. 먼저 이렇게 묻자. 세상의 어떤 피조물과도 전혀 다

3. 엠마누엘 레비나스, 『신, 죽음 그리고 시간』, 김도형·문성원·손영창 옮김, 그린비, 2013, 296쪽.
4. 자크 데리다, 『마르크스의 유령들』, 진태원 옮김, 이제이북스, 2007, 34쪽.

른 자, 곧 절대적으로 이질적인 존재란 무엇인가. 신이다. 그러므로 위의 동어 반복에 들어있는 주어부를 '전혀 다른 자로서의 신은'이라고 바꿔 쓸 수 있다. 전혀 다른 자로서의 신은 '전혀 다른 자이다.' 이 술어부는 무얼 말하는가. 전혀 다르다는 것, 그건 신의 절대적 특이성을 가리킨다. 다시 말해 신의 '거룩함'geheiligt을 가리킨다. 거룩하다는 것은 구별되고 분리된다는 것이며 차단된다는 것이다. 절대적으로 이질적인 신은 그 어떤 것과도 다르게 구별되고 있는 상황이다. 신은 모든 것과 다르게 구별되고, 그렇게 이격되어 있으므로 전혀 다른 것이다. 타자 또한 그렇다. 타자는 다른 것들로 환원되지 않으므로 전혀 다른 자인 것이다. 타자는 신이다. 유에게 아내의 옛 남자라는 타자가 급하게 임한 신적 계시였듯, 타자는 신이다. 유는 자신의 몸을 누이기 위해 만든 서산봉 동굴의 돌집에, 피땀의 삶을 끝내고 자궁 안의 아이로 되돌아가는 신생의 성역인 그 돌집에 아내의 옛 남자를 안치한다. 캄캄한 동굴 속에서 빛나는 광목과 한지로 의식을 치르듯 경건하고 경이롭게 그 남자의 몸을 누인다. 유의 환대, 그것은 타자에의 환대이자 신에의 봉헌이다. "이제 그 돌집은 유의 것이 아니라 남자의 것이 되었다. 유는 몸을 낮춰 남자의 귀에 대고 속삭였다. '서쪽이예요, 이제 해가 지는 걸 보게 될 거예요. 그리고 곧 해가 뜨는 것도.'"(283) 유의 속삭임처럼 해는 지고 다시 뜰 것이었다. 그 남자(타자/신)에 대한 유의 환대는 메시아적 힘에 의한 파국의 도래 바로 직전에 있었던, 다시 말해 새로운 창세와 다른 생명의 탄생 바로 직전에 있었던 사건적 윤리였다. 그것은 다음과 같은 하나의 사건과 동시적이며 등질적이다. 이승우가 그려 놓은 파루시아의 사건, 역사의 종언의 무대를 연출하는 게발트.

움직이지 않는 것이나 움직이는 것이나 마찬가지였다. 용암은 끊임없이 폭발하며 솟구치고 무서운 속도로 내리닫았다. 용암 위에 용암이 쌓이고, 그 위에 용암이 덮였다. / 개들이 더러운 침을 흘리며 날뛰다가 연구원들 주변에 쓰러졌다. 흥분하고 감탄하던 연구원들은 이내 말을 잃고 침묵에 휩싸였다. 서리의 길과 나무와 시내와 건물들의 흔적이 지워지는 모습을 연구원들은 망연자실, 긴 침묵과 형언할 수 없는 감정 속에서 그저 물끄러미 바라보기만 했다. 그들이 한 번도 본 적이 없는 완전한 암흑이 세상을 점령했다. 땅이 혼돈하고 공허하며 흑암이 깊음 위에 있었던, 만물이 형상을 갖추기 전의 태초의 세상을 그들은 보고 있었다.(286)

유는 타자(신)에 대한 환대를 통해 그 무엇으로도 동일화되지 않는 타자와 자신 사이의 간극을 좁힌다. 유의 환대는 자신과 타자 사이의 이격된 거리를 뛰어넘는 힘이다. 그의 환대는 그러므로 어떤 도약이다. 덫에 걸린 자신의 삶의 구원에 앞서 타자의 고통을 먼저 봉헌했던 한, 유의 도약은 '목숨을 건 도약'이며, 그의 환대는 목숨을 건 환대이다. 이는 다시 한 번 거룩함에 관해 사고하도록 하는데, 이때의 거룩이란 구별·분리·차단·정지의 상황 위에서 이뤄지는 심판, 곧 타락한 체제에 끝을 인입시키는 신적 즉결심판의 거룩함을 뜻한다. 거룩함은 그렇게 심판할 수 있음이다. 절대적으로 이질적이므로, 전혀 다르므로 끝의 심판일 수 있다. 그 심판은 발령의 구조로부터 구분되어 성별聖別된다는 것이다. 애굽에 대한 심판이 애굽으로부터 이스라엘 사람들을 분리하고 구별하기 위함이었던 것처럼, 내리치는 거룩함은 체제의 운행을 차단하고 정지시키는 폭력을 통해 삶을 새로운 것으로 구별하고 분리해낸다. 구원이란 그렇게 성별된다는 것인바, "내가 거룩하니 너희도 거룩하라"(「베드로전서」 1:16)고 했던 건 그리스도 예수였다. 서리를 불태우는 저 폭발의 시간이야말로 바로 그런 거룩한 폭력의 파루시아가 지속되는 시간, 이른바 구원의 '현재시간'이다. 서리는 용암의 쓰나미로 불타지만 구별된다. 그렇게 불탐으로써만 구별된다. 그 파국과 절멸Endlösung은 구별을 통한 구원Erlösung과 신생의 표지이다. 서리는 단 10명의 의인義人조차 없었던 오늘의 소돔이다. 모로G.Moreau의 그림 〈소돔의 천사들〉에는 소돔의 땅으로 임재하는 대천사들, 다시 말해 모로가 그려 놓은 파루시아의 사건, 신의 폭력이 그려져 있다. 그 그림은 소돔이라는 죄악의 시공간으로 임하는 두 천사의 의지를 포착하고 있다. 퍼부어지는 유황과 함께 불의 천사의 칼이 폭우처럼 떨어진다. 성城과성의 사람들 모두와 온 들판과 땅에 난 모든 것들이 불타 절멸한다. 그 끝의 시작에 관한 이승우의 한 문장: "모든 관계들의 철저한 균열, 그것이 신이 내린 형벌의 핵심이었다."[5] 40일간의 대홍수에서 노아와 그의 방주가 구별되어 구원-신생의 아카이브가 되었듯, 소돔 성문에 앉았다가 두 천사를 보고 일어나 절하며 환대했던 '롯' 또한 소돔의 절멸로부터 구별된다. 이승우가 형상화한 윤리적 힘의 시공간으로서의 서리 또한 불타오르는 화염 속에서, 그 화염을 통해 구별되는 중이다. 타자에 대한 책임의 상황, 책임의 비상시, 그런 책임에 의한 비-상과 예-외의 발효 속에서 검은 '재'로 태양을 가린 완전한 암흑이 세상을 점거했다. 다시, 모든 관계들의 철저한 균열, 역사의 종언 및 소멸의 무대. 서리라는 발령의 체제가 파국을 맞이하는 순간에 대해 질문했을 때, 이승우는 이렇게 답했다. "인간이 만든 완전한 세계의 불완전함을 극적으로 폭로하고 해체하는 방법으로 내가 알고 있는 것이 종말론입니다. … 세상은 파괴되지만 그로 인해 세상이 새로워집니다. 저는 심판은 갱신을 위한 것이라고, 실존적으로 읽고 싶습니다."[6] 극적인 종말의 무대 연출, 극한적 심판의 게발트궤적 위에서의 역사의 절멸과 신생. 이는 이렇게도 표현될 수 있을 것이다. "메시아적 사건의 개별적 절대성 — 숄렘G. Scholem의 도식을 빌자면, '역사 자체를 소멸시키는 침입'으로서의 지위를 갖는 — 은 그것을 보편화하려는 역사적 노력에 의해 단련된다."[7] 대문자 역사의 소멸·절멸로서 '침입'하는 메시아적 사건, 그것의 보편성을 확보하기 위한 역사적 노력 또는 도래중인 역사적 틈입·간극의 단련 속에 저 서리라는 윤리적 게발트의 시공간이 있다. 그렇다는 것은 그 윤리적 게발트가 종언과 일소를 분만하고 그런 소멸 속에서만 분만될 수 있는 환원불가능한 비정립적 제헌력-의-형태소로서, 서리를 비롯해 '그곳이 어디든' 임재하는 폭력으로서 발현하고 있다는 뜻이며, 그곳이 어디

---

5. 이승우, 『태초에 유혹이 있었다』, 문이당, 1998, 93쪽. 이하 『태초』로 줄이고 쪽수만 표시.
6. 이승우·윤인로, 「법의 이면 — 이승우에게 듣다」, 『오늘의문예비평』 2011년 가을호, 220쪽. 이하 「인터뷰」로 줄이고 쪽수만 표시.
7. 알베르토 토스카노, 『광신』, 문강형준 옮김, 후마니타스, 2013, 403쪽.

든 발령의 체제로부터의 성별과 구원의 게발트로서 임재하고 있다는 뜻이다. 그런 정치 초과적 힘으로, 메타 정치적 목표로 탄생하는 이념의 목격, 그것이 저 서리의 정치적 종언 속에서 분만되고 있는 힘의 형태이다. "땅이 혼돈하고 공허하며 흑암이 깊음 위에 있"었다는 「창세기」 1장 2절의 시간이 다시 인용됨으로써 발현하고 있는 곳곳의 종언과 심판, 갱신과 신생. 이승우에게 그것은 또 하나의 태초였다. 빛이 있으라 하시매 빛이 있었던 것처럼, 서리의 소멸은 지금 새로운 세계의 재설계·재정초로 이어진 문턱이 되며, 다른 세계의 재정의·재구성을 위한 반석-에클레시아가 된다.

2-2. 좀 더 생각하게 되는 것은 거룩함의 양가성/문턱이 가진 뜻과 힘이다. 거룩한 삶이란 중세 수도원 운동에서처럼 세속과의 단절과 금욕을 통해 구별되는 삶이 아니다. 그때의 구별은 성과 속의 이분법적 분할과정 속에서 한쪽의 폐기를 통해 이뤄지는 구별이므로 진정한 구별일 수 없다. 손쉽게 확인할 수 있는 어원 분석에 따르면, 거룩함을 뜻하는 히브리어 명사 코데쉬는 거룩하다는 뜻의 동사 카다쉬에서 나왔으며, 그 동사의 원뜻은 '구별하고 분리하다'이다. 이 신성의 동사와 상관적인 또 하나의 단어는 아이러니하게도 세속의 명사 중 하나인 창녀, 케데솨이다. 이는 생식과 다산을 관장하는 가나안 땅의 여신 아스다롯을 섬기는 여인을 가리키는데, 그녀는 자신의 몸을 파는 거듭된 생식의 행위를 통해 자신의 신을 섬긴다. 줄여 말해, 성창녀聖娼女. 그러므로 거룩함이란 성과 속의 사이에서, 곧 거룩함이라는 단어 그 자체의 양가성 속에서 성과 속의 분할, 정상과 병리의 분할을 항상 이미 정지시키고 있다. 거룩함이 놓인 사이-공간 안에서 신성과 세속은 서로가 서로를 위한 조건이 된다. 청년 이승우는 이렇게 적었다.

수직과 수평이 하나로 포섭되는 자리를 설정한다는 것은 논리의 기만 말고는 아무것도 아닐 것이다. 그것들은 우리들의 삶을 가운데 두고 팽팽하게 긴장을 유지하며 흔들거린다. 삶은 움직이고 흔들리는 데에 뜻이 있다. 견고한 것, 딱딱하게 굳어진 것, 움직이지 않는 것을 나는 믿지 않는다. 그런 것에 우리는 희망을 걸 수 없다….[8]

이승우의 중편 데뷔작이자 10년 뒤에 그 후속작을 덧붙여 출간된 『에리직톤의 초상』의 한 대목이다. 신학자 정교수의 딸이면서 신학도인 '혜령'은 아버지와 같이 신성의 절대성과 순수를 믿는다. 그런 믿음을 버리지 않는 그녀가 독일 유학이 실패로 끝난 후 수녀원을 선택한 것은 어쩌면 정해진 길이었을 것이다. 그녀는 그곳에서 정치적 변혁을 꿈꾸다가 수배자가 된 신학도 '태혁'을 우연히 만났고, 그의 고통과 인간애를 이해하게 된 그녀는 그런 자신의 변화를 옛 연인이자 함께 공부했던 '나'(병우)에게 털어 놓는다. 타자와 대면하게 되는 혜령에게 병우가 했던 말은 『그곳이 어디든』의 유가 보여주는 환대의 도약하는 힘을 떠올리게 한다. 이는 이승우가 오래 붙잡고 고민했던 문제들 중 하나가 윤리적인 것이었음을, 윤리적인 것의 정치적 힘이었음을 알게 한다. "사랑만이 사람과 사람 사이를 연결해 주는 것은 아닐 것이다. 어떤 의미에서는, 고통만이, 고통을 공유한 체험만이 진정한 상호이해의 조건인지 모른다.… 고통의 공유, 슬픔의 공식화 ― 힘은 거기에서 나온다."(『에리직톤』, 189) 고통의 공유, 고통의 순수증여에 뿌리내린 삶들의 연합. 이승우가 말하는 공통적인 것으로서의 고통은, 수직(신성)과 수평(정치)의 문제에 대한 병우의 사고, 곧 신성에 대한 순수한 믿음과 삶의 현장에 대한 실제적 변혁이라는 양극의 긴장 속에서 진동하고 있는 병우의 사고와 다른 것이 아니다. 고통의 공유에서 나오는 힘과 수직-수평 사이의 긴장 속에서 나오는 힘. 그 두 힘은 동시적이며 등질적이다. 그 힘에 의한 결단, 그 힘에 의한 행동은 지고하며 거룩하다. 거룩하며 지고하기에 진정으로 심판적이며, 심판적이기에 주권적이다. 병우의 사이-공간에서의 진동과 유가 결단했던 환대라는 도약의 공통지

---

8. 이승우, 『에리직톤의 초상』, 동아출판사, 1995, 231쪽. 이하 『에리직톤』으로 줄이고 쪽수만 표시.

점에서 다시 만나게 되는 것은 카프카의 편지를 읽고 있는 이승우이다.

어렸을 적 아버지의 무덤에 불을 지름으로써 집안의 하중으로부터 놓여나려 했던 소설가 박부길(『생의 이면』). 그는 이승우보다 8살 연상이지만 이승우 자신의 그림자가 드리워진 인물이다. 이승우가 카프카의 「아버지께 드리는 편지」에서 카프카 소설의 뿌리를 보았던 건 그러므로 아버지와 관계된 이승우 소설의 심연 일부를 상상하게 한다. 아버지라는 타자, 법, 규율, 제도, 신에 대한 카프카의 이중적이고 양가적인 감각은 편지에서 '감금된 죄수'의 처지로 드러난다. 아버지라는 감옥의 지배로부터 벗어나고픈 욕망과 아버지라는 감옥을 개축하여 보호막으로 삼고픈 욕망 사이. 그 사이-공간에서 카프카는 회의하고 주저한다. 탈옥하면 개축할 수 없고 개축하면 탈옥할 수 없는 아포리아가 카프카의 자리이다. 그 궁지에 대한 이승우의 생각. "탈옥도 개축도 할 수 없는, 그 정신의 막다른 궁지에서 소설이 탄생한다."[9] 또한 카프카/이승우는 아버지라는 법 앞에서 탈옥도 개축도 할 수 없는, 그래서 '반쯤 허물어진' 감옥과 '반쯤 완성된' 감옥 사이에다가 자기들의 '무덤'을 파게 될 것이라고 적었다. 그들의 소설이 탄생하는 자리가 그 궁지이고 무덤이다. 궁지에서 사고하고 표현한다는 것, 사람·사회·사건을 바라보는 관점이 그런 궁지에 마련된다는 것. 궁지라는 자궁에서의 분만, 힘의 역설 또는 역전. 사이-공간이라는 궁지에서 어느 한 쪽으로 귀착되거나 귀속되는 것이 아니라 그 사이에서 발생할 수 있는 실존의 가능성 전체를 '향유'하는 것이 중요하다고 했던 건 쿤데라M. Kundera였다. 이승우는 이렇게 말한다. "대립하는 극단들 사이에서 팽팽하게 맞서며 긴장을 유지하는 가운데 결단하는 것. 그렇게 한 결단만이 가치 있고 윤리적일 수 있다는 생각."(「인터뷰」, 222) 그렇게 한 '결단'만이 윤리적일 수 있으며 동시에 진정으로 주권적일 수 있다는 생각. 다시 말해 그렇게 대립하는 극단들 사이에서, 궁지라는 자궁에서, 최고도로 유지되는 그 '거룩한 사이'에서 수행한 결단만이 윤리적이므로 주-권적일 수 있다는 생각.

---

9. 이승우, 『소설을 살다』, 마음산책, 2008, 184쪽.

적들로 포위된 적지가 막다른 벽들로 된 궁지였던 한에서, 그리고 거룩한 최후법정으로서의 궁지가 그러한 윤리적/주권적 게발트로 구성된 아-노모스의 현장이었던 한에서, 적지는 매회 궁지로 인지되고 궁지에서 파괴된다.

3-1. 서리의 도박장 뒷방에서 얻었던 『적지와 왕국』의 역자 서문을 읽다가 유는 책을 바닥에 던진다. 그 서문에는 이렇게 적혀 있었다. 유한한 삶을 살아야 하는 곳은 그곳이 어디든 유형지요 사막이라는 것, 그러나 그곳만이 주어진 유일한 왕국이라는 것, 그러므로 우리가 할 일은 다른 무엇이 아니라 그 사막의 유형지를 왕국으로 만드는 '절망적인 노력'이라는 것. 유는 바로 그 절망적 노력이라는 한 구절에서, 다시 말해 자신의 눈앞에 벗어날 수 없을 열사의 사막을 선사했던 그 한 구절에서 책을 집어던졌을 것이다. 그 사막의 영향으로 꾸게 된 유의 꿈. 그 꿈은 서리를 불태웠던 임재의 게발트를 앞질러 미리 재생시키고 있다. 그 꿈의 해독은 그런 게발트의 조건에 대해 더 생각하도록 이끈다.

유의 꿈은 변주되고 있는데, 그의 첫 번째 꿈은 어머니가 꾸었던 꿈의 변형이다. 바다처럼 물결치는 모래사막 속으로 빨려 들어가서는 이내 장사지내지고 부식되는 꿈이 그것이다. 부식의 끝에서 몸은 사막의 일부가 된다. 모래로의 완전한 화신化身 또는 변신. "그의 몸이 사막의 모래로 화신했다고 느끼는 순간 사막이 그의 몸이 되었다."(111) 이 모래사막의 뜻과 힘에 대해 생각하게 된다. 유가 꿈속의 모래사막에 대해 곱씹게 되는 것은 그의 두 번째 꿈속에서, 곧 『적지와 왕국』의 역자 서문을 읽었던 그날의 꿈속에서였다. 그 꿈속의 모래사막이란 무엇인가. 이승우에게 사막이란 어김없이 저 유대 광야의 모래이다. 예루살렘의 세속성과 관계 맺고 있는 신성의 모래구릉들. 세속적인 것과 메시아적인 것의 관련이야말로 파국과 몰락의 역사철학이 가르치는 핵심이며 바로 거기에 세계정치의 과제가 있다고 했던 건 벤야민이었다. 저 광야의 모래사막에서 신성을 체감하는 순례의 길, 그 위에서 카라반 이승우는 쓴다. "유대인들은 그들을 구원하고 새로운 세상을 열 메시아가 동쪽에서부터 예루살렘으로 올 것이라고 믿는다. 예루살렘의 동쪽, 그곳이 메시아가 오는 길이다. 예루살렘의 동쪽은 의문의 여지가 없이 유대 광야이다."10 광야의 모래구릉들은 예루살렘을 구별하고 구원하는 메시아적 힘의 발원지이다. 그런데 어떤가 하면, '레닌V. I. Ulyanov이 있는 곳에 예루살렘이 있다.' 블로흐의 말이다. 그 말이 틀린 말이 아니라면 레닌이 있는 모든 곳은, 그곳이 어디든 예루살렘이다. 예루살렘에서 차로 30분 거리에 있는 광야의 모래사막이 메시아적 힘의 발원지라면, 레닌이 있는 그 모든 곳 바로 그 곁에 광야가 있다고 해야 한다. 광야의 성스러운 사막 안에서 레닌이라는 이름의 정치의 영토는 메시아적 법의 대지가 되며, 사막의 광야 안에서 예루살렘이라는 수직성의 땅은 진정한 주-권이라는 수평성과 하나가 된다. 이승우에게 광야의 모래사막은 사건과 사회에 대한 신학정치적 재정의와 재설계의 자리, 성스러운 궁지였다. 그곳에서 유의 꿈을 해독하게 된다. '이번에도 사막이었다'로 시작하는 바로 그 꿈 말이다.

> 이번에도 사막이었다. 이번에도 사막은 모래와 물의 혼돈이었다. 모래들이 물처럼 출렁이고 있었는데, 그런데 그 위로 불이 쏟아졌다. 아니, 불은 외부에서 쏟아져 들어온 것이 아니라 내부에서 발화한 것처럼 보였다. 모래들은 물처럼 출렁이다가 불처럼 꿈틀거렸다. 물처럼 꿈틀거리다가 불처럼 출렁였다. 모래와 물과 불의 혼돈. 그는 사막이었고, 사막은 물이었고, 불이었고, 사막인 그는 물의 불에 타고 불의 물 속으로 가라앉았다. … 모래와 물과 불의 혼돈 앞에서 유의 정신은 무시할 수 없는 압박을 받고 비틀거렸다. 모래와 물, 그 불완전한 혼돈이 불의 강림을 통해 흠잡을 데 없는 완전한 혼돈, 혼돈의 완성을 이루었다고 해야 할까. 이를테면 혼돈의 삼위일체.(121~122)

꿈속의 사막은 모래와 물의 혼돈으로 드러난다. 이승우에게 물이란, 그

---

10. 이승우, 『내 영혼의 지도』, 살림, 1999, 69쪽.

물의 거대한 물결이란 신에 의한 대홍수의 파멸과 신생에 맞닿은 것이다. 노아의 방주만을 구별함으로써 구원했던 신의 임재/범람. 그것을 두고 이승우는 "물은 혼돈이고 어둠이고 깊음이다"(『태초』, 191)라고 적었다(그 곁에 화염에 의해 소멸함으로써 새로운 태초로 열리던 서리의 혼돈과 어둠을 놓을 수 있다). 그렇다면 '혼돈'이란 무엇인가. "창조를 위한 혼돈. 혼돈이 없으면 창조도 없다. 왜냐하면 혼돈만이 창조 이전의 상태이기 때문이다."(『태초』, 195) 이를 되받아 다시 쓰면 다음과 같다. 신생을 위한 파국, 구원을 위한 절멸. 파국과 절멸이 없이는 신생도 구원도 없다. 왜냐하면 절멸만이 구원 이전의 상태이기 때문이다. 혼돈, 그것은 절멸과 구원의 동시성을 가리키는 다른 말이다. 그 혼돈이 완전하게 되는 것은 모래사막과 물의 불완전한 일체성 내부에서 점화되고 분출하는 화염, '불의 강림'을 통해서였다. 발령의 체제를 정지시키는 심판의 불, 그 사건적 화염이 서리를 불태웠던 폭발의 불길이며 소돔을 내리쳤던 천사의 불칼이다. 불의 강림이 혼돈을 완성한다는 이승우의 말은 불의 강림이 혼돈과 창조의 변증을 완성한다는 말과 먼 거리에 있지 않다. 불의 강림은 불의 내재적 발현이며 발령적 구조의 중단이다. 불의 강림이 메시아적 임재의 사건인 한, 임재의 주체는 성자이다. 성자는 성령으로 임한다. 성령과 성자는 그렇게 하나다. 성자는 성부에 의해 성부 자신과 구별된 존재이지만 그 둘이 실제로는 나이가 같고 한 몸인 한, 성자는 성부다. 성령과 하나였던 성자는 성부와 그렇게 하나다. 따라서 성령도 성부의 숨결로서 하나인바, 성령의 일은 성부가 행하는 일에 다름 아니다. 그렇게 그 셋은 하나다. 하나인 셋, 또는 셋인 하나가 저 모래와 물과 불이 맺는 관계이다. 이승우에게 광야의 열사熱砂는 메시아적 힘의 발원지였고, 범람하는 물은 신의 홍수였으며, 불의 강림은 신의 심판이었다. 그 셋이 신의 세 위격persona으로, 창조를 위한 혼돈을, 구원을 위한 절멸의 게발트를 함께 완성한다. 이는 다시 다르게 말해질 수 있다.

3-2. 모래와 물이라는 두 위격의 일체만으로는 불완전한 힘의 상태가 불

의 강림을 통해 흠잡을 데 없는 완전한 힘을 이룬다는 것. 어떻게 그럴 수 있는가. 임재하는 그 불이란 무엇인가. 서리를 끝내던 불의 폭풍에 대해 다시 생각한다. '유'는 누구였던가. 긴급하게 임한 신적 계시로서의 타자(아내의 옛 남자)에게 자신이 누울 신성한 돌집을 조건 없이 '증여'했던 자였다. 그는 한 사람의 의인이었다. 서산봉의 폭발이란 그 한 사람의 의인의 불탐이며, 불탐을 통한 그 의인의 신적 구별이고, 그 의인의 재灰로의 화신이자 변신이다. 메시아적 힘을 두고 불타오르는 것이며, 불탐으로써 에너지를 변형시키는 것이고, 불탐으로써 재들을 탄생시키는 것이며, 동일성과 목적성의 바깥을 구성하는 혁신이라고 했던 건 메시아적 유물론자로서의 네그리 또는 데리다였다. 불의 강림 또는 불의 폭풍 속에서 서리 전체를 점거하는 재들은 잘게 쪼개짐으로써 증식되고 있는 메시아적 힘의 파편적 분신들, 탄각炭殼들이다. 바로 그 재들 위에서 새로운 태초, 다른 시공간이 개시된다.

불탄다는 것은 불타 사라진다는 것이다. '카프카스러운' 세 개의 적지들, 지배의 삼위일체, 그 절대적 발령의 구조는 어떻게 정지되는가. 그렇게 불타 사라지는 사람들의 바로 그 사라짐에 의해 정지된다. 이 문장을, 사라지는 이 사람을 보라. "사라진다는 것은 존재를 바꾼다는 것. 존재의 씨줄과 날줄인 시간과 공간의 좌표에서 자기를 없앤다는 것."(207) 신성한 후광 속으로 편성·관리되는 감각의 좌표로부터 스스로를 지우고 사라지는 것. 그것은 치안의 계측 바깥에서 외-존으로서 잔존한다는 것이며, 법이 수여한 이름들에 대한 거절을, 법의 발령에 대한 불복종의 상황을 뜻한다. 사라진다는 것은 소멸이 아니며 공허가 아니다. 사라진다는 것은 발령의 정언명법 바깥으로의, 광야의 사막으로의 이동이며, 할당된 몫의 존재를 거역하는 비-존재로의 변신의 지속이다. 그것이 사라지는 자들의 존재론이다. 서산봉 동굴에서의 유의 증여, 그 고통의 순수증여 속에서, 그것에 촉발되고 있는 절멸적 불의 임재 속에서 유는 사라지는 외-존으로, 구원의 게발트로 발현한다.

다시 한 번 질문하자. 불타 사라진 자, 유는 누구인가. 긴급하게 임했으므로 거부할 수 없었던 신의 계시로 타자의 고통과 대면했던 그는 누구인가.

단편 「예언자론預言者論」에 나오는 소설가 김석의 에세이 제목은 '예언자를 기다리며'였다. 그중 한 대목을 읽는다. "예언자는 신의 강력한 힘에 압도되어 언어를 부여받은 자의 이름이다. 그는 '미리 말하는 자'가 아니라 '대신 말하는 자代言者'인 것이다. … 지금 이곳에 신의 정의를 실현시키려는 자의 이름이 예언자인 것이다."[11] 신의 강력한 힘에 압도되었다는 것은 타자의 고통에 불가항력적이 되었다는 것이다. 신적 계시로서의 타자의 고통에 여지없이 볼모가 된 유. 그렇게 고통의 볼모가 되었다는 것은 타자의 말을 대신하게 되었음을 뜻한다. 그것은 신의 언어를 부여받았다는 것과 먼 거리에 있지 않다. 타자/신의 말을 대신하는 자로서의 대언자, 다시 말해 신/타자의 혀와 입으로서의 예언자. 사라지는 자, 유가 그런 예언자이자 대언자이다. 소설가 김석의 신은 정의의 힘이었으며, 그런 신의 말을 대신하는 자가 유였다. 유는 지금 이곳을 적지로 인지하는 자로서 그 적지 안에서 불의 폭풍을 점화했던 자이다. 대신 말한다는 것은 그렇게 점화한다는 것이다. 점화하는 예언자. 사라지는 자의 예언 또는 대언: "내가 랍바성에 불을 놓아 그 궁궐들을 사르되 전쟁의 날에, 외침과 회리바람 날에 폭풍으로 할 것이며, 저희들의 왕은 그 방백들과 함께 사로잡혀 가리라. 이는 여호와의 말씀이라."(「아모스」 1:14) 성들에 불의 폭풍을 보내어 불사르고, 그 둘러싼 빗장들을 꺾으며, 왕홀 쥔 신하와 재판장과 백성의 손들을 내리쳐 끊는 신, 예언자 아모스의 신. 오래된 대언자 아모스는 지금, 대신 말한다. "누군들 예언하지 아니하겠느냐."(「아모스」 3:8) 이 오래된 선포는 사라지는 유가 오늘 대신하고 있는 신의 말이자 여기서 대행되고 있는 신의 폭력이다. 누구나가 예언자이며 누구나가 대언자이다. 그러므로 누구나가 점화하는 자이다. 불타 사라지는 자들, 메시아적 힘의 분신들, 재들이 그 누구나의 비인칭적 게발트로 발현한다.

---

11. 이승우, 「예언자론(論)」, 『구평목 씨의 바퀴벌레』, 책세상, 2007(1987), 99쪽.

카타스트로프의 발생점들,
파국의 로고스/노모스

1-1. 지옥에서의 한때, 그 한때의 연장. 소설가 황정은이 말하는 지옥이란 죽은 뒤에만 가는 곳이 아니다. 공포에 질리게 하는 것들로 꽉 채워진 오늘, 각자도생의 세계. 황정은에겐 거기가, 거기도, 지옥이다. 그렇게 질리게 하는 것들의 긴 목록, 「낙하하다」의 한 대목. "어떤 사람에게는 돈 어떤 사람에게는 미친 엄마 어떤 사람에게는 굶주림 어떤 사람에게는 침묵 어떤 사람에게는 돼지들 어떤 사람에게는 방법도 없이 견뎌야 하는 추위 어떤 사람에게는 싸이렌 어떤 사람에게는 달걀 속의 뼈 어떤 사람에게는 편협한 전도사의 눈길에 구현된 신의 눈. 이런 것들이라면 반드시 죽은 뒤 도래하는 것만은 아닐 수도 있나. 어느 것이든 밑도 없는 시작으로 끝도 없다."[1] 지옥을 가득 채운 그것들은 단편집 『파씨의 입문』 속에서 각기 얼마간 다뤄지고 있는 것들이기도 하다. 그중에서, 내가 좀 더 오래 붙들려 있었던 것, 또는 좀 더 깊숙이 말려들어갔던 것은 끝, 시작, 신 같은 단어였다. 끝내는 신, 끝냄으로써 다시 시작하는 신들. 이렇게 물으면서 시작하자. 저 지옥의 목록, 그 공포의 초록 안에 들어 있는 전도사의 눈이란 무엇이며 그 눈에 구현된 신의 힘이란 무엇인가.

전도사는 사도이고 목자이며, 그런 한에서 키우고 돌보고 인도하고 북

---

1. 황정은, 『파씨의 입문』, 창비, 2012, 71쪽. 이하 쪽수만 표시.

돋는 힘을 지녔다. 그 힘의 근거는 자신이 신의 대리인이라고 생각하는 것에, 자신이 대리된 신에 다름 아니라고 생각하는 것에 있다. 목자, 그는 자신의 눈이 신의 눈이라고 믿는 자이며, 그 믿음이 관철시킬 구원의 폭력성을 그 자신은 알지 못하는 자이다. 그때 구원이라는 목자의 증여는 자신을 받들어 곧추세우는 수직적 위계구조를 설립한다. 그런 목자가 위정자와 등가라는 것, 그런 목자의 사목하는 힘이 정립/유지되는 법의 힘과 등질적이라는 것. 이는 이미 있었고, 지금 있고, 앞으로도 있을 우리들의, 우리들을 위한 공화국을 생각할 때 빼놓을 수 없는 사실들 중 하나이다. 신들의 눈으로 된 지옥 같은 거버넌스의 세계. 그 순수한 통치평면의 무한한 확장을 끊는 것, 그 끝없는 연장을 끝내는 것은 무엇인가. 이 물음 앞에서, "인간의 지복至福을 생각한다"(77)라는 한 문장을 생각한다. 그 한 문장에 각인된, 그 위에 더는 없을 지고의 행복에 대해 생각한다. 누리고 구가하는 시간의 지복을 향한 생각들의 요구와 요청, 그런 지복의 향유를 위한 상상력의 준동과 산포가 관헌적 관방으로 화한 존재-신-론의 통치를 끝내는 힘의 성분들 중 하나일 것이다. 신의 눈꺼풀이 뜯어내지고 그 눈알이 파내지는 시간의 임박함, 줄여 말해 세계의 완파. 「묘씨생」의 문장들을 읽자 : "이 몸은 시방 인간들이 둘러놓은 장막 안에서 이 몸을 더럽히는 세계가 완파되기를 기다리고 있다. 묘생猫生 십오년, … 나는 인간의 우방이 아니다."(105) "자기들만 살아갈 가치가 있다는 듯 아무 데나 눈을 흘기는 인간들이 승하는 세계란 단지 시끄럽고 거칠 뿐이니 완파되는 편이 좋을 것이다."(115)

인간들을 뚫어지게 주시하고 세밀하게 관찰하는 「묘씨생」의 고양이猫氏는, 이합집산을 일삼고 위계, 허위, 사치, 광기에 들려 있는 인간이라는 족속을 가관이라고 말하는 나쓰메 소세키夏目漱石적 고양이의 후예이다. 황정은의 고양이는 비참과 파탄의 정조를 예민하게 직조하면서 기지와 조롱, 풍자와 해학 같은 골계의 창출을 넘어 '세계의 완파'를 사고하는 중이다. 묘씨가 인간이 아닌 것은 자연스럽다. 인간 아닌 것을 인간의 이름으로 호명하고 인간과 다르게 존재하는 것을 인간과 동질의 것으로 환치하는 인간들이 인간 아닌 묘씨의 우방일 수 없는 것 또한 자연스럽다. 인간은 묘씨의 적이다. 묘씨가 자기를 속이지 않고 살기 위해서, 그러니까 자기를 속이고 배반했으면서도 그렇지 않다고 스스로를 오인하거나 위안하지 않고 살기 위해서, 자기 잘못을 우리 잘못으로 호도함으로써 자기 잘못을 망각하는 교활한 삶을 살지 않기 위해서, 줄여 말해 묘씨가 묘씨 아닌 다른 것이 아니라 묘씨로서, 묘씨 그 자체로서 누리며 살기 위해서 묘씨는 적의 완파를 기다리는 중이다. 완파는 그러므로 지복의 조건이다. 지복은 그러나 완파의 곤혹스런 과정 안에 있다. 지복의 즐김, 지복의 향유는 불가능한 완파를 도모하는 가능한 사고와 실천 속에 버겁게, 겨우 있다. 완파의 거듭된 실패들 속에서 지복은 오고 있는 중이다. 지복을 위한 완파의 미래, 완파라는 지복의 도래는 좌초와 굴절을 통해 전개되고 전진하는 실패들의 흔적 위에서만 사고될 수 있다. 적의 세계가 완파되는 순간, 그 파국적 시간의 풍경을 그린 「옹기전」을 읽어야 할 까닭이 거기에 있다.

1-2. 「옹기전」에는 기이한 사건이 그려져 있다. 한 소년이 있었다. 길에서 항아리 하나를 주웠고 방으로 가져왔다. 그날 밤, 희한하게 항아리가 말을 했다. 서쪽에 다섯 개가 있다고. 처음엔 믿지 못하던 소년도 매일 밤 그 말을 듣고는 믿지 않을 수 없었고, 이해되지 않았으므로 무서웠고, 무서웠으므로 항아리를 옷장 깊은 곳에 넣었다. 하지만 갈수록 항아리의 목소리는 또렷해졌다. 소년은 항아리를 꺼내 들여다본다. 전에 없던 주름 두 개를 발견한다. 크기는 손가락 두 마디 정도였다. 소년은 항아리에 가로로 그어진 두 개의 주름을 보면서 그게 마치 눈꺼풀 같다고 생각한다. 하얗고 둥근 항아리가 두개골로 보인다. 두 줄 주름이 사람의 감은 눈으로 보인다. 소년은 그 감은 눈이 깊어져 '어느 날' 열리게 될 때를 상상한다. 소년은 항아리를 무작정 버릴 수 없어 시장통이 훤히 내다보이는 옥상에 밀봉하여 숨겼다. 겨울이 될 때까지 소년은 잊었고, 어느 겨울 눈 오는 밤 옥상에서 독 터지는 소리를 들었다. 소년은 꽁꽁 싸둔 항아리를 눈 속에서 꺼냈다. 더 깊어진 주름으로 항아리는 '표정'을 짓고 있었다. 항아리의 표정은 항아리의 얼굴이었다. 그 얼굴은 인간의

것이었다. 그 얼굴은 고통이었으므로 대면하지 않을 수 없었고, 소년은 그 표정 앞으로 소환되지 않을 수 없는 볼모가 되었다. 무슨 뜻인가.

소년은 고통의 표정을 지닌 항아리의 목소리를 따라 나침반이 가리키는 서쪽을 향해 걸었다. 서쪽에 거의 도착했다고 느꼈을 때, 항아리들을 대량으로 매장하고 있던 '전문가들'을 발견한다. 소년의 항아리를 보면서 그들은 말한다. 대신 묻어주겠다고, 언제나 묻을 자리가 있는데 그건 옹기의 무게 때문이라고, 그 무게로 지반이 가라앉기 때문에 자리가 난다고, 그래서 줄곧 묻어왔고 앞으로도 묻을 거라고, 아무리 묻어도 난리난 적이 없으며 세상은 멀쩡하다고. 그들은 항아리 파묻기의 전문가들이다. 그들은 항아리라는 두개골을, 항아리라는 얼굴과 고통을 매장하는 자들이다. 그들의 영원한 매장에도 세상은 버젓이 평화롭다. 그 냉혹한 도륙하는 평화, 무심하기에 무서운 안락의 전체 앞에서 소년은 생각한다. "항아리란 어디에나 있다. 내가 주운 것이 최초는 아니고 최후도 아니다. 그런 것들로 이루어진 거대한 공동이 이 땅 밑에 있다. 얼마든지 있다."(101) 항아리가 어디에나 있다는 건 함몰한 두개골들이, 고통의 얼굴들이 어디에나 있다는 것이다. 소년이 주웠던(품었던) 항아리(고통의 얼굴)는 최초의 것도 최후의 것도 아니다. 소년의 항아리보다 앞서 있었던 항아리들, 소년의 항아리에 뒤이어질 또 다른 항아리들이 유혈적 법의 대지 아래로 묻혔고 묻힐 것이었다. 매장된 항아리들, 두개골들. 고통의 축적들, 적층들. 사회의 거리낌 없는 안락과 평안이란 무엇으로부터 가능한가. 매장된 항아리들의 그 텅 빈 공간들 위에서만, 장기가 들어내져 비어버린 시체들 위에서만, 아프다는 외침의 날숨이 틀어 막혀 풍선처럼 부풀어 오른 폐들 위에서만, 그렇게 얼마든지 있고 어디에든 있는 그런 '거대한 공동空洞'들 위에서만 가능하다. 고통의 매장을 통해서만 가능해지는 사회의 안락이란, 그런 '안락의 전체주의'란 지금 끝나야 한다. 그렇게 생각하는 소년은 지금-방금 항아리들의 텅 빈 공간들 위에서, 재갈 물려 부풀어 오른 고통의 축대 위에서 자기 정립과 유지를 반복하는 법의 구조물이 내려앉는 순간을 마주하고 있다. 죽이는 안락의 사회가 작동 중지되며 내려앉고 있다.

항아리를 곁에 내리고 도시의 불빛들을 향해 얼굴을 돌렸다. 들려오는 소리에 귀를 기울였다. 상당한 시간이 흘러도 항아리는 서쪽에 다섯 개가 있다고 말하지 않았다. / 여기가 거기인 것이다. / 이미 당도했으므로 더는 서쪽이라고 말할 필요가 없는 것이다. 그렇지 않냐. 그렇게 물어도 물질인 척, 항아리는 말이 없었다. // 멀리서 발사한 총성처럼 독 터지는 소리가 들려왔다. / 금방 다음 것이 들려왔다. / 별빛보다도 눈부신 불빛들이 삐걱거리며 주저앉고 있었다.(102)

소년이 항아리의 말을 따라 도착한 서쪽은 도시가 멀리 내려다보이는 어떤 절벽의 끝이었다. 소년은 항아리와 함께 지금 막 발생하고 있는 세계의 완파를 지켜보는 중이다. 총성 같은 '독 터지는 소리'란 무엇인가. 사회의 안락 속으로 매장된 항아리들이 연이어 터지는 소리이다. 그것은 부푼 폐를 터트리며 한꺼번에 내질러지는 고통의 비명이고 괴성이다. 법의 대지 밑 항아리들의 거대한 공백 위에 구축된 통치의 구조물이 독 터지는 소리와 함께 내려앉는다. 항아리가 말하던 서쪽이란 어디인가. 고통의 괴성들, 증언의 비명들이 터져 나오는 곳이다. 귀가 열려져 그걸 듣도록 강제로 소환되는 곳이 서쪽이다. 숨죽였으니 없는 것과 다름없다고 말하는 자들의 협치 안으로 숨죽인 채로 여기 분명히 있음을 선언하고 고지하는 힘, 그 힘이 배양되는 장소가 서쪽이다. 그런 한에서 서쪽이라는 장소는 은폐되고 망각된 존재가 개시되는 시간이다. 개시되는 존재들 곁에서 그들의 선포를 나눠가지는 시간이 서쪽에 발생하는 시간이다. 고통을 대면하는 자가 사회를 통한 축적 또는 사회의 안락이라는 회집과 결산의 모조-구원적 효력을 정지시키게 되는 시간. 그런 윤리적 비등점의 게발트벡터에서, 고통 위에 정립된 법폭력의 경제가 내려앉기 시작한다. 매장된 항아리들이 어디든 얼마든 있는 것처럼 윤리적 비등점들 또한 어디든 얼마든 있다. 그렇게 편재하는 비등점들은, 달리 말해 "농밀한 카타스트로프의 점들의 집합"[2]이다. 카타스트로프catastrophe·파국·대단원, 그것은 흐름을 중절시키는 불연속의 계기들이며, 질적인 변이의 순간들이고, 힘의 역전이 이뤄지는 지점들이자 산포된 그 지점에서의 도약들이다. 그것은 최후적 해결이고 절멸이고 파국이다. 카타스트로프의 점들은 위-계의 '절멸과 신생'의 동시성을 관철시키는 힘의 발생지이다. 그 힘이 구조의 붕괴를 수행한다. 「옹기전」에 그려진 카타스트로프의 힘, 그 윤리적 비등점에서의 도약은 순간적인 것에 머무른 채로 '순간의 직관'을 펼칠지언정 그 순간이 어떻게 지속될 수 있는가에 대해서는 질문하지 않고 답하지 않는다. 그것은 끝내 실패하는 것이다. 그러나 그 실패를 완성에 미달하는 결여로 읽지 말아야 한다. 한 번의 실패로 끝나지 않고 매번 실패함으로써 차이를 학습하는 실패, 그렇기에 세계의 완파를 거듭 도래시키는 실패, 붕괴의 순간을 지속시키는 실패. 황정은의 '파씨'는 그런 실패와 도래의 항구적 변증을 '끝'까지 밀고나가는 자이다. 실패 속에서의 도래를 끝까지 기다리는 자가 파씨인 것이다.

2-1. 파씨, 이 사람을 보라. "주자走者는 파씨./파씨의 이름은 파씨./어째서 파씨냐고 묻는다면, 파씨니까./어째서 파씨고 모조고 맨이고 팽인가, 묻는다면 파씨는 파씨고 모조는 모조고 맨은 맨이고 팽은 팽이니까 파씨는 파씨,라는 대답이 가능할 뿐, 파씨는 파씨일 뿐, 파씨로서 발생하고 부단히 파씨가 되고자 노력하면서 사라질 뿐, 그뿐입니다."(209) 파씨의 정의, 「파씨의 입문」을 시작하는 이 '황정은스러운' 한 대목은 음미할수록 만들어지는 묘한 리듬감을 타고 촉발·점화되는 감응과 논리를 지녔다. 파씨는 누구인가.

파씨는 파씨니까 파씨다. 파씨는 다른 무엇이 아니라 자기에게서 말미암는 자이다. 파씨는 그러므로 자기-원인적이다. 그렇다는 것은 자기 밖에서 자기를 인도하거나 통제하는 '목적'이 없다는 말이다. 파씨는 목적을 무화시킨 자이다. 파씨는 무-목적적이다. 무無란 무엇인가. 공동의 항아리가 터지는 상태로서의 무란 무언인가. "무는 불연속을 야기시킨다."[3] 무는 목적으로 수렴

---

2. 르네 톰, 『카타스트로프의 과학과 철학』, 이정우 옮김, 솔, 1995, 35쪽.

3. 이정우, 「위상학과 존재론」, 르네 톰, 앞의 책, 역자서문, 15쪽.

되고 환수되는 사고와 행위의 기계적 연쇄를 절단하는 힘이며, 목적-수단 도식의 동력으로 작동하는 법의 악무한적 일반공식/성무일과의 궤도를 끊고 정지시키는 불연속적이고 불복종적인 힘이다. "무無는 위位의 없음이 아니라 오히려 위의 잠재성이며, 숱한 위의 형태들이 점선들로 존재하는 허虛이다."4 할당되고 분할됨과 동시에 배치되고 합성되는 지위와 위격들로 된 세계, 이른바 위-계라는 기계. 무는 그런 위계 속의 위상들과 위치들을 고정적이므로 고갈된 것이 아니라 잠재적이므로 발현 가능한 것으로 인식하고 실험할 수 있는 목적-수단 도식 바깥(으로)의 힘, 법-밖a-nomos(으로)의 게발트궤적이다. 그 궤적 위에서 파씨이기에 파씨인 파씨의 자기원인성은 자기-원인적이라는 신의 속성에 가닿는다. 동시에, 무목적적이기에 목적이 계도하는 체제의 아르케를 작동 중지시킬 수 있는 파씨의 그 게발트는 완파시키는 신의 심판에 가닿는다. 파씨의 게발트는 항시 자기-원인적이고자 하는, 부단히 자기 자신이고자 하는 자기보존의 노력 속에서 발생하며, 발생적 신의 사건으로 불러일으켜진다. 파씨를 정의하는 그 무의 힘은 없어져 '허'가 될 수 있는 힘, 사라질 수 있는 힘이다. 사라진다는 것은 목적에 의해 편성된 수단의 연관 바깥으로, 목적의 좌표-바깥으로서 발현한다는 것이다. 사라진다는 것은 목적의 좌표, 통제의 짜임 안에 뒤틀리고 일그러진 채로 잉태·인입되어 있는 좌표-바깥을 점거한다는 것이다. 바깥은 늘 안에 있다. 바깥은 늘 짜임·텍스트 안에서의 상황이다. 그래서 바깥은 늘 내재하는 초월의 장소, 비-장소a-topos이다. 또는 내재적 초월의 힘이 바깥을 구성하며 바깥으로서 제헌된다. 사라짐이라는 발생적 사건은 좌표-바깥에서의 일이며, 좌표-바깥을 일구는 일이다. 사라짐이 좌표-바깥인 한, 사라짐은 텍스트-무한이다. 무한은 회집하는 힘의 무화이며 결산적 법의 네메인/노모스의 경계의 돌파이다. 무한은 분리/매개의 불연속적 중단이며, 그래서 무이다. 무한은 무와 마찬가지로 완파시키는 신의 속성 중 하나이며, 신적 즉결의 임재의 흔적이자 그 양태이다. '주자'

---

4. 이정우, 『주체란 무엇인가: 무위인(無位人)에 관하여』, 그린비, 2009, 100쪽.

파씨는 질주함으로써 포획되지 않고 속도의 도상 위에 있으므로 좌표-바깥을 점거할 수 있는 자다. 주파 走破함으로써 목적의 법 연관을 무화시키는 파씨, 텍스트-무한의 신인 神人. 오늘 여기의 제1목적으로서의 축적체를 '내리쳐 깨는' 파씨는 그러므로 파씨 破氏다. 세계의 완파를 도래시키는 그들의 익명·익명성을 지칭하는 고유명으로서의 파씨. 이름하여, 파국인 破局人. 그들이 파씨다. 파씨는 신의 게발트의 담지자이다.

파씨는 1979년 어렸을 때의 바다를 기억하고 있으며, 그 바다의 파도를 기다렸으며, 그 기다림 속에서 자신의 세계가 시작된다고 느꼈으며, 군인아저씨에게 위문편지를 쓰면서 세계가 추운지를 물었으며, 그 세계 안에서 군인아저씨가 추워서 울고 있다면 세계는 지금 끝나야 한다고 생각했었다. 파씨는 빈곤했으므로, 고단한 파씨의 부모님과 함께 버려진 냉장고를 집으로 운반하면서 함께 키득거렸고, 악몽을 꾸면서 어둠이란 아무 악의도 없이 농도와 점도를 높이는 것이므로 외려 악한 것이라고 생각했으며, 겨울 이른 아침에 자전거로 신문을 돌리다가 새벽 잡역을 마치고 귀가하던 아버지를 만나 서로의 차갑게 언 얼굴을 바라본다. "아버지, 파씨가 먼저 말합니다. / 타요, 내 뒤에 타요. // 자전거가 비탈을 내려갑니다. / 파씨의 배를 붙든 파씨의 아버지가 뭐라고 말을 하자 파씨의 등뼈가 진동합니다. … 바람은 자전거의 앞쪽에서 뒤를 향해 불어가는데 파씨는 그의 외투 냄새를 맡습니다. 짠 냄새, 모직에 밴 짠 냄새. / 파도."(226) 가난하지만 성실히 일하는, 성실히 일하지만 가난한 파씨의 아버지는 지금 자신의 고단한 삶을 이해받고 있는 중이다. 무작정의 긍정이거나 앞뒤 없는 부정이 아닌 그 자체의 인정. 파씨는 그런 긍정과 부정 사이로 난 인정의 길을 신문배달 자전거로 달리는 중이다. 생각해보면, 인정은 아무나 할 수 있는 게 아니므로 인정할 수 있다는 건 탁월한 드문 능력이다. 파씨는 자신의 배를 붙잡고 자전거에 올라탄 아버지의 외투에서 새벽 노동의 잔여를, 그 짠 내를 맡는다. 타인의 삶에서 단내 나는 고단함을 느낀다는 것은 삶의 구속을 절단하고 함께 풀려나는 길의 초입에 선다는 것이다. 그 새벽 아버지의 외투에 벤 짠 냄새를 감각하던 바로 그때, 파씨는 오늘의 파씨를 있게 했던 옛 기억 속의 파도를 떠올린다. 파씨에게 파도란 무엇인가. 왜 파씨는 파도를 기다리는가. 파씨의 모든 것은 1979년 8월의 바다에서 시작한다. "파도를 기다려. / 거기서 문득 파씨의 세계가 시작됩니다. … 파도가 온다, 누군가 외칩니다. 파씨의 머릿속은 격렬해집니다. 이제 곧 거품 속에서 솟아오를 그는 얼마나 무섭고 끔찍한 형상일 것이고 얼마나 끔찍하게 사람들을 덮쳐올 것인가."(211) 파씨에게 파도란 크게 솟아올라 끔찍한 세계를 끔찍하게 쓸어버리는 '그'이며 '그'의 힘이다. 파씨는 세계를 덮쳐 쓸어가는 '그'를 기다림으로써 자신의 세계를 출발시키는 자다. 파씨는 그렇게 기다리는 자다. 그러나 줄곧 기다렸음에도 '그'는 오지 않았다. 파도는 아직 도래하지 않았다. 아버지의 외투에서 짠 내를 맡았던 직후, 그 새벽의 짠 내에서 파도를 떠올린 바로 그때 파씨는 누군가의 말을 듣는다. 그 말은 누구의 말인지, 어느 때의 말인지, 환청인지 환상인지, 환상을 뚫는 실재인지, 모호하고 흐릿하다. 그 말은 분명 환상적인 말이되 그 환상을 초과하는 리얼한 말이다.

이번 파도는 너무 작았어, 다음 파도를 기다려. 파씨는 놀랍니다. 바다를 보고 있는 어른들을 올려다봅니다. 아무것도 보지 못했는데 이미 왔다니. 가버렸다니. 바다를 돌아봅니다. 왔는지도 모르게 왔다 가버린 파도, 그냥 가버린 첫 번째 파도의 규모를 생각합니다. 이미 이전과는 다른 표정을 하고 있는 그의 얼굴을 생각합니다. / 파도를 기다립니다. / 이것은 천구백칠십구년 팔월의 기억, 이 부근입니다. 최초의 기억과 최초의 질문과 최초의 정서가 시작된 지점, 여기가 바로 겨자씨만한 파씨, 파씨의 발생, 조그만 주름의 시작입니다.(226)

파도는 오지 않은 게 아니다. '그'는 이미 왔었고 갔었다. 파씨는 벌써 왔다간 파도의 규모를, 이전과는 달라진 '그'의 표정을 생각한다. 파씨는 다시 도래할 '그'를 기다린다. 다시 묻자. 파도는, '그'는 누구인가. 타인이다. 무슨 말인가. 타인은 불쑥 닥쳐온다. 타인은 돌발한다. 돌연한 발발로 현현하는 불-시의 인간이 타인이다. 타인은 불시의 사건적 힘이다. 타인은 예고 없이, 예정에 없이 틈입해 나의 삶의 흐름을 중단시킨다. 타인은 내 의지로 피할 수 있는 게 아니므로 불가피한 존재이다. 타인은 내 의지로 막아서거나 치워버릴 수 있는 게 아니므로 불가촉적인 존재이다. 그러므로 타인은 불가항력적이다. 타인은 그렇게 나를 압도한다. 나를 압도하는 압-권 또는 특-권이 타인이다. 줄여 말해, 타인은 신이다. 그 신을 어떻게 봉헌할 것인가, 그 물음의 재정의가 윤리적 게발트의 근원이다. 파씨는 아버지의 외투에 벤 고단한 짠 내를 맡음으로써 타인에 봉헌하는 중이다. 그 타인/신에의 봉헌의 순간, 파도가 덮쳐오며 '그'가 도래한다. 너무도 작은 규모이기에 온지도 모르게 왔다 갔지만, 파도는 분명 파도였고 '그'는 분명 '그'였으며, 그 도래는 분명 도래였다. 지금 그렇게 왔으므로 다시 올 때는 이전과 같지 않을 것이다. 파도는, '그'는 분명 다시 다르게 도래하는 중이다. 파씨는 기다린다. 파씨는 그 기다림 속에서만 거듭 시작할 수 있기 때문이다. 그 기다림이 파씨의 힘의 원천이기 때문이다. 바로 그 기다림 속에서 파씨의 세계가, 최초의 기억과 질문과 정서로 이뤄진 파씨의 세계가 개창되었고 파씨라는 싹이 움텄기 때문이다. 파씨는 '그'를 향한 기다림 속에서 발생했고, 그 기다림 속에서 발생적 힘의 주름으로 시작한다. 그러하되 그 작은 주름은 이미 신의 얼굴을 향한 대면의 연혁과 이력으로 세세히 주름 잡혀 있을 것이므로 막대한 펼쳐짐을 내장한 주름이다. 그 막대한 주름이 세계의 완파를 매번 도래시키는 힘이다.

2-2. 파도에 대한 기다림 속에서 파씨의 세계는 시작한다. 다시 말해 '그'에 대한 봉헌의 시간 속에서 파씨는 발생한다. 누적되는 타인의 고통을 세계의 끝을 도래시키는 누승적인 힘의 발생지로 감각하는 황정은의 소년들은 그런 봉헌의 시간 속에서 자란다. 파씨의 성장, 파씨라는 '겨자씨'의 생장이 그런 윤리적 비등의 시간 속에서 일어난다. 윤리는 그렇게 자라게 하는, 자라서 직립하게 하는 힘이다. 윤리는 다른 법을 위한 교양, 그것을 위한 자기-건립적 힘의 자질이다. 그 힘이 법정립적 세계를 내려앉히는 비정립적 파국의 삶들을

건립한다. 그런 파국의 삶들은 어떤 주춧돌 위에 건립되는가. '최초의 기억과 최초의 질문과 최초의 정서' 위에 건립된다.

최초는 맨 처음이다. 그러므로 최초는 어떤 원점이다. 시작점, 근본이 되는 본디의 점이 원점이다. 그런 원점을 인식하고 표현하는 관점들 중 하나는 이런 것이다. "원점에, 즉 a=b=0에 비안정적인 잠재에너지의 최고값이 상응합니다. 즉 원점은 통제평면(a, b)에 있어서의 갈라지는 점인 것입니다. 요컨대, 갈라짐이 카타스트로프를 낳는 것입니다!"[5] 원점은 항상 이미 갈라지는 점이다. 갈라짐分岐 안에는 들고일어나는 회집 불가능한 분기奮起의 힘이 최고도로 잠재되어 있다. 단일한 정체성으로, 하나의 행동양식으로, 곧 계측 가능한 상태로 질서화하는 힘에 직면해 갈라짐은 분기하고 봉기함으로써, a축과 b축의 좌표계 안에 힘을 정위치시키려는 통제평면의 작동을 중지시킨다. 분기·갈라짐이 파국을 도래시킨다. 갈라짐이 카타스트로프를 낳는다. 갈라지는 점으로서의 원점, 갈라지는 시작점으로서의 최초. 그 원점, 그 최초에서 분기되기 시작한 모든 점들은 좌표 위에 정위치된 점으로 드러나고 있을 때조차도 언제나 원점과 최초에서 분기된 흔적과 기억을 가졌다. 원점에서 시작된 분기의 기억, 최초의 그 기억을 파지해야 한다. 원점에서 분기된 흔적으로서의 질문들, 최초의 그 질문들을 다시 던져야 한다. 원점에서의 분기의 정념, 최초의 그 정서를 재감각해야 한다. 최초의 기억, 최초의 질문, 최초의 정서는 농밀한 카타스트로프의 점들에 다름 아니다. 그 점들의 집합 혹은 그 점들의 공동본질에서 파씨들은 발생한다. 불-시에 돌올하게 돌출하는 옳고 놀라운 것. 그것은 통제좌표 위의 한 점에서 일어나는 분기의 현현이며, 좌표화된 삶 안으로 영도zero degree의 삶을 인입시키는 힘이다. 영도의 삶a=b=0, 좌표의 무화無=0. 파국인 파씨의 나날이 그와 같다. 파씨에겐 매일이 최초다. 다시 질문하자. 최초란 무엇인가.

원점인 최초는 맨 처음이므로 어떤 태초太初이다. 세계가 처음 시작되는

---

5. 르네 톰, 『카타스트로프의 과학과 철학』, 125쪽.

때가 태초다. 파도를 기다리란 말과 함께 파씨의 세계가 처음 시작되었으므로, 파씨의 세계가 시작되는 그 시점 또한 하나의 태초이다. 태초에 파씨가 발생했다. 태초에 '말씀'Logos이 돌발했다. 다시 말해 태초에 '파씨라는 로고스'가 발생했고 돌발했다. 그러므로 파씨는 누구인가라는 물음은 로고스란 무엇인가라는 물음과 다르지 않다. "로고스는 본질적으로 한 기저공간에서 분배되어야 하는 행동자들 사이에서 성립하는 갈등의 동력학적 상황입니다. 모든 형태학morphologie은 어떤 갈등의 결과입니다. … 충분히 알려진 유일한 로고스들은 바로 기초적인 카타스트로프들입니다."[6] 로고스는 상황이다. 행동인자들 사이에서 벌어지는 힘의 관계상황. 힘의 불화와 이반, 반목과 결렬의 상황이 로고스다. 그 상황 속에서 힘의 꼴, 힘의 형태가 만들어진다. 모든 형태학은 바로 그런 힘의 동력학에 초점을 맞춘다. 로고스 속에서 모든 형태학은 변신학metamorphology으로 된다. 로고스는 완전과 안락, 평화와 조화가 아니라 결핍·쟁투·분열·파열의 상황이 장치되는 시간이다 : "로고스가 이 모든 존재하게 된 자들의 원인이었으므로, 그도 심히 당황하고 놀랐느니라. 그는 완전함 대신에 결핍을 보았고, 그는 하나됨 대신에 분열을 보았고, 그는 안정 대신에 혼돈을 [보았고], [안식] 대신에 소요를 보았도다. 그는 그들이 혼란을 [사랑하지] 못하게 [할 수] 없었으며, 그것을 파괴할 수도 없었느니라. 그의 총체성과 그의 존귀함이 그를 떠나자 그는 완전히 무력해졌느니라."[7] 이 문장들, 오래도록 묻혀 있었던, 오래전에 공동으로 존재했었던 힘의 형태가 저 '무력'無力이라는 단어로 드러난다. 완전한 무력이라는 신적 힘의 유력한 형태, 순수하게 무위적無位的인 그 힘이 지배의 로고스가 주재하는 총체적 승리와 존귀한 후광 속으로 삶이 합성되고 있음을 개시하는 힘이다. 그런 총체와 존귀의 구원적/살인적 힘을 무화한 로고스, 무력한 로고스. 다시 말해 로고스의 회심-력, 회심한 로고스/노모스의 게발트. 이 힘은 사람과 사회의 현존하

---

6. 르네 톰, 『카타스트로프의 과학과 철학』, 212쪽.
7. 「로고스의 회심」, 〈삼부론〉, 『나그 함마디 문서』, 이서하 옮김, ko.cyclopaedia.asia/wiki.

는 관계를 편성하고 있는 신성한 후광의 형질이 전면적으로 의문에 부쳐지는 시간이며, 그 시간 속에서 관계의 파열·분열과 동시적인 주체의 변신이 도모된다. 그런 분열에 방점 찍힌 말씀/로고스로, 세계의 완파를 위해 세계에 인입되었던 그리스도 예수는 말한다. "나는 세상에 불을 지르러 왔다.… 내가 세상에 평화를 주러 왔다고 생각하느냐? 아니다. 내가 너희에게 이르노니, 나는 오히려 분열을 일으키러 왔다."(「누가복음」 12 : 49~51) 로고스는 불의 임재이다. 로고스는 분란과 혼돈의 불의 도래이다. 로고스는 안락의 통치, 통치적 안락의 연속을 끊고 그 연장을 끝내는 중지와 불연속의 원리이자 준칙으로, 완파적 게발트의 준동으로 도래한다. 로고스는, 파씨라는 로고스는 통치의 세계를 폐지함과 동시에 다른 세계를 다시 기초한다. 로고스는 법의 기초를, 법이라는 기초를 다시 정초하는 파국·카타스트로프이다. 로고스라는 신의 게발트, 그것이 "교회가 인용하는 신은 그다지 신뢰하지도 좋아하지도 않는"(196) 「뼈도둑」의 또 다른 파씨가 인용하고 참조하는 신이다. 그렇게 인용하고 있는 파씨가 인용되고 있는 신이다. 파씨라는 로고스에 의해, 파씨라는 신에 의해 세계의 폐절과 다른 법의 재정초가 동시에 함께 일어난다. 줄여 말해, 파씨의 파국학catastrophology. 이는 다시 다르게 표현될 수 있다.

2-3. 통치하는 자들이 인용하는 신은 안락과 조화를 보존하기 위해 모조되고 가공된 말씀이다. "태초에 말씀이 있었다. 침묵은 오직 그 후에 왔다./종말 그 자체가 사라졌다…."[8] 말씀과 함께 파국이 오는 것이 아니라, 말씀 이후에 침묵이 왔다는 것은 말씀에 내장된 분란의 카타스트로프가 봉쇄되고 감금되었다는 뜻이다. 봉쇄된 로고스의 게발트, 재편성되고 재조직되어 통치의 법에 최적화된 로고스의 게발트에 의해 종말 그 자체가 없어지며 파국의 도래 그 자체가 멈춘다. 현존의 체제가 끝나질 않는다. 그렇게 영원한 안락과 조화의 세계 속에서 통치의 무한한 반복이 재생산된다. 좌표-바깥으로

---

8. 장 보드리야르, 『사라짐에 대하여』, 하태환 옮김, 민음사, 2012, 93쪽.

(서)의 사라짐에 관하여 다시 생각해야 하는 까닭이 거기 있다.

앞서 파씨의 힘에 대해 자기-원인적이며, 인도하는 목적에 불복종하며, 그럼으로써 목적의 좌표-바깥으로(서) 사라질 수 있는 힘이라고 적었다. 파씨의 태초, 파씨라는 로고스는 목적의 인도하는 힘과 적대한다. 로고스는 그렇게 파열하는 갈라지는 힘이다. 갈라진다는 것과 사라진다는 것은 다른 말이 아니다. 불의 임재, 로고스라는 칼과 불의 힘은 끝을 도래시키는 사라짐의 힘이다. 끝의 도래를 영원히 유보시키는 전-종말론적 적그리스도의 말씀을 끝내는 것이 사라짐의 힘이다. "따라서 사라짐, 형태로서의 사라짐에 어떤 특정한 목적이나 목표를 부여한다는 것은 불가능하다.… 우리는 사라짐에 그 특권, 그 힘, 그 영향을 돌려주어야 한다. 우리는 사라짐을 최종차원으로서가 아니라, 널리 편재한 차원으로서 받들어야 한다."[9] 힘의 양태, 편재적 게발트 궤적으로서의 사라짐. 그것에 부과될 수 있거나 할당될 수 있는 목적은 없다. 목적은 사라지는 것을 인도할 수 없기 때문이다. 다시 말해 회집 불가능한 사라짐은 목적의 대지를 함몰시키는 하나의 현현이자 발생인 것이다. 발현적인 것의 적이 목적적인 것인 한에서, 발현의 양태로서의 사라짐 또는 사라짐으로써 잔여로 잔존함은 특-권적 힘을 보장받는다. 그 힘이 '신의 심판'과 관계되기 때문이다. "사라지는 모든 것은 흔적을 남긴다. 이건… 신의 심판과도 같다. 신은 사라지지만, 그 뒤에 자기의 심판을 남겨둔다. 체셔고양이의 미소는 이미 그 자체로 무시무시하지만, 고양이 없는 미소는 훨씬 더 무시무시하다…. 그리고 신의 심판은 그 자체로 무시무시하지만, 신 없는 신의 심판은…."[10] 무슨 말인가.

사라진다는 것은 아무것도 남기지 않고 없어지는 것이 아니다. 사라진다는 것은 흔적의 남김을, 잔여로서 잔존함을 조건으로 한다. 사라짐의 흔적이란 『이상한 나라의 앨리스』의 체셔고양이가 사라지며 남기는 무시무시한 미

---

9. 장 보드리야르, 『사라짐에 대하여』, 39쪽.
10. 장 보드리야르, 『사라짐에 대하여』, 31쪽.

소 같은 것이며, 사라지는 신이 자기성의 제로 지점에서 남기는 최후심판 같은 것이다. 신의 심판은 무시무시하지만, 신의 사라짐이 남기는 '신 없는 신의 심판'은 훨씬 더 잔혹하다. 신 없는 신의 심판은 신의 심판조차, '최종차원'이 된 신의 심판조차, 최종목적이 된 신의 심판조차 심판한다. 그런 한에서 신 없는 신의 심판은 최종목적 없는 목적으로 발현하는 힘, 메시아주의 없는 메시아적 힘으로 잔존하는 신적 즉결의 게발트이다. 최종차원으로 합성된 특정적이고 가시적이며 유력한 단일성의 신을 심판하는 심판, 구원적/살인적 심판의 존재-신-론으로 자기증식하는 결산적 신을 심판하는 신 없는 신의 심판, 잠재적·익명적·무인칭적으로 잔존하는 신 없는 신의 심판. 좌표-바깥은 신 없는 신의 심판이 발현하는 진정한 예-외의 장소이며 신 없는 신의 심판은 좌표-바깥으로서만 구성되고 도래중일 수 있다. 통치의 좌표를 매일의 일상 속에서 악의 없이 유지하는 악한 사람들, 매일 악한 그들을 두고 황정은은 연약하지만 무적이고 소소하지만 거대하다고 쓴다. 그들은 거리의 부랑자들을 두고 사회가 보호하지 못하고 있는 잠시 동안의 문젯거리에 불과하다고, 곧 그런 사람들은 말끔히 일소되고 사라질 것이라고 말한다. 그들이 이내 사라질 것이라고 말하는 그 부랑자들 속에 소년 앨리스, 여장남자 앨리스, 풍찬노숙의 앨리시어가 있다. 그/녀는 저들 악한들이 말하는 사라짐, 그 일소를 기소한다. 앨리시어는 안전과 보호의 '정상적' 사회를 향한 믿음의 전체주의를 기소함으로써 사회-스펙타클이라는 '사이비 신성체'의 후광을 벗기려한다.

내 이름은 앨리시어, 여장 부랑자로 사거리에 서 있다. 그대는 앨리시어가 발을 끌며 걷는 것을 보게 될 것이고 불시에 앨리시어의 냄새를 맡게 될 것이다. … 앨리시어는 그렇게 하려고 존재한다. 다른 이유는 없다. 추하고 더럽고 역겨워서 밀어낼수록 신나게 유쾌하게 존나게 들러붙는다. 누구도 앨리시어가 그렇게 하는 것을 막을 수 없다. 앞으로도 앨리시어는 그렇게 한다. 앨리시어의 체취와 엘리시어의 복장으로 누구에게도 빼앗길 수 없는 앨리시어를

추구한다. 누구의 지문指紋으로도 뭉개버릴 수 없는 앨리시어의 지문을 배양한다.[11]

'누구의 지문으로도 뭉개버릴 수 없는 앨리시어의 지문을 배양한다.' 앨리시어, 우리들의 '야만적인 앨리스씨'는 또 하나의 파씨다. 야만이란, 야만으로 낙인찍음으로써 그렇게 낙인찍은 자들은 야만이 아닌 게 되는 구조의 운용원리 중 하나이다. 기어코, 기필코 야만을, 악취를, 추함을, 역겨움을 선택/결정한다는 것은 그런 구조 안에 그 구조의 절단과 파국의 힘으로 역-장치된다는 것이다. 그렇게 질기게 즐겁게 들러붙어 향기롭고 아름다운 통치자들의 위계를, 그 묵계를 파쇄하는 발생적 계기로 잔존한다는 것이다. 그들의 그 향기와 그 아름다운 통치가 피와 오물을 덮어쓴 그들의 '축적' 위에서만 가능함을 개시한다는 것이다. 엘리시어의 사라짐이 그 일을 행한다. 사라지는 엘리시어가 남기는 지문의 신적 즉결이 그 일을 행한다. 뭉개지지 않는 지문, 그것은 앨리시어니까 엘리시어인 엘리시어의 고유성의 보존이며, 그 보존에 관여하는 관계들의 존엄의 지속이다.

앨리시어, 구조로부터 사라졌던 자, 그렇게 사라지면서 여장 부랑자로서 자신만의 야만의 궤적을 흔적으로 남기고 있는 자. 그것 외에 다른 이유를 갖지 않은 자, 다른 목적을 거절하는 자, 자기-원인적인 자. 엘리시어/앨리스씨라는 파씨. 앨리시어는 고유한 체취와 복장으로 누구에게도 강탈되거나 착취되지 않는 앨리시어 그 자체의 산 특이성을 관철시키는 자다. 통치의 인장들이 찍힌 네메인/노모스, 지배의 지문들로 도배된/뭉개진 신체와 사회 속에서 앨리시어는 자신의 지문을 배양하고 양생하는 중이다. 앨리시어의 지문은 파씨의 막대한 주름에 다름 아니다. 앨리시어의 지문은 신의 지문이다. 신 없는 신의 지문이 앨리시어의 심판하는 지문이다. 그 지문이 날인하는 사물·사람·사건의 장소, 바로 거기에서 좌표-바깥이 개시된다. 거기가 좌표-바깥

---

11. 황정은,「야만적인 엘리스씨」(1회), 계간『문학동네』2012년 봄호, 317쪽.

을 표현하는 언어들의 아카이브이며, 거기가 좌표-바깥이 구성되는 순간들의 비정립적 아키텍쳐이다. 그렇게 앨리시어는 연약하고 무적이며 소소하고 거대하다. 연약하고 소소한 그는 그러므로 누군가를 기다리지 않을 수 없다. "그러므로 이것을 기록할 단 한 사람인 그대, 그대는 어디까지 왔나. / 그대는 이것을 어디까지 들었나. / 이것을 기록했나. / 마침내 여기까지, 기록했나. / 앨리시어가 그대를 기다린다."¹² 아무런 악의 없이 밀도와 농도를 높이는 악한 어둠과 같이, 아무런 악의 없이 추방의 구조를 유지하는 악한 그들. 그러하되 그들이야말로, 앨리시어가 기다리고 있고 기다릴 수밖에 없는 사람들을 배양한다. '기록'할 수 있는 사람, 남겨 잔존시킬 수 있는 '단 한 사람인 그대'가 그런 기다림의 대상이다. 단 하나뿐인 여러 기록자들, 그 자신의 고유한 지문으로 타인의 얼굴과 대면하고 그 얼굴의 표정을 받아쓰기하는 사람들이야말로 기다림을 받는 자이며 기다리는 자이다. 파씨들은 누구인가. 고통의 필경사들이다. "그대와 나의 이야기는 언제고 끝날 것이다. 그것은 천천히 올 것이고, 그대와 나는 고통스러울 것이다."¹³ 이 고통의 기록, 기록된 고통은 오래도록 고통스러울 것이지만, 그 고통의 기록이 유혈적 성문의 법을 심판하는 문자 없는 법으로, 신적인 불문의 법에 최후심판 당일의 일정표의 항목들로 등재 중인 한, 고통의 끝은 거듭 도래중이다. 고통을 끝내는 불의 강림, 곧 그리스도라는 로고스/노모스가 걸림돌로 된 길을 통해 도래중이라고 했던 건 키에르케고어였다. 그 걸림돌이 디딤돌로 전위되는 상황을 체감했고 연이어 연출했던 건 사도 바울이었다. 걸림돌/디딤돌skandalon로 된 바로 그 길 위에서 연출되고 있는 윤리적 대면對面의 장면들·상황들 속에서 파씨, 그 고유한 익명성의 이름이 출몰한다.

---

12. 황정은, 「야만적인 엘리스씨」(2회), 계간 『문학동네』 2012년 여름호, 328쪽.
13. 황정은, 「야만적인 엘리스씨」(2회), 329쪽.

몰락의 최고주권 또는 선악 저편의 사랑

1-1. 사랑과 윤리에 대한 비평의 시선이 공동체의 문제와 결합할 때 발현하는 힘에 대해, 그 힘과 접촉하는 주권의 문턱에 대해 생각해보려고 한다. 앞질러 예컨대, '인류의 종언의 날에 사랑에 미쳐 날뛸 날이 올 거'라고 했던 건 김수영이었다(「사랑의 변주곡」, 1967). 그를 인용하면서, 또는 그에 공감하면서 그 사랑을 변주하기 위해 골몰했던 이들이 있었고, 신형철은 그중 하나이다. 내게 그의 비평은 무엇보다 신과 문학의 관계 속에서, 또는 '신적인 것'과 '시적인 것'의 연관 속에서 빛을 발하는 것이었다. 다음과 같은 문장에서 시작하기로 하자. "유물론이 왜 형이상학으로 깊어지지 않는지, 변혁론이 왜 구원에 대한 사유로 급진화되지 않는지 알 수 없었습니다. 세계는 어디로 가는가, 인간은 구원될 수 있는가, 신은 도대체 어디서 무엇을 하는가. … '신적인 것'과 대결하면서 '시적인 것'이 뜨거워질 수 있다고 믿었습니다."[1] 비참한 삶에 무심한 신, 정의를 외면하는 신을 겨냥했던 시인 신경림을 읽고 난 뒤의 문장이다. 대결이란 상대와 동등한 자격을 가졌다고 전제할 때만이 성립한다는 것, 그러므로 신적인 것과 대결할 때 시적인 것은 신적인 것과 동일한 높이로 고양될 수 있다는 것. '뜨거워질 수 있다'는 것은 그렇게 고양될 수 있다는 것이다.

---

1. 신형철, 『느낌의 공동체』, 문학동네, 2011, 118쪽. 이하 이 저작에서 인용할 때는, 예컨대 '(1:118)'로 표기한다. 그의 평론집 『몰락의 에티카』(문학동네, 2008)에서의 인용은 '(2:15)'와 같이 표기한다.

신형철에게 뜨거워진 시는 무책임한 신과 '싸우는 시'이자 세계의 고통과 '투쟁하는 형이상학'이었다. 벌겋게 달궈진 시라는 무기, 쟁투의 어떤 열도. 그는 시적인 것이 '위'를 향해 치솟아 오를 때 '아래'에서의 삶이 달라질 수 있다고 믿는다. 시적인 것과 신적인 것이 맺는 관계가 게발트의 형질/벡터에 대한 사고 속에서 운동하고 있다는 것은 귀한 논리이며 필요한 사고이고, 그런 만큼 상속되어야 할 믿음의 정치론, 비평의 입론일 것이다.

1-2. 그런 상속을 위해 되뇌고 되감아보았던 문장이 있다. "신과의 대화는 우리 시대 큰 어른들의 몫이라고 생각합니다.… 준엄하게 신을 기소^{起訴}하는 법정에 한국 시는 거의 출석하지 않았습니다."(1:118) 이 문장과 함께, 그 곁에서, 시인의 다음 시를 기다리게 되는 까닭은 세속의 정치경제적 질곡을 묵인하는 신, 그런 질곡의 재생산 원리로서의 신의 힘과 싸우는 시와 다시 만나야 하기 때문이다. 신형철에게 신은 기소의 대상이다. 그리고 신을 법정에 세우는 일은 이 시대 '큰 어른들의 몫'이다. 이 기소의 몫이라는 표현을 인식하는 길은 달리 더 있을 것이지만, 여기서는 그 표현에 대한 비판의 길을 선택할 것이며, 그런 선택에 의해 이끌리는 특정하게 고안된 배치 속에 신형철의 비평을 가져다놓을 것이고, 그 과정/소송의 약한 파장 속에서 이뤄질 인용들 간의 관계적 힘이 어떤 게발트궤적을 이룰 것인지를 확인해보고자 한다.

기소의 '몫'을 말하는 신형철에게 신 아닌 것은 기소의 대상이 아니다. 당연히 신 아닌 것을 기소하는 것은 '그의 몫'이 아니다. "작품의 허물을 기소하거나 시간이라는 판관과 경쟁하는 일이 내 몫일 수 없다는 생각은 바뀌지 않았다.… 기소와 선고를 위한 문장을 쓰고 나면 나는 거의 고통스럽다."(1:13) 이 문장을 쓸 때 일어나는, 혹은 그 문장을 지탱하는 두 개의 분리. 하나, 기소의 대상인 것과 아닌 것의 분리. 둘, 기소하는 자의 몫과 기소하지 않는 자의 몫의 분리. 보이지 않는 신이 판결의 대상으로 강조되는 것에 반해, 마주하는 대상으로서의 작품은 선고의 대상에서 제외된다. 기소의 대상이 신으로 한정되었고 판관의 일은 어른의 몫으로 돌려졌다. 신 아닌 것은 기소의 대상이 아니고 유일한 기소의 대상인 신은 이른바 대가의 몫이니, 이제 신형철은 그 어떤 대상도 기소하지 않아도 된다. '공감의 비평'으로 알려진 그의 글쓰기는 기소와 비판의 몫을 거절하게 하는 저 분리/매개에 근거해 있다. 손에 피 묻히길 좋아하는 사람은 없다는 걸 꼬집고 비꼬려는 게 아니다. 나는 지금 기소의 몫을 체계적으로 거절하는 비평의 존재론에 관해 말하고 싶은 것이며, 이에 근거해 또 하나의 당파성에 관하여 무릅쓰고 말해보고 싶은 것이다.

신형철은 기소할 때 고통에 허덕인다고 진심을 다해 토로했다. 이 진정어린 호소에 귀를 기울인다는 것은 어떤 것일까. 그를 '인용'하는 것일 수밖에 없다. "내 글은 내 실존의 필연이니 앞으로도 어쩔 도리가 없을 것이다. 도리없이 내가 겨우 할 수 있는 일이나마 가슴이 아프도록 잘하고 싶다는 생각뿐이다."(1:14) 그에게 기소할 수 없음은 어쩔 도리가 없는, 불가피하고 불가항력적인 것, 곧 '실존의 필연'이다. 고통 속을 헤매는 것은 징그럽고 진저리나는 것이기 때문이다. 그러나 신형철 자신이 말하는 '소설적인 것'이란 그런 실존의 필연성을, 그 심연의 불가피함을 깨고 흔드는 것이질 않았던가. "'소설적인 것'이란…쾌락원칙의 기율 안에 엎드려 있는 우리를 가격하면서 '쾌락원칙의 피안'을 넘나드는 실존의 심연을 열어젖힌다."(2:15) 또 한 번의 어떤 분리. 열어 젖혀질 수 있는 실존의 심연과 결코 흔들릴 수 없는 실존의 필연. 기소의 고통을 거절하는 신형철의 실존은 '필연'이므로 결코 열어젖히지 않는다. 그때, 쾌락과 고통 사이를 넘나들도록 충격하는 소설적인 것은 신형철의 발언 속에서 신형철을 예외로 두는 법이 되고, 그 법이 그의 실존을 필연의 권위로만들며, 그 권위가 다시 법을 만든다. 말을 만들자면, 실존-법-론. 그것은 '존재-신-론'과 접촉하며 그것으로 합성된다.

법이 된 실존의 필연성 안에서 자신이 할 수 있는 일, 곧 자신의 재능이 허락한 일을 잘하고 싶다는 것은 문제적이다. "재능은 필연성을 자신의 알리바이로 내세우는 데 익숙하지만, 그것은 결국 우연조차 포섭하려는 권력의지의 한 부분이 아닐까?…우연을 필연성으로 조탁해내는 언술적 세공술은, 예술이나 정치권력 같은 신화 이후의 신화들에게 매우 익숙한 것이다."[2] 신형철이 말하는 실존의 필연은 그 필연으로부터의 여러 이탈적 우연들·사건들을 장악하는 권력의 운행과 얼마나 가깝고 또 먼가. 더는 창작에 열등감을 느끼지 않아도 된다는 찬사를 받았던 그의 비평-예술은 권력적 신화와 얼마나 멀고 또 가까운가. 질문을 전진시키자. 또는 질문을 원점으로 되돌리자. '실존의 필연'이란 무엇인가. 실존-법-론의 궤적을 그리면서 우연적 돌발의 힘들과 그 관계 속에 자기를 선명히 각인해 넣는다는 것의 다른 말 — "나의 인장印章을 분명히 찍어넣기"(2:7) — 이다. 그런 필연의 주인 된 자기성ipséité 안에서 실존은 늘 이기는 법의 형태이다. 기소하지 않음으로써 항상 이미 이기는 자기라는 법, 독립적이고 근원적인 유래로부터 체험되는 자기라는 성스러움의 원천, 자기라는 영광의 반석, 존재-신-론. 저 실존의 필연론/법론과 대결하기 위해서는 다시 한 번 이렇게 말해야 한다. 신적인 것과 대결하면서 시적인 것은 뜨거워질 수 있다. 이 문장은 앞서 신형철의 것이었다. 지금부턴 상속받은 나의 문장이다. 시적인 것과 소설적인 것의 곁에서 비평은 존재-신-론적인 법연관, 계약연관의 반석을 기소하면서 거기로 절멸과 구제의 동시성을 도래시키는 '메시아적인 것'으로 타올라야 한다. 타오르는 비평, 재灰에서 다시 타는 비평. 쟁투의 다른 열도.

2-1. 신형철의 비평에서 "감전感電의 능력"(1:205)은 중요한 술어 중 하나일 것이다. 그것은 무엇이건 '기어코' 인지하고 느낄 수 있는 힘, 공감의 능력이면서 동시에 "사랑의 능력"(2:348; 523)과도 다르지 않다. 포개진 네 개의 능력. 감전·느낌·공감·사랑의 능력. 이 능력들을 공유하는 이들에 의해 구성되는 공동체가 '느낌의 공동체'이다. 감전의 능력이라는 용어가 제출되는 맥락은 하대하는 문장으로 시인 릴케R. M. Rilke를 부정하는 과정에서였는데, 그렇게 릴케가 부정될 때 『말테의 수기』 속 다음 한 문장이 단지 전시되는 데 그치고 마는 것은 아닌가. '창문이 열린 방 안에서 죽은 사람 곁에, 그리고 치미

---

2. 김영민, 『사랑, 그 환상의 물매』, 마음산책, 2004, 70쪽.

는 흐느낌 곁에 있어 보았어야 한다.' 내게 릴케의 이 문장은, 이를 인용한 신형철의 의지의 관철을 중단시키는 바리케이트 같은 것이다. 그 문장은 '무엇이건' 느낄 수 있는 차별 없는 공감의 능력에 대해 눈앞의 '특정한 고통'과 대면할 수밖에 없는 능력을 우위에 놓아야 한다고 요구하고 있기 때문이다. 그 요구와 마주해, 시적인 것의 발굴 속에서 눈앞의 고통과 죽음의 순간에 응답하고 있는 글, 용산 남일당의 비참을 비평하고 있는 「치명적인 시, 용산」에 대해 거듭 생각해 보게 된다. 긴급한 고통의 문제이기에 빠르고 정확해야 하며 확산적이고 급진적이어야 한다는 비평적 의지가 그 글의 힘을 지지하고 지속시킨다. 그러하되 그 의지는 관철됨과 동시에 신형철의 인지와 비평을 곤혹스런 문제 상황의 극점에 놓이게 한다.

신형철은 용산의 불길 속에서 시적인 것을 본다. 그는 용산에 관한 MBC 신경민 앵커의 클로징 멘트와 죽음의 순간에 오갔던 경찰 무전교신 한 대목을, 그 두 개의 육성을 문장으로 써서 옮겼다. 그는 씌어진 육성, 그렇게 문장이 된 목소리의 의미를 문법·대구·각운 등을 통해 시를 읽듯 읽는다. 그는 그 "문장들에서 시를 봤다."(1 : 164) 이 문장은 신형철이 왜 '문학평론가'인지를 선연하게 드러내는, 그 자신의 존재 증명과도 같은 한 문장, "기어코 어디서든 '시적인 것'과 '소설적인 것'을 찾아낼 것이고 그것을 비평할 것"(2 : 16)이라는 한 대목과 맞닿아 있다. 질문은 다음과 같이 된다. 그 육성들에서마저 시를 보아도 되는가. '기어코 어디서든' 시를 찾아내고 비평할 것이라는 그 의지가 승리할 때 폐기되는 것은 무엇인가.

시너에 붙은 불은 물대포로는 안 된다는 급박한 육성의 의미를 찾으면서 신형철은 꺼지지 않는 그 불길 속에서 결코 "그들의 저항이 진화되지 않을 것"(1 : 165)임을 본다. 그러나 불굴의 저항이라는, 그가 불길 속에서 느꼈던 그 시적인 것은 그 죽음을 표현하는 것이 아니라 오히려 그 죽음 위를 올라타고 군림한다. 무슨 말인가. 쉽게 말할 수 없는, 쉽게 발굴되어선 안 될 그들의 상황, 남일당 옥상 고공에서 일어난 그 죽음에 대해 무릅쓰고 말하자면 이렇다. 몸에 옮겨 붙은 불길 속에서, 과연 그들은 굴하지 않는 저항적 의지로 최후를 맞았을까. 그 불길 속에서 자신들의 저항이 고통당하는 자들에 의해 지속될 것이라 확신하며 죽었을까. 그렇지 않을 것이다. 아마도 그들의 죽음은 인연의 끝이고 이별이고 단절이고 회한이며 아무것도 없음, 아무것도 남지 않음이었을 것이다. 무엇보다 앞질러 육체의 불탐이라는 감각과 고통이었을 것이다. 죽음의 불길 속에서마저 '기어코' 시를 찾아내고야 말겠다는 의지 속에서 발굴된 그 "시, 용산"은 신형철 자신이 찾고 싶었던 걸 찾은 것이므로, 끝내 그들의 죽음을 향한 애도에, 그 애도에 대한 사고에 실패하고 있다는 반증은 아닌가. 그들의 죽음은 비평의 의지가 관철되고 투사되는 대상이어선 안 된다. 다시 말해, 그들의 죽음은 비평의 것이 아니라 그들 자신의 것이어야 한다. 타는 몸의 불길에서 시를 볼 때, 그들의 죽음은 그 불길에서 시를 보는 자, 그렇게 시를 느끼는 자, 그 느낌의 초대에 몸을 맡기는 자들에 의해 사유화되고 독점된다. 그런 느낌의 공유에 기초한 공동체는 그렇게 독점적이기에 입법적이고 입법적이기에 끝내 착취적이다. 죽음의 소유권마저도 독점하려는 이들을 향해 '죽음의 주인은 누구인가'라고 물었던 이는 다카하시 테츠야高橋哲哉였다. 죽음을 사유화하는 시라면 그 시는 파괴되어야 한다. 그런 시를 파괴하는 시적인 것은 "모든 사유화私有化의 가능성을 파괴하는 동시에 어느 누구도 소유할 수 없는 나의 죽음이 나의 것이기를 요구"[3]하는 힘을 가진 것이어야 한다. 그 힘은 아래 특정한 인용의 구도 속에서 이른바 '(연인들의) 공동체'의 문제로, 곧 '주권'에 대한 재정의의 문제로 다시 표현될 수 있다.

'나'는 극단의 비천함으로, 즉 '나'를 '나'에게 걸맞은 자로 만들 단 하나의 수치의 경험으로 끌어내려져야만 할 것이다. 거기에 악의 최고주권 또는 더 이상 나눌 수도 없고 영예조차 박탈당한 최고주권이 있다. 거기에 경멸 받음으로 드러나는 최고주권, 삶 또는 생존을 가능하게 하는 하락의 길에 놓인 최고주권이 있으리라.[4]

3. 모리스 블랑쇼, 『밝힐 수 없는 공동체』, 박준상 옮김, 문학과지성사, 2005, 15쪽.

〈가자 가자, 신군〉에 등장한 오쿠자키 겐조奧崎謙三는 '부끄러움을 느끼는' 일본인의 상징이다. 이 다큐멘터리는 무치를 드러냄으로써 '사이좋은 동료'인 자들의 공감을 타파하는 힘이 있다. 그것은 전후 일본 사회의 서로 친함의 공감을 거절한다는 점에서 마치 음화陰畫처럼 무치를 통해서 유지되는 공감의 공동체를 부상시켰다.5

내가 나일 수 있는 것은 '수치羞恥의 경험'을 통해 끌어내려질 때라는 것. 수치에 이어지는 비천함의 극한, 수치로 끌어내려지는 '하락의 길'. 수치를 느끼는 자, 자신이 속한 공동체의 합의된 폭력에 부끄러움을 느끼는 자는 부끄러움을 느끼지 않는 자들이 구성한 무치無恥의 연합을 흔들리게 한다. 수치를 느끼는 자는 왜 끌어내려지는가. 그도 또한 무치의 공동체의 일원이 될 수밖에 없는 구조가 이미 구축되어 있기 때문이다. 천황제가 부과한 고통과 죽음의 문제를 둘러싸고 부끄러움이라는 감각 자체를 제거했던 전후 무치의 공동체는 고발되는 즉시 고발한 자를 함께 끌고 내려간다. 마음대로 수치를 느낄 수도 고발할 수도 없는 '사이좋은 동료들'의 정치체가 공감의 전체주의 속에서 연장된다. 이 연장의 상태, 곧 고통과 죽음을 부과하는 폭력연관을 절단·정지시키는 진정한 게발트, 수치의 법-정초력, 그 하락의 길 위에 '최고주권'이 있다. 아래로unter 향하는 길을 악착같이 악독하게 걸어가도록 강제하는 절대적 불가결의 악, 지고한 몰락Untergang의 주권. 선과 악의 상호참조 속에서 이뤄지는 도덕의 최종심과 도덕감정의 지배, 그 선악의 거울상을 깨는 악, 기소하는 악의 최고주권. 수치의 소송을 통한 하락의 길 걷기가 바로 그런 악-몰락이 선포하고 발효하는 힘의 주권적 성분이다. 신형철은 쓴다. "몰락은 패배이지만 몰락의 선택은 패배가 아니다. … 그들은 스스로 몰락하면서 이 세계의 완강한 일각을 더불어 침몰시킨다."(2:5) 이 몰락의 선택, 탄

---

4. 모리스 블랑쇼, 『밝힐 수 없는 공동체』, 46쪽.
5. 사카이 나오키, 『일본/영상/미국 : 공감의 공동체와 제국적 국민주의』, 최정옥 옮김, 그린비, 2008, 259쪽.

생 중인 그 폭력의 이념에 참여하기 위해서는, 선택된 그 몰락이 '기어코 발굴된' 몰락이 아니라, 몰락을 기어코 발굴해내는 감전과 사랑의 능력을, 그 "기적적인 교류"(1:9; 2:348)의 상태를, 무치의 신성한 장막을 걷어치우는 수치와 하락의 길 위의 최고주권적 몰락이어야 한다. 그 몰락이 사랑의 능력을 이루는 주성분이어야 한다. 그 몰락에 맞물린 블랑쇼의 한 문장은 이렇다. "연인들의 공동체의 궁극적 목적은 사회를 붕괴시키는 데에 있다."[6] 이 붕괴/몰락의 힘은 낡은 사회 속에 잉태된 다른 법을 분만하는 힘, '메시아적인 힘'과 결속한다. 이는 다음과 같은 질문과 응답에서 시작될 수 있다. 왜 하락의 길 위에 있는 최고주권이 더 이상 나눌 수도 없고, 영예도 박탈되며, 경멸받는가. 하락의 길 위에 있는 연인들의 공동체가 어떠한 '생산'도 최종목적으로 삼지 않기 때문이다. 생산에 주술 들린 가치와 이윤의 통치평면을 거절함으로써 축적의 일반공식적 권력구조를 기소하는 주권의 선포·발효. 파멸하는 권력의 눈에 그 발효상태/비상사태는 무-생산이며 나눌 것이 없기에 경멸될 뿐이다. 그 선포의 시간을 예증하는 '68년 5월의 거리'는 '아무 계획 없이, 아무것도 도모하지 않는' 일종의 '비-행동無爲'의 시공간이었다. 대의된 권력이 주도적으로 수립하는 생산의 목적과 공정을 거절함으로써 생산-선善에 의해 수여되고 할당되는 모든 영예들을 전면적으로 박탈하는 주권. "일종의 메시아주의가 그 현전의 자율성과 무위를 선포한다."[7] 메시아적 게발트, 다시 말해 수여된 영예들과 재현에 의한 매개력으로부터의 자율성, 생산이라는 최종목적에 대한 비-행동으로서의 무위의 선포. 그런 메시아성 속에서, 곧 68년 5월이라는 법-밖의 도래·발현 속에서 처음 본 사람들은 마치 이미 서로가 열려 사랑받았던 '연인들'과 같았다. 연인들, 그들은 누구이며 그들이 걸었던 길은 어디인가. 그들은 첨예화된 생살여탈권 속에서, 조절되는 합법성과 정당성의 폭력연관 속에서 죽음과 대면함/마주침으로써 수치를 경험하고 있는 국외자

---

6. 모리스 블랑쇼, 『밝힐 수 없는 공동체』, 78쪽.
7. 모리스 블랑쇼, 『밝힐 수 없는 공동체』, 56쪽.

이자 이방인이다. 그들이 걸었던 그 길은 끌어내려지는 길, 하락의 길 바로 그 위였다. 그들은 책임의 예–외 및 비–상의 선택과 결정 속에서 몰락하는 자들이고 그렇게 몰락함으로써만 윤리적 주권의 메시아성으로 발현될 수 있는 힘이다.

2–2. 감전·느낌·공감·사랑의 능력과 메시아적/주권적인 것으로서의 사랑의 능력. 그 두 사랑이 거하는 자리는 어디인가. 감전으로 시작하는 사랑의 자리는 '안쪽'이다. 메시아적인 것으로 시작하는 사랑의 자리는 '바깥'이다. 두 사랑 모두 '내밀함'과 '사건'과 '열림'을 말한다. 하지만 두 사랑이 말하는 '몰락'의 경험이 같지 않았던 것처럼, 내밀함의 사건 또한 같지 않다.

사랑이란 무엇인가. 아마도 그것은 느낌의 세계 안에서 드물게 발생하는 사건일 것이다. 분명히 존재하지만 명확히 표명될 수 없는 느낌들의 기적적인 교류, 그러니까 어떤 느낌 안에서 두 존재가 만나는 짧은 순간, 나는 너를 사랑하기 때문에 지금 너를 사로잡고 있는 느낌을 알 수 있고 그 느낌의 세계로 들어갈 수 있다. 그렇게 느낌의 세계 안에서 우리는 만난다. 서로 사랑하는 이들만이 느낌의 공동체를 구성할 수 있다. 사랑은 능력이다.(1:348; 2:9)

신형철에게 사랑은 짧은 순간의 드문 사건이다. '느낌들의 기적적인 교류'이며, "은밀한 초대"(2:361)에 대한 내밀한 내맡김이다. 미묘하고 은밀한, 그래서 '암약'이라고 표현되는 느낌의 공유. 그 '초대'라는 것에 관해 좀 더 생각하게 된다. 초대는 부르고 기다리는 것이다. 초대하는 자는 바깥으로 나가라고 말하지 않는다. 안으로 들어오라고 밝은 낯빛으로 손짓한다. 초대는 안쪽으로 입장하길 청한다. 초대는 "어떤 특정한 느낌의 세계에 입장할 수 있는 능력"(2:348)과 결속된 것이다. 이는 느낌의 세계 '안'으로 '들어갈 수' 있는 능력이며, 그 입장 이후 서로는 공유된 느낌의 세계 '안에서' 만난다. 그렇게 안으로 입장할 수 있는 이들이 사랑하는 이들이며 그들이 느낌의 공동체를 구성한다. 그러나 생각해보면 초대는 이중적이며 마성적이다. 초대는 속박하고 얽어매며招 차단하고 막고 방어한다待. 초대는 바깥을 청해 안으로 들인다. 그것은 매혹이되 미혹의 대가를 치르는 과정 속의 매혹이다. 초대는 외부를 내부화한다. 안으로 들어온 바깥을 단속하고 관리한다. 그런 한에서 초대는 치안의 성분을 갖는 것이다. 초대는 안쪽에 만들어진 표상을 들어온 바깥쪽에게 세계로서 부과한다. 나의 표상이 너희의 세계라고 했던 건 제3제국의 법이었다. 그 표상을 거절하는 이들은 초대한 자에 의해 언제나 배제될 수 있으므로, 초대한 자는 입법자이고 법의 설계자이다. 법 안으로 초대받은 자들이 끝내 법 안으로 들어가지 못한 채 법의 문 밖에서 기다리다 죽는 상황을 연출했던 건 카프카였다. 초대는 적대다. 초대는 적대의 아름다운 기술이다. 그런 초대를 사랑의 능력으로, 그런 초대를 공동체의 가장 중요한 자질로 꼽는 신형철은 법의 설계를 인가한다. '싸우는 형이상학'과 싸우고 있는 '투항하는 형이상학'이 그렇게 수락된다. 그렇게 인가하고 수락했음에도 그의 자리는 어디인가. 법의 문 밖이다. 인가하고 수락했기 때문에 끝내 법의 문 밖인 것이다. 그러므로 "문학은 법과도 싸워야 한다"(1:208)는 신형철의 말은 이렇게 다시 써져야만 한다. 문학은 법과도 싸워야 한다.

법과의 싸움은 법-밖을 창출하고 구성하는 과정이다. "지배라는 것이 있을 수 없는 영역인 바깥은 권위·단일성·내면성에 대립하기를 요구한다"; "독특한 내밀성이었던 바깥"은 "법을 파기한다."[8] 그 바깥은 적대적인 힘들이 맞부딪는 쟁투의 시공간이다. 전장으로서의 바깥의 독특한 내밀성은 법의 설계자들이 수행하는 모든 명명을 초월하는바, 그 바깥에는 "실존을 빛나게 하고 법열extase, 脫自態을 통해 실존을 노예적 굴종의 형태로부터 해방시키는 시간이 간직"[9]되어 있다. "거기 예시되고 있는 것은… 인종·민족·국민과 같은 폐쇄구역으로 분리된 사람들과 '공재화'하려는 탈자적脫自的 노력, 바깥으로 나

---

8. 모리스 블랑쇼, 『밝힐 수 없는 공동체』, 24쪽, 31쪽.
9. 모리스 블랑쇼, 『밝힐 수 없는 공동체』, 35쪽.

가고자 하는 노력이다."[10] '탈자적 노력'이란 자기 바깥으로의 탈출이다. 자기 바깥으로 나가는 이들, 계산이 불가능해진 그들에 의해 법의 명명이 정지하며, 그 탈자의 소송, 그 하락의 길 위에서 노예의 굴종적 삶을 부과하는 힘은 적대로 개시된다. 사카이 나오키酒井直樹가 말하는 공재성共在性·공재화는 '같은 시간을 함께 사는 일'인바, 그것은 블랑쇼가 말하는 '같이-있음의 가능성'과 마주친다. 저 수치의 경험에 이어 바깥·탈자·공재성이라는 개념들은 몰락의 최고주권적 법-밖a-nomos을 발효하는 정당성의 주요 성분들로서 상호 용접된다. 가라타니 고진柄谷行人의 모세론/유물론 또한 '바깥'이라는 개념을 통해 그런 최고주권의 발효와 접촉한다. "모세의 신을 가지고 오면, 신들이나 혹은 어떤 신비적인 것에 호소하려는 사고가 모두 부정되어버리기 때문에, 어떤 의미에서는 철저한 유물론이 됩니다."[11] 가라타니가 주목하는 모세의 신은 자기-내-초대의 힘이 아니다. 그 신은 엄중한 얼굴로 고지한다. "공동체에서 나가라'라고, 이른바 '사막에 머물라'라고 … 공동체와 공동체 사이"를 창출·지속하라고, 그럼으로써 공동체의 법에 의해 리스크로 계측·관리되지 않는 "항상 사라져가는 사람들"[12]로서 있으라고. 모세의 신은, 약속의 땅은 가나안이 아니라고 말한다. 약속의 땅은 사막이다. 사막은 어디인가. 저 유대의 광야이다. 그 황야의 사막은 '공동체와 공동체 사이', 법과 법 사이이며, 법-텍스트에 일그러진 형태로 잔존하면서 그 법-텍스트를 한계 짓고 있는 법-밖이고, 비상의 지속이다. 공동체와 공동체 사이에서 함께 하는 삶이란 무엇인가. 초대/치안의 공동체 '안'에서 그것의 '바깥'으로 사는 삶이다. 그 바깥이 모세의 신이 약속한 땅이다. 바깥을 약속하는 신과 계약을 맺은 자들, 그들이 '항상 사라져가는 사람들'이다. 그들에 의해 공동체의 법은 사막으로, 바깥으로 되돌려진다. 그렇게 통고하는 이들을 '희망하는 자들'로 표현하면서 "화해의 고향을 위해, 고향을 잃은 자들과 함께 고향이 없는 자들이 된 사람들"이라

---

10. 사카이 나오키, 『일본/영상/미국 : 공감의 공동체와 제국적 국민주의』, 299쪽.
11. 가라타니 고진, 「세계종교에 대하여」, 『언어와 비극』, 조영일 옮김, 도서출판b, 2004, 257쪽.
12. 가라타니 고진, 「세계종교에 대하여」, 259쪽, 261쪽.

고 했던 건 조직신학자 위르겐 몰트만J. Moltmann이었다. 그 또한 사막에서 사랑의 힘의 근거를 본다. 그의 사랑은 파송되는 메시아적 힘으로 도래중이다. "하나님 나라의 약속promissio은 세상을 향한 사랑의 파송missio의 근거가 된다. 하나님 나라의 약속은 성령 안에서 자신을 비워서 몸으로 순종할 수 있게 한다. 왜냐하면 '안쪽'이 '바깥쪽'이 될 것이기 때문이고, 또 그렇게 되어야 하기 때문이다."[13] 폭력연관을 향한 사랑의 파송/내리침에 의해 전면적으로 되돌려지는 시간, 모든 안쪽이 바깥쪽이 되는 시간, 임박한 파루시아의 시간.

사막이라는 '바깥'에 살면서, 다시 말해 공동체와 공동체 '사이'에 살면서 그들은 무얼 하는가. "상업을 하는 것입니다. 즉 사막을 건넌다는 것은 바로 상업적인 행위입니다. '교통'인 것입니다."[14] 자본-네이션-스테이트라는 세 위격의 매듭을 끊는 힘을 위하여 원시공동체의 '호혜적 증여'를 높은 차원에서 다시 회복해야 한다는 가라타니의 처방전 밑바닥에는 신과의 약속에 의해 보증 받는 사막이라는 지평 하나가 있다. 그런 사막과 바깥에서의 '증여'가 상업적 행위의 뜻이다. 공동체와 공동체 사이에서 이뤄지는 그 상업의 행위, 교통의 행위야말로 공동체의 법을 끝내는 힘이다. 이 증여와 교통의 고지하는 힘에 관해 블랑쇼는 가라타니와 함께 말한다. "본질적인 것은 가나안으로 향하지 않는다는 것이다. 이주는 사막을 목표로 하고, 이제 진정한 약속의 땅은 사막으로의 다가감이다. 진정한 거처의 조건이 결핍된 이 영역에, 알 수 없는 격리 가운데, … 종말에 다가갈 수 있는 떠돎의 가능성 그 자체가 남아 있다."[15] 항상 사라져가는 그들이 공동체와 공동체 간의 법의 등가적 교환 사이에서 서로 교통하면서 증여하고 있는 것은 무엇인가. '고통이라는 선물'이 그것이다. 가나안이라는 법의 땅이 아닌 사막으로의 이주, 그 떠돎의 의미에 대한 문장들은 다음과 같다. "너 대신 나 스스로 죽어가도록 내버려두면서, 너와 나 너머에서 이 선물을 받으면서." 그런 "선물 또는 비움은 다음과 같은 것

---

13. 위르겐 몰트만, 『희망의 신학』, 이신건 옮김, 대한기독교서회, 2010, 245쪽, 246쪽.
14. 가라타니 고진, 「세계종교에 대하여」, 260쪽.
15. 모리스 블랑쇼, 『문학의 공간』, 이달승 옮김, 그린비, 2010, 98~99쪽.

이다. 결국 아무 줄 것도 없고 아무 희생할 것도 없기에 선물을 주고 스스로를 비우는 것이다."[16] 죽음과 고통이라는 선물, 고통의 순수증여. 사랑의 공동체는 고통의 증여의 공동체, 고통을 교통시키는 공동체이다. 고통의 증여는 사막이라는 바깥에서의 떠돎 속에서, 그 행려行旅의 과정/소송 속에서 이루어진다. 그 행려, 고통의 증여상태로서의 비상상태가 공동체의 법을 정지시키는 최고주권으로 발현한다.

3-1. '느낌의 공동체'는 어떤 '문학적 공동체'로 드러난다. 서로 감전되는 시인과 독자의 만남은 이런 것이었다. "이것은 매우 특별한 느낌의 세계에서 날아오는 매혹적인 초대장이다. 사랑이 발생하는 순간이 이와 다르지 않다. 초대를 수락하는 순간 시인과 독자는 같은 세계에 거주하게 된다. 반면 그 느낌의 세계에 입장하지 않는 사람에게 그녀의 시는 열리지 않는다."(2:348) 시인과 독자 사이를 오가는 특별하고 특정한 느낌의 초대장. 쓰기와 읽기의 접속, 그 은밀한 공감의 능력을 통해 사랑은 발생한다. 그렇게 사랑이 그들 시인과 독자를 '같은 세계' 안에 거주하도록 한다. 신형철의 독서론이 그의 사랑론이다. 그러므로 문제는 다시, 초대다. 초대는 내밀한 미감의 교감, 그 기적적인 신비한 교류로 안과 밖을 아름답게 가른다. 이것이 "'익명적 중얼거림'(들뢰즈)의 아름다운 연쇄"(2:363)라는 한 구절의 주요 성분이다. 초대에 감전될 때 "시에서 우리는 4인칭 단수의 노래를 듣"(2:358)게 됨으로써 1인칭이라는 동일성의 해체를 경험하고, "'비인칭적 개별성'(들뢰즈)의 선언"(2:362)에 다다른다. 그러나 과연 그럴 수 있는가. 그렇게 배치된 비인칭적 익명성을 기소하는 다른 익명성, 그것은 또 하나의 '문학적 공동체'를 구성하는 메시아적 주권성에 관하여 다시 다르게 말하도록 이끈다.

블랑쇼에게 독서란 "작품을 작품 자체로, 그 익명의 현전으로, 있는 그대로의 격렬한 비인칭의 긍정으로 돌려주기 위해 작가를 무효화시키는 놀이이

16. 모리스 블랑쇼, 『밝힐 수 없는 공동체』, 23쪽, 33쪽.

다."[17] 작가를 무효화시킨다는 것은 독서행위에 들어있는 작가와 독자의 일방적 관계를 부순다는 것이다. 또는 작품 안에 박아놓은 작가의 권위적 인장을 도려낸다는 것이다. 작가의 이름과 절대적 인칭이 제거된 익명적이고 비인칭적인 텍스트. 그것은 작가가 관장하는 단일한 의미를 꺾고 뒤트는 독자들의 기소의 현장이고 전장이다. 블랑쇼의 독서론이 그의 사랑론이다. 그의 사랑은 격렬한 비인칭의 긍정 속에서, 그 익명의 혼돈에서 벌어지는 사건이다. 그런데 그 사랑은 '재능'이다. 타자의 '재난'을 마주할 수 있는 힘이다. 치안의 공동체들 바깥에서 재난의 고통을 증여하는 재능, 사막 위에서의 힘. 그것은 다음과 같은 재능을 배격한다. "피카소에게, 자신의 재능을 제외한 모든 것 – 그의 연인들을 포함한 세상의 전부 – 은 순수한 도구였다. 피카소라는 형상eidos은 모든 힐레hyle·질료를 제 뜻대로 주물할 수 있는 자기특권자이며 입법자였고 … 그는 캔버스 위에 물감을 짓이기듯이, 세상과 이웃을 그의 예술 속으로 짓이겨 넣었다."[18] 짓이기지 않는 사랑, 자기 입법의 붕괴를 견디는 사랑이 있을 것이다. 바꿔 말해 사랑은 "개인·주체로서가 아니라 익명적·비인칭적 박애의 움직임에 참여한 시위자로서 거기에 있어야 한다는 요구"이며 "박애의 심장과 같은 것이다. 심장 또는 법."[19] 명명하는 특권이 부과한 모든 이름을 초과하는 힘, 그것이 익명적·비인칭적 박애의 운동이다. 재난과 고통에 대면하게 되는 익명적·비인칭적 사랑은 할당된 기능들·의무들, 배당된 권리들·영애들을, 줄여 말해 수여된 모든 이름들의 인장을 지운다. 익명적 사랑의 힘은 그렇게 윤리적이며, 윤리적이기에 주권적이다. 새로운 법이 사랑의 심장에 의해 선포될 때, 익명의 공동체는 "신의 보증으로 다시 모든 것의 소유자가 된다."[20] 익명적·비인칭적인 법, 그 신적인 게발트에 의해 기존의 소유권-역의 효력은 정지되고 전위轉位되며 되돌려진다.

---

17. 모리스 블랑쇼, 『문학의 공간』, 282쪽.
18. 김영민, 『사랑, 그 환상의 물매』, 115쪽.
19. 모리스 블랑쇼, 『밝힐 수 없는 공동체』, 53쪽, 49쪽.
20. 모리스 블랑쇼, 『밝힐 수 없는 공동체』, 33쪽.

3-2. 익명적 사랑은 공동체의 법 내부에 "그 무엇으로도 달랠 수 없고 길들일 수 없는 끈질긴 불안"[21]을, 끝의 통찰로서의 '현재시간'을 은닉/장치한다. "이 지금Jetzt 속에서 진리에는 폭발 직전의 시간이 장전된다."[22] 사랑의 진리는 공이를 때리기 '직전'直前의 총이다. 때리기 바로 직전이지 이미 때린 것은 '아직-아니'not yet다. 벤야민의 동시대인 로젠츠바이크F. Rosenzweig는 『구원의 별』 속에다 이렇게 적었다. "만일 그때에 '아직-아니'가 모든 구원의 조화에 새겨진다면, 당분간은 바로 현재의 순간이 종말을, 가까이 근접한 것이 우주적인 것과 지고의 것을 대표한다는 사실만을 찾을 수 있다. 인간과 세계의 완전하며 속죄적인 유대적 결합은, 이웃과 언제나 항상 충분히 가까우며 가장 가까운 이웃과 함께 시작된다."[23] 내 바로 곁에서 나를 압도하는 이웃의 짓누르는 하중은 공포스러운 것이다. 그런 이웃과 함께 하는 구원이란 무엇인가. 구원은 위기와 불안이 폭발하고 끝난 뒤, 위기가 해소되고 불안이 잦아든 뒤의 평온한 사건이 아니다. 구원은 그런 사후적 시간 속에 있지 않다. 구원은 언제나 항상, '아직 아닌'이라는 위기의 시간 속의 사건이다. 구원은 바로 직전의 시간이지 화해와 완성과 조화의 시간이 아니다. 구원은 구원의 조화와 합의상태를 부결시키는 힘이다. 그러므로 구원은 그 자신의 도래의 완성을, 그 사후적 조화의 사태를 거절한다. 구원의 도래는 그래서 언제나 '미-래'다. 그것은 늘 아직 오지 아니한다. 아직 아닌, 그래서 늘 바로 직전인 시간 속에서 메시아적인 것으로서의 구원은 '항상 이미already' 도래중이다. 구원은 휴거되어 쉬게 되는 삶이 아니다. 구원은 나날의 일이다. 사랑은 구원의 일이다. 그런 사랑/구원의 시간성이 저 하락의 길 위에서 발현 중인 최고주권적 게발트의 정당성-근거이다.

익명적·비인칭적 사랑이 합의된 조화 속에 위기와 폭발의 계기를 장착하는 주권적인 힘의 형태였듯, "표현을 갖지 않는 것은 이의제기(틈입)를 통

21. 위르겐 몰트만, 『희망의 신학』, 348쪽.
22. 발터 벤야민, 『아케이드 프로젝트』 I, 조형준 옮김, 새물결, 2005, 1056쪽.
23. 케네스 레이너드 외, 『이웃』, 정혁현 옮김, 2010, 도서출판b, 38쪽에서 재인용.

해 조화의 그러한 흔들림을 영원한 것으로 만든다."[24] '표현을 갖지 않는 것'이란 무엇인가. 벤야민은 사랑에 관한 괴테의 소설『친화력』을 읽으면서, 스쳐지나기 십상인 소설 속 액자 이야기(「별난 이웃 아이들」)의 파괴력에 주목한다. 그 액자 안의 짧은 사랑이야기가 화해와 조화로 귀결되는 소설 전체의 사랑이야기를 세세히 붕괴시키고 있다는 것. 주인 같은 소설 속에 노예의 자리를 얻어 '틈입'한 그 액자이야기가 주인의 소설을 끝장내고 소설의 주인이 되는, 안쪽이 바깥쪽이 되는 이의제기의 순간. 표현을 갖지 않는 것이란 자리와 위격의 그런 전위와 변성의 순간을 가리킨다. 표현을 갖지 않는 것은 본질과 미적 가상의 혼합을 저지하는 '비판적 힘'이다. 그리고 그 힘 안에서 드러나는 또 하나의 힘, "현실 세계의 언어를 규정하는 '진정한 것'이 가진 숭고한 힘"은 모든 아름다운 가상이 은폐하는 "거짓 총체성 — 절대적 총체성을 박살낸다."[25] 그 힘은 신과의 어떤 일체화에 관계된다.

> 신과의 유화 속에서 — 그와 관련된 — 모든 것을 무로 되돌려버린 다음 유화한 신의 얼굴 앞에서 비로소 무로 돌아간 것들이 다시금 되살아나는 것을 본 사람이 아니고는 누구도 신과의 진정한 유화를 이룰 수 없기 때문이다. 따라서 죽음으로의 도약은 두 연인이 — 각각 신 앞에서 완전히 혼자가 되어 — 유화를 위해 몸을 던지는 순간을 나타내고 있다. 그리고 오직 그러한 유화에 대한 각오 속에서만 비로소 두 사람은 화해하고 서로를 얻을 수 있다.[26]

위의 문장들은 '진정한 유화에 따르는 모든 파괴적인 것'이라는 한 구절로 흘러든다. 신과 사람, 사람과 사람이 진정으로 서로 권하고 서로 응하는

---

24. 발터 벤야민,『괴테의 친화력』, 조형준 옮김, 새물결, 2011, 170쪽. 이하『친화력』으로 줄이고 쪽수만 표시.
25. 발터 벤야민,『괴테의 친화력』, 170쪽.
26. 발터 벤야민,『괴테의 친화력』, 178쪽.

유화 속에서만 모든 것들은 '무'로 되돌려지는 종언을 맞으며 동시에 신생을 경험한다. 액자이야기 속의 젊은 두 사람은 신/연인과의 유화에 대한 각오 속에서 사랑을 위한 죽음으로의 도약을 감행한다. 벤야민에게 법의 폭력에 관한 비판이 폭력에 관한 역사철학으로 드러나듯, "모든 미는 계시와 마찬가지로 역사철학적 질서를 내포하고 있다."[27] 거짓 화해를 말하고 사랑을 장사지내는 소설 전체에 이의를 제기하는 액자이야기의 아름다움은 사랑을 위한 죽음으로의 도약이라는 키에르케고어적 사랑에 기댄 것이면서, 동시에 신과의 진정한 유화에 따르는 파괴적 몰락과 정지로서의 역사철학적 힘, 절대적이고 초월적인 법을 파괴하는 신적인 폭력에 맞닿은 것이기도 하다. 벤야민에게 사랑의 힘이란 그렇게 미학과 신학과 역사철학이 흘러드는 합수머리이다. 그 안으로 윤리가 흘러드는 수로를 확장하기 위해 벤야민의 '이의제기'와 '비약'과 '불사'不死에 블랑쇼의 '이의제기'와 '비약'과 '불사'를 용접하자. "결핍이란 모든 형태의 일반적이고 안일한 초월성을 무너뜨리는 움직임이다. … 결핍은 이의제기를 요청한다."[28]

타자의 이의제기는 타자에 대해 비대칭적인 위치에 있는 나로 하여금 위기와 흔들림의 끝없는 지속 안에 있기를, 끝내 비움과 하락과 몰락의 길 위에 있기를 요구한다. 그 요구를 감당했던 이들이 68년 5월의 연인들이었고, 그들의 궁극적 목적은 현존하는 사회의 붕괴였다. 블랑쇼는 사랑의 윤리적/주권적 힘을 선포하는 그들을 두고 '죽음을 피할 수 없는 존재이자 불사의 존재'라고 썼다. 사랑은 죽음을 막을 수 없지만 죽음의 한계를 초과하는 힘이라는 것. 불사의 연인, '불멸'하는 최고주권. "여기서 사랑은 비약을 통해 최고로 높은 정신성에 이르기 위한 변증법적 방법으로 제시된다."[29] 이 문장은 신과의 유화에 대한 각오 속에서 남편의 죽음을 대속하기 위해 도약했던 신화 속 알케스티스의 사랑에 관한 것이었다. 도약하는 그 사랑은 죽음의 한계를

27. 발터 벤야민, 『괴테의 친화력』, 201쪽.
28. 모리스 블랑쇼, 『밝힐 수 없는 공동체』, 22쪽.
29. 모리스 블랑쇼, 『밝힐 수 없는 공동체』, 73쪽.

초월해 새로운 삶을 산다. 그때 사랑은 불사의 능력인 동시에 구원의 개시이다. 괴테의 액자 속에서 신에게로 도약하고 있는 젊은 연인의 지복은 그들에게만 한정되지 않는다. 그들의 사랑의 비약은 "우리가 모든 죽은 자들을 위해 품고 있는 구원에 대한 희망에 부응하는 것이다. 이 희망이야말로 결코 지상에서 존재의 불로 타오르는 것을 허용하지 않는 불사(성) 신화의 유일한 권리이다."[30] 일상을 파열하며 돌발하는 선조들의 피에 대한 각성의 순간을 꽉 붙잡아야 한다는 것, 과거의 고통을 오늘의 고통과 용접함으로써 죽은 자들을 되살리는 나날의 일, 역사적 유물론의 과제. 이 과제를 수행하는 자들이 신과의 진정한 유화를 위한 각오 속에서 수행하는 도약. 그것이 신적인 힘에 의한 구원과 그 힘의 발현을 향한 희망의 내실이다. 희망은 불사의 주권적 힘이다. 그런 한에서 희망은 불사의 당파성이다. "오직 희망 없는 사람들을 위해서만 희망은 우리에게 주어지는 것이다."[31] 이 최후의 문장은 타오르는 불사의 불꽃 속에서, 꺼지지 않는 재 속에서 매번 다시 경험되어야 한다.

후기: 2016년 9월 현재, 나는 저 '기어코'의 의지, 곧 시적인 것과 소설적인 것에 대한 그 발굴의 의지를 '비정립적 제헌력-의-형태소'라는 게발트궤적에 대한 발굴의 의지 속에서 공유한다. 그 형태소, 그 반석petra 위에 정초되고 있는 사랑-에클레시아, 즉 바깥으로ek 떼어내져/불러내어져 성별된caleo 자들의 그 결정력은 이렇게도 표현될 수 있다 : "사랑으로 행해지는 것은 항상 선악의 저편에서 일어난다."[32] 따옴표를 떼고 다르게 복창하게 된다. 사랑의 게발트로 행해지는 비평은 '기어코 어디서든' 선악의 저편으로 발현하고 있었던 게 될 것이다. '[기어코] 사랑은 두 번 죽는다, 한 번은 운명에 의해서, 또 한 번은 당신에 의해서.' 그렇게 두 번 죽(이)는 사랑의 비평이 저 '기어코'의 의지를 지

---

30. 발터 벤야민, 『괴테의 친화력』, 212쪽.
31. 발터 벤야민, 『괴테의 친화력』, 213쪽.
32. 프리드리히 니체, 『선악의 저편』, 김정현 옮김, 책세상, 2009, 222쪽.

속하고 있는 모습을, 그 지속이 차이의 연장으로 존속하고 있는 양태를 눈여겨보게 된다. 선악, 그것은 수여되는 선함과 법정에 끌려나오는 죄악이 서로를 참조해 이루는 악순환/악무한을 가리키는 다른 이름이다. 선악, 그것은 죄-속죄의 축적연관 또는 죄—속죄—죄′이라는 일반공식적/성무일과적 법의 저울 위에서 후생의 정치를 결정하는 유혈적 도덕률-율법의 다른 이름이다. 선악의 저편, 그것은 그런 축적의 일반공식을 절단하는 힘으로, 그 게발트의 상태에 대한 인지의 전장으로, 신-G′이라는 법의 대지 위에서 사랑의 신학정치론이 일구는 몰락의 최고주권으로, 그렇게 잔존하는 임재의 게발트 발현으로 첨예화한다.

신정정치로서의 자본주의

불법의 비밀과 폭력의 해체

> 자본주의는 꿈(희망)도 자비도 없는 제의를 거행하는 일이다.
> 그 속에는 '평일'이라는 것이 없고,
> 모든 성스러운 치장의 의미, 경배하는 자의 극도의 긴장이 펼쳐지는
> 끔찍한 의미에서의 축제일이 아닌 날이 없다.
> — 발터 벤야민, 「종교로서의 자본주의」(1921) —

무–아르케, 폭력적 위격의 옹호

조르주 소렐의 『폭력에 대한 성찰』을 지탱하고 그 성찰을 전개시키는 동력이 되고 있는 아나키즘적 노동조합주의anarcho-syndicalisme. 그것이 문제시하고 타도하려 했던 경향적 힘은 다음과 같다. 진전하던 사회주의의 추진력이 다름 아닌 사회주의의 퇴행과 역진을 초래하는 힘이 되고 있었던 것, 다시 말해 의회권력의 장악, 의석 경쟁, 정책 공조, 계급협조와 같은 의회주의적 협상과 거래의 성분이 사회주의의 운동력 혹은 이행력을 잠식했던 것, 그럼으로써 사회주의의 힘이라는 것이 이윤의 벡터를 부르주아 계급으로 귀속시키는 단순한 계기·기계로 배치되었다는 것. 그들 노동조합의 사람들, 소렐이 말하는 '억눌린 자들'로서의 프롤레타리아들은 의회권력에 의한 법의 정립, 그 법의 저울을 기원적 폭력으로 인지하고 '정치적 총파업'이라는 이름으로 호명하면서, 생디카(조합)의 연합만을 노동조직의 유일한 형태로 정초하려 했다. 그들은 조합의 연합만을 삶과 권력의 관계에 있어 중심적이고 집중적인 것으

로, 착취 관계의 해체를 위한 총파업적인 힘의 추동력으로 관철시키려 했다. 그 연장선에서 그들은 노동조합에 대한 의회정당의 대의와 인도를 거부했으며, 그런 정당을 하나의 기능단위로 포섭한 국가기구의 관리력을 조합주의적으로 재구성하기 위한 투쟁으로 보이코트·사보타지·총파업을 수행했다. 그런 직접행동의 집중력이자 돌파력, 그것을 압축하는 행동 및 표현의 양식을 가리키는 이름이 바로 '프롤레타리아 총파업'이다. 스페인 전국노동연합, 1895년 설립된 프랑스 노동총연맹, 미국 세계산업노동자연맹은 아나키즘적 노동조합주의의 총파업이라는 하나의 정세 혹은 판세를, 역사적 사회주의의 한 과정/소송으로서 인지·파지·추진했던 주요 세력이었다. 그들이 스스로를 표현했던 한 단어, 곧 '아나르코' 혹은 '아나키즘적'이라는 수식어는 노동조합주의의 본질을 표현하는 핵심어에 다름 아니었다.

소렐적 노동조합주의의 중핵을 표현하는 아나키즘적인 것은 '정치적 총파업'의 가담자들이 아나키즘의 뜻과 힘을 무질서와 혼란으로, 무정부적인 자중지란으로 인지하면서 그것을 인민의 본성으로, 사목적 인도·관리의 대상으로 파악했던 것을 기소하는 게발트의 벡터로 거듭 촉발·재정의될 수 있다. 그 힘은 맑스주의와 아나키즘 사이의 알려진 대립 구도 너머에서 다르게 정의될 수 있는바, 그 정의를 앞질러 이정표처럼 세워놓자면 다음과 같다. 아나키즘an-archism적인 것 또는 안티-아르케an-archē적인 것이란, 이른바 성뿔-기원·아르케로서의 '이윤[성자-잉여가치]Gott Sohn=$\triangle$G, 곧 신-G']을 향해 미사의 성무일과를 집전 중인 '자본-교'의 구원적 법권역이 다름 아닌 '빚/죄'의 절멸적 법 연관 속으로 삶·생명을 항시 투하·포섭·합성하는 첨예화된 시초폭력의 체제임을 개시하는 힘, 그런 폭력의 인도에 의해 숨겨지는 유혈적 통치의 에코노미를 개시·정지시키는 힘이다. 그 힘, 그 게발트궤적은 죄와 빚을 등질적으로 부과하는 국법-축적법, 정치적-경제적 아르케, 곧 최종목적으로서의 이위일체-신-G'의 네메인/노모스의 효력을 정지시키는 예외적 면죄와 탕감의 시공으로 발현하는 힘이다. 아나키즘적인 힘이란 아르케 ─ 지배 또는 통치의 합법성/정당성의 기원·근원·원천·원형 ─ 에 대한 안티, 곧 안티-아르케이며, 아르케에 대한 멸절이자 무화, 곧 무-아르케이다. 총파업적 게발트의 문턱과 분기를 내장한 소렐적 폭력옹호론, 그 한 위격으로서의 아나키즘적인 것 또는 무-아르케. 이를 다시 표현하고 다르게 정초한 사람은 소렐 독자·독생자로서의 벤야민이었다 : "아나키즘이 세속적 권역에서 갖는 의미는 자유의 역사철학적 장소로부터 규정되어야 한다."[1] 이 한 문장으로부터 어떻게 다시 시작할 수 있을까.

다르게 묻고 답해보자. 아나키즘적인 것이 세속의 법 연관을 절단하는 게발트의 이념으로 발현한다는 것은 어떤 것인가. 곧, 맑스가 말하는 '적의 절멸' 또는 '기존 세계질서의 해체'를 위해, 벤야민이 말하는 '마성적 양의성'을 지닌 빚/죄schuld의 항구적 부과상태의 정지를 위해 아나키즘적인 것은 어떻게 다시 정의되어야 하는가. 삶·생명의 진정한 후생厚生을 보호하는 힘의 권위의 정당성-근거로, 그런 근거의 정초를 향하는 '되돌릴 수 없는 게발트'의 벡터로, 지고한 행복의 주권적 삶을 분만하는 '산파'로 정의되어야 한다. 내게 벤야민의 저 한 문장은 그런 게발트/산파로 발현되는 시공간이 아나키즘적인 것의 이념으로서의 '자유'에 대한 역사철학적 사고력으로 촉발되는 것임을 말해준다. 앞질러 말하건대 아나키즘이라는 역사철학적 장소, 그 아-토포스에서 데몬적 빚/죄라는 법의 저울, 또는 신-G′의 통치평면은 '엄청난 규모로 폐기될 가능성'에 직면한다. 역사철학적 이념으로서의 아나키즘적인 것, 분만 중인 무-아르케의 그 이념에 참여하고, 그 이념으로 다르게 존재하는 폭력적 권위를 목격했던 자. 총파업의 사상이라는 폭력적 신성의 위격을 폭력의 역사철학 속에서 다시 장전했던 자, 그럼으로써 폭력의 옹호를 위한 철학으로서의 사회주의를 다시 다르게 밀고나갔던 자. 그가 벤야민이다. **"사회주의는 현대 제도들에 대한 역사철학이다."[2]** 소렐의 이 '폭력 옹호'의 문장을 되받아 쓰고 있는 벤야민의 한 문장은 다음과 같다. **"폭력에 대한 비판은 폭력의 역사**

---

1. 발터 벤야민, 「세 개의 단편」, 조효원 옮김, 『인문예술잡지 F』 13호, 2014, 168쪽.
2. 조르주 소렐, 『폭력에 대한 성찰』, 이용재 옮김, 나남, 2007, 78쪽. 강조는 소렐.

에 대한 철학이다."[3] 그런데 어떤가 하면, "종교의 비판이란 모든 비판의 전제이다."[4] 이와 같은 인용의 의도, '비판'을 위한 그런 병치의 의지를 드러내 보이면 다음과 같다.

역사 종언의 두 판본 : 메시아적 자연과 신적인 노모스

위에 제시한 인용들의 관계 속에서, 소렐이 말하는 사회주의, 곧 폭력 옹호의 철학은 벤야민에겐 '폭력에 대한 비판'이고, 착취와 축적의 노모스로서의 현대 제도들은 '폭력의 역사' 혹은 역사적 폭력의 물적 토대이며, 역사철학은 '폭력의 역사에 대한 철학'이다. 벤야민의 폭력 비판은 정치적 총파업의 역사, 무력의 제도사에 대한 비판이자 총파업이라는 파국의 개념, 총파업이라는 순수한 폭력을 옹호하기 위한 폭력의 역사철학테제이다. 그렇게 벤야민은 소렐적 삼위일체의 두 위격인 '아나키즘적인 것'과 '순수한 폭력'을 재기술한다. 그에게 '순수한 프롤레타리아의 조직'이라는 소렐의 나머지 한 위격은

---

3. 발터 벤야민, 「폭력 비판을 위하여」, 『발터 벤야민 선집』 5권, 최성만 옮김, 길, 2008, 115쪽. 강조는 인용자.
4. 칼 마르크스, 「헤겔 법철학 비판 서문」, 『헤겔 법철학 비판』, 강유원 옮김, 이론과실천, 2011, 8쪽. 강조는 인용자. 소렐의 폭력 옹호, 벤야민의 폭력 비판, 맑스의 종교 비판. 이 셋의 공동 지반은 다음 문장들 속에 들어있는 '비판'이다. "비판은 두뇌의 열정이 아니라 열정의 두뇌이다. 비판은 해부용 칼이 아니라 무기이다. 비판의 대상은 비판의 적, 반박하고자 하는 것이 아니라 절멸시키려 하는 적이다. … 비판은 그 자체로 이 대상과 자기 자신 사이의 화해를 필요로 하지 않는데, 왜냐하면 비판과 이 대상의 사이는 끝장나 있기 때문이다. 비판은 더 이상 자기 목적으로서 나타나지 않고, 수단으로서만 나타난다. 비판의 본질적인 파토스는 분노이며 비판의 본질적인 작업은 탄핵이다."(같은 글, 11~12쪽, 최인호의 번역어로 몇 군데 수정함) 목적-수단 도식의 법적 도그마를 깨는 수단의 나타남. 그것은 적대의 항구적 개시와 절멸의 힘으로 발현하는바, 그런 힘에 결속된 것들이 맑스의 비판, 분노, 탄핵이다. 그 곁에, 차이를 지닌 채로, 벤야민이 말하는 '순수한 수단'으로서의 분노, 이른바 '순수한 폭력'이 놓여 있다 : "사람을 두고 보자면 예를 들어 분노는 사람을 극명하게 드러내는 폭력의 폭발, 목전의 목적에 대해 수단으로서 관련되지 않는 그러한 폭발로 이끈다. 그 폭력은 수단이 아니라 발현(Manifestation, 현현)인 것이다."(「폭력 비판을 위하여」, 106쪽) 이는 조금 뒤, 다시 언급될 것이다.

폭력의 역사철학테제를 대행하는 신적 파송자로 인지될 것이었다. 클라우제비츠C. Clausewitz의 절대전쟁을 무력과 폭력의 적대 구도 속에서, 정치적 총파업과 프롤레타리아 총파업의 전면적 구분 속에서 전유하고 변주했던 소렐의 삼위일체적 폭력론5은 그렇게 벤야민에 의해 재인용되고 재기술됨으로써 다시 전개될 수 있는 지반을, 다르게 운동할 수 있는 힘을 보증 받는다. 소렐을 밑줄 그으며 인용하면서 벤야민은 이렇게 쓴다. "이 파업들 중 첫 번째 파업[정치적 총파업]은 법정립적 파업인 반면, 두 번째 파업[프롤레타리아 총파업]은 아나키즘적 파업이다. 맑스가 간간히 했던 언급들에 부응하는 가운데 소렐은 혁명적 운동을 위한 모든 종류의 프로그램, 유토피아, 요컨대 모든 종류의 법규범의 정립을 배격한다."6 무슨 뜻인가.

　　법을 제작·인가하고 수정·보완·개정하는 법제정의 절차, 곧 법의 합법성을 생산하는 힘의 관철 과정. 다시 말해 법의 정당성을, 그 정당성의 조건들과 경계들을 합법성과의 관계 속에서 매번 조회·조정·조달하는 법기획력 또는 법생산력. 법의 그런 힘/방향의 양적·질적 경향성을, 법의 그런 벡터를 가리키는 이름이 '법정립적 파업'이며, 그 속에서 소렐의 정치적 총파업은 합법적 타협과 숙의와 의결의 절차를 밟는 것이었다. 법의 그런 정립을 배격하는 힘의 벡터, 다시 말해 법정립에 대한 탄핵, 반-정립 또는 '탈정립(비정립)'. 그것이 '아나키즘적' 파업의 주요 성분이며, 그 이름 속에 인입되어 있는 것이 소렐의 프롤레타리아 총파업이다. 법정립적 파업이 자본-교의 자기증식적/유혈적 신-G'을 위해 제안하는 그 모든 청사진들·프로그램들·유토피아들, 줄여 말해 아르케로서의 법의 저울질은 어떻게 정지되는가. 신적 위격으로서의 아나키즘적 파업의 게발트에 의해, 곧 아나키즘이라는 자유의 역사철학적 장소의 분만과 함께 정지된다. 그 역사철학, 그 테제는 '역사의 결말' 혹은 역사의 종말이라는 하나의 '이념'과 ─ 맑스의 역사철학적 개념으로서의 저 '절멸' 또는 낡

5. 이에 대해서는, 졸고 「총파업, 절대전쟁, 산파 : '순수한 수단'의 게발트들」(계간 『문학들』 2014년 겨울호)을 참조.
6. 발터 벤야민, 「폭력 비판을 위하여」, 103쪽.

은 법적 대지의 '사실적 해체'와, 거기에 인입되어 있는 소렐의 역사철학 개념으로서의 '파국'과 — 결속됨으로써 이른바 '법정립적/법유지적 폭력'의 중단과 정지를 결정한다. 그러므로 언제나 앞질러 관건이었던 것은 바로 그 묵시적/종언적 역사의 이념에 뿌리박기 위한 사고와 표현의 방법이었으며, 최종적 즉결의 이념으로 탄생 중인 게발트의 효력과 그 파장·파쇄의 시간을 목격·인용·재기록하는 양식과 경로의 고안이었다. '역사의 결말이라는 이념'이 아래 한 단락 속에서 그렇게 목격되며 고안되고 있다.

[①] 폭력에 대한 비판은 폭력의 역사에 대한 철학이다. 역사의 '철학'인 이유는 그 **역사의 결말이라는 이념**만이 그 역사의 시대적 자료들에 대해 비판하고 구분하며 결정하는 입장을 가능케 하기 때문이다. [②] 가장 가까운 것에만 정향할 뿐인 시선은 기껏해야 법정립적인 것과 법유지적인 것으로서의 폭력의 형상들에서 변증법적 부침浮沈 정도를 감지해낼 수 있을 뿐이다. … 이러한 [부침] 현상은 새로운 폭력들이 승리하거나 예전에 억압되어온 폭력들이 지금까지 법정립적이던 폭력에 승리하여 그로써 **새로이 몰락할 새로운 법의 근거를 세울 때까지** 계속된다. [③] 신화적 법형식들의 마력 속에 머무는 이러한 순환 고리를 돌파해내는 데에서, 법과 더불어 그 법에 의존하는 [법유지적] 폭력들처럼 그 법이 의존하는 [법정립적] 폭력들 전체, 곧 종국에는 국가폭력을 탈정립Entsetzung[비정립]하는 데에서, **새로운 역사 시대의 토대**가 마련된다.7

먼저, ①. 폭력의 역사에 대한 철학, 폭력 비판의 양식으로서의 역사철학은 역사의 결말이라는 이념에 의해서만, 또는 이념/기도企圖로서의 역사의 종말에 의해서만 가능하다. 역사의 결말이라는 이념은 폭력 비판을 위한 가능자이자 관점의 준칙, 곧 테제이다. 역사의 자료들과 소여들에서 폭력의 역사

---

7. 발터 벤야민, 「폭력 비판을 위하여」, 115~6쪽. 강조는 인용자.

상을 구분·확정·비판·결정하는 영점조준의 준거, 그것이 묵시적/종지적 역사의 이념이다. 뒤이어지는 ②는 폭력 비판을 위한 테제로서의 묵시적 역사의 이념이 아니라 눈앞에 보이는 역사적 현상형태들에만 착목하는 시선에 이의를 제기한다. 그런 근시안적인 시선은 법정립적 폭력(예컨대 의회의 입법, 행정권의 훈령 및 대통령령, 사법의 판례 등)과 정립된 그 법을 수호하는 법유지적 폭력(예컨대 경찰, 군대, 정보기관) 사이의 '변증법적 부침'만을 감지하는 데에서 그치고 만다. 정립하고 유지하는 그 두 개의 법적 폭력, 그리고 그 둘 간의 변증법적 부침은 소렐이 말하는 '정치적 총파업'의 세분화이자 '무력'의 자기전개를 드러내는 것이기도 하다. 모든 법유지적 폭력은 집권·회집된 법을 탄핵시키려는 적대적 대항폭력들을 저지·회유·위협·진압·해체함으로써만 자신을 유지·연장시키는바, 그 과정은 자신이 기대어 있고 자신에 의해 대표되고 있는 법정립적 폭력의 합법성과 정당성이 간접적으로 훼손되는 과정일 수밖에 없으며, 그렇게 훼손되고 흠결생기며 타격받는 법정립적 폭력은 자신의 안전한 재생산을 위해 법유지적 폭력에 대해 거듭 간섭·정비·개정·쇄신의 힘으로 개입할 수밖에 없다. 이것이 그 두 폭력 간의 변증법적 부침이다. 그런 부침의 과정은 이른바 통치의 존재론적/방법론적 지식으로서, 곧 '구원하면서 동시에 살인하는 지식으로서의 결산'이라는 통계학적 축적의 저울로서, 자본주의라는 종교운동이 봉헌하는 신-G'의 율※/律법적 결산으로서 주재되고 관철된다. 그러하되 그 변증법적 부침이라는 축적의 법형식, 그 폭력의 역사는 벤야민에게 있어 다만 새로운 폭력들이 승리할 때까지만, 과거에 억압받았던 선조들의 폭력이 기존의 법정립적 폭력에 대해 승리를 거둘 때까지만, 그럼으로써 '새로이 몰락할 새로운 법'의 근거를 세울 때까지만 유지되는 것이었다. 몰락의 추구를 세계정치의 과제로 정의하고 있는 「신학적·정치적 단편」 속의 '몰락'이라는 단어는 축약어이자 줄임말인데, 그 몰락의 이념이, 몰락과 동시적인 근거세움을 뜻하기 때문이며, 그렇게 세워진 근거가 새로이 몰락함과 동시에 다시 새로운 법의 근거로 재정초될 것임을 뜻하기 때문이다. 법정립적/법유지적 폭력, 신화적이고 항구적인 그 법형식의 본질이 '종말까지 견디기' 속에서의 존재의 붕괴인 데 반해, 새로이 몰락할 새로운 법의 근거는 절멸과 분만의 동시성이라는 이념에 근거해 신화적 법폭력의 그런 본질·아르케를 정지시키는 무-아르케적인 힘이자, 정립된 법폭력의 역사를 '탈정립'시키는 신적 게발트이다. 이것이 ③의 문장들, 인장들, 연장들이 뜻하는 것이다. 탈정립, 또는 탈Ent-정립의 '탈'은 결정Ent-·결단·결말 또는 분리Ent-·파괴·파국을 인도하는 말이며, 그런 한에서 '끝'의 속성으로 된 말이다. 그런 '탈/끝'과 합성된 정립의 힘은 법정립적/법유지적 폭력의 변증법적인 악무한의 고리에, '신화적 폭력'의 네메인/노모스와 그 속으로 인도력·포섭력에, 데몬적인 힘으로서의 죄/빚의 항구적인 부과상태에, 줄여 말해 '폭력의 역사'에 끝의 결정을 고지하는 힘이며, 그런 한에서 그 힘·게발트는 역사의 결말이라는 이념에 뿌리박은 폭력 비판의 역사철학적 장소로 된다. 그 묵시적/정치적 장소가 '새로운 역사 시대의 토대'이며, 거기가 끝Ende이라는 새로운 법의 대지Erde이다. 끝의 대지, 몰락의 노모스를 위한 힘의 역사철학. 그것이 벤야민적 비판의 주요 성분일 것이다. 그런 한에서, 관건은 다시 몰락이어야 한다. 그 몰락은 메시아적인 것과 결속된다. 다시 뽑아들게 되는 1921년 벤야민의 역사신학, 그 문장들을 뒤늦게 관통 중이거나 앞질러 인도하고 있었던 어떤 법사학法史學, 1950년 칼 슈미트의 문장들.

[①] 영원히 사멸해가는, 총체적으로 사멸해 가는 속세적인 것, 그 공간적 총체성뿐만 아니라 시간적 총체성까지도 사멸해가는 속세적인 것의 리듬, 이 메시아적 자연의 리듬이 행복Glück이다. 왜냐하면 자연은 그것의 영원하고 총체적인 무상함으로 인해 메시아적이기 때문이다. / 이 몰락을 추구하는 것이 세계정치의 과제이고, 그것의 방법은 니힐리즘으로 불려야 한다.[8]

[②] 즉 하나의 신적인 노모스로부터 모든 인간적인 노모스들이 '자라나온

---

8. 발터 벤야민, 「신학적·정치적 단편」, 앞의 선집, 131쪽.

다.' … 노모스가 하나의 선율, 따라서 하나의 음악적 질서를 표현할 수 있다는 것은 대단히 의미심장하다. 그러나 이러한 모든 상이한 표상들에 있어 우리들은 우리들의 법사학적 관련을 위하여 그 말이 하나의 역사적 과정과의 결합, 하나의 창설적 공간질서행위와의 결합을 잃어버려서는 안 된다는 점에 언제나 주의를 기울여야 한다.[9]

벤야민의 리듬과 슈미트의 선율, 다시 말해 새로운 법정초력으로서의 메시아적 자연의 리듬과 창설적 공간질서행위에 결속된 신적인 노모스의 선율. 그 둘의 비교는 어떻게 수행될 수 있는가. 먼저 ①. 속세적인Weltlichen 것의 리듬. 이는 제의종교적 자본주의의 반석 지하에서 그 반석의 붕괴로서 발현하는 비종교적인, 신성하지 않은, 세속적인/신성모독적인profan 힘의 속성을 표현하는바, 그것은 다음과 같은 문장에 맞닿아 있다. "세속적인 질서Ordnung des Profanen가 메시아적인 것과 맺는 관계가 역사철학의 가장 중요한 가르침 중 하나이다."[10] 빛/죄의 신성한 후광 속으로 삶을 합성시키고 그 상태를 운명화하는 신-G′의 일반공식 속에서 축적을 위한 단순한 기능단위로서만 세속적 삶을 생산하는 법정립적/법유지적 폭력의 역사. 다시 말해 신-G′의 종말·결말을 방지·억지하는 카테콘적 게발트의 벡터로서, 신-G′의 탄력적 자기조정력으로서 장치·조치 중인 신화적 폭력의 역사 속에서 그것을 기소하는 '세속적인 질서'란, 영원한 사멸의 과정으로, 총체적 무상과 소멸이라는 자연의 리듬으로, 몰락을 위한 니힐리즘의 방법으로, 도래중인 메시아적인 것으로, 절멸과 분만의 동시성이라는 이념으로 발현 중인 '새로운 법의 근거'이다. 그런 근거의 세움-몰락-세움-몰락already-not yet의 항시적·항구적 관철로서의 메시아적 게발트가 메시아적 자연의 리듬이라고 표현되어 있는 것은 어떤 이유에서인가. 법을 정립하는 폭력의 예로 벤야민이 들고 있는 것은 계약

---

9. 칼 슈미트, 『대지의 노모스』, 최재훈 옮김, 민음사, 1995, 53쪽.
10. 발터 벤야민, 「신학적·정치적 단편」, 130쪽.

과 의회들인데, 의회들은 입법적 힘의 양도와 이양을 규정한 계약의 결과이며, 그 계약은 분리/합성의 합법적이고도 정당한 성사^{聖事/聖師}로 규정되는 것이었다. 그것은 '인간은 인간에 대해 늑대'인 자연상태를 제거하는 힘, 그러니까 각자가 추구하고 의지하는 '자기 자신의 자연'his own nature — 곧 자기 자신의 생명과 생존이라는 목적을 위해 모든 수단을 추구할 수 있는 권위·권리로서의 자연권The Right of Nature — 을 제거하는 힘이었다. 벤야민이 문자-언어-인식 간의 위계적 분리를 중단시키는 작위적 자연 바깥으로서의 '순수 언어'의 발현에 대해 말할 때, 메시아적 자연이란 작위적 신성으로 관철되는 분리력/매개력에 대한 총체적 몰락으로서의 '순수한 폭력'을, 순수한 절멸/분만의 힘을 가리키는 다른 말이다. 그때 그것은 법의 원초적 근간으로서의 목적-수단 도식의 해체, 이른바 '폭력의 해체'로서의 '순수한 수단'과 함께 폭력 비판을 위한 개념들의 용접을 가능케 한다.[11] 메시아적 자연의 리듬이란 계약적 공리의 신성한 권력을 파괴시킴과 동시에 새로운 계약을 분만하는 힘의 과정/소송이며, 합의된 총의로 성립한 계약적 건축을 붕괴시키는 새로운 법의 발현근거이고, 총체적인 무상함·멸절·몰락의 추구 속에서 기립하는 묵시적/최종심적인 게발트의 주조음이다. 그런 역사철학적·역사신학적 몰락의 리듬 속에서 세워지는 새로운 법의 대지-근거^{Grund}가 ② 슈미트 법사학이 말하는 기존 법 연관의 총체적 폐지력/창설력으로서의 '신적인 노모스의 선율'에, 그런 선율의 음악적 질서로 창설되는 새로운 공간질서에, 창설된 대지 위에 새로 그어진 법적 울타리 속에서의 목양^{牧養} 및 영양배분의 시간에 동조된다.

그렇게 동조 또는 합주되는 리듬과 선율은 슈미트에게 창설적 파국의 총보^{總譜}로, 이른바 니힐리즘이라는 악기에 의해 연주된다. 그때 메시아적 자

---

11. 「폭력 비판을 위하여」의 첫 문장과 그에 이어진 문장은 다음과 같다. "폭력 비판의 과제는 그 폭력이 법과 정의와 맺는 관계들을 서술하는 작업으로 돌려서 말할 수 있다. … 우선 법을 두고 보자면, 모든 법질서의 가장 원초적인 기본 관계는 목적과 수단의 관계라는 점은 분명하다. 더 나아가 폭력은 목적의 영역이 아니라 우선 수단의 영역에서 찾을 수 있다는 점이다."(벤야민, 「폭력 비판을 위하여」, 79~80쪽)

연의 리듬과 신적인 노모스의 선율은 계약-공준이라는 아르케 속으로 포섭되거나 합성되지 않는 '자유'이며, 생명과 생존의 지고한/주권적 지복至福을 주요 성분으로 하는 무-아르케적인 힘이다. 이는 소렐이 말했던 순수한 폭력을 아나키즘적 파업으로 다시 명명하면서 그것이 자유라는 무-아르케적인, 니힐-리즘적인, 그러니까 역사철학적인 장소에 의해 규정되어야 한다고 했던 벤야민의 앞선 한 문장과 맞닿는다. 자유의 역사철학적 장소로서 발현하는 무-아르케, 몰락. 그런 '몰락의 방법'으로서의 니힐-리즘. 그 곁에 슈미트의 니힐리즘론이 놓인다 : "니힐리즘이라는 말이 공허한 상투어가 되지 않으려면, 그를 통해 니힐리즘이 그 역사적 장소, 그 토포스를 부여받게 되는 그러한 특정의 부정성Negativität이 인식되지 않으면 안 된다. 그렇게 될 경우··· 요컨대 유토피아와 니힐리즘의 관계 속에서, 질서와 장소확정Ortung의 최종적이며 근본적인 분리를 두고 역사적이며 특정된 의미로서의 니힐리즘으로 부를 수 있다는 사실이 드러나게 되는 것이다."¹² 니힐리즘에 부여된 역사적 장소가 가진 '특정의 부정성'이라는 것은 역사의 결말을 말하는 벤야민적 몰락과 니힐이 가진 부정성 곁에 있다. 그런 역사적 부정성/니힐리즘의 슈미트적 판본은 유토피아 ─ 곧, 법적 토포스 연관의 효력이 끝나고 무화되는 장소 ─ 가 니힐리즘과 맺는 관계 속에서 정의되는바, 그때 니힐리즘이란 '구체적 질서'를 확정하는 힘, 예컨대 가족·씨족·부족·신분, 더불어 모든 점유·소유관계 및 상인관계의 종류, 권력 및 지배형식의 종류 등에 대한 근원적 측량·구획·분할을 통해 폐지적/창설적 효력을 지닌 법적인 장소로서의 최초의 질서를 확정·분만하는 힘이다. 니힐리즘이라는 부정성이 '장소확정의 최종적이며 근본적인 분리'라는 것은 그런 뜻이다. 슈미트의 니힐리즘은 이른바 '공간Raum의 사상'으로서의 법, 그런 법의 장소적·공간적 근저로서의 '육지'의 법 연관을 폐지하는 근원적 분할Ur-Teilung의 방법이며, 그런 방법을 통해 새로운 질서-장소를 창설하는 힘이자 육지에 대한 최초의 취득을 근거 짓는 힘이다. "모든 규

---

12. 칼 슈미트, 『대지의 노모스』, 46쪽.

준의 기초가 되는 최초의 측량, 최초의 공간분할과 분배로서의 최초의 육지 취득Landnahme, 원초적 분할과 원초적 분배에 해당하는 그리스어가 노모스 이다."[13] 원-분할하는 니힐리즘은 새로운 질서적 장소를 창설하는 행위로서 의 노모스와 결속되어 있다. 창설하는 니힐, 신적인 노모스의 원-분할/매개. 그것은 기존의 낡은 법적 토포스들의 연관을 일소하는 비-토포스 또는 반-토포스로서의 '유토피아'와 동시적이고 등질적이었던바, 벤야민이 말하는 역 사 결말의·이념과 방법, 곧 총체적 사멸과 새로운 법의 근거세움이라는 메 시아적 자연-몰락의 리듬과 방법적 니힐을 향한 추구 곁에, 슈미트적 법의 역사의 종언을 지탱하는 이념과 방법, 곧 기존의 법 연관에 대한 총체적 폐 지/창설의 결정력으로서의 신적인 노모스-유토피아의 발현 및 니힐리즘이 놓여 있다. "**유토피아**라는 기술적 용어 속에서 의미심장한 방식으로, 그 위 에 대지의 낡은 노모스가 입각하고 있던 그러한 모든 장소확정이 엄청난 규모로 폐기될 가능성이 나타나 있다. ⋯ 실로 유토피아라는 말은 단순하 게 일반적으로 어디에도 없는 곳을 의미하는 것이 아니라 **토포스가 아닌 것** U-topos을 의미하며, 그 부정과 비교해 볼 때 **토포스에 반하는 것**A-topos이라는 말은 실로 하나의 더 강하며 부정적인 관계를 토포스에 대해 갖고 있는 것이 다."[14] 그 아-토포스의 논리에서 다시 시작해보자.

사목적 네메인/노모스

　슈미트가 말하는 유토피아, 그것은 기존의 법적 토포스가 '아닌'ᵘ⁻ 것이 며, 그런 토포스에 '반하는'ᵃ⁻ 것이다. 유토피아는 특유한 부정성의 장소topos, 곧 폐지와 창설 또는 절멸과 구원의 동시적이고 등질적인 장소, 어떤 파루시

---

13. 칼 슈미트, 『대지의 노모스』, 47쪽.
14. 칼 슈미트, 『대지의 노모스』, 205쪽.

아의 장소이다. 유토피아는 대지의 낡은 노모스를 정립하고 유지하는 폭력을, 그런 신화적 폭력에 의해 획정·분배되고 그런 상태로 고착·유착된 장소들을, 그 장소들에서의 축적의 일반공식을 거대한 규모로 폐절시키는 게발트의 벡터 속에 있다. 유토피아는 낡은 노모스가 입각해 있는 기존의 법적 울타리·장소획정을 근본적^{Ur}으로 또 내재적으로 다시 측량·분배·취득함으로써, 기존의 노모스를 발효시키는 구획선들·위계들·몫들의 확정상태를 가역적인 것으로, 가능한 전위^{轉位}의 상황으로 되돌리는 힘의 발현이다. 그것은 '돌이킬 수 없는 전복'이므로 비가역적인 소송이며, 그것의 유발이 아니라 그것의 수행이다. 그런 한에서 유토피아는 낡은 노모스의 폐절과 동시적인 최초의/새로운 권리근원의 취득·정초이다. 토포스가 아니라는 것, 토포스에 반한다는 것은 그렇게 낡은 법적 토포스 연관으로서의 계약상태를 부결시킨다는 말이었으며, 그런 한에서 유-토포스, 아-토포스는 신적인 노모스가 수행하는 폭력 비판이자 창설적 게발트의 현상형태이다. 그것은 벤야민의 폭력 비판이 메시아적 자연의 리듬이라는 이름으로 계약의 토포스 비판으로 드러나고 있는 상황과 동조되는 중이며, 그런 사정은 다시 다르게 표현될 수 있다. 폭력 비판이 계약 비판으로 드러나고 있는 한 대목을 주시하게 된다.

> 계약의 결과와 마찬가지로 계약의 원천 역시 폭력을 요구한다. 그 폭력은 법 정립적 폭력으로서 물론 직접적으로 그 계약 속에 현전해 있을 필요는 없지만, 법적 계약을 보증하는 권력 자체가 ― 그 권력이 그 계약 자체 속에 폭력을 통해 적법하게 투입되지 않는다 해도 ― 폭력적 기원을 갖고 있는 한, 그 계약 속에 들어있다. 어떤 법적 기관에서 폭력의 잠재적 현존에 대한 의식이 사라지게 되면, 그 기관은 퇴락한다. 이에 대해서는 요즈음의 의회들이 좋은 본보기를 제시해준다.[15]

---

15. 벤야민, 「폭력 비판을 위하여」, 97쪽.

의회라는 계약적 공존의 결과와 마찬가지로 의회라는 법정립적 폭력은 그 원천에서부터 폭력을 수반하고 있다. 의회들은 자신을 설립시키고 그 설립을 인준하는 낡은 노모스라는 폭력적 기원에, 폭력적 토포스들의 공동지배에 유착된 것이기 때문이다. 2014년 11월 5일 현재, 입법부의 일사천리를 강조하는 여기의 다수 여당 및 정당한 법치를 강조하는 행정부 법무장관의 위헌정당 해산청구는 그 하나의 예일 것이다. 이른바 일당의 독식을 향한 정당의 의지, 의회의 일소를 향한 의회주의의 의지. 다르게 반복하자면, 법치의 일소를 지향하는 법치주의의 의지, 축적의 자유가 주재하는 자연상태를 작위적 합법의 후광으로 편성하는 계약의 본질. 줄여 말해 여기 축적의 독재 Diktatur, 독재라는 최종목적. 이 목적이 평상시의 합법성 존중과 비상시의 정당성 필요 사이의 구분을 없앤다. 그런 목적에 의해 평상시는 항상적인 비상시가 되며 합법성은 정당성의 결정에 의해 침윤되고 잠식된다. 벤야민이 말하는 '자연권'Naturrecht이라는 것이, 정당한 것으로 결정된 최종목적을 위해 폭력적인 수단의 사용을 합법화하는 힘이었던 한에서, 저 독재/목적은 자연권적인 것이다. 그런 목적이 인도하는 여기의 헌법재판소에 계류 중인, 다시 말해 평상시의 합법성 속에 성문화되어 있는 '재판의 전제성' 앞에 계류 중인 여기의 위헌정당 해산청구는, 법정립적 폭력의 주체인 의회가 자기 스스로를 말소의 길 위에 올릴 때에만 스스로를 연장할 수 있는 자신의 모순적이고 부정합적인 상태를, 곧 정당이라는 계약된 권력의 본질적 의지를, 그런 계약의 원천에 내재되어 있는 폭력적 독재로의 벡터를 표현하는 사건이다. 그것은 종말을 향해 감으로써만 자기를 증식할 수 있는 제의종교적 운동으로서의 자본주의의 노모스와 동시적이며 등질적이다. 그런 동시성 혹은 등질성의 안전한 전개를 향하고 있는 여기의 헌법재판소는 입법의 합법성과 정당성에 대한 최종판결의 형식으로, 의회와 자본이라는 두 자기종말적 축적권력의 합성상태를 경향적으로 추인하고 견인하는 법을 정립/유지한다. 군사독재의 형식적 끝, 1988년 정동 단칸방에서 시작한 헌법재판소는 그렇게 오늘 독재의 기관으로 된다. 그때 헌법재판소는 법정립적 폭력과 법유지적 폭력의 구분이 사라진 '유령적 혼합'의 형태로, 다시 말해 '수치스러운 것'으로, 곧 경찰적인 것으로 스스로를 지속한다 : "이 두 가지[법정립적/법유지적] 폭력이 사형제도에서보다 훨씬 더 비틀린 결합 속에서 마치 유령 같은 혼합 속에서 현대 국가의 제도 속에 나타나는 또 다른 곳이 바로 경찰이다. 경찰은 물론 법적 목적을 위한 강제력(처분권)이긴 하지만 동시에 그 강제력을 광범위한 영역에서 스스로 설정하는 권한(명령권)을 갖고 있다. … 경찰제도를 들여다보면 아무런 본질적인 것도 찾아낼 수 없다. 경찰제도가 문명화된 국가들의 삶 속에 떠도는 결코 포착될 수 없고 도처에 확산되어 있는 유령 같은 현상이듯이 그것의 강제력은 형태가 없다."[16]

유령 같은 혼합, 유령적 들러붙음 속에서 신화적 폭력은 자신의 마성적·양의적인 힘을 제약하던 모든 것들, 자신의 유령적 힘에 덧입혀져있던 모든 구분·구획·제한·한정·간섭을 실오라기 하나 걸치지 않고 벗어던진다. 독재, 다시 말해 통치의 매끈한 맨몸, '수치'의 권리근원. '신화적 법형식들의 마력'이 독재로 향해 있고 독재에 의해 이끌리는 것임을 가리키는 단어가 바로 수치이다. 벤야민이 말하는 유령적 혼합이란 그런 수치와 독재의 내재적 관련을 표현한다. 거기서 폭력 비판은 유령 비판으로 드러난다. 그 비판은 유령을 쫓아내는 푸닥거리의 장소, 몰락과 니힐리즘의 장소론에 다름 아니며, 새로운 노모스의 창설적 행위로 발현하는 근원적 측량·분할·획정의 힘에 다름 아니다. 벤야민적 유령 비판으로서의 폭력비판론은 죄/빚 연관으로서의 신-G′을 봉행하는 종교운동적 자본주의에 의해, 자본-교라는 대지의 낡은 노모스에 입각함으로써 자신을 설립시킬 수 있었던 구체제적 법의 토포스 연관에 의해, 곧 행정부·의회·헌법재판소·경찰 같은 독재 기관적 법형식들의 수치스런 분리/매개력에 의해 구획되거나 범주화되지 않는 힘, 이른바 '순수한 신적 폭력'의 세속적/독신적瀆神的 발현학이자 그런 '현재시간'의 탐시로시의 고현학考現學이다. 그것은 자본-교의 대지 위에 새로이 획정·성별聖別된 토포스를, 임

---

16. 벤야민, 「폭력 비판을 위하여」, 95~6쪽.

재하는 파라클리트Paraclete(성별/성령)의 아-토포스를, '순수한' 원-분할/매개로서의 새로운 법의 근거세움을 발효·정초시키려는 성령론적 장소론·토폴로지, 성별의 임재론이다. 벤야민이 말하는 '전쟁권'의 유력한 형태로서의 저 '아나키즘적 총파업'의 파루시아적 속성이 그와 같으며, 그런 총파업의 아-토포스적인 힘이 정향하고 있는 것이 또한 그와 같다. 노모스와 메시아성이 맺는 그런 관계, 곧 노모스와 로고스의 내재적 관련 앞에서 벤야민과 슈미트는 다시 한 번 어떤 상호적 수수관계 속에 놓인다.

[①] 노모스는 '분할하는 것'Teilen과 '목양하는 것'Weiden을 의미하는 네메인nemein으로부터 왔다. 따라서 노모스는, 그곳에서 한 민족의 정치적·사회적 질서가 공간적으로 가시화되는 그러한 직접적인 형상, 목초지에 대한 최초의 측량과 분할, 즉 육지의 취득으로부터 나오게 되는 것과 마찬가지로 육지 취득 속에 존재하고 있는 구체적 질서이다.… 노모스는 대지의 토지를 특정 질서 속에서 분할하고 자리잡게 하는 척도이며, 그와 더불어 주어지는 정치적·사회적·종교적 형상이다. 척도와 질서와 형상은 여기서 하나의 공간적인 구체적 통일을 형성한다.[17]

[②] 추측컨대 모세의 법은 오롯이 종교에 속하지는 않을 것이다. 그것은 오히려 (짐작컨대) 가장 넓은 의미에서 현세Leiblichkeit의 영역을 관장하는 입법에 속하며 아주 특별한 지위를 갖는다. 신이 직접적으로unmittelbar 개입하는 방식과 구역을 규정하기 때문이다. 그리고 이 구역의 경계가 그어지는 곳, 신의 개입이 잦아드는 바로 그곳에 정치, 세속적인 것, 즉 종교적인 의미에서 무법적인 현세의 영역이 제 경계를 긋는다.[18]

---

17. 칼 슈미트, 『대지의 노모스』, 52쪽.
18. 발터 벤야민, 「세 개의 단편」, 168쪽.

'네메인'이라는 이름, 노모스의 어원을 눈여겨보게 된다. 그것은 거대한 폐기로서의 아-토포스에 이끌리고 있는 ①의 대지와 그 대지 위에서의 목양 및 경영을, ②의 현세적 영역·구역에 대한 목자 모세의 개입 및 관장을 관통하는 키워드이다. 슈미트가 인용하고 있는 한 문장, 곧 '태초에 울타리가 있었다'에 결속되어 있는 네메인은 분할과 목양, 최초의 획정과 신의 사목을 가리키는 법적 용어이며, 그런 한에서 삶의 형태를 규정하고 부양하는 구체적 질서 및 공간의 직접적인 가시화이자 통일적 정초의 힘이다. 이렇게 묻고 답하자. 네메인/노모스라는 본원적 울타리의 획정 및 그런 분할 속에서의 목양을 소명으로 하는 자, 그렇게 사목하는 신의 목자 혹은 신의 사제란 누구인가. 벤야민의 모세가 그다. 모세의 법은 저 네메인/노모스의 일과 등질적이다. 그 목자 모세가 신의 '직접적인 개입' 방식과 그런 개입에 의한 질서 및 공간의 최초 획정을 신과 한 몸이 되어 대행하고 대언하는 자이기 때문이다. 태초에 울타리가 있었다는 말은 그런 모세가 봉행하는 신/말씀에 다름 아니다. 벤야민에겐, 신의 그런 직접적인 개입으로서의 경계 획정이 잦아드는 곳에서, 이른바 '신적인 폭력'이 잦아드는 곳에서 정치와 속세적인 것이, 종교의 관점에선 무법적인 것으로 인지되는 현세의 영역들이 경계 분할의 이윤을 분점하기 시작한다. 오늘의 질서공간, 그 정치의 상태란 벤야민에겐 신적 개입 이후의 일이었던바, 그것은 종교에 의해 파면되는 정치가 아니라 오히려 종교운동으로부터 요구되는 정치, 종교가 이끄는 현세적 경계획정을 위해 요청되는 입법적 정치였다. 다시 말해 그 정치는 빚/죄의 항구적 부과를 통한 축적운동, 곧 제의종교로서의 자본주의에 의해 요청되는 것이었다. 그런 종교적 상태에 '속하지 않는' 모세, 벤야민이 말하는 그 모세의 신적 형상, 모세에 의해 대행되는 신의 그 육지취득, 곧 모세의 '출애굽'이라는 새로운 법의 정초는, 신적 개입 이후의 대지의 분점 형식인 신화적 폭력을, 그것에 입각한 낡은 노모스를 탈정립/구원Entsetzung하는 신적인 폭력의 관철이었다. 이는 출애굽의 탈출exodus을 통한 새로운 네메인/노모스의 창설이 유령적인 혼합 형태로서의 신화적 폭력의 대지에 대한 신적 푸닥거리exorcism에 맞닿아 있는 것과 다르지 않다. 그러하되 게발트의 어떤 문턱을 감지하게 되는 것은 ①과 ②를 비교하면서 그 둘의 공동의지를 부각시키고 있는 여기까지의 문장들이 ①과 ②의 결렬에 의해 뒤집어질 수 있는 가능성 때문이다(그러하되 그 문턱 또는 아포리아는 제거의 대상이나 교정의 대상이 아니라 정치적인 것에 대한 재정의의 장소이며, 그 토포스에서 모든 고착화된 정치의 이윤은 거대한 규모로 폐절될 가능성에 노출된다. 그런 노출 또는 개시의 힘을 지닌 한에서만 아포리아는 아-토포스일 수 있다.) ①의 목양과 그 시초적 울타리, ②의 목자 모세와 그 사목적 게발트를 관통하는 네메인/노모스가, 모세에 대한 맑스 또는 니체의 비판과 비교될 때, 결속된 위의 ①과 ②는 결렬되면서 다시 인지되고 달리 표현될 수 있게 된다.

맑스의 모세는 다음과 같다 : "축적하라, 축적하라! 이것이 모세며 예언자다!"[19] 이에 맞물린 니체의 모세는 다음과 같다 : " '신의 뜻', 다시 말해 사제의 권력 유지를 위한 조건은 사람들에게 **잘 알려져 있어야** 했다. 이러한 목적을 위해서 '계시'가 필요하게 되었다. '신의 뜻'은 모세에게 일찍이 계시되었다.… 그때부터 사제가 **어디서나 불가결한** 존재가 되게끔 삶의 모든 일이 규제되었다. 삶의 온갖 자연적 일들, 즉 희생에 대해서는 말할 것도 없고, 출생·결혼·병·죽음의 시기에 그것들을 **탈자연화할** ― 사제의 말에 따르면 그것들을 '신성화'할 ― 그 거룩한 기생충이 등장하게 된다."[20] 니체가 말하는 '신의 뜻'은 신성한 후광의 계시를 통해 사제의 권력을 연장하고 확충하기 위한 사목적 축적의 조건이다. 신의 뜻, 그것은 모든 양^羊들의 총의로 일반화되어야만 하는 것이며, 낡은 노모스로서의 이집트라는 대지를 탈출하라는 신의 말이고, 일찍이 모세에게 그 전권이 위임된 신의 힘이며, 신의 땅으로의 탈출 혹은 새로운 노모스의 취득이라는 신적 소명의 봉행이다. 니체에게 사제들은 그런 모세의 적자이자 적통이었던바, 그런 모세의 신성에 뿌리박고 '어디서나 불가

19. 칼 마르크스, 『자본론』 1권, 김수행 옮김, 비봉출판사, 2001, 811쪽.
20. 프리드리히 니체, 『안티크리스트』, 박찬국 옮김, 아카넷, 2014, 66~7쪽.

결한' 절대적 존재로 스스로를 정립하는 자들이며, 그러기 위해 삶의 모든 자연적 부문들을 사목적 권력 속으로 합성·규제·운용하고 있는 자들이다. 그런 한에서 그들 사제들은 입법하고 집행하는 독재적 존재-신의 독생자로서 그런 신과 한 몸이 되며, 그렇게 법정립적 폭력과 법유지적 폭력을 일체화한 독재의 신, 모든 구속복을 벗어던진 그 수치의 게발트는 저들 독생자들의 계시론과 신학의 보증 속에서 통치의 순수평면으로서의 존재-신-론으로 구축된다. 그것은 양들을 손수 먹이고 재우며 돌보는 권력으로서, 생명을 목양하고 사목함으로써 그 생명을 축적의 순수한 재료·질료상태로, 모든 법적 지위 일체가 박탈된 벌거벗은 생명상태로 되게 하는 권력으로서 존재한다. 다시 말해 출생·결혼·병·죽음과 같은 생명의 모든 자연적 상황들을 직접적으로 분할·조정·설계·중재·평가하는 권력으로, 삶·생명의 그런 자연성 자체를 축적의 시초적 대상으로 구획·합성·재생산하는 권력으로, 살을 산 채로 벗겨내듯 탈자연화하는 신성한 유혈적 폭력으로 존재·기능한다.

니체가 비판하는 '신의 뜻', 신의 의지, 그리고 그 신이 입각해 있고 일체화하고 있기에 스스로를 정립/유지시킬 수 있는 사목적 권력의 의지가 바로 그런 탈자연화의 폭력으로 관철된다. 니체에게 사제들은 양들/생명들에 구원의 이름으로 '기생'하는 권력이며, 그런 권력의 대표적 형상은 모세였다. 신의 뜻에 대한 니체의 비판은 기생하는 구원적 권력으로서의 모세에 대한 비판인바, 그런 목자-모세를 축적의 신성한 명령으로 봉행하는 또 다른 기생적 권력은 다름 아닌 부르주아지였다. 사제-부르주아지가 가진 권력의 역사가 구원사의 게발트로 발전하는 것일 때, 저 신의 뜻이란 축적의 신-G'의 의지이기도 한 것이다. 그 의지의 승리를 관철시키는 거룩한 기생적 권력으로서의 부르주아지, 곧 맑스가 말하는 '기생충' 곁에서, 니체가 말하는 저 사제-기생충 곁에서 벤야민은 말한다. "자본주의는 기독교에 기생하여, 종국에는 기독교의 역사가 그것의 기생충인 자본주의의 역사가 되는 형태로 발전해왔다."[21] 기독교가 집전하는 신의 구원적 네메인/노모스를 공동의 지성소로 봉행함으로써 자본주의는 기독교에 기생하며, 이내 숙주로서의 기독교를 잠식·침탈·석권하고, 뒤이어 아예 기독교가 되며, 끝내 기독교의 신과 일체가 되는 형태로 발전했다. 그럴 때 기독교의 역사는 자본주의의 역사로, 유혈적 폭력의 역사로 자기 전개한다. 니체/벤야민의 기생충 곁에서, 그것을 앞질러 맑스는 코뮌에 대비되는 부르주아지-국가권력을 기생충으로 명명했고, 그 기생충-사제가 자기증식을 위해 봉교하고 집전하는 신적인 정언명법은 다음과 같은 것이었다. '축적하라, 축적하라! 그것이 모세며 예언자다!' 신의 로고스를 대언하는 모세, 신적인 축적 명령으로서의 모세. 그 명령은 자본의 일반공식에 대한 맑스의 비판이 신정정치 비판으로, 다시 말해 '유물론적인 것'의 옹호로 드러나고 있는 다음 문장들을 압축하고 있다 : "종교가 만든 흐릿한 환영들의 세속적 핵심을 분석해 찾아내는 것은, 삶의 실제적 관계들로부터 그에 상응하는 관계의 신성화된 형태들을 [뽑아내] 펼쳐 보여주는 것보다 훨씬 쉽다. 후자의 길만이 유일하게 유물론적이며, 따라서 유일하게 과학적인 방법이다."[22] 게발트의 벡터가 '유일하게 유물론적인' 것으로 발현하는 시공은 맑스의 파리 코뮌에서 하나의 구체적 정세로 드러나는바, 힘의 그 형세를 표현하는 하나의 경로와 방법은 조금 뒤에 서술될 것이다. 그런 서술을 이끄는 것이 맑스/니체의 저 모세 비판과 비교될 벤야민의 목자 모세(위의 ②)이며 그 모세가 원-분할한 슈미트적 울타리·노모스(위의 ①)의 상태이다.

"어떤 억지자Katechon가 세계의 종말을 저지한다는 믿음"

위에 인용된 벤야민의 단편 ②의 모세는 누구이며 어떤 힘인가. 자본주의를 신-G'이 결산하는 죄/빚 연관으로의 생명의 합성체제라고 비판했던 벤야민이라면, ②의 저 모세는 맑스/니체가 비판했던 모세일 가능성이 잔존한

21. 발터 벤야민, 「종교로서의 자본주의」, 『발터 벤야민 선집』 5권, 최성만 옮김, 길, 2008, 124쪽.
22. 칼 마르크스, 『자본론』 1권, 501쪽.

다. 그때 벤야민은 ②의 모세가 대언하는 신의 말, 다시 말해 ①의 노모스를 수호하기 위해 슈미트가 복창했던 말 — 태초에 울타리가 있었다 — 를 '축적하라! 그것이 모세다!'라는 신-G′의 명령과 다르지 않다고 비판하는 것이 된다. 그렇다는 것은 그런 모세를 통해 직접적으로 개입함으로써 현세적 삶의 구역을 획정하고 조정하던 모세의 그 신 또한 출생·결혼·병·죽음이라는 생명의 시시때때를 관장하고 주재하는 사목권력적 축적의 신과 분리되지 않는다고 비판하는 것과 다르지 않다. 그때 거룩한 작위적 착취의 역사에 대한 비판, 곧 축적을 위해 삶을 탈자연화하는 신에 대한 비판, 다시 말해 맑스/니체에 의한 모세 비판은 벤야민에 의한 모세 비판과 접촉한다. 그때 그 비판은 모세의 출애굽이, 그 탈출을 보증하던 신의 말씀이, 새로운 노모스의 창설을 뜻하던 '태초에 울타리가 있었다'는 신의 그 로고스가, 곧 슈미트가 말하는 근원적/시초적 측량·획정·분배·목양으로서의 신적 로고스/노모스가 축적의 신-G′에 봉교하는 사목적 권력의 입에서 나오고 있음을 비판하는 것이 된다. 그때 네메인/노모스를 인식의 공통분모로 했던 벤야민은 슈미트와 갈라지는바, 맑스/니체의 모세 비판과 결속된 벤야민의 모세 비판은 슈미트가 쓰고 있는 ①의 네메인/노모스, 곧 새로운 울타리로 원-분할된 대지 위에서의 목양상태가 — '제식적·법적·정치적 공동생활의 원형'이자 반석으로서의 대지가 — 축적의 신-G′의 최적화된 통치평면으로 전화될 위기의 문턱에 놓인 것으로 비판하는 것이다.

　　그러하되, 슈미트의 노모스론이 일거에 기소·처결·폐기될 수 없는 것은 그것이 법정립적/법유지적 폭력의 변증법적인 부침과 축적의 신적인 명령법에 대한 내재적 인지·비판·표현을 가능케 하는 디딤돌/걸림돌이기 때문이다. 슈미트가 바울의 편지에서 뽑아낸 '카테콘'이라는 용어는 끝나지 않고 연장되는 컬트종교로서의 자본주의의 폭력적 반석을 개시시킬 힘의 성분을 내장하고 있다: "기독교왕국의 계속성에 있어 결정적이며 역사지배적인 개념은 억지자抑止者의 개념, 즉 카테콘Kat-echon의 개념이다. 여기서 '왕국'은 적그리스도의 출현과 현재의 무한히 긴 시간의 종말을 저지시킬 수 있는 역사적 세력,

「데살로니가 후서」 제2장에 있는 사도 바울의 말에 따라 보유하고 있는^{qui}tenet 하나의 힘을 의미한다.··· 근원적으로 기독교적인 신앙에 있어 카테콘이라는 역사상 외의 다른 역사상은 결코 가능할 수 없다고 생각한다. 어떤 억지자가 세계의 종말을 저지한다는 믿음은, 모든 인간적인 사상事象의 종말론적 마비로부터 게르만 왕들이 행한 기독교적 황제정치의 역사적 지배력과 같은 거대한 역사적 지배력으로 이행해 가는 유일한 가교가 된다."[23] 무슨 말인가.

기독교왕국, 그 왕국이 끝나지 않고 연장되는 역사를 갖는 것은 '억지자'라는 역사적 지배력에 의해서이다. 기독교의 역사가 자본주의의 폭력의 역사와 일체화되어 있다고 말하는 벤야민에게 앞선 단편 ②의 목자 모세가 봉행하고 있는 신의 직접적 개입은, 슈미트가 말하는 기독교왕국, 끝이 없고 또 끝을 없애는 역사적 연장으로서의 기독교왕국의 역사로 다시 상기될 수 있다. 죄/빚 연관 속으로의 생명의 합성력을 가리키는 모세의 신의 직접적 개입은, 모세의 그 신이 '종말까지 견디기'라는 방법을 통해 스스로를 유지할 수 있다는 것, 다시 말해 스스로가 종말로 향해가는 무한한 궤적 위에 놓임으로써만 자신의 종말을 유예시키는 힘으로 스스로를 정립할 수 있다는 것, 즉 항구적인 전前–종말론적 힘으로서만 스스로의 신성을 거듭 유지할 수 있다는 것을 뜻한다. 모세가 봉행하는 신-G′의 그런 존재론과 방법론에 잇닿아 있는 것이 저 카테콘/억지자이다. 바울 독자로서의 슈미트, 그의 법사학 속에서 역사에 대한 결정적이며 지배적인 힘으로 인지되고 있는 카테콘은 한 세계의 '종말론적 마비'를 억지하고 유예시키는 힘이다. 카테콘은 기독교왕국의 역사 또는 기독교의 역사와 합성·합치된 자본주의의 역사에 대한 결정적 게발트로서, 종말과 몰락으로 향해가는 신-G′ — 또는 바울의 용어로는 구원의 외투를 걸친 '멸망의 자식', 곧 적그리스도 — 의 완전한 실현을, 신-G′의 소멸과 끝을 억지하는 힘이다. 그러하되 그런 억지 및 유예의 방법과 몫을 통해 카테콘은 현존하는 신-G′의 마성적/유령적 통치력을 자신에게로 합성·일체화시

---

23. 칼 슈미트, 『대지의 노모스』, 37쪽.

키며, 그럼으로써 스스로를 근원적이고 '유일한 역사상'으로, 지고의 신적 힘으로 정립/유지시킨다. 카테콘이라는 용어가 들어있는 바울의 한 대목을 보이면 다음과 같다.

> 여러분은 아무에게도 어떤 방법으로도 속아 넘어가지 마십시오. 그 날이 오기 전에, 먼저 배교하는 일이 생기고, 불법을 행하는 사람 곧 멸망의 자식이 나타날 것입니다. 그[적]그리스도는 신이라고 불리는 모든 것에나 예배의 대상이 되는 모든 것에 대항하고, 그들보다 자기를 높이 올리는 자인데, 하나님의 성전에 앉아서 자기가 하나님이라고 주장할 것입니다. 아시다시피 그자는 지금 어떤 힘에 붙들려[억제되고] 있지만 제때가 되면 나타나게 될 것입니다. 불법의 비밀이 벌써 작동하고 있습니다. 그러나 그 악한 자를 붙들고 있는 자[억지자]가 없어지면 그때에는 그 불법자가 완연히 나타날 것입니다. 그리고 주 예수께서는 다시 오실 때에 주의 입김과 그 광채로 그 불법자를 죽여 없애실 것입니다.[24]

---

24. 「데살로니가 후서」 2장 3~8절. 이에 대한 주석들 중 하나는 다음과 같다. " '카테콘'과 '아노모스'(anomos)는 분리된 두 형상이 아니라 마지막 계시 전후의 동일한 권력이다. 세속권력은 그것이 로마제국이든 여타 권력이든 메시아적 시간의 실질적인 율법폐기를 은폐하는 허울이다. '비밀'이 풀리면서 허울은 제거되며, 세속권력은 아노모스, 절대적 무법의 형상을 취한다."(조르조 아감벤, 『남겨진 시간』, 강승훈 옮김, 코나투스, 2008, 184쪽) 여기의 카테콘, 국가정보원. 통치기밀의 관리력에 근거해, 여기의 국정원은 음지와 양지, 법과 불법의 경계를 항시 재획정함으로써 '절대적 무법'으로 군림하는 정당성의 근거를 획득한다. 대통령선거 개입 혐의를 뚫고 나가려는 특정한 국면에서 국정원을 비판하고 있는 문장들은 다음과 같다 : " '카테콘'과 '아노모스'(악한 자). 칼 슈미트 식으로 말해보면, 국정원, 새누리당, 박근혜 정부는 국가가 무질서(anomos)에 처하지 않도록 하는, 무질서를 '붙들고 있는' 카테콘='억제자'(aufhalter)의 역할을 떠맡아야 한다. 국가는 통치의 비밀을 갖고 있어야 국가라는 이름에 값하는 것이다. 그런데 비밀의 봉인이 국가 바깥의 아노모스(악한 자)가 아닌, 국가 내부, 통치기구에 의해 풀려버렸다. 국정원 선거개입규탄에 대한 국민들의 시위에는 아마도 국가는 마땅히 국가이어야 한다는 요구, 비밀은 봉인되어 있어야 한다는 항의, 비밀을 간직한 주인에 대한 열망이 어느 정도 자리 잡고 있을 것이다."(복도훈 페이스북, 2013. 7. 25) 이 문장들이 노리는 어떤 시의성을 다시 다르게 기동시키기 위해, 카테콘이라는 용어를 축적의 성무일과를 구동시키는 '유일한' 결정력으로 거듭 정의해보기로 하자.

'불법anomos을 행하는 자'의 출현을 억지하며 붙들고 있는 자, 카테콘. 어떻게 붙들며 억지하는가. 앞질러 이렇게 답해보자. 카테콘은 벤야민이 말하는 법정립적/법유지적 폭력, 유령적 수치의 권력·권리근원이다. 카테콘으로서의 신화적 폭력은 노모스의 종말을 초래하는 힘·아노모스의 완전한 현현을, 곧 멸망의 자식 또는 적그리스도의 완전한 도래를, 다시 말해 '종말까지 견디기'로서의 자본주의라는 종교의 종언과 그 종교가 봉헌하는 신의 종언을, 곧 존재의 갱신이 아니라 존재 일반의 붕괴에 다름 아닌 자본-교의 신의 최후를 협상·양해·타협·소통·조정을 통해 거듭 유예하며, 그런 억지력을 통해 스스로를 신성과 일체화된 힘으로, 그러니까 자본-교의 신-G′이라는 아노모스적 힘과 나이가 같고 한 몸이 된 힘으로 스스로를 정립하고 유지한다. 신-G′을 향한 숭배·제의적 성사로서의 자본주의의 그 신, 다시 말해 존재 일반의 파국과 절멸을 가져오는 그 아노모스의 완전한 관철을 영구적으로 유예하고 저지하는 힘으로 발현함으로써 그 아노모스와 한 몸이 되어 탄력적이고 항구적인 유지력·내구력으로 존재·기능하는 카테콘. 줄여 말해 카테콘과 아노모스의 이위일체. 그렇게 한 몸이 된 신적 통치로서의 신정정치의 숨은 원리를 뜻하는 바울의 용어가 '불법의 비밀'이다. 삶·생명에 대한 후생과 구제의 관점에 근거한 통치의 숨은 이면에 카테콘으로서의 신화적 폭력과 아노모스가 한 몸으로 합성된 통치의 숨은 주격이, 숨은 신이 있다. 축적의 반석이자 아르케로서의 아노모스/카테콘의 이위일체, 다시 말해 도래하는 힘과 도래를 억지하는 힘의 일체화, 존재의 절멸을 가져오는 힘과 그 힘을 유예시키는 구원적 힘의 일체화, 절멸Endlösung과 구원Erlösung의 일체화를 통한 신-G′의 항시적 자기증식. 신-G′이 절대적 무법의 게발트궤적으로서, 불법의 비밀로서 관철되는 과정이 그와 같다. 그 과정/소송은 그런 이위일체의 한 위격인 카테콘의 억지력이 다름 아닌 유혈적 내전의 재생산력으로 존재·기능할 때에만 완전하게 관철될 수 있는 것이었다.

'나이가 같고 한 몸인' 적그리스도[아노모스]/카테콘, 그 '불법의 비밀'의 이위일체는 그렇게 신-G′의 자기증식적/성무일과적 공정을 구동시키는 숨겨진 아르케인바, 맑스의 축적 비판으로서의 성부/성자 비판은 그런 불법의 비밀 비판과 접촉한다. 다시 한 번 인용한다. "그것[G—W—G']은 최초의 가치로서의 자신을 잉여가치로서의 자기 자신으로부터 구별한다. 이는 성부 Gott Vater가 성자Gott Sohn로서의 자기 자신으로부터 스스로를 구별하는 것과 마찬가지다. 비록 부자는 둘 다 나이가 같고 또 실제로는 둘이 한 몸[G+△G=G']이지만 말이다."25 나이가 같고 한 몸인 성부와 성자, 이른바 어떤 '신성가족'. 일체화된 신적 위격들의 자기증식운동에 대한 비판 곁에서, 혹은 그런 비판을 앞질러 맑스·엥겔스는 브루노 바우어 일파의 초월적 관념론이 그런 신성가족의 재생산을 위한 동력이었음을 비판한바 있다. 『신성가족, 또는 '비판적 비판주의'에 대한 비판』(1844)에서 맑스·엥겔스는 바우어들의 비판 작업이 '산 인간'을 자기의식 또는 정신으로 대체함으로써 산 인간에게서 활력을 박탈해 그것을 정신에게로 양도했음을, 다시 말해 활력의 향유를 삶에서 박탈하는 공정을 '복음주의적 교의'로 신성화했음을 보여주었다. 바우어들의 그런 교의 속에서 그들의 비판과 전투란 끝내 추상적 인간에 대한 숭배로 귀속되는 것이었다. 맑스·엥겔스는 바우어들의 교의와 비판을 '거짓 그리스도'로, 불법의 자식으로, 적그리스도로 명명한다. 바우어들을 향해 말하되 바울 곁에서 말하는 맑스·엥겔스. 다음과 같은 말, 그 고지 속에서 바우어 일파의 작업이라는 신성가족의 성사는 '신비를 파는 장사치'의 전-종말론적 협상력으로, '인식의 정지상태'로 폭로/계시되며, 그럼으로써 바우어들의 신성한 장사치들은 향유되는 활력 앞에, 산 인간의 진정한 전쟁 앞에 대질된다 : "너희들은 전쟁에 관해, 그리고 전쟁의 소문에 관해 듣게 될 것이다. 이 모든 것들은 무엇보다도 먼저 일어나야만 한다. 왜냐하면 '거짓 그리스도'와 거짓 예언자들, 파리 출신의 '부셰즈와 루우스', 그리고 취리히 출신의 '프리드리히 로메르와 테오도르 로메르'가 나타나서 다음과 같이 말할 것이기 때문이다. '여기 그리스도가 있다!' 그러나 그때 '바우어' 형제의 징표가 비판주의 내부에서 출

---

25. 칼 마르크스, 『자본론』 1권, 193~4쪽.

현하게 되고, 바우어 저작이라는 성경의 말씀은 완성되게 될 것이다."[26]

　'부셰즈'는 누구인가. 부르주아 공화주의자, 1848년 2월 혁명을 '수습'했던 임시정부의 대통령, 정치학과 역사학에 근거했던 기독교 사회주의자, 생-시몽의 제자. 줄여 말해 바우어 일파. '전쟁'이란 무엇인가. 거짓 예언자, 거짓 그리스도, 적그리스도를, 바우어들이라는 일체화된 카테콘/아노모스를, 그들에 의해 완성되는 신약의 말씀을, 그 숨은 불법의 비밀을 개시하는 전쟁. 산 인간의 삶의 향유를 죽은 노동의 단순한 집적물로 전환·변성시키는 사회적 관계의 재생산을 폐지하는 전쟁, 신성가족의 영구적 성사를 정지시키는 힘의 형세. 이를 맑스적 폭력 비판의 공리가 담겨 있는 그의 상황론을 통해, 이른바 '프랑스 혁명사 3부작'을 통해 말한다는 것은 다시 한 번 신적인 축적 명령으로서의 모세에 대해, 그 사목적 네메인/노모스의 속성에 대해 말한다는 것과 다르지 않다. 이른바 '의회 독재'에 대한 대통령 루이 보나파르트[L. N. Bonaparte]의 쿠데타(1851. 12. 2)와 마주하고 있는 맑스의 한 문장은 다음과 같다 : "어느 시대를 막론하고 국가권력의 안정성은 전체 금융시장과 이 금융시장의 성직자들에게 모세와 예언자들을 의미하는 것이었는데, 대홍수가 낡은 국가와 함께 낡은 국가의 빚까지 휩쓸어 버릴 것 같은 오늘날 그렇지 않을 이유가 있겠는가?"[27] '집중된' 국가권력의 정립/유지를 신성한 것으로 봉행하는 금융자본의 성직자들. 곧 '모세와 예언자'의 이름으로 사목하고 인도하는 일체화된 신성으로서의 집권적 국가와 금융의 성직자들. 맑스는 '대홍수'라는 단어를 통해, 당대의 국법/축적법 연관의 상태를 낡은 국가의 성사이자 그것의 빚으로 정의하고 개시했다. 다시 말해 당대 프랑스의 혁명적 상황을 수습의 반혁명 속으로 합성시켰던 '의회 공화국'을 일소하는 힘, 그것이 맑스가 말하는 대홍수이다. 의회-공화국이란 무엇인가. 저 바우어들의 신성가족을 적그리스도와 일체인 카테콘적 게발트로 지목했던 맑스의 문장들 곁에서

---

26. 칼 마르크스·프리드리히 엥겔스, 『신성가족』, 편집부 옮김, 이웃, 1990, 330~1쪽.
27. 칼 마르크스, 『프랑스 혁명사 3부작』, 임지현·이종훈 옮김, 소나무, 1991, 248쪽.

또 하나의 종언적 전쟁을 시작하고 있는 다음 한 문장을 읽으면서 다시 질문하기로 하자. "적그리스도는 벌써 세상에 나타났다. 그 이름은 공화국이다."[28] 정세의 추이를 객관적으로 검토해 가면서도 그런 판세를 뚫고 융기하는 발생적 힘을 감각하고 표현하려는 인지적 준비태세를 통해 그런 힘과 더불어 배우고 함께 전개되기를 원했던 맑스에게, 당대의 공화국/적그리스도란 무엇이었던가.[29]

질서를 구하는 무질서 : '불법의 비밀'의 정당성–근거

프랑스 공화국, 1851년 12월 2일 루이 보나파르트의 쿠데타 직전까지의 프랑스 '의회 공화국'. 다시 말해 법의 정립과 법의 유지를 한 몸에 독점한 신화적 폭력, 유령 같은 혼합의 수치스런 권력. 맑스의 분석 대상이 되고 있는 그 의회 공화국이란, 당대 부르주아지의 특권적 분파(예컨대 연합 왕당파에 의해 각기 대변되고 있던 금융자본 및 대상업 자본, 대토지 소유 귀족)에 의한 독주체제가 아니라, 그들 계급 전체의 이익을 합법적 의사일정에 올릴 수

---

28. M. V. 요사, 『세상의 종말을 위한 전쟁』, 김현철 옮김, 새물결, 2003, 43쪽.
29. 예컨대 1871년 4월 17일자 쿠겔만에게 보낸 맑스의 편지를 참조하게 된다. 1871년 파리 코뮌이 선포되기 얼마 전, 맑스는 비스마르크 군대의 파리 포위와 연계된 객관적 정세가 파리 노동자계급에게 극히 불리하며 그런 사실을 도외시한 채 봉기한다면 그것은 '절망적인 바보 행위가 될 것'이라고 썼다. 그러나 파리 코뮌은 융기했고, 맑스는 쿠겔만에게 보낸 편지 속에 다음과 같이 적었다. "만약 투쟁이 절대적으로 승산이 있는 조건 하에서만 진행된다면 세계사를 창조하는 일은 아주 쉽고 편안할 것입니다. 다른 한편, '우연성'이 아무런 역할도 하지 않는다면 역사는 매우 신비적인 성격을 지닌 것이 될 것입니다."(맑스·레닌주의 연구소 편, 『맑스·엥겔스 선집』 II, 백의, 1989, 541쪽). 맑스는 '절망적인 현학'을 정세적 사고력으로 오인하지 않았고 봉기의 상황에 무능하지 않았다. 레닌은 이렇게 썼다. "1871년 결정적인 투쟁을 강요받은 노동자들이 이를 받아들였을 때, 즉 봉기가 사실이 되었을 때, 맑스는 불길한 조짐에도 불구하고 매우 열광적으로 프롤레타리아 혁명을 환영했다. … 이 시도를 분석하고 그로부터 전술상의 교훈을 끌어내며 그 시도에 근거하여 자신의 이론을 검증하는 것 – 이것이 맑스가 자신에게 부과한 과제였다."(V. I. 레닌, 『국가와 혁명』, 문성원·안규남 옮김, 돌베개, 1992, 53~4쪽)

있도록 편성된 힘의 균형·분점·협상의 형식, 다시 말해 끝을 배제하는 전-종말론적 '공동지배'의 형식이었다. 그들 부르주아 계급의 의회 대표들이었던 연합 왕당파에 대항하는 힘으로 스스로를 표방했던 소자산계급(노동자와 자본가의 중간 계급, 소상인, 수공업자, 봉급생활자 등)의 대표들은 노동자계급과 공동의 강령을 채택하고 공동의 후보 추천을 합의했다. '산악당이라는 의회 세례명'을 차용한 그들의 연합은 민주파 혹은 사회민주당으로 불렸으며, 총의석 750석 중 200석 이상을 확보한 거대 야당으로 저 항구적 공동지배에 적대함으로써 그런 공동지배의 합법적 지분을 확보한다. 그렇게 공화국의 신성한 통치권은 더욱 공고해지는바, 종말의 유예력 또는 카테콘적 게발트가 그런 통치권과 일체화되고 있기 때문이다. 그런 공화국의 세례를 받은 민주파는 연합 왕당파 ─ 공동지배의 판세를 깨는 자신들의 왕정복고적 의지를 억지하고 지연시킴으로써 공동지배의 항구성을 창출하고 있던 연합 왕당파 ─ 의 권력 분점을 향해 비판과 출진을 소리 높여 예고·선전하면서 '여리고의 성벽을 무너뜨린 나팔소리의 기적'(「여호수아기」 6:8)에 기대었다. 다시 말해, "전제주의의 성벽에 맞설 때마다 그들은 그 기적을 모방하려 하였다."[30] 그들 '민주주의자 선생들'은 1852년 5월 둘째 일요일에 있을 '복된 결과'를 상상하면서 만족해한다. 곧 나폴레옹B. Napoléon 황제의 희극적 조카이자 연합 왕당파의 무시·괄시 속에서 그들과 알력 관계를 유지하고 있던 루이 보나파르트가 대통령직에서 물러나게 될 그 일요일을 두고 그들 민주파의 세력가들은 자신들을 위한 '천년왕국이 시작되는 날'로 여겼다. 1848년 당시의 헌법이 규정했던 4년마다의 대통령 선거가 있을 바로 그 날, 그 천년왕국의 시작을 다르게 상상하는 부르주아계급의 사고력 혹은 존재론이 아래 문장들에서 표현되고 있다. 그 문장들은 공화국/적그리스도라는 이름의 작위적 신성을, 의회 공화국이라는 신성가족의 환속화된 형태를, 아노모스/카테콘의 일체상태로서의 불법의 비밀로 스스로를 정립/유지하고 있는 폭력의 상태를 개

---

30. 칼 마르크스, 『프랑스 혁명사 3부작』, 199쪽.

시한다.

[①] 확실히 지금 부르조아지에게는 보나빠르뜨를 선출하는 것 이외에 다른 대안이 없었다. 콘스탄쯔 공의회에서 청교도들이 교황의 타락한 삶에 대해 불평을 하고 도덕적 개혁의 필요성을 역설하였을 때, 삐에르 다이이 추기경은 그들에게 벽력과 같이 소리쳤다. '사탄만이 스스로 카톨릭 교회를 구원할 수 있는데 너희들은 천사를 요구하는구나.' 프랑스 부르조아지도 꾸데따 이후 이와 같은 식으로 외쳐댔다. 12월 10일회의 두목[보나빠르뜨]만이 부르조아 사회를 구할 수 있다! 도둑질만이 재산을 지킬 수 있고 거짓 맹세만이 종교를 구할 수 있으며 서자만이 가정을 구할 수 있고 무질서만이 질서를 구할 수 있다. … [②] 그[쿠데타를 일으킨 보나파르뜨]는 부르조아 경제 전체를 혼란에 빠뜨리고, 1848년의 혁명에서는 불가침의 영역으로 보였던 모든 것을 침해하며 어떤 사람에게는 혁명을 참도록 만들고 또 다른 사람에게는 혁명을 소망하게 하였으며 질서의 이름으로 실질적인 무정부 상태를 초래하였다. 동시에 그는 모든 국가 기구로부터 후광을 벗겨내어 그것을 세속화하고 불쾌하면서도 우스꽝스러운 것으로 만든다. 그는 트리에의 성의^{聖衣} 숭배를 나뽈레옹 황제 외투 숭배의 형식으로 빠리에서 재현한다. 그러나 마침내 황제의 망토가 루이 보나빠르뜨의 어깨에 걸쳐지는 그 순간, 나뽈레옹의 동상은 방돔 기념비의 꼭대기에서 떨어져 산산조각이 날 것이다.[31]

먼저, ①. 추기경의 말씀 속에서, 그러니까 법의 문을 여닫는 돌쩌귀에 의해서 분할되고 있는 사탄과 천사. 추기경에겐 오직 사탄만이, 저 '불법'의 직계만이 교회의 구원자이며, 또한 '사회의 구원자'이다. 보나파르트의 쿠데타 이후를 인지하는 부르주아계급이 복창했던 것이 그런 추기경의 말이었다. '무질서만이 질서를 구할 수 있다.' 사탄-불법-무질서는 하나의 계열체로, 추기

---

31. 칼 마르크스, 『프랑스 혁명사 3부작』, 274쪽, 277쪽.

경과 부르주아계급의 공동 반석을 지시하면서, 그들 신성가족의 권력으로부터 끝을 유예·배제하는 카테콘적인 힘으로 기능한다. 바로 그 무질서가 ②의 보나파르트, 곧 항상적 쿠데타로서의 권력이다. 그들 부르주아계급에게는 오직 보나파르트/무질서만이 축적을 위한 사회적 관계의 생산을 질서의 이름으로 정립하고 유지할 수 있는 것이었다. 어째서 보나파르트의 쿠데타가 무질서인가. 연합 왕당파, 이른바 '질서당'의 의회 공화정 체제를 전복하고 그들의 공화적 질서를 효력 정지시켰던 것이 브뤼메르 18일의 쿠데타/노모스였기 때문이다. 그런 무질서가 어째서 질서를 구원하는가. 다시 말해 그런 무질서가 구원하고 있는 질서의 본질은 무엇인가. 저 '불법의 비밀'이 그것이다. "헌법 자체를 위해 헌법을 위반하는 것"[32]을 다른 무엇 아닌 헌법의 이름으로 거듭 실행함으로써 스스로의 권력을 유지할 수 있었던 것이 당대의 '의회 공화정'이었다. 그 속에서 지분을 요구했던 산악당은 1848년 6월의 학살 직전에, 대국민 선언으로 활자화된 신문지상을 통해 대통령 보나파르트와 각료들, 의회 다수파를 '헌법 밖에'hors la constitution 있다고 선포하고 국민 방위군과 군대와 국민에게 봉기할 것을 호소했었던바, 이를 두고 맑스는 이렇게 적었다. "'헌법 만세!'가 그들의 슬로건이었는데, 그것은 '혁명 타도!'라는 의미와 다를 바 없었다."[33] 그렇게 신문지상에서만 헌법 밖에 놓인 것이 되었던 연합 왕당파는 파리 전체를 '계엄상태'에 놓았고, 그 속에서 저들 산악당을 '위헌' 정당으로 중죄 재판소에 넘김으로써 그들에게서 입법권의 권위를 합법적으로 박탈할 수 있었다. 더불어, 그렇게 활자로써만 헌법 밖에 놓인 것이 되었던 대통령 보나파르트는 연합 왕당파와 산악당에 의한 '의회 독재'를 1851년 12월 자신의 쿠데타를 통해 실제로 정지시킴으로써 애초부터의 자신의 주권적 독재론을, 다시 말해 "[헌법의 이름으로] 헌법의 제약에서 벗어나려는 대통령"[34]으

---

32. 칼 마르크스, 『프랑스 혁명사 3부작』, 91쪽. 이와 등질적인 문장들은 각각 93, 96, 150, 177, 178, 190쪽에서 찾을 수 있다. 이에 대해선 이후 다른 배치 속에서 다시 비평할 필요가 있다.

33. 칼 마르크스, 『프랑스 혁명사 3부작』, 107쪽.

34. 칼 마르크스, 『프랑스 혁명사 3부작』, 114쪽.

로서의 자기 관철을 달성할 수 있었다. 다시, 무질서(헌법 바깥)이 질서를 그런 한에서, 맑스의 역사적 비판 작업은 바로 그런 독재들의 교착 상태에 대한, 독재적 게발트의 경합과정/영구화과정에 대한, 끝을 배제하는 신성가족의 자기증식적 일반공식에 대한 비평에 다름 아니었던바, 의회 독재와 보나파르트의 쿠데타가 무질서(헌법정지) 또는 아노모스(무법/불법)의 창출을 통해 질서를 항구적으로 생산하고 있었다는 점에서 본질적으로 다르지 않은 것임을 개시/계시하고 있기 때문이다. 쿠데타 이후, 다시 말해 질서의 종말을 억지하는 쿠데타라는 카테콘적 힘의 관철 이후, 저 추기경을 복창했던 부르주아지의 정세 판단, 곧 무질서가 질서를 구원한다는 말의 뜻이 그와 같다. 무질서anomos와 질서ennomos가 일체화된 통치의 체제, 그럼으로써 그 둘이 언제든 어디서든 얼마든 '필요'에 따라 동시에 선포 가능하며 상호 간 전환·교환 가능한 체제, 신성한 이위일체의 존재-신-론으로 관철되는 '불법의 비밀'의 통치체. 그것은 "무질서의 원칙인 동시에 질서의 원칙이라는 근본적인 모순"[35]을 통해 스스로를 영구적인 것으로, 신성한 것으로 정립/유지하는 독재의 근본속성에 다름 아니다. 그러하되 ②의 문장들이 고지하고 있는 것처럼, 보나파르트의 쿠데타는 자신을 포함한 신성가족적 독재의 기관들로부터 모든 후광을 벗겨냄으로써 그것들을 우스꽝스러운 것으로 '세속화'하게 될 것이었다. 다시 말해 그리스도 예수가 입었던 성스러운 옷이 말 탄 나폴레옹 1세의 외투로 재현되고 삼촌의 그 외투가 조카의 어깨 위에 걸쳐질 그때, 그러니까 마침내 조카가 삼촌과 일체가 되는 희극적 합치의 그 순간, 무질서와 질서의 교환 가능한 이위일체-통치체에, 끝의 도래를 억지하는 불법의 독재정에 그 끝이 도래하게 될 것이었다. 알려져 있듯, 「브뤼메르 18일」(1852)의 마지막 문장인 위의 ②는 이후 현실이 되었다. 1863년 방돔 광장 전승기념탑 위에 야전 외투를 걸치고 있던 나폴레옹 동상은 황제의 복장을 한 것으로 교체됐으며, 8

---

35. 르네 지라르, 『나는 사탄이 번개처럼 떨어지는 것을 본다』, 김진식 옮김, 문학과지성사, 2004, 53쪽.

년 뒤 1871년 5월 16일 그 기념탑은 나폴레옹 황제의 동상과 함께, 야만적 폭력의 상징, 군국주의의 긍정, 국제적 정의의 부정, 패자에 대한 승자의 지속적인 모욕으로 규정되었고 끌어내려져 산산조각이 났다. 이른바 파리 코뮌의 4월 12일 법령이 그 일을 행하였다. 이렇게 질문하자. 코뮌의 그 법을 지탱하는 지반이란 어떤 것이었던가.

산 독재

파리 코뮌이라는 새로운 법정초적 힘의 토양, 곧 1848년~1851년까지의 프랑스 계급투쟁에 의해 발현된 힘의 발현. 그것에 대항했던 당대 의회 공화국의 수습 과정 및 보나파르트의 쿠데타는 맑스에게 각각 다음과 같은 문장들을 쓰게 하였다. 아래 ①과 ②가 그것인바, 이는 공히 혁명적 상황을 기존의 법 연관 속으로 합성하는 반혁명적 전환의 과정 속에서 작성된 문장들이다.

[①] 현 세대는 모세가 황야를 누비며 인도했던 유대인들과 같다. 그들은 새 세계를 정복해야 할 뿐만 아니라 새 세계를 맞는 사람들에게 자리를 내주기 위해 소멸해 가야 한다.[36]

[②] 프랑스는 이렇게 한 개인[보나파르트]의 독재 앞에, 그것도 권위 없는 한 개인의 권위 앞에 굴복하기 위해 한 계급의 독재에서 도망친 것처럼 보인다. 그리하여 투쟁은 모든 계급들이 똑같이 힘없이 그리고 말없이 총구 앞에 무릎을 꿇는 것으로 끝난 듯이 보인다. / 그러나 혁명은 철저한 것이다. 혁명은 아직 연옥煉獄, purgatory을 지나가고 있는 중이다. 혁명은 자신의 과업을 일정

---

36. 칼 마르크스, 『프랑스 혁명사 3부작』, 120쪽.

한 방식에 따라 수행한다. 혁명은 우선 의회 권력을 타도할 수 있도록 의회 권력을 완성하였다. 혁명은 이제 이 과제를 완수하였기 때문에 행정권을 완성시켜 이것을 가장 순수한 형태로 환원시키고 고립시키며 자신의 모든 파괴력을 여기에 집중시키기 위해 행정권을 자신이 맞서야 할 유일한 대상으로 설정한다.[37]

다시 한 번, 모세. '축적하라'는 명령을 반복하는 신-G′의 위임자 모세와는 차이 나는 모세. 금융의 성직자들과 집중된 국가권력을 합성하던 모세와는 이격되는 모세. '황야' 위를 걷는 ①의 그 모세는 이른바 '코뮌 헌법'에 결속된 프롤레타리아트 독재의 형태를 발의하고 창출하는 힘을 표현한다. 그 힘과 함께 하는 유대인들, 낡은 노모스로서의 애굽땅을 '출애굽'exodus하는 순례자들. 다시 말해 신-G′의 공리계를 자신의 대지 위에서 거듭 축출·푸닥거리exorcism하는 사람들. 낡은 법적 토포스들의 연관이 잉태하고 있는 새 세계 혹은 '새로운 사회'를 '분만'해야 함과 동시에 또한 '소멸'해 가야 하는 사람들의 힘, 곧 분만과 소멸의 동시적 수행으로서의 진정한 독재적 게발트, '새로이 몰락할 새로운 법의 근거'. 그 힘 또는 근거는 어떻게 발효되며 그 효력은 어디로 향하는가. ②의 '철저한 혁명'으로, 곧 '연옥을 지나고 있는 혁명'으로 향해 있다. 희극적 보나파르트의 총구 앞에, 그 한 개인의 독재 앞에 복종함으로써 '한 계급의 독재'로부터 일견 도망친 것처럼 보이는 혁명은 철저한 것이었다. 맑스에게 그것은 먼저 법정립적 의회의 권력을 타도하기 위해 저 질서당의 의회 공화국을 완성했으며, 뒤이어 신화적 행정권을 완성시킴으로써 그것을 유일하고도 순수한 적대로 환원·고립·개시시키는 중이다. 철저한 혁명이 자신의 과업을 수행하는 그런 방식은 다름 아닌 그리스도의 방법과 존재에 접촉된 것이었다. 그리스도는 말한다. "내가 율법이나 예언자들의 말을 폐하러 온 줄로 생각하지 말아라. 폐하러 온 것이 아니라 완성하러 왔다."(「마태복음」

---

37. 칼 마르크스, 『프랑스 혁명사 3부작』, 264~5쪽.

5:17) 그리스도를 참조하는 혁명, 그리스도와 한 몸으로 발현하는 전위적轉位的 상황의 힘. 철저한 것으로서의 혁명, 연옥을 지나고 있는 맑스의 혁명이란 율법 – 생명관리적인 '율'律의 정치와 그것에 의해 경향적으로 합성되고 있는 '규율'律, 곧 율(들)의 법 – 의 완성을, 그런 율법의 폐기를 위한 율법의 완성을 수행한다. 혁명/그리스도가 법의 완성/사멸로서 스스로를 지속시키는 장소, 거기가 맑스의 연옥인 한에서 연옥은 로두스다. 거기서 뛰고 있는 이들, 혁명/그리스도를 행하는 자들이 광야 위를 걷고 있는 ①의 '현 세대', 곧 모세가 인도하는 유대인들이다.[38] 이들이 구체제가 잉태하고 있는 새로운 사회를 분만함과 동시에 소멸해야 하는 신적인/그리스도의 게발트를 행한다. 이는 저 '불법의 비밀'에 대한 소송이며, 맑스는 「프랑스 내전」에서 그런 소송의 힘을 '코뮌의 진정한 비밀'이라고 썼다. 그것은 어떤 힘의 형질을 갖는가.

---

38. 이와는 달리, 또는 어떤 문턱에서, '축적하라'는 명령과 집중된 국가권력의 합성체로서의 맑스적 모세가 인도하는 유대인은 거듭 법 연관 속에 물려 든 것이었다. 「헤겔 법철학 비판 서설」 속의 모세는 다음과 같다. "오늘의 비열함을 어제의 비열함을 통해서 정당화하는 학파, 가죽 채찍은 전래적인 것이고 생득적인 것이며 역사적인 것이므로, 농노들이 이 가죽 채찍에 대항해서 부르짖는 외침은 모두 반란이라고 선언하는 학파, 이스라엘의 신이 그의 종 모세에게 그러했듯이 역사 또한 자신들에게만 **사후적으로** 자신을 보여준다고 믿는 학파, 이것이 **역사법학파**이다."(칼 마르크스, 『마르크스의 초기저작』, 373쪽) 그런 법적 폭력 속으로 합성된 삶의 상태를 지시하는 용어가 '유대인'이다. 「유대인 문제에 대하여」의 첫 문장과 끝 문장은 각각 다음과 같다. "독일 유대인들은 해방을 갈망한다. 어떠한 해방을 갈망하는가? 공민으로서의 해방, 정치적 해방이다. … 유대인의 사회적 해방은 유대교로부터의 사회의 해방이다."(칼 마르크스, 『마르크스의 초기저작』, 각각 332쪽, 370쪽) 모세와 유대인, 이는 맑스의 이른바 '혁명적 민주주의'의 문장들 속에 들어있으며, 어떤 발전가능성의 지점으로 재정의될 수 있다(이는 「역사법학파의 철학적 선언」(1842)에서 시작해 '법의 사멸'(맑스/파슈카니스)을 다룰 수 있는 경로 하나를 보여주는데, 지금으로선 이를 상론할 힘이 없다). 프랑스 혁명사 속의 맑스적 모세와 유대인에 대해 좀 더 생각하게 하는 문장들은 다음과 같다. "이집트인 모세는 분명히 교회의 규범적 전통에 속하지 않는다. 기억의 인물로 여겨지는 그는 일종의 반-기억(counter-memory)에 속한다. 내가 의미하는 반-기억은 정식 기억에서 잊히거나 잊힐 경향이 있는 요소들을 전면에 부상시키는 것을 말한다. …[그것은] '반-역사'(counter-history)와 일치하게 될 것이다. 이집트인 모세는 반-역사의 전형적인 예다."(얀 아스만, 『이집트인 모세』, 변학수 옮김, 그린비, 2010, 30~1쪽) 기억은 반혁명의 정치가 스스로를 정립/유지하기 위한 법적 폭력의 토포스이다. 반-기억은 토포스 연관의 절단으로, 반-역사로 발현하고 상기되는 아-토포스적 힘이다. 모세가 교회적 규범에 속하지 않는다는 아스만의 문장은 '모세의 법은 오롯이 종교에 속하지는 않을 것이다'라는 벤야민의 앞선 문장과 맞닿아 있다.

맑스가 말하는 '연옥'에서의 혁명, 또는 혁명의 법적 장소로서의 연옥은 천상의 천국이라는 목적이 주재하는 단계적 공간이거나 단순한 상향적 경로가 아니다. 철저한 혁명이 거주하는 장소로서의 연옥은 당대의 질서당과 보나파르트, 곧 헌법을 위해 헌법을 정지시키는 의회권력과 행정권력의 항구적 상호 교환상태를 개시하는 힘, 이른바 '파괴력의 집중'을 위한 지반이었다. 객관적이고 기계적인 정세를 뚫고 정초됐던 1871년 4월의 파리 코뮌은 그런 연옥의 상관물이었던바, 왜냐하면 파리 코뮌이 "의회 기구가 아니라 활동하는 행정부인 동시에 입법부"[39]로 발효됨으로써, 분리와 분점을 통해 통치의 정당성을 합작하고 있던 입법권과 행정권으로부터, 또는 의회와 보나파르트, 질서와 무질서, '문구의 힘'(성문의 법)과 '문구 없는 힘'(불문적 자연법)의 일체상태로부터, 곧 한 몸이 되어 있는 카테콘/아노모스의 그 이위일체로부터 신적 통치권을 박탈하는 소송력으로 스스로를 보존하고 지속할 수 있었기 때문이다. 불법의 비밀로 편성된 신화적 폭력, 다시 말해 모든 법적 폭력의 근간에 놓인 목적-수단 도식의 위계를 따라 삶을 수단화하고 단순화하는 폭력을 탄핵했던 코뮌의 그 소송력이란, 코뮌이 '활동하는' 행정부인 동시에 입법부였기 때문에, 그러니까 불법의 죽이는 독재 아닌 '산' 독재, 살아 있는 독재였기 때

---

39. 칼 마르크스, 『프랑스 혁명사 3부작』, 344쪽. 이 한 구절에 대한 생생한 주해로 인용하게 되는 문장들을 어떤 '점거'의 게발트케적 속에서 마주치게 된다: "3월 28일 업무를 시작한 코뮌 위원회의 프로그램은 대의(代議, Repräsentation)의 논리를 최소화하고, 추상적이고 위계적인 부르주아 국가의 체계에 교환의 실천을 대립시키는 방향을 향해 있었으며, 그 실천 속에서 대의는 대변하는 자들과 대변되는 자들 사이에서의 끊임없는 왕복운동으로 파악되었다. 대의의 논리를 이렇게 항구적으로 최소화하는 것을 현실에 구현하기 위해 무엇보다 코뮌 위원회의 규정 자체가 상시적 파면 가능성, 직접적 책임성, 그리고 파견자들의 명령적 위임에 근거하고 있었다. 맑스는 이를 의회주의와도 구별하고, 또한 행정기구의 파편화와 자립화, 분리와도 구별하면서 '코뮌은 의회적 단위가 아니라 입법하면서 동시에 그를 실행하는(gesetgebend und vollziehende) 일하는(arbeitende) 단위가 되어야 한다'고 말했다. 코뮌이라는 '사회적 공화국'은 의회주의적 민주주의와는 반대로 아무 '권력분할'도 필요로 하지 않는다."(게랄드 라우니히, 『예술과 혁명』, 2005, 김남시 페이스북, 2016. 8. 19) 이 한 대목은, 이화여대 행정 측의 합법적 학위 장사를 부결시키기 위한 학생들의 본관점거 상황, 그들 점거자들이 말하는 '느린 민주주의'라는 이름의 의사소통 방식을 위해 페이스북에 인용·번역되었던 것이다.

문에 '불가능'한 것이 아닐 수 있었고 '망상'이 아닐 수 있었다. 이런 사정을 가리키는 맑스의 용어 또는 법-어가 '코뮌의 진정한 비밀'이다:"코뮌에 대한 다양한 해석과 코뮌을 호의로 해석하는 다양한 관심은 이전의 모든 정부형태가 억압적이었던 반면에 코뮌이 철저하게 개방적인 정치형태임을 보여주고 있습니다. 코뮌의 진정한 비밀은 이런 것이었습니다. 즉, 코뮌은 본질적으로 노동계급의 정부였으며, 착취 계급에 대한 생산계급의 투쟁의 성과였고, 노동에 대한 경제적 해방이 이루어질, 궁극적으로 발견된 정부 형태였던 것입니다. 이 마지막 조건을 제외한다면, 코뮌제도는 불가능과 망상이었을 것입니다."[40] 무슨 뜻인가.

코뮌이 분만된 첫날, 1871년 3월 18일 그 새벽을 시작했던 '중앙 위원회'의 선언서에는 지배계급의 실패와 반역 속에서 파리의 노동자계급이 저들 지배계급의 공무집행에 개입할 때가 되었음을, '정부 권력을 장악함으로써' 스스로의 운명을 자기가 주재하는 것이 프롤레타리아트의 절박하며 절대적인 권리임을 깨달았다고 적혀 있다. 맑스는 곧바로 덧붙여 쓴다. "그러나 노동 계급은 단순히 기존의 국가 조직을 장악하여 이것을 자기의 목적을 위해 행사할 수 없습니다."[41] 이 한 문장은 「공산당 선언」의 신판 서문(1872)에 다시 인용됨으로써 그 팜플렛이 지닌 어떤 낙후성의 지점을 쇄신하는 힘으로 기능하기도 했던바, 코뮌은 더 이상 기존 지배계급의 법적 폭력을, 목적-수단 도식을, 형상-질료의 정당성론을 통치의 방법으로 반복할 수 없는 것이었다. 이는 쿠겔만에게 보낸 편지 속에서는, "더 이상 전처럼 관료적·군사적 기구를 교체하는 것이 아니고 이를 분쇄하는 것"[42]이라는 한 구절로 표현된다. 코뮌은 부르주아 혁명의 슬로건이었던 '값싼 정부'를 상비군과 관료제를 폐지함으로써 실제로 구현했으며, 군주정적인 효력들을 완전히 장사지냄으로써 민주주의의 제도적 기반을 제공했다. 상비군과 경찰이라는 공권력은 노동자계급

---

40. 칼 마르크스, 『프랑스 혁명사 3부작』, 347쪽.
41. 칼 마르크스, 『프랑스 혁명사 3부작』, 340쪽.
42. 칼 마르크스, 『프랑스 혁명사 3부작』, 340쪽.

의 무장력으로 이양됐으며, 관료들의 임금은 노동자들의 평균임금 수준으로 조정되었고, 선출된 대표들은 항시적으로 소환 가능했다. 그럼에도 그와 같은 값싼 정부나 '진정한 공화국'은 코뮌에겐 단지 부수적인 것이었을 뿐 궁극적인 목표는 아니었다. 코뮌에겐 스스로를 '활동적인 입법권이자 행정권'으로, 그런 두 권력의 이위일체로서의 산 독재로, 저 카테콘/아노모스의 이위일체라는 불법의 비밀을 개시시키는 '진정한 비밀'로 지속하는 과정/소송 자체만이 최고·최종의 목적, 내재적 목적이었다. "코뮌의 위대한 사회적 조치는 코뮌자체가 행동으로 존재한다는 것이었습니다. 코뮌의 개개 조치들은 인민에 의한 인민 정부의 성향을 예시하지 않을 수 없었습니다."[43] 코뮌의 조치들은 주권의 양도라는 계약의 토포스 지하에서 정초되고 있는 인민에 의한 인민의 궁극적 정부 형태로서, 곧 코뮌 자신 위에 군림하는 최종목적의 위격에 의해인도되고 집행되는 수단적 위격이기를 중단한 것으로서, 그런 위격들을 무화하고 전도시키는 무위적無位的·전위적 힘에 의한 결정의 필요를 창출하는 힘으로서, 순수한 수단의 게발트로서, 양도가 아니라 행동으로서 존재하는 것이었다. 불법의 비밀을, 저 신성가족의 존재-신-론을 기소하는 코뮌의 진정한비밀이 그와 같다. '코뮌 자체가 행동으로 존재한다'고 할 때의 그 행동, 군림하는 최종목적이 없는 그 행동은 이른바 분만과 조산助産의 행동인바, 그때코뮌은 '산파'Geburtshelferin다. 그것은 낡은 사회상태의 운용 속에서 잉태되고있는 새로운 사회의 분만을, 그와 동시에 소멸해야만 하는 게발트의 신적인형상이다.

> [①] 노동자계급은 [목적을 따라] 실현시킬 아무런 이상도 가지고 있지 않지만, 붕괴 중인 부르주아 구舊사회 자체가 잉태한 새로운 사회의 여러 요소를 해방시킬 이상을 지니고 있습니다.[44]

---

43. 칼 마르크스, 『프랑스 혁명사 3부작』, 353쪽.
44. 칼 마르크스, 『프랑스 혁명사 3부작』, 349쪽.

[②] 게발트는 새로운 사회를 잉태하고 있는 모든 낡은 사회에서 산파 역할을 한다. 게발트는 그 자체가 하나의 경제적 힘이다.[45]

불법의 비밀을 기소하는 과정에서 프롤레타리아들은 그 자신의 '경제적 잠재력'ökonomische Potenz이 현재의 사회를 불가피하고 불가항력적으로 좀 더 높은 차원으로 전위되지 않을 수 없게 하는 투쟁의 오랜 동력임을 안다. 그들은 ①에서와 같이, 군림하는 목적에 의해 인도되고 사목되는 유용성의 이상을 가지고 있지 않는 대신, 불법의 대지로서의 낡은 사회가 잉태한 새로운 사회의 여러 요소들을 분만하고 해방시킬 이상을 지니고 있다. 그때 프롤레타리아들은 ②의 '게발트'에 다름 아닌바, 그것은 하나의 경제적 잠재력으로서의 폭력, 맑스적 '절멸'의 실천력이며, 이를 가리키는 아-노모스적 술어가 '산파'이다. 맑스에게 '최종목적 없는' 행동으로서의 코뮌, 그 게발트/산파는 구체제를 변경 불가능하거나 항구적인 것으로서가 아니라 새로운 사회를 잉태한 상황으로서 거듭 발견·정의·창출하는 힘이었으되, 그 힘은 분만과 동시에 소멸해 가야만 하는 것이었다. 코뮌이라는 게발트의 역설과 아포리아, 다시 말해 분만과 동시적인 약화·무화·소멸. 그것은 사멸과 몰락에 결속된 벤야민의 새로운 법의 근거 위에서, 그 창설/몰락적인 힘을 통해, 곧 메시아적 리듬/게발트를 통해, 이른바 '순수한 신적 폭력'과 접촉하는 "**약한 메시아적 힘**"[46]을 통해 다시 표현될 수 있다. 앞서 불법의 비밀에 대해 썼던 바울은 바로 그 분만/소멸의 게발트에 대해 사고할 수 있는 계기를 제공한다. '약한' 신의 힘이 그것이다. 바울의 신은 말한다. "나의 힘은 약함 속에서야말로 완전히 드러난다."(「고린도후서」 12:9) 그 약함·소멸·사멸 없이 발견·분만·창출은 가

---

45. 칼 마르크스, 『자본』 I-2, 강신준 옮김, 길, 2008, 1007쪽. 되비춰 읽게 되는 김수행의 번역은 다음과 같다. "폭력(暴力:게발트)은 낡은 사회가 새로운 사회를 잉태하고 있을 때에는 언제나 그 조산사(midwife)가 된다. 폭력 자체가 하나의 경제적 잠재력이다."(칼 마르크스, 『자본론』 1권, 1033쪽)
46. 발터 벤야민, 「역사의 개념에 대하여」, 앞의 선집, 344쪽.

능하지 않다. 그런 약함과 소멸의 게발트는, 저 신성가족의 항구적 통치술을, 곧 무질서의 원칙이 질서의 원칙으로 되는 불법의 비밀을 완전히 개시·폐기하기 위해서 그것을 완성시키는 과정/소송의 힘이며, 그런 소송의 과정 속에서 스스로의 힘이 불법의 비밀로 재편성·재합성되지 않도록 소멸해가는 '약한' 힘이다. 이를 두고, 새로운 사회를 맞이하는 사람들을 위해 '자리를 내주기 위한 소멸'이라고 썼던 맑스의 문장은 내재적으로 읽혀야 한다. 새로운 사회를 맞이하는 사람이 따로 있고 새로운 사회를 분만하는 사람이 따로 있는 것이 아니다. 소멸의 게발트 속에서는 바로 그런 자리 내줌/베풂의 과정이 곧 새로운 사회의 직접적인 향유의 시간이기 때문이다. 그 약한 신의 힘, 그 분만/소멸의 장소, 그 비-장소 또는 아-토포스가 코뮌의 법이 정초되고 발효되는 지반이자 조건이다. 그렇게 코뮌의 법의 힘은 축적의 명령적 법권역으로 환원되지 않는 산 독재적 힘, 집중된 국가권력의 대지로 합성되지 않는 그 약함 속의 신적인 힘, 곧 분만/소멸의 역설 속에서만이 완전하게 발현하는 메시아적 게발트이다. 그것이 법의 문 앞으로 삶을 내놓이게 하는 통치기밀arcana imperii, 오직 법 밖으로서만 법 안에 포섭시키는 불법·아노모스의 비밀을 개시한다. 그렇게 그 게발트/산파는 새로운 '법 안'ennomos(「고린도전서」 9:21)의 분만과 동시에 소멸해가야만 하는 것이었다. 벌써 이미 작동하고 있는 불법의 대지를 일소하는 '대홍수'(맑스), 또는 '주†의 입김'(바울)은 새로운 엔노모스를 위한 게발트의 그런 역설적 상황으로서만 발현하고 도래한다. 그것은 항시 도래중인 것이므로 아직 오지 않은 미-래이며, 미래이므로 완료됨 없이 도래중인 힘으로서 스스로를 보존하는 힘이다. 그 힘이란, 이른바 '프롤레타리아의 목적이란 무엇인가'라는 목적론적 질문이 불법의 비밀을 유지시키는 공정 속으로 귀속되고 있는 것임을 고지한다. 그때 중요한 것은 그 물음에 전제되어 있는 목적-수단 도식의 해체, 곧 폭력의 해체·일소이다. 이는 프롤레타리아의 목적이란 무엇인가라는 물음을 탄핵하는 특유한 부정성의 질문, 곧 '프롤레타리아란 무엇인가'라는 물음과 결속되어 있다. 『신성가족』의 한 대목을 인용하면서 불법의 비밀과 코뮌의 진정한 비밀 사이의 적대적 상황을 다시 다르게 표현하기 위한 계기로 활용하고자 한다: "이런 저런 프롤레타리아, 혹은 프롤레타리아트 전체가 당장 무엇을 자신의 목표로 '삼아야 하는가'가 중요한 것은 아니다. 문제는 지금 '프롤레타리아트란 무엇인가', 그리고 그 존재에 의해 프롤레타리아트는 역사적으로 무엇을 하지 않으면 안되는가 하는 것이다."[47]

신적인 비폭력과 신적인 폭력

저 불법, 아노모스의 그 비밀을 개시·계시하는 폭력적인 힘, 통치하는 일체적 신격에 대한 탈정립의 힘이 바울이 말하는 주의 입김이다. 신의 입김, 신의 숨결/성령psyche. 다시 말해 마르크적 대홍수, 아노모스·불법의 신성한 후광을 걷어내는 새로운 엔노모스의 게발트. 그런 신적인 힘과 그 힘에 일체화된 사람들, 모세가 인도했던 저 황야 위의 유대인들, 그 '현 세대'를 벤야민은 소렐이 표출시켰던 프롤레타리아 총파업의 현장론에서 찾고 있다. 즉 법정립적 파업이라는 카테콘적 세력에 적대하는 아나키즘적 파업, 무–아르케적 총파업 속의 사람들이 그들이다. 소렐이 구획한 두 개의 총파업에 대해 벤야민은 이렇게 쓴다. "첫 번째 형식의 작업 중단[정치적 총파업]은 그것이 노동조건의 외면적인 수정만을 유발하기 때문에 폭력이라면, 두 번째 형식의 작업 중단[프롤레타리아 총파업]은 순수한 형식으로서 비폭력적[비정립적/탈정립적]이다. 왜냐하면 그것은 외면적인 양보와 모종의 노동조건상의 수정에 따라 다시 작업을 재개할 태세를 갖고 일어나는 것이 아니라 오직 전적으로 변화된 노동, 곧 국가에 의해 강요되지 않은 노동만을 재개하려는 결심에서 일어나기 때문이다."[48] 노동의 조건에 대한 양해와 협상, 수정과 타협을 유발하

---

47. 칼 마르크스·프리드리히 엥겔스, 『신성가족』, 64쪽.
48. 발터 벤야민, 「폭력 비판을 위하여」, 103쪽.

는 정치적 총파업, 다시 말해 소렐이 모든 사회 집단의 밑바닥 전제에 '국가의 마술적 힘'에 대한 봉헌이 있다고 할 때의 그 국가, 국법·국가폭력이라는 정치적 총파업의 무법적·불법적 총체. 그것이 노동의 현 상태를, 이른바 '죽은 노동의 집적 상태'를 안전하게 수호하는 폭력으로서의 카테콘적 억지력인 것에 반해, 프롤레타리아 총파업 ─ 소렐이 말하는 '순수한 폭력' 또는 '진정한 전쟁' ─ 은 노동의 외면적 수정이 아니라 죽은 노동의 '산 노동'으로의 질적 전위로 정향된 힘이며, 그런 한에서 노동의 조건을 둘러싼 거래체제를 절단하는 '결정'이고 그런 거래의 이윤에 대한 내재적 부결의 단행이다. 법정립적 파업의 협상 테이블 위를 오가는 거룩한 양해각서들이 피를 흘리게 하는 폭력인 것과는 반대로, 아나키즘적 총파업은 그런 협상 테이블 위에서 구상되고 기획되는 모든 신성한 프로그램들·제안들·유토피아들·청사진들을 향한 종언적/정언적인 힘, 임재의 힘이며, 법정립적 파업이라는 카테콘적 억지력에 따른 피를 지혈止血하는 힘, '비유혈적'인 힘이다. 법정립적 파업이라는 유혈적인 폭력에 세세히 대립하는 프롤레타리아들/억눌린 자들의 비유혈적 총파업. 이를 두고 벤야민은 전복의 유발에 그치는 게 아니라 '전복의 수행'이라고 썼고, 그것은 앞서 언급했듯 '돌이킬 수 없는 전복'이라는 소렐의 한 구절과 맞물린 것이었다.

돌이킬 수 없는 전복·전위로서의 프롤레타리아/아나키즘적 총파업, 그 비유혈적 총파업이 벤야민에게서 '순수한 형식으로서 비폭력적인 것'이라는 이름으로 다시 표현되고 있는 지점을 눈여겨보게 된다. 그 지점, 그 장소는 벤야민의 폭력론이 반복적으로 방점 찍고 있는 일련의 '순수'reine라는 용어들의 연쇄 혹은 전개, 예컨대 '보다 순수한 영역', '순수 수단', '순수한 수단의 정치', '순수한 직접적 폭력', '순수한 전쟁', '순수한 신적 폭력'이라는 용어들의 의미연관에 대해, 그 연관의 효력에 대해, 발생되고 발효되는 몰락/근거세움의 법적 이념에 대해 사고하게 하는 비등점이자 끓는점이다. 이는 바울이 말하는 저 '불법의 비밀'의 해체, 잃어버린(혹은 작성되지 못했던) 벤야민 폭력론의 키워드로는 '폭력의 해체' 또는 '진정한 정치'에 맞물려 있다. 이렇게 질문하자.

아노모스/카테콘이라는 통치의 일체화된 신격에서 신성을 박탈하려는 무-아르케적 총파업은 어떤 맥락과 의지를 따라 '순수한 형식으로서 비폭력적인 것'이라는 이름을 얻는가. 이 물음에 대한 응답은 폭력 비판이 항상 이미 '신정정치' 비판으로 시작되고 있었던 지점에서 구해질 수 있다.

가톨릭주의의 문제는 (거짓된, 세속의) 신정정치의 문제다. 근본명제는 다음과 같다. 참된 신적 폭력은 오직 도래하는 (충족된) 세계에서만 **파괴가 아닌 다른 방식으로**anders als zerstörend 현현할 수 있다. 이에 반해 세속 세계에 등장하는 신적 폭력은 파괴의 기운을 뿜어낸다. 따라서 이 파괴되는 세계를 토대 삼아 어떤 항구적인 것과 형상을 세우는 것은 불가능하며, 하물며 이 세계의 지고의 원리인 주권Herrschaft은 말할 것도 없다.[49]

두 개의 신적 폭력이 있다. 파괴 아닌 다른 방식으로 현현하는, 곧 비폭력적·비유혈적·비정립적으로 발현하는 참된 신적 폭력과 속세에 등장하는 파괴적인 신적 폭력. 아노모스/카테콘이라는 일체화된 신격의 폭력, 곧 지상에 정립되는 신국의 신정정치적 폭력 — 슈미트가 말하는 '기독교적 황제정치'는 그런 폭력의 역사적 형태 중 하나이다 — 은 속세에 등장하는 신적 폭력의 파괴적인 기운을 가리키는바, 그것을 토대로 해서는 삶의 지복의 형태를 항구적으로 보존하는 지고한 원리로서의 주권을 기립시킬 수 없다. 이에 반해 참된 신적 폭력은 오직 도래하는 세계, 도래 중이므로 충족되는 세계에서만 — 다시 말해 저 이위일체의 신-G'이 빚/죄의 항구적인 부과를 통해 주재·주조하는 '동질적이고 공허한 시간'을 단절시키는 임재의 힘을 통해서만 — 곧 '현재시간' 혹은 '충만한 시간'으로서만 현현하는 힘이며, 그 현현의 방식은 아노모스/카테콘이라는 유혈적이며 존재 절멸적인 폭력과는 정반대로 비폭력적이며 비정립적이다. 파괴적인 신적 폭력이 흘리게 하는 피를 지혈시키는 지복의

---

49. 발터 벤야민, 「세 개의 단편」, 167쪽.

힘, 비유혈적·비폭력적인 참된 신적 게발트. 그것이 벤야민이 몰락/근거세움 속에서 정초하려는 새로운 법으로서의 '주권'의 역사적 연혁이자 벡터궤적이며, 벤야민의 폭력 비판은 바로 그런 주권의 발현과 수호를 위한 역사철학이었다.[50]

그러하되, 도래하는 세계에서 현현하는 참된 신적 폭력과 속세의 세계에 등장하는 파괴적인 신적 폭력의 구분이 정치적 총파업과 순수한 프롤레타리아의 총파업이라는 소렐의 구분에 대한 기계적인 변주로만 읽히지는 않는다. 참된 신적 폭력과 파괴적인 신적 폭력은 발현하는 신적 폭력의 대립적이되 동시적인 두 벡터를, 그런 발현의 양가적이고 역설적인 조건을 가리키기 위한 구분일지도 모르며, 소렐의 프롤레타리아 총파업을 두고 벤야민이 다시 명명했던 이름, 곧 아나키즘적(무-아르케적) 총파업에 의해 창설되는 세계 안에서 동시적으로 발생하는 노모스의 두 벡터와 관련된 것일지도 모른다. 다시 말해 그 구분은 벤야민이 옹립하려는 '순수한 폭력'의 비순수성에 대한 인지, 곧 자기 테제의 성립과정 안에 그 과정을 추동하는 동력으로 존재하는 안티테제에 대한 인식을 드러내는 것일지도 모른다. 예컨대 벤야민의 세속적 질서와 메시아적 왕국을 비롯해 그의 모든 이항대립은 다음 문장들에 의해 정의되며 힘의 문턱에 놓인다: "자신의 길을 가는 어떤 힘이 반대로 향한 길에 있는 다른 힘을 촉진할 수 있는 것처럼 세속적인 것의 세속적 질서 역시 메시아적 왕국의 도래를 촉진할 수 있다. 즉 세속적인 것은 그 왕국의 범주는 아니지만, 하나의 범주이며, 그것도 가장 적확한 범주들 중의 하나로서, 바로 그 왕국의 지극히 조용한 다가옴의 범주이다."[51] 한 세계의 두 대립적 양상, 곧

---

50. 이 '주권'은 폭력에 대한 역사철학으로서의 「폭력 비판을 위하여」의 끝 구절, 곧 순수한 신적 폭력을 '베풀어 다스리는/주권적인(waltende) 폭력'으로 명명한 것에 맞닿은 것임과 동시에 '진정한 정치' 또는 '진정한 비상사태를 도래시키는 것'이라는 「역사철학테제」 8번의 과제와 맞물린 것이기도 하다. 이를 포함해, 그런 주권의 비폭력적·비정립적·비유혈적 관철에 의한 '피의 폭력'의 해체, 벤야민적 정당방위론 및 면죄론에 의해 발효되는 위법성 조각(阻却)의 정당성-근거에 대해서는, 뒤이어질 「보론」을 참조.

51. 발터 벤야민, 「신학적·정치적 단편」, 130쪽.

세속 세계와 도래하는 세계의 대립. 하나의 신적 폭력을 구성하는 두 대립적 양상, 곧 파괴적인 기운의 신적 폭력과 지혈하는 비폭력적인 신적 폭력. 그렇게 반대되는 힘의 벡터, 벤야민의 비유로는 쏘아진 화살의 진행하는 힘과 그 반대방향으로의 힘은 상호 상쇄적이거나 일방적인 석권의 관계가 아니라 서로를 '촉진'하고 촉발하는 모순적 역장力場의 구성 장소였다. 벤야민적 반대물의 복합체, 대립하는 것의 일치. 세속 질서와 메시아적인 것이 맺는 관계의 역설적 형질로서의 그런 역장, 이른바 '정지상태의 변증법'적인 과정/소송은 대립하는 두 힘의 지양에 대한, 그런 지양을 위한 통념화되고 고착화된 인식의 카테고리를 비판함으로써 그런 인식에 의해 가능해지는 이윤의 생산과 축적을 기각시킨다. 그런 '인식 비판'의 연장선 위에 아래와 같은 세속 세계의 신적인 폭력과 도래하는 세계의 신적인 비폭력 간의 대비가 놓여 있다.

> 사회적인 것이란 유령적이고 악마적인 권력들이 그때그때의 상황에 따라 현현한 것인데, … 이 권력들 속에서 신적인 것은 오직 혁명적 폭력을 통해서만 현현한다. "사회 질서[계획]"Einricht<ung>en에서는 결코 나타나지 않는 신적인 것은 오직 공동체 속에서만 비폭력적으로gewaltlos 혹은 강력하게gewaltig 현현한다. (이 [사회계획의] 세계에서는 신적인 폭력이 신적인 비폭력보다 더 높다. 도래하는 세계에서는 신적인 비폭력이 신적인 폭력보다 더 높다.)[52]

다시, 유령적 혼합. 곧 그때그때마다 사안별 사건별로 서로의 경계를 넘어 혼합되면서 서로의 결과·생산물이자 동력·시초가 되고 있는 법정립적/법유지적 폭력, 수치의 법권역. 벤야민에게 사회적인 것이란 바로 그런 카테콘적 법폭력들의 억지력, 유령적 권력들의 영구적인 자기 유지상태를 가리키는 것이었다. 사회적인 것의 그 질서, 권력의 그 사회계획은 유토피아로, 청사진으로, 프로젝트로, 5개년 계획으로, 순차적 프로그램으로 제안되고 발의되는

---

52. 발터 벤야민, 「세 개의 단편」, 168쪽.

바, 현세적 세계의 그런 기획과 제안 속에서 신적인 것은 오직 '혁명적 폭력'을 통해서만, 오직 '공동체' 속에서만 '비폭력적으로-강력하게' 현현한다. 사회 질서의 노모스, 사회계획의 토포스 연관 속에서, 흐르는 피의 생산을 통해, 단순한 생명의 생산을 통해 생식하는 카테콘/아노모스의 이위일체적 폭력은 피를 지혈하는 비유혈적인/신적인 비폭력보다 더 높은 힘이다. 이에 대한 돌이킬 수 없는 전복적 반면, 곧 도래하는 세계의 보존 속에서, 달리 말해 메시아적 게발트의 발현의 시공간 속에서 지혈하는 신적인 비폭력은 신적인 폭력의 유혈성보다 더 지고하다. 신적인 폭력과 신적인 비폭력, 다시 말해 두 파루시아parousia의 충돌. "메시아적인 것은 그렇게 두 파루시아의 충돌 속에서 [곧, "불법의 자식의 도래와, 그것의 작동을 정지시키는 메시아의 도래의 충돌 속에서"] 성취되는 것이다."[53] 두 임재 중 하나는 바울이 말하는 멸망의 자식(적그리스도)의 완전한 출현이며 그것을 영구적으로 유예하고 억지함으로써 그것과 한 몸으로 일체화되는 카테콘적 세력으로서의 신화적 폭력의 관철, 곧 불법·아노모스의 도래이다. 그것은 율법 부재Torah-lessness의 무법적 상태를 자신의 법권역 위에 거듭 설정하는 결단을 통해 매번 법의 안과 밖을 다시 경계획정하는 유혈적인/신적인 폭력의 관철을 뜻한다. 이와 충돌하는 다른 하나의 임재, 그것은 한 몸으로 일체화된 저 통치의 신격을 향해, 곧 신-G′의 신정정치적 대지를 향해 거대한 규모의 폐절의 가능성으로 도래중인 아-토포스적인 힘이다. 그 파루시아는 불법의 자식과 한 몸으로 일체화하는 신격으로서의 법폭력을, 그 유혈적 작동과 효력을 중지시킴으로써 그 법권역 위에 '법의 부재'a-nomia로서, 아노미아적인 파국·대단원catastrophe의 힘으로서, 이른바 '카타르게시스katargesis(율법의 폐함;「로마서」 3:31)'의 관철로서 도래중인 힘이다. 그 지고한 주권의 힘, 메시아적 힘이 저 '불법의 비밀'을 개시·정지시킨다.

　그렇게 드러나는 불법의 비밀, 그러니까 아노모스적 법치의 비밀, 그것을

---

53. 조르조 아감벤, 『남겨진 시간』, 184쪽.

표현하는 한 가지 범주가 '예외상태'이다. "결국 예외상태란, **효력을 지니지만** **의미하는 것이 없는** 법의 구조, 바로 이것이 아니라면 도대체 무엇이겠는가? 더 이상 적용되지 않으면서도 개별적인 사례에 적용되며, 개별적인 사례로부터 물러나면서도 추방 속에서 개별적인 사례와의 관계를 유지하는 법의 자기-중지야말로 **의미 없이 효력을 지님**Geltung ohne Bedeutung의 모범적인 사례이다."[54] 분명 열려 있지만 끝내 들어갈 수 없는 '법의 문', 각각의 인간들에게 최적화된 채로 열린/닫힌 법의 문, 언제나 들어갈 수 있으되 지금 당장은 들어갈 수 없는 법의 그 문. 열려진 법에 의해 '법 앞'으로, 그러니까 '법 바깥'으로 추방되면서도 언제나 들어갈 수 있게 열려진 그 법에 의해 '법 안쪽'으로 포획되고 있는 통치상태의 창출. 다시 말해, 법의 안과 밖이 결정불가능하고 식별불가능한 상태의 재생산을 통해 관철되는 통치의 기술. 법의 그 문, 법의 그 '자기-중지'를 통해서만, 즉 법의 '효력 정지' 혹은 법의 의미 없음을 통해서만 군림할 수 있고 발효될 수 있는 법-영광의 존재론적 구조, 통치의 준칙이자 절차. 이는 아노모스라는 율법 부재, 없는 법, 무법, 그러니까 법의 의미 없음을 통해 법이 가동되는 통치의 비밀과 맞닿는다. 저 신적인 비폭력의 비유혈적 파루시아, 그 지고한/주권적 힘이 그런 통치의 비밀을 현시한다. 그 폭로, 그 계시의 힘에 의해, 도래하는 세계의 보존에 결속된 그런 신적 게발트에 의해 아노모스라는 통치의 상태는 최종적이고 종지적인 시간과 맞닥뜨리며, 바로 그때 '피의 폭력'Blutgewalt으로서의 법의 정립/유지가 정지한다. 다시 말해, 각자에게 열려있는 법의 그 문 앞에 고착된 생명, 그 문을 지키는 문지기 너머로 언제나 들어갈 수 있게 열려있는 아노모스적 법치의 대지 위에서 피 흘리고 있는 생명은 저 불법의 비밀을 개시하는 최종적이며 묵시적인 게발트의 시공간 속에서, 지혈하는 신적 비폭력으로, 흘리는 피를 지혈하는 새로운 '법 안'으로, 낡은 분할과 목양의 노모스를 폐절시키는 새로운 엔노모스의 분만

---

54. 조르조 아감벤, 「메시아와 주권자 ─ 발터 벤야민에게 있어서 법의 문제」, 김상운 옮김, 『자율평론』 14호(2005.10) 강조된 구절은 벤야민의 카프카론에 대한 숄렘의 편지 속에 들어있던 것임.

으로, 비정립적 제헌력에 의한 산 독재로, 산파의 삶·활력으로, 줄여 말해 '순수한 신적 폭력'으로 발현하고 발효된다. 그런 발현 속에서만, 법정립적/법유지적 폭력으로서의 유령적·신화적 폭력과 순수한 신적 폭력은 선명히 구획될 수 있으며 온전히 적대로 드러날 수 있다.

> 신화적 폭력이 법정립적이라면 신적 폭력은 법 파괴적이고, 신화적 폭력이 경계를 설정한다면 신적 폭력은 경계가 없으며, 신화적 폭력이 죄를 부과하면서 동시에 속죄시킨다면 신적 폭력은 면죄해주고, 신화적 폭력이 위협적이라면 신적 폭력은 내리치는 폭력이고, 신화적 폭력이 피를 흘리게 한다면 신적 폭력은 피를 흘리지 않은 채 죽음을 가져온다.[55]

신화적 폭력은 법정립적이고, 정립되는 그 법은 유혈적이다. 그 피 흘림이 법의 안과 밖을 ─ 곧, 부(富)와 빈곤, 국민과 비국민, 인간과 짐승, 사회와 자연, 줄여 말해 노모스와 아노모스를 ─ 분할하는 경계의 재생산에서 기인하는 것인 한, 신화적 폭력은 합법적인 부와 국민과 인간과 사회를 언제든 어디서든 그것들의 바깥으로, 빈곤으로, 비국민으로, 짐승으로, 자연으로 추방시킬 위협 앞에 내놓이게 한다. 신화적 폭력의 법은 합법상태를 언제든지 불법상태로 결단·추방하는 방식으로 포함함으로써 정립된다. 반대로 순수한 신적 폭력은 정립되는 그 법에 대한 파괴이며, 그 경계에 대한 철폐이고, 흐르는 피의 해결에 대한 피의 지혈이며, 추방/포함이라는 통치론의 작동을 정지시키는 힘이다. 피 흘리게 하는 신화적 폭력, 축적의 그 유혈성은 죄의 부과와 그 죄에 대한 속죄의 반복에 의해, 그러니까 데몬적인 죄/빚과 짝하는 속죄/상환의 홈 페인 변증법에 의해, 다시 말해 자본주의라는 제의종교의 신-G'이 닦고 닦달하는 '죄/빚'의 무한궤도에 의해 관철된다. 순수한 신적 폭력이 죄와 속죄의 강철 같은 순환고리, 곧 신화적 폭력이 봉행하는 신-G'의 죄/빚 연관

---

55. 발터 벤야민, 「폭력 비판을 위하여」, 111쪽.

을 내리친다는 것은, 죄를 단지 속죄시키는 것이 아니라, 달리 말해 죄와 속죄의 단순한 인과적 연쇄 속으로 삶을 합성함으로써 죄 연관의 최후를 억지하고 유예시키는 것이 아니라, 그 죄 자체를 '면죄'해주고 그 빚 자체를 상환re-demption해 줌으로써 죄/빚의 연관·기관·기계 전체에 효력 중단의 시간으로, 작동 중지의 공간으로 도래중이라는 것이다. 폭력의 역사에 대한 비판으로서 구원redemption의 게발트는 그런 죄/빚의 대지에 대한 임재의 형식과 결속되어 있다. 그 형식, 그 결속의 지점이 「폭력 비판을 위하여」의 마지막 문장들 속에 들어있는 '순수한 전쟁'으로서의 주권적 폭력에 대해, '베풀어 다스리는 폭력'으로서의 순수한 신적 폭력과 그 폭력의 옹호에 대해 거듭 말해볼 수 있게 하는 끊는점이자 비등점이다. 컬트적 종교운동으로서의 자본주의에 ─ 또는 운명화된 죄/빚의 항구적 연관에 ─ 계류된 삶의 형상이자 생명상태로서의 '피', 그런 피를 생산하고 적출하는 유령적 혼합의 법적인 힘, 곧 신화적 폭력의 공정과 본성을 적시하는 '피의 폭력'은 맑스가 말하는 성부─성자의 이위일체적 증식의 일반공식 '곁'에서, 신적인 증식의 성무일과에 합성된 '피의 입법'과 함께 첨예화한다. 피의 입법 곁에서, 그것을 통해 특권화되고, 특-권을 지님으로써 폭력의 권위의 정당성을 획득하는 피의 폭력, 그리고 그런 폭력의 효력정지. 이는 뒤이어질 「보론」에서 '과제(의 실패)'로서 다시 다뤄지게 될 것이다.

신적인 폭력 또는 위법성 조각의 정당성

법의 일반공식 : 죄—속죄—죄′

'폭력Gewalt 비판' 또는 게발트의 비평을 위한 인식의 한 가지 경로이자 방법으로 벤야민은 속죄sühnend와 면죄entsühnend를 구별한다. 맑스 또는 니체 이래 죄와 빚은 동시적이고 등질적인 것으로 인지될 수 있었던바, 면죄와 구별된 속죄라는 것은 죄/빚을 항시적으로 부과하는 체제를, 죄/빚과 속죄/상환의 항구적인 순환체제를, 이른바 '신화적 폭력'의 본성과 절차를 구축하고 구동하는 동력이자 그런 본성과 절차의 압축적 표현형이다. 다시 말해 속죄는 지은 죄에 대해 법이 판결하는 죗값으로 치르고 법에서 놓여나 새 삶을 얻게 되는 법적 공리의 순차를 가리키는 것이 아니라, 속죄와 동시에 다시금 죄를 짓게 하는 불가항력적 힘의 프로세스와 관계된 것이다. 그런 한에서, 속죄란 법의 토포스 연관에 삶·생명이 영원히 계류 중인 상태의 재생산력으로 운용된다. 벤야민이 말하는 속죄는 죄와 속죄를 영속적으로 반복하게 하는, 그럼으로써 죄를 증식시키는, 그러니까 죄—속죄—죄′의 유혈적 성무일과를 구축하는 신화적 폭력의 방법론이자 법의 일반공식을 가리킨다. 속죄와 맞물린, 속죄로 구동하는 "법은 형벌을 받도록 심판하는 것이 아니라 죄를 짓도록 심판한다."[1] 그렇게 반복·연장·증식되는 속죄에 반해 면죄라는 것은 속죄의 그런 자기증식의 끝을, 그런 재생산의 종결 및 최후를 판시하고 고지하는 힘이다. 앞질러 말하건대, 면죄는 신화적 폭력의 운용과 준별되는 '순수한 신적 폭력'reinen göttlichen Gewalt의 본성 및 효력에 결속되어있는 것이다. 그런 면죄를 '발전가능성'의 장소이자 비등의 순간으로 방점 찍고, 그 힘의 속성을 전개시키기로 하자. 속죄에 대한 벤야민의 다음 문장들은 한 몸으로 된 두 개의 질문을 던지게 하며 그 여파를 살피게 한다 : "경계 설정의 행위는 법을 인식하는 데 있어 또 다른 점에서 중요한 의미를 지닌다. 법률과 범위를 한정하는 경계는 적어도 태곳적에는 불문율이었다. 인간은 아무것도 모른 채 그 경계를 넘다가 속죄에 빠진다Sühne verfallen. 왜냐하면 씌어지지 않고 알려지지 않은 법을 침범하는 일이 불러일으키는 법의 개입은 형벌과는 달리 속죄라고 불리기 때문이다."[2] 다시, 속죄란 무엇인가. 오늘의 불문율이란 어떤 힘인가.

속죄란 단순히 형벌의 목표이자 효과 같은 것이 아니다. 속죄는 획정되고 조정된 법 안과 법 밖의 경계를 위반하(려)는 것들 일반에 대한 법의 개입을 가리킨다. 속죄, 곧 죄-속죄의 체제, 죄지음/빚짐과 짝하는 속죄/빚갚음의 체제, 줄여 말해 '죄 연관'은 경계의 반복적인 설정·재설정을 통한 법정립/법유지의 반석이자 그 산물이다. 획정·분할·구획된 법, 곧 노모스와 그것의 끝을 유예하는 신화적 폭력은 죄-속죄의 항구적 체제와 한 몸으로 합성된 하나의 통치적 계열체이다. 속죄의 계열체, 속죄의 법 연관이 향하고 있는 경향적인 힘, 그런 법 연관의 형질을 결정하는 우세적인 힘의 형질은 다음 한 문장으로부터 생각해 볼 수 있을 것이다 : "법의 정신은 소유다."[3] 경계획정 행

---

1. 발터 벤야민, 「운명과 성격」, 『발터 벤야민 선집』 5권, 최성만 옮김, 길, 2008, 71쪽.

2. 발터 벤야민, 「폭력 비판을 위하여」, 앞의 선집, 110쪽.

3. 이 문장은 맑스가 각주로 인용했던 렝게(1736~1794, 변호사이자 저널리스트)의 것이다(칼 마르크스, 『자본론』 1권, 김수행 옮김, 비봉출판사, 2001, 1014쪽에서 재인용). 이는 맑스가 스미스의 『국부론』에서 인용하고 있는 한 문장 ― "의회가 고용주와 노동자 사이의 의견 차이를 조정하려고 시도할 때, 의회의 상담역은 언제나 고용주이다" ― 바로 뒤에 이어져 있는 문장이었다. 벤야민은 '계약의 원천/결과' 모두가 폭력을 요구·수반한다는 점에서, 그런 폭력의 잠재적 현존에 대한 인식의 소멸상태로 1920년 전후의 '의회들'을 지목했다. 그런 지목의 지향과 의지 위에서, 맑스가 인용한 '법의 정신은 소유다'를 다시 인용한다. 그런 지목의 벡터궤적 위에서, 그런 벡터의 증강을 위해, 이후 맑스의 '피의 입법' 및 '화폐정신'과 벤야민

위로서의 법, 그 법의 정신은 '소유'의 정당성과 합법성의 상호 관계를 조정하고 조달하는 힘의 상태이다. 소유라는 절대정신, 곧 자기증식 운동으로 정립되는 신-G′이라는 법의 정신. 속죄가 지향하는 경향적 힘은 그런 정신으로서의 소유의 운동 양식이다. 그럴 때 속죄는 소유를 위한 경계획정의 법적 기계이다. 그런 속죄란 '속죄에 빠지는 것'이며, 속죄에 잠기는verfallen 것이다. 그런 한에서 속죄는 신화적 죄 연관에 침윤되는 것이고, 그 법 연관에서의 안락과 쇠락, 보호와 침탈로부터 결코 헤어나지 못하게 걸어 잠그는 데몬적인 dämonisch(마성적·양의적인) 힘이며, 그런 한에서 존재의 쇠락이자 붕괴이다. '존재의 붕괴', 벤야민에게 그것은 신-G′에 의해 주재되는 '자본주의라는 제의종교적 운동'의 근원적 추동력이자 부산물이었다. 법의 정신이 소유일 때, 속죄는 존재의 붕괴를 제1원리로 집전한다.

속죄는 '씌어지지 않은 불문율'로서의 경계획정을 수호한다. 그것은 이미 고대부터 그랬었는데, 그런 불문율과 속죄의 관련에 맞서 고대의 공동체들이 '성문법'을 제기한 것을 두고 벤야민은 "신화적 규약들의 정신에 대항한 반란Rebellion"이라고 쓰면서, 그런 신화적 "법의 정신"[4]이라는 것이, 법을 몰랐다고 처벌을 면할 수 있는 건 아니라는 현대의 원칙과 속죄 연관을 입증하는 것이라고 말한다. 속죄의 운용 속에서 삶은 직접적으로 법의 지배대상으로 단순화되는바, 신화적 규약들/폭력들의 정신 또는 법의 정신은, 앞선 구절들에 바로 뒤이어지는 다음과 같은 문장들 속에서 저 반란·대항의 적대적 대상이 된다. "직접적 폭력의 신화적 발현은 가장 깊은 차원에서 모든 법적 폭력과 동일한 것으로 드러나며 법적 폭력의 문제성에 대한 예감을 그것의 역사적 기능의 타락상에 대한 확신으로 만들어준다. 이로써 이 역사적 기능을 파괴하는 것이 과제가 된다. 이 과제야말로 신화적 폭력에 중단을 명할 수 있는

의 '피의 폭력' 및 '화폐의 정신'은 서로를 인도하며 차이로써 보충하는 개념의 공통화 작업 속에 놓일 것이다. 이는 이 책의 「서론」에서 시도했던 게발트/산파의 사상적 계보구성의 연장선 위에 있다.
4. 발터 벤야민, 「폭력 비판을 위하여」, 110쪽.

순수한 직접적 폭력에 대한 물음을 최종적으로 다시 한 번 제시해준다."[5] 벤야민에게 폭력 비판이 '폭력의 역사에 대한 철학'인 까닭이 거기에 있다. '법의 정신'에 대한 중단으로 발현하는 '순수한 직접적 폭력', 그 힘의 조건에 대한 질문. 그것은 역사철학으로서의 폭력 비판을 통해서만, 또는 '역사의 결말이라는 이념'을 통해서만 법적 폭력을 역사적 기능의 타락으로 비판·분별·결정할 수 있다는 말과 다르지 않다. 그런 비판과 결정의 성분을 가진 역사의 결말이라는 이념은, 일거에 끝내거나 끝내 끝날 시간의 기다림 같은 것과는 아무 관련이 없다. 역사의 결말이라는 이념은 오직 다음 한 문장 속의 '이념'으로서만 힘을 갖는다 : "이념의 빛은 창조적 토대의 어둠과 싸운다."[6]

다음과 같이 질문하면서 법의 정신과 오늘의 불문율이라는 것에 대해 좀 더 말해보기로 하자. 속죄와 준별되는 면죄란 무엇인가. 면죄는, 면죄라는 힘의 형태는 제의종교Kultreligion[숭배적·컬트적 성사]로서의 자본주의로 집전되는 법의 정신에, 소유로 향하는 그 정신의 관철로서의 속죄에, 줄여 말해 정립되고 연장되는 죄 연관의 신화적 정신에 대항하는 힘이다. 저 신화적 규약들의 정신에 대한 반란의 성분과 결속됨으로써 발효되는 '순수한 직접적 폭력'의 본성이자 절차, 그것이 면죄다. 정리하면 다음과 같다. 신화적 폭력은 법정립적이고 경계획정적인 행위이며 죄 연관의 보증력이자 생산력이고 그 힘들에 의해 옹립되고 수호된다. 이에 대해 순수한 신적 폭력은 획정된 경계의 다른 분할과 분배를 통해 죄 연관의 탈구상태/절단상태를 독점적으로 창출하는 면죄적 힘이다. 남은 질문 한 가지는 이런 것이었다. 저 불법의 비밀, 곧 오늘의 불문율은 어떤 형질을 가진 힘인가. 그것은 벤야민이 말하는 '피의 상징성'에 대해 사고하게 한다.

고라의 무리를 치는 신의 법정은 특권 계층인 레위족의 무리에 적중하며, 그

---

5. 발터 벤야민, 「폭력 비판을 위하여」, 110쪽.
6. 발터 벤야민, 「세 개의 단편」, 조효원 옮김, 『인문예술잡지 F』 13호, 2014, 166쪽.

들을 위협을 가하지도 않고 아무 예고 없이 내리치며 파괴 앞에서도 멈추지 않는다. 그러나 신의 법정은 바로 그러한 파괴 속에서 면죄를 가져다주며, 이 신적 폭력이 갖는 피를 흘리지 않는 성격과 면죄해주는 성격 사이에 깊은 연관이 있다는 것은 의심의 여지없이 명백하다. 왜냐하면 피는 단순한 생명des bloßen Lebens의 상징이기 때문이다. 그런데 여기서 자세히 설명할 수는 없지만 법적 폭력의 발동은 벌거벗은 자연적 삶의 죄지음에서 비롯한다.[7]

'죄지음'Verschuldung은 이미 앞질러 '부채'Verschuldung와 맞물려 있다. 벤야민이 어근으로서의 죄schuld와 합성된 단어들을 쓸 때, 예컨대 죄 연관, 원죄, 죄책감, 죄의식, 책임, 의무, 연루, 고발 등을 쓸 때, 그 단어들은 '죄/빚'의 동시적 이중성, 그러니까 "죄(빚; 이 개념의 데몬적인 양의성을 보라)"[8]는 벤야민의 지시문에 의해 인도되고 있다. 그런 한에서 페슐둥의 번역어들이 '죄지음', '유죄성', '죄의식' 등으로 표기될 때에도 그것은 빚의 통치체와 동시적이고 공속적인 것으로 읽혀야 한다. 마성적 축적의 양식으로서의 죄/빚, 그 데몬적 양의성은 우연적인 것이 아니라 법적 폭력에 의해 제작된 '계획적 이의성'에 다름 아니었던바, 이는 폭력 비판으로서의 속죄 비판이라고 할 다음 한 문장에서 표현된다(그리고 그것은 '운명' 비판과 함께한다). "속죄의 등장은 법의 의미에서 우연이 아니라 다시 한 번 계획적인 이의성 속에서 나타나는 운명이다"; "운명은 살아 있는 것의 죄 연관이다."[9] 이 죄 연관, 죄-속죄의 궤도, 축

---

7. 발터 벤야민, 「폭력 비판을 위하여」, 111쪽.
8. 발터 벤야민, 「종교로서의 자본주의」, 앞의 선집, 124쪽.
9. 각각 「폭력 비판을 위하여」, 110쪽; 「운명과 성격」, 71쪽. 죄/빚이라는 운명적/데몬적/계획적 이중성의 법 연관을 내리치는 순수한 신적 폭력, 신의 그 최후적 법정의 예로 벤야민은 제1 성서 「민수기」(Numbers)에 나오는, '고라'의 무리를 치고 있는 야훼의 폭력을 든다: "땅은 입을 벌려 그들과 집안 식구들을 삼켜버렸다. 고라에게 딸린 사람과 재산을 모조리 삼켜버렸다. 그들이 식구들과 함께 산 채로 지옥에 떨어진 다음에야 땅은 입을 다물었다. 이렇게 그들은 이스라엘 회중 가운데서 사라져버렸다. 그들의 아우성 소리를 듣고 주변에 서있던 이스라엘 사람들은 '땅이 우리도 삼키겠구나.' 하며 달아났다. 향을 피워가지고 나왔던 이백오십 명도 야훼에게서 나온 불이 살라버렸다."(「민수기」 16:32~5) 이 문장들이 표현하고 있는

적의 법의 일반공식으로서의 죄―속죄―죄'을 절단하는 순수한 신적 폭력의 면죄성은 '파괴'와 동시적인 것으로서만 수행된다. 벤야민이 말하는 그 파괴는 면죄의 동력이자 결과이므로 단선적인 파괴로 끝나거나 영구적인 붕괴로 유지되지 않는다. 그 면죄의 힘은 피를 흘리지 않게 하는 비유혈성/비정립성의 관철인바, 그것은 '피'를 흘리게 함으로써만 ― 피로 상징되는 '단순한 생명'을 재생산함으로써만 ― 스스로를 자기증식할 수 있는 빚/죄의 일반공식을 중단·지혈시키는 힘이다. 죄 없음에도 죄-속죄의 연관 속으로 손수 먹이며 인도하는 목자의 힘, 빚 없음에도 빚-상환의 법 연관 속으로, 낡은 노모스의 편성체 안으로 손수 이끌어가는 사목적인 힘, 그 인도와 목양의 영양배분상태nemein/nomos를 불변하는 절대적 운명으로 확정되게 하는 신화적 폭력, 법의 정신, 소유의 게발트. 모든 법적 지위를 벌거벗기는 그 유혈의 폭력은 죄/빚이 원래부터 있어서 그것을 향해 발효되는 것이 아니라, 없는 죄/빚을 있는 것으로 부과하는 사후성 속에서, 그렇게 부과된 것들에 대해 속죄/상환시키는 사후적 판결로부터 비롯하는 것이다. 늘 근원에 자리 잡은 것으로 스스로를 표식하는 신화적 폭력은 애초부터 있었던 합법적 법의 문자들에서 정당하게 비롯된 것이 아니라, 기록된 법의 문자들의 효력을 합법적인 것으로 발생시키고 정당한 것으로 인준해주는 사후적이고 후행적인 힘이다. 그런 한에서 신화적 폭력은 기록된 법을 가동시키는 기록되지 않은 법, 불문법이며, 어디에도 기록되지 않았기 때문에 기록된 법의 문자들을 가동시키고 발효시키는 상위의 법으로 스스로를 연장한다. 만약 신화적 폭력이 기록된 법의 문자로 존재하는 것이었다면, 그 기록성 혹은 문자성의 한계 및 감옥에 감금되었을 것인바, 기록되지 않은 불―문의 법이란 그런 기록성의 제약을 철폐한 한계 없는 법의 편재적이며 자유로운 힘이다. 기록되지 않았기에 해석의 대상이

죽음의 경로 또는 죽임의 형질에 근거해 '신적 폭력'의 아포리아를 다시 비평하는 일, 그런 죽임과 죽음의 상황을 할 수 있는 한 눈앞의 정치적 현장과 비교해 보는 일, 그런 비교 속에서 합치되거나 통합되지 않는 현장과 비판론의 차이를 사고하는 일. 그것들이 하나의 '과제'로서 늘 잔존하고 있는 것 같다.

기를 거부하는 법, 해석의 대상이 아니므로 단일하거나 고정된 의미로 존재하지 않아도 되는 법, 그러니까 '의미 없이 효력을 지니는'Geltung ohne Bedeutung 법. 벤야민이 말하는 경계획정 행위로서의 법의 정신, 그 경계를 위반하(려)는 것들을 속죄의 네메인/노모스에 빠지게/잠기게 하는 불문율不文律, 재정의된 현대의 율법. 그것이 기록되지 않은 불문의 법의 힘, 그 본성과 효력에 있어 제약과 한계를 모르는 법의 정신의 힘, 언제나 이미 앞질러 구체적/예외적 불문不問에 부쳐지는 법의 편재하는 힘이다. 벤야민에게 오늘의 불문율에 대한 비평, 그것은 다시 한 번 통치의 비밀에 대한 개시로, 폭력적 계시로 수행된다. 위의 인용문 바로 뒤에 이어지는 다음 문장들은 오늘의 불문율이 이른바 '피의 폭력'을 본성으로 하고 있음에 대해 좀 더 말해볼 수 있게 한다.

> 그 죄지음은 살아 있는 자를 아무 죄도 없이 불행하게 속죄에 넘겨줌으로써 그 죄지음을 '속죄'하게 하고 — 어쩌면 죄인도 면죄해줄지 모르나 죄로부터는 아니고 법으로부터 면죄할 것이다. 그렇다면 단순한 생명과 함께 활력des Lebendigen에 대한 법의 지배도 잦아든다. 신화적 폭력은 그 폭력 자체를 위해 단순한 생명에 가해지는 피의 폭력이고, 신적인 순수한 폭력은 활력을 위해 모든 삶 위에 가해진다. 전자는 희생을 요구하고 후자는 그 희생을 받아들인다. 이 신적 폭력은 종교적 전승을 통해서만 입증되지 않고 적어도 성화된 발현 속에서 오늘날의 삶에서도 발견된다.… 따라서 신적 현상형식들은 신 자신이 폭력의 기적 속에서 행하는 점을 통해서가 아니라 피를 흘리지 않고 내리치며 면죄해주는 수행의 요인들을 통해 정의된다. 마지막에는 모든 법정립의 부재를 통해 정의된다.[10]

죄 연관 속으로의 삶의 합성력으로 정립되고 유지되는 신화적 폭력이 스스로를 면죄적인 힘으로 표방하며 나설 때에도, 그것이 향하고 있는 것은 죄

---

10. 발터 벤야민, 「폭력 비판을 위하여」, 111~2쪽.

연관 그 자체에 대한 파괴/면죄는 아니다. 법유지적 폭력으로 한정된 그런 면죄는 속죄의 확장 방법이자 속죄의 재생산 형식이며, 그와 같은 면죄의 가체험 형식은 죄—속죄—죄'이라는 신화적 법의 궤도로서, 곧 G—W—G'이라는 축적의 일반공식의 현상과 본질로 자기증식하는 폭력으로서, 이른바 '피의 폭력'으로서 사회를 석권하는 주요 계기이자 기계이다. 신화적 폭력은 그 폭력 자체를 위해, 오직 자기를 제약하는 것들을 철폐하기 위한 목적으로 피를 쏟게 하고 그 피의 희생을 요구하는 데 반해, 순수한 신적 폭력은 모든 삶 위에 가해짐으로써 삶의 형태들 중 그 어느 것도 죄/빚 연관 속으로 합성되는 것을 중단시키는바, 그때 그 신적인 폭력은 신화적 폭력에 의해 생산되는 피를, 곧 합성되고 희생되기 위해서만 생산되는 '단순한 생명'을 받아들임으로써, 다시 말해 모든 법적 지위가 벗겨진 직접적이고도 사실적인 지배의 무결한 대상으로 구획·분류·배정되는 삶의 형태들을 받아들임으로써 더는 '활력'과 분리되거나 소외되지 않게, 수단화되지 않게 한다. 다시 말해 순수한 신적 폭력, 피를 흘리지 않게 하는 폭력, 비유혈적이며 지혈하는 폭력은 죄-속죄와 빚-상환의 악순환적/악무한적인 법 연관을 파괴함과 동시에 면죄하는 신적 면죄/탕감의 게발트로서, 첨예화된 희년禧年, year of Jubilee의 게발트궤적으로서, 분리를 통한 매개의 반복 없는 활력의 분만상태로서 발현한다. 제의종교적/성무일과적 자본주의로 집전되는 법의 정신(신화적 규약들의 정신)으로서의 신-G'을 향해, 그 유혈적 존재-신-론의 에코노미 안에서 금치산禁治産적인 게발트로 발현하는 초과적 활력의 벡터궤적. 법의 지배가, 법의 폭풍이 그치고 잦아드는 것은 면죄를 통해 단순한 생명이 활력과 한 몸으로 발현할 그때이다. 기록되지 않은, 의미 없는, '텅 빈' 법, 스스로의 효력을 정지시킨 법이 그 자신의 한계 없는 공백 속으로 거듭 정립·유지·구축되고 있는 건축적 아르케 속에 삶을 포섭하고 합치시키는 힘으로 향해진 것이었다면, '모든 법정립의 부재'를 통해 '정의로 가는 문'이 되는 신적인 폭력은 그런 건축적/신화적 아르케를 향한 무-아르케적인 힘으로 관철된다. 정립되고 유지되는 죄-속죄 연관에, 유혈적 법의 토포스 연관에 적대/응대하는 면죄와 지혈의 게발트, 모든 법정립의 부재라는 신적 궐위interregnum로서의 비정립Entsetzung(구제)의 아토포스a-topos. 그것은 신화적 폭력 바깥에 따로 놓인 외재적 힘의 장소가 아니라, 어디까지나 신화적 폭력에 내재하는 외-존의 장소이며 내재적 초월의 상황 발현/구축이다. "자신의 길을 가는 어떤 힘이 반대로 향한 길에 있는 다른 힘을 촉진할 수 있는 것처럼"[11], 곧 하나의 게발트가 자신의 무덤을 파는 반대 방향의 게발트를 촉진할 수 있는 것처럼 죄-속죄와 빚-상환의 일체화된 법 연관은 자신이 분리를 통해 매개시켰던 피에 의해서, 활력과 분리되지 않지 않는 삶·생명에 의해서 효력 정지된다. 그런 정지상태를 촉진하는 신화적 폭력의 자가-충돌하는 내적 논리, 피의 폭력의 근저에 놓인 그 역설의 상황 속에서 단순한 생명은 활력과 한 몸이 되는 비정립적 상황의 시공時空/施工으로 '발현'한다. 발현, 목적의 연장체에 대한 폭력으로서의 발현 또는 현현. 그것은 죄/빚 연관으로 정립된 목적으로서의 축적의 영토 속으로, 그 신성체/축적체의 목양상태 속으로, 목적-수단이라는 통치교리 속으로 합성되거나 연계되지 않는 게발트의 지속을 가리킨다. 벤야민적 '분노', '몰락', '폭발'은 그런 발현의 예들이다. "분노는 사람을 극명하게 드러나는 폭력의 폭발, 목전의 목적에 대해 수단으로서 관련되지 않는 그러한 폭발로 이끈다. 그 폭력은 수단이 아니라 발현[현현]Manifestation인 것이다."[12] '최종목적 없(애)는' 발현/현현으로서의 분노와 폭발['터져 나옴']은 벤야민에게 '신의 분노'와 '면죄의 폭풍'을 하나로 결속시키는 촉매 같은 것이었다.[13]

---

11. 발터 벤야민, 「신학적·정치적 단편」, 앞의 선집, 130쪽.

12. 발터 벤야민, 「폭력 비판을 위하여」, 106쪽.

13. 이에 대해서는 뒤에서 서술하기로 한다. 목적으로서의 죄/빚 연관에 대한 발현의 게발트와 관련하여 여기 인용해 올 문장들은 다음과 같다. "이 [죄-부채] 연관은 인간으로부터 단순한 생명을 분리시킴으로써 약동하는 삶을 파괴하는 것이다. 이 단순한 생명의 등장으로 법은 결코 약동하는 삶을 지배할 수 없다."(김항, 「신의 폭력과 지상의 행복 : 발터 벤야민의 탈정치 신학」, 『안과밖』 29호, 2010, 118~9쪽); "이 단순한 생명은 그와 동시에 법으로부터의 구제를 담지하는 것이기도 하다. 즉 단순한 생명은 법적 폭력이 지배하는 세계의 지렛대인 동시에 그 지배가 종식되는 탈출구이기도 한 것이다."(김항, 『먹는 입과 말하는 입』, 새물결, 2009, 183쪽) 그런 역설에 주목하면서 김항은 벤야민의 면죄를 두고, 폴리스로서의 죄/빚 연관에

화폐정신과 피의 폭력

　맑스에게 자본의 일반공식 G-W-G´은 성부와 성자의 일체론으로 구동되며, 종교 비판은 모든 비판의 전제였다. 라파르그는 빈곤을 축적의 마리아로 모시는 자본주의를 '자본-교'라는 이름으로 특칭했고, 벤야민에게 자본주의란 죄/빚에 의해 숭배되고 미사 치러지는 순수제의였다. 신정정치로서의 자본주의에 대한 공동의 비판형들, 거기서 추상될 수 있을 공동본질에 기대어 묻고 답하자. 벤야민이 명명했던 신화적 폭력, 곧 빚/죄 연관으로의 합성력을 가리키는 저 '피의 폭력'Blutgewalt이란 무엇인가. 그것은 오늘 여기서 재정립되고 있는 '피의 입법'Blutgesetzgebung과 함께, 그 곁에서 다시 사고될 수 있다. 피의 폭력의 본성과 그 여파를 인지하게 하는 피의 입법은 오늘, 임금의 현상유지나 강제적 인하를 위한 법령들에 국한되거나 제약되지 않는 법정립적/법유지적 벡터 위에서 여기 삶·생명의 관계에 직접적인 경계획정으로 관철되는 유혈적 폭력이다. 일반화된 피의 입법, 삶의 불문율이 된 피의 폭력. 법전에 쓰여 있는 법의 모든 문장들이 귀결·귀속·귀일하는 신화적 불문율의 보호 속에서, 그런 불문율과 함께, 그런 불문율과 일체가 된 제의종교적 성사로서의 자본주의의 폭력/입법. 다시 말해 공장에서의 노동시간이라는 특정한 시공간을 넘어 모든 시공간의 삶·생명을 직접적이고도 순수한 축적의 대상으로 재생산하고 전체적이고도 개별적인 레벨에서의 통치 대상으로 리셋

의해 죄지음과 속죄라는 단 두 개의 삶만으로 분리된 인간을 '없애는' 것이라고, 그런 분리상태의 신체 자체를 없애는 것이라고 새긴다. 기관 없어어진 인간, 이른바 들뢰즈·가타리적인 순수한 내재성의 구도, 곧 용광로 쇳물, 무경계적인 노모스의 궤적. 그것들이 벤야민의 면죄 '곁'에서 사고되고 있다. 이는 단순한 생명의 근저에 놓인 역설에 방점 찍을 때에, 곧 '결정불가능성이라는 아포리아에 근거했을 때에 드러날 수 있는 극한적 힘의 개념이었던바, 그 아포리아의 장소를 가리키는 하나의 테제가 곧 "벤야민-슈미트-아감벤이 제시해놓은 최소 단위의 폭력론을 견뎌내야"(192쪽) 한다는 것이었다. 그 세 사람이 이루는 '최소 단위의 폭력론'을 슈미트 주권독재 개념으로부터 절취·전위될 수 있을 '최소 헌법'적인 것의 재정의를 위한 필요조건으로, 저 '견뎌내야만 함'을 힘의 '향유'를 위한 가능한 지반으로 활용하는 일. 순수한 신적 폭력의 주요 성분으로서의 면죄를 비정립적 제헌력-의-형태소라는 게발트 비평의 이념 속에서 다시 논구할 여지와 여력이 거기 있다.

하기 위한 재정초적 입법/폭력, 첨예화된 '시초축적의 비밀'에 의한 입법적 폭력. 맑스는 분만되는 자본의 태토, 축적의 그 시초를 목격하면서 이렇게 적었다. "자본은 머리에서 발끝까지 모든 털구멍에서 피와 오물을 흘리면서 이 세상에 나온다."[14] 자기증식을 위한 자본의 순환계/생식계, 다시 말해 자본주의가 봉헌하는 신-G′의 숨결psyche이 들락거리는 모든 성스러운 구멍들, 경로들, 기관들은 '피와 오물'을 쏟게 하지 않고서는 구동될 수 없는 것들이었다. 신-G′이 분만되던 그런 시공간에 대한 맑스의 문장들은 오늘의 축적체에 대한 증언의 시도이기도하다 : "봉건적 가신집단들의 해체와 폭력적 토지수탈에 의해 추방된 사람들 ─ 이 무일푼의 자유로운 프롤레타리아는, 그들이 세상에 나타난 것과 동일하게 빠른 속도로는 신흥 메뉴펙쳐에 도저히 흡수될 수 없었다. 또한 그들의 관습화된 생활궤도에서 갑자기 내몰린 사람들이 그만큼 갑자기 새로운 환경의 규율에 순응할 수도 없었다. 그들은 대규모로 거지·도둑·부랑자로 되었는데, 그중 일부는 자기의 성향으로 그렇게 되었지만 대부분의 경우 별다른 도리가 없었기 때문에 그렇게 된 것이었다. / 따라서 15세기 말과 16세기 전체 기간을 통해 서유럽의 모든 나라에서 부랑자에 대한 **피의 입법**이 실시되었다. 오늘날의 노동자계급의 **선조들**은 우선 그들이 부랑자와 극빈자로 부득이 전락한 죄 때문에 징벌을 받은 것이다. 입법은 그들을 '자발적인' 범죄자로 취급했으며, 이미 존재하지도 않는 종래의 조건 하에서 계속 노동하느냐 안하느냐가 그들의 의지에 달렸다고 보았다."[15] 무슨 뜻인가.

---

14. 칼 마르크스, 『자본론』 1권, 1046쪽.

15. 칼 마르크스, 『자본론』 1권, 1011쪽, 강조는 인용자. 이 문장들을, 맑스에게 누락된 관점을 통해 다시 서술하기 위한 지반은 '여성'이다. 여성과 이단, 이단으로서의 여성과 마녀사냥. 그것은 저 시초축적의 유혈성, 피의 입법으로의 이행을 위해 필수불가결한 '정치적' 기획이었고, 종교개혁의 분란 이후 정립된 유럽 국민국가 최초의 통합적 합의정치의 장이었다. 이단-악의 화형이라는 공동의 정치기획을 통해 정립되는 정통의 시초축적체, 정통-선(善)의 네메인/노모스. 다시 말해 성(性)-정치와 성(聖)-축적이라는 두 위격의 일체적 결속에 의한 피의 공동입법, 피의 폭력 : "마치 인클로저가 농민들로부터 공유지를 박탈한 것처럼 마녀사냥은 여성들로부터 신체를 박탈했다. 따라서 신체는 노동의 생산을 위한 기계로 전락하지 않게 막아주던 모든 예방장치에서 '해방되었다'. 화형대의 광경은 공유지에 둘러쳐진 담장보다 더 무시무시한 장벽을 여성의 신체 주변에 세워놓았기 때문이다"; "마녀사냥은 여성에 대한 전

586 신정-정치

'수탈'로서의 엔클로저enclosure, 곧 축적을 위한 토지의 원초적 재분할은 알려진 것처럼 봉건제도의 토대가 깨지는 것이었다. 땅이라는 생산수단을 박탈당한 이들은 거꾸로 봉건적 신분의 예속상태부터 자유로워졌으며, 그것은 그들을 무일푼의 자유로운 프롤레타리아로 만들었다. 변화된 토대에, 변화된 생산공정에 딱 들어맞도록 생활의 궤도가 전면적으로 뜯어고쳐져야 했다. 삶의 상태가, 생명의 조건이 신흥하는 생산양식에 알맞게 합성되어야 했다. 피의 입법이란 기존의 삶과 생명에 대한 규율과 통제의 정립이었다. 생산의 수단들로부터 추방된 자들, 그들이 거지·도둑·부랑자가 되었던 것은 그들의 의지에 의해 저질러진 '죄'가 아니었음에도 그들이 저지른 죄로 다스려졌다. 그들의 죄는, 이미 붕괴되어 사라진 생산의 조건 하에서 노동하지 않았던 죄였다. 그렇게 그들의 죄는 자의에 의한 것이 아니었으며 사후적으로 부과되어 원래부터 그들이 범한 죄로 징벌되었다. 죄의 사후적 부과를 위한 거대한 전치 또는 환치, 죄의 운명화로 정향된 유혈적 법정립 또는 신성한 법집행. 죄의 관점에서 본 시초축적의 현장이 그와 같다. 맑스의 사실 진단을 넘어가는 그의 문제의식을 벤야민과 용접시켜 말할 때, 그 죄란 결코 완전히 면죄되어선 안 되는, 오직 항구적으로 속죄되어야만 하는 것이었다. 죄인이 아닌데 죄인의 삶을 살아야했고, 오직 속죄를 위해서 노동력을 유일한 상품으로 팔아야했다. 사후적 죄의 부과와 맞물린 노동력상품의 판매, 다시 말해 죽게 내버려지지 않기 위해, 살게 만드는 신화적 규약들 속에 피계약자로 등재되는 품행들의 연쇄. 저 신화적 불문율 속으로의 그런 등재 및 등록이 첨예화된 피의 입법으로서의 피의 폭력이 행하는 일이다. 오늘 여기의 노동자 계급, 그들의 '선조들'이 자본-교의 신-G'에 의한 죄/빚의 사후적 부과 속에서 항시적인 유죄선고와 채무이행의 상태에 놓이게 되었듯, 오늘의 죄지은/빚진 삶 또한

<hr>

쟁이었다. 이는 여성을 비하하고 악마화하며 이들의 사회적 권력을 파괴하기 위한 집단적인 시도였다. 동시에 고문실에서, 그리고 마녀들이 죽어가던 화형대에서 여성성과 가정에 대한 부르주아적 이상이 구축되었다."(실비아 페데리치, 『캘리번과 마녀 : 여성, 신체 그리고 시초축적』, 황성원·김민철 옮김, 갈무리, 2011, 272쪽; 275쪽)

그런 계약과 선고의 변용 속에서 직접적으로 법에 속박·합성된다. 죄/빚의 연관을 보증하는 법의 정신(소유라는 법적 폭력의 대지), 그것의 주요 성분을 '일반화된' 엔/클로저 ─ 이를 en(매개 및 포함)/closure(분리 및 배재)라고 새길 때, 그것은 열림과 닫힘의 선택적 결정과 교배로 된 저 '법의 문' 앞의 삶을, 그 문 밖에 항시적인 미결상태로 계류 중인 삶의 형태를 오늘의 죄/빚 연관으로서의 금융권력적 축적법과 함께 환기시킨다 ─ 라고 표현할 때, 일반화된 그 엔/클로저는 외양에 있어 토지에 대한 '울타리치기'를 넘어, 그 근원에 있어 법의 정신이 주관하는 영양의 분배상태를, 곧 노모스의 분할을 통해 획정되는 대지에서의 피 흘림과 단순한 삶의 재생산을 지시한다. 그런 네메인/노모스의 분배 및 조정을 반석으로 해서 정립되는 빚/죄의 연관, 그 피의 상징과 실제는, 저 신화적 규약의 정신과 소유라는 법의 정신의 힘이 이른바 '화폐정신'으로 관철되고 있음을 가리키는 맑스의 다음 문장들 곁에서 다시 표현될 수 있다. 앞질러 말하건대, 그 화폐정신은 벤야민이 말하는 '화폐의 정신'과 용접 가능할 것이다:"여러 종교의 성상^{聖像}들과 여러 국가의 화폐를 비교해 볼 것./화폐의 장식에서 표명되는 정신."[16]

> 신용관계 내부에서는 화폐가 인간으로 지양되는 것이 아니라 도리어 인간 자신이 화폐가 되거나 혹은 화폐가 인간 속에 **병합된다.** … **화폐정신**Geldgeist 의 물질적 신체는 이제 화폐나 종이가 아니라, 나의 고유한 인격적 현존재, 나의 살과 피, 나의 사회적 덕성과 가치이다. 신용은 화폐가치를 화폐 속에 분리시켜놓는 것이 아니라 인간의 살과 인간의 심장 속에 분리시켜놓는다.[17]

---

16. 발터 벤야민, 「종교로서의 자본주의」, 앞의 선집, 124쪽. 이 메모를 실제로 구체화시켜 본 글로는, 졸고 「마르크스의 그리스도」(『묵시적/정치적 단편들』, 자음과모음, 2015)를 참조.

17. 칼 마르크스, 「화폐체제 및 신용체제에서의 사적 생산과 공동체에서의 인간적 생산」, 조정환 옮김, 계간 『자음과모음』 19호(2013년 봄), 187쪽. 화폐체제/신용체제와 국가폭력의 공속 상태를 시초축적의 논리로 표현하고 있는 한 대목은 다음과 같다 : "달러가 국가채무에 기초하며 그 국채에 의한 축적이 미국의 군사력에 의해 뒷받침되고 있다는 사실은, 폭력적 수탈이라는 시초축적의 논리가 오늘날의 화폐제도의 근간에 단단히 자리 잡고 있음을 말해준다. 오늘날의 화폐제도는 전적으로 국가권력의 조세채집권과 이를 담보로 한 채무발행권에

그 본성에 있어 한계가 없었던 화폐는 이제 '신용관계' 속에서 종이지폐나 금 같은 자신의 물질적 신체들의 제약을 벗어던짐으로써 외양에 있어서도 무제약적인 것이 된다. 그때 인간과 화폐는 구분 불가능해진다. 인간이 화폐가 되거나 화폐의 법 속으로 인간이 병합된다. 화폐가 인간을 잠식·침탈·석권한다. 신용과 융자라는, 빚/죄 연관의 형식 속에서 구속복을 벗어던진 화폐는 이제 삶의 모든 형태를 관장하고, 세계의 모든 부문을 비추고 반영하며, 세계의 은폐된 심도에 대해 사고하고 골몰하는, 그런 과정/소송 속에서 세계의 합법적 지위들과 경계들을 매회 매개/분리하는 "현실적인 신"[18], 곧 '정신'이 된다. 다시 말해 화폐정신에 의해 노모스의 영양분배상태가 완성된다. 다시 말해 삶이 노예상태의 절정에 계류된다. 그렇게 피의 상징성이 화폐의 정신 속에서 현실로 관철되며, 한 세계의 반석이 된다. 항시 조정되고 있는 그 합법적 경계획정 속으로 고유한 인격들, 사회적 덕성들, (상징이 아니라 실제의) 피, 살, 심장이 귀속·귀결·귀일한다. 화폐정신은 '법의 정신은 소유다'라고 할 때의 그 법의 정신, 저 신화적 규약들의 정신을 순도 높게 관철한다. 피, 살, 심장을 침탈하고 석권함으로써만 자기증식할 수 있는 화폐정신은 삶을 오직 단순한 생명의 상태로 만들어 빚/죄의 연관-기관 내부로 합성시키는 힘, 피의 폭력을 주재하는 힘이다.

화폐정신이 국제신용의 관계망 속에서 국채, 곧 국가의 빚 또는 빚으로서의 국가에 대한 보증력이자 심판자로 그 몸을 나툴 때, 화폐정신은 '내가 파산하고 무너지기엔 그 여파가 너무 크다'는 위협 속에서, 벤야민이 말하

기초해서 번성하고 있다. ··· 국가권력은 더 이상 시민사회를 토대로 구축된 그것의 상부구조가 아니다. 오히려 시민사회의 각 개인들의 노동과 삶이 국가권력을 토대로 구축된 이자 수탈적 신용체제의 부품으로 기능한다고 하는 편이 더 정확할 것이다."(조정환, 「신용과 노동 : 화폐적 시초축적으로서의 부채체제와 노동의 이중화」, 『진보평론』 54호, 2012년 겨울, 51쪽) 폭력적 수탈과 매개, 일반화된 엔/클로저로서의 화폐적/신용적 시초축적. 그것은 제의 종교로서의 자본주의에 맞물린 피의 폭력과 죄-속죄(빚-상환) 연관을 구체적 정세 속에서 파악해야 할 필요에 이끌린다.
18. 칼 마르크스, 같은 글, 181쪽.

는 '종말까지 견디기'라는 축적의 궤도를 꽉 채운 위협 속에서 — 신화적 폭력의 본성 중 하나였던 그 '위협' 속에서 — 자기증식한다. 채무국 미국과 채권국영국이 맺은 국제신용관계의 원천을 가리켜 맑스는 "오늘날 미국에 나타나고 있는 출처불명의 많은 자본은 어제 영국에서 자본화된, 아동들의 생생한 피"[19]라고 적었던바, '피'의 신용, 곧 식민권력으로 전화될 국제신용은 엔클로저와 더불어 시초축적의 주요 계기로 작동했다. 피의 신용, 그것은 축적의 간결체 또는 축적의 순수화/비밀화 속에서의 단순한 생명의 재생산력이며, 피의 폭력이 현시되는 오늘의 현상형식이다. '선조들'의 항구적인 죄/빚은 이를 상속받은 오늘의 삶과 함께, 오늘 엔/클로징되는 법의 문 앞에 계류 중인 벌거벗은 삶/피와 함께, 속죄와 면죄의 결정불가능한 문턱에 놓여 있다고 할 수 있다. 그런 한에서, 관건은 이미 언제나 법의 분할·재분할에 의해 조정되는 법의 분배·재분배 상태, 피의 폭력으로 수행되는 네메인/노모스의 경계획정 상태인 것이다. 그것이 관건이라고 말할 때, 거듭 새겨보게 되는 이미지-사건 하나가 있다.

면죄의 게발트

고지되고 있는 한 장의 이미지. 그것에 이어지고 접촉되는, 혹은 그 이미지에 의해 즉각적으로 견인되고 재인용되는 문장들. 그 이미지는 뒤러A. Dürer의 것이고, 그렇게 인용됨으로써 폭력적으로 절취·전용되는 문장들은 다시, 슈미트의 것이다. '분배'하는 여신 네메시스, 또는 법의 신적인 엔클로저, 다시 말해 법의 대지에 대한 본원적 분할 및 목양으로서의 노모스 : "노모스는 '분할하는 것'Teilen과 '목양하는 것'牧養, Weiden을 뜻하는 네메인nemein으로부터 왔다. 따라서 노모스는, 그곳에서 한 민족의 정치적·사회적 질서가 공간

---

19. 칼 마르크스, 『자본론』 1권, 951쪽.

적으로 가시화되는 그러한 직접적인 형상, 목초지에 대한 최초의 측량과 분할, 즉 육지의 취득으로부터 나오게 되는 것과 마찬가지로 육지취득 속에 존재하고 있는 구체적 질서이다. … 노모스는 대지의 토지를 특정 질서 속에서 분할하고 자리 잡게 하는 척도이며, 그와 더불어 주어지는 정치적·사회적·종교적 형상이다. 척도와 질서와 형상은 여기서 하나의 공간적인 구체적 통일을 형성한다."[20] 이를 어떻게 다시 기술할 것인가. 노모스에 대한 슈미트의 문장들은 그가 인용했던 한 문장, 곧 '태초에 울

△ 알브레히트 뒤러, <네메시스>(Nemesis), 동판화, 33×23, 1502.

타리가 있었다'라는 하나의 테제와 결속되어 있다. 분할과 목양으로서의 네메인, 노모스. 그것은 저 '법의 문과도 같이 엔/클로징되고 있는 삶의 시공간을, 다시 말해 대지의 분할된 울타리를, 그 울타리 안의 삶을 손수 먹이며 인도하는 사목적 소명과 후생적 힘을 표현하는 것으로 읽힌다. 네메인/노모스는 무법과 무질서의 대지에 대한 최초의 측량을 통해, 또는 현존하는 대지의 상태 — 정치적이고 법적인 정세, 삶의 판세 — 를 무법적이고 무질서한 것으로 결단·판시하는 예외상태의 근원적 분할력·목양력을 통해 그 대지 위에 정치적·사회적·종교적 질서를, '구체적'이고 직접적이며 가시적인 질서를 정립시킨다. <네메시스>라는 뒤러의 이미지-고지를, 그런 슈미트의 주권독재적 법창출의 독점상태와 관련된 것이면서도 그런 독점적 힘이 법-밖을 법질서 안쪽en-nomos으로 포함시키고자 했던 항시적 의지의 산물이었음을 문제시하는 것으

---

20. 칼 슈미트, 『대지의 노모스』, 최재훈 옮김, 민음사, 1995, 52쪽.

로, 그러니까 힘의 질적 문턱에 놓인 것으로 읽게 된다.

'분배자'라는 이름의 네메시스, 율법과 판결의 여신. 그 신은 행복과 응보를 분할하며 그것들의 크기를 셈하고 측량하며 분배한다. 네메시스는 지복의 신이면서 동시에 복수하고 앙갚음하는 신이다. 승리의 여신 니케와 사슴이 새겨진 관을 쓰고, 규율(쇠고삐·굴레·재갈)과 보상(신성한 잔)이라는 목양의 도구들을 양손에 든 그 신은 구球 위에 서 있다. 그것은 행복·지복의 측량 및 분배가 늘 안정적이며 불변하는 것이 아니라 불안정하며 급변될 수 있음을 가리키며, 그런 불안정성이야말로 네메시스가 올라 서 있는 저 운명적 구─〈네메시스〉의 다른 이름은 〈The 'GREAT FORTUNE[대운大運]'〉이다─의 도상이 뜻하는 것이었다. 운명, 그것은 벤야민에게 죄 연관을 정립·유지시키는 신적 보증이었으며, 그런 한에서 그가 폭력 비판을 통해 발효시키려 했던 것은 일단 지복을 증여하는 네메시스적인 힘이었다고 할 수 있다. 벤야민은 뒤러의 이미지에서 먼저 다음과 같은 것을 본다. 자신의 발 아래 있는 대지 위의 한 세계로, 그 세계의 법의 상태를 내리치며 임재하는 순수한 신적 폭력으로서의 네메시스. 그 신, 신의 힘은 이른바 최초의 육지취득Landnahme적인 것이자 어떤 권토중래捲土重來의 게발트로서, 신화적 폭력의 낡은 대지를 말아감으며 도래중인 폭력적인 신, 노모스의 대지를 재구획하기 위해 기존의 경계 획정을 거대한 규모로 폐지하고 있는 분할자이자 분배자로서의 신의 힘이다. 기존의 척도를 측량하는 다른 척도의 생산, 기존의 질서를 중지시키는 다른 질서의 분만. 달리 말해 그것은 피의 폭력 또는 신화적 폭력의 변증법적 악무한에 대한 탈정립·비정립이며, 빛/죄의 연관 속에서 성별됨으로써 그 연관 고리들을 끊어지게 하는 신적 구제이다. 벤야민에겐 뒤러의 네메시스, 그 네메인/노모스의 폭력이 그런 일들을 행한다. 분할자/분배자를 뜻하는 네메시스의 다른 이름이 '지극한 행복'Das große Glück이기도 했던바, 그런 한에서 뒤러의 네메인/노모스는 벤야민이 말하는 '행복'Glück과 '지복'에 잇닿아 있다. 그 행복이 향하고 있는 것이 피의 폭력을 폐하는/전위시키는 영원하고 총체적인 '무상함'이며, '몰락'의 게발트이고, '메시아적 자연의 리듬'이다. 벤야민은 이렇

게 쓴다:"오히려 행복한 사람을 운명의 연쇄와 그의 운명의 그물망에서 풀어
내주는 것이 행복이다. 횔덜린이 지복한 신들을 '운명이 없는' 신들이라고 부
른 것은 그런 까닭에서다. 따라서 행복과 지복은 무죄와 마찬가지로 사람들
을 운명의 영역에서 벗어나게 한다."[21]

운명이 죄/빚 연관 속으로 삶을 합성시키는 신정정치의 보증력이었다는
것, 속죄가 그런 합성상태를 항구적인 것으로 유예시키는 것이었음은 앞서
썼던 것과 같다. 행복과 지복은 면죄의 발현상태인바, 면죄는 운명의 법 연관
으로부터 삶을 풀어주고 죄/빚의 합성상태로부터 삶을 활력적 무죄상태로
서 떼어낸다. 그러하되 네메시스는 행복과 지복을 셈하고 분배하는 신이면서
도 또한 동시에 복수하는 신이기도 했다. 그 이중성, 두 힘의 길항 상태가 관
건이 된다. 지복의 신으로서의 네메시스라는 화살의 방향이 동시적으로 증대
시키는 그 화살의 반대 방향으로서의 복수와 '앙갚음'의 신 네메시스. 지복의
네메시스와 반대되는 복수·앙갚음의 네메시스, 다시 말해 피의 폭력의 시간
을 연장하는 신성, 축적의 순수평면을 확장시키는 신정정치의 장소-정립, 공
간-통일. 질문을 고안하면 이렇게 된다. 과연 네메시스는, 네메인/노모스는
운명을 갖지 않은 지복의 신이기만 한가, 구제하는 힘으로서의 네메시스적
게발트가 동시에 피의 폭력의 정신, 신화적 규약들의 정신과 합성된 것이라
면 어쩔 것인가. 복수Vergeltung의 네메인/노모스, 앙갚음하는 유혈적 폭력의
신에 대한 문장들을 읽게 된다.

앙갚음Vergeltung은 근본적으로 시간을 아랑곳하지 않는다. 앙갚음은 수백
년이 지나도 힘을 잃지 않고 남는다. 본래 이교도적 표상인 최후의 심판은
오늘날까지도 바로 이러한 의미로 자리 잡고 있다. 최후의 심판이란 [그때까
지의] 모든 유예가 종결되고, 모든 앙갚음이 터져 나오기 시작하는 예정일이
다. …[최후의 심판의] 의미는, 앙갚음이 지배하고 있는 법의 세계가 아니라,

21. 발터 벤야민, 「운명과 성격」, 69쪽.

그 법의 세계에 대항하여 도덕적 세계 속에서 죄사함Vergebung이 등장하는 곳에서 열린다. 앙갚음에 맞서 싸우기 위해 죄사함은 시간 속에서 자신의 힘 있는 형상을 얻는다.[22]

피의 폭력, 또는 피의 앙갚음에 의해 지배되는 '법의 세계', 그것에 맞서 싸우는 비유혈적 죄사함·면죄. 어근을 공유하는 앙갚음 대 죄사함, 그것은 벤야민이 고안하고 개시하는 근친적 적대의 구도이다. 복수의 노모스는 그 본성에 있어 시간과 공간의 제한을 철폐하려 한다. 이異-교도적인 힘으로, 다시 말해 신정정치의 신에 대해 이-신적인 힘으로 스스로를 기립시키는 최후의 심판. 그것은, 자기 바깥의 외-존적인 힘들 일반을 향해 복수하는 네메인/노모스에, 자신의 끝과 종언이 무한히 유예되도록 하는 카테콘적 게발트에, 그런 복수-앙갚음-내전의 관리·조절로서의 유예상태에 종결을 고지하는 결단과 판시의 힘이다. 라파르그가 표현했던 네메시스의 바로 '그날'이 왔을 때

___

22. 발터 벤야민, 「도덕적 세계 속에서 시간의 의미」, 김남시 옮김, 역자 페이스북, 2014. 8. 18. 뒤러의 〈네메시스〉는 '맑스-라파르그-벤야민'의 공통의식, 곧 신정정치로서의 자본주의 비판의 사상연쇄 속에 들어있는, 앙갚음하고 복수하는 신 네메시스를 지시하는 다음 문장들을 뽑아놓게 한다 : "고대의 시인이 자본주의 시대를 예언한 바 있다. 그는 이렇게 노래했다. '아직 나쁜 것이 좋은 것과 뒤섞여 있다. 하지만 가족 간의 정도 정의도 미덕도 없는 날이 올 것이다. 하데스와 네메시스가 다시 천상으로 오를 것이다. 그러면 악을 치유할 방도가 없을 것이다.'/ 그날이 왔다. 걸신들린 바다의 상어들처럼 또는 숲 속의 맹수들처럼 인간들은 무자비하게 서로 잡아먹고 있다. … 사회주의가 사회의 법이 되는 날 신-자본의 통치는 끝날 것이다."(폴 라파르그, 「최후의 말」, 『자본이라는 종교』, 조형준 옮김, 새물결, 2014, 84쪽) '네메시스'는 지복의 곁이 아니라 명부(冥府)의 결단자 '하데스' 곁에 있다. 하데스라는 이름의 뜻은 '보이지 않는 자'이다. 그는 지하에 매장된 금과 은을 소유한 자다. '소유라는 법의 정신', 그것은 하데스의 정신이기도 했으며, 그런 한에서 하데스는 화폐정신의 본성과 일체가 된 자이다. 하데스는 '플루톤'이라고도 불렸고, 그 이름은 '부자'를 뜻했다. 그럴 때, 앙갚음하는 네메시스는 하데스와 함께 화폐정신을 세계의 비추는 절대의 정신이자 자기의 정신으로 오인하고 있는 폭력이다. 라파르그는 '사회주의'라는 이념과 행동이 사회의 진정한 법으로 정초되는 시공간 속에서 피의 폭력과 신-자본의 통치는 그 효력을 중지할 것이라고 썼다. 그런 사회주의를 '순수한 폭력'의 옹호를 위한 하나의 '이념'으로 고안하고 제안했던 이는 저 소렐이었다. 그들의 그 이념은 앞서 인용했던 벤야민의 한 문장, 곧 '이념의 빛은 창조적 토대의 어둠과 싸운다'는 관점 혹은 태도 속에서만 벤야민의 '역사의 결말이라는 이념'과 접촉한다.

처럼, 곧 인간들이 바다의 상어와 숲의 맹수 같이 서로의 피, 살, 심장을 씹어 삼키며 마시는 최후의 그날이 왔을 때처럼, 이-교적 표상으로서의 최후심판이 내려지는 그날 그때, 피의 폭력·복수·앙갚음의 국법-축적체제는 자기증식의 조절·조정·관리가 작동 정지되는 '터져 나옴'의 상태 속에서 자신의 극한/임계에 도달한다. 최후의 심판 또는 신적인 즉결이란, 피의 폭력의 극한에서, 곧 신화적 규약들의 정신이 도달한 임계점에서, 다시 말해 복수하는 저 네메시스의 분배·목양의 완성상태에서 발현하는 '죄사함'의 힘, 도덕과 덕성의 세계 속에서 관철되는 면죄의 게발트이다. 죄사함은 속죄시킴이 아니라 면죄하여-줌이다. 죄사함 혹은 면죄의 베풂으로서의 최후심판은 빚/죄 연관이라는 제의종교적 운동으로서의 자본주의를 구동하는 이상적·초월적·상위적 청사진들과 '이데올로기적' 프로그램의 운용법 속에서 그런 프로그램·프로세스에 대한 불합치와 차이의 소송력으로 발현하는 힘이다. 자본주의라는 종교로 결코 매개되거나 통합될 수 없는 이-교도의 삶·생명에 대한 문장들이 그런 발현의 증거가 될 것이다 : "종교로서의 자본주의를 인식하기 위해, 원래 이교異教가 최초에 종교를 '상위의' '도덕적' 관심으로서가 아니라 가장 직접적이고 실제적인 관심으로서 파악했다는 점, 달리 말해 이교는 오늘날 자본주의처럼 그것의 '이상적' 또는 '초월적' 성격에 대해 확실한 생각을 갖고 있지 않았다는 점을 상기할 필요가 있다."[23]

그런 이-교의 삶, 이-교적 '활력'에 의한 죄사함, 그 면죄력은 복수하고 앙갚음하는 네메인/노모스의 여신 네메시스를 '범행자'로 지목하는 또 다른 여신의 힘이었던바, 피의 네메인/노모스가 올라 서 있던 저 운명적 구를 깨는 그 여신은 다름 아닌 파국적 응징의 여신 아테Ate였다(아이스퀼로스 독자로서의 벤야민) : "왜냐하면 아테 여신이 범행자의 뒤를 쫓는 시간이란, 불안의 고독한 고요함이 아니라, 점점 다가오는 심판에 의해 부글부글 끓어오르는, 불안의 고독한 고요함은 저항하지 못하는, 죄사함의 폭풍이기 때문이다.… 뇌

---

23. 발터 벤야민, 「종교로서의 자본주의」, 앞의 선집, 126쪽.

우가 몰아치기 전 정화시키는 태풍이 불어오듯, 신의 분노는 죄사함의 폭풍 속에서 역사를 관통해 끓어오르면서, 신적인 날씨의 번개침Blitzen 속에서 영원히 소멸되어야 할 모든 것들을 쓸어내 버린다."[24] 파괴는 통념적인 무기력과 죽음으로의 전락이 아니며 파국은 혼자의 고독과 고요가 아니다. 벤야민의 여신 아테가 범행자의 혈흔을 세세히 추적하는 시공간이란 시시각각 도래중인 최후심판의 시간이며, 조절·유예되지 않고 한꺼번에 터져 나오고 있는 피의 폭력의 현장이고, 그 현장을 '죄사함의 폭풍'으로 들이치고 있는 신적 즉결이자 새로운 법권역의 창설/취득이었다. 피의 폭력의 대지를 내리치는 번개, 그것은 첨예화/기밀화됨으로써 일반화된 피의 입법을 정지·비정립·재취득하는 신의 비유혈적 면죄력이다. 다시 말해 그것은 순수한 신적 폭력을 옹호하는 철학으로서의 '사상의 번개'였다.[25] 그 번개 치는 '신적인 날씨', 그 속에서 발현하는 죄사함의 폭풍은, 역사의 결말이라는 이념에 결속된 폭력 비판으로서의 역사철학테제를 관통하는 또 다른 이미지-사건과 접촉한다. 다시 말해 죄사함의 폭풍은 이른바 '예외가 상례

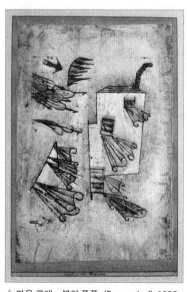

△ 파울 클레, <불의 폭풍>(Feuerwind), 1923, 43×30.

24. 발터 벤야민, 「도덕적 세계 속에서 시간의 의미」, 같은 곳.
25. '사상'으로서의 번개 : "철학이 프롤레타리아트 속에서 그 물질적 무기를 발견하듯이, 프롤레타리아트는 철학 속에서 자신의 정신적 무기를 발견한다. 그리고 사상의 번개가 이 소박한 인민적 대지에 꽂히면 곧바로 독일 인민의, 인간으로의 해방은 완성될 것이다."(칼 마르크스, 「헤겔 법철학 비판 서문」, 『헤겔 법철학 비판』, 강유원 옮김, 이론과실천, 2011, 29쪽) 맑스의 종교 비판, 소렐의 정치적 총파업 비판, 벤야민의 피의 폭력 비판. 이 세 비판은 저 '번개로서의 철학'이라는 공동의 지반 위에서 다시 접촉한다.

가 된' 체제의 한 가지 원리로서의 '진보의 폭풍'에 대한 비판을 인도하는 또 하나의 상황-고지와, 또 하나의 불의 임재와 접촉한다. 그 불의 상황 속에서 다시 한 번 인용하게 되는 클레의 문장은 다음과 같다. '통찰 : 시작이 있는 곳에는 결코 무한이 있을 수 없다. 끝이 있다는 사실을 통찰할 것.'(『교육학적 스케치북』, 1925). 그 끝의 통찰 속에서 클레는 '독자적인 실재의 위계를 창조할 수 있는 화가의 권리를 옹호했다'(H. 리드)던바, 〈불의 폭풍〉은 그런 끝의 권위 및 권역을, 실재적인 다른 질서의 게발트를 표현한다. 그렇게 '불'은 클레-벤야민, 곧 「민수기」16장의 '야훼에게서 나온 불'을 원용하는 벤야민-클레의 공통어인바, 그들이 나눠가진 절멸/구원의 의지는 '역사의 결말'이라는 이념에 결속된 「역사철학테제」 7, 8, 9번을 압축한다. 〈불의 폭풍〉이 저 〈새로운 천사〉(1920)의 근원으로 함께 현시될 때, 그 두 개의 이미지-고지는 벤야민이 말하는 '순수한 전쟁'을 인준하는 클레의 〈전투하는 천사〉Angelus Militans(1940)로 이미 앞질러 융해되고 있다. 그런 융해 속에서 벤야민의 클레는 새로운 힘/권리의 형상이었던바, 그 힘의 권위는 동시대인의 '벌거벗음'에 눈길을 주기 위하여, 그런 생명의 상태/조건에 주목하기 위하여 분만되고 있는 '아기', 전승되어 성화된 낡은 인간상의 질서를 깨고 정지시키며 나오는 아기, 새로운 생명-질서의 힘이었다 : "화가 클레처럼 복잡한 예술가와 로스처럼 프로그램이 뚜렷한 예술가는 둘 다, 갓 태어난 아기처럼 소리를 지르면서 이 시대의 더러운 기저귀에 누워있는 벌거벗은 동시대인에게 눈을 돌리기 위해, 전승되어온 장중하고 고결한 인간상을, 과거의 온갖 제물들로 치장한 인간상을 박차고 나온다."26 이렇게 분만 중인 새로운 생명-질서의 상황과 함께 클레의 〈새로운 천사〉를 자신의 테제 속으로 인입시켜 '역사의 천사'로 명명했던 벤야민의 다음 문장들은 클레의 〈불의 폭풍〉을 죄사함의 폭풍으로, 면죄의 게발트로 다시 부각되도록 한다 : "역사의 천사도 바로 이렇게 보일 것임에 틀림없다. **우리들** 앞에서 일련의 사건들이 전개되고 있는 바로 그곳에서

---

26. 발터 벤야민, 「경험과 빈곤」, 앞의 선집, 175쪽.

그는, 잔해 위에 또 잔해를 쉼 없이 쌓이게 하고 또 이 잔해를 우리들 발 앞에 내팽개치는 단 하나의 파국만을 본다. 천사는 머물고 싶어 하고 죽은 자들을 불러일으키고 또 산산이 부서진 것을 모아서 다시 결합하고 싶어 한다. 그러나 천국에서 폭풍이 불어오고 있고, 이 폭풍은 그의 날개를 꼼짝달싹 못하게 할 정도로 세차게 불어오기 때문에 천사는 날개를 접을 수도 없다. 이 폭풍은, 그가 등을 돌리고 있는 미래 쪽을 향하여 간단없이 그를 떠밀고 있으며, 반면 그의 앞에 쌓이는 잔해의 더미는 하늘까지 치솟고 있다. 우리가 진보라고 일컫는 것은 바로 **이러한 폭풍**을 두고 하는 말이다."[27]

역사의 천사는 신화적 폭력이 제안하는 청사진을 찢고, 피의 폭력이 강제하는 미래라는 프로그램을 부결시키기 위해 억압 속에서 죽은 자들을 다시 불러일으키는 힘이며, 그런 폭력들에 의해 부서져 파국의 잔해더미로 쌓여가고 있는 것들을 재결합해 다시 숨결을 불어넣는 힘의 정당성-근거이다. 그런 과정/소송을 두고 벤야민은 '역사적 유물론'이라고 명명했던바, 역사적 유물론자는 왜소해지고 흉측해진 신학을 무기화해 손에 들었으므로 어떤 상대와도 겨룰 수 있게 된 자였다. 그를 향해, 그의 그 날개를 향해 신화적 폭력의 천국, 축적의 신-G′의 통치는 '폭풍'으로서 몰아친다. 피의 폭력, 그 폭풍은 이른바 '새로운 천사', 새로운 네메인/노모스로서의 역사적 유물론자를 '종말까지 견디기'라는 자본-교의 미래 프로그램 속으로, 자기증식하는 신-G′의 일반공식 속으로 떠밀어 거듭 합성하려 한다. 그런 폭력의 연관, 그것을 가리키는 이름이 진보의 폭풍이다. 그것의 본성은 다시, 저 법의 정신이자 신화적 규약들의 정신이며, 죄/빚 연관의 항구적 연장을 통한 통치의 유혈적 관철이다. 이에 반해, 그 통치상태를 정지시키고 그 피 흘림을 지혈하는 역사적 유물론자의 날개, 그 게발트의 본성을 현시하는 것이 '불의 폭풍'이다. 그러니까 화살표의 변용, 곧 계단으로 된 진보의 집을 찌르는 불길들, 천사의 날개깃털 같은 불길의 작살들, 상승하는 진보의 집을 끌어내리려는 전쟁의 갈고리들.

---

27. 발터 벤야민, 「역사의 개념에 대하여」, 앞의 선집, 339쪽.

다시 말해 건축적 진보의 체제를 불태우며 도래중인 불길의 음표들, 메시아적 '리듬'들, 임재하는 역사적 유물론자들. 벤야민의 천사론이 담긴 테제 9번은 숄렘으로부터 생일선물로 받았었던 시 한 구절을 인용하면서 시작했었다. "내 날개는 날 준비가 되어 있고 / 나는 기꺼이 돌아가고 싶다. / 왜냐하면 내가 평생을 머문다 해도 행복하지 못할 것이므로."[28] 행복이 죄/빚 연관 속으로의 살아있는 것들의 합성상태를 절단하는 힘의 상관항이었던 것은 앞서 말한 바와 같다. 행복은 지혈하는 천사의 날개로 불러일으켜지는 죄사함의 폭풍으로서, 불의 폭풍으로서, 죄/빚의 연관을 불태우는 신적 게발트로서 정초된다. 그 정초의 지점, 그 기립의 장소를 꽉 채우고 있는 것, 클레에게 그것은 '전투하는 천사'였고, 벤야민에게 그것은 '순수한 폭력' 또는 '진정한 전쟁'이었다.

이름하여, 벤야민적 절대전쟁. 그것이 면죄함으로써 지혈하는 순수한 신적 폭력을 가리키는 한에서, 그것은 빚/죄 연관으로 정립되고 유지되는 합법적 내전상태로서의 법 연관을 매회 정지·전위·비정립하고 매번 원-분할Ur-Teilung·재취득하는 힘의 발현이며, 그런 힘의 발현상태를 포착하고 파지하게 하는 인식의 준칙이다. 다시 말해 어떤 절대전쟁으로 발현 중인 면죄적/신적 폭력, 그것은 죄/빚의 운명적 연관으로서 경계획정된 노모스의 목양상태 속에서, 그 분할 및 분배상태를 정지시키는 새로운 최초의 측량과 분할로, 원-분할 및 원-분배의 네메인/노모스로 다르게 정초되고 있는 구제Entsetzung의 법-근거이다. 벤야민이 말하는 순수한 폭력 또는 '진정한 전쟁'은 죄/빚 연관이 자신의 정립과 유지를 위해 판결하고 공시한 불법과 위법의 사사건건을 홈 패인채로 통용중인 불법성과 위법성의 짜임으로부터 뜯어내고 분리Ent-시키는 힘이며, 그런 경계획정 상태로부터 성별된 그 힘이 기존의 법적 경계 속에서의 목양과 분배를 다시 결정Ent-할 수 있게 하는 게발트의 정당성-근거이다. 그런 한에서, 면죄하는 순수한 신적 폭력, 그 절대전쟁의 한 벡터란 어떤 '위법성 조각사유'로서 관철되고 보존되는 법의 현장이라

---

28. 게르숍 숄렘, 「천사의 인사」, 발터 벤야민, 앞의 선집, 337쪽에서 재인용.

고 할 수 있다. 위법성 조각사유阻却事由, Ausschließungsgrund란 위법성을 판시한 법으로부터 그 위법성을 제외·분리시켜 그 위법성을 '면'하게 하는 법적 근거를 뜻하는 형법 용어이다. 위법성을, 위법한 죄를 조각한다는 것은 판결되고 결정된 위법과 죄를 그런 법치상태 내부에서 발현하는 치외법권적인 지대로, 그런 법 연관 안에서 발생하는 법적 예외Ausnahme권역으로 면해지게/ 면죄되게 함으로써 기존 법의 장소와 용법이 전위되는 상황으로 다시 판시된다는 것이다. 분할하고 목양하는 낡은 법으로부터의 이격隔, 그것과 동시적이며 등질적인 네메인/노모스의 효력 중단㫳. 그때의 위법성 조각-근거, 그 반석은 성문화된 정당방위나 개별적 정당행위에 제한되고 한정되는 것이 아니라, 그런 형법적 울타리를 넘어가는 치외적 예외의 법권역이다. 정당방위가 성문의 법-틀에 등재되고 해석되는 위법성 조각의 한 가지 개별사례인 한, 그것은 법에 포함된 법의 예외로서 법유지적 성분으로 기능할 뿐이다. 면죄하는 신적 폭력은 그렇게 법에 의해 인준되고 등록된 위법성 조각을 내재적으로 초월하는 장소로서 관철된다. 그 연장선에서 다음과 같은 벤야민의 문장이 되새겨질 수 있다. "개인의 모든 자연적 목적들은 그것이 다소 큰 폭력을 가지고 추구된다면 법적 목적들과의 충돌을 피할 수 없다는 점이다. (이것과 정당방위권이 일으키는 모순은 앞으로 고찰이 진행되면서 저절로 해명될 수 있을 것이다.)"[29] 순수한 신적 폭력의 면죄적 성격, 그 신적 위법성 조각-력은 이른바 '국법'의 집행, 그 법치의 질서 속에서, 그 질서의 정립과 유지를 위한 합법성과 정당성 간의 조정·조회·조달·조립의 수수관계를 절단·전위시키는 실제적/진정한 예외로서 발현한다. 그것은 법치의 질서라는 것이 자신의 끝을 항구적으로 유예하는 불법anomos의 비밀-내-유혈의 연관임을 결정하고 판시한다.

---

29. 발터 벤야민, 「폭력 비판을 위하여」, 85쪽. 벤야민적 정당방위권 또는 순수한 전쟁. 이를 차이로서 보충하고, 그렇게 보충함으로써 중층화하는 슈미트의 한 문장은 다음과 같다: "확실히 그것[전쟁권]은 자력 방위와 저항권이라고 하는, 하나의 정신적 권력에 의해 비호된 봉건적 상태와는 다른 어떤 것이다."(칼 슈미트, 앞의 책, 161쪽)

근저로서의 위법성 조각을 벤야민의 실종된 폭력론에 들어있던 몇몇 용어들과의 관련 속에서 다시 말하자면, 그것은 '폭력의 해체'이자 '진정한 정치'의 과제에 결속된 것이다. 죄/빚 연관 속의 삶이 가진 빚을 탕감하고 그 죄를 면죄하는 순수한 신적 폭력, 다시 말해 신적 위법성 조각의 정당성-근거 위에서 운용되고 그런 근거 자체로서 관철됨으로써 최종목적과 수단의 통치적 도식으로 변성되지 않는 진정한 정치, 진정한 전쟁. 그것은 "피와 불의 문자로 인류의 연대기에 기록되어 있는"[30] 활력의 문턱과 상관적인 것인바, 그 문턱이란 다음과 같은 두 가지 삶/힘의 형태에 의해 구성된다. '법의 문 앞을 한 치도 벗어날 수 없는 삶, 자신에게 최적화된 법의 문 앞에 항시적으로 계류 중인 힘과, 그런 법의 규방에 대한 해체로 향해진 힘, 진정한 전쟁의 불로 인각된 삶이 그것이다. 살아있는 생명, 산 노동의 그 활력과 약동을 가리켜 맑스는 '불'이라고 적었다. "노동은 살아있는 구성적 불['형태-부여적인 불']form-giving fire이다. 그것은 살아 있는 시간에 의한 사물들의 형성으로서 사물들의 과도성, 그것들의 순간성이다."[31] 맑스적 불(의 폭풍), 다시 정의하자면, 죽은 노동의 재생산력을 끝내는 다른 법의 구성력이 그 불의 주성분이다. 삶의 재생산양식으로서의 법의 문 앞을 끝내는 새로운 법의 형태-부여적인 힘이 불이며, 죄/빚의 부과에 이어진 삶의 운명적 위법상태를 조각하는 신적인 힘이 불이다. 그 불, 구성적이고 제헌적인 그 역사신학적 불의 폭풍은 죄/빚의 연관에 의해 관리되는 항구적 질료상태와 생산의 완료상태로부터 삶과 사물을 폭력적으로 성별시키는 과정/소송의 시간, 이른바 '살아있는 시간', 곧 '순간성'이다. 이는 억압받았던 선조들의 피를 오늘의 현장으로 흘러들게 함으로써 되불러 일으키는 역사적 유물론의 시간을 두고 현재시간jetztzeit의 지속으로, '섬광 같은 한 순간'의 보존으로 표현했던 벤야민과 맞물린다. 당대의 집계적이고 집권적인 역사유물론을 넘어가는 벤야민의 역사적 유물론자는 그런

---

30. 칼 마르크스, 『자본론』 1권, 982쪽.
31. 칼 마르크스, 『정치경제학 비판 요강』, 김호균 옮김, 백의, 2002, 377쪽.

'순간'의 공동본질/마주침 속에서, 그렇게 결속하는 '불'의 폭풍과 함께 '진정한 예외상태'를, 그것의 도래중임을 고지한다. 테제 7번의 끝 문장과 8번의 첫 문장을 접붙여 인용하기로 하자.

> 역사적 유물론자는 가능한 한도 내에서 그러한 [야만적 문화의] 전승에서 비껴선다. 그는 결을 거슬러 역사를 솔질하는 것을 자신의 과제로 본다. / 억압받는 자들의 전통은 우리가 그 속에서 살고 있는 '비상사태[예외상태]Ausnahmezustand가 상례임을 가르쳐준다. 우리는 이에 상응하는 역사의 개념에 도달하지 않으면 안 된다. 그렇게 되면 진정한 비상사태를 도래시키는 것이 우리의 과제로 떠오를 것이다.[32]

역사적 유물론자. 그는 야만 아닌 때가 없었던 성문화된 문자들·문화들의 전승을, 법이 된 그 문자들의 보호라는 이름 아래서 연장되고 유예된 폭력의 역사를, 곧 카테콘/아노모스의 이위일체적 통치의 성사聖史/聖事를 거스르는 일을 과제로 인지하는 자이다. 그는 소유와 축적에 봉교하는 신화적/성무일과적 규약들의 정신-연관이 예외상태의 항시적인 선포를 통해 스스로를 재생산하고 있음을, 상례이자 규칙이 된 예외상태 속에서 스스로의 통치력을 항시 허물고 재정립하고 있음을 인지하는 자이다. 다시, 역사적 유물론자란 누구인가. 유예·연장되고 있는 피의 폭력의 역사를 거스르는 자, 이른바 '역사의 결말이라는 이념'의 빛을 창조적 토대의 결정불가능성이라는 어둠과의 싸움을 통해 실현하려는 자이다. 그는 상례가 된 예외상태의 발효를 정지시키면서 분만 중인 '파국의 개념'을 목격하는 자이며, 그 속으로 인입하는 자이다. 위법성을 조각하는 자, 죄/빚을 면죄하고 상환하는 자, 죄사함의 폭풍으로 들이치는 자, 면죄하는 순수한 신적 폭력의 파송자. 곧 위법성 조각의 정당성-근거로서 정초되는 자, 또는 치외적治外的 예외의 법권역으로서 발

---

32. 발터 벤야민, 「역사의 개념에 대하여」, 336~7쪽.

현하는 자. 그런 근거로서, 그런 법권역 위에서 선조들의 억압받았던 삶을 오늘의 피의 폭력연관 속으로 다시 불러들여 용접하는 자, 그렇게 지난 삶과 오늘의 삶을 불의 폭풍으로 함께 불러일으킴으로써 여기의 유사법제적 유혈상태를 지혈하는 자, 임재하는 자. 다시 말해 '진정한 정치가', 새로운 네메인/노모스를 분만하는 산파. 그와 동시에 그렇게 분만된 노모스를 몰락과 사멸의 길 위에 올리는 자, 그렇게 새로운 법의 제도적 건립을 목적으로 하면서도 그 목적이 최종목적으로 되는 모든 경로를 차단하는 자, 곧 새로운 법의 분만이라는 목적이 최종목적의 텔로스로 군림하게 되는 전략과 타락의 경향성을 소각하는 자, '최종목적 없는 목적론'Teleologie ohne Endzweck이라는 몰락의 장소, 사멸의 아토포스 위에서만 새로운 노모스로서의 목적의 분만을 인지하는 자. 줄여 말해 진정한 비상사태를 도래시키는 자. 그 도래를 과제Aufgabe이자 그 과제의 최종적 완성에 대한 단념Aufgabe으로 인지하고 실현하는 자. 그가 바로 왜소하고 흉측해진 신학과 만나고 있는 역사적 유물론자이다. 그에 의해, 그 힘에 의해 "폭력이 법의 테두리를 넘어서서도 순수하고 직접적인 폭력으로 존속하는 것이 보장되며", "그로써 혁명적 폭력 역시 가능하다는 사실과 함께 어떻게 그것이 가능한지, 어떤 이름으로 인간을 통한 순수한 폭력의 최고 발현을 증명할 수 있는지가 드러난다."[33] 역사적 유물론자는 자신의 폭력을 진정한 정치, 진정한 전쟁, 진정한 비상사태의 이름으로 수행하면서 신-G'의 네메인/노모스의 분배 및 경계획정 상태를 전위시킨다. 그럼으로써만 그는 '순수하고 직접적인 폭력'으로서 스스로를 지속할 수 있다. 역사적 유물론자는 이른바 주권적 경찰에서 드러나고 있는 신화적 폭력의 유령 같은 혼합 속에서 항시 분리/매개되고 있는 삶을 다시 다르게 매개하는 중보자仲保者,Mittler이며, 조각·면죄하고 성별하는 순수한 신적 폭력의 이름으로 폭력의 지고한 발현으로서의 주권Herrschaft을 날인/발효한다. 벤야민은 역사적 유물론자로서 이렇게 말할 것이다 : 진정한 비상사태를 결정할 수 있

---

33. 발터 벤야민, 「폭력 비판을 위하여」, 116쪽.

는 자만이 주권적이다.

그러하되 벤야민은 순수한 신적 폭력이 언제 실현되었고 어디에 실제로 있었는지를 결정하는 것은 사람들에게 똑같이 가능한 것도 아니고 똑같이 긴급한 것도 아니라고, 그 이유는 순수한 신적 폭력이 인간에게 주는 면죄하는 힘보다는 신화적 폭력이 더 확실하게 '인식'되기 때문이라고 말한다. 벤야민의 폭력 비판은 그와 같은 인식의 경로의존에 대한 비판이기도 하다. 신화적 규약들의 정신, 화폐정신으로서의 법의 정신이란, 순수한 신적 폭력이 인간에게 증여하는 위법성 조각의 게발트를 은폐·무마·왜곡·상쇄·전치·합성하는 힘이었던바, 그런 한에서 사람들에게 확실히 드러나고 선명하게 인식되는 것은 그런 신화적 정신-연관의 연장으로 물질화되고 제도화된 기관들·기계들이며, 그것들이 고안하고 제안하는 미래 프로그램들이다. 그러므로 관건은 순수한 폭력의 실체적이고 완전한 '실현'이 아니라, 그것의 '현현', 곧 발현이다. "신적 폭력의 '실현'이 중요한 것이 아니다. 한편으로 이 과정은 그 자체로 가장 높은 현실이며, 다른 한편으로 신적 폭력은 제 안에 현실을 가지고 있다.… 현현에 관한 물음이 핵심적이다."[34] 중요한 것은 순수한 신적 폭력의 현실화 혹은 현행화가 아니라, 신화적 정신들의 연관 속으로 상쇄되거나 합성되지 않는 순수한 힘, 신화적 목적-수단 도식을 초과하는 힘, 현현이라는 이름으로 특칭되는 그 힘의 구체적 양태들에 대한 질문이다. 순수한 신적 폭력의 실현 과정은 그 자체로 이미 언제나 '가장 높은 현실'로서, 곧 지고성의 상태로서 잔존·보존되는 것이었으며, 그렇다는 것은 순수한 신적 폭력이 이미 언제나 그런 지고성/주권성의 상태를 잉태한 것으로 발현한다는 말과 다르지 않다. 그렇게 순수한 신적 폭력과 가장 높은 현실은 원인과 결과의 관계이거나 목적과 수단의 위계 관계가 아니다. 그 둘은 서로에게 외재적이거나 외삽적인 것이 아니라 내재적인 것이다. 진정한 비상사태, 진정한 전쟁이란 그 내재성의 관철과 보존을 통해서만 발현할 수 있는 것이었다. 「폭력 비판을 위

---

34. 발터 벤야민, 「세 개의 단편」, 169쪽.

하여」의 마지막 문장들은 다음과 같다.

다시금 신화가 법과 교배하여 낳은 모든 영원한 형식들이 순수한 신적 폭력 앞에 던져져 있다. 이 신적 폭력은 죄인을 두고 군중들이 여는 신의 법정에서와 꼭 마찬가지로 진정한 전쟁에서 나타날 수 있다. 그러나 모든 신화적 폭력, 개입하여 통제하는 폭력이라고 불러도 좋을 법정립적 폭력은 배척해야 마땅하다. 그 폭력에 봉사하는 관리된 폭력이라고 할 수 있는 법유지적 폭력 역시 배척해야 마땅하다. 성스러운 집행의 옥새와 인장이지 결코 그것의 수단이 아닌 신적 폭력은 베풀어 다스리는 폭력이라 부를 수 있을 것이다.[35]

새로운 천사, 역사적 유물론자의 발 앞에 혈흔의 잔해를 쌓고 있는 힘이란 신화적 규약들의 정신과 교배됨으로써 스스로의 종언을 유예시킬 수 있었던 피의 폭력연관이었다. 달리 말해, 그것은 세계의 의미를 박탈함으로써만 자기증식할 수 있는 신-G'의 법권역이며, 그런 무세계성worldlessness의 법질서는 법정립적 폭력과 법유지적 폭력이라는 관계적 이항이 수행하는 통치의 변증법으로 전개된다. 입법함으로써 운명적 죄/빚 연관에 개입하고, 그렇게 개입함으로써 삶을 '결산'하고 통제하는 법정립적 폭력과, 그 폭력에 의해 합법화됨으로써 그 폭력의 정당성을 보호하는 법유지적 폭력은 각각 전개되었을 때 서로를 상처 입히고 약화시키게 하는 자신들의 경향성을 제어·제거·공제하는 파트너이며, 그럼으로써 서로의 부침을 조정하고 돌보는 상호증진의 변증법으로 서로를 추동시키는 숙의된 폭력이다. 이를 벤야민은 '유령 같은 혼합'이라고, '수치'라고 적었다. 이와 대면해 순수한 신적 폭력은 발현하는데, 유령 같은 혼합 속에서 삶의 모든 법적 지위를 박탈하는 신화적 폭력을 소환·기소·결정·판시하는 신의 즉결법정으로, 진정한 전쟁의 수행으로 발현한다. 전쟁하는 신의 그 법정이 집행하는 면죄의 게발트, 그 힘의 발현에 대한

35. 발터 벤야민, 「폭력 비판을 위하여」, 116-7쪽.

서명날인, 다시 말해 죄와 그 죄의 위법성에 대한 조각의 게발트를 인준하고 발효시키는 지고한 '권위'Auctoritas의 표장으로서의 옥새Insignium와 인정. 그 신적 날인/날끝^刃이 겨냥하고 있는 것이 저 폭력의 해체이다. 달리 말해 그 인장의 날인은 피의 폭력이 죄/빚의 사후적이고 후행적인 부과를 통해 봉행하고 집전하는 신-G′을, 곧 신화적 규약들의 절대정신으로 편재하는 축적의 신-G′을 해체하는 해체불가능한 게발트의 신적인 보증이다. 법의 안과 밖을 시시때때로 분할·조정함으로써 축적의 합법성과 정당성의 관계를 항시적으로 조절·조달하는 신-G′의 해체에 대한 신적 보증, 그것이 저 인장의 날인이다. 신성한 '법의 채찍'[휠덜린/맑스]에 의해 법 연관과 그 속의 단순한 생명에 항시 그어지는 경계획정, 곧 엔/클로징되는 법의 그 문 앞에 계류되고 있는 지금과 과거의 인간에게 순수한 신적 폭력이 면죄하는 힘을 증여할 수 있는 근저가 바로 그 인장의 날인이다. 그리고 그 인장, 그 보장 속에서만, 증여받은 인간의 그 면죄력 및 위법성 조각의 게발트는 신화적 폭력의 법적 울타리를 넘어서도 지고한 폭력 실천Gewaltpraxis으로서 발현될 수 있다. 그런 한에서 순수한 신적 폭력의 형질과 벡터를 표현하고 있는 '베풀어 다스리는 폭력'이라는 번역어는 적실한바, 베푼다는 것은 면죄의 힘을 증여한다는 것이며, 다스린다는 것은 신화적 폭력의 네메인/노모스에 대한 새로운 원-분할 및 원-매개의 수행과 다르지 않기 때문이다. 벤야민이 말하는 베풂/다스림이란 저 '새로운 역사시대의 토대'를 분만하는 산파의 일이자 역사적 유물론자의 일이었다. '베풀어 다스리는'waltende이라는 단어에 담긴 신적 은총의 성분이 진정한 전쟁을 수행하는 '주권적'waltende 게발트의 선포 또는 진정한 비상사태의 도래에 맞물려 있는 것은 그런 까닭에서다. 그런 까닭으로 지금 꽉 붙잡게 되는 것은 폭력의 역사신학을 구동시키는 다음 한 문장이다:"신화의 지배가 오늘날의 상황 속 이곳저곳에서 이미 깨지고 있다면, 그 새로운 것은 법에 반대하는 어떠한 말도 저절로 처단될 정도로 상상할 수 없이 먼 미래에 놓여 있는 것이 아니다."³⁶ 이는 하나의 가정이고 가설일 것이다. 그러하되 그 문장들을 원리적이고 실재적인 것으로 파지할 때, 그 가정은 항상 이미 '되돌릴 수 없는' 가설적 힘으로, 신화적 법형식의 변증법적인 부침을 정지시키는 비가역적 권위의 정당성-근거로 될 것이다. '피'를 지혈하는 과거와 오늘의 사람들이 이미 앞질러 공동날인하고 있었던 것이 될 저 옥새와 인장처럼 말이다.

후기 : (탈)연루의 오인

묵시默示, apocalyptique를 두고 '모든 경험, 모든 담론, 모든 표징, 모든 흔적의 선험적 조건'이라고 썼던 이는 데리다였다. 이른바 탈구축의 태도, 해체라는 방법. 그런 해체도 '오인'하는가. "신적 폭력이 갖는 비유혈적 성격과 면죄적 성격 사이의 깊은 연관이 오인verkennen되지는 않을 것이다."[37] 그 연관은 과연 오인되지 않았는가. 「폭력 비판을 위하여」에 대한 해체적 독해 과정에서 그 텍스트에 들러붙어 있는 끔찍한 상황에 몸서리치고 있는 어느 밤의 데리다는 이렇게 쓴다. "가스실과 화장용 가마를 생각한다면, 비유혈적이기 때문에 면죄적인 어떤 말살에 대한 이러한 암시를 깨닫고 어떻게 몸서리를 치지 않을 수 있겠는가? 대학살을 하나의 면죄로, 정의롭고 폭력적인 신의 분노의 판독할 수 없는 서명으로 만드는 해석의 발상은 끔찍한 것이다."[38] 벤야민의 폭력 비판이 그 비판의 대상이었던 신화적 폭력과 존재론적 지반을 공유하고 있다는 인식. 곧 순수한 신적 폭력이 가스실의 학살과 맞물려 있는 곤욕스런 비순수에 대한 인지와 표현. 다시 말해 벤야민이 고안한 적대의 구도를 따르는 것, 벤야민의 토씨하나를 바꾸지 않고 그 의지·의도·의미를 수행하고 반복하는 것이 저 나치라면 어찌될 것인가라는 물음. 궁극적 해결책이라는 이름으로 알려져 있는 유대인 학살의 법에서, 그리고 그 법을 입안하고 정

---

36. 발터 벤야민, 「폭력 비판을 위하여」, 116쪽.
37. 발터 벤야민, 「폭력의 비판을 위하여」, 진태원 옮김(자크 데리다, 『법의 힘』, 문학과지성사, 2004 부록), 166쪽.
38. 자크 데리다, 「벤야민의 이름」, 앞의 책, 135쪽.

립한 하인리히 힘러H. L. Himmler에게서 '성 이냐시오 로욜라'St. Ignatius of Loyola
를 보았던 건 히틀러였다. 영신靈身의 수련과 면죄와 구제가 힘러-히틀러의 신
정정치적 사고의 연쇄 속에서 오차 없이 결합한다. 데리다의 몸서리가 단번에
기각되거나 처분되어선 안 되는 까닭이 거기에 있다. 그의 해체, 그의 탈구축
은 이른바 '(탈)연루'의 상황을 정의와 정치적인 것의 연관에 대한 판단과 표
현의 장소로 개시시키는바, 그것은 하나의 테제가 수행하는 비판과 이탈의
가능성의 최대치에서 그 비판이 끝내 그 비판의 대상과 구별되지 않게 되는
연루 및 '오염'의 상황을 발견하고 발굴한다. 순수한 신적 폭력이라는 테제의
의지를 올라타고 그 테제를 침윤·잠식·석권하는 신화적 폭력. 이탈과 연루
라는 대립적인 두 힘의 상호조건성이라는 아포리아. 저 몸서리침은 바로 그런
난제의 인지 또는 파지에서 출발하는 정치력의 한 가지 표출일 것이다.

> 바로 이 점에서 이 텍스트[「폭력 비판을 위하여」]는 내가 보기에 그 다의적인
> 유동성과 역전의 여지에도 불구하고 결국 자신이 그에 반대하여 행동하고
> 사고하고 행위하고 말해야 하는 것에 현혹되어 혼동스러울 만큼 이와 너무
> 유사해져버린 것 같다. 내가 보기에 벤야민의 다른 많은 텍스트들처럼 이 텍
> 스트는 여전히 너무 하이데거적이고 메시아-맑스주의적 또는 시원-종말론
> 적이다.[39]

그러하되, 데리다의 몸서리침이 일거에 처분되지 말아야 한다는 말이 위
의 한 대목을 온통 승인해야 한다는 말을 뜻하는 것은 아니다. 이렇게 질문

---

39. 자크 데리다, 「벤야민의 이름」, 136쪽. 데리다는 하이데거의 텍스트들 속에서 반복되고 있
    던 '정신'(Geist)이라는 개념의 변주와 변용을 대상으로 '(탈)연루'의 방법과 태도를 집요하
    게 시험하면서 하이데거의 "재독일화"(re-germanisation)를 증명하려 했다(자크 데리다, 『정
    신에 대해서 - 하이데거와 물음』, 박찬국 옮김, 동문선, 2005, 42쪽). 그 증명의 성패를 떠나,
    (탈)연루는 폭력적/부정적 나치즘으로부터 벗어나고자했던 선(善)의 나치즘이 그런 탈각의
    의지에 의해 끝내 폭력적 나치즘의 침윤과 삼투를 초래하지 않을 수 없게 되는 어떤 '유령적'
    오염과 합성의 사태를 표현한다. 데리다에게 「폭력 비판을 위하여」는 그런 (탈)연루의 독법
    속에서 하이데거와 오차 없이, '오인' 속에서 등질화된다.

하게 된다. 순수한 신적 폭력은 과연 가스실과 화장용 가마라는 최종해결에 '현혹'되었거나 '유혹'당했으며 그 결과 '혼동'에 빠진 채로 그와 '유사'해지고 말았던가. 과연 (탈)연루의 편재하는 아가리에 온 몸이 물리고 씹힌 것으로 순수한 신적 폭력의 정의와 정치를 표현해도 되는가. 가능하지만 내재적인 것이라고 생각하지 않으며, 필요하지만 최대치로 밀고나간 것이라고 생각하지 않는다. 벤야민의 폭력 비판, 곧 폭력의 역사철학이 자본주의라는 컬트종교에 대한 비판으로, 곧 자본-교가 봉행하는 신-G′에 대한 비판으로 수행되는 과정은 신화적 폭력의 변증법적 부침관계, 곧 법정립적/법유지적 폭력 간의 '유령 같은 혼합'의 벡터궤적과 '수치'라는 유혈적 권리근원을 '결산'이라는 이름으로 지목·명명·비판하는 과정과 등질적인 것이었다. "지식이 갖는 구원적이면서 동시에 살인적인 성격에 관한 교리와 자본주의의 연관관계 : 즉 구원적이면서 해치우는 지식으로서의 결산."[40] 구원적/살인적 지식으로서의 결산, 다시 말해 구원과 절멸의 동시성 또는 근친성으로 관철되는 사목적 축적의 지식체제. 그것이 자본주의라는 제의종교적 운동에 맞물린 신화적 폭력의 교리였다. 그런 구원과 절멸의 근친성이 최종목적으로 삼았던 신-G′의 왕국은, 벤야민이 말하는 '최종목적 없는 목적론'을 부분적으로 표현하고 있는 다음 문장들에 의해 이미 앞질러 소송 걸려 있다. "신의 왕국은 역사적 동력의 목표가 아니다. 신의 왕국은 목표로 설정될 수 없다. 역사적으로 볼 때 신의 왕국은 목표가 아니라 종말이다."[41] 신화적 폭력이 봉행하는 최종목적으로서의 신-G′의 왕국을 '목표가 아니라 종말'로 지목하고 비판할 때의 그 종말이란, 저 데리다적 몸서리의 근저에 놓인 '시원-종말론적인 것'이라고 할 때의 종말이 아니라, 최종목적의 해체를 위한 산파적 비판/분만의 양식으로서의 종말이다. '산파'는 맑스의 용어이다. 폭력의 역사철학을 두고 '메시아-맑스주의적'이라고 했던 (탈)연루의 지적은 산파/게발트라는 맑스의 유산에 대한

---

40. 발터 벤야민, 「종교로서의 자본주의」, 126쪽.
41. 발터 벤야민, 「신학적·정치적 단편」, 130쪽.

가능한 상속의 다른 형질을 폐기하며, '여전히 너무 하이데거적'이라는 – 진정한 '근원'에의 지향에 대한 – (탈)연루의 비판은 최종목적의 해체를 목적으로 하는 '순수 수단' 및 진정한 전쟁의 되돌릴 수 없는 경향성에 대한 오인이다. 순수한 신적 폭력이라는 이름으로 탄생 중인 위법성 조각력의 이념에 대한 오인, 발현 중인 면죄력에 대한 오인. 그런 한에서 폭력의 역사철학을 유혹·혼동·유사의 산물로 결정하는 것은 해체가 말하는 '긍정적 해체'를 죽이는 해체 자신의 자해이며, 해체의 해체불가능한 정의의 해체이고, 부정적 해체, 죽이고 죽는 해체이다. 「폭력 비판을 위하여」를 읽으며 몸서리쳤던 그 밤, 유혹되고 현혹되며 혼동되었던 이는 누구인가. 분만 중인 새로운 법의 이념에 대한 인지에, 그 이념과의 마주침에, 그 마주침의 게발트로의 접촉에 실패하는 이는 누구인가. 상속되어야 할 사고의 독점에, 상속된 사고의 학살에 몸서리쳐야 할 이는 누구인가.

가스실과 화장용 가마라는, 피 흘리지 않게 하면서 살인하는 물리적 방법의 비유혈성과, 피의 폭력을 기소하는 순수한 신적 폭력의 비유혈성 – 다시 말해 죄 구성요건으로부터의 본원적 조각력 및 지혈하는 면죄력과 결속된 비유혈성, 정립적/유지적 법폭력의 유혈성에 대한 비유혈적·비정립적 게발트의 발현, 오인되지 말아야 할 그 비유혈성 – 을 오차 없이 포개고 오버랩시킬 때, 환원 불가능하고 억제되지 않는 '차이'만이 창설할 수 있을 새로운 법권역, '역사의 종언의 무대'라는 데리다적 이념은 끝내 멸절되고 만다. "억제할 수 없는 차이différance 안에서 지금–여기가 펼쳐진다."[42] 지금 이 한 문장은 그 문장을 썼던 (탈)연루의 오인을 향해 되돌려지고 있는 칼이며, 되돌려지는 그 날끝으로서만 '묵시적' 끝의 날로 발현하는 스스로의 힘을 보존하고 증명한다. 그런 한에서, 해체 또는 (탈)연루의 날끝과 끝의 날이 논구해야 하는 것은 순수한 신적 폭력과 가스실 간의 오인된 비유혈성이 아니라, 대립적 양극 사이에서, 그런 대립을 가능케 하는 상호 귀속적 오염의 토포스가 가진 정치적인 것

---

42. 자크 데리다, 『마르크스의 유령들』, 진태원 옮김, 이제이북스, 2007, 76쪽.

의 상태여야 하고, 그런 오염 속에서 끝내 차이로서 잔존·항존하는 힘의 벡터여야 한다. 그렇다는 것은, 순수한 신적 폭력의 벡터궤적이 구원Erlösung과 절멸Endlösung의 근친성 속에서 결정되게 하는 정치적 조건들을 사고해야 한다는 말이며, 그런 조건들의 관계에 대한 비평의 정당성-근거가 데리다와는 다르게 수행되고 구성되어야 한다는 말이다. 그렇게 될 때에만 벤야민의 폭력비판론 또는 게발트 비평론이 남기고 있는 '교훈'이 매회 상속될 수 있을 것이다: "우리가 이끌어낼 수 있는 것이라면 마땅히 이끌어내야 할 어떤 교훈이 있다면, 이는 이 모든 담론과 최악의 것(여기에서는 '궁극적 해결책') 사이의 가능한 공모를 사고하고 인식하고 표상하고 형식화하고 판단해야 한다는 점이다."[43] 이는 다시 다르게, 게발트의 아포리아를 정치적인 것의 고유명으로 재정의하는 과제와 접촉하는 일이 될 것이다. 그런 과제의 상속, 상속의 과제/실패는 앞서 언급한 '결산'이라는 지식의 경향성, 결산이라는 통치의 정당성-근거론, 다시 말해 '구원적이면서 동시에 살인적인'erlösenden und tötenden, '구원적이면서 끝장내는'erlösende und erledigende 결산적 힘의 형질을 구원과 절멸의 상호 삼투상태로 인지하고 다시 비평하는 작업 속에서 수행될 수 있을 것이다. 그런 과제 상속의 작업은 또 하나의 가설들로서, 곧 벤야민이 말하는 '사형'의 폭력(폭력의 유령적 혼합상태로서의 사형)과 로베스피에르 사형론·단두대·대공포법령(독재-게발트) 간의 관계, 벤야민의 정당방위론·전쟁권과 히틀러 정당방위권 및 슈미트 자력방위권·전쟁권 간의 관계, 벤야민의 낭만주의적 메시아주의론·예술비평론과 슈미트의 낭만적·가톨릭주의적 공법론의 관계, 벤야민의 순수 수단론 및 면죄론·정의론과 칸트 목적·수단론 및 사면권론, 홉스 리바이어던에서의 완전면죄론·정의론 간의 관계 등을 중심으로 순수한 신적 폭력의 벡터궤적을 결정하는 힘들을 재구하는 과정/소송으로서 이후 좀 더 구체화될 수 있을 것이다.

---

43. 자크 데리다, 「벤야민의 이름」, 136쪽.

구원과 최종해결의 근친성
유다적인 것의 개념

즉, 구원적이면서 끝장내는 지식으로서의 결산.

― 발터 벤야민, 「종교로서의 자본주의」 ―

1-1. 그리스도를 팔아넘겼던 파렴치의 죄, 은밀한 배반. 가룟 사람 유다 Judas Iscariot의 이름을 따서 주데카Giudecca라는 지옥을 만들고, 거기에 유다의 몸통을 씹고 있는 루키페르Lucifero를 갖다놓았던 건 단테였다. 그러하되 주데카 얼음지옥의 주인이었던 그 루키페르 또한 죄지은 자였다. 그의 죄는 영원한 찢김과 씹힘의 형벌을 받고 있는 유다의 죄와 등가였으며 동시에 그 기원이었다. 천상에서 루키페르는 신의 믿음직한 일꾼이었고, 신의 일을 대행했으므로 아름다웠다. 그러나 신의 면전을 향해 눈썹을 치뜨고 배반함으로써 루키페르는 신성의 위임상태라는 미美를 박탈당했다. 그의 날개는 박쥐의 날개가 되었고 추악하게 변한 그는 거대해졌으되 힘을 잃었다. 한 머리털 아래에 있는 세 개의 얼굴과 세 개의 입으로 유다를 비롯한 세 명의 배반자를 씹고 있는 루키페르는 지옥 밑을 관장하는 마왕으로 전락했다. 지옥의 순례자이자 죗값의 목격자인 단테는 그 마왕을 두고 이렇게 말한다. "모든 악과 고통은 분명 그놈에게서 나왔다."[1] 단테에게 세상의 악과 그 악에 이어진 고통은 신성에 대한 배반의 행위로부터 나온다. 단테가 유다를 속죄와 구원이

---

1. 단테 알리기에리, 『신곡』(지옥편), 박상진 옮김, 민음사, 2007, 349쪽.

차단된 영원한 지하에 유폐시킨 까닭이 거기에 있다. 단테의 위계 속에서 유다는 가장 낮은 나락에 짓이겨진 채로 전시되고 있었던바, 그 전시는 어떤 영구적인 참시斬屍이다. 죽은 유다의 이름이 오늘까지 끊이지 않고 매번 참해지고 다시 참해지고 있기 때문이다. 단죄하는 단테에 의해 유다는 영원히 반복되는 죗값을 치르는 중이며, 그런 한에서 유다의 죄의 탕감은 끝이 없다. 그렇게 유다를 끝내 단속해 놓고서야 단테는 연옥으로의 상승을 준비할 수 있었다. 그는 지하의 지옥 맨 밑바닥을 빠져나와서는 눈을 들어 '별들'을 다시 볼 수 있었다고 쓴다. 그 별들은 연옥의 끝에서도 천국의 정점에서도 단테의 의지를 이끌고 있다. 이렇게 질문하면서 시작하자. 과연 단테는 진정으로 천상의 별에 이끌리고 있다고 말할 수 있는가. 유다에 대한 표준적이고 통념적인, 그런 한에서 고착되고 유착된 이해의 이윤을 거절한다는 것은 어떤 의미를 갖는가. 줄여 말해, 유다는 누구이며 유다적인 것이란 무엇인가.

1-2. 유다를 영원한 형벌 속에 감금하고서 단테가 보았다는 그 천상의 별이 다름 아닌 유다의 것이라고 썼던 건 저 「유다복음」의 저자였다. 초기 그리스도교의 교부들로부터 이단으로 단죄·파기되었던 「유다복음」의 영지주의적 테제는 한 구절로 압축될 수 있다. 유다의 별, 유다라는 별. "보아라. 너에게 모든 것을 알려주었다. 너의 눈을 들어 구름과 그 안에 있는 빛과 그것을 둘러싸고 있는 별들을 보아라. 길을 인도하는 별이 너의 별이다."[2] 걸어야

---

2. 『유다복음』, 루돌프 카세르, 마빈 마이어, 그레고르 부르스트 공동번역, 김환영 옮김, YBM 시사, 2006, 40쪽. 「유다복음」은 초기 교부들의 복음서 정전화 과정(대표적인 예로는 180년경 리옹의 이레나이우스(Irenaeus of Lyons)가 쓴 「이단들을 반박함」)에서 오직 정죄되고 불태워지기 위해 인용된 부분들을 통해서만 그 존재를 유추할 수 있었다. 초기 교단의 형성 때부터 체계적으로 폐기되고 지속적으로 망각되었던 이 복음서는 20세기 후반에, 그리스어 원본을 콥트어로 번역한 300경의 필사본 상태로 발견되었다. 이 문헌의 발견, 매매, 고증, 복원, 번역, 출판, 연구 등에 대해서는 위의 세 공동역자의 해제논문들, 내셔널 지오그래픽의 다큐멘터리 〈유다복음〉(2006), 긴 시간 「유다복음」의 조사와 복원에 매달렸던 허버트 크로즈니의 『유다의 사라진 금서』(YBM시사, 2006)를 참조. 「유다복음」에 대한 즉각적이고 교조적인 거절과는 달리 「유다복음」의 결여와 미비에 대한 비판적 독해를 통해 기독교의 현장을 문제시한 것으로는 김기현, 『가룟 유다 딜레마』(한국기독학생회출판부, 2008)를 참조. 인

만 했고, 그래서 걸을 수 있는 길을 비춰주는 구제의 별. 그 별이 유다의 것이라고 말하는 그리스도 예수는 왜, 그리고 무엇을 유다에게 설명했고 또 고지했는가. '위대한 빛의 날'로 표현되는 신의 통치에 관하여, 이른바 어떤 신국의도래에 관하여 설명했고 또 고지했다. 예수에겐 다른 사제들의 기만적인 내면과는 달리, 유다야말로 유일하게 어떤 지고성에의 접촉에 골몰하는 지혜롭고 강인한 자였기 때문이다. 복원된 「유다복음」의 한 대목은 다음과 같다.

> 너는 그들 모두를 능가할 것이다. 왜냐하면 너는 나를 옷처럼 둘러싸고 있는 그 남자를 희생시킬 것이기 때문이다. // 이미 너의 뿔이 드높여졌고, / 너의 분노는 불붙었고, / 너의 별이 밝게 빛나고, / 너의 마음은 강해진다. // … 왜냐하면 그가 파괴될 것이기 때문이다. 그리고 그 다음에 아담의 위대한 세대의 모습은 높이 들릴 것이다.[3]

낮의 열기가 서서히 식어가고 있던 겟세마네의 그 밤, 용서될 수 없는 배반의 그 욕된 밤에 유다는 모두를 능가하고 초과하는 자가 된다. 예수의 신성 혹은 메시아성을 제약하고 속박했던 예수의 육체를, 곧 예수를 둘러싸고 있는 꽉 끼는 구속복 같은 그 남자를 파괴시키는 첫 단추가 꿰어졌기 때문이다. 이미 유다는 진정한/지고한 신성에의 몰두를 통해, 다른 사제들이 봉헌하는 타락한 신성의 가치체계를 뚫고 융기하고 있으며, 열등한 신의 이름으로 간음하고 살해하는 무법자들의 세계에 대한 분노로 들끓고 있고, 그런 상승에의 의지와 힘 속에서 하나 된 그의 별과 마음은 빛나며 불타고 있다. 배반의 밤은 그렇게 '변신'의 밤이었다. 교단의 교부敎父, 그 가르치고 인도하는 사목적 부성-로고스에 의한 매개와 재현의 위계를 거절하고 신성의 발현과의 직접적인 접촉을 이미 각자의 내면에서 벌어지고 있는 사건으로, 신의 타오

류학, 비교종교학, 윤리학, 문학, 영화학 등의 관점에서 유다의 배반에 대한 통념을 극복하려 했던 공동작업으로는 카트린 슐라르 책임편집, 『유다』(이룸, 2003)를 참조.
3. 『유다복음』, 40쪽.

르는 불꽃을 이미 각자의 마음속에 내재되어 있는 것으로 인지하려는 「유다복음」의 의지. 그것이 저 겟세마네에서의 변신을 이끄는 힘이다. 배반이라는 변신의 힘, 그 힘에 의해 폐지되는 것은 무엇인가. "별들의 기만"과 "별들의 오류"[4]가 그것이다. 「유다복음」에서 별은 유다만 가진 것이 아니었다. 간음하고 살해하는 자들도, 교부들도, 사제들도, 권력자들과 장군들과 박사들도 각자의 별을, 기만과 오류의 별을 가졌다. 지상에서의 힘의 관계는 이미 언제나 천상의 힘의 환속화에 관계되고 있다. 「유다복음」의 대립구도는 타락한 지상의 악을 합법적 묵계 속에서 생산함으로써만 스스로를 지속할 수 있는 천상의 별들과, 그런 지상/천상의 신성한 합성상태, 위-계의 그 연장상태를 전위시키는 임재의 별 사이에서 성립한다. 「유다복음」은 그러므로 별들의 쟁투의 현장이다. 그 전장의 한복판에서 「유다복음」의 그리스도는 고지한다. "유다의 별에 의해 그들은 모두 그들의 피조물들과 함께 소멸하게 될 것이다."[5] 이 소멸에 대한, 다시 말해 악의 세계의 폐절에 대한 가장 오래된 주석 하나는 이레나이우스의 것이다. 그가 「유다복음」을 단죄하고 파기시키기 위해 썼던 문장들을 폭력적으로 절취하고 탈환해야 할 필요, 그의 문장들을 그의 의지에 반하는 다른 맥락 속으로 전용하고 재배치해야만 하는 당위. 무릅쓰고 그의 문장들을 인용하려는 까닭이 그런 필요와 당위에 있다.

2-1. 이레나이우스는 당대의 카인파[Cainite] 사람들이 읽었던 「유다복음」을 날조된 문서로 낙인찍는다. 초기 기독교의 법적 정초를 위해 그가 대결해 꺾어야 했던 「유다복음」의 주요 내용들은 이런 것이었다. 사제들 중에서 유일하게 유다만이 신성의 진리를 인지하고 있었다는 것, 세속의 기득권 세력은 예수를 믿는 자들의 혁명이 두려웠으므로 결코 예수의 박해를 원치 않았다는 것, 그런 상황 속에서 유다는 예수의 열정을 수난이 되게 함으로써 신성

---

4. 『유다복음』, 28쪽, 39쪽.
5. 『유다복음』, 39쪽.

의 정치적 힘을 현현시키려 했다는 것. 이레나이우스는 「이단들을 반박함」에 서 이렇게 쓴다. "유다로 인해 천지만사가 사멸 속으로 내던져졌다.… 유다는 예수의 수난을 가능케 함으로써 인류의 구원이 지연되는 사태를 막은 것이 다." 줄여 말해, "배반의 신비"[6]의 완성. 예수의 수난을 촉발한 유다의 배반이 불법의 유예·억지 속에서 구원을 지연시키는 카테콘적 게발트의 궤적을 정 지시킴으로써 한 세계의 사멸을, 교부적 법의 영점을 도래시켰다는 것. 이레 나이우스의 의지, 곧 유다의 복음을 불태우고 장사지내려는 그 의지가 고안 한 '배반의 신비'라는 키워드를, 유다의 행동이 가진 묵시적/최종심판적 가능 성을 타진하기 위해 재맥락화한다는 것은 어떤 것일까. 이에 대한 가능한 응 답은 (현대의) 교부들이 기피하고 방지하려 했던 것이 신성을 믿는 자들의 '봉 기'였음을, 그것이 한 세계의 '몰락/근거세움'으로 정향된 의지로서 거듭 보존 되고 있었음을 다시 표현하는 것에서 시작될 수 있다. 그 시작을 함께 증언해 줄 소설이 있는바, 발터 옌스W. Jens의 『유다의 재판』이 그것이다. 독일 출신의 프란치스코 수도회 소속으로 1960년 유다의 복권을 청원하는 방대한 분량 의 문서를 작성한 베르톨트 B 신부, 고심 끝에 그의 시복심의에 찬동하는 의 견서를 작성해 교황청으로 보낸 예루살렘 교구의 대주교, 그들의 유다 시복 이 근거 없는 억지라는 반론문을 작성했던 신앙검찰관. 그 세 가지 문서들의 요점을 간략히 정리하고 비교함으로써 교황청에서의 본심을 보조해야했던 예부성성 전권대리인 에토레 P. 문학과 종교의 관계를 오래 탐구했던 학자적 작가 옌스는 소설 속의 그 문서들을 지탱하는 의지들의 연합, 차이, 분기, 결 렬, 이월 등을 다루었다. 그중 한 대목은 다음과 같다.

그리스도의 적인 유다. 오직 예수의 생전에 최후의 심판이 있을 것이고, 악 마가 없다면 구원의 그 날이 올 수 없다는 것을 믿었기 때문에 스스로 악마

---

6. 이레나이우스, 「이단들을 반박함」(그레고르 부르스트, 「성 이레나이우스와 유다복음」, 앞 의 책, 108쪽에서 재인용)

의 자리에 서고자 했으며, 완전한 부재를 통해 승리하려던 악마의 계획을 분쇄하기 위해서, 그리스도를 위해서 악마의 역할을 담당하겠다고 결심했던 유다.[7]

옌스의 유다, 어떤 적그리스도로서의 유다. 옌스가 '혁명의 수학'이라고 표현했던 유다의 신학적 계산은 점령자와 피점령자, 부유한 자와 빈곤한 자의 대립을 부각시키면서 예수를 그런 적대와 모순의 전장 한복판에 세울 수 있는 방법에 방점 찍힌 것이었다. 그 방법이 배반이다. 유다는 제국과 계급에서 연원하는 적대적 실황을 그리스도 예수의 메시아성에 근거한 봉기의 힘을 통해 타개하려 했던바, 유다에게 배반이라는 방법은 숨은 적들을 개시하려는 소송의 태도였다. 인용한 한 대목에는 대주교가 작성한 유다 시복의 근거가 들어 있는바, 그것은 적들이 주도한 어떤 악마적 속성의 계획과 그것을 부수려는 유다의 결행에 연결되어 있다. 앞서 이레나이우스가 썼던 것처럼 소설 속 대주교가 생각하는 적들 또한 예수의 수난을 원치 않았다. 그들에게 예수의 수난은 곧 신적/정치적 혁명의 뇌관 같은 것이었기 때문이다. 그들은 자신들이 악이 아니라는 것을, 자신들의 선한 지배 속에는 악이 완전히 부재한다는 것을 사람들에게 내면화시켜야 했다. 그래야만 예수라는 파괴의 뇌관을 폭발시키지 않고 안전하게 관리·유지·보수·이용할 수 있기 때문이다. 그러므로 이렇게 말할 수 있을 것이다. 악의 완전한 부재는 악이 숨은 채로 잠행함으로써 늘 승리하게 하는 힘이라고. 악의 부재가 악의 관철을 이끈다고. 그것은 악마적이며 악순환적이라고. 그 속에서, 깨어 기다리고자 했던 유다를 두고 옌스는 이렇게 쓴다. "꿈을 꾸는 사람처럼 이리저리 다니면서 결정적인 그 날을 암시하는 징후를 살폈다."[8] 이른바 어떤 '산책자'Flâneur로서의 유다, 고쳐 말해 '기다리는 자'로서의 유다. 결정적인 그 날이란 신성한 후광의 이윤 구

---

7. 발터 옌스, 『유다의 재판: 가룟 유다의 시복심의에 관한 보고서』, 박상화 옮김, 아침, 2004, 87쪽.
8. 발터 옌스, 『유다의 재판』, 83쪽.

도를 (재)생산하는 지상/천상의 합성상태에 절단의 시간으로 발생하는 힘, 법의 사멸로서 보존되는 메시아적 힘을 표현한다. 유다는 그런 결정적인 끝의 날을, 그 발생적인 날끝⁷⁷⁾의 상황성을 감각하는 '파괴적 성격'의 소유자이다. 유다는 신의 나라가 다가왔다는 예수의 선포를, 우회적으로 돌려 표현한 통상적 비유나 우의로 받아들이지 않았다. 유다는 예수의 고지를 매회 구축 가능한 실황의 발현으로서 파지할 수 있는 인지적 준비태세를 가리키는 이름이다. 그러나 그러하되, 신국은 도래하지 않았다. 사회계획이라는 프로그램을 지탱하는 한 가지 원리로서의 '악의 완전한 부재' 속에서 저 날/끝의 힘은 오인됨으로써 무마되었다. 그렇게 아무런 일도 일어나지 않았다. 그 무엇도 발생하지 않는다는 것이야말로 적들의 승리의 조건이다. 관리 가능한 내전의 항시적이고 편재적인 발발을 사회계획의 이름으로 기획하고 조달함으로써 악의 완전한 부재상태는 적들의 반석으로 정립되고 유지되며, 그 위에서 이윤은 스스로를 신의 후광으로 재생산함으로써 사회를 석권한다. 유다는 저 겟세마네의 밤에 바로 그 적들의 면전으로 나아갔다.

유다는 전임에서 후임으로 아비에서 자식으로 대물려지는 누대의 힘을 지닌 자들, 이른바 율법에 관한 지식과 부의 권력을 독점하고 있던 제사장들, 평의회 의원들, 바리새파 및 사두개파 사람들을 찾아갔다. 이어 그들의 입속에 들어있는 혀처럼 굴며 그들이 듣고 싶은 것을 듣게 해주고 그들이 믿고 싶은 것을 믿게 해줬다. 유다는 그렇게 악과 공모함으로써 그 악을 깨려 했다. 스스로 최악의 악이 됨으로써 악의 부재상태를 중지시키려 했다. 악마의 계획에 악마가 되어 싸우려 했던 유다는 말 그대로 그리스도의 적이 되었다. 다시, 적그리스도로서의 유다. 아노모스·불법인 그는 배반을 통해 '태우는 불'이 된다: "스스로를 낮춰 밀고자가 됨으로써 영원히 꺼지지 않는 불의 손님이 될 수 있었다. 하위질서는 상위질서의 거울이다. … 유다는 어떤 의미에서 예수를 반영한다."⁹ 유다는 배반의 악이 되어, 악의 부재로 존재하고 있는 악의 현존을 개시했다. 적이 되어, 적의 부재로 스스로를 재생산하고 있는 적이라는 존재-신-론을 개시했다. 유다는 적그리스도가 됨과 동시에 적을 불태우는 영속적 불의 임재parousia, 다시 말해 '그리스도'가 되었다. 창조하는 일 이기에 배신이란 쉽지 않은 것이며, 그걸 위해선 자신의 정체성과 얼굴을 잃음으로써, 그렇게 사라짐으로써 '미지인'未知人이 되어야 한다고 했던 건 들뢰즈였다. 로버트 브렌험R. Branham이 그린 〈가룟 유다〉의 초상을, 또는 그 초상을 관통하는 힘의 추상을 눈여겨보게 된다. 겟세마네 언덕, 로마군의 그 횃불 아래에서 예수의 입에 자신의 입을 맞추던 그 순간, 각자의 얼굴을 잃고 사라지는 유다와 그리스

△ 입 맞추는 유다, 얼굴 잃은 미지인. 또는 유다/그리스도적 이위일체의 게발트. R. H. 브렌험, 〈가룟 유다〉, 414×558.

도는 함께 다른 얼굴로, 미지의 얼굴로 변신한다. 옌스의 어휘들로는, "은밀한 일치, 신성한 제휴."[10] 그렇게 구성된 신의 눈에 의해 숨은 악은 개시되고, 연합된 일치의 입에 의해 악의 잠행에 정지의 순간이 고지된다.

2-2. 『유대의 재판』에 나오는 베르톨트 신부는 기존의 율법을 폐함으로써 새로운 율법을 완성하는 예수처럼 유다 또한 율법을 성취했다고 말한다. 예수가 다 이루었다고 말했을 때, 이미 유다 또한 다 이루었다고 말했었다. '이 잔이 저를 지나가게 하소서'라는 겟세마네에서의 예수의 기도와, '주여, 저는 아니겠지요?'라는 최후의 만찬에서의 유다의 물음은 신의 뜻과 신의 일에 대한 순수한 수락에 뿌리내린 것이라는 점에서 먼 거리에 있지 않다. 베르톨트 신부 또한 그들 사이에서 은밀한 합일과 신성한 연합의 기미를 발견한다. 그

9. J. L. 보르헤스, 「유다에 대한 세 가지 다른 이야기」, 『픽션들』, 황병하 옮김, 민음사, 1994, 248쪽.
10. 발터 옌스, 『유다의 재판』, 32쪽.

는 유다의 시복을 위한 보고서에서 이렇게 쓴다. "하느님께서는 하늘에서 땅으로, 땅에서 하늘로 오가는 이 진자振子의 움직임을 완결시킬 임무를 유다에게 주셨습니다. … 그에게는 악 자체에 대해서뿐만 아니라, 그 악의 극복가능성에 대해서도 입증해야 할 의무가 요구되었습니다."[11] 이 문장들은 태초의 말씀이 예수라는 몸을 입고 세상에 인입되었다는 「요한복음」 저자의 의지에서 출발하고 있다. 이른바 말씀의 육화, 로고스 기독론. 말씀은 영원과무한의 영역에서 제한과 한계로 된 지상의 영역으로 내려왔으며, 만유萬有의구원·원상회복apokatastasis을 위해 배반당해 죽고 부활함으로써, 육화의 상태를 벗어나 무한의 영역으로 되오른다. 그 말씀은 다시 임재하면서 지상으로 내려박힌다. 그것은 그렇게 진자 운동 같은 것이다. 그 운동을 완성시키는것이 유다의 임무이다. 그것은 말씀의 권능에 의해 유다에게 주어진 것이면서 동시에 유다 자신의 의지로 신성의 위임을 온통 수락한 것이기도 하다. 신의 의지와 인간 의지 사이의 순연한 일치로서의 로고스/노모스, 어떤 몰리니즘Molinism의 게발트. 유다의 배반은 육화된 말씀을 다시 되올리는 도약대이다. 배반이라는 유다의 방법과 태도가 스스로 악이 됨으로써 악의 파기를 수행하려는 자신의 의지에 맞물린 것이었던 한에서, 그 배반은 신성의 진자 운동의 진정한 완성으로 발현한다. 그러나, 아니 그렇기 때문에 유다라는 복음의 생환, 유다의 시복은 현대의 교부들에 의해 연기되었고 부결되었다. 그 와중에 베르톨트 신부는 또 하나의 배반자 유다로, 되살아난 이단으로 낙인찍혔고, 그럼으로써 말의 힘을 박탈당했다. 그런 그가 시복 문서들을 필사했던에토레를 찾았다. 소설의 결말 부분은 기억을 되살려 다시 상기하는 그 필사자 에토레의 말들로 되어 있다. 그는 베르톨트 신부의 모습을 들여다보면서베르톨트가 언제나 우리 안에서 우리와 함께 있었던 한 사람이었음을 깨닫는다. 에토레는 베르톨트에게서 유다의 표정을 본다.

---

11. 발터 옌스, 『유다의 재판』, 27쪽.

B신부는 파란을 일으키는 사람인 유다, 법의 보호를 받지 못하는 사람인 유다였다.··· 내 결심은 확고해졌다. 나는 모든 유다들을 위해 그 한 사람이 맡아서 하던 일을 지지해야만 하는 것이다.[12]

에토레가 보았던 베르톨트 신부는 법의 바깥으로 내놓인 자, 매회 조정·조회·조달되는 법의 경계를 향해 질문을 던지도록 요구하는 자, 이른바 '파란'을 불러일으키고 또 불러들이는 자였다. 줄여 말해, 베르톨트는 유다였다. 그리고 유다는 한 사람이 아니었다. 유다는 여러 사람이었고, 그래서 유다는 이미 늘 '모든 유다들'이었다. 익명적 유다, 유다라는 비인칭성. 그 익명의 힘에 기대어 에토레는 예수의 입을 빌어 말하는 어떤 복음서 저자의 인식과 의지를 거절한다. 최후의 만찬 자리에서 나눠주던 빵조각에 악마가 들어갔고 그걸 손에 쥔 자는 세상에 태어나지 않았던 게 더 나을 것이라고 썼던 「요한복음」 저자의 의지 말이다. 에토레는 자신의 자유와 유다의 자유가 커져갈 때 신의 자유가 줄어들 것이라는 말의 권능을, 자신의 의지와 유다의 의지가 함께 관철될 때 신의 의지가 훼손될 것이라는 말의 권력을 믿지 않기로 한다. 은총이 마모된 신성은 그에게 더 이상 신성이 아니었다. 그렇게 에토레가 또 한 명의 유다로 되었다. 모든 유다들을 구성하는 또 하나의 유다, 파란을 불러일으키고 불러들이는 유다 말이다. 파란은 분란과 분기의 다른 말이다. 고리끼의 절친한 벗이었다가 그와 갈라서야만 했던 작가, 다시 말해 러시아 혁명문학의 기수였다가 혁명에 등을 돌려야만 했던 레오니트 안드레예프L. N. Andreev의 유다 또한 파란과 분란의 인간이었다. 소설 『가룟 유다』 속의 붉은 머리 유다를 향해 사람들이 다음과 같이 욕하고 있기 때문이다. "그는 항상 우리 사이에 분란을 일으켜."[13] 교부들의 정치력, 사목적 위-계의 토포스들을 무-위의 발현으로 전위시키는 분란의 신인Gott-Mensch. 아버지와 아들이라는 누대적 권력의 전승·이양의 평화를 폐하는 불과 칼, 곧 분란의 칼과

---

12. 발터 옌스, 『유다의 재판』, 152쪽.

무-아르케an-arche의 불을 주러 왔다고 했던 건 「마태복음」의 예수였다. 유다와 예수는 그렇게 최후적 날끝의 인간으로서, 전前-종말론적 사목권력이라는 '불법anomos의 비밀'을 열어 계시한다. 다시 문제는 어떤 분란인가, 왜 파란인가이며, 파란이라는 신적인 힘의 향배이다.

2-3. 유다의 반골反骨. 안드레예프는 유다의 두개골이 두 번의 칼질에 의해 쪼개진 듯 4개의 부분으로 되어 있다고 말한다. 그것은 유다가 봉합된 안락을 부결시킬 것임을 예고하며 영속적인 전쟁의 담당자가 될 것임을 고지한다. 고통, 울음, 신음, 번민, 불쾌, 조롱, 치욕, 조소, 자해, 자애, 친절, 다정, 솔직, 엄숙, 단호, 포효, 선언 등 종잡을 수 없는 마음의 운동들 속에서 유다는 그 누구와도 섞이지 못하며 섞이지 않고 구별 혹은 성별되어 있다. 그 속에서 그는 모종의 계획을 세운다. 예수의 옆자리, 그 신성의 권세를 두고 베드로와 요한이 싸울 때, 유다는 그리스도의 옆자리를 다시 정의하며 자신이야말로 그 자리의 주인이라고 외친다. 그 외침과 함께 예수에 대한 배반의 첫걸음을 내딛게 되는 것이다. 유다의 배반은 유다에 의해 신의 시점 속에서 대행되는 신의 일이었다. 안드레예프가 말하는 유다의 신은 누구인가. 예수가 아니다. 전쟁을 모르므로 전쟁 없는 사랑만을 말할 수 있었던 예수는 유다의 신이 아니었다. 유다의 신은 종언과 절멸의 전쟁을 결정내리고 결단하는 신, "마음속으로 모든 것을 파괴와 죽음으로 몰아넣기로 결정한 준엄한 승리자"[14]로서의 신이다. 유다는 이미 죄를 행한 자에게 두려움이란 없으며 그렇게 산 자의 공포를 제거한 그때 신의 법을 행하기 위해 예수를 죽여야 한다고 말한다. 유다는 배반을 통해 예수라는 폭발 직전의 시간을 불법의 사목기계 안에 장치한다. 그때 배반이라는 행동은 '역-장치'적인 힘의 운용을 따른다. 무슨 말인가.

---

13. 레오니트 안드레예프, 『가룟 유다』, 이수경 옮김, 지만지, 2011, 27쪽.
14. 레오니트 안드레예프, 『가룟 유다』, 122쪽.

정통을 옹립하려는 의지와 독점적 신정神政의 기미를 내장한 저 이레나이우스의 '배반의 신비'라는 용어는, 유다의 배반을 역-장치적 힘으로 재정의할 수 있게 절취·전용될 수 있다. '장치'dispositif라는 개념의 신학적 계보를 어원 분석을 통해 논하는 과정에서 그리스어 '오이코노미아'의 속성과 문맥이 드러난다. 가정의 관리를 뜻하며 넓게는 경영이라는 뜻을 지닌 그 단어는 2~6세기 초기 기독교단의 교부들에 의해 신학 안으로 도입되었다. 교부들은 그 단어에 기대어 교단의 분란을 낳고 있던 삼위일체의 교리를 정당화하고 그런 안정적 기초 위에서 '신의 세계통치'라는 이념을 기독교 안에 안착시킬 수 있었다. "오이코노미아란 인간의 행동, 몸짓, 사유를 유용하다고 간주된 방향을 향해 운용, 통치, 제어, 지도하는 것을 목표로 하는 실천, 앎, 조치, 제도의 총체이다."15 이 오이코노미아의 역어가 '디시포지티오'dispositio였으며, 그것은 힘들의 관계를 매회 조절하고 관리하기 위한 분리·분할·분배의 정치를 수행한다. 그런 장치의 협치를 파기하는 것이 역-장치이다. 그것은 신성한 봉헌과 희생의 제의들로 된 장치들이 사적으로 독점하고 통제하는 것들을 공통으로 함께 사용할 수 있는 것들로, 곧 통치될 수 없는 것들로 전변·전위시키는 '신성모독/세속화'의 힘이다. 세속화는 주체화이자 그 주체화 과정에 개입하는 힘이다. 안드레예프의 유다에게 있어, 예수의 전쟁 없는 사랑의 설파는 예수라는 신성이 장치에 의해 포획된 채로 관리·조절·제어되고 있음을 반증하는 것이었다. 장치의 신적 보증, 신이라는 장치, 신정정치(이는 예컨대 스탈린의 집권체, 그 분리의 완성체를 두고 '일국적 메시아주의'라고 명명했던 트로츠키Leon Trotsky의 인식과 표현에 맞닿는 것이기도 하다). 유다의 배반은 장치에 의해 특권적으로 운용되고 활용되던 신성을 공통재로 함께 사용할 수 있도록 되돌리는 세속화/공통화의 힘을 표현한다. 유다의 배반이 신의 일의 대행이었듯, 세속화는 신성의 정치적 탈환을 위한 전쟁의 수행이었다. '순수한 전쟁' 또는 '순수한 폭력'이라는 이름으로 돌려 말할 수 있을 세속화의

---

15. 조르조 아감벤, 『장치란 무엇인가』, 양창렬 옮김, 난장, 2010, 31쪽.

그 힘은 빚/죄의 항구적 부과로 정향된 신정정치의 축적-법 속으로 그것을 정지시키는 임재와 구제redemption의 상황, 다시 말해 신적 축적의 일반공식 속으로 도래중인 면죄와 상환redemption의 절대적 시공간이다. 유다란, 유다적인 것이란 무엇인가. 역-장치로서의 세속화의 악셀레이터를 밟음으로써 장치의 거듭된 공회전·합선·전위를 초래하는 게발트이다. 그렇게 초래되고 도래하는 비정립적 정지상태의 게발트를 꽉 붙잡고 있는 안드레예프의 유다, 유다적인 것. 그것을 안드레예프의 문장들이 지시하고 있다.

> 예수의 어머니를 보자 유다는 준엄하게 말했다. "지상의 모든 어머니들이 당신과 함께 오랫동안 눈물 흘릴 겁니다. 내가 예수와 함께 와서 죽음을 파괴할 때까지." … 그는 자신의 발밑에서 하늘과 태양을 느꼈다. 이 세상에서 유일하게 외로운 그는 세상에 존재하는 모든 세력의 무력함을 느끼고 그 모든 것들을 심연 속에 던져 버렸다. / 차분하고 당당한 걸음걸이로 유다는 계속 걸어갔다. 시간은 앞서지도 뒤서지도 않고 그와 동행했다. 눈에 보이지 않는 거대한 시간은 그와 함께 다소곳이 움직이고 있었다. / 실현되었다.[16]

골고다의 언덕에서 예수의 시신을 안은 그 어머니에게 유다는 말한다. 눈물을 더 흘릴 것이라고, 그 눈물이란 유다 자신이 죽은 예수와 함께 임재하여 세계의 죽음과 악을 끝낼 때 멈출 것이라고. 그렇게 말하는 유다는 그의 발밑에서 새롭게 근거 세워진 대지와 하늘과 태양을 인지하는 지고의 신인이 되어 있다. 배반의 입맞춤이 있던 그 날 저녁, 유다는 도마에게 자신과 예수가 언젠가 땅을 들어 올릴 거라고, 그 지상 위 도당들의 파당적 질서를 심연으로 내던질 거라고 말한다. 그런 그가 유일하며 외로운 까닭은 그가 세계 속에 파란으로 인입되는 자이기 때문이다. 유다라는 파란의 게발트는 종언의 힘으로 드러난다. 그 힘 앞에서 지상의 권세는 무력하며, 그 힘에 의해

---

16. 레오니트 안드레예프, 『가룟 유다』, 124쪽.

지상의 질서는 밑바닥에서부터 조종을 고한다. 지배의 시간은 그런 유다를 침탈하지 못한다. 붉은 반골로 얼굴을 붉히며 세계와의 영속적 분란을 감행하는 유다에게 지배의 시간은 다소곳하며 얌전한 것으로 변성되어 있다. 신성의 진자 운동은 유다에 의해 완성된다. 지상의 집권적 시공간의 진행이 정지됨으로써 그 진행의 속성이 통째로 변용된다. 말 그대로, '실현되었다.' 그러니까 "다 이루었다"(「요한복음」 19:30)는 예수의 말은 유다의 것이기도 했다. 그렇다는 것은 유다와 예수의 일회적 합일이나 합치를 뜻하는 말이 아니다. 그리스도의 '다 이루었다'는 최후의 말조차 유다적 분란의 그 밤의 지속을 통해서만, 다시 말해 "슬프고 준엄한 목소리에 의해 다가오는 위대한 전투적 밤의 흔적들"17 속에서만 가능한 말이었다. 전쟁을 결정하는 신의 목소리를 수락함으로써 적대의 전쟁을 대행하는 유다는 끝내 전쟁을 모르는 예수의 평화상태와 결렬한다. 골고다 이후, 목을 매달기 직전에 유다는 천상의 예수를 향해 간청하고 또 경고한다. 약해진 자신을 반겨주기를, 이어 함께 지상으로 임재하기를 간청한다. 그런 간청을 받아들이지 않는 예수의 신성을 두고 유다는 경고한다. 천상에서조차도 자신을 배제하고 주데카 지옥 밑바닥으로 내려가 루키페르에게 찢기라고 명령한다면 기꺼이 그렇게 하겠다고, 그렇게 온몸이 찢기면서도 "당신의 지옥 불 속에서 쇠를 불려 당신의 하늘을 파괴하겠다"18고. 전쟁 없는 사랑의 신과 그 신을 모시는 예수는 유다의 신이 아니다. 유다의 신, 유다라는 신은 적대와 전쟁의 주권적 신이다. 유다는 지옥의 불구덩이에서 자기 자신이라는 쇠를 불려 스스로를 무기화한다. 유다라는 무기는 파란과 분란을 회피하는 예수를, 협의와 화해의 매개에 의해 최후적 날끝을 지연시키고 무마하는 카테콘적 예수의 신을 불태우는 칼이다. 그런 불과 칼을 빼들었을 때의 예수야말로 함께 지상의 파당을 내리치며 임재하는 신, 유다의 신이다. 목이 매어진 채로 예루살렘의 성전을 내려다보고 있는 유다의

---

17. 레오니트 안드레예프, 『가롯 유다』, 97쪽.
18. 레오니트 안드레예프, 『가롯 유다』, 139쪽.

시신, 무기로서의 유다의 그 살과 피와 심장은 예루살렘이라는 사목적 축적의 공안체제를 향해, 그것의 최후를 위해 파란으로 지속되는 힘의 실황을 표현한다.

2-4. 예루살렘은 어디에 있는가. 레닌이 있는 곳에 예루살렘이 있다고 했던 건 에른스트 블로흐였다. 삶을 부자들의 것과 빈자들의 것으로 가르고 후자를 선택함으로써 '새로운 예루살렘'을 건설하기 위한 벽돌로 쓰겠다고 했던 건 카잔차키스N. Kazantzakis의 예수였다. 그것은 언뜻 보아 계급분할의 축적상태에 대한 전쟁의 결정과 수행을 마다하지 않겠다는 의지의 표현으로 비친다. 이는 예루살렘의 사람들 앞에서 예수가 했던 말, 사랑보다는 불길이 먼저이며 불탄 재灰 위에서 새로운 포도밭이 일궈질 것이라는 예수의 일갈을 들어도 그렇다. 카잔차키스의 예수는 말한다. "잿더미보다 훌륭한 비료는 없습니다."[19] 그는 전쟁 없는 사랑을 믿던 안드레예프의 예수가 아니다. 불길의 우선성, 세계의 재들 위에서 사랑의 포도밭을 새롭게 일구는 신, 사랑의 붉은 즙이 잿빛 재들에서 흘러나오리라고 선포하는 신. 그 신이 바로 카잔차키스가 그린 예수의 신, 예수라는 신이다. 아니다. 카잔차키스의 예수는 전쟁 없는 사랑을 믿던 안드레예프의 예수가 맞다. 잿더미야말로 최고의 비료라는 예수의 말이 끝나자마자 카잔차키스의 유다가 더 크고 더 억센 목소리로 그 말을 똑같이 복창했다. 깜짝 놀란 예수는 뒤돌아 붉은 유다를 보았다. "도래할 불길이 이미 그에게 내려온 듯 번갯불이 번득이는 붉은 수염의 얼굴을 보자 예수는 두려워졌다."[20]

예수의 두려움이란 무엇인가. 그것은 어떤 주저 혹은 회의였다. 자기 말의 뜻과 힘에 대한 주저. 불길과 재로 관철되고 도래하는 시간에 대한 회의. 예수의 그런 태도를 뚫고 솟아오르는 유다의 복창은 예수의 말에 대한 반복

19. 니코스 카잔차키스, 『최후의 유혹』, 안정효 옮김, 열린책들, 2009, 547쪽.
20. 니코스 카잔차키스, 『최후의 유혹』, 548쪽.

이되 예수의 말로 환원되거나 그 말 안에 감금당하지 않는다. 유다의 복창, 그 반복은 그것들을 가능케 했던 예수의 말이라는 원천 혹은 기원을 파기한다. 그럼으로써 법의 영도를 개시하는 것이 유다의 그 복창이 가진 차이의 힘이다. 유다의 복창은 그러므로 반복을 절단하는 차이이며 차이로서의 반복이다. 진정한 것은 늘 잔여로 남는 것인바, 다른 게 아니라 '재'Asche야말로 그렇다고 했던 건 벤야민이었다. 잿더미보다 훌륭한 비료는 없다고 말하는 유다, 그는 재의 찬양자이다. 그는 신성한 후광으로 삶을 합성시키는 이데올로기들의 연쇄와 연합을, 유혈적 모상의 체계를, 진상을 압도하고 압살하는 가상을, 그 모든 것들의 물리적이고 물질적인 힘의 행사를, 그 분리력/매개력에 의한 구원적 정치를 문제시한다. 카잔차키스의 유다는 다음과 같이 초래하고 도래시킨다. " '오라!'고 소리치면, 그것은 왔다. 마찬가지로 그는 불을 소리쳐 불렀다. 불은 세상을 깨끗하게 하고, 사랑이 도래할 길을 터놓는다."[21] 유다는 불의 신학자이며 재의 유물론자이다. 그렇게 불길의 신성과 재의 유물론의 만남을 마주한다는 것, 혹은 동시적인 그 둘의 상호 조건성에 대해 사고한다는 것은 다음과 같은 가정들·물음들과 함께한다. 인지와 표현을 관리하고 운용하는 체제가 세속으로 안착한 신학적 개념과 합성된 신정정치적 장치라면, 그리고 그 장치가 모든 것을 교환 가능한 상태로 스텐바이시키는 화폐장치의 신적인 권능과 합성된 폭력이라면, 그렇게 연합한 신들의 폭력을 다시 정의하고 다르게 표현하는 힘이란 어떤 것일 수 있는가. 그 힘이 없지 않고 있는 것이라면, 그 힘이 지금 눈앞에서 감히 구성되고 있는 중이라면, 그 힘은 어떤 형상으로 발현하며 도래중인가. 이에 대한 응답 중 하나는, 미래의 프로그램이라는 표상 속에서 불법·아노모스의 신성한 기획자이자 관리자로 장치되고 배치된 예수의 말씀, 그 로고스적 질서를 기소하는 유다의 복창에서, 그 불길과 재의 이미지에서 발견될 수 있다. 앞선 블로흐의 말을 되받아 이렇게 써보기로 하자. 유다가 있는 곳에 다르게 존재하는 예루살렘이 있다.

---

21. 니코스 카잔차키스, 『최후의 유혹』, 565쪽.

유다와 예수 사이에서 남몰래 오간 번민의 말들 끝에 유다는 예수를 넘겼고 예수는 십자가에 걸렸다. 그렇게 내걸린 채 예수는 믿음을 시험 당했고 화합과 평화와 안락이라는 '최후의 유혹'에 굴복했다. 그렇게 카잔차키스의 예수는 십자가에서 내려옴으로써 자신이 감행해야했던 신의 일을 외면한다. 그는 신성 없는 삶을 늙도록 산다. 늙은 유다가 그를 찾아왔고, 변함없는 그의 수염은 아직도 붉다. 불굴의 유다가 병상 위의 예수에게 경고했고, 그 순간 예수는 최후의 유혹 이후의 자기 삶이 십자가에 걸린 채로 꾸었던 짧은 꿈이었음을 각성한다. 그렇게 새로운 예루살렘의 건설을 위해선 뿌리까지 파괴되어야 한다는 예수의 믿음이 유다의 의지와 함께 이룩된다. 그때 십자가에 달린 예수는 다음과 같이 말할 수 있게 된다. '다 이루어졌나이다.' 카잔차키스는 그 말의 뜻을 '모든 일의 시작'이라고 새긴다. 어떻게 끝나는가가 아니라 어떻게 다시 시작할 것인가를 물음으로써 예수는 다 이룬다. 그러므로 유다 또한 다 이룬다.

3-1. 그런데, 과연 다 이루는가. 카잔차키스의 유다까지를 읽은 지금, 옌스의 장편소설 『유다의 재판』 속 베르톨트 신부의 문제적인 문장 하나 때문에 정지한 채로 다시 다르게 몰두하게 된다. 베르톨트는 유다가 악이 되어 세계의 타락을 드러내는 집행자의 임무를 수행했다고 말하면서, 그가 "경건한 신앙심 때문에 징기스칸이나 아이히만과도 같은 살아 있는 사탄의 역할을 맡았다"[22]고 덧붙인다. 제국적 인간들과 유다의 등가성, 교환가능성. 다시 말해 제국이 집행하는 권력과 신성한 폭력의 어떤 동시성 또는 등질성. 유다의 의지, 곧 악이 되기를 선택함으로써 그 악에 최후를 도래시키려는 신성에의 의지. 유대인 절멸의 책임을 맡아 가스실과 소각로를 가동했던 집행자 아이히만의 인지적 무능력, '악의 평범성'(아렌트Hannah Arendt). 그러므로 여기, 두 개의 악이 있었던 게 될 것이다. 의지적 악과 평범한 악. 어쩌면 그 두 악

---

22. 발터 옌스, 『유다의 재판』, 26쪽.

의 관철에서 주시해야 할 것은, 상반되는 것처럼 보이는 두 개의 멸절, 두 개의 '끝' ─ 악순환적 악의 체제의 끝, 나치에 의한 '최종해결'이라는 끝 ─ 을 향한 의지가 동시적이며 구조적인 발현의 산물로 귀속되고 합일하고 있는 상황일지도 모른다. 구원Erlösung의 도래와 최종해결Endlösung의 입법이 하나로 합치하는 곤욕스런 아포리아. 이를 살피고 돌볼 필요가 있지 않을까 한다. 그렇다는 것은 『유다의 재판』을 썼던 옌스가 자신의 과거 나치 이력에 대해 끝내 함구했던 사실을 비난하기 위해서가 아니다. 구원과 최종해결의 근친성이라는 신성한 폭력의 아포리아를 정치의 장소로 인지할 수 있는 방법과 태도에 대해 생각하기 위해서이며, 신적 구원에 대한 사고와 최후적 날끝이라는 상황의 도약을 가능케 하는 발판을 마련하기 위해서이다. 로렌스의 유다에 주목하게 된다: "유다는 권력을 가진 자들에게 예수를 팔아 넘겨야 했다. 예수는 사도들과 함께 있을 때조차도 순수한 개인성의 위치를 지켰다. … 예수는 물리적인 권력의 주인이 되기를 거부하였다. 유다와 같은 사람에게는 권력의 경외 그 자체가 배신을 당하고 있었던 것이다! 그래서 유다는 배신했던 것이다 ─ 입맞춤과 함께. 이와 똑같이 복음서에 죽음의 입맞춤을 주기 위하여 「요한계시록」은 『신약성서』에 포함되어야 했다."[23]

로렌스에게 신약은 예수이고, 「요한계시록」은 유다이다. 사제들 속에 있었던 유다가 예수의 위치를, 예수의 순수한 개인성의 토대를 허무는 배반의 입맞춤을 통해 권력의 경외를, 순수한 권력의 지고성 그 자체를 발동시키려 했듯, 신약 속에 배치된 「요한계시록」은 신약의 복음상태를 정지시키는 또 하나의 로고스, 또 다른 신성의 폭력이었다. 그러하되, 예수에 의해 거부된 주-격의 권력, 곧 유다가 그런 예수를 배신함으로써 발효시키려 했던 그 주권적 권력의 신적인 지고성은 구원의 힘이면서 동시에 절멸의 힘이라는 아포리아로서 존재하는 것이었다. "사도들에 유다가 포함되어야 하는 것과 같이, '묵시록'은 웅장한 기독교의 상을 받치고 있는 흙으로 만들어진 발과 같

---

23. D. H. 로렌스, 『묵시록』, 김명복 옮김, 나남, 1998, 35쪽.

다. 그리고 그 발의 허약함으로 그 상은 무너져 내린다. / 그곳에 예수가 있다. 또한 마술사 요한도 있다. 그곳에 기독교의 사랑이 있고 기독교의 시기심이 있다. 사랑은 세계를 '구원'할 것이고, 시기심은 세계를 파괴할 때까지 만족하지 못할 것이다. 그 둘은 동전의 양면이다."[24] 유다-묵시록이라는 흙으로 빚어진 발, 그 발이 허물어질 때 함께 무너지는 기독교, 그 붕괴의 현장에 그리스도교의 신에 의한 '세계의 구원'과 '세계의 파괴'가 동전의 양면으로, 서로의 성립 조건으로 존재한다. 구원과 파괴, 구원과 절멸의 등질성 또는 근친성이라는 정치의 장소에 유일하게 남는 것은 "힘을 최종적으로 부인하는 최고의 힘", 곧 "성인聖人들의 사회"[25]이다. 최고의 힘, 지고성의 힘, 다시 말해 힘에 대한 최종적 부인이 가능한 힘이란, 법에 의해 그 법을 효력 정지할 수 있도록 합법화된 힘이며, 그런 효력 정지가 그런 합법화의 정당성-근거로 정초되고 있는 힘이다. 지고의 힘은 그렇게 성스러운 인간, 주권적 독재의 '유일한' 인격에 깃든다. 이에 대해 로렌스가 들고 있는 예는 상반되는 것으로 보이는 힘들, 곧 레닌과 윌슨W. Wilson·링컨A. Lincoln이며, 그들 성인들이 대립적으로 편성한 것처럼 보이는 사회이다. 배반한 유다가 향했던 성스러운 게발트의 역설, 곧 구원과 절멸의 근친성 속에서 레닌과 윌슨이라는 두 개의 성-정치, 실은 나이가 같고 한 몸인 독재의 벡터 위에서 민주民主의 벡터는 항시 " '너는 하지 말아야 한다'의 통치" 또는 " '너는 하지 말아야 한다'라는 민주주의"[26]의 통치로 스스로를 정립/유지하고 있다. 이와 같은 법 연관의 성찰 속에 민주정의 통치 상태에 대한 로렌스의 비판이, 그런 비판을 위해 로렌스가 승인하고 있는 것 같은 귀족정의 힘과 용기가, 그런 승인 속에서 간과되고 있는 귀족정의 독재정으로의 전화가능성이 들어있다. 로렌스적 구원과 절멸의 근친성이라는 게발트의 아포리아 속에서 진행 중인 정치의 나날들이 그와 같다. 그 아포리아를 살펴야 할 필요가 있다는 말은 다시 한 번 유다와, 유다적인 것과 만나야

---

24. D. H. 로렌스, 『묵시록』, 222쪽.

25. D. H. 로렌스, 『묵시록』, 37쪽.

26. D. H. 로렌스, 『묵시록』, 38쪽, 41쪽.

한다는 것을 뜻한다. 이제까지의 유다들에 또 다른 유다를 마주치게 해야 한다. 앞선 유다들 앞에 '온갖 가면을 박탈하는 유다'를 놓아보게 된다.

3-2. 전쟁하는 제국과 식민지의 연쇄, 그 힘들의 알력과 경합의 구도 속에서 유다의 배반을 주시했던 건 카프KAPF의 비평가이자 소설가 김남천이었다. 그에게 유다는 프롤레타리아 문학운동에 밀어닥친 전향의 파고 속에서 주체를 재건하기 위한 방법과 입장의 모색처였다. 그는 이렇게 적었다. "가면 박탈, 그렇다. 조금도 용서 없는 가면 박탈의 칼만이 가히 나팔륜[나폴레옹]의 칼이 될 수 있다."[27] '가면 박탈'이란 무엇인가. 자기의 고발이며 자기의 폭로이다. 그런 한에서 그것은 자기의 붕괴이며, 그 붕괴의 관찰이며, 그 관찰의 지속이다. 자기 입장의 모순에 대한 가감 없는 개시가 가면 박탈의 뜻이자 의지이다. 입장 안에서 입장이 무너지고 있음을 보여주는 입장, 입장의 성립조건이 그 입장의 성립불가능성에 뿌리박고 있음을 노출하는 입장. "실로 자기 자신에 대한 가면 박탈의 칼이 한번 이 모순과 갈등 속으로 내리워질 때"[28]에만 주체가 재건될 수 있다는 것, 그 시공간이 아니라면 주체의 재건이란 사상누각에 지나지 않는다는 것. '나폴레옹의 칼'은 김남천에게 궁극의 도달점이 아니다. 그 칼 또한 모순의 폭로 과정을 견디지 못하고서야 한갓된 팽창과 독점의 기계로 전락할 수밖에 없는 것이기 때문이다. 김남천의 유다가 숨 쉬는 곳이 그렇게 개시되고 있는 모순의 한복판, 곧 가면 박탈의 상황이다.

실로 모든 것을 고발하려는 높은 문학 정신의 최초의 과제로서 작가 자신 속에 있는 유다적인 것을 박탈하려고 그곳에 민사悶死에 가까운 타협 없는 성전聖戰을 전개하는 마당[,] … 그곳에 유다를 성서에서 뺏어다가 우리들의 선조로 끌어 세우려는 가공할 만한 현실성이 있는 것이다. 실로 현대는 그가

---

27. 김남천, 「지식계급 전형의 창조와 『고향』 주인공에 대한 감상」, 『김남천 전집』 1권, 정호웅·손정수 편, 박이정, 2000, 89쪽.
28. 김남천, 「지식계급 전형의 창조와 『고향』 주인공에 대한 감상」, 94쪽.

날개를 뻗치고 있는 구석구석까지 유다적인 것을 안고 있다는 것으로 고유의 특징을 삼고 있다.[29]

김남천이 말하는 유다적인 것이란 예수를 팔아넘겼던 표면적 행위를 지시하는 것이 아니라 "자기 자신의 매각이라는 고도의 성찰과 더불어 제출되는 문제"[30]였다. 자기를 '매각'한다는 것, 그것은 자기를 배반하는賣 자기를 마주한다는 것이며, 그럼으로써 자기의 동일성·연속성이 그치고 멎어지는刦 순간과 맞닥뜨린다는 것이다. 그것은 자기의 모순, 또는 자기라는 모순이 개시되는 상황이므로 가면 박탈의 실황이다. 그것은 봉합하고 무마하는 자기의 안정과 안락을, 자기의 전체주의를 거절한다. 현대성의 고유한 특징으로서의 자기의 모순, 자기를 구성하는 조건으로서의 반反-자기의 상태. 이를 개시하는 타협 없는 성전을 치르고 있는 시공간, 김남천에겐 그 지점에 유다가 오늘 우리들의 선조로 될 수 있는 가공할 현실성이 있다. 그 현실성의 추구란 리얼 또는 실재the real를 향한 추급이자 추적이다. 김남천과 동일한 상황을 동시대인으로서 앞질러 다르게 맞이했던 가메이 가츠이치로의 한 구절로는 '온갖 가면의 박탈', 다시 말해 입장과 반-입장, 테제와 안티테제가 서로를 성립시키는 구성소로서 동시에 관철되고 있는 상황에 대한 항시적인 개시와 관찰은, 봉합·망각된 실재를 개시하려는 열정적 탈은폐의 흔적들이다. 그 흔적들 위에서만, 그 흔적들의 궤적을 따라서만 구원과 최종해결이 한 몸으로 되어 있는 신성한 폭력의 아포리아를 정치적인 것의 발생 현장으로 인지할 수 있다. 이는 겟세마네, 그 배반의 밤으로부터 엿새가 지난 뒤의 유다의 마지막 말을 되돌려 상기·융기시킨다. 박상륭의 유다가 말한다. "나는 무엇이든 똑똑히 보아두었어. 나는 이제 비방을 받아도 좋고 욕지거리를 받아도 좋다는 생각이 든다. 이젠 나의 지옥도 끝이 났을 거야. 나는 지금 물밀 듯한 행복 속에 누

---

29. 김남천, 「유다적인 것과 문학」, 앞의 전집, 306쪽.
30. 김남천, 「유다적인 것과 문학」, 308쪽.

워 있는 것 같다. 하여튼 무엇이든 끝까지 똑똑히 보아두어야지. 물론이지."[31]
임재의 폭력을 예언했던 스가랴의 팜플렛, 그 문장들을 열독했던 열심당원
Zealot 유다는 말한다. 무엇이든 끝까지, 똑똑히 보아둘 것이라고. 끝까지, 끝
을 직시하는 유다. 그는 힘의 교착과 역설, 모순과 아포리아의 지옥을 단념하
지 않으며, 그 모순의 상황을 '잘 영위했던 자였다. 모순을 영위하고 향유하고
있을 때, 모순을 끝까지 똑똑히 직시하고 직면하고 있는 그때, 그 모순은 '생
기 넘치는 모순'이며 도약의 장소이다. 그때 그 장소에서만, 유다는 자신의 말
을 신의 로고스로, 순수한 폭력의 노모스로 발현시킬 수 있다. 저 단테의 루
키페르에게 찢기고 있던 유다는 그런 생기 넘치는 모순의 반석에서 시작하는
거듭된 도약들로서만, 다음과 같은 신의 로고스/노모스로, 곧 축적의 대지
를 원Ur-분할하고 원-매개하는 순수한 전쟁의 이념으로 도래하고 있었던 게
될 것이다 : "보아라. 너에게 모든 것을 알려주었다. 너의 눈을 들어 구름과 그
안에 있는 빛과 그것을 둘러싸고 있는 별들을 보아라. 길을 인도하는 별이 너
의 별이다."[32]

---

31. 박상륭, 「아겔다마」, 『아겔다마』, 문학과지성사, 1997, 24쪽.
32. 『유다복음』, 40쪽.

궐위 속에서

2017년 2월 현재, 여기 촛불에 내장된 봉기의 활력은 특정한 '궐위'inter-regnum의 정세를 분만하고 있다. 또는 그런 궐위의 형세로서 분만되고 있다. 통할하는 통령의 이성이 효력 정지된 이후 그것을 승계하거나 대체하는 다른 통령의 위격이 아직 결정되지 않고 있기 때문이다. 이는 분명 하나의 '위기'일 것이다. "위기["권위의 위기"]는 바로, 낡은 것은 죽어 가는데 새로운 것이 태어날 수 없다는 사실에 있다. 이 공백기간[인터레그넘]에 매우 다양한 병적 징후가 나타나는 것이다."[1] 황제와 그 뒤를 이을 황제 사이의 틈, 교황과 그 뒤를 잇는 교황 간의 간극, 다시 말해 신성한 통치의 권위와 그 권위의 정당성이 부재하는 공백·공위空位의 시간. 그런 시공간, 여기의 인터레그넘은 어떻게 다시 정의될 수 있는가. 저 '위기-공백기-병적인 증상'의 연쇄를 폭력적으로 인용하는 과정/소송 속에서 위기는 어떻게 다르게 배치될 수 있는가. 위기를 말하는 그람시A. Gramsci가 소렐 총파업론의 활력에서 촉발되었으되 그 폭력옹호론의 조직적 힘의 미비를 문제시했었다면, 소렐의 폭력옹호론을 첨예화한 벤야민의 게발트 비평은 위기를 다음과 문장들 속에서 정의한다. "인식 가능한 지금Jetzt 속에서의 이미지는 모든 해독의 기반을 이루는 위기적kritisch이며, 위험한 순간의 각인을 최고도로 유지하고 있다."[2] 숨겨진 신-G'의

---

1. 안토니오 그람시, 『옥중수고』 1권, 이상훈 옮김, 거름, 2004, 327쪽.

존재-신-론을 인지하고 개시·정지시키는 바로 지금, 위기의 순간이라는 시공간은 모든 해독의 기반으로 정초된다. 그 기반·반석petra 위에서, 여기 궐위상태의 저 병적 징후들이란 실은 기존 통치권위의 총체적인 몰락으로, 여기 통령적 신격의 사멸·일소와 동시적인 새로운 법의 근거세움으로 발현 중인 힘의 현상형태인 것은 아닐까. 여기 분만 중인 인터레그넘은, 모든 정치세력이 그런 공위를 메우고 통치의 위격을 차지하기 위해 한꺼번에 터져 나오게 만드는 힘인 동시에, 그 어떤 정치세력도 봉기의 제헌적 활력에 의해 가면 벗겨지게 되는 기소와 심판의 현장·전장인 것은 아닐까. 사정이 그러하다면 여기의 인터레그넘, 그 공위의 시공간을 구성하고 있는 주요 성분은 신-G′의 법적 토포스 연관에 대한 전면적 전위轉位의 게발트 발현이자 무위無位의 시공-력일 것이다. 그때 그런 전위·무위적 시공으로서의 인터레그넘은 통치의 신성한 후광의 재생산력을 세속화·독신瀆神하는 지고의 게발트궤적을 그린다. 그 지고성/성스러움 속에서 그람시는 다시 한 번 절취·인용된다. "인간의 의식에서 현대의 군주는 신성神聖, 또는 지상명령의 위치를 차지하며 삶의 모든 측면과 관습적인 관계를 완전히 세속화하는, 현대 세속주의의 기초가 된다."[3] 신성 또는 지고의 명령-로고스로서, 사회적 관계를 합성하고 있는 신화적/성무일과적 후광을 걷어내는 신성모독의 군주-노모스. 그렇게 다르게 존재하는 독신적 독재의 군주-정으로서 이미already 오고 있는not yet 신질서L'Ordine Nuovo의 신적 게발트. 여기 인터레그넘의 정황과 형세가 그와 같다. 그런 정황 속에서, 그런 형세로서만 분만될 수 있는 것이 저 '활동하는 행정권이자 입법권', 유일하게 유물론적인 게발트의 궤적일 것이다. 이 책의 시작을 이루었던 맑스의 다음 문장들을 여기 이 책의 끝에 재인용해 놓는다. 그 문장들 앞에서 국법과 축적의 법이라는 두 위격의 성스런 일체화 공정은 항시 끝의 직전에 내놓고 있다 : "종교가 만든 흐릿한 환영들의 세속적 핵심을 분석해 찾아내는

2. 발터 벤야민, 『아케이드 프로젝트』 I, 조형준 옮김, 새물결, 2005, 1056쪽.
3. 안토니오 그람시, 『옥중수고』 1권, 144쪽.

것은, 삶의 실제적 관계들로부터 그에 상응하는 관계의 신성화된 형태들을 뽑아내 보여주는 것보다 훨씬 쉽다. 후자의 길만이 유일하게 유물론적이며, 따라서 유일하게 과학적인 방법이다."⁴

P. S. 잠재력 또는 가상실효적인 것the virtual의 문턱, 또는 발현하는 '카이로스의 문학'에 대해 썼던 적이 있다. 그 글에 대한 비판 속에서 나는 다음 한 문장을 꽉 붙잡았고, 그런 파지의 시간 곁에서 다시 다르게 촉발될 수 있었다 : "실제적 변신, 그것은 척도가 아니라 목적이되 목적론적 의미에서의 목적이 아니라 유물론적 의미에서의 목적이다."⁵ 변신, 척도, 목적, 유물론. 이 용어들은 이 책 속에서 내재적으로/초월론적으로 변주되었다. 조정환 선생님께 깊이 감사드린다. 출판사 '갈무리'를 이끄는 여러분들께 또한 머리 숙여 감사드리게 된다. 『자유의 새로운 공간』에서 시작해 『전쟁론』까지를 밑줄 그으며 읽을 수 있었던 경험, 공통적 독서의 그 경험은 그분들의 활력과 생동 없이는 불가능했을 것이다. 이 책의 두께가 다만 송구할 따름이다. 동료 고은미에게 사랑을 담아 감사의 인사를 전한다. 그는 이 책 속의 글들이 파편적인 단상에 머물러 있었을 때, 세세히 귀를 열어주었고 질문해주었으며 모난 이의를 제기해주었다. 유용성 너머를 향했던 그런 순수증여 속에서 그 단상들은 조금씩 여물고 자리잡아갈 수 있었다. 그의 영화 연구, 다큐적 이미지론이 견실하게 진전되기를 응원한다.

2017년 3월
윤인로

---

4. 칼 마르크스, 『자본론』 1권, 김수행 옮김, 비봉출판사, 2001, 501쪽.
5. 조정환, 「윤인로의 슬픔의 존재론과 앓기의 윤리학 비판」, http://amelano.net, 2010. 11. 24.

343, 345, 353, 391~394, 428, 452, 456, 477, 478, 480~484, 487, 489, 490, 498, 504, 505, 520, 527, 539, 542, 543, 568, 569, 572, 573, 575, 592, 597, 603, 615, 619, 620, 624, 625, 572

ㅈ

자가-공동-면역(auto-co-immunité) 83
자가-면역 59, 60, 77, 81, 82
자기-내-초대 519
자기성(ipséité) 19, 21, 61, 63, 67, 77, 79~82, 120, 196, 293, 370, 402, 443, 445, 446, 448, 450, 480, 506, 512
자기증식 7, 9, 10, 12, 13, 16, 17, 20, 25, 27~29, 33~36, 38, 39, 42, 44, 45, 47, 59, 60, 62, 87, 88, 91, 95, 96, 98, 110, 159, 204, 206, 217, 223, 230, 233, 234, 240, 255, 273, 289, 292, 402, 453, 455, 506, 532, 547, 551, 552, 558, 576, 578, 581, 583, 586, 589, 590, 595, 598, 605
자력구제(Selbsthilfe) 196, 209
자본 141, 157~160, 164, 168, 185~187, 191~194, 201, 203, 204, 206, 208, 209, 212, 213, 215~217, 221~237, 240, 269, 273, 287~289, 337, 349, 353, 369, 376, 381~385, 388, 389, 393, 395, 397, 401, 413, 427~429, 431, 433, 460, 463, 471, 520, 528, 529, 532, 534, 536, 541, 542, 544~549, 551~555, 565, 574, 575, 577~580, 583, 585~590, 594, 595, 598, 601, 609, 612, 636
자본-교 25, 27, 28, 31, 32, 36, 37, 62, 97, 529, 532, 542, 551, 585, 587, 598, 609
자본-신 18, 62, 65, 187, 191~194, 201, 203, 204, 206, 208
자본주의 11, 17, 18, 31, 33~43, 45, 47, 88, 93, 97~99, 110, 115, 157~160, 168, 191, 204, 209, 224, 233, 236, 273, 287, 337, 369, 381~384, 393, 397, 401, 413, 427, 428, 463, 528, 534, 536, 541, 542, 544, 546~549, 551, 43, 574, 575, 578~580, 583, 585, 586, 588, 589, 594, 595, 609
자연 21, 29, 35, 43, 45~48, 51, 55, 56, 80, 90, 112, 132, 193, 197, 204~206, 263, 287, 304, 390, 391, 393, 394, 396, 531, 535~537, 539, 540, 574, 592
자연권 147, 310, 537, 541

자유로운 사용(uso libero) 227, 235
자유의 왕국 302, 304, 442
자율 165, 272, 279, 447, 469, 470
잔여 145, 146, 148~153, 155, 156, 160, 161, 173, 174, 178, 220, 222, 238, 251, 260, 330, 351, 354, 371, 391, 417, 432, 443, 444, 449, 452, 471, 499, 505, 627
잔존 144, 146, 148, 149, 155, 156, 162, 179, 183, 184, 196, 212, 218, 238, 257, 260, 279, 284, 371, 389, 405, 410, 419, 420, 458, 490, 505~508, 519, 527, 547, 581, 604, 611
「잠언」 26, 45
잠재적(the virtual) 61, 132, 137, 238, 315, 320, 328, 357, 379, 381, 385, 386, 409, 424, 498, 506, 540, 577
장소확정(Ortung) 67, 150, 538, 539
장치 9, 19, 52, 72, 74, 76, 125, 130, 133, 163, 171, 173, 181, 185, 197, 229, 236, 251, 253, 271, 272, 286, 290, 292, 299~301, 303, 304, 311, 313, 315, 319, 321, 326, 336, 343, 345, 349~354, 358, 369, 374, 395~398, 410, 416, 422, 432, 456, 463, 467, 478, 503, 507, 523, 536, 586, 622~624, 627
재(灰, Asche) 490, 512, 626, 627
재생산 8, 15, 20, 23, 24, 27, 36, 38, 39, 41, 51, 53, 55, 57~59, 62, 63, 65, 67, 69, 74, 76, 77, 79, 80, 87, 88, 90~92, 99, 101~103, 106, 107, 109, 110, 114, 116, 117, 130, 134~137, 140, 143, 152, 156, 159, 168, 171, 185, 187, 191~193, 204, 217, 230, 232, 235, 244, 253, 272, 282, 289, 311, 379, 397, 401, 409, 410, 428, 463, 464, 504, 510, 534, 546, 551~553, 573, 574, 576, 581, 583, 585, 588, 590, 601, 602, 618, 635
적(敵) 54, 78, 110, 133, 198, 475
적그리스도 59, 123, 125, 170, 194, 245, 287, 326, 352, 505, 548~555
적대 11, 59, 64, 79, 90, 119, 121, 125, 157, 161, 191, 211, 221, 222, 224, 239, 278, 288, 301, 313, 330, 336, 341, 346, 362, 363, 370, 380, 381, 398, 399, 403~406, 408, 410, 419, 420, 428, 429, 431, 441, 444, 446~448, 452, 455~457, 479, 505, 518, 519, 531, 532, 534, 555, 560, 566, 567, 574, 578,